böhlau

ÖSTERREICHISCHE AKADEMIE DER WISSENSCHAFTEN
Philosophisch-historische Klasse – Kommission für Rechtsgeschichte Österreichs

FONTES RERUM AUSTRIACARUM
Österreichische Geschichtsquellen

Dritte Abteilung
FONTES IURIS

21. Band

Das Preßburger Protocollum Testamentorum 1410 (1427)–1529

Teil 1: 1410–1487

Herausgegeben von
JUDIT MAJOROSSY und KATALIN SZENDE

Das Preßburger Protocollum Testamentorum 1410 (1427)–1529

Teil 1: 1410–1487

Herausgegeben von

Judit Majorossy und **Katalin Szende**

2010

BÖHLAU VERLAG WIEN · KÖLN · WEIMAR

Vorgelegt von w. M. Werner Ogris
in der Sitzung am 13. März 2009

Gedruckt mit Unterstützung des
Fonds zur Förderung der wissenschaftlichen Forschung
FWF Der Wissenschaftsfonds.

Redaktion und Satz:
Kathrin Kininger
Kommission für Rechtsgeschichte Österreichs
der Österreichischen Akademie der Wissenschaften

Umschlagabbildung:
© Wien Museum, „Albertinischer Plan" von Wien,
2. H. des 15. Jh. (Orig. um 1421/22), kolorierte Federzeichnung

Bibliografische Information der Deutschen Nationalbibliothek: Die Deutsche Nationalbibliothek verzeichnet diese Publikation in der Deutschen Nationalbiografie; detaillierte bibliografische Daten sind im Internet über http://dnb.d-nb.de abrufbar.

ISBN 978-3-205-78549-1

http://www.boehlau.at
http://www.boehlau.de

Gedruckt auf umweltfreundlichem, chlor- und säurefrei gebleichtem Papier.
Druck: General Druckerei, Szeged, Ungarn

Geleitwort

Mit großer Freude kann ich namens der Kommission für Rechtsgeschichte Österreichs (KRGÖ) unter Nr. 21/1 einen weiteren Band der *Fontes Iuris* vorlegen, nämlich Teil Eins der von *Judit Majorossy* und *Katalin Szende* (beide Budapest) bearbeiteten Edition des „Preßburger *Protocollum Testamentorum* 1410/1427–1529“, der die Jahre 1410 bis 1487 umfasst. Teil Zwei ist in Vorbereitung; er wird auch die Register (Personen, Orte) für beide Teile bringen.

Dieses *Protocollum* stellt insofern eine für die ungarische Rechtsgeschichte des Spätmittelalters nahezu singuläre Quelle dar, als es etwa zwei Drittel der aus jener Zeit überlieferten letztwilligen Verfügungen enthält. Als deren Aussteller traten naturgemäß vor allem die städtische Elite und die wohlhabende Mittelschicht in Erscheinung. Auffallend, aber nicht überraschend die starke Kontrollfunktion der städtischen Obrigkeit in Bezug auf Errichtung (Form) und Vollstreckung „der letzten Willen“. In ihrer Gesamtheit bietet die Quelle, wie Testamente („Geschäfte“) im Allgemeinen, wertvolle Einblicke in die Rechts-, Sozial- und Wirtschaftsgeschichte der städtischen Bevölkerung Preßburgs, von den Erträgen für die Realienkunde und die Namensforschung ganz zu schweigen. Allgemein gesprochen handelt es sich dabei also um eine Quelle von höchster kulturgeschichtlicher Relevanz. Die KRGÖ wird sich deshalb die Pflege der „Testamenteforschung“ auch in Hinkunft besonders angelegen sein lassen.

In Aufbau und Form lehnt sich die Edition des *Protocollum* eng an jene der Wiener Stadtbücher an, deren vierter Band (von geplanten sieben) im Vorjahr als Band 10/4 der *Fontes iuris* erschienen ist. Neu hingegen ist die geographische Dimension. Zum ersten Mal in ihrer Geschichte überschreitet die Reihe der *Fontes iuris* die Grenzen des heutigen Österreich und greift aus in die Weite der alten Donaumonarchie, wie es ja auch dem Auftrag der KRGÖ entspricht, die Rechtsgeschichte Österreichs und seiner Nachbarländer zu erforschen. Die Bearbeiterinnen kommen aus Budapest, ihre Quelle liegt in Preßburg, ihr Produkt erscheint in Wien. Es erfüllt mich mit Genugtuung, dass all dies nach einigen Problemen schließlich doch „zusammengefunden“ und in der KRGÖ eine glückliche „Geburtshelferin“ gefunden hat.

An dieser Stelle geziemt es sich, Dank zu sagen. Dieser gilt zunächst dem Stadtarchiv Preßburg (Archiv mesta Bratislavy) und vor allem dessen Direktorin, Frau Dr. Anna Buzinkayová, die trotz widriger Umstände (Umbau etc.) die Benützung der Handschrift ermöglicht hat. Und dann dem FWF für die Gewährung eines großzügigen Druckkostenzuschusses. Ohne die ideelle und materielle Hilfe dieser beiden Institutionen wäre die Drucklegung des *Protocollum* nicht oder jedenfalls nicht in dieser Form und in dieser Frist möglich gewesen.

Wien, im Jänner 2010

w. M. Werner Ogris

Obmann der Kommission für Rechtsgeschichte Österreichs

Inhaltsverzeichnis

Dankesbezeigung

Die Autorinnen des Bandes sind mehreren Personen und Institutionen für die Unterstützung der Arbeit zu großem Dank verpflichtet:

vor allen anderen Herrn Professor Dr. András Kubinyi (1929–2007), der uns als erster auf diese einzigartige Quelle aufmerksam machte, aber leider kurz vor Abgabe des Manuskripts verstorben ist,

Herrn Professor Dr. Gerhard Jaritz (Krems und Budapest), der zuerst die Transkription des Textes in den Rahmen des Projektes „Spätmittelalterlicher Alltag in den Donaueuropäischen Ländern“ des Instituts für Realienkunde der Österreichischen Akademie der Wissenschaften (ÖAW) aufgenommen hat, und später die Autorinnen mit der Kommission für Rechtsgeschichte Österreichs (KRGÖ) der ÖAW in Verbindung setzte,

Herrn em. o.Univ.-Prof. Dr. Werner Ogris, dem Obmann der KRGÖ, der seit unserem ersten Treffen im Jahre 2006 die Idee der Edition mit seiner wissenschaftlichen Autorität und den finanziellen Mitteln der KRGÖ unterstützte und den Band in die Reihe der *Fontes Iuris* aufnahm,

Frau Dr. Anna Buzinkayová, Direktorin des Archivs der Stadt Preßburg (Archív mesta Bratislavy, AMB), die es uns – trotz aller Schwierigkeiten aufgrund der Umsiedlung des Archivs – ermöglichte, das *Protocollum* für die letzte Kontrolle der Transkription zu benützen,

Herrn Dr. Juraj Šedivý (Bratislava), der uns freundlicherweise die Kontakte mit den Kollegen in Bratislava erleichtert und uns während mehrerer angenehmer Treffen in Bratislava, Wien und Budapest mit seinen Forschungen über die Geschichte der Verschriftlichung in Bratislava vertraut gemacht hat,

Herrn Dr. Ondrej Pöss (Bratislava), dem Direktor des Museums für die Kultur der Karpatendeutschen in Bratislava, der durch die Annahme des Bandes, parallel zur Reihe *Fontes Iuris*, auch in die Reihe *Acta Carpatho-Germanica* die Publikation des *Protocollum* nach Preßburg, „nach Hause“, gebracht hat,

Herrn Mag. Thomas Stockinger MAS und Frau MMag. Kathrin Kininger (beide Wien), Mitarbeitern der KRGÖ, für ihre sorgfältige Korrektur des Manuskripts, für ihre mannigfaltigen editorischen Hinweise und die sprachliche Bearbeitung der Einleitung,

Herrn ao.Univ.-Prof. Dr. Christian Neschwara (Wien) für seine Hilfe bei der rechtsgeschichtlichen Einordnung der Texte im Rahmen der Kopfregesten, dem Forschungsdienst des Ungarischen Staatsarchivs (Magyar Országos Levéltár, MOL), der uns die Fotokopie des *Protocollum* und zahlreiche andere diesbezügliche Quellen zugänglich machte,

unseren Familienmitgliedern und unseren Kolleginnen und Kollegen an der Central European University (Budapest), die die Arbeit am Manuskript mit Geduld und durch Ermunterung unterstützten.

1. Das Preßburger *Protocollum Testamentorum*

Beschreibung und Bedeutung

1.1. Beschreibung und Bedeutung der Handschrift

Die vorliegende Publikation veröffentlicht den ersten Teil des ersten *Protocollum Testamentorum* des Stadtarchivs Preßburg (slowak. Bratislava, ung. Pozsony, lat. *Posonium*). Dieser Band (im Folgenden als „Protokoll" bezeichnet) enthält Eintragungen aus dem Zeitraum 1410–1529. Wie unten gezeigt wird, wurde 1427 mit den Eintragungen in das Buch begonnen. Weitere Bände dieses Quellentyps sind ununterbrochen bis 1872 in demselben Stadtarchiv erhalten geblieben. Im hier veröffentlichten Protokoll wurden fast ausschließlich letztwillige Verfügungen eingetragen; daneben finden sich einige Messstiftungen und Heiratsgutzusagen, aber nur aus den ersten Jahrzehnten seiner Verwendung. In der Mitte des 15. Jahrhunderts verschwanden Texte verschiedenen Inhalts aus dem Band, der somit einen recht einheitlichen Charakter annahm. In Bezug auf das mittelalterliche Ungarn ist dieses Quellenmaterial vollkommen einzigartig: kaum anderswo gibt es ein so umfangreiches und spezialisiertes Stadtbuch, das eine so große Anzahl von Testamentseintragungen enthält.

Das Original liegt im Preßburger Stadtarchiv (AMB, Archív mesta Bratislavy) unter der Signatur 4.n.1 (olim 805. Nr. 1). Im Rahmen der Verfilmung mittelalterlicher Archivalien aus dem Karpatenbecken des Ungarischen Staatsarchivs (MOL, Magyar Országos Levéltár, Budapest) wurde das Buch in den 1970er Jahren fotografiert; die Aufnahmen stehen der Forschung unter der Signatur Df. 277056 zur Verfügung. Unsere Edition wurde aufgrund der Übersiedlung des AMB und den daraus folgenden Schwierigkeiten, was den Zugang zum Archivmaterial betrifft, zum größten Teil auf Basis dieser Fotokopie verfertigt, und erst in der letzten Arbeitsphase an den problematischen Stellen mit dem Original kollationiert.

Die äußeren Merkmale des Originals sind die folgenden: Format: 394 mm × 275 mm; Stärke: 103 mm (mit Einband), 93 mm (ohne Einband); 456 Blätter, Papier. Bucheinband: harter Pappdeckel, mit dunkelbraunem Halbledereinband. Auf dem Rücken aufgeklebte Signatur *No. 1*, darunter ins Leder gedruckter Text: *Protocollum Testamentorum // ab anno 1427 usque annum 1529*, darunter zwei Wappen mit Doppeladler gedruckt; ganz unten die heutige Signatur 4.n.1 angeklebt.

Inhalt: fol. 1^{r} spätere Eintragungen aus dem 19. Jahrhundert; fol. 1^{v} leer; fol. 2^{r}–4^{r} *Registrum der nachgeschriben gescheft* (von einer Hand der Mitte des 15. Jahrhunderts; enthält nur die ersten 169 Eintragungen bis zum Jahre 1455)[1], fol. 4^{v}–5^{r} leer; fol. 5^{r} erstes Testament (spätere Eintragung von 1433), fol. 6^{r} Anfang des Protokolls; fol. 428^{v} letzte Eintragung; fol. 429^{r}–456^{v} leere Blätter (ebenfalls leer: fol. 19^{v}, 82^{v}–83^{r}, 122^{v}, 152^{v}).

Die Texte der Verfügungen sind als Reinschrift nach Textvorlagen oder mündlichem Diktat eingetragen. In einigen Fällen, besonders im ersten Drittel des Buches, sind spätere Text- oder Randvermerke zu beobachten, die sich auf die Vollstreckung der Verfügungen beziehen. Die Reihenfolge der Texte in der Edition entspricht der zeitlichen Abfolge der Eintragungen, die manchmal von der chronologischen Ordnung der Originaltexte wesentlich abweicht. Das Datum des Einschreibens ist manchmal als *Actum*, *Actum des einschreibens* oder *actum einschriben(s)* am Ende der einzelnen Texte vermerkt, wodurch der Vorgang der Eintragung besser nachvollziehbar ist. In anderen Fällen steht nur das Datum der Abfassung des Testaments zur Verfügung, in seltenen Fällen ist gar kein Datum angegeben.

Die Schrift des Protokolls weist, da die Texte mehr als ein Jahrhundert umfassen, mehrere Varianten der gotischen Kursive und am Ende des Bandes sogar der humanistischen Kursive, auf (vgl. dazu auch die Abbildungen S. 520f.). Die Eintragungen wurden von verschiedenen Mitgliedern der städtischen Kanzlei Preßburgs durchgeführt, die neben den namentlich genannten Notaren (von denen einige auch als Testatoren vorkommen) auch zahlreiche Schreiber beschäftigte[2]. Die Identifikation der einzelnen Schreiberhände würde den Rahmen dieser Einleitung überschreiten und wird noch für einige Zeit ein Forschungsdesiderat bleiben, da die Urkundensammlung des Stadtarchivs, die als Vergleichsmaterial benützt werden müsste, momentan aufgrund der Übersiedlung nicht zugänglich ist.

Die Eintragungen sind fortlaufend ins Protokoll eingeschrieben und führen in den meisten Fällen den Namen des Testierenden als „Titel“ am Beginn des Testaments an, der – vielleicht auch entsprechend der sozialen Stellung des Erblassers – in derselben Schrift wie der Text oder mit größeren Buchstaben bzw. Auszeichnungsschrift geschrieben wurde. Die einzelnen Testamente sind oft, je nach der Gewohnheit des Schreibers, in Absätze gegliedert und die Endvermerke mit den Actum-Bezeichnungen wurden gesondert in die Mitte der Zeile geschrieben. In der Edition wird versucht, diese Gliederung des Textes wiederzugeben. Das Signet eines öffentlichen Notars kommt im Band nur einmal

---

1 Im zeitgenössischen Register fehlen die Eintragungen Nr. 7, 18, 19, 21, 32, 33, 43, 106, 161, 162, dementsprechend enthält das Register nur 156 Namen.

2 LEHOTSKÁ, Vývoj kancelárie; ŠEDIVÝ, Beurkundung.

vor: das Zeichen von Friedrich Grün wurde im Jahre 1512 nach dem Testament von Hans Plantscher kopiert (Abb. 1)[3]. Das ist aus zwei Gründen ein Ausnahmefall: erstens wurden öffentliche Notare sehr selten gebeten, die Testamente von Preßburger Bürgern aufzuzeichnen, und zweitens sind Notariatssignete eher auf selbständigen Urkunden als in Stadtbüchern zu finden[4].

Abb. 1
Notariatssignet von Friedrich Grün im *Protocollum Testamentorum*, fol. 340v

Der Band weist nur zwei Typen von Wasserzeichen auf. Im ersten Teil, bis fol. 427r, kommt regelmäßig eine Glocke vor[5], während das andere Zeichen, ein in einen Kreis eingeschriebener Anker, der mit einem sechszackigen Stern bekrönt ist[6], nur auf den unbeschriebenen letzten Blättern (fol. 429r–456v) zu finden ist.

Der größte Teil (etwa 95%) der aus Preßburg erhaltenen mittelalterlichen Testamente findet sich in diesem Buch, daneben sind nur einige wenige Stücke als Einzelurkunden überliefert. Die Mehrzahl der Texte (98,5%) ist in deutscher

3 *Protocollum Testamentorum*, fol. 340v: *Und ich Fridrich Gruen aus babstlicher und kayserlicher macht und gwalt offner notarii...* Die Edition dieses Eintrags erfolgt im zweiten Teil dieser Quellenpublikation.

4 Vgl. zum Beispiel die Urkunde bezüglich der letztwilligen Verfügung von Anna, Tochter des Stadtrichters Jakob (*honesta domina Anna vocata filia legitima olym Jacobi judicis felicis memorie*) vom 21. Dezember 1420. AMB, Nr. 929 (Fotokopie: MOL, Df. 239421), ausgestellt von *Michael filius olym Conradi Lapicide de Tyrnstayn, Pataviensis dyocesis, publicus sacra imperiali auctoritate notarius*.

5 Die Glocke gehört zum Typ 1 (Briquet 3974), vgl. BRIQUET, Les Filigranes. Wasserzeichen desselben Typs aus dem 15. Jh. vgl. Website Wasserzeichen des Mittelalters (Kommission für Schrift- und Buchwesen des Mittelalters – Wien): http://www.ksbm.oeaw.ac.at/wz/wzma.php (Stand 29.5.2009).

6 Der Anker im Kreis mit Stern ist bei Piccard, Bd. 6, Sect. 5 Nr. 41–405; Bd. 6, Sect. 6 Nr. 71–87 zu finden: PICCARD, Wasserzeichenkartei. 4540 Typen, 44497 Marken. Piccard Wasserzeichen-Sammlung Nr. 118993 und Nr. 118995 ähneln unserem Beispiel: http://www.piccard-online.de/?nr=118993 und http://www.piccard-online.de/?nr=118995 (Stand 29.5.2009).

Sprache verfasst, bloß einige Kleriker, Adelige oder Personen außerhalb Preßburgs haben ihre letztwilligen Verfügungen in lateinischer Sprache aufgesetzt[7].

Nach Jacques Chiffoleau ist in der Praxis der Willensbestimmung im 12. und 13. Jahrhundert in Westeuropa eine Renaissance und Demokratisierung der Testamente eingetreten[8]. Dieses Phänomen hat im Karpatenbecken erst im 14. und vor allem im 15. Jahrhundert stattgefunden. Dennoch sind für das mittelalterliche Ungarn (vor 1526) nur etwa 100 adelige, ein gutes Dutzend bäuerliche und etwa 2000 bürgerliche Testamente überliefert[9]. Hinsichtlich dessen ist das Preßburger *Protocollum Testamentorum* ganz besonders bemerkenswert, da es 844 der insgesamt etwa zweitausend bürgerlichen Testamente aus dem mittelalterlichen Ungarn enthält.

Um das Umfeld der Handschrift besser verstehen zu können, soll ihr Inhalt im Folgenden in drei verschiedenen Kontexten beleuchtet werden. Erstens soll die Rechtspraxis der Verfassung von letztwilligen Verfügungen, zweitens die Differenzierung der städtischen Administration und drittens die Entstehung und Entwicklung der Stadt Preßburg in topographischer, wirtschaftlicher und gesellschaftlicher Hinsicht erläutert werden. Vor diesem Hintergrund wird die Bedeutung der Handschrift sowohl für die Zeitgenossen als auch für die moderne Forschung klarer ersichtlich werden.

---

7 Insgesamt gibt es 13 lateinische Eintragungen: fünf Kleriker (Nr. 202, 532, 567, 647, 722), vier Adelige (Nr. 460, 759, 824; Nr. 237: Schreiber eines Adeligen), drei Bürger (Nr. 75 aus Ungarisch Altenburg, Nr. 145 aus Krakau, Nr. 161 mit einer Meßstiftung), und ein früherer Text, Nr. 6 von 1410/22, der zuerst vor dem Preßburger Kapitel verfasst wurde.

8 CHIFFOLEAU, La comptabilité 35, 38.

9 KUBINYI, Főúri és nemesi végrendeletek 331 und DERS., Bäuerlicher Alltag 236.

1.2. Rechtsnormen und Regelung der Ausfertigung letztwilliger Verfügungen in den Städten Ungarns unter besonderer Berücksichtigung Preßburgs

Das bürgerliche Testament kann man in rechtsgeschichtlicher Hinsicht als einen einseitigen und widerrufbaren letzten Willen beschreiben. Die Entwicklung des Testierrechts zeigt, dass neben der eher bescheidenen Wirkung des römischen Rechts und einem bedeutenden Einfluss des kanonischen Rechts hauptsächlich die örtlichen Gewohnheitsrechte zur Geltung kamen. Das kanonische Recht hatte einen starken Einfluss, nicht nur weil die Kirche volle Autorität in Fragen von Geburt, Ehe und Tod beanspruchte, sondern auch da es die einzelnen Länder durch die allgemeinen rechtlichen Normen des Christentums in Verbindung brachte[1]. Die Verbreitung neuer kirchlicher Lehren, besonders über das *Purgatorium*, übte auch auf den Inhalt der Testamente eine bedeutende Wirkung aus. Im Gegensatz zur Einheitlichkeit und Eindeutigkeit des kanonischen Rechts ließen die lokalen Regelungen einen höheren Grad an Flexibilität zu. Laut diesen konnte sich das Testament auf einen kleineren Teil oder auf einzelne Gegenstände des Nachlasses beschränken, während die nicht benannten Teile des Vermögens durch die Regeln des gesetzlichen Erbrechtes aufgeteilt wurden[2].

In Ungarn war die gesetzliche Regelung der Vermögensverteilung und damit das Testieren praktisch seit den Anfängen des ungarischen Königtums ein organischer Teil des Rechtssystems. Es muss aber differenziert erläutert werden, welche Schichten der Gesellschaft und welche Gattungen des Vermögens in die Regelungen einbezogen waren. Für die Adeligen galt die freie Verfügung über ihr Vermögen bereits in der Gesetzgebung König Stefans I. (1000–1038) als ein Grundrecht. Laut Artikel 6 seines ersten Gesetzbuches *...unusquisque habeat facultatem sua dividendi, tribuendi uxori, filiis, filiabus atque parentibus sive ecclesie, nec post eius obitum quis hoc destruere audeat*[3]. Tatsächlich sind einige Urkunden des 11. und 12. Jahrhunderts, die letztwillige Verfügungen enthalten, auf uns gekommen[4]; sie sind aber eher als *donationes post obitum* denn als wirkliche Testamente zu verstehen. Die goldene Bulle (1222) von Andreas II. (1204–1235) sichert das freie Testierrecht auch den sogenannten *servientes regis*, d. h. der vom König abhängigen und zum persönlichen Militärdienst verpflichteten Bevölkerung, zu[5]. Artikel 5 aus dem Jahre 1231 desselben Königs und Artikel 19, 1290 von König Andreas III. (1290–1301), wiederholen diese

---

1 BÓNIS, Középkori jogunk elemei 61–140; im allg.: BRUNDAGE, Medieval Canon Law 70–119.

2 Vgl. dazu allgemein JARITZ, Testamentsbücher; HOLZNER-TOBISCH, Korneuburg.

3 BAK, BÓNIS, SWEENEY (Hgg.), DRMH I 3 Erläuterungen 79, Anm. 9.

4 GYÖRFFY, Diplomata 225–226; JAKUBOVICH, István végrendelete.

5 BAK, BÓNIS, SWEENEY (Hgg.), DRMH I 32; HOLUB, Végrendeleti jogunk 234–236.

Bestimmung, im letzteren Fall wurde sie auch auf die Sachsen in Siebenbürgen ausgedehnt[6]. Für die Adeligen wurde dann das Erbrecht, die sogenannte *aviticitas* (unveräußerliches Erbe), laut Gesetz König Ludwigs I. (1342–1382) aus dem Jahre 1351 festgelegt und der Kreis der Güter, die durch Testament vermacht werden konnten, stark beschränkt[7]. Die Zahl der erhaltenen Testamente ungarischer Adeliger ist wegen dieser Bestimmung und des niedrigen Niveaus der Schriftkultur dieser Gesellschaftsschicht ziemlich klein; sie umfasst bis zu den 1520er Jahren etwa 100 Stücke[8]. Die Anzahl bäuerlicher Testamente ist noch geringer, aus dem gesamten ungarischen Mittelalter ist nicht mehr als ein Dutzend erhalten[9].

Mit der Ausbreitung des Städtewesens seit der Mitte des 13. Jahrhunderts ist im Gegensatz dazu die schriftliche Testamentserstellung ein durchaus urbanes Phänomen geworden. Das Rechtssystem der Städte entwickelte sich aus den von den Herrschern verliehenen Privilegien und dem örtlichen Gewohnheitsrecht. Die Freiheiten der Mitglieder einer städtischen Gemeinde schlossen unter anderen die Möglichkeit ein Testament zu verfassen mit ein. Eine der Wurzeln davon war das freie Testierrecht der *hospites* („Gäste“, Einwanderer) bei Fehlen natürlicher Erben. Das Testierrecht war immer ein wesentliches Element der Privilegien dieser Gruppe, unabhängig von ihrem ursprünglichen Herkunftsort[10]. Dazu trug auch das System der Pflichten und Rechte bei, die nicht an Personen, sondern an die städtischen Parzellen geknüpft waren[11]. Leider ist die Entwicklung, durch die das freie Testierrecht und der Immobilienverkehr der *hospites* auf alle Einwohner der privilegierten Siedlungen während des 13. und 14. Jahrhunderts ausgedehnt und zu einem ständigen Bestandteil des städtischen Rechtssystems wurde, quellenmäßig nicht dokumentiert. Aus den Privilegien selbst wird jedoch das Endresultat deutlich sichtbar. Das Testieren wurde, vor allem für die ohne Erben verstorbenen Bürger, so selbstverständlich, dass die Privilegien nunmehr jene Fälle als Ausnahmen betrachteten, in denen ein Bürger weder Erben noch Testament hinterließ[12].

---

6 BAK, BÓNIS, SWEENEY (Hgg.), DRMH I 37, 44; über die Sachsen ebd. 109.

7 BAK, ENGEL, SWEENEY (Hgg.), DRMH II 9, mit Erläuterungen auf 164.

8 Die Zahl basiert auf KUBINYI, Főúri és nemesi végrendeletek 331.

9 KUBINYI, Bäuerlicher Alltag 236.

10 FÜGEDI, Magyar városprivilégiumok. Über die *hospites* vgl. DERS., Ungarn als Gastland; und DERS., ‚hospites‘ 137.

11 SZENDE, Urban Landownership 146–148.

12 Es gibt keine vollständige Publikation der mittelalterlichen ungarischen städtischen Privilegien. In der Reihe „Elenchus Fontium Historiae Urbanae“, in der die heutigen Landesgrenzen berücksichtigt wurden, ist der Band Ungarn unter Nr. III/2, hg. von András KUBINYI (Budapest 1997) und Rumänien unter Nr. III/3, hg. von Paul NIEDERMAIER (Bucuresti 2005) erschienen. Für die Slowakei vgl. JUCK, Výsady miest.

Das Auftreten des Testierrechts ist in Einklang mit der Veränderung der ungarischen Gesellschaft zu sehen, wobei aber auch die Adaptierung wesentlicher Elemente der europäischen Rechtsentwicklung berücksichtigt werden muss[13]. Die wichtigste Neuerung – in Übereinstimmung mit gesamteuropäischen Tendenzen – war, dass sich die Testierung zur Zeit des massenhaften Auftretens von städtischen Testamenten nicht mehr auf die ohne Erben Verstorbenen und die Seelgerätstiftungen beschränkte[14]. Der Prozess der Übernahme dieser Praxis in Ungarn soll durch detaillierte rechtsgeschichtliche Untersuchungen geklärt werden, die jedoch nicht in den Rahmen dieser Einleitung fallen. Aus den Quellentexten wird klar, dass das in den ungarischen Städten verwendete Gewohnheitsrecht den Erblassern bei Testierung über Mobilien oder selbst erworbene Immobilien de facto freie Verfügungsgewalt zusicherte, bei Familienerbgut hingegen waren sie gezwungen, die rechtliche Nachfolge einzuhalten.

Die städtischen Behörden nahmen schon vor der Entwicklung einer landesweit allgemein gültigen Regelung die diesbezüglichen lokalen Gesetze in ihre Statuten auf[15]. Im Falle Preßburgs wurde das „alte lokale Gewohnheitsrecht" (*der stat Prespurgkh stat recht von alter herkomen*) in einem städtischen Rechtsbuch zusammengestellt, das in zwei Fassungen aus dem 15. bzw. 16. Jahrhundert auf uns gekommen ist. In Bezug auf die Testamente betrifft die Regelung folgende Fragen: das Vermögen der ohne *geschefft* Verstorbenen (Art. 38); die Testierfähigkeit der Frauen (Art. 39) und das Recht eines Ehepaares über ihr selbst erworbenes Vermögen (Art. 90)[16].

Ein Teil der gemeinrechtlichen Normen wurde auch durch verschiedene Rechtskompendien vermittelt. Diese legten die Beschränkungen bezüglich der Testierenden, Zeugen, Erben, Erbgüter usw. für die städtischen Behörden und Notare fest. Eines der beliebtesten solcher Kompendien, das Elemente des Römischen Rechts für die städtische Gesetzgebung vermittelte, war die *Summa legum*, die in der Mitte des 14. Jahrhunderts von dem sogenannten Doctor Raymundus von Wiener Neustadt zusammengestellt und in ganz Mitteleuropa verbreitet wurde[17].

---

13 SZENDE, A városi végrendeletek; vgl. auch DIES., Otthon a városban 58–79. József Holub hat sich in seiner Studie (HOLUB, Végrendeleti jogunk) gar nicht mit den bürgerlichen Testamenten beschäftigt.

14 Für die Rechtsentwicklung der einzelnen Ländern vgl. WEIMAR u.a., ‚Testament' 566–569. Ostmitteleuropa wurde dabei nicht berücksichtigt. Vgl. auch KROESCHELL, Deutsche Rechtsgeschichte 2 75–77, 81–82. Eine grundlegende Regionalstudie bietet SCHULZ, Testamente bes. 2–7. Die Auswertung einer ähnlichen Quelle bei JARITZ, Testamentsbücher; eine moderne Bearbeitung und die neueste Literatur bei HOLZNER-TOBISCH, Korneuburg bes. 9–17.

15 KOLOSVÁRY, ÓVÁRI (Hgg.), Corpus statutorum; für Preßburg: KIRÁLY, Pozsony város joga 376–419, für Ödenburg: HÁZI (Hg.), Sopron II/1 159–160.

16 KIRÁLY, Pozsony város joga 387–388, 401.

17 GÁL, Summa legum bes. Kapitel 44.

So wie in anderen ungarischen Städten befanden sich auch in Preßburg zwei Handschriften dieses Werkes in deutscher Sprache, die zur Zeit im Stadtarchiv bzw. im evangelischen Lyzeum aufbewahrt werden. Die erste ist der sogenannte Codex Ballusianus, der auch den Text des Tavernikalrechts (s. unten) enthält[18].

In den Statuten wurde die Abgrenzung von kirchlichem Einfluss zum Beispiel dadurch betont, dass die städtischen Behörden die nur vor Geistlichen abgelegten Testamente für ungültig erklärten[19]. In Preßburg, wo die Existenz eines Kollegiatkapitels großen Einfluss auf das kirchliche Leben der Stadt ausübte, stand am Anfang der Regelung der Testierpraxis im Jahre 1348 eine Vereinbarung zwischen Kirche und Stadt über die Frage, wie ein Testament ausgestellt werden muss. Eine einvernehmliche Lösung wurde wahrscheinlich auch dadurch erleichtert, dass der damalige Stadtrichter und der Propst des Kapitels Brüder waren[20].

Die massenhafte Verbreitung von Bürgertestamenten erfolgte in Ungarn im Laufe des 15. Jahrhunderts, d. h. etwa 150–200 Jahre später als in den größeren Städten Westeuropas; aus dieser zeitlichen Verschiebung ergab sich aber eine organische, den örtlichen Ansprüchen und Umständen angepasste Adaption. Folgende drei Hauptintentionen lassen sich – parallel zu anderen Ländern Europas und in dieser Reihenfolge – in der Absicht der Testierenden festmachen: die Sorge um das Seelenheil, die Haftung für die materielle Sicherheit der nächsten Verwandten und die Sicherung einer positiven Erinnerung durch die Nachwelt. Neben diesen persönlichen Motiven war es aber auch für die Städte selbst wichtig, über das weitere Schicksal des innerhalb ihrer Grenzen angehäuften Vermögens, das die Steuergrundlage bildete, Kontrolle auszuüben. Deshalb legten sie Wert auf die Prüfung der Umstände der Testierung und das Einhalten bestimmter Formalitäten. Da Streitigkeiten bezüglich der Testamente und deren Vollstreckung oft nicht innerhalb der Kompetenz der einzelnen Städte entschieden werden konnten, wurde als Berufungsgericht für die bedeutendsten Städte das sogenannte Tavernikalgericht, das Gericht des königlichen Schatzmeisters, errichtet. Preßburg unterstand mit sechs (vom Ende des 15. Jahrhunderts an sieben) anderen Städten, die auch königliche Freistädte genannt wurden, der Jurisdiktion dieses Gerichtes. Ein Rechtsbuch in schriftlicher Form wurde um 1440 für dieses Forum zusammengestellt. Ein bedeutender Teil der verschriftlichten Regelungen wurde der Testamentspraxis gewidmet, ein Umstand, der die

---

18 GÁL, Summa legum, Einleitung 18–19. Über die Preßburger Handschriften: KIRÁLY, Pozsony város joga 15.

19 BÓNIS, Középkori jogunk elemei 247–248; SZENDE, Testaments 55; BRANDT, Bürgertestamente 337.

20 KIRÁLY, Pozsony város joga 164–165; SURÁNYI, Pozsonyi bíródinasztiák 179–180.

Häufigkeit derartiger Gerichtssachen widerspiegelt[21]. Die Loslösung der Zuständigkeit von kirchlichen und weltlichen Gerichten war eine wichtige Aufgabe dieses Gerichtshofs, wie in einer, im Stadtarchiv Kaschau (Košice) erhaltenen Abschrift zu lesen ist: *...quas quidem causas non ad spirituale, sed saeculare iudicium domini magistri thawernicorum valeant appellare*[22]. Die Bürger der Tavernikalstädte legten durchaus Wert auf ihr besonderes Rechtssystem: in der Einleitung ihrer Testamente verweisen manche Bürger darauf, dass sie ihre Verfügung *nach den sieben frey städten freyheyten* getroffen haben.

Nahezu alle Stadtbewohner durften ein Testament erlassen, die Bedingungen waren bloß Volljährigkeit und gesunder Geisteszustand, jedoch mussten der Stadtrat oder seine Vertreter während der Testamentserstellung oder wenigstens bei der rechtlichen Anerkennung anwesend sein. Die Gültigkeit eines Testaments wurde auch durch die Autorität der Stadt garantiert: neben den Aussagen und Siegeln der Zeugen, war es das Einschreiben des Textes in ein städtisches Protokoll, das die Verfügung gültig und rechtlich bindend machte. An diesem Punkt scheint es deshalb angezeigt, eine kurze Übersicht über die Entwicklung der städtischen Schriftlichkeit in Ungarn im Allgemeinen und in Preßburg im Besonderen anzuschließen.

1.3. Städtische Schriftkultur und Testamentserstellung

Die Städte als Rechtskorporationen sind zuerst passiv, und zwar als Rezipienten und Bewahrer von Privilegien und anderen Urkunden mit der öffentlichen pragmatischen Schriftlichkeit in Verbindung gekommen. Diese Schriftstücke wurden später die Basis der sogenannten städtischen Geheimarchive[23]. Die selbständige Produktion von Urkunden tritt in den königlichen Freistädten erst im Laufe des 14. Jahrhunderts auf. In manchen Städten, wie unten auch für Preßburg zu zeigen ist[24], läßt sich zuvor eine Übergangsphase nachweisen, die dadurch gekennzeichnet ist, dass sich die Stadtoberen (Stadtrichter oder Bürgermeister) Urkunden gemeinsam mit den Vertretern des nächsten „glaubwürdigen Ortes" (*locus credibilis*)[25] ausstellen ließen. Diese Periode dauerte von der zweiten Hälfte des

---

21 KOVACHICH (Hg.), Codex authenticus 221–235; MERTANOVÁ, Ius tavernicale. Über die Entwicklung dieses Gerichts als Berufungsinstanz vgl. SZENTPÉTERY, A tárnoki ítélőszék bes. 577–578.

22 Archív Mesta Košic (Košice), Suppl. H. Articuli Sedis Tavernicalis 1485 (Fotokopie: MOL, Df. 271715), Artikel Nr. 10. Vgl. auch MERTANOVÁ, Die Stellung von Pressburg.

23 SZENDE, Uses of Archives 118.

24 ŠEDIVÝ, Beurkundung 87–97. Über die Zusammenarbeit zwischen Stadtrichter und dem Johanniterkonvent als glaubwürdigem Ort in Sopron vgl. HÁZI, Városi kancellária.

25 Die Institution glaubwürdiger Orte war eine Besonderheit der ungarischen Rechtspraxis und befähigte kirchliche Körperschaften (Kollegiatkapitel oder Konvente) authentische Dokumente über Rechtsangelegenheiten, die sie selbst nicht betrafen, auszustellen. Durch dieses Recht konnten sie

13. Jahrhunderts, als die meisten bedeutenden ungarischen Städte ihre Privilegien erhielten, bis etwa zur Mitte des 14. Jahrhunderts, als die Städte schon mit voller Autorität Dokumente ausstellten. Von da an war es für die Bürger üblich, sich mit ihren Rechtssachen nicht mehr an die glaubwürdigen Orte, sondern an den Stadtrat zu wenden und ihre Urkunden bei den städtischen Kanzleien zu bestellen. Tatsächlich übernahm der Stadtrat viele Aufgaben bei der Abwicklung und Dokumentation von Rechtsangelegenheiten von den glaubwürdigen Orten[26]. Um diese Zeit wurden auch professionelle Stadtschreiber oder Notare angestellt. Seit dem 15. Jahrhundert verfügten die Stadtnotare gewöhnlich schon über universitäre Ausbildung, wenn auch ohne akademischen Grad. Um der wachsenden Nachfrage entgegenzuhalten, wurden zusätzliche Schreiber in den städtischen Kanzleien eingesetzt, und manchmal mussten sogar die Schulmeister aushelfen. Gleichzeitig wurden städtische Archive beziehungsweise Dokumentensammlungen errichtet, die entweder im Rathaus oder in der Sakristei der örtlichen Pfarrkirche aufbewahrt wurden[27].

Ein wichtiger Schritt zur Professionalisierung der städtischen Administration war die Anlage von Stadtbüchern, die de facto Register der vor dem Stadtrat gehandelten Angelegenheiten und den daraus folgenden Dokumenten darstellen. Da die Eintragungen im Stadtbuch volle Rechtskraft hatten und als Vorlage für die Ausstellung neuer Urkunden dienen konnten, war ihre Ordnung streng reguliert. Das Ofner Stadtrecht, eine Rechtssammlung der Hauptstadt, die zwischen 1403 und 1440 entstanden ist, enthält die folgende Regel: *...das statgrundtpuech, do sol der statschreiber dÿ maÿnung und inhaltung aller prief, dy uber erb und gescheft und ander namhaftige trefliche sach geschriben und under der stat sigil gesigelt werden, gar ordenlich und gruntlich vermergken und in schreibung mit der zall und des tages namen* [...] *geschriben. Auf das, ob einem menschen sein prief verloren oder verprandt oder sunst under christen oder juden entpfrömbt worden, so sol man dem selbigen menschen ob er des pegert, des rechten helfen mit andern statbriefen nach inhaltung und ausweisung der ob geschriben vermergkung*[28].

Die ersten Stadtbücher, die in den ungarischen Städten im letzten Drittel des 14. Jahrhunderts in Gebrauch kamen, wurden gleichsam wie Notizbücher von den städtischen Behörden benutzt und waren gemischten Inhalts, der alle vor dem Rat gehandelten Angelegenheiten umfasste. Diese Praxis wurde in den kleineren

---

die Funktion der öffentlichen Notare übernehmen, die in Ungarn nur in geringem Ausmaß verbreitet waren. Grundlegendes über die Institution vgl. ECKHARDT, Die glaubwürdigen Orte; zuletzt HUNYADI, Loca credibilia.

[26] RADY, Medieval Buda 54–68.

[27] SZENDE, Uses of Archives 119–120.

[28] MOLLAY (Hg.), Ofner Stadtrecht 80–81, Cap. 52.

Städten bis in die frühe Neuzeit fortgesetzt, während in den größeren Städten eine zunehmende thematische Spezialisierung zu beobachten ist. Gerichtsprotokolle, Ratsprotokolle, Testamentsbücher, Grundbücher, Kammeramtsrechnungen, Steuerregister und Register der neu aufgenommenen Bürger kommen in diesem Zusammenhang am häufigsten vor. Entstehung und Verteilung der Stadtbücher weisen starke Unterschiede in den einzelnen Städten auf[29]. Die Amtsbücher der ungarischen Städte folgten denselben Prinzipien wie anderswo in Europa, unter anderem in den deutschen Städten; die Eintragungen sind zumeist keine vollständigen Transkriptionen, sondern nur Kurzfassungen der Angelegenheiten[30]. Die Testamentsbücher bilden hierbei eine Ausnahme. Die parallelen Tendenzen lassen sich auch darauf zurückführen, dass zahlreiche neue Zuwanderer, die schon in ihren Herkunftsländern Erfahrungen mit der städtischen Administration gehabt hatten, eine Rolle in der Stadtverwaltung erhielten.

Die Entwicklung der Preßburger Schriftkultur spiegelt nicht nur die allgemeinen Strömungen wider, sondern weist auch innovative Tendenzen auf. Dies war vor allem der prominenten geopolitischen Lage der Stadt zu verdanken. Wie Juraj Šedivý jüngst darstellte, gab es „vom 13. bis zum 15. Jahrhundert drei wichtige Organe der Beurkundung auf dem Territorium der Stadt, die aufeinander Einfluss ausgeübt haben und jeweils in einer bestimmten Zeit vorherrschend waren: Während der Anfänge der Urkundenproduktion war auf dem Gebiet der Stadt der Einfluß des Pressburger Gespans, des Vertreters der königlichen Macht in dieser wichtigen westlichen Grenzburg des Königreichs Ungarn, am stärksten. Dessen Aktivität ging seit dem letzten Drittel des 13. Jahrhunderts an die Kanzlei des Pressburger Kollegiatkapitels über, bis etwa hundert Jahre später die Zeit der städtischen Kanzlei anbrechen sollte“[31].

Die erste Periode, die Tätigkeit der Preßburger Gespane als Urkundenaussteller, interessiert hier momentan nicht. Ihre Dominanz in der lokalen Schriftlichkeit endete nämlich etwa hundert Jahre vor der Entstehung des ersten städtischen Testaments, und sie waren als hohe Würdenträger des Landes eher mit gesamtstaatlichen Angelegenheiten beschäftigt. Viel wichtiger für die Anfänge der Testamentserstellung war das Urkundenwesen des Preßburger Kollegiatkapitels, der bedeutendsten kirchlichen Institution in Preßburg und seiner weiteren Umgebung. Das Kapitel samt seiner Kirche war ursprünglich auf dem Boden der königlichen Gespanschaftsburg angesiedelt, und wurde erst im ersten Viertel des 13. Jahrhunderts in zwei Phasen (1204, 1221) an seinen heutigen Platz, in eines

---

[29] Vgl. im allgemeinen GODA, MAJOROSSY, Städtische Selbstverwaltung und Schriftproduktion. Für Ödenburg vgl. auch GODA, Die Rolle des Gedenkbuches.

[30] Vgl. im allgemeinen PITZ, Schrift- und Aktenwesen.

[31] ŠEDIVÝ, Beurkundung 82.

der sich zur Stadt entwickelnden *Suburbia* der Burg verlegt[32]. Dort erlebte das Kapitel, das wahrscheinlich schon seit dem frühen 13. Jahrhundert als glaubwürdiger Ort fungierte, im letzten Drittel des 13. Jahrhunderts einen raschen Aufschwung seiner Urkundenproduktion, und setzte sich „als die führende öffentliche Institution der Verschriftung im Pressburger Raum" durch[33]. Der damalige Klientenkreis des *locus credibilis* umfasste neben den Vertretern des sich formierenden niedrigen Adels bereits die Stadtbewohner, und in drei Fällen die Stadt selbst. In der ersten Hälfte des 14. Jahrhunderts stieg die Zahl der in Angelegenheiten der Stadt bzw. ihrer Bürger ausgestellten Dokumente noch an. Das Kapitel diente auch zur Bewahrung des „Archivbestandes" der Stadt: bis heute befinden sich vier der sechs ältesten Urkunden der Stadt, unter diesen das älteste Dokument der Stadt aus dem Jahre 1311, in den Beständen des Preßburger Kapitels im slowakischen Staatsarchiv[34].

In der Urkunde wird zwar der Stadtrat als Aussteller genannt, die tatsächliche Ausfertigung des Schriftstücks wurde aber höchstwahrscheinlich vom Kapitel durchgeführt. Die Stadt wirkte nur durch die Mitbesiegelung der Urkunde mit. Auch die anderen frühen Urkunden der Stadt bis zur Mitte des 14. Jahrhunderts wurden nach den Forschungen von Šedivý nicht von der Stadt selbst, sondern in der Kanzlei des Kapitels ausgefertigt und mit dem Stadtsiegel besiegelt[35]. Der Beginn der selbständigen Tätigkeit der Stadt als Urkundenaussteller könnte in Zusammenhang mit der Einführung des Amtes des Bürgermeisters um 1350 stehen. Um diese Zeit emanzipierte sich die Stadt schrittweise – in religiösem und kulturellem Sinne (Bestellung des Pfarrers, städtische Finanzierung der ursprünglichen Kapitelschule) – vom Kollegiatkapitel. Obwohl ein Stadtschreiber (*notarius civitatis*) im ältesten Stadtbuch erst 1364 erwähnt ist, kann man eine eigenständige Urkundenausfertigung der Stadt schon von den späten 1340er Jahren an vermuten[36]. Aus der zweiten Hälfte des 14. Jahrhunderts sind bereits 63, aus der ersten Hälfte des 15. Jahrhunderts etwa 180 von der Stadt ausgestellte Urkunden erhalten geblieben[37]. Seit diesem Zeitpunkt dauerte die Entwicklung

---

32 MARSINA (Hg.), Codex diplomaticus Nr. 125 (1204), Nr. 249 (1221 April 20). Eine detaillierte Darstellung der Verlegung: ŠEDIVÝ, Schriftkultur 48–54.

33 ŠEDIVÝ, Schriftkultur 59–79; Zitat: DERS., Beurkundung 87.

34 ŠEDIVÝ, Beurkundung 88, Anm. 29. Das Archiv des Preßburger Kapitels ist heutzutage ein Bestandteil des Slowakischen Staatsarchivs, Bratislava (Slovenský Národný Archív v Bratislave).

35 ŠEDIVÝ, Beurkundung 87–88. Damit widerlegt er die Annahme der bisherigen, bis auf Theodor Ortvay zurückgehenden Historiographie, dass die Stadt schon am Ende des 13. Jahrhunderts eine eigene Urkundenproduktion gehabt hätte.

36 ŠEDIVÝ, Beurkundung 93–96. Über das Stadtbuch: LEHOTSKÁ, Vedenia mestských kníh.

37 LEHOTSKÁ, HORVÁTH u. a. (Hgg.), Inventár I 11–101; ŠEDIVÝ, Beurkundung 101–102, mit ausführlicher Dokumentation.

der städtischen Kanzlei, des wichtigsten Vertreters der Preßburger bürgerlichen Schriftlichkeit, ununterbrochen fort.

Zur Trennung der zwei Kanzleien trug neben Fragen der Autonomie und Autorität auch ein praktischer Aspekt bei: die Sprache. Preßburg ist der Ort, an dem die frühesten Zeugnisse deutscher Urkundensprache in Ungarn zu finden sind. Nach einem deutschen Schenkungsbrief von 1319 wurde auch der älteste bekannte Schuldbrief in deutscher Sprache 1346 vom Bürger Jacob Hambot hier ausgestellt[38]. Stellten im 14. Jahrhundert die deutschsprachigen Urkunden noch eine Minderzahl der städtischen Schriftlichkeit dar, hatte die deutsche Sprache seit dem ersten Drittel des 15. Jahrhunderts bereits die führende Rolle übernommen. Da das Kapitel als glaubwürdiger Ort weiterhin nur lateinische Dokumente ausstellte, wurde die separate Entwicklung der städtischen Kanzlei auch durch die Nachfrage nach volkssprachlichen Dokumenten gefördert[39].

Vom ersten Stadtschreiber namens Siegfried, dessen Tätigkeit man aufgrund seiner Schrift für den Zeitraum zwischen 1348 und 1379 nachweisen kann, wurde 1364 das eben erwähnte erste Wirtschaftsbuch der Stadt angelegt, „das auf eine neue Qualität der diplomatischen Praxis“ im mittelalterlichen Preßburg schließen lässt[40]. Vom Anfang des 15. Jahrhunderts an ist eine weitere Differenzierung zu beobachten. Nach Büchern gemischten Inhalts – 1364–1538 (für Bruderschaften und Kircheninventare, enthält auch ein früheres Dokument von 1349); von den 1420er Jahren bis 1606 (Register der Gotsleichnambruderschaft u. a.)[41]; 1402–1506 (*Protocollum Actionale*, Bd. 1)[42], 1539–1548 (Bd. 2), 1548–1564 (Bd. 3), und weitere Bände – wurden von den 1420er und 30er Jahren an Bücher für verschiedene Zwecke mit mehr oder weniger homogenem Inhalt angelegt. Neben dem in diesem Band herausgegebenen ersten *Protocollum Testamentorum* ist eine Reihe von anderen Stadtbüchern zu erwähnen. Diese umfassen die folgenden Typen[43]: Urgichtbücher (*Aechtbuch*, 1435–1519) für die Registrierung der Kapitalverbrecher; Grundbücher und *Satzbücher* (1439; 1429–1492; 1439–16. Jh.) für die Registrierung der Haus- und Weingarteneigentümer;

---

38 MOLLAY, Magyar-német nyelvi érintkezések 120–122. Die Urkunde vom 1. Mai 1346, AMB, Nr. 93.

39 LEHOTSKÁ, HORVÁTH u. a. (Hgg.), Inventár I gibt immer auch die Sprache der Dokumente an, woran sich die Tendenzen klar zeigen. Vgl. auch ŠEDIVÝ, Beurkundung 97.

40 ŠEDIVÝ, Schriftkultur 124; LEHOTSKÁ, Vedenia mestských kníh 325–347.

41 Für eine Analyse des Materials der Gotsleichnambruderschaft vgl. MAJOROSSY, A Krisztus Teste konfraternitás helye. Für die Transkription der Liste der Mitglieder sowie der Kircheninventare vgl. MAJOROSSY, Church in Town Anhang 5, Nr. 7; Zu Stadtbüchern im Allgemeinen vgl. GEUENICH, Stadtbücher.

42 ZIEGLER (Hg.), Actionale Protocollum; PIIRAINEN, Stadtbuch.

43 Für eine ausführliche Darstellung vgl. GODA, MAJOROSSY, Städtische Selbstverwaltung und Schriftproduktion 87–99.

die ‚Rechtsbücher', die im Laufe des 15. Jahrhunderts stufenweise zusammengestellt worden sind; die Kammeramtsrechnungen (Fragmente aus dem 14. Jh., 1434/1435, 1439–1531 und weiter, jährlich fortlaufend), über die städtischen Einnahmen und Ausgaben; die Steuerbücher (1415/16, 1420 – fragmentarisch; 1434, 1452/53; 1503/04; 1532/33) über die Bezahlung von Vermögens- und Einkommenssteuer; Spitalbücher bzw. Spitalrechnungen (1441; 1493; 1503/04; 1506–1516; 1512–1515; 1517) der unter städtischer Verwaltung stehenden Pflegeanstalten[44]; sowie die Zollbücher (1457; 1457/58; 1496) über die Bezahlung von Export- und Importzoll.

Diese für ungarische Verhältnisse ziemlich frühe Differenzierung der Schriftlichkeit kann auf zahlreiche Ursachen zurückgeführt werden. Zunächst gab es dank der wirtschaftlichen Blüte eine verstärkte Frage nach Schriftstücken. Der Anspruch auf leichte Auffindbarkeit und sichere Verwahrung konnte am besten durch die zentral (im seit 1378 nachweisbaren Rathaus)[45] aufbewahrten Registerbücher befriedigt werden. Die engen Beziehungen zur Großstadt Wien, deren gut entwickelte Verwaltung als Vorbild dienen konnte, wirkten sich, wie schon von der bisherigen Forschung stark betont wurde, auf Preßburg aus[46]. Besonders das 1439 angelegte Grundbuch folgt eng dem Wiener Vorbild[47]. Daneben muss auf einen weiteren Faktor, nämlich die häufige Anwesenheit des Königs und seiner Kanzlei hingewiesen werden.

Für König Sigismund (1387–1437) war Preßburg während seiner gesamten Regierungszeit eine beliebte Residenz, aber besonders im letzten Jahrzehnt, als er fast nie in Buda (Ofen) verweilte[48]. Nachdem die Bedrohung der Stadt durch die Hussiten 1429 abgewendet worden war, machte sich Sigismund zum Ziel, Preßburg als Zentrum seiner Regierung ausbauen zu lassen, um die Kontakte mit allen Ländern unter seiner Herrschaft als König von Ungarn, Böhmen und des Heiligen Römischen Reiches zu stärken. Dies brachte eine aktive Bautätigkeit des Herrschers mit sich: neben der Erweiterung der St. Martinskirche um eine neue Seitenkapelle – mit einem Schlussstein, der das Wappen Sigismunds zeigt[49] – wurde vor allem die Burg umfassend umgebaut[50], wobei auch die Stadt – obwohl nicht ganz freiwillig – als Financier mitwirkte[51]. Dieses Unternehmen,

---

[44] Über die Spitalrechnungen vgl. MAJOROSSY, Hospitals and the Poor und MAJOROSSY, SZENDE, Hospitals 432–436.

[45] FIALA, Stará radnica 28–30.

[46] ORTVAY, Pressburg Bd. 3 487–490; OPLL, Pressburg und Wien bes. 107–108 und 117; ZIEGLER, Deutsche Schriftlichkeit.

[47] KOVÁTS, Grundbuchführung; LEHOTSKÁ, Vedenia mestských kníh 326–327.

[48] ENGEL, TÓTH, Itinerarium 123–131, 150 (Register: Pozsony).

[49] ŽÁRY, Dóm sv. Martina 227, Fig. 186.

[50] Vgl. zuletzt PAPP, Residenz, mit der älteren Literatur.

[51] SZENDE, Between Hatred and Affection 209.

ebenso wie die gemeinsam ausgeübte Münzprägung in der Stadt, benötigte die Zusammenarbeit von königlicher und städtischer Administration. Dadurch kam die Verwaltung von Preßburg mit der Führung von Rechnungsbüchern und anderen speziellen Registern in Berührung. Es ist wohl kein Zufall, dass die meisten neuen Stadtbücher während dieser intensiven Kontakte im letzten Jahrzehnt der Regierung König Sigismunds angelegt worden sind.

Anhand der Verschriftlichung der Testamente der Preßburger Bürger lässt sich die oben skizzierte allgemeine Entwicklung der pragmatischen Schriftlichkeit Preßburgs paradigmatisch verfolgen[52]. Das erste erhaltene Testament aus dem Preßburger Raum stammt nicht von einem Bürger, sondern von einem gewissen Thomas, Kanoniker des Kapitels und Pfarrer des benachbarten Dorfes Bischofsdorf (ung. Püspöki; slow. Podunajské Biskupice) und wurde 1343 ausgestellt[53]. Die nächste, obwohl indirekte Angabe, bezieht sich 1350 auf eine Untersuchung über das Testament des Kanonikers Hans Long[54]. Was die Bürger betrifft, wandten sie sich zuerst mit dem Wunsch, ein Testament erstellen zu lassen, an das Kapitel, das ihnen eine Urkunde darüber ausstellte. Da aber die Verfügungen viele auf dem Gebiet der Stadt liegende Erbschaften betrafen, nahm oft auch die Stadt durch (Mit)besiegelung der Urkunde am Prozess teil. Dies war bei fünf der insgesamt acht im Stadtarchiv erhaltenen Testamente aus dem 14. Jahrhundert der Fall, unter anderem bei den zwei lateinischen Testamenten von Hans Vogl und seiner Ehefrau von 1356, die nicht nur mit den Siegeln des Kapitels und des Testators, sondern auch mit dem Siegel der Stadt bekräftigt wurden[55]. Am deutschsprachigen Testament des Financiers Wiener Abstammung Jans Poll, aus dem Jahre 1375, hingen die Siegel des Testators, eines anderen Bürgers und des Stadtpfarrers[56]. Als nächsten Schritt stellte die Stadt bereits ohne Mitwirkung des Kapitels Testamentsurkunden aus.

Mit der wachsenden Zahl der Testamente schien es auch notwendig, die Schriftstücke in ein Stadtbuch einzutragen. Das erste für diesen Zweck verwendete Buch war das oben erwähnte *Protocollum Actionale*, das sonst meistens für Eintragungen finanziellen Inhalts genutzt wurde[57]. Bald wurde das Verfahren durch die Stadt mit der Anlage eines eigenen Testamentsbuchs im Jahre 1427

[52] Über den Prozess vgl. ŠEDIVÝ, Schriftkultur 123–124; DERS., Beurkundung 99–100; SZENDE, Otthon a városban 73–75; MAJOROSSY, Archives of the Dead bes. 22–23.

[53] 26. Juni 1343. AMB, Nr. 4729. (Fotokopie: MOL, Df. 248984).

[54] 13. Januar 1350. AMB, Nr. 108. (Fotokopie: MOL, Df. 238728).

[55] 6. März 1356. AMB, Nr. 133 und 135. (Fotokopie: MOL, Df. 238752 und Df. 238754).

[56] 21. Januar 1375. AMB, Nr. 327. (Fotokopie: MOL, Df. 238910).

[57] Das Buch hat zehn Eintragungen, die zu den Testamenten gezählt werden können: ZIEGLER (Hg.), Actionale Protocollum 36–37 (fol. 12), 37–38 (fol. 13), 41–42 (fol. 17), 45–46 (fol. 21), 121–123 (fol. 109–110), 143 (fol. 132), 158–159 (fol. 147), 168–169 (fol. 155), 174 (fol. 161), 186–187 (fol. 173–174).

weiter zentralisiert, was zu einem raschen Zuwachs der schriftlich erhaltenen Testamente führte. Seit dem 15. Jahrhundert beschränkte sich die Rolle des Kapitels in der Testamentserstellung – von einem Ausnahmefall aus dem Jahre 1404, als ein aus Tyrnau stammender Bürger seinen letzten Willen dort aufzeichnen ließ[58], abgesehen – auf die Anfertigung von Priestertestamenten[59], oder auf die Aufbewahrung einiger, sonst ins *Protocollum* eingetragener Testamente[60].

Wie unten ausführlicher dargestellt werden wird, schloss das Testamentsprotokoll die Verfertigung von selbständigen Testamentsurkunden nicht aus, ermöglichte aber die Eintragung eines letzten Willens auch aufgrund einer mündlichen Einbringung vor dem Stadtrat. Der Gebrauch von Eiden ist nur in seltenen Fällen nachweisbar. Die raren Erwähnungen von Einbringern, die über die Verfügung des Testators *an aids stat* Bekenntnis ablegen, können sich sowohl auf schriftliche als auch mündliche Testamente beziehen[61]. Das Verfahren ähnelte dem im Ofner Stadtrecht, in der Rechtssammlung der Hauptstadt, folgendermaßen beschriebenen: *Der zu eynem gescheft wirt gepeten, das er das furen sulle, der sal dor zu gehen mit andern geczeugen. Unnd so der mensch, der das gescheft gethon hat, stirbt, so sullen dy gescheft hern unnd dy geczeugen mit schrift ader mit priefen wor den Rat chomen, ap das sey geschriben worden. Ist aber des nicht, so ist iß genug mit den czeugen, unnd schol melden alle stuck, dy der mensch hat geschaft, das alles ordenlich sol peschriben werden yn das stat pueh unnd dor nach sullen dy gescheft herren frist haben sechs monet dy nechsten zu verfuren unnd auß zu richten gancz unnd gar das gescheft. Nach den VI mont zu hant schol der Richter des monden seyn, das er dy selbigen gescheft herren pfende unnd all dy dor czu gehoren. Unnd was er dan findt, das nicht auß gericht ist, das sol er an allis lenger vor czyhen auss richten unnd enden*[62].

---

58 1. November 1404. Slovenský Národný Archív v Bratislave [Slowakisches Staatsarchiv in Bratislava] = SNA, Súkromný Archív Bratislavskej Kapituly [Das Privatarchiv des Preßburger Kapitels] = SABK, 64-1-1 (Fotokopie: MOL, Df. 227568).

59 3. Januar 1517, Kaspar Römer, Kanoniker. SNA, SABK P-1-1 (Fotokopie: MOL, Df. 228279); 19. November 1521, Hans Schmitzel, Benefiziat. SNA, SABK P-1-2 (Fotokopie: MOL, Df. 228280). Vgl. auch Anm. 52.

60 Im Bezug auf das Testament von Katharina Pokfuessyn (*Protocollum Testamentorum*, Nr. 71) vgl. ein Dokument, ausgestellt vom Kapitel zwei Jahre zuvor (*ultima sua in voluntate pro remedio anime sue*), 25. Juli 1437. AMB, Nr. 1528. (Fotokopie: MOL, Df. 239673). Ein zweites Exemplar des Testaments von Jakob Aigner, Jun. (*Protocollum Testamentorum*, Nr. 755) ist im Archiv des Kapitels aufbewahrt: SNA, SABK LXIV-I-2 (Fotokopie: MOL, Df. 227569).

61 Vgl. folgende Beispiele: Nr. 36: *habent für unß offeleich* (!) *an aides stat bechant* (mündliche Einbringung) und Nr. 355: *bechennen wir obgnannt geschefftlewt bey unserem trewen an aids stat und haben auch des zu gedechtnuss unser yedlicher sein petschad an den prieff gedruckht* (schriftliche Einbringung). Der Ausdruck *an aids stat* kommt im ganzen Band nur insgesamt sechs Mal vor (Nr. 36, 73, 110, 136, 355, 359).

62 MOLLAY (Hg.), Ofner Stadtrecht 161–162, Cap. 309.

Die ins Stadtbuch eingetragenen Texte der Testamente beruhten entweder auf einer vor dem Tod des Erblassers abgefassten Urkunde oder der Rechtsinhalt einer mündlich getroffenen Verfügung wurde von den Zeugen vor dem Stadtrat eingebracht. In den Verfahren zeigt sich eine starke Kontrolle der städtischen Behörden sowohl über die Registrierung als auch die Vollstreckung der Verfügungen. Die Regelungen beweisen auch, dass die Oralität, obwohl die Rolle der Schriftlichkeit bei der Testierung stufenweise zunahm, immer – bis zum heutigen Tag – eine wichtige Rolle bewahrte. Es wird auch eine große Zahl von letztwilligen Verfügungen gegeben haben, die nur in mündlicher Form existierten. Das Schreiben vergrößerte grundsätzlich die Reichweite des menschlichen Gedächtnisses, insbesondere hinsichtlich der Bezeugung und Kontrolle der Verfügungen[63].

Inhaltlich ist das *Protocollum*, wie schon betont, sehr einheitlich, bezüglich der diplomatischen Praxis zeigt es aber bemerkenswerte zeitliche Unterschiede[64]. In den frühen Jahrzehnten seiner Benützung findet man zu fast gleichen Teilen Einträge von mündlich formulierten letztwilligen Verfügungen, Abschriften von besiegelten Urkunden, und einen dritten „Übergangstyp", bei dem keine besiegelte Vorlage, sondern nur schriftliche Notizen vorhanden waren[65]. In den letzten Jahrzehnten des 15. Jahrhunderts ist eine Vereinheitlichung zu beobachten; die mündlichen Einbringungen und der „Übergangstyp" verschwanden fast völlig, und in den meisten Fällen wurden Volltextfassungen besiegelter Urkunden in das Testamentsbuch eingetragen. In den 1510er und 1520er Jahren jedoch lief ein anderer Vorgang ab: anstelle einer weiteren Standardisierung kommt der „Übergangstyp" wieder in die Praxis zurück, und einige Testamente sind auch als besiegelte Originalurkunden im Stadtarchiv erhalten geblieben, die überhaupt nicht ins Testamentsbuch eingetragen worden waren. Aus dieser letzten Periode ist auch ein Hinweis auf ein eigenhändig geschriebenes und mit dem Siegel des Testators bekräftigtes Testament des Bürgermeisters Friedrich Voyt aus dem Jahre 1521 zu finden[66]. Bezüglich des Vorgangs des Testierens ist zudem bemerkenswert, dass, obwohl sich die Datierungen der Testamente nahezu gleichmäßig auf die einzelnen Wochentage verteilen, ein relativ hoher Anteil (19 %) am Sonntag

---

[63] SZENDE, Testaments.

[64] Für eine detaillierte Darstellung dieses Vorgangs vgl. SZENDE, Otthon a városban 75–77.

[65] Das Wort „Übergang" ist hier nicht in chronologischem sondern in schreibtechnischem Sinne zu verstehen: Diese Variante des Testaments ist weder rein mündlich noch eine offizielle, mit Siegel bekräftigte schriftliche Fassung. In der Edition wird der Übergangstyp nicht ausgewiesen. Die Kategorien ‚schriftlich' und ‚mündlich' sind im Wesentlichen nach Anwesenheit oder Ermangelung einer besiegelten Vorlage angegeben.

[66] *mit meiner aigen hand* geschriben und mit meinem sigel verpetschafft...* Testament Nr. 802, *Protocollum Testamentorum*, fol. 398r–401r, wird im zweiten Band unserer Edition veröffentlicht. MAJOROSSY, Friedrich Voyt 468.

ausgefertigt wurde. Die Eintragung ins Testamentsbuch fand aber eher an den Wochentagen statt (97%)[67].

Insgesamt sind aus dem Zeitraum von der Mitte des 14. Jahrhunderts bis 1529 in Preßburg 901 letztwillige Verfügungen erhalten geblieben, wobei die 1430er Jahre einen bedeutenden Aufschwung mit sich brachten, und die Testierpraxis ihren Höhepunkt im Jahrzehnt nach 1500 erreichte (vgl. Abb. 2).

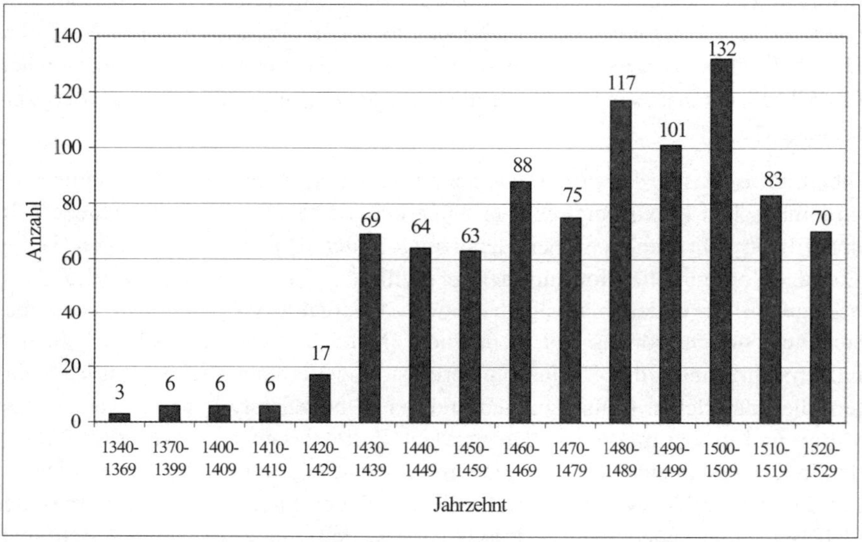

Abb. 2. Die Verteilung der letztwilligen Verfügungen aus Preßburg, 1340–1529[68]

Vom gesamten Material sind 844 Schriftstücke als Eintragungen ins *Protocollum Testamentorum* erhalten (von welchen 14 auch als selbständige Urkunden existieren). Weitere zehn Stücke wurden ins *Protocollum Actionale* und ein Stück in das Register der Gotsleichnamsbruderschaft eingetragen; die übrigen 46 sind als Einzelurkunden, davon 43 im Stadtarchiv und drei im Kapitelarchiv, überliefert. Mit dieser Menge an Testamenten aus dem späten Mittelalter steht Preßburg unerreicht an erster Stelle aller Städte des mittelalterlichen Ungarn. Die Produktion und Aufbewahrung dieser Quellenfülle wäre ohne die oben dargestellten Formen und Phasen städtischer Schriftlichkeit unmöglich gewesen.

---

[67] Vgl. im allgemeinen CSUKOVITS, Az írástudók munkaideje.

[68] Entwurf von Judit Majorossy, publiziert in: KRUPPA (Hg.), Pfarreien 346.

1.4. Preßburg: Stadtentwicklung, Topographie, Wirtschaft und Gesellschaft

Der dritte Kontext des *Protocollum* ist ohne Zweifel die Stadt Preßburg selbst, wo die Texte entstanden sind, und auf die sie sich meistens beziehen. Die Bedeutung Preßburgs in der mittelalterlichen ungarischen Stadtgeschichte ist aufgrund der für ungarische Verhältnisse günstigen Quellenbedingungen schon ab dem 13. Jahrhundert recht gut zu fassen. Bereits lange vor dieser Zeit war der Ort eine wichtige Festung. An der Donau, einer der wichtigsten Pulsadern des europäischen Verkehrssystems, an der Westgrenze des Karpatenbeckens gelegen, war das Gebiet von Preßburg eminent geeignet, ein wichtiges Macht- und Handelszentrum zu werden[69].

Die Einleitung einer Quellenausgabe kann nicht – und soll auch nicht – eine Kurzfassung der mittelalterlichen Geschichte Preßburgs im Allgemeinen bieten. Hier wird der Zweck verfolgt, die Wirtschafts-, Sozial- und Kirchengeschichte sowie die Topographie der Stadt so darzustellen, dass sie als Hintergrund für die hier herausgegebenen Quellentexte dienen und zu deren besserem Verständnis beitragen können[70].

Wie bereits oben angedeutet wurde, war Preßburg ein wichtiges Bollwerk der Grenzverteidigung in der Zeit der ungarischen Landnahme und danach[71], und spätestens seit der Mitte des 11. Jahrhunderts eine Gespanschaftsburg des sich entwickelnden ungarischen Königtums. Am Burghügel wurde eine Festung mit Holz- und Erdwallkonstruktion von ca. 5, 5 ha ausgebaut, die sowohl den Sitz des Gespans als auch die Kirche und den Wohnbereich des Kollegiatkapitels umfasste, die Steinbauten waren[72]. Mit dem Kapitel ist wahrscheinlich ab dem Aufenthalt König Salomons in Preßburg zwischen 1074/5 und 1078 rechnen, schriftlich wird es erstmals in Artikel 22 des Dekrets von König Koloman (1095–1116) um 1104 erwähnt[73]. Es kam aber zu Streitigkeiten zwischen weltlicher und kirchlicher Macht, was 1204 bzw. 1221 zur Übersiedlung des Kapitels

---

69 STOOB, Pressburg.

70 Die bis jetzt umfassendste Darstellung der Geschichte der Stadt wurde vor etwa 100 Jahren von T. Ortvay, Historiker und Abt von Csanád, veröffentlicht: ORTVAY, Pressburg, Bde 1, 2/1–4, 3. Die Ergebnisse der Forschung nach dem zweiten Weltkrieg sind im folgenden Band zusammengefasst: HORVÁTH, LEHOTSKÁ, PLEVA (Hgg.), Dejiny Bratislavy. Einige Tagungsbände, die nützliche Beiträge zur mittelalterlichen Geschichte Preßburgs enthalten: HORVÁTH, Najstaršie dejiny Bratislavy; MARSINA (Hg.), Städte im Donauraum; CZOCH, KOCSIS, TÓTH (Hgg.), Fejezetek Pozsony történetéből.

71 VESZPRÉMY, Rezeptionsgeschichte; ORTVAY, Pressburg Bd. 1, 52–66.

72 Über die Gespanschaftsburg: ŠTEFANOVIČOVÁ, Bratislavský hrad 21–57; DIES., Anfänge; BÓNA, Árpádok korai várai 34–37.

73 BAK, BÓNIS, SWEENEY (Hgg.), DRMH I 26.

in das *suburbium* führte[74]. Die Festung sah 1189 den Durchzug der Kreuzritter unter der Führung von Friedrich Barbarossa und widerstand 1241/42 dem Mongolensturm. Die Burg diente schon im 11–13. Jahrhundert gelegentlich als königlicher Zufluchtsort oder als Nebenresidenz[75]. Diese Funktion bewahrte sie bis zum Ende des Mittelalters und auch darüber hinaus[76]. Die häufige – obwohl nicht regelmäßige – Anwesenheit der Könige, Königinnen und ihres Hofes übte eine starke Wirkung auf die Entwicklung der Stadt, sowohl auf ihre Bausubstanz und Gestaltung als auch auf ihre gesellschaftliche Zusammensetzung und Wirtschaft, aus. Die Ämter des Preßburger Gespans *(comes)* und des Kastellans wurden immer von vertrauten Anhängern des Königs bekleidet, die oftmals auch andere Würden des Königreichs trugen[77]. Diese hochrangigen Adeligen hatten rege Kontakte zu den führenden Bürgern der Stadt und kommen in deren letztwilligen Verfügungen auch gelegentlich vor.

Die Burg stand aber nicht allein in der Siedlungslandschaft: die wichtigen Verkehrsrouten und die Furt über die Donau zogen schon seit dem 11. Jahrhundert Siedler an. Bereits seit 1151 sind die Märkte im *suburbium* durch schriftliche Angaben belegt[78]. Wie neue Ausgrabungen zeigen, ließ sich die Bevölkerung in mehreren kleinen Siedlungen nieder, die sich um ihre eigenen Kirchen konzentrierten[79]. Diese Kirchen übten ähnlich der dem Salvator geweihten Burgkirche Pfarrfunktionen aus; im späten Mittelalter wurden aber nicht alle beibehalten (siehe Abb. 3). Unter dem Burghügel, an der Ostseite lag die St. Nikolaikirche (eine Rotunde wurde in der Nähe des heutigen Gebäudes freigelegt), die wahrscheinlich die lokalen, bei der Furt angesiedelten Kaufleute bediente. Unweit dieser, näher zur Donau befand sich die St. Martinskirche, die einzige Pfarrkirche innerhalb der späteren Stadtmauern. An diese Stelle ist 1221 das Kapitel umgezogen, danach übernahm die Kirche auch das Erlöser-Patrozinium. In der östlichen Siedlungseinheit befand sich die St. Laurenzkirche, im Norden die St. Michaelskirche, im Süden die St. Andreaskirche, und im Nordosten, in einem Dorf, das später Schöndorf (ung. Széplak, slow. Krásna Ves) genannt wurde, die St. Gotthardskirche.

---

[74] ŠEDIVÝ, Schriftkultur 32–38; DERS., Pressburger Kapitel.

[75] ORTVAY, Pressburg Bd. 1, 264–267, 276–306 (über die Kreuzritter und den Mongolensturm), Könige und Königinnen in Preßburg, 1304–1527: Bd. 3, 3–81. HORVÁTH, LEHOTSKÁ, PLEVA (Hgg.), Dejiny Bratislavy 44–45.

[76] Vgl. Anm. 36–39, oben; sowie FIALA, A pozsonyi vár.

[77] ENGEL, Archontológia Bd. 1, 166–169 (Gespane), 393–396 (Kastellane). Die wichtigsten Informationen zu diesen Personen sind in den Anmerkungen zur Textedition angegeben.

[78] BAXA, FERUS, Bratislava 4–7; ŠEDIVÝ, Schriftkultur 28–39.

[79] FIALA, Kostol sv. Mikuláša.

Die ethnischen Verhältnisse des aus diesen Kernen langsam zusammenwachsenden *suburbiums* gestalteten sich schon vor dem Mongolensturm von 1241/42 sehr bunt. Im Wedritztal südlich des Burghügels wohnten Slawen, im Siedlungsteil Blumenau (ung. Lamacs; slow. Lamač) ließen sich deutsche Siedler nieder, an der Ostseite des Burghügels lebte eine ungarische Bevölkerung, an die sich um 1200 und in weiteren späteren Wellen neue Siedler aus Bayern anschlossen. Ein Jahrhundert später ist auch eine kleinere Anzahl von italienischen Siedlern anzunehmen[80].

Der Prozess der Stadtentwicklung im Laufe des 13. Jahrhunderts wurde auch von Klostergründungen begleitet. Zuerst traten um 1235 Zisterzienserinnen auf, die wahrscheinlich ein früheres Frauenkloster der Benediktiner übernahmen. Neben diesem Nonnenkloster, das aber eher kurzlebig war und nur bis 1297 belegt ist, hatten auch die Äbte von Pilis(szentkereszt) und Heiligenkreuz (Österreich) Besitztümer und Einkünfte in Preßburg; das letztere bis zum Anfang des 16. Jahrhunderts (St. Katharinenhof), jedoch ohne jemals Beziehungen zum religiösen Leben des Bürgertums ausgebildet zu haben[81]. Wesentlich aktiver waren die Franziskaner, die sich laut einer Angabe von 1240 schon vor dem Mongolensturm in Preßburg niederließen[82]. Damals war ihr Kloster noch *extra suburbium*, zwischen den früheren Siedlungseinheiten gelegen, diese Lage gewann aber gegen Ende des 13. Jahrhunderts mit der Umgestaltung des Stadtgefüges eine zentrale Position gleich am Rande des späteren Hauptplatzes. Diese günstige topographische Lage trug wesentlich dazu bei, dass die Brüder eine so große Rolle in der Seelsorge der städtischen Bevölkerung spielten und derart häufig in den Testamenten vorkommen. Parallel zum Erlöschen des Zisterzienserinnenklosters wurde ein Klarissenkonvent an seiner Stelle gegründet. Da die Klarissen auch das Gebäude übernahmen, lag ihr Kloster ebenfalls in der Innenstadt, am Ende der Straße der Kanoniker (Pfaffengasse)[83].

Zu dem Zeitpunkt, als König Andreas III. (1291–1301), das letzte männliche Mitglied der Arpadendynastie, am 2. Dezember 1291 ein Stadtprivileg an Preßburg verlieh, war die Siedlung schon weit auf dem Weg der Stadtentwicklung fortgeschritten[84]. Das Dokument kann deshalb eher als eine Zusammenfassung

---

80 SZENDE, Otthon a városban 12–17.

81 ROMHÁNYI, Kolostorok és társaskáptalanok 53; MAJOROSSY, Church in Town 12–13 (Zisterzienser), 375–379 (Katharinenhof).

82 ORTVAY, Pressburg Bd. 1, 343 (Angabe zu 1240). Vgl. STOOB, Pressburg 324.

83 ROMHÁNYI, Kolostorok és társaskáptalanok 53; MAJOROSSY, Church in Town 348–350 (Franziskaner), 355–358 (Klarissen).

84 Die letzten Ausgaben: JUCK, Výsady miest 74–76. HORVÁTH, Mestké privilégium, mit Faksimile. Vgl. SZENDE, Otthon a városban 18–20; GODA, MAJOROSSY, Städtische Selbstverwaltung und Schriftproduktion 64, Anm. 12.

der schon erreichten Autonomie denn als ein Neubeginn betrachtet werden. Neben dem üblichen Inhalt solcher Urkunden (Ausnahme von der Autorität des Komitatsgespans, freie Ratswahl, Einwanderungsfreiheit, usw.) sind für Preßburg die Punkte über die Gleichberechtigung der Einwohner der Innenstadt und der Vorstädte, sowohl der Christen als auch der Juden, zu betonen.

Die Errichtung einer Stadtmauer um die Innenstadt erfolgte kurz nach der Verleihung der Privilegien, was zur topographischen Umgestaltung der Siedlung führte[85]. Obwohl der ummauerte Teil ziemlich groß war – die Rekonstruktion des Grundstücksystems der Innenstadt zu Anfang des 15. Jahrhunderts zeigt mehr als 200 Grundstücke innerhalb der Mauern auf[86] – sind die meisten früheren Siedlungskerne zu Vorstädten geworden. Von diesen haben nur zwei ihre Pfarrkirchen bewahrt: die St. Laurenzkirche im Osten und die St. Michaelskirche im Norden. Die St. Andreaskirche und die St. Gotthardskirche wurden im Laufe des 14. Jahrhunderts abgerissen, während die St. Nikolaikirche weiter als eine Kapelle ohne Pfarrbezirk fungierte[87].

Hier müssen auch die zwei städtischen Spitäler als wichtige Anstalten erwähnt werden. Das erste wurde noch Ende des 13. Jahrhunderts von den Antonitern in der St. Laurenz-Vorstadt gegründet, aber schon 1309 laut einer Vereinbarung zwischen dem Orden und der Stadt von letzterer übernommen und getragen; nur die *spiritualia* blieben bis 1429 beim Orden. Ein ähnlicher Prozess, nämlich die Übernahme eines Ordensspitals durch die Stadtverwaltung ist in zahlreichen Städten Mitteleuropas nachzuvollziehen. Bemerkenswerterweise gründeten um 1370 auch zwei Bürger ein Spital, dem Hl. Ladislaus gewidmet, unweit der anderen Anstalt, welches 1397 ebenfalls der Stadt übergeben wurde. Die beiden Institutionen wurden gemeinsam verwaltet, und kommen in den Testamenten der Preßburger oft als Einheit vor[88]. Ein weiteres Element der Kirchentopographie – obwohl außerhalb der Stadt gelegen – war das von König Ludwig dem Großen (1342–1382) im Jahre 1377 gegründete Paulinerkloster im Tal (Marienthal; ung. Máriavölgy; slow. Marianka)[89]. Die Pauliner waren eigentlich ein Eremitenorden, zu welchem die Lage im Wald im Tal gut passte, ihre Nähe zur Stadt und ihr offenes Verhältnis zu den Gläubigen machte sie jedoch ähnlich einem Bettelorden. Die Mönche trugen aktiv zur Seelsorge der Preßburger bei und kommen in den Testamenten dementsprechend häufig vor.

---

85 Über die Stadtmauern vgl. HOLL, Feuerwaffen bes. 213–219.

86 JANKOVIČ, Zásady a postup bes. 43 und Karte auf 42. GODA, MAJOROSSY, Städtische Selbstverwaltung und Schriftproduktion 66, Anm. 23; MAJOROSSY, A polgári térhasználat.

87 MAJOROSSY, Church in Town 12 (im allgemeinen), 198–201 (St. Gotthard), 314–345 (Pfarrkirchen), 380–381 (St. Nikolai).

88 AMB, Nr. 24. Vgl. MAJOROSSY, Hospitals and the Poor 41–56.

89 ROMHÁNYI, Kolostorok és társaskáptalanok 42; MAJOROSSY, Church in Town 364–370.

Neben diesen bedeutenden Kirchen und Klöstern gab es auch einige Kapellen, die von einer begrenzten Zahl von Gläubigen genutzt wurden, z. B. im Rathaus, in der *curia* des Erzbischofs von Esztergom, im Zollhof, und die Gotsleichnamskapelle neben dem ehemaligen Judenhof, die höchstwahrscheinlich an der Stelle eines früheren jüdischen Bethauses errichtet worden war[90]. Im Spätmittelalter lag die Synagoge der ziemlich bedeutenden jüdischen Gemeinde, deren Mitglieder auch in zahlreichen Testamenten in Bezug auf Geldgeschäfte vorkommen, im östlichen Teil der Stadt, in der Judengasse[91].

Insgesamt bedeutete das 14. Jahrhundert eine Periode extensiven Wachstums der Kirchenorganisation der Stadt, das 15. Jahrhundert hingegen stellte eine Phase der Intensivierung dar. In dieser Periode wurden in den schon existierenden Kirchen weitere Kapellen und Nebenaltäre gegründet, die teilweise von einzelnen Bürgerfamilien, teilweise von religiösen Bruderschaften und Handwerkerzünften finanziert, genutzt und instandgehalten wurden[92]. Jene Testatoren, die sich solche Gründungen nicht leisten konnten, haben die Altäre und Kapellen mit neuen Messstiftungen bereichert. Alle diese verschiedenen Einrichtungen und Formen wurden durch die Testamente „verewigt" und uns zur Kenntnis gebracht[93].

Der Ausbau dieses gut entwickelten Kirchennetzes wäre ohne eine intensive wirtschaftliche Entwicklung der Stadt unmöglich gewesen. Der Aufschwung brachte auch die Umstrukturierung und Differenzierung der Gesellschaft mit sich. Im Laufe des 14. Jahrhunderts wurden die Institutionen des städtischen Lebens ausgebaut, wie in Hinblick auf die Schriftlichkeit schon oben dargestellt wurde. Die bürgerliche Autonomie stabilisierte sich, gleichzeitig gab es ein spezifisches Besitzsystem und Erbrecht von Mobilien und Immobilien, was den Inhalt der Testamente ebenfalls beeinflusste[94].

Die zwei Hauptzweige der Wirtschaft Preßburgs waren Transithandel und Weinbau. Bereits das Privileg von 1291 führt über die Zollfreiheit im ganzen Land einen eigenen Punkt an, und nennt besonders drei Sorten von Kaufleuten: *mercatores pannorum, bovum et piscium*. Tuch und andere Textilsorten, Ochsen und Fisch (sowie Wein) sind auch später die wichtigsten Handelswaren geblieben[95]. 1344 erhielt die Stadt die Erlaubnis, einen Jahrmarkt abzuhalten, und bis Anfang des 16. Jahrhunderts folgten drei weitere solche Privilegien. 1402 verlieh König

---

90 MAJOROSSY, A Krisztus Teste konfraternitás helye 264–266.

91 Die bis dato ausführlichste Darstellung der Juden im mittelalterlichen Preßburg findet sich in der Einleitung von KOVÁTS (Hg.), MHJ 4.

92 DE CEVINS, Les confréries. Neuestens: MAJOROSSY, Confraternities.

93 MAJOROSSY, Church in Town 139–179, bes. 163–178.

94 SZENDE, Urban Landownership bes. 151–155; KOVÁTS, Grundbuchführung.

95 Über die Situation im Spätmittelalter vgl. KOVÁTS, Nyugat-Magyarország áruforgalma; KUBINYI, Ofen und Pest.

Sigismund der Stadt das Stapelrecht, was Element der damaligen königlichen Städtepolitik war; der Herrscher förderte die Entwicklung der Grenzstädte auf Kosten der zentralen Städte des Königreichs[96]. In Preßburg gab es im 15. Jahrhundert gleichzeitig etwa 40–50 Familien von Großhändlern (*Kaufleute*) und die Stadt zog als wichtiger Knotenpunkt des internationalen Transithandels auch ausländische Kaufleute an. Zu Anfang des 15. Jahrhunderts waren die Kontakte mit Regensburger und Kölner Kaufleuten am bedeutendsten[97], später wurde der Fernhandel bereits durch Wiener, Augsburger und Nürnberger, die ihre Kunden meistens in Wien trafen, abgewickelt[98]. Die Nähe und die Dominanz Wiens und die Verschuldungen bei ausländischen Handelsfirmen grenzten die Möglichkeiten des Preßburger Handels stark ein[99]. Viel größer war die Zahl der lokalen Kleinhändler, die auch als Vermittler zu den kleineren Städten und Dörfern in der Umgebung Preßburgs tätig waren. Einige der Handelskontakte spiegeln sich, wegen der beim Tod des Testators noch ausstehenden Schulden, auch in den Testamenten wider. Der Anteil der Kaufleute unter den Testatoren betrug etwa 21%, ein wesentlich höherer Prozentsatz als ihr Anteil an der Gesamtbevölkerung. Die wichtigsten Preßburger Handelsfamilien, wie die Ventur, Scharrach, Gailsam, Vorster, List und andere sind mit mehreren Mitgliedern vertreten[100].

Weinberge sind in Preßburg seit der Mitte des 13. Jahrhunderts erwähnt, die Tradition des Weinbaus in der Region soll aber noch älter sein. Die Weingärten umgaben die Stadt von Theben (ung. Dévény; slow. Devín) bis Sankt Georgen (ung. Szentgyörgy; slow. Svatý Jur) in einem etwa 25 km langen Gürtel[101]. Weingärten waren die typische und häufigste Form bürgerlichen Landbesitzes, welche wegen des sehr arbeitsintensiven Anbaus eine rechtliche Sonderstellung genossen und unter viel günstigeren Bedingungen als andere Gründe gekauft und verkauft werden konnten. Weingärten stellten also ein schnell mobilisierbares Kapital dar, das nebenbei meistens auch einen hohen jährlichen Ertrag brachte[102]. Es ist deshalb leicht nachvollziehbar, weshalb Weingärten die am häufigsten vorkommenden Posten in den Testamenten darstellen. Die Mehrheit der Bevölkerung (etwa 60–65%), verfügte über kleinere oder größere Weinparzellen, und für viele stellte der Weinbau die Haupterwerbsquelle dar. Damit war der Weinbau der wichtigste Produktionszweig der Preßburger Wirtschaft – vielmehr spezialisierte

---

96 KUBINYI, Der Ungarische König bes. 204–205.

97 KOVÁTS, Handelsverbindungen; MILITZER, Kölner Kaufleute; HIRSCHFELDER, Kölner Handelsbeziehungen 139–144.

98 PERGER, Nürnberger; DERS., Bürgerfamilien; PICKL, Der Handel Wiens.

99 SKORKA, Pozsony gazdasági szerepe.

100 Über diese Familien und besonders über ihre Verbindungen vgl. z. B. SZŰCS, Városok és kézművesség passim; KUBINYI, Soziale Stellung; PERGER, Bürgerfamilien.

101 KALESNÝ, Weinbau und Weinverkauf; BAĎURÍK, Städte und Weinbau.

102 KUBINYI, Weinbau und Weinhandel.

Warenproduktion als einfache Agrikultur. Die Menge des hergestellten Weins war beeindruckend: im Jahre 1435 wurde 26.925 Eimer (etwa 15.000 hl) Wein produziert, was einem Kaufwert von etwa 16–17.000 Goldgulden entspricht[103]. Der Wein, der noch häufiger als die Weingärten in den Testamenten vorkommt, wurde als Geldersatz und nicht primär als Konsumgut vermacht[104]. Unter den Testatoren beläuft sich der Anteil der Weinbauern auf etwa 44%, Weingärten oder Wein kommen aber in fast jedem Testament vor.

Der Anteil an Handwerkern in der städtischen Gesamtbevölkerung war im europäischen Vergleich ziemlich niedrig, entsprach jedoch dem Durchschnitt anderer ungarischer Städte: laut den Steuerregistern ca. 22–25%. Handwerkszünfte sind seit 1376 nachweisbar. Es waren Vertreter der häufigsten Gewerbe wie Bäcker, Fleischhauer, Schuster, die zuerst solche Vereinigungen gründeten; ihrem Beispiel folgten im 15. Jahrhundert die Schneider, Kürschner, Tuchscherer und Fischer[105]. Diese Meister kommen auch am häufigsten als Testatoren vor: die Handwerker machen etwa 25% aller Testierenden aus. Die oberste Schicht der Handwerker (etwa 10–15%) besaß auch große Weingärten und nahm am internationalen Handel teil. Wenngleich die Spezialisierung ziemlich stark war – im 15. Jahrhundert arbeiteten schon Vertreter von mehr als 50 Handwerkszweigen in der Stadt – produzierten sie im Großen und Ganzen für lokale Konsumenten. Über eine exportfähige Handwerksbranche verfügte die Stadt nicht[106]. Die Wirtschaftsstruktur Preßburgs zeigt viele Parallelen zu der Wiens, gleichwohl in kleinerem Maßstab[107].

Die Stadt erlebte, wie schon oben angedeutet, ihre Blütezeit unter König Sigismund (1387–1437), als sie nach Ofen die zweitwichtigste Siedlung des ganzen Königreichs war, die sowohl in administrativer als auch in wirtschaftlicher Hinsicht eine zentrale Rolle für die westungarische Region spielte[108]. Als königliche Freistadt und Mitglied der sieben Tavernikalstädte, die sich an das Gericht

---

103 KALESNÝ, Weinbau und Weinverkauf 189. Zum Vergleich: In derselben Periode waren die geschätzten vollen Einkünfte König Sigismunds aus dem Königreich Ungarn etwa 320.000 Goldgulden. Vgl. ENGEL, A magyar királyság jövedelmei.

104 SZENDE, Ital vagy pénzpótlék.

105 KIRÁLY, Pozsony város joga 166–200, 428–455: Anhang mit der Publikation der Zunftbriefe. Für eine Liste der Zunftprivilegien vgl. auch GODA, MAJOROSSY, Städtische Selbstverwaltung und Schriftproduktion 90, Anm. 134.

106 SZŰCS, Városok és kézművesség 45–97; SZENDE, Otthon a városban 31–34.

107 LANDSTEINER, Wien im zentraleuropäischen Kontext; DERS., Wien – eine Weinbaustadt; DERS., Handel und Kaufleute.

108 Auf Basis einer quantitativen Methode von András Kubinyi zur Bestimmung der Zentralität der Siedlungen im mittelalterlichen Ungarn, berechnete Katalin Szende diesen Wert für Preßburg. Eine Siedlung kann theoretisch maximal 60 Punkte erreichen, davon hat Ofen den höchsten Wert (55 Punkte), während Preßburg mit 50 Punkten an der zweiten Stelle ist. Vgl. SZENDE, Otthon a városban 45–46, mit Hinweis auf die diesbezüglichen Arbeiten von Prof. Kubinyi.

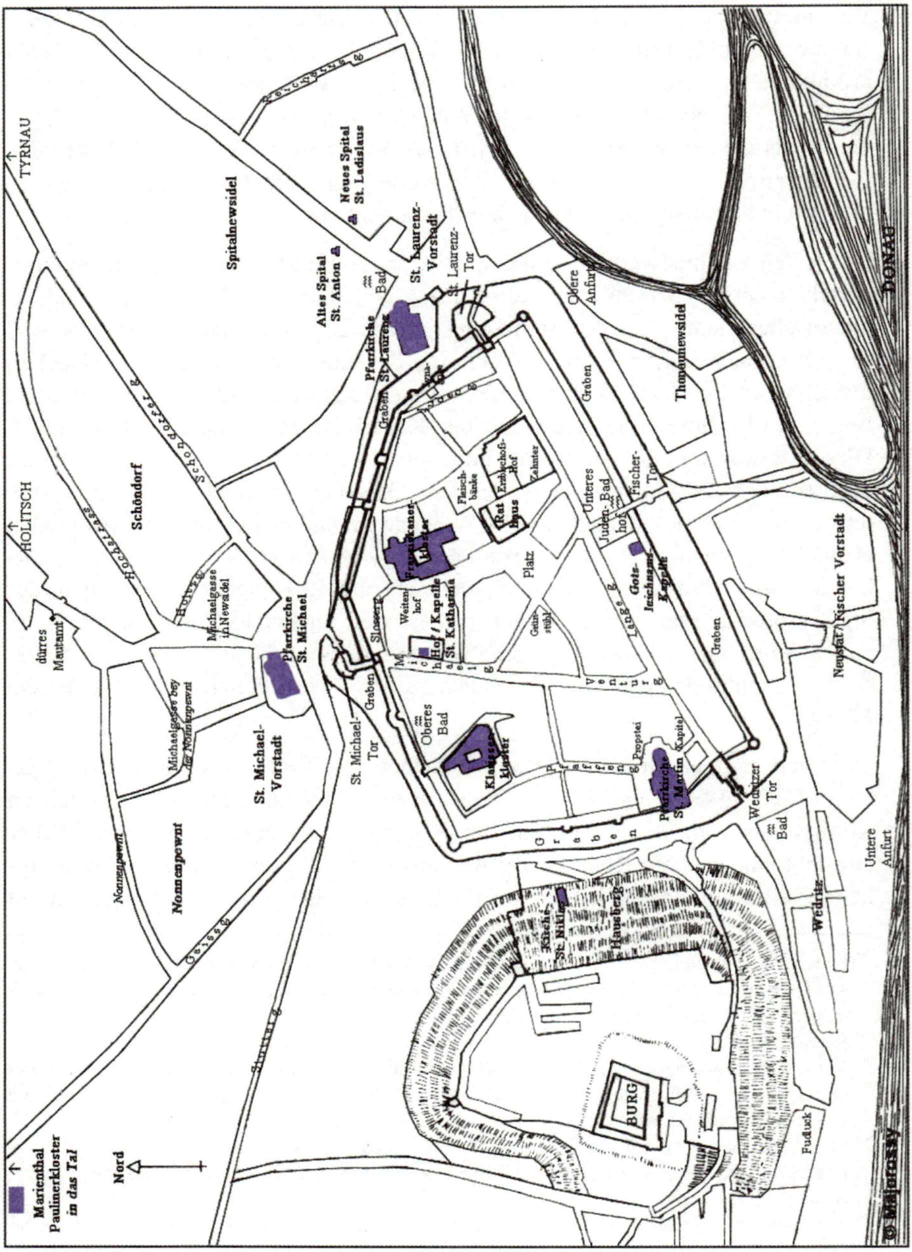

Abb. 3. Die mittelalterliche Topographie von Preßburg

Straßennamen-Konkordanz zu Abb. 3

mittelalterlicher Name[109]	moderner Name
Gaissgasse	Zochova
Hochstraße	(ungefähr: Staromestská)
Holtzgasse	kein modernes Äquivalent
Judengasse	Nedbalova
Lange Gasse	Westteil: Panská; Ostteil: Laurinská
Michaelgasse	Michalská
Michaelgasse *bey der Nonnenpewnt*	kein modernes Äquivalent
Michaelgasse *in Newsidel*	kein modernes Äquivalent
Nonnenpewnt	Panenská
Pfaffengasse	Kapitulská
Platz	Hlavné námestie
Reichartsgasse	Rajská
Schöndorfergasse	Obchodná
Slossergasse	Zámočnícká
Sluttergasse	Svoradova
Spitalgasse	Špitálska
Venturgasse	Ventúrska

des königlichen Schatzmeisters als Berufungsinstanz wandte, hatte sie den höchsten Grad an Autonomie erreicht. Um die Mitte des 15. Jahrhunderts verfügte sie über etwa 5.100 Einwohner; zu Beginn des 16. Jahrhunderts ging diese Zahl auf etwa 4.200 zurück[110]. Im europäischen Vergleich reiht dies Preßburg unter die kleineren Mittelstädte ein, für ungarische Verhältnisse war diese Zahl jedoch ziemlich hoch. Der Anteil der Bevölkerung Preßburgs, der ein Testament hinterließ, war auch auf kontinentaler Ebene bedeutend: anhand der Steuerregister kann diese Zahl für die Mitte des 15. Jahrhunderts mit 9,8%, für den Anfang des 16. Jahrhunderts mit 10,4% kalkuliert werden[111]. Obwohl dieses Muster der Bevölkerung eine Betonung der Oberschicht und der oberen Mittelschicht zeigt, ist das hier veröffentlichte Quellenmaterial gut geeignet, durch die vielfältigen Beziehungen, die diese Personen zu den Vertretern anderer Gesellschaftsschichten hatten, ein umfassendes Bild der zahlreichen Aspekte des Lebens im mittelalterlichen Preßburg zu zeichnen.

[109] Mittelalterliche Straßennamen ohne moderne deutsche Entsprechung wurden kursiv gesetzt.

[110] 1434: 4.300–4.800; 1452: 5.100–5.600; 1503: 4.200–4.700. Die niedrigeren Werte wurden von Jenő Szűcs, die höheren von Ferenc Kováts angegeben. Vgl. SZŰCS, Városok és kézművesség 41–42; KOVÁTS (Hg.), MHJ 4 XLIX–LIII. Heinz Stoob gab die Zahl 6.000–7.000 um 1500 an, was zweifellos zu hoch ist, besonders unter Berücksichtigung der zwei Epidemien vor und nach der Wende zum 15. Jahrhundert. STOOB, Pressburg 420.

[111] SZENDE, Otthon a városban 81; MAJOROSSY, Church in Town 26–28.

1.5. Bisherige Nutzung des *Protocollum Testamentorum* und weitere Forschungsmöglichkeiten

Das eben erwähnte Potenzial des ersten Preßburger Testamentsbuchs wird schon seit mehr als einem Jahrhundert von vielen Forschern auf verschiedene Weise genutzt. Ziel des Nachstehenden ist es, eine möglichst vollständige Darstellung der bisherigen Forschung in Zusammenhang mit dieser Quelle zu bieten. Diese soll dem Leser als Basis für allfällige weitere Untersuchungen dienen.

Die ersten Aufzeichnungen, die nicht auf eine praktische, sondern eine wissenschaftliche Benützung des Manuskripts hindeuten, stammen aus der Wende zum 20. Jahrhundert. Am Anfang des Buches (fol. 1^r) sind fünf Eintragungen aus dem Zeitraum 1892–1902 zu lesen, die beweisen, dass diese weithin unbekannte Quelle schon damals zur Erforschung der Geschichte der Wallfahrten herangezogen wurde[112]. Im Text sind die Nennungen von Wallfahrten auch mit farbigem Bleistift unterstrichen. Gleichzeitig gab es, teilweise mit der Millenniumsfeier der ungarischen Landnahme (1896) verbunden, eine regelrechte Welle landes- und lokalgeschichtlicher Forschungen und Publikationen. Jede selbstbewusste Gemeinde ließ ihre Geschichte schreiben. Im Falle von Preßburg wurde diese Arbeit an Theodor Ortvay (1843–1916), einen Kleriker und Professor der Preßburger Rechtsakademie, Mitglied der ungarischen Akademie der Wissenschaften und Autor von umfassenden historischen und archäologischen Werken, in Auftrag gegeben[113]. Sein vierbändiges Werk stark positivistischer Prägung, das auf einer umfangreichen, jedoch selektiven Quellenaufnahme beruht und noch bis heute oft benutzt und zitiert wird, schließt zahlreiche verstreute Angaben aus unserem Testamentsprotokoll mit ein.

Im selben Jahrzehnt veröffentlichte János Király (1858–1929), der spätere Professor für Rechtsgeschichte in Budapest, seine Monographie über die Rechtsgeschichte des mittelalterlichen Preßburg (1894)[114]. In diesem Buch, das eine umfassende Darstellung aller Rechtszweige mit ihren praktischen Auswirkungen bietet, stellt er das *Protocollum* in den Kontext der zeitgenössischen Rechtspraxis. Im Quellenanhang gibt er etwa die zwei Varianten des sogenannten

---

[112] „Sämtliche Romfarten übersichtlich für Dr. Pastor in Insbruk copirt 1892; Testament Libhardus Egknnvelder und Testamente pag. 126a, 219a, 230, 311a, 406a, 407, 407a sowie Romfart 218 für Dr. Ortvay copirt 1893 14/6; Wien betreffende Auszüge für Dr. Engelmann Rathhaus 17/XII 95; Die Aachenfahrten vide: Pressb. Zeitung vom 13. Juli 1902, worin dieselben mit Bezug auf P. Beissel's S.J. Buch ‚Die Aachenfahrten Freiburg Herder 1902' von mir publicirt und mit viel Druckfehlern und mit Lücken; in authentischer Form an P. Stephan Beissel S.J. in Luxemburg gesandt 1902 Julius 27".

[113] ORTVAY, Pressburg Bde 1, 2/1–4, 3, in ungarischer und deutscher Fassung.

[114] KIRÁLY, Pozsony város joga.

Preßburger Rechtsbuches (mit Bestimmungen über das Testamentsverfahren) und sämtliche Zunfturkunden heraus.

Der beste Kenner der Quelle vor dem ersten Weltkrieg und in der Zwischenkriegszeit war der Wirtschaftshistoriker Ferenc Kováts (1873–1956), Universitätsprofessor in Preßburg und später in Szeged, der zu fast allen seiner bedeutenden Arbeiten das reiche Material des Preßburger Stadtarchivs benützte[115]. In der Einleitung zum Preßburger Band der Reihe *Monumenta Hungariae Judaica* beruft er sich oft auf das *Protocollum*, und unter den Quellen gab er sämtliche Abschnitte der Testamente, die einen Bezug zu Juden aufweisen, heraus[116].

In der Nachkriegszeit entdeckte auch die slowakische Forschung das Testamentsbuch für sich. In Zusammenhang mit der Bauforschung und Rekonstruktion des historischen Stadtkerns bearbeitete Vendelín Jankovič in den 1970er Jahren in mehreren Aufsätzen die Angaben der Quelle über Hausbesitzer und stellte eine bis jetzt unveröffentlichte Topographie der Innenstadt zusammen[117]. Auch Vladimír Horváth benutzte in seinem allgemeinen topographischen Lexikon von Bratislava dessen Angaben[118]. Vonseiten der Kunst- und Kulturgeschichte wurden einige Teile des Testamentsprotokolls verwendet: Juraj Spiritza wählte die Angaben über Goldschmiedearbeit aus und veröffentlichte das kulturgeschichtlich höchst interessante Testament von Stadtnotar Liebhart Egkenfelder († 1457)[119]. Eva Toranová gebrauchte diese Quelle für ihre Forschungen über Goldschmiedekunst und Wohnkultur[120]. Zuletzt benützte Juraj Šedivý in seiner Monographie über die Schriftkultur des Preßburger Kapitels zahlreiche Angaben bezüglich Buchlegate und anderer Vermächtnisse zugunsten der St. Martinskirche, dem Sitz des Kapitels[121]. In der letzten Zeit ist auch eine Diplomarbeit,

[115] Neben seinen schon zitierten Werken: KOVÁTS, Nyugat-Magyarország áruforgalma; DERS., Handelsverbindungen; DERS., Grundbuchführung; vgl. auch DERS., Városi adózás; DERS., Pozsonyi városgazdaság.

[116] KOVÁTS, MHJ 4, Einleitung XXIV–XXVII (in Bezug auf 14 Testamente, in welchen Juden im allgemein erwähnt wurden); im Band sind Exzerpte von 49 Testamenten mit der Erwähnung konkreter Angelegenheiten veröffentlicht. KOVÁTS, MHJ 4 350–365. Er beruft sich auf folgende Testamente: *Protocollum Testamentorum*, Nr. 3, 11, 38, 82, 191, 196, 215, 231, 281, 267, 268, 292, 339, 349, 355, 362, 388, 430, 417, 427, 421, 434, 446, 444, 450, 474, 497, 509, 511, 533, 590, 589, 575, 588, 596, 627, 619, 650, 646, 654, 655, 692, 680, 703, 697, 743, 751, 777, 833 (seine Liste ist nicht ganz vollständig).

[117] JANKOVIČ, Zásady a postup; DERS., Ulice a námestia; DERS., Výskum topographie; DERS., Dokumentačný materiál.

[118] HORVÁTH, Topografický lexikon.

[119] SPIRITZA, Udaje o zlatníckych vyrobkoch. Vgl. auch die Bemerkung zu seiner Edition des Testaments von Liebhart Egkenfelder bei Nr. 183 der vorliegenden Edition.

[120] TORANOVÁ, Zlatníctvo; DIES., Bytovej kultúry.

[121] ŠEDIVÝ, Schriftkultur z. B. 227.

für welche das Protokoll verwendet wurde, an der Univerzitá Komenského, Bratislava geschrieben worden[122].

Sporadisch benutzten auch andere Historiker diese Quelle, vor allem für prosopographische Daten, hier sind besonders Richard Perger (Wien)[123], András Kubinyi[124] und József Köblös (Budapest)[125] zu nennen. Es war ebenfalls András Kubinyi, der die Aufmerksamkeit von Katalin Szende auf das Protokoll lenkte, die im Rahmen ihrer Doktorarbeit den Text in den 1990er Jahren vollständig transkribierte. Mit der Benützung der unveröffentlichten Transkription wurde es verschiedenen Kollegen möglich, ihre Forschungsthemen auf Preßburg auszudehnen. So hat Enikő Csukovits in einer Monographie im Allgemeinen und in einem Aufsatz gemeinsam mit Judit Majorossy auf Preßburg konzentriert, die Wallfahrten bearbeitet[126]. Marie-Madeleine de Cevins beschäftigte sich ebenso mit der Geschichte der Frömmigkeit[127]. Die Aufarbeitung der Testamente war auch Teil des Projekts „Alltag in den Donaueuropäischen Ländern" des Instituts für Realienkunde der Österreichischen Akademie der Wissenschaften (Krems). In diesem Zusammenhang hat sich Gerhard Jaritz mit den Preßburger Testamenten beschäftigt[128].

Am ausführlichsten wurde diese Quelle von den beiden Autorinnen in ihren Dissertationen behandelt, und zwar unter verschiedenen Gesichtspunkten. Katalin Szende konzentrierte sich auf das Alltags- und Familienleben und die materielle Kultur des spätmittelalterlichen Bürgertums. Sie verglich das Material aus Preßburg mit ebensolchem aus Sopron (Ödenburg) und Eperjes (Prešov) und benützte, wo möglich, neben den Schriftquellen auch Bildquellen und Ergebnisse der archäologischen Forschung[129]. Sie dehnte ihr Interesse zudem auf die Rolle der Frauen in der Stadt, auf Fragen der Demographie, Familienstruktur, Erbfolge, Bildung und Altersversorgung als auch auf Themen wie Schriftlichkeit und Mündlichkeit aus. Alle diese Fragestellungen wurden unter Einbeziehung der Quellenangaben des *Protocollums* bearbeitet[130].

---

[122] GOGOLOVÁ, Móda.

[123] PERGER, Bürgerfamilien; DERS., Wolfgang Holzer.

[124] KUBINYI, A budai és pesti polgárok; DERS., A budai német patríciátus.

[125] KÖBLÖS, Az egyházi középréteg bes. 444–480, passim.

[126] CSUKOVITS, Magyar zarándokok; CSUKOVITS, MAJOROSSY, Pozsonyi peregrinusok.

[127] DE CEVINS, Les confréries.

[128] JARITZ, Végrendeletek.

[129] SZENDE, Otthon a városban. Dissertation an der Eötvös Loránd Universität (Budapest 2000), publiziert 2004.

[130] Eine Auswahl von neueren diesbezüglichen Aufsätzen: SZENDE, Gemainer Stadt Nutz; DIES., ELIASSEN, Urban Transmission; DIES., Coping with Old Age; DIES., Tanulás. Im Anhang (132–142) finden sich sämtliche Quellenstellen bezüglich Bildung und Studenten.

Im Mittelpunkt der Fragestellungen von Judit Majorossy standen die Geschichte der Religion und die städtische Frömmigkeit, und sie bearbeitete die Testamente hinsichtlich dessen in ihrer Dissertation. Ihre Absicht war es, die alltägliche Religionspraxis und die mit Begräbnis und Memoria zusammenhängenden Gewohnheiten zeitlich und gesellschaftlich differenziert darzustellen, und die Geschichte der diesbezüglichen kirchlichen Institutionen sowie die Präferenzen der einzelnen Bürger auf Basis ihrer Testamente zu erörtern[131]. Zuletzt hat sie ihre Forschungen auf eine neue Bearbeitung der städtischen Topographie und Hausbesitzer, und – teilweise mit diesem Schwerpunkt verbunden – auf eine prosopographische Untersuchung der vornehmsten Bürgerfamilien und die Erstellung von archontologischen Listen der Bürgermeister, Stadtrichter und Ratsmitglieder, erweitert[132].

Zu all diesen Themen sind auch die Angaben im Testamentsbuch eminent brauchbar und bieten die Möglichkeit, in der Tradition der Mikrohistorie oder durch verschiedene sozialgeschichtliche Annäherungen, Fragen über Einzelpersonen, Familien oder bestimmte Gesellschaftsschichten zu beantworten. Diese stadthistorische Quelle ist aber nicht nur für die ungarische und slowakische, sondern auch für die österreichische Geschichtswissenschaft und im weiteren europäischen Zusammenhang bedeutend. Mit den kurz dargestellten bisherigen Forschungsergebnissen sind die Auswertungsmöglichkeiten der Preßburger Testamente bei weitem nicht ausgeschöpft. Von der Rechtsgeschichte angefangen über alltags-, sozial-, wirtschafts- und kulturgeschichtliche Aspekte bis zur Religions- und Mentalitätsgeschichte stehen zahlreiche Wege offen. Mit der Herausgabe des Testamentsbuchs möchten wir dem Fachpublikum eine aufschlussreiche und für das ungarische Mittelalter seltene Quelle zugänglich machen. Darüberhinaus kann die Quelle durch diese Edition in den internationalen Kontext eingeordnet werden – da aus dem österreichischen und überhaupt aus dem deutschsprachigen Raum eine große Zahl an Bürgertestamenten erhalten geblieben ist, wird die weitere Forschung in der Lage sein, anhand dieser Edition sowohl Parallelen als auch ungarische Spezifika heraus zu arbeiten. Die Absicht dieser Edition ist es, allen Interessierten diese Wege zu ebnen und zum Betreten neuerer Pfade einzuladen.

---

131 MAJOROSSY, Church in Town. Dissertation an der Central European University (Budapest 2006), Veröffentlichung geplant im Brepols Verlag; DIES., Hospitals and the Poor; DIES., Gender Differences; DIES., Confraternities; DIES., Burial.

132 MAJOROSSY, Friedrich Voyt; DIES., A polgári térhasználat.

2. Erläuterungen zur Edition

2.1. Editionsgrundsätze

Die Edition ist grundsätzlich die buchstabengetreue Wiedergabe des Textes der Vorlage mit den gängigen Ausnahmen:

- *i* und *u* werden nur vokalisch sowie *j* und *v* nur konsonantisch verwendet;
- die Buchstaben *ÿ*, *w*, *ï*, *ë*, sowie *ß* oder *ss* werden exakt nach der Vorlage bewahrt;
- die gelegentlich vorkommenden übergeschriebenen Vokale werden im Falle exakter Lesbarkeit als Überschreibung (*uͦ*, *aͤ*, *eͦ*, usw.), ansonsten in Form von Umlauten wiedergegeben.

Verwirrende Fehlschreibungen (Errata) oder unverständliche Formen sind mit (!) gekennzeichnet. In den öfter auftretenden Fällen, dass zwei Wörter zusammengeschrieben sind (z. B. *inder*, *zudem*, *dassy*, *esist*), oder dass Konsonanten verdoppelt oder verdreifacht vorkommen (z. B. *ffraw*, *messs*, *czewgnüsss*), aber das Wort identifizierbar ist, wird dagegen kein Ausrufezeichen beigefügt.

Die Interpunktion ist nach der modernen Praxis gestaltet, es wurde aber versucht, die subjektive Interpretation des Textes gering zu halten. Dictamen-Zeichen sind nicht wiedergegeben. Bei der näheren Bestimmung von Namen durch Bezüge zu anderen Personen oder Institutionen werden in der Edition Beistriche vor bzw. nach dem Namen gesetzt, z. B. *meiner lieben hausfrawen, Barbara*, oder *herr Kunrad Rieder, prediger zu Sand Merten*, usw.

Abkürzungen werden in der Regel stillschweigend aufgelöst, mit der Ausnahme von Münzen und Geldeinheiten, wo die gebräuchlichen Abkürzungen (wie *ß*, *den.*, *tal.*, *fl.*, *flor.*, *quarl.*, *ur.*) beibehalten werden. Das Wort *gulden* wird immer ausgeschrieben. Wenn „Sankt" im Original nicht als *sannd* oder *sant* geschrieben wurde, wird die Abkürzung *S.* verwendet. Weitere gebräuchliche Kürzungen, wie *dni* (*Domini*), *aͦ* (*anno*) und das Christusmonogramm werden stets ausgeschrieben. Siehe dazu auch das Abkürzungsverzeichnis.

Die Großschreibung beschränkt sich, abgesehen von Satzanfängen, ausschließlich auf die folgenden Fälle:

- Personen- und Ortsnamen sowie Ausdrücke, die einen Ortsnamen enthalten, wie *Achfart, Romfart* usw.;
- Namen von Heiligen, auch als Teil von Festtagen in der Datierung und als Patrozinien;
- Festtage (z. B. Pfingsten, Ostern, Palmsonntag, *Judica, Reminiscere* usw.);

Namen von religiösen Bruderschaften (z. B. *Unsere Liebe Frau*, *Mutter der Barmhertzigkait*, *Corpus Christi*);

- den Namen Gottes in allen Kontexten (*Got*, *Gottes willen*, *Gotshaus*, usw.), auch in der Datierung (*anno Domini*).

Bei Personennamen wird, wenn kein anderer Familienname vorkommt, die Berufsbezeichnung als Familienname aufgefasst und großgeschrieben (z. B. *Jorg Riemer*). Wenn zusätzlich ein Familienname vorkommt, wird die Berufsbezeichnung kleingeschrieben (z. B. *Jorg Ecker riemer*). Ehrentitel (*herr*, *maister*, usw.) werden immer kleingeschrieben, ebenso die Bezeichnungen von Institutionen (*kirche*, *kloster*) und der Tage der Woche.

Die Publikation ist als Volltextedition des *Protocollum Testamentorum* konzipiert, weshalb die Foliennummern jeweils gemäß den Seitenanfängen des Originals und nicht bei den einzelnen Einträgen ausgeworfen werden. Die Foliennummern sind nach der rezenten, durch die Archivare des Preßburger Stadtarchivs mit Stempel eingetragenen Foliierung angegeben. Hinweise auf leere Blätter (*leeres Blatt*) und unvollständig eingetragene Texte (*Fortsetzung fehlt*) sind als editorische Vermerke kursiv gesetzt. Das unvollständige zeitgenössische Register am Anfang des Bandes ist nicht in seiner ursprünglichen Form ediert, sondern in den Kopfregesten der einzelnen Eintragungen unter dem Stichwort *Index* inkorporiert. Am Ende des Bandes findet sich eine von den Autorinnen erstellte Liste aller Testatoren mit Namen, Daten und Foliennummern.

Zahlen sind in der Edition stets entsprechend der Vorlage wiedergegeben; sowohl die (häufigeren) römischen Zahlzeichen als auch die (eher selten auftretenden) arabischen Ziffern, sowie ausgeschriebene Zahlwörter werden beibehalten. Die einzige Ausnahme ist die Schreibweise von ½: Dieses wird nicht wie in der Vorlage mit einem durchgestrichenen Schaft, sondern in der modernen Schreibweise dargestellt. Die römischen Zahlzeichen werden immer großgeschrieben, *i* und *j* sind dabei unterschiedslos als *I* transkribiert worden.

Hinsichtlich der Datierung werden die folgenden Prinzipien verwendet:

- Im Editionstext werden die Jahreszahlen immer nach der Vorlage wiedergegeben, mit Beibehaltung der oft ungewöhnlichen Kombinationen von römischen Zahlzeichen, arabischen Ziffern sowie ausgeschriebenen Zahlwörtern;
- in den Kopfregesten ist das aufgelöste Datum des verzeichneten Geschäfts (sowie allenfalls weitere Daten, die in diesem Zusammenhang im Text vorkommen) in Fettdruck gesetzt; das Datum der Eintragung ins Protokoll ist in kursivem Fettdruck nachgesetzt (z. B. **1417 August 18** – ***1418 Mai 21***). Wenn in der Vorlage nur das Jahr angegeben ist, wird im Kopfregest **ohne**

Monat und Tag vermerkt; wenn auch das Jahr fehlt, **ohne Jahr, Monat und Tag**; im letzteren Fall wird aber ein vermutliches Jahr in runden Klammern **(ca. 1475)** angegeben. Wenn im Originaltext das Datum nur mit Bezug auf eine Woche angegeben ist (z. B. in der Woche von Sankt Martin), wird im Kopfregest das Intervall von Sonntag bis Samstag der entsprechenden Woche angesetzt (z. B. **1506 November 8–14**).

- wenn im Text der Vorlage ein Datum vorkommt, das sich weder auf das eigentliche Datum des Geschäfts noch auf dessen Eintragung ins Protokoll, sondern auf andere Angelegenheiten, z. B. die Bezahlung einer Schuld bezieht, wird dieses Datum am Ort seines Vorkommens im Editionstext in eckigen Klammern in kursivem Druck aufgelöst ([*1508 Mai 4*]).

Wenn im Original Buchstaben oder kurze Textabschnitte aufgrund von Verschreibungen mit der Absicht der Tilgung durchgestrichen wurden, werden diese in der Transkription mit durchgestrichener Schrift wiedergegeben: ~~thuen auch~~. Wenn aber ganze Abschnitte oder Seiten (meistens als Zeichen der Erledigung) durchgestrichen (kanzelliert) worden sind, haben die Autorinnen diese Abschnitte in runden Klammern ediert und mit den Worten *Abschnitt gestrichen*: ... eingeleitet.

Bei nachträglich eingefügten Worten (entweder am Rand oder über der jeweiligen Zeile) wurden zwei Vorgehensweisen angewendet. Wenn die Stelle des Nachtrags im Text genau angegeben ist, sind die nachgetragenen Worte zwischen Anführungszeichen in den laufenden Text der Edition eingefügt worden (z. B. „ainer“); wenn aber der Nachtrag oder spätere Kommentar an den Rand oder ans Ende eines Eintrags geschrieben wurde und sich im Haupttext keinerlei Verweisungszeichen findet, so ist der Nachtrag am Ende des jeweiligen Absatzes in runden Klammern transkribiert und mit den Worten *am Rande*: … oder *am Ende*: … eingeleitet.

Wenn bei einem Eintrag spätere Textteile oder Textteile in anderer Schrift als jener des Hauptschreibers des Eintrags zu finden sind, werden diese in einem eigenen Absatz zwischen runden Klammern ediert und mit den Worten *spätere Eintragung*: … oder *andere Hand*: … eingeleitet. Solche Wörter wie *dedit*, *solvit*, *ausrichten* usw. werden hingegen als herkömmliche Randvermerke behandelt und ohne weitere Bemerkungen zwischen runden Klammern wiedergegeben, z. B. (*am Rande*: dedit).

Bei der Einrichtung des Textes ist die Form des Originals soweit möglich beibehalten, d. h. separate Absätze der Vorlage sind auch in der Transkription separat wiedergegeben.

Im Text der Edition (nicht aber in den Kopfregesten) ist der Originaltext aufrecht gesetzt, während Kommentare der Autorinnen stets kursiv in runden oder eckigen Klammern stehen. Wo die Transkription wegen der Unleserlichkeit des Originals nicht sicher ist oder nur auf Konjektur beruht, wurde ein Fragezeichen in Klammern *(?)* beigefügt.

Bei sachlichen Fehlern in der Quelle, z. B. bei Datierungen, in denen der angegebene Wochentag mit dem Festkalender nicht im Einklang steht, oder wenn die Lage einer Kirche unrichtig angegeben ist, werden Sachanmerkungen in Fußnoten beigefügt. Anstelle von textkritischen Anmerkungen haben die Autorinnen die oben erläuterten Lösungen verwendet.

Form und Inhalt der Kopfregesten orientieren sich an der Edition der Wiener Stadtbücher[1]. Bei den Preßburger Testamenten wurde jedoch abweichend zu den Wiener Stadtbüchern nur eine Unterscheidung in die Hauptgruppen der mündlich vorgebrachten sowie der schriftlich eingereichten Testamente durchgeführt[2]. Am Ende des zweiten Bandes dieser Edition wird ein vollständiges *Orts- und Namensregister* geboten werden.

[1] BRAUNEDER, JARITZ, Wiener Stadtbücher 1; BRAUNEDER, JARITZ, NESCHWARA, Wiener Stadtbücher 2; JARITZ, NESCHWARA, Wiener Stadtbücher 3.

[2] Vgl. dazu BRAUNEDER, JARITZ, Wiener Stadtbücher 1 17f.

2.2. Abkürzungsverzeichnis

In den Regesten:

Einbr. = Einbringer
fol. = folium
mü. = mündlich
pr. = privat
schr. = schriftlich
Zg. = Zeuge(n)

Im Editionstext:

den. = denarius
etc. = et cetera
fl. *oder* flor. = florenus (Gulden)
lb. = libra (Pfund)
quart. = quartling
S. = Sankt
ß = schilling
tal. = talentum
ungr. = ungarisch
ur. = urnas
wien. *oder* w. = wiener (pfennig)

3. Verwendete Literatur

Anna ADAMSKA, Marco MOSTERT (Hgg.), The Development of Literate Mentalities in East Central Europe (Utrecht Studies in Medieval Literacy 9, Turnhout 2004).

Jozef BAĎURÍK, Westslowakische Städte und der Weinbau im 13–15. Jahrhundert (mit besonderer Beachtung von Bratislava/Preßburg und weiteren kleinkarpatischen Weinstädten), in: Ferdinand OPLL (Hg.), Stadt und Wein (Beiträge zur Geschichte der Städte Mitteleuropas 14, Linz 1996) 85–98.

János M. BAK, György BÓNIS, James Ross SWEENEY (Hgg.), Decreta Regni Mediaevalis Hungariae, Bd. 1: 1000–1301 (Idyllwild, CA 1999).

János M. BAK, Pál ENGEL, James Ross SWEENEY (Hgg.), Decreta Regni Mediaevalis Hungariae, Bd. 2: 1301–1457 (Salt Lake City, UT 1992).

Peter BAXA, Viktor FERUS, Bratislava mešťana Wocha, 1242–1291. Katalóg expozície [Das Preßburg des Bürgers Woch. Ausstellungskatalog] (Bratislava 1991).

László BEKE, Ernő MAROSI, Tünde WEHLI (Hgg.), Művészet Zsigmond király korában I. Tanulmányok [Kunst im Zeitalter König Sigismunds, Bd. 1: Aufsätze] (Budapest 1987).

Mats BERGLUND (Hg.) Sakta vi gå gjennom stan. City Strolls. Studies in Urban History in Honor of Lars Nilsson (Stockholm 2005).

Ingomar BOG (Hg.), Der Außenhandel Ostmitteleuropas 1450–1650 (Köln–Wien 1971).

István BÓNA, Az Árpádok korai várai [Die frühen Burgen der Arpadendynastie] (Debrecen 1998).

György BÓNIS, Középkori jogunk elemei. Római jog, kánonjog, szokásjog [Elemente des mittelalterlichen ungarischen Rechts. Römisches Recht, Kanonisches Recht, Gewohnheitsrecht] (Budapest 1972).

Ahasver von BRANDT, Mittelalterliche Bürgertestamente. Neuerschlossene Quellen zur Geschichte der materiellen und geistigen Kultur (Heidelberg 1973).

Wilhelm BRAUNEDER, Gerhard JARITZ, Die Wiener Stadtbücher 1395–1430, Teil 1: 1395–1400 (Fontes rerum Austriacarum, Abt. 3: Fontes Iuris 10/1, Wien–Köln 1989).

Wilhelm BRAUNEDER, Gerhard JARITZ, Christian NESCHWARA, Die Wiener Stadtbücher 1395–1430, Teil 2: 1401–1405 (Fontes rerum Austriacarum, Abt. 3: Fontes Iuris 10/2, Wien–Köln–Weimar 1998).

Charles M. BRIQUET, Les Filigranes. Dictionnaire historique des marques du papier dés leurs apparition vers jusqu'en 1600, 4 Bde (Paris 1907).

James A. BRUNDAGE, Medieval Canon Law (London–New York 1995).

Dušan BURAN (Hg.), Gotika. Dejiny slovenského výtvarného umenia [Gotik. Die Geschichte der bildenden Künste in der Slowakei] (Bratislava 2003).

Marie-Madeleine DE CEVINS, Les confréries de Bratislava au bas Moyen Age d'après les sources testamentaires, in: Confraternitas 9/2 (1998) 3–22.

Jacques CHIFFOLEAU, La comptabilité de l'au-délà: les hommes, la mort et la religion dans la region d'Avignon à la fin du Moyen Age (vers 1320–vers 1480). (Collection de l'Ècole Française de Rome 47, Rom 1980).

Peter CSENDES, Ferdinand OPLL (Hgg.), Wien – Geschichte einer Stadt, Bd. 2 (Wien 2003).

Enikő CSUKOVITS, A középkori írástudók munkaideje [Die Arbeitsstunden mittelalterlicher Schriftkundiger], in: Levéltári Közlemények 63/1–2 (1992) 3–14.

Enikő CSUKOVITS, Középkori magyar zarándokok [Mittelalterliche Pilger aus Ungarn] (História Könyvtár Monográfiák 20, Budapest 2003).

Enikő CSUKOVITS, Judit MAJOROSSY, Pozsonyi peregrinusok. Végrendeleti zarándoklatok a középkori magyar városi gyakorlatban [Pilger aus Preßburg. Pilgerfahrten als testamentarische Verfügungen in der ungarischen städtischen Praxis], in: NEUMANN (Hg.), Várak, templomok, ispotályok 29–69.

Gábor CZOCH, Aranka KOCSIS, Árpád TÓTH (Hgg.), Fejezetek Pozsony történetéből magyar és szlovák szemmel [Abschnitte aus der Geschichte Preßburgs aus ungarischem und slowakischem Blickwinkel] (Pozsony [Bratislava] 2005).

Friedhelm DEBUS (Hg.), Stadtbücher als namenkundliche Quelle. Vorträge des Kolloquiums vom 18.–20. September 1998 (Akademie der Wissenschaften und der Literatur, Mainz. Abhandlungen der Geistes- und sozialwissenschaftlichen Klasse Einzelveröffentlichung Nr. 7, Stuttgart 2000).

Winfried EBERHARD (Hg.), Westmitteleuropa–Ostmitteleuropa. Vergleiche und Beziehungen. Festschrift für Ferdinand Seibt zum 65. Geburtstag (Veröffentlichungen des Collegium Carolinum 70, München 1992).

Franz ECKHARDT, Die glaubwürdigen Orte Ungarns, in: MIÖG Erg.Bd. 9 (1913/1915) 473–481.

Finn-Einar ELIASSEN, Geir Atle ERSLAND (Hgg.), Power, Profit and Urban Land: Landownership in Medieval and Early Modern Northern European Towns (Aldershot 1996).

Pál ENGEL, A magyar királyság jövedelmei Zsigmond korában [Die Einkünfte des Königreiches Ungarn in der Sigismundzeit], in: GLATZ (Hg.), A tudomány szolgálatában 27–31.

Pál ENGEL, Magyarország világi archontológiája 1301–1457 [Die weltliche Archontologie Ungarns], 2 Bde (Budapest 1996).

Pál ENGEL, Norbert C. TÓTH, Itinerarium regum et reginarum, 1382–1438 (Budapest 2005).

Andrej FIALA, Stará radnica v Bratislave [Das alte Rathaus von Preßburg] (Bratislava 1987).

Andrej FIALA, A pozsonyi (Bratislava) vár [Die Burg von Preßburg], in: BEKE, MAROSI, WEHLI (Hgg.), Művészet Zsigmond korában 246–260.

Andrej FIALA, K zanikutému gotickému kostolu sv. Mikuláša v bratislavskom podhradí [Zur untergegangenen gotischen St. Nikolaus-Kirche im Preßburger Suburbium], in: KUBELIK, PAVLIK, ŠTULC (Hgg.), Historická inspirace 77–85.

Erik FÜGEDI, Középkori magyar városprivilégiumok [Städtische Privilegien im mittelalterlichen Ungarn], in: Tanulmányok Budapest Múltjából 15 (1959) 81–104.

Erik FÜGEDI, Das mittelalterliche Königreich Ungarn als Gastland, in: SCHLESINGER (Hg.), Die deutsche Ostsiedlung 471–508.

Erik FÜGEDI, ‚hospites', in: Norbert ANGERMANN u. a. (Hgg.), Lexikon des Mittelalters Bd. 5 (München 1991) 137.

Alexander GÁL, Die Summa legum brevis, levis et utilis des sogenannten Dr. Raymundus von Wiener Neustadt (Weimar 1926).

Dieter GEUENICH, Was sind eigentlich ‚Stadtbücher'? Versuch einer Definition, in: DEBUS (Hg.), Stadtbücher als namenkundliche Quelle 17–29.

Ferenc GLATZ (Hg.), A tudomány szolgálatában. Emlékkönyv Benda Kálmán 80. születésnapjára [Im Dienste der Wissenschaft. Festschrift zum 80. Geburtstag von Kálmán Benda] (Budapest 1993).

Károly GODA, Die Rolle des Gedenkbuches in der Geschichte der Ödenburger Stadtverwaltung, in: MOLLAY, GODA (Hgg.), Gedenkbuch 11–21.

Károly GODA, Judit MAJOROSSY, Städtische Selbstverwaltung und Schriftproduktion im spätmittelalterlichen Königreich Ungarn: Quellenkunde für Ödenburg und Pressburg, in: Pro Civitate Austriae. Informationen zur Stadtgeschichtsforschung in Österreich 13 (2008) 62–100.

Marcela GOGOLOVÁ, Móda a jej premeny v zrkadle testamentov 1414–1529 [Mode und ihre Wechsel im Spiegel der Testamente, 1414–1526]. Diplomarbeit (Bratislava 1995, Univerzita Komenského).

Hermann GROTEFEND, Taschenbuch der Zeitrechnung des deutschen Mittelalters und der Neuzeit (Hannover [13]1991).

György GYÖRFFY, Diplomata Hungariae antiquissima. Vol. 1. 1000–1131 (Budapest, 1992).

Jenő HÁZI (Hg.), Sopron szabad királyi város története [Die Geschichte der königlichen Freistadt Ödenburg], 13 Bde (Sopron 1921–1943).

Jenő HÁZI, A városi kancellária kialakulása Sopronban [Die Entstehung der städtischen Kanzlei in Ödenburg], in: Soproni Szemle 10 (1956) 202–215.

Gunther HIRSCHFELDER, Die Kölner Handelsbeziehungen im Spätmittelalter (Veröffentlichungen des Kölnischen Stadtmuseums 10, Köln 1994) 139–144.

Imre HOLL, Feuerwaffen und Stadtmauern. Angaben zur Entwicklung der Wehrarchitektur des XV. Jahrhunderts, in: Acta Archaeologica Academiae Scientiarum Hungaricae 33 (1981) 201–243.

József HOLUB, Végrendeleti jogunk kialakulása [Die Entwicklung des ungarischen Testierrechtes], in: Akadémiai Értesítő 37 (1926) 232–240.

Kornelia HOLZNER-TOBISCH, Investitionen für die Ewigkeit. Die Seelenheilstiftungen in den letztwilligen Verfügungen der Stadt Korneuburg im 15. Jahrhundert (Medium Aevum Quotidianum, Sonderband 19, Krems 2007).

Vladimír HORVÁTH, Najstaršie dejiny Bratislavy. Referáty zo sympózia 28.–30. októbra 1986 [Die älteste Geschichte Preßburgs. Beiträge aus dem Symposion 28.–30. Oktober 1986] (Bratislava [1989]).

Vladimír HORVÁTH, Bratislavský topografický lexikon [Topographisches Lexikon der Stadt Preßburg] (Bratislava 1990).

Vladimír HORVÁTH, Bratislavské mestské privilégium [Das Stadtprivileg von Preßburg] (Bratislava 1991), mit Faksimile.

Vladimír HORVÁTH, Darina LEHOTSKÁ, Jan PLEVA (Hgg.), Dejiny Bratislavy [Geschichte Preßburgs] (Bratislava 1982).

Karel HRUZA, Paul HEROLD (Hgg.), Wege zur Urkunde, Wege der Urkunde, Wege der Forschung. Beiträge zur europäischen Diplomatik des Mittelalters (Forschungen zur Kaiser- und Papstgeschichte des Mittelalters, Beihefte zu J. F. Böhmer Regesta Imperii 24, Wien–Köln–Weimar 2005).

Zsolt HUNYADI, Administering the Law: Hungary's loca credibilia, in: Martyn RADY (Hg.), Custom and Law in Central Europe (Faculty of Law, Occasional Papers 6, Cambridge 2003) 25–35.

Emil JAKUBOVICH, Miske ispán fia István végrendelete 1164-ből [Das Testament Istváns, Sohn des *comes* Miske, aus dem Jahre 1164], in: Levéltári Közlemények 2 (1924) 155–162.

Vendelín JANKOVIČ, Zásady a postup rekonštrukcie miestopisu historického jadra Bratislavy v stredoveku [Theorien und Methode zur Rekonstruktion der Topographie des historischen Stadtkerns von Preßburg], in: Monumentorum Tutela 7 (1971) 29–47.

Vendelín JANKOVIČ, Ulice a námestia historického jadra Bratislavy [Straßen und Plätze des historischen Stadtkerns von Preßburg], in: Zborník Slovenského Národného Múzea / História 66/12 (1972) 187–236.

Vendelín JANKOVIČ, Výskum topographie historického jadra Bratislavy v 14–16. storočí a jeho prínos pre najstrašie dejiny mesta [Die Topographische Erforschung des historischen Stadtkerns im 14.–16. Jahrhundert und ihr Beitrag zur ältesten Geschichte von Preßburg], in: Historicky Časopis 21/3 (1973) 369–385; Neudruck in: Ungarn Jahrbuch 6 (1974–1975) 369–385.

Vendelín JANKOVIČ, Dokumentačný materiál k topografii historického jadra Bratislavy v 14.–16. storočí [Materialien zur Topographie des historischen Stadtkerns von Preßburg], maschinschriftl., aufbewahrt im Archív mesta Bratislavy.

Gerhard JARITZ, A végrendeletek és a városi mindennapi élet a késő középkorban: a Duna-völgy példája [Testamente und städtisches Alltagsleben im späten Mittelalter: Das Beispiel des Donauraumes], in: Soproni Szemle 53 (1999) 325–330.

Gerhard JARITZ, Die realienkundliche Aussage der so genannten „Wiener Testamentsbücher", in: Harry KÜHNEL (Hg.), Leben in der Stadt 171–190.

Gerhard JARITZ, Michael RICHTER (Hgg.), Oral History of the Middle Ages: The Spoken Word in Context (Medium Aevum Quotidianum 12 – CEU Medievalia 3, Krems–Budapest 2001).

Gerhard JARITZ, Christian NESCHWARA, Die Wiener Stadtbücher 1395–1430, Teil 3: 1406–1411 (Fontes rerum Austriacarum, Abt. 3: Fontes Iuris 10/3, Wien–Köln–Weimar 2006).

Ľubomír JUCK, Výsady miest a mestečiek na Slovensku (1238–1350) [Privilegien von Städten und Märkten in der Slowakei (1238–1350)] (Bratislava 1984).

František KALESNÝ, Über den Weinbau und den Weinverkauf in Pressburg bis Ende des 15. Jahrhunderts, in: MARSINA (Hg.), Städte im Donauraum 184–196;

János KIRÁLY, Pozsony város joga a középkorban [Das Recht der Stadt Preßburg im Mittelalter] (Budapest 1894).

József KÖBLÖS, Az egyházi középréteg Mátyás és a Jagellók korában [Die kirchliche Mittelschicht im Zeitalter König Matthias und der Jagiellonen] (Társadalom- és Művelődéstörténeti Tanulmányok 12, Budapest 1994).

Sándor KOLOSVÁRY, Kelemen ÓVÁRI (Hgg.), Corpus statutorum Hungariae municipalium, 5 Bde (Budapest 1885–1897).

Martinus Georgius KOVACHICH (Hg.), Codex authenticus iuris tavernicalis (Buda 1803).

Györgyi KOVÁCS (Hg.), Quasi liber et pictura... Ünnepi tanulmányok Kubinyi András 70. születésnapjára / Studies in Honour of András Kubinyi on his Seventieth Birthday (Budapest 2004).

Ferenc KOVÁTS, Városi adózás a középkorban [Städtische Steuerzahlung im Mittelalter] (Pozsony 1900).

Ferenc KOVÁTS, Nyugat-Magyarország áruforgalma a XV. században a pozsonyi harminczadkönyv alapján [Der Warenverkehr Westungarns im 15. Jahrhundert anhand der Preßburger Dreißigstzollbücher] (Budapest 1902).

Ferenc KOVÁTS, Handelsverbindungen zwischen Köln und Pressburg (Pozsony) im Spätmittelalter, in: Mitteilungen aus dem Stadtarchiv von Köln 35 (1914) 2–32.

Ferenc KOVÁTS, A pozsonyi városgazdaság a középkor végén [Die Preßburger Stadtwirtschaft am Ende des Mittelalters] (Pozsony 1918).

Franz [Ferenc] KOVÁTS, Pressburger Grundbuchführung und Liegenschaftsrecht im Spätmittelalter. Eine einleitende Studie zur Herausgabe des Pressburger Grund- und Satzbuches 1439–1517 (Weimar 1918).

Ferenc KOVÁTS (Hg.), Magyar–Zsidó Oklevéltár / Monumenta Hungariae Judaica, Bd. 4 (Budapest 1938).

Lilla KRÁSZ, Teréz OBORNI (Hgg.), Redite ad cor: Tanulmányok Sahin-Tóth Péter emlékére [Redite ad cor. Studien zum Andenken an Péter Sahin-Tóth] (Budapest 2008).

Karl KROESCHELL, Deutsche Rechtsgeschichte, Bd. 2 (1250–1650) (Opladen [8]1992).

Christian KRÖTZL, Katariina MUSTAKALLIO (Hgg.), On Old Age. Approaching Death in Antiquity and the Middle Ages (Studies in the History of Daily Life (800–1600) II, Turnhout 2010), im Druck.

Nathalie KRUPPA (Hg.), Pfarreien im Mittelalter. Deutschland, Polen, Tschechien und Ungarn im Vergleich (Göttingen 2008).

Martin KUBELIK, Milan PAVLIK, Josef ŠTULC (Hgg.), Historická inspirace. Sborník k poctě Dobroslava Líbala [Historische Inspirationen. Festschrift zu Ehren von Dobroslava Líbal] (Praha 2001).

András KUBINYI, A budai és pesti polgárok családi összeköttetései a Jagellókorban [Die Familienbeziehungen der Ofener und Pester Bürger in der Jagiellonenzeit], in: Levéltári Közlemények 37 (1966) 227–291.

András KUBINYI, Soziale Stellung und Familienverbindungen des deutschen Patriziats von Ofen in der ersten Hälfte des 14. Jahrhunderts, in: Archiv für Sippenforschung 36 (1970) 446–454.

András KUBINYI, Die Städte Ofen und Pest und der Fernhandel am Ende des 15. und am Anfang des 16. Jahrhunderts, in: BOG, Außenhandel 342–433.

András KUBINYI, A budai német patríciátus társadalmi helyzete családi összeköttetéseinek tükrében a XIII. századtól a XV. század második feléig [Die gesellschaftliche Stellung des deutschen Patriziats von Buda im Spiegel seiner Familienbeziehungen von 13. bis zur zweiten Hälfte des 15. Jahrhunderts], in: Levéltári Közlemények 42 (1971) 203–264.

András KUBINYI, Der Ungarische König und seine Städte im 14. und am Beginn des 15. Jahrhunderts, in: RAUSCH (Hg.), Stadt und Stadtherr 193–220.

András KUBINYI, Bäuerlicher Alltag im spätmittelalterlichen Ungarn, in: Bäuerliche Sachkultur des Spätmittelalters (Veröffentlichungen des Instituts für mittelalterliche Realienkunde Österreichs 7 – Sitzungsberichte der philosophisch-historischen Klasse der Österreichischen Akademie der Wissenschaften 439, Wien 1984) 235–264.

András KUBINYI, Weinbau und Weinhandel in den ungarischen Städten im Spätmittelalter und in der frühen Neuzeit, in: OPLL (Hg.), Stadt und Wein 67–84.

András KUBINYI (Hg.), Elenchus Fontium Historiae Urbanae, Bd. 3/2: Ungarn (Budapest 1997).

András KUBINYI, Főúri és nemesi végrendeletek a Jagelló-korban [Testamente von Magnaten und Adeligen aus der Jagiellonenzeit], in: Soproni Szemle 53 (1999) 331–342.

Harry KÜHNEL (Hg.), Das Leben in der Stadt des Spätmittelalters. Internationaler Kongress Krems an der Donau, 20. bis 23. September 1976. (Sitzungsberichte der philosophisch-historischen Klasse. Veröffentlichungen des Institutes für Realienkunde des Mittelalters und der frühen Neuzeit 2, Wien 1977).

Erich LANDSTEINER, Wien im zentraleuropäischen Kontext, in: CSENDES, OPLL (Hgg.), Wien 2 133–136.

Erich LANDSTEINER, Wien – eine Weinbaustadt, in: CSENDES, OPLL (Hgg.), Wien 2 141–145.

Erich LANDSTEINER, Handel und Kaufleute, in: CSENDES, OPLL (Hgg.), Wien 2 185–214.

Emma LEDERER, A középkori pénzüzletek története Magyarországon [Die Geschichte der mittelalterlichen Geldgeschäfte in Ungarn] (Budapest 1932).

Darina LEHOTSKÁ, Vývoj bratislavskej mestskej kancelárie do roku 1526 [Die Entwicklung der Preßburger städtischen Kanzlei bis 1526], in: Historické Štúdie 4 (1958) 222–274.

Darina LEHOTSKÁ, K počiatkom vedenia mestských kníh na Slovensku. Najstaršia bratislavská mestská kniha 1364–1538 [Zum Beginn der Führung von Stadtbüchern in der Slowakei. Das älteste Preßburger Stadtbuch 1364–1538], in: Historické Štúdie 5 (1959) 325–347.

Darina LEHOTSKÁ, Vladimír HORVÁTH u. a. (Hgg.), Inventár stredovekých listín, listov a iných príbuzných písomností, I. [Inventar der mittelalterlichen Urkunden, Briefe und anderer ähnlicher Schriftstücke, Bd. 1] (Praha 1956).

Judit MAJOROSSY, Archives of the Dead: Administration of Last Wills in Medieval Hungarian Towns, in: Medium Aevum Quotidianum 48 (2003) 13–28.

Judit MAJOROSSY, A Krisztus Teste konfraternitás helye a középkori pozsonyi polgárok életében [Die Stellung der Corpus Christi Bruderschaft im Leben der mittelalterlichen Preßburger Bürger], in: Történelmi Szemle 46/1–2 (2004) 69–111.

Judit MAJOROSSY, Unsere arme lewte... Hospitals and the Poor in Late Medieval Pressburg/Bratislava, in: Chronica. Annual of the Institute of History, University of Szeged 4 (2004) 41–56.

Judit MAJOROSSY, Church in Town. Urban Religious Life in Late Medieval Pressburg in the Mirror of Last Wills. PhD Dissertation (Budapest 2006, Central European University).

Judit MAJOROSSY, Gender Differences in Pious Considerations in Late Medieval Urban Wills: A Case-Study of Pressburg, in: CAS–Človek a Spoločnosť internetový časopis 9/4 (2006). http://www.saske.sk/cas/4-2006/Majorossy.html (20.10.2008)

Judit MAJOROSSY, Egy tekintélyes pozsonyi polgár: Friedrich Voyt († ca. 1521) [Ein ehrbarer Preßburger Bürger: Friedrich Voyt (d. c.1521)], in: KRÁSZ, OBORNI (Hgg.), Redite ad cor 447–463.

Judit MAJOROSSY, Late Medieval Confraternities in Pressburg, in: KRUPPA (Hg.), Pfarreien 339–362.

Judit MAJOROSSY, A polgári térhasználat elemei a késő-középkori Pozsonyban [Bürgerliche Raumnutzung im spätmittelalterlichen Preßburg], in: Urbs. Magyar várostörténeti évkönyv 4 (2009), 73–97.

Judit MAJOROSSY, I wish my body to hallowed ground... Testamentary Orders of the Burghers of Late Medieval Pressburg about Their Own Burial, in: KRÖTZL, MUSTAKALLIO (Hgg.), On Old Age. Im Druck.

Judit MAJOROSSY, Katalin SZENDE, Hospitals in Medieval and Early Modern Hungary, in: SCHEUTZ, SOMMERLECHNER u. a. (Hgg.), Europäisches Spitalwesen 409–454.

Richard MARSINA (Hg.), Codex diplomaticus et epistolaris Slovaciae, Bd. 1 (Bratislava 1971).

Richard MARSINA (Hg.), Städte im Donauraum. Sammelband zur 700 Jahresfeier des Stadtgrundprivilegs von Preßburg 1291–1991. Sammelband der Beiträge aus dem Symposion in Smolenice 30.9.– 3.10.1991 (Bratislava 1993).

Štefánia MERTANOVÁ, Ius tavernicale. Študie o procese formovania práva taverníckych miest v etapách vývoja taverníckeho súdu v Uhorsku, 15–17. stor. [Tavernikalrecht. Studien über die Entwicklung des Rechts der Tavernikalstädte während der Existenz des Tavernikalgerichtes, 15.–17. Jh.] (Bratislava 1985).

Štefánia MERTANOVÁ, Die Stellung von Pressburg in dem Berufungsgerichtswesen der Tavernikalstädte (14–16. Jh.), in: MARSINA (Hg.), Städte im Donauraum 207–219.

Klaus MILITZER, Kölner Kaufleute in Pressburg und im Donauraum im 14. und 15. Jahrhundert, in: MARSINA (Hg.), Städte im Donauraum 121–134.

Károly MOLLAY (Hg.), Das Ofner Stadtrecht. Eine deutschsprachige Rechtssammlung des 15. Jahrhunderts (Monumenta Historica Budapestinensia 1, Budapest–Weimar 1959).

Károly MOLLAY, Magyar-német nyelvi érintkezések a XVI. század végéig [Ungarisch-deutsche Sprachkontakte bis zum Ende des 16. Jahrhunderts] (Budapest 1982).

Károly MOLLAY, Károly GODA (Hgg.), Gedenkbuch / Feljegyzési könyv, 1492–1543 (Quellen zur Geschichte der Stadt Ödenburg, Reihe A Bd. 3, Sopron 2006).

Vincent MÚCSKA (Hg.), East Central Europe at the Turn of the 1st and 2nd Millennia (Acta Historica Posoniensia 2, Bratislava 2002).

Balázs NAGY, Zsuzsanna SZÁLKA, Katalin SZENDE (Hgg.), "az élet tanítómestere" Ünnepi tanulmányok Gyapay Gábor 80. születésnapjára [„Der Lehrmeister des Lebens." Studien zum 80. Geburtstag von Gábor Gyapay] (Budapest 2004).

Tibor NEUMANN (Hg.), Várak, templomok, ispotályok. Tanulmányok a magyar középkorról [Burgen, Kirchen, Spitäler. Studien über das ungarische Mittelalter] (Analecta Mediaevalia 2, Budapest–Piliscsaba 2004).

Paul NIEDERMAIER (Hg.), Elenchus Fontium Historiae Urbanae, Bd. 3/3: Rumänien (Bucuresti 2005).

Ferdinand OPLL, Pressburg und Wien im Mittelalter – Unterschiede, Parallelen und Begegnungen, in: MARSINA (Hg.), Städte im Donauraum 97–120.

Ferdinand OPLL (Hg.), Stadt und Wein (Beiträge zur Geschichte der Städte Mitteleuropas 14, Linz 1996).

Theodor ORTVAY, Geschichte der Stadt Pressburg Bd. I: Von den ältesten Zeiten bis zum Erlöschen der Árpádendynastie (1892); Bd. II/1: Mittelalterliche Topographie der Stadt, 1300–1526 (1895); Bd. II/2: Die Rechtsorganisation der Stadt im Mittelalter, 1300–1526 (1898); Bd. II/3: Der Haushalt der Stadt im Mittelalter, 1300–1526 (1900); Bd. II/4: Das Familienleben und das materielle, intellektuelle und religiös sittliche Leben der Bevölkerung der Stadt in der Zeit von 1300 bis 1526 (1903); Bd. III. Beilagen zur Geschichte Pressburgs in der Zeit von 1300 bis 1526 (1894).

Szilárd PAPP, Die neue Residenz Sigismunds in Pressburg, in: TAKÁCS (Hg.), Sigismundus 239–245.

Michel PAULY, François REINERT (Hgg.), Sigismund von Luxemburg. Ein Kaiser in Europa (Mainz 2006).

Richard PERGER, Nürnberger im mittelalterlichen Wien, in: Mitteilungen des Vereins für Geschichte der Stadt Nürnberg 63 (1976) 1–98.

Richard PERGER, Beziehungen zwischen Pressburger und Wiener Bürgerfamilien im Mittelalter, in: MARSINA (Hg.), Städte im Donauraum 149–158.

Richard PERGER, Wolfgang Holzer. Aufstieg und Fall eines Wiener Politikers im 15. Jahrhundert, in: Studien zur Wiener Geschichte. Jahrbuch des Vereins für Geschichte der Stadt Wien 41 (1985) 7–61.

Richard PERGER, Die Ungarische Herrschaft über Wien 1485–1490 und ihre Vorgeschichte, in: Wiener Geschichtsblätter 45 (1990) 53–87.

Gerhard PICCARD, Die Wasserzeichenkartei im Hauptstaatsarchiv Stuttgart, 17 Bde (Stuttgart 1961–1997).

Othmar PICKL, Der Handel Wiens und Wiener Neustadts mit Böhmen, Mähren, Schlesien und Ungarn in der ersten Hälfte des 16. Jahrhunderts, in: BOG, Außenhandel 320–341.

Ilpo Tapani PIIRAINEN, Das älteste Stadtbuch von Preßburg/Bratislava aus den Jahren 1402–1506. Ein Beitrag zum Frühneuhochdeutschen in der Slowakei, in: Neuphilologische Mitteilungen 97 (1996) 231–237.

Ernst PITZ, Schrift- und Aktenwesen der städtischen Verwaltung im Spätmittelalter (Köln–Nürnberg–Lübeck 1959).

Martyn RADY, Medieval Buda. A Study of Municipal Government and Jurisdiction in the Kingdom of Hungary (East European Monographs 182, New York 1985).

Martyn RADY (Hg.), Custom and Law in Central Europe (Faculty of Law, Occasional Papers 6, Cambridge 2003).

Wilhelm RAUSCH (Hg.), Stadt und Stadtherr im 14. Jahrhundert: Entwicklungen und Funktionen (Beiträge zur Geschichte der Städte Mitteleuropas 2, Linz 1972).

Beatrix F. ROMHÁNYI, Kolostorok és társaskáptalanok a középkori Magyarországon [Klöster und Kollegiatkapitel im mittelalterlichen Ungarn] (Budapest 2000).

Beatrix F. ROMHÁNYI u. a. (Hgg.), Es tu scholaris. Tanulmányok Kubinyi András 75. születésnapjára. [Es tu scholaris. Studien zum 75. Geburtstag von András Kubinyi] (Monumenta Historiae Budapestinensis 13, Budapest 2004).

Martin SCHEUTZ, Andrea SOMMERLECHNER u. a. (Hgg.), Europäisches Spitalwesen. Institutionelle Fürsorge in Mittelalter und Früher Neuzeit. Hospitals and Institutional Care in Medieval and Early Modern Europe (MIÖG Erg.Bd. 51, Wien–München 2008).

Walter SCHLESINGER (Hg.), Die deutsche Ostsiedlung im Mittelalter als Problem der europäischen Geschichte (Köln–Wien–Bonn 1974).

Gabriele SCHULZ, Testamente des späten Mittelalters aus dem Mittelrheingebiet. Eine Untersuchung in rechts- und kulturgeschichtlicher Hinsicht (Bonn 1976).

Juraj ŠEDIVÝ, Die Anfänge des Pressburger Kapitels, in: MÚCSKA (Hg.), East Central Europe 107–116.

Juraj ŠEDIVÝ, Die Anfänge der Beurkundung im mittelalterlichen Pressburg (Bratislava), in: HRUZA, HEROLD (Hgg.), Wege zur Urkunde 81–115.

Juraj ŠEDIVÝ, Mittelalterliche Schriftkultur im Pressburger Kollegiatkapitel (Bratislava 2007).

Renáta SKORKA, Pozsony gazdasági szerepe a 15. század első felében a zálogszerződések tükrében [Die wirtschaftliche Rolle Preßburgs in der 1. Hälfte des 15. Jahrhunderts im Spiegel der Kreditkontrakte], in: Századok 138 (2004) 433–463.

Juraj SPIRITZA, Testament Liebharda Egkenfeldera, bratislavského mestského notára v rokoch 1441–1456 [Das Testament des Liebhard Egkenfelder, Preßburger Stadtschreiber 1441–1456], in: Zborník Slovenského Národného Múzea / História 61/7 (1967) 165–182.

Juraj SPIRITZA, Udaje o zlatníckych vyrobkoch v najstraškom bratislavskom protokole testamentov [Daten über die Produkte der Goldschmiede im ältesten Preßburger Testamentsprotokoll], in: Zborník Slovenského Národného Múzea / História 62/8 (1968) 169–201.

Tatiana ŠTEFANOVIČOVÁ, Bratislavský hrad v 9–12. storočí [Die Burg von Preßburg im 9–12. Jahrhundert] (Bratislava 1975).

Tatiana ŠTEFANOVIČOVÁ, Anfänge der Stadt Bratislava–Pressburg, in: MARSINA (Hg.), Städte im Donauraum 29–35.

Heinz STOOB, Pressburg und das Städtewesen im europäischen Südosten vor der Türkenzeit, in: EBERHARD (Hg.), Westmitteleuropa–Ostmitteleuropa 319–330.

Bálint SURÁNYI, Pozsonyi bíródinasztiák a XIII–XIV. században [Preßburger Richterdynastien im 13–14. Jh.], in: Levéltári Közlemények 35/2 (1964) 173–185.

Katalin SZENDE, Some Aspects of Urban Landownership in Western Hungary, in: ELIASSEN, ERSLAND (Hgg.), Landownership 141–166.

Katalin SZENDE, A magyarországi városi végrendeletek helye az európai joggyakorlatban [Die Stellung der ungarischen städtischen Testamente in der Europäischen Rechtspraxis], in: Soproni Szemle 53 (1999) 343–356.

Katalin SZENDE, Testaments and Testimonies. Orality and Literacy in Composing Last Wills in Late Medieval Hungary, in: JARITZ, RICHTER (Hgg.), Oral History 49–66.

Katalin SZENDE, ‚Nemzedékről nemzedékre'. Tanulásra vonatkozó adományok a középkori pozsonyi végrendeletekben [Von Generation zu Generation. Vermächtnisse bezüglich des Unterrichts in den mittelalterlichen Preßburger Testamenten], in: NAGY, SZÁLKA, SZENDE (Hgg.), „az élet tanítómestere" 119–142.

Katalin SZENDE, Otthon a városban. Társadalom és anyagi kultúra a középkori Sopronban, Pozsonyban és Eperjesen [Zu Hause in der Stadt. Gesellschaft und materielle Kultur im spätmittelalterlichen Ödenburg, Preßburg und Eperies im Spiegel von Testamenten] (Társadalom- és művelődéstörténeti tanulmányok 35, Budapest 2004).

Katalin SZENDE, The Uses of Archives in Medieval Hungary, in: ADAMSKA, MOSTERT (Hgg.), Development 107–142.

Katalin SZENDE, Ital vagy pénzpótlék? Borhagyatékok a soproni és pozsonyi középkori végrendeletekben [Getränk oder Geldersatz? Weinlegate in den mittelalterlichen Testamenten aus Preßburg und Ödenburg], in: ROMHÁNYI u. a. (Hgg.), Es tu scholaris 77–85.

Katalin SZENDE, Gemainer Stadt Nutz, Ehren und Gefallen... The Expression of Civic Consciousness in Late Medieval Testaments, in: KOVÁCS (Hg.), Quasi liber et pictura 495–501.

Katalin SZENDE, Between Hatred and Affection. Towns and Sigismund in Hungary and the Empire, in: PAULY, REINERT (Hgg.), Sigismund 199–210.

Katalin SZENDE, Coping with Old Age in Late Medieval Hungarian Towns, in: KRÖTZL, MUSTAKALLIO (Hgg.), On Old Age. Im Druck.

Katalin SZENDE, Finn-Einar ELIASSEN, The Urban Transmission. Family Cycles and Inheritance Customs in Medieval Hungarian and Early Modern Norwegian Towns, in: BERGLUND (Hg.), City Strolls 135–165.

Imre SZENTPÉTERY, A kronológia kézikönyve [Handbuch der Chronologie] (Budapest 1912).

Imre SZENTPÉTERY, Jun., A tárnoki ítélőszék kialakulása [Die Entstehung des Tavernikalgerichts], in: Századok 68 (1934) 510–590.

Jenő SZŰCS, Városok és kézművesség a XV. századi Magyarországon [Städte und Handwerk in Ungarn im 15. Jahrhundert] (Budapest 1955).

Imre TAKÁCS (Hg.), Sigismundus Rex et Imperator. Kunst und Kultur zur Zeit Sigismunds von Luxemburg, 1387–1437. Ausstellungskatalog (Mainz 2006).

Eva TORANOVÁ, Zlatníctvo na Slovensku [Goldschmiedehandwerk in der Slowakei] (Bratislava 1983).[= Eva TORANOVÁ, Goldschmiedekunst in der Slowakei (Hanau 1982)]

Eva TORANOVÁ, K problematike bytovej kultúry koncom stredoveku na Slovensku [Zur Wohnkultur in der Slowakei im Spätmittelalter], in: Ars 3 (1991) 167–185.

László VESZPRÉMY, Eine wechselvolle Rezeptionsgeschichte. Die Pressburger Schlacht aus Sicht der Ungarn, in: ZEHETMAYER (Hg.), Schicksalsjahr 99–103, 187–192.

Peter WEIMAR u. a., ‚Testament', in: Norbert ANGERMANN u. a. (Hgg.), Lexikon des Mittelalters Bd. 8 (München 1997) 566–569.

Juraj ŽÁRY, Dóm sv. Martina v Bratislave: architektúra a sochárska výzdoba [Die St. Martinskirche in Preßburg: Architektur und bildhauerische Dekoration], in: BURAN (Hg.), Gotika 223–236.

Roman ZEHETMAYER (Hg.), Schicksalsjahr 907. Die Schlacht bei Pressburg und das frühmittelalterliche Niederösterreich (St. Pölten 2007).

Arne ZIEGLER (Hg.), Actionale Protocollum. Das älteste Stadtbuch von Bratislava / Preßburg aus den Jahren 1402–1506 (Acta Carpatho-Germanica 4, Bratislava 1999).

Arne ZIEGLER, Deutsche Schriftlichkeit in Bratislava/Pressburg, in: ZIEGLER (Hg.), Actionale Protocollum 12–16.

4. Edition

(fol. 1r) Eintragungen aus der Zeit von 1892 bis 1902[1]

(fol. 1v) leeres Blatt

(fol. 2r–3v) Registrum der nachgeschriben gescheft[2]

(fol. 4r) Geschefft Niclasen Burkhard
ohne Text

(fol. 4v) leeres Blatt

(fol. 5r) leeres Blatt

1433 Oktober 27 **1**
Geschäft des Peter Praitendorfer
pr. schr., 2 Zg. (*Index*: Gescheft dez Petern Prateindorfer V°)

(fol. 5v) Gescheft dez Petern Praitendorfer
Hie ist vermerkt das gescheft, das ich Peter Praitendorfer getan hab zu den zeiten, do ich es recht und redleich wol getuen möcht. Item so schaff ich von ersten meiner hausfrauen, Elspeten, einen weingarten gelegen auf der stat guet, der do haist der Fuxsel von Laa, wie er mit nachbauern umbvangen ist, ledichleich zuverseczen und zuverkauffenn. Item so schaff ich auch meiner hausfraun, Elspeten, mein haws halbs, das da ~~gewesen ist~~ gelegen ist in der stat, ledichleich zuverseczenn und zuverkauffen. Item und schafs auch halbs meins prueder kindenn, Merteins, das do gelegen ist zu nachst Pertleins Scharrachs haus, die zeit statrichter zu Prespurg. Item so schaff ich meiner swester tochter, die der Illnpekch gehabt hat, ainen weingarten, der do haist der Hanns Graff und ist gelegen auf Tebner güet zu Gefanng, und gehorn zway tail daczu, do haist das ain das Gaylant und daz ander der Hedelswerder, ainthalben zenachst dez Guetgesellen weingarten und anderthalb dez Hakker weingarten, der do haist der Muinczinger, also mit ausgenommen worten, ob sy mit tod an erben abgiengen, so sol er hin wider erben an irer mueter nachst erben. Item so schaff ich daz Phenndel meinem brudern baydenn, Jorgen und Mertein, das da gelegen ist auf Tebner guet zu Stainagang, ainhalb zenachst Symon Reichers weingarten, der do haist der Derrer, und anderhalb zenachst dez Andre Gräshauer weingarten, der do haist der Wardung. Item so schaff ich meinen pruedern payden ainen weingarten, der do haist der Vierczker und leit auf der stat guet, ainhalb zenachst dez Zistler weingartenn. Item so schaff ich auch all wein halb, die

---

1 *Der Text ist in Fußnote 112 der Einleitung wiedergegeben.*

2 *Das* Registrum *wird nicht ediert, sondern die Einträge werden in den Regesten zu den einzelnen Testamenten wiedergegeben (vgl. Editionsgrundsätze).*

zu der zeit da sind, meiner hausfraun, Elspeten, und halb meinen bruedern payden. Item so schaff ich vorauss, daz mein hausfrau drew pett neme mit aller zugehorung, und die ubrigen sullen mein prueder und sy freuntlich mit einander taylenn. Item so schaff ich, was zinassach ist, meiner hausfrauen halbs und meinen bruedern halbs. Item so schaff ich meiner hausfrauen ainen koph uber golt und ain silbreine schal. Item so schaff ich meinem brueder, Mertein, ain beslagne taschenn mitsilber (!) und ein beslagen degenn und ain guldein ring. Item so schaff ich meinem swager, Ilnpekchen, mein silbrein gurtel und ain lanngs messer und ain pannczir, welichs er haben wil. Item so schaff ich den ubrigen tail harnasch panczir und als meinen bruedern bayden, Jorigen und Mertein, und ainen medrein manntel und ainen fuchsenrokch. Item so sol mein pruder, Mertt, ein gueten kelch ausrichten mit paten und was zu dem kelch gehort und schon ubergolt, und sol den geben in der hauer zech. Item die geltschult, die ich dem Grafen schuldig bin, die sol mein prueder, Mertt und Jorg, ausrichten. Item so schaff ich dez Jorgen Kelchleins tochter ein weingertel, gelegen in Enttenzegeln, und zehen guldein, die sol sy habenn auf meinem haus, als verr ob sy zu irn jarn kombt, das sy heyratt. Item so schaff ich zu dem paw zu Sand Mertein zwen dreyling wein. Und daz daz gescheft stet und unczebrochen beleib, da bey ist gewesen der Bertelme Scharrach, die zeit statrichter zu Presburg, und der Hanns List, die zeit auch gesworner in dem rate, und sind dez geczeugen mit irn aufgedrukten innsigeln. Das gescheft ist geschaft und ist geschehen, do man zalt von Cristus gepurd vierzehenhundert jar und darnach in dem drew und dreyssigisten jar an Sand Symon und Judas abent.

(fol. 6r) Hie in disem puech sint verschriben alle geschaft, die erber lewt an iren leczten czeiten getan und geordent haben, und die unczebrochen und stet beleiben schullen in der stat zu Prespurg.

1427 November 14 – *1434 März 22* **2**

Geschäft des Hans Stern

pr. mü., (1) Einbr. = Zg., 3 (weitere) Zg. (*Index*: Gescheft dez Hanns Stern VI°)

(fol. 6r) Es ist fur uns komen in ratt der erber man Jost Laschport, unnser mitgeswarner purger, und hat fur unß offenlich bechant, das der erber man Hanns Stern, mitpurger zu Prespurg, vor im und vor denn erbern herren Wenczlaben, die czeit prediger zu Santt Merteins kirchen zu Prespurgk, und fur dem maister Reichart, zu demselben geschaft sy mit fleis gepoten durch Gots willen sein, ein redliches geschäft getan hab und hat geschaft alle sein gut, es sein eribgueter ader farundgueter, wie die genant ader wo die gelegen sint, nichts ausgenomen, eriblich und ewiklich, der erbern frawen Cristina, seiner eleichen hawsfrawen, domit zutuen und zulassen, unverczigen ain und sechczig gulden in golt, die sol man beczalen von dem obgenanten gut dem Peter von Weyerl. Und darnach ist auch

fur uns komen der erber man Hanns List, auch unßer mitgeswarner purger, und hat auch fur unß bechannt, das der obgenant her Wenczlab, prediger, vor im zu Wienn offenlich bechant hab, das er beÿ dem obgenanten geschaft ist gewesen, als er sein peichtfater gewesen ist, als das dann oben geschriben stet. Und das obgenant geschaft ist geschehen am freitag nach Sand Merteins tag anno Domini M° CCCC° vigesimoseptimo.

Acta sunt hec videlicet recognicionis predictorum
feria secunda proxima post dominicam Ramis-
palmarum anno Domini M° CCCC tricesimoquarto.

1434 Januar 18 **3**

Geschäft des Hans Hämerl

pr. schr., 2 Zg. (*Index*: Gescheft des Hanns Hemerl VI°)

Hie ist verschriben das geschäfft, das getan hat Hans Hämerl mit guter vernüfft und mit wolbedachtem müt und zu der zeÿt, do ers mit recht wol hat mugen tün. Item ich schaff all mein erib zu dem Wortperig zu Lainsnitz und zu Rëtschenstorrff und zu Prespürg, und wo ich erib oder güter hab, und dorczu all mein varunde hab, nichts ausgenomen, der erbern frawn Chlara, meiner eleichen hawsfrawn, dassy domit schaffen mag allen ÿren frum zu verseczen und zu verkauffen, wie ïr das am pesten gevelt. Item ich schaff ïr zu dem Steffan Ränes, meinem vetter, LXXXII meczen habern Wortperger meczl gehauft. Item ich schaff ïr zu dem Kolmann Pekch VI guldein in gold, wann der geltschuld ist gebest XIII guldein in gold, und der syben guldein pin ich von im beczalt. Item so schaff ich, das mein hawsfraw beczallen sol ainem juden XIII guldein in gold, dÿ ich entnomen hab. Und dicz mein geschäfft hab ich getan am mantag vor Fabiani und Sebastiani anno etc. XXXIIII°, und ich hab gepeten dÿ erbern weisen mannen Caspar Ventur und Steffan List, paÿd gesworen purger, zu czeugnüz dicz meins geschëfftes.

1433 Dezember 13 **4**

Geschäft des Meister Reichart

pr. schr., 2 Zg. (*Index*: Gescheft maister Reicharts VI°)

(fol. 6v) Nota das ist das geschafft maÿster Reicharts
das geschehen ist indie (!) Sancte Lucie anno Domini
etc. XXXIII°.

Item ich schaff zu Sand Mertten XL guldein ingold auff mein haws zu beczallen in sechs jaren, es wër dann, das mein weib das vorgenant haws verkauffet.

Item ich schaff meiner pruder, her Hannsen, frümesser zu Haÿdeck, czwen silbrein pecher, als ferr er dornach kumbt.

Item ich schaff meinn schwestern paÿden, der Anna und der Künigund, XL guldein in gold, als ferr sy dornach zichen.

Item ich schaff meinem vettern, Künczen, mein grabe joppen, und meinn swarczen fugsein rokch, und meinn plaben mantel, und I pett mit aller zügehörung, als ferr er das pett mit meins weibs gunst mag haben noch seinem verdienn, und schaff im des graben tüchs zu einer gugl.
Item ich schaff dem Niklas von Kaperkch dreÿ guldein ingold, dy pin ich im schuldig.
Item ich pin schuldig dem Grünpeckhen zu Wyenn fünff und sybenczig guldein in gold, doran hat er ein phërt für XII guldein in gold, und hat meinn prieff von meins herrn kaysers[3] wegen.
Ich pin schuldig dem Dÿetram zu Wÿenn fünfczehen guldein von meins herren wegen.
Item das ander, was das ist haws hoff, es sey farend, ligkund oder was ich hinder mein lazz in diser zeit, das schaff ich gancz meiner eleichen weib, der Barbara.
Item ich hab gepeten dy erbern und weisen herrn des vorgenanten geschëfftes zu einer geczeugnüzz den erberen Caspar Ventur und Wennczlab Töppler, paÿd dÿ zeit ratherren der stat zu Prespurg, in und yren erben an schaden mit ïr paeder ~~mit ïr pa~~ auffgedrukchtem insigel.

Acta sunt hec in die Sancte Lucie virginis
anno etc. quo ut supra XXXIII°.

1428 Oktober 23 **5**

Geschäft des Kaspar Scharrach

pr. schr., 3 Zg. (*Index*: Gescheft des Caspar Scharrach VII°)

(fol. 7r) Das ist geschaft Caspar Scharrach

Hie ist vermerkcht das geschaft, das ich Caspar Scharrach vor meinen leczten czeiten bey gueter vernuft und mit wolbedachtem muet getan hab vor den erbern manner Hans Pawer, die czeit burgermaister, und Hansen List, geswaren purger, und Johannes, statschreiber, die ich fleissiclichen darczu gepeten hab, das sy mein gescheft von mir verhort haben.
Von ersten schaff ich obgenanter Caspar all mein gut farund und unfarund, wie das genant mecht warden, dem Gregorio, meinem kind. Wer aber, das dasselbig mein kind mit dem tad abgieng, ee denn es zu seinen jaren der vernuft qwem (!), so schol dasselbig all mein gut gefallen eriblichen an den Partel Scharrach, meinem pruder, das er schol haben und besiczczn eriblichen. Ydoch schol er dovon mein frawn mueter halden und geveren erberlichen unczen zu irem ende, als wir des gepunden und phlichtig sein.
Auch meld ich Caspar, das ich schuldig beleib dem Swarczen Kunczen, meinem sweher, vyerczig guldein in golt.

---

[3] *Sigismund, König von Ungarn (1387–1437) und römisch-deutscher Kaiser (1433–1437).*

Auch melt ich, das der Partel, mein pruder, mir schuldig ist an meiner tail nach seines hawses XVIII lb. den.
Und die ubrig geltschult, die ich schuldig bin, ader die man mir schuldig ist, die wais wol der Partel, mein pruder.
Das geschaft ist geschehen nach Christi gepurd tausent vyerhundert jar und darnach in dem acht und czwainczigisten jar am sampcztag vor Sand Simonis und Jude tag.

1410 Juli 26 – ***1422 Dezember 11*** **6**

Geschäft der Katharina, Witwe des Hartman Schyn

pr. mü., 2 Einbr. = Zg. (*Index*: Gescheft frawn Katerina Scharrachin als Hartmanyn VII°)

Das geschaft hat getan undengeschriben
fraw Katherina, des Hartman Schyn wittib.

Nos capitulum ecclesie Posoniensis memorie comendamus, quod honorabilis vir dominus Martinus Kwepoden, ecclesie socius et concanonicus noster, alias eiusdem ecclesie nostre plebanus, necnon discretus vir dominus Petrus Czistler, in dicta ecclesia nostra rector capelle sacratissimi Corporis Christi, nostri personaliter venientes inmedium vivevocis oraculo sponte et libere confessi sunt in hunc modum, quod anno Domini, cuius iam tredecima instaret revolucio, die sabbati proxima post festum Beati Jacobi apostoli provida et honesta domina Katherina vocata, relicta Hartmani, dum in lecto sue recubuisset egritudinis racionis compos sana mente maturo animo et deliberato terciam partem domus in civitate Posoniensi in vicinitatibus Gercherin ex una et Petri Praitendarffer partibus ex altera site ipsam concernentem, et unam vineam suam Außgefangel vocatam in territorio oppidi Dewen in vicinitatibus Erhardi Stab dicti et Caspar Ventur in monte Gefang nominato existentem, cum omnibus ceteris suis rebus et bonis, mobilibus et immobilibus, ubilibet habitis et existentibus, Bartholomeo Scharrach dicto, filio suo unico, et per ipsum eiusdem Bartholomei heredibus testamentaliter legavisset et pro legatis suam per ultimam voluntatem eisdem habere voluisset. Super quibus quidem premissus dominus Bartholomeus Scharrach, civis prefate civitatis Posoniensis, nostras sibi dari petiit litteras testimoniales, quas concessimus eidem communi iusticia requirente. Datum feria sexta proxima ante festum Beate Lucie virginis anno Domini M° CCCC° vicesimosecundo.

Ohne Jahr, Monat und Tag (ca. 1433) – ***1433 September 30*** **7**

Geschäft der Katharina, Ehefrau des Bartholome Scharrach, Tochter des Michael Mader

pr. mü., 3 Einbr. = Zg. (*Index*: —)

(fol. 7v) Das ist geschäft frawn Katherina, des erben mans Bertl Scharrach hawsfraw, des erben mans Michel Maders tachter getan.

Es sint in unserm ratt auf gestanden die erbern weisen herren Martine Dyrman, burgermeister, Jost Lasport und Jorig Twrs, die czeit all geswaren purger der stat

zu Prespurg, und habent uns offenlich in bechant, das sy bey dem gescheft gewesen sein und mit vleis darczu gepeten der erbern frawen Katherina, des erbern mans Partel Scharrach hawsfrawen, des erben mans Michel Maders tachter, also hab dieselb fraw Katherina mit wolbedachtem muet, mit gueter vernuft und guetem willen vor inn alle ire hab und all ir güt, es sey erib ader farundgut, wie das genant sey ader wo das gelegen ist, nichts ausgenomen, dem vorgenanten Bartholome Scharrach, irem elichen man, und seinen erben ganczlich geschaft eriblich und ewiklich, domit zutuen und zulassen, was im am aller pesten gefellet.
Acta sunt hec feria quarta proxima post festum Beati Michaelis archangeli anno Domini M° CCCC° tricesimotercio.

1429 Januar 30 **8**

Geschäft des Hans Melbeis

pr. schr., 2 Zg. (*Index*: Gescheft des Hanns Melbeis VIII°)

(fol. 8r) Das ist das gescheͤfft Hanns Melbeis.
Hie ist zu merkchen das gescheͤfft, das ich Hanns Melbeis getan hab zu der zeit, do ich es wol hab mögen getün, und mit guter vernüft und guter gewissen. Item von erst schaff ich meinem sun, Wolfgang, ein weingarten, der do haist dÿ Nunn, zu nagst dem weg und anderthalben zu nagst meines prüder weingarten, der auch haist dÿ Nunn, und wer sach, das daz kind abgïng mit dem tod, do Got für seÿ, ee das es zu seinn vernüftigen jaren këm, so sol derselbig weingarten geeriben und gefallen auf mein eleichs weib, Künigund, und mit demselben weingarten allen ïeren frumen schaffen zu verkauffen, verseczen, geben, wem sÿ wil, als mit ÿrem rechtem erïb, und do pey ist gebesen Hanns Potendarffer und Hanns List, paÿd geswaren des rats, und ist geschehen am suntag vor Purificacionis Marie anno Domini etc. vicesimo nono.

1433 August 1 **9**

Geschäft der N., Ehefrau oder Witwe des Hermann Leinbater; Bestellung eines Zeugen zum Willensvollstrecker

pr. schr., 3 Zg. (*Index*: Gescheft der Herl Leinbaterin VIII°)

(fol. 8v) Das ist das gescheͤft Herl Leinbaterin.
Nota hie ist vermerkcht das gescheͤfft der Herl Leinbaterin, dassy getan hat inn dem jar als man czelt noch Christigepürd (!) M CCCC° XXXIII jar am sambstag Vincula Petri.
Item czum ersten so schaff ich obgenante Leinbaterin der kirichen zu Sand Mertten zu dem paw mein ledigs freis haws, gelegen in der stat zu Prespürk, ainthalben zu neͤgst des Hainreich Gans haws und anderthalben zu neͤgst des herren Steffan List haws.

Item dornach so schaff ich auch zu der obgenanten kirichen zu dem paw meinn ledigen und frein weingarten genant das Lang tail mit frucht mitall.
Item so schaff ich, das man von dem obgenanten haws und weingarten ausrichten und beczallen sol XX guldein zu einem ewigen jartag.
Item so schaff ich XX guldein in Gots leichnams czekch zu einem ewigen jartag, und dÿ schüllen ausrichten dÿ geschëfft herren und sullen das nemen von aller geltschuld.
Item so schaff ich den junchfrawn in das nunnen kloster X guldein ingold, und dy sol man nemen von den XXXVIIII guldein, dÿe dÿ erber fraw noch schuldig ist dÿ Wblfailin noch schuldig ist, dorumb ich ïr verkaufft hab meinen weingarten, genant der Rössler.

Debita

Item der Hainreich mit der Ganns pleibt schuldig IIII guldein ingold und III^c den., dÿ ich im gelihen han.
Item der Rubein pleibt mir schuldig an dem hoffczins IIII gulden ingold.
Item den Andre Fischer hab ich ledig gesagt umb dÿ schuld des hofczins.
Item so schaff ich den manntl, den dÿ Pratesserin hat, und das ander, dassi auch inne hat, zuhilff der geltschuld ingoczleichnams (!) czech.
Item so pleibt mir schuldig der Sigl Dürst XXI^c den.
Item so schaff allen haws gerecht, das in dem haws ist, meiner mümen und ïrem sun, ausgenomen dÿ klainat, was do ist, und der solhaben (!) gewalt dÿ geschëfft herren und das assech zu dem wein.
(fol. 9r) Item das sind dÿ geschëfft herren, dÿ peÿ meiner geschëfft gewesen sind und dy ich durch Gotes willen gepeten hab zu czeugen meins geschëfft, her Hanns List und her Steffan List, diczeit kirichmaister und geswaren purger zu Prespurg, und Michel Feirtag, ein virundczwaincziger, dassi auch ire petschaft auf den geschefft prÿeff gedrukcht haben.
Item so hab ich fleissikleich gepetn herren Steffan List, das er sich meins geschëfftes underwunden hat und dasselb ausczurichten als ich im getraw.

1434 März 22 **10**

Geschäft des Chorherrn Philipp Schospurger

pr. schr., 2 Zg. (*Index*: Gescheft hern Philipp Schospurger VIIII°)

Das ist das gescheft herren Philippen Schosburger,
etwen carher zu Sand Mertein.

Hie ist vermerkcht das geschaft herren Philippen Schospurger, das ich getan hab mit wolbedachtem muet und zu der czeit, do ich in meiner crankait guete vernunft het, ungenott.
Item am ersten so schaff ich obgenanter her Philipp meiner muemen, Hanns Cramerin, alles geschaft, das mein mueter, Gorgerin selige, getan hat und iren kinden, als die herren wol wissen.

Item so schaff ich meinem swager, Jacoben Praitenneker, mein ledigen frein weingarten, gelegen an der Hachneÿ neben dem Gerlein, fur newn und dreisigk guldein in golt, die er mir gerayt gelihen hät, und von demselbn weingarten sol er mir ausrichten einen jartag mit czwainczigk guldein in gold zu Sannd Mertein, und die weil er die selben czwainczig gulden inne hat, so sol er alle jar davon dïnen czwen guldein in golt abzuledigen, und wenn er die czwainczig gulden ausricht, so sol derselb weingarten frey und ledig sein ewiklich im und seinen erben.
Item das das geschaft also furpas stët und kreftig beleib, darczu hab ich gepeten die erben herren Caspar Ventur und Lwdweigen Kunigsfelder, bayd geswaren burger der stat zu Prespurgk, das sy der sachen und des geschaftes gedachtig sein mit irer paider aufgedruktem pethschaften. Das geschehen ist nach Cristi gepürd vyerczehundert jar und darnach in dem vyerund dreisigisten jare am mantag nach dem Palmen tag.

1434 September 12 **11**

Geschäft des Hans List

pr. schr., 3 Zg. (*Index*: Gescheft des Hanns List VIIII°)

(fol. 9v) Hie ist vermerkcht das geschaft, das der erber man Hanns List mit gueter vernuft getan hat, die tzeit des rats der stat zu Prespurgk, am suntag nach Unser Frawen tag der pwrd anno etc. XXXIIII°.
Item ich schaff zu Sand Mertein zu dem gepew XLVIII gulden in golt, die pleibt mir schuldig der Kwrtz Jakl jud umb tüch, zubeczalen auf dy kunftigen Weinnachten [*1434 Dezember 25*].
Item ich schaf zu Sand Mertein zu dem gepew XXX ratt gulden in golt, die mir schuldig beleibt der Hanns Leytgeb, und von den dint er drey gulden auf die Sunewenten [*1435 Juni 24*].
Item ich schaff aber zu Sand Mertein gepew funf dreiling wein hewrig wein.
Item ich schaf der Kochlin ain dreiling hewrichs weins.
Item ich schaff meiner tachter, Andlein, die padstuben und denn Olram weingarten genant und schaff ir auch hundert und X gulden in golt, die mir die stat schuldig beleibt. Auch schaff ich ir mein tagliche silber gürtl und ein silbreyne crawsen innen und awssen vergolt mit ainer chran.
Item ich schaff meinem sun, Henslein, mein silber gürtl mit der taschen auch beslagen. Auch schaff ich im mein haws gantz, darinn ich sitz, unde den Schon Ulreichen halben, und schaff im hundert und X guldein, die mir auch die stat bleibt.
Item so schaff ich mein drein prudern den Juden nach dem lesen und schaff inn all mein gewant und den harnasch halb.
Item so schaff ich das silber geschyr, das zu Wienn ist, als meiner weib, ausgenomen, das ich vor dovon verschaft hab. Auch schaff ich meiner weib alle farunde hab, nichcz ausgenomen, als man das im meinem register vorgeschriben sint, und alle geltschult.

Auch schaff ich, welchs kinth mit dem tad ee abgieng, ee sy zu iren vernuftigen jaren komen, so sol das erben von ainem auf das ander, wär aber sach, das dy kinder baide abgiengen, ee sy zu ir vernuft chamen, so sol das halb tail gefallen zu dem pew zu Sand Merteins kirichen und das ander halb tail sol gefallen auf mein nechstew frewnt, dy do rechtlich dartzu erben sullen.
Item so schaf ich meinem weib funffczigk gulden in golt auf den phanten von maister Hannsen von Reichennaw, puxenmaister.
Item ich beleib schuldig der Michel Schoklin XI gulden in golt, dy sol mein vorgenante weib betzalen.

Geltschult

Item mir bleibt schuldig der Eyban XXVI guldein in golt, dovon sol mein weib beczalen. Item dem Pulbax XII gulden in golt. Item dem Klein Jaklein juden XIIII gulden in golt und I lb. wienner phennig.
Und das ditz mein geschaft kraft hab und stet und unzebrochten bleib, dartzu hab ich gepeten dy erben und weisen herren Stephan List, die zeit burgermaister, und Caspar Ventur und Hanns Liebel pekch, die zeit gesworen burger der stat zu Presburgk, das sy ir petschaft auf ditz mein geschaft gedrukcht haben in und iren erben an schaden.

1435 April 10 – *1435 Mai 18* **12**

Geschäft der N., Witwe (?) des Stephan Kreuter;
Bestellung der Zeugen zu Willensvollstreckern;
Bestellung eines Vormunds für den minderjährigen Sohn der Erblasserin;
Klage gegen den Vormund
pr. schr., 3 Zg. (*Index*: Gescheft der Stephel Chreuterin X°)

(fol. 10r) Hie ist vermerckt das geschefft, das dÿ Steffl Krewterin hat gethan mit wolbedachtem müt zü der czeÿt, da sÿ das mit recht wol gethun mogt, das ist geschehen am Palmtag anno Domini M° CCCC° XXXV.
Item zu dem allerersten hat die erber fraw geschafft ain mantl und ain schloher, das man dÿ verkauffen söl und schol davon machen czwü wandling kerczen zü Sand Lorenczen, und czwü steck kerczen in das spital, und blib icht gelt uber, so schol das gelt verrner geraÿcht werden zü dem licht.
Item und mer hat sÿ geschaft all ir gut und hab, was sÿ den gehabt hat, es seÿ erbgut oder varudgut (!), irem sün, Andre, und den selben sün hat sÿ empholn mit sampt dem güt dem Michel Rüczinger zü treverhant inn zü haben, und ob das wër, das der knab ab gÿng mit dem tad, so schol das selb güt als der Michel Rwczinger haben ledig und freÿ und all sein frümen da mit schaffen und geben, wem er wil. Da von schol er beczalen dem Cristan Walher VI phunth den. hungrischer müncz. Datum üt supra.

Item und das sïnd die geschefft herren, dÿ beÿ meynem geschefft gewesen sind, die ich dürch Gotes willen fleissiglich gepeten hab zü geczeugen meins gescheffts, Jacob Graber und Schön Üll, Jacob Vogel.
(*spätere Eintragung*: Es ist für uns komen im ofne schrann Andre Manhart, unser mitpurger, und hat clagt mit seinem vorsprechen zu dem Michel Rwetzinger, auch unserm mitpurger, aus ettlich gut, es sein eribgueter ader farundgüter, das die erber fraw Stephel Crewtrerin geschaft hatt irem sun, Andre, als sich das awsweist in irem geschaft voren geschriben, do wurt mit frag und mit urteil tzue gesprochen dem obgenanten Michel Rwetzinger das vorgenanten geschaft mit allen denn gweten, als dum in dem geschaft brief begriffen, dasselb gut dem obgenanten Andree inzuhalden, und war sach, das der obgenante Andre mit dem tad abgieng, ee er zu seinen jaren kam, so sol dasselb gut gefallen dem obgenanten Michel Rwetzinger, domit zutuen und zulassen mit versetztzen, mit verkauffen, geben, schaffen, wem er wil an allen irsal.)

Acta sunt hec feria quarta
proxima post festum Beati
Pangracy anno Domini M° CCCC°
tricesimoquinto.

1434 April 11 **13**

Geschäft des Peter Hosch

pr. schr., 4 Zg. (*Index*: Gescheft dez Peter Hosch X°)

(fol. 10v) Hie ist vermerckt das gescheft, das ich Petter Hosch gethan hab zu den czeiten, als ich in meiner kranckaÿt gelegen pin und mein vernuft wol gehabt hab und das gethan hab mit wolbedachtem mwt und zu der czeÿt, da ich es mit recht wol gethun mocht.
Item zu ersten so schaff ich durch meyn sel willen XXX sel messs und zu Sand Mertin ain dreÿling wein zü dem paw.
Item so schaff ich mein ledigs freys haws gelegen auf der Wedricz meyner weÿb, Anna, neben dem Schönn Jacoben und anderhalben neben Scharen haws, ausgenomen XXXII den. dinst, dÿ man dint alle jar jarlichen da von.
Item so schaff ich mer meiner weib, Anna, meinen ledigen freyn weingarten gelegen im Scharlach perig neben dem Hanns Meÿxner, ausgenomen funfczehen gulden in gold, dÿ schol sÿ raychen meÿner swester kind von dem kunftigen Sand Michels tag [*1434 September 29*] uber ain gancz jar nach meÿnem tod.
Item so schaff ich mer meyn ledigen freyn weÿngarten, gelegen inn Schonndorffern neben dem Ulreich Honigler, auch meÿner swester kind freÿ und ledig, da mit zu thün was sÿ wellen.
Item so schaff ich mein garten inn Pethschnerner auch meÿnem weÿb mit aller zugehörung, neben dem Michel Perting und der Aschmerin.

Item so schaff ich meynen weingarten im Kuttner meinem weib, halben neben dem Eÿlausdemrock und Petter Koler gelegen.
Item so schaff ich meyner dÿren alle czugehorung zü petth und zu tisch von mein hab.
Und meinem knecht, Urban, mein graben leinerein seÿdl, ain weisse underjoppen, ein swerth und guter styfalen zwen, und ain grabs par hosen.
Item bey dem gescheft seind gewesen dy erberen frumen lewt Petter Wysant, Erhart Stab, Schön Jacob, Andre Lüdl, die ich fleissiglich dar zü gepethen hab, das ist geschehen nach Cristi gepurt M° CCCC° in dem XXXIIII jar am suntag vor Tyburcÿ.

1435 April 29 **14**

Geschäft des Augustin von Hirsperg;
Bestellung eines Willensvollstreckers
pr. schr., 2 Zg. (*Index*: Gescheft dez Augustin von Hirsperg XI°)

(fol. 11r) Hie ist vermerckt das gescheft, das der Augustin von Hirspergk gethan hat, und dar zü ain offen bekentnüs, wie ër vor aws auf der krëmereÿ, dÿ er und sein gesell, Niclas Fuxczagl, mit ein ander gehabt haben, XLV gulden ingold ledig und freÿ, dÿ selben funffundvirczigk gulden er vor aws auf dem gut hat, dÿ hat er geschaft seyner swester kinder zu Lemburgk, und was sÿ darnach miteÿnander haben und mit irë der selbig Niclas Fuxczagel handelt und arbeit, das ist ir bayder, und das alles als obgeschriben stët, hat er zü aÿnem rechten gerhab und innemer gemacht den erben mann Petter Röt von Lemburgk, das er das solbig güt reÿchen und geben schöl den obgenänten seÿner swester kindern. Und beÿ dem gescheft seind gewesen dÿ erberen mann Michel Vogel und Lorencz Hunger, dÿ dar zü fleissiglich gepethen seind worden. Das ist geschehen am ffreÿttag nach Sand Jorgen tag[4] nach Cristi gepurt M CCCC und in dem XXXV jar.

1435 Mai 31 **15**

Geschäft der Margaretha, Ehefrau des Michael Wolf;
Bestellung des Ehemanns zum Vormund für das Kind der Erblasserin
pr. schr., 4 Zg. (*Index*: Gescheft frauen Margareta Wolfin XI°)

Hie ist vermerckt das gescheft das die erber fraw „Margaretha“, Michel Wolfin, gethan hat mit gueter vernufft an Sand Petternellen tag anno Domini M° CCCC° XXXV.
Item von erst so schaff ich meynem mann, Michel Wolff, mein haws halbs untz an sein töd weder zü verseczen, noch zü verheyrëten, nach zü verkauffen.
Item den weingarten im Mwlschlagh schaff ich auch halben meinem mann, Michel Wolfen, in gleicher weis, als das vorgeschriben haws.

---

[4] *Der St. Georgstag wird gemäß ungarischem Brauch mit dem 24. April aufgelöst. An diesem Tag wurden auch die Stadtoberen von Preßburg gewählt.*

Item ich schaff meÿnem sün, Ulrichen, drytthalbhundert gulden ingold, die selben II½^c gulden sol innen haben Steffhan List, yczund richter, als lang untz das mein sön kumpt zu den jaren seiner verstentikayt, so schol er ims dann geben und reichen an all irrung und hindernus.
Item auch schol der selbig Steffhan List innemen von geschefftz wegen III silber gurtl, und III silber pecher, ain mër mwschël, und sol die auch reichen und geben meynem sün, Ulreichen.
Item ain grün mantl, tzwen harras seydl, ain kunglein pelcz, das schaff ich zu Sand Mertin paw.
(fol. 11v) Item das ander als mein gewanth, schlohir, und was das mag gesein, das schaff ich als meiner lieben mütter.
Item uber das alles so schaff ich meinen kind, Ulreichen, meinem mann zü ainem trawen gerhab, als ich im des getraw.
Item alle mein farunde hab schaff ich halbe meÿnem kind, was inner haws ist, und das er das uberich mit im tayl, als ich im das getraw auf sein trew und frumickayt.
Item und ab (!) das kind ab ging mit dem tad, eë es kem zü den jaren seiner verstentikaÿt, so sol es gehoren und gefallen zü Sand Mertin paw.
Item so schaff ich meynem mann, Michel Wolff, ain weingarten im Replein und ain weingarten im Hÿrsman, da mit zü thün und zu lassen ledig und freÿ nach seynem willen.
Item so schaff ich mer Sand Mertin kirchen zu paw XX gulden in gold, die ich meÿnem mann gelihen hab, das er die ausricht, wenn man an hebt zu pawen.
Und beÿ dem gescheft seind gewesen die erbern herren Stepphan Raneis, purgermaister, Bartholme Scharrach, baÿden gessworen purger, und Sighart Pulner und Michel Vogel, mitpurger, die sie mit vleis darumb gepeten hat.

1433 Oktober 13 **16**

Geschäft des Michael Püchler

pr. schr., 4 Zg. (*Index*: Gescheft dez Michel Puchler XI°)

Hie ist vermerkcht das geschaft Michels des Püchlers, und do bey ist gewesen die frumen lewt etc. Erhart Rabentzagel und Paul Schreiner und Stephan Tanner und Chuntz Tischler.
Item ich schaff meiner hawsfrawen, Christein, mein haws gelegen auf der Bedritz, zunagst Hanns Vashan haws und anderthalb zunagst des Palbein haws.
Item ich schaff auch meiner hawsfrawen ain weingarten gelegen an der Fuxleiten und ainen in den Lofleren.
Item ich schaff, das mein hawsfraw schol betzalen newn gulden in golt auf Sand Colmans tag [*1434 Oktober 13*] und funffund tzwaintzigk gulden in golt auf die nagsten Weinnachten dar nach [*1434 Dezember 25*] von haws und von weingarten wegen.

Item auch hab ich inn drey silbrein pecher von der Peter Pechmyn, und ain guldein ring fur aindlef guldein in golt, und an ains dreissigk hundert phenning, das sol man zulosen geben.
Auch schaff ich meiner knaben ain rokch, ain mantel, tzwo hosen, und ain gugel, und ain joppen.
Item ich schaff auch XXX selmez.
Item auch bin ich schuldig dem Guetgesellen sechs guldein in golt, daran ist er mir schuldig XXI lb. quart. und VII ß den. (*am Rande*: solvit) Item auch ist mir schuldig Thaman Strusß VI½ lb. den. und XL den. quart., daran bin ich im schuldig ain tausent stekchen. Item auch schaff ich ain silbrein pecher zu Sand Niklas, daraws sol man machen ain chelich, und wil mein hawsfraw den pecher behalten, so geb sy sovil geltz, als der pecher wert ist. Anno Domini M° etc. XXXIII° in die Sancti Colomanni.

1435 Februar 23 17

Geschäft des Leonhard Langwiser
pr. schr., 4 Zg. (*Index*: Gescheft dez Leonhart Langwiser XII°)

(fol. 12r) Das ist das geschafft des Lÿenhart Langwiser.
Anno Domini millesimo quadringentesimo tricesimoquinto in vigilia Sancti Mathie. Ich Lyenhart Langwiser, mitpurger zu Prespurgk, bechenn offenlich mit dem brief, das ich mit wolbedachtem muet, mit gueter vernuft und zu der tzeit, do ich es mit recht wol getuen hab mugen, ein gantze ordnung alles meines guets getan hab und tuen auch in craft ditz briefs, als hernach geschriben stet.
Item zum ersten so schaff ich zu Sand Mertein pharrkirichen zu Prespurgk zu dem dachwerich tzwayhundert guldein in golt, und mein maynug (!) ist also, das man das gelt nicht schol dargeben, untz das man an hebt ze pawn.
Item so schaff ich meinem weib, Barbare, mein haws, das do ligt zenagst dem Hanns Fynken haws zu Prespurgk und auf der andern seytten zunagst des Oswalt Windisch haws, domit zutuen und zulassen.
Item so schaff ich mer meinem weib, Barbare, den weingarten, genant der Rozler, meinen tail eriblich, domit zutuen und zelassen.
Item ich schaff auch mer meiner hawsfrawen, Barbare, meinen tayl an dem weingarten, genant der Flotztzer, domit zutuen und zelassen.
Item so schaff ich mer meinen weingarten, genant der Pruspeter, meiner vorgenanten hawsfrawen, Barbare, domit zutuen und zelassen.
Item so schaff ich mer meiner hawsfrawen, Barbare, den weingarten, der do genant ist die Twnaleiten, lediglich, domit zutuen und zulassen.
Zu dem obgenanten meinem geschaft hab ich obgenanter Lyenhart Langwiser gepeten mit vleis zu geczeugnuz die erbern weisen herren den Andre Schonpach, den Hanns Liebelpekchen, den Mathes Meyndel, zu der zeit all drey geswarn des rats,

und denn Stephan Ränes, und des geleichen hab ich in aüch gepeten, das er sey ein getzeugen meines geschäftz, mit den oben geschriben herren, das die ire pethschaft auf mein geschaftbrief gedrukcht haben in und iren erben an schaden.

Ohne Jahr, Monat und Tag (ca. 1434) – ***1434 April 23*** **18**

Geschäft der Elisabeth Pechmyn

pr. mü., 2 Einbr. = Zg. (*Index*: —)

~~Es ist in unser auferstanden der erber Stephan Ränes~~

Es sint fur uns komen die erbern Stephan Ranes und Niklas Spies, baid unser mitpurger, und habent offenlich für unß bechant, das die erber fraw Elsbeth Pechmyn, des Hanns Weissen geswey, vor inn mit guetem willen, mit gueter vernnuft geschaft und ausgeben hat dem erbern man Hannsen Weissen, irem swager, einen weingarten, gelegen in der Posheit, ainthalben zunagst des Ungerlein weingarten und anderthalb zunagst des Niklas Tzandlein weingarten, und ein haws gelegen auf der Nunnenpewnt, also in solicher beschaidenhait, das der vorgenanter Hanns Weis mit dem obgenanten weingarten und haws allen seinen frumen schaffen sol, als mit versecztzen, mit verkauffen, geben, schaffen, wem er wil, als mit seinem rechten güt. Acta sunt hec feria sexta proxima ante festum Beati Georgii martiris[5] anno Domini M° CCCC° XXXIIII°.

Ohne Jahr, Monat und Tag (ca. 1435) – ***1435 März 16*** **19**

Gütliche Erbteilung nach Elisabeth Joricherin

(*Index*: —)

(fol. 12v) Jorigcherin

Es sint aufgestanden in unserm ratt die erbern mannen Bartholome Scharrach, die tzeit richter der stat zu Prespurgk, und Martine Tyrman, geswarner purger des rates zu Prespurgk, und ist fur uns komen Peter Mwesich, auch unser mitpurger, und habem aintrachtiklich offenlich fur uns bechant, das sy mit vleis gepeten sint worden zu der hernachgeschriben verrichtigung, also das sychdie (!) erbern Jacob Radendarffer, gesessen zu Pruk an der Leyta, an der junkfraw Ossanna stat, und fraw Katherina, Hanns Cramer seligen wittib, und Augustin Paul von Potendarf, an seiner hawsfraw, frawn Anna, stat, an ainem tail, und der Jacob Praittennekcher, unser mitburger, an den anderen tail, liepleich frewntlich mit einander veraint und verricht habent alles des gutz, das her ist komen von frawn Elzpeten der Joricherin, das ist das haws gelegen in der benanten stat Prespurgk, ainthalben zunagst des obgeschriben Bartholome Scharrach haws, und ain weingarten gelegen an der Obern Hachney, gelegen auf der stat gepiet, ainthalben zunagst des obgenanten Jacob

5 *Der St. Georgstag wird gemäß ungarischem Brauch mit dem 24. April aufgelöst. An diesem Tag wurden auch die Stadtoberen von Preßburg gewählt.*

Praitennekker weingarten und anderthalb zunagst des Finkchen weingarten, also in solicher beschaidenheit, das das obgenante haws und der benante weingarten in vyer tail sint gemacht worden, also das die vorgenante junkfraw Ossanna ain vyertail des obgenanten haws und weingarten lediglich sol haben, und fraw Katherina ain vyertail, und fraw Anna ain vyertail, und darnach der obgenante Jacob Praitennekcher ain vyertail des obgenanten haws und weingarten, also das die benante junkfraw Ossanna und fraw Katherina und fraw Angnes (!)[6] und Jacob Praitennekker iglichs tail und ir erben mit seinem tail allen seinen frumen schaffen sol, als mit versetztzen, mit verkauffen, geben, schaffen, wem es wil, und der obgenanten tail kains sol wider das ander tail nymmermer hinfur zusprechen sol haben in kaynnerlay weis.

Acta sunt hec feria quarta proxima post dominicam Reminiscere anno Domini millesimo quadringentesimo tricesimoquinto.

Ohne Jahr, Monat und Tag (ca. 1434) – ***1434 Mai 12*** **20**

Geschäft der Katharina, Ehefrau des Ulrich Hakkel[7]

pr. mü., 3 Einbr. = Zg. (*Index*: Gescheft der Ulreich Hekel hausfraw XII°)

Ulreich Hakkel

Es sint fur uns komen die erben mannen Colman Pekch, Michel Grantner und Hanns Groblok, all unser mitpurger, und habent offenlich fur unß bechant, das sy die erber fraw Katherina, des Ulreich Hakkel hawsfraw, gepeten hat zu irem geschaft und des gedichtner wolden sein, und dieselb fraw Katherina hat mit gueten willen mit gueter vernuft geschaft dem obgenanten Ulreich Hakkel iren weingarten gelegen auf der stat gepiet in Ledreren, ainthalb zunagst des Swartz Hannsen weingarten und anderthalb zunachst des koster (!)[8] weingarten, also das der obgenante Ulreich Hakkel mit dem obgenanten weingarten allen seinen frumen schaffen sol.

Acta sunt hec in festo Beati Pangracii anno Domini M° CCCC° XXXIIII°.

Ohne Jahr, Monat und Tag (ca. 1435) – ***1435 August 10*** **21**

Verkauf eines Hausanteils des Paul von Potendarff durch Jakob Praytennekker

pr. mü., 1 Einbr. (*Index*: —)

Paul von Potendarff

Es ist fur uns komen der erber man Jacob Praytennekker und hat fur unß offenlich bechant für sich und all sein erben, das er mit wolbedachtem muet und zu der tzeit,

---

6 *Wohl irrig. Es handelt sich zweifellos um dieselbe Person, die zuvor zweimal* Anna *genannt wird; vgl. auch Nr. 21.*

7 *Vgl. das schriftliche Geschäft der Erblasserin mit gleichem Rechtsinhalt unter Nr. 54, das zum selben Datum geschrieben wurde, an dem dieser Eintrag ins Protokoll gemacht wurde. Im Text von Nr. 20 findet sich kein Bezug auf ein schriftliches Geschäft.*

8 *Wohl irrig für* kloster, *vgl. Nr. 54.*

do er es mit recht wol getuen hat muigen, seinen vyertal seines haws, das herkumpt von der erberen frawn Elzbeten Joricherin, gelegen in der stat zu Prespurgk neben des Bartholome Scharrach haws, als vormals in dem puech geschriben stët, verkauft hat dem erbern man Paulen von Potendarff, seinem swager, und frawn Anna, seiner hawsfrawen, und iren erben umb dreissigk gulden in golt. Derselben gulden der obgenante Jacob Praytennekker von dem obgenante Paulen von Potendarff gantz und gar vor unß in unserem ratt verricht und gewert ist wörden. Also sol der obgenante Paul und Anna, sein hawsfraw, und ir erben sollen gewalt und recht furpas haben, allen iren frumen mit dem obgenanten vyertals des benanten haws haben mit versetztzen, mit verkauffen, geben, schaffen wem sy wellen.

Acta sunt hec in festo beati Laurencii martiris
anno Domini M° CCCC° tricesimoquinto.

1434 August 7 **22**

Geschäft der Klara, Ehefrau des Stephan Tanner

pr. schr., 3 Zg. (*Index*: Gescheft der Clara Tannerin XIII°)

(fol. 13r) Tanner

Vermerkch das geschaft der erberen frawen Clara, Stephans des Tanner eleichen hawsfrawn, das sy in dem pett ir chrankcheit mit gueter vernuft am Sand Affra tag der heiligen martierin gatan (!) hat anno etc. XXXIIII°.

Item von erst so hatt dieselb fraw Clara geschaft ain weingarten, gelegen in der Fuxleitten zenegst des Perhner Bartlems weingarten weingarten (!), tzwain chinden ydem kynth halben, das ain kind gewesen ist Ulreich des Chremps chind, und das ander chind gewesen ist Stephel des Leyner kind, doch also mit ausgenomen worten, das denselben weingarten Stephan der Tanner, ir elich man, ynnehaben und gemessen sol sein lebtag, und darnach nach seinem tad so sol derselb weingarten die Fuxleitten erben und gevallen auf die vorgenanten kynder.

Darnach so hat sy geschaft irem frewnt, Jorigen dem fleischhakker knecht, tzehen guldein in golt, die im ir man, Stephann der Tanner, raichen und geben schol, wann er zu der ee der heiligen chanschaft greiffen wil.

Darnach hat sy geschaft den weingarten in dem Gefang gelegen, ainthalben zenegst des Erharts Stebs weingarten und anderthalb zenagst Peter des Pulbax weingarten, irem elichem mann, Stephan dem Tanner, ledig und frey, eriblich und ewiklichen, und allen seinen frumen domit zeschaffen, mit versetztzen, mit verkauffen, geben, schaffen, machen, wem er wil, an aller meiner negsten frewnt irrung und hindrung.

Und bey dem obgeschriben gescheft sein gewesen die erbern man
Andre Lwdweig, Hainreich Payr und Jacob Aban, dye sy zu dem
geschaft besunderlich geruëft und gepeten hat, und das habent
die obgenanten geschaftherren an aydes stat unß bechant.

1434 Oktober 27 **23**

Geschäft der Elisabeth, Ehefrau des Erhard Stab

pr. schr., 2 Zg. (*Index*: Gescheft der Elspet Stabin XIII°)

Stabin

Anno Domini M° CCCC° tricesimoquarto in vigilia festi Beatorum Simonis et Jude apostolorum, ich Elzbeth, des Erhartz Stab mitpurgers zu Prespurg eliche hawsfraw, bechenn offenlich mit dem geschaft brieff, das ich mit wolbedachtem muet und zu der tzeit, do ich es mit recht wol getuen hab mugen, all mein guet geordent hab, do bey gegenwurtiklich gewesen sint Hanns Bakahwtel, mein pruder, und Agles, mein swester, und unß dreyer geswistrait mueter, die alt Bakahwtlin, und die meiner orderung und geschaftes kein widersprechen nicht haben getan des vorgenanten meines geschaftes und guetes.

Item so schaff ich von ersten dem obgenanten Erharten Staben, meinem man, mein tzwen weingarten, der ain haist der Molfleisch, gelegen auf der Weynnaren pirig, und der ander haist der Schakaschdarffer, gelegen auf Ratzeschdarff pirg, in solicher beschaidenheit, das der obgenanter Erhart Stab dy obgenanten tzwen weingarten sein lebtag inne sol haben und dy nutztzen.

Item so schaff ich meiner vorgenanten swester Anglesen mein silbreine gürtel beslagen auf ein prawn parten, und ain sibenfachtigen sloyr den pesten, und iren pesten mantel, mit urkumth des gescheftbriefs verpetschaft mit der erben man Peter Pülbax und Michel Feyrtag, baid mitpurger zu Prespurgk, aufgedrukchten pethschaften, dye sy durch meinen fleissigen gepett willen auf den geschaftbrief gedrukcht haben in und iren erben an schaden.

Ohne Jahr, Monat und Tag (ca. 1434) – *1434 April 28* **24**

Geschäft des Hans Schular

pr. mü., 3 Einbr. = Zg. (*Index*: Gescheft dez Hanns Schueler XIII°)

Schular

Es sint fur uns komen die erberen mannen Peter Pulbax, Erhart Stäb und Niklas Pachrad, al unß mitpurger, und habent offenlich fur unß aintrachtiklichen bechant, das sy mit dem erbern man Hanns Schular, unserem mitpurger, mit vleis gepeten sein worden zu seinen geschaft, und hab sy mit vleis gepeten desselben geschäfts gedachtner zusein, also hat der obgenante Hanns Schular mit gueten willn und gueter vernuft vor inn geschaft sein freÿs ledigs haws ~~es~~ und seinen garten daran gelegen gelegen (!) vor der stat zu Prespurg, ainthalben zunagst des Hanns Tebner haws auf Twnanewsidel, halben der erbern frawn Clara, seiner elichen hawsfrawen, und das ander halb tail des benanten haws und garten seinen tzwain kinden Katherina, seiner tachter, und Colman, sein sun, also, das iglichs tail mit seinem geschäften gut allen seinen frumen schaffen sol mit versetztzen, mit verkauffen, geben, schaffen, wem es wil an widerred.

Acta sunt hec feria quarta proxima post festum beati Georgii martiris[9] anno Domini M° CCCC° tricesimoquarto.

1435 Juni 7 **25**

Geschäft des Ulrich Haz

pr. schr., 5 Zg. (*Index*: Gescheft dez Has Ullein XIII°)

(fol. 13v) Ich Haz Wl, maister der fleischer, mitpurger zu Prespurgk, bechenn offenlich mit dem geschaftbrief allen lewten gegenwurtigen und kunftigen, das ich mit wolbedachtem muet zu der zeit, do ich es mit recht wol getuen hab mügen, und mit guetm willen geschaft und geordent hab all mein güt hernach geschriben, und hab dartzu mit vleis gepeten die erbern weisen herren Andre Schonpach und Mathes Meyndel, bayd geswaren purger der stat zu Prespurgk, Niklas von Teben, Berenhart und Larentz Vyertzker, all maister fleischer, mitpurger doselbst, das sy meins geschafts gedachtner durch Gots willen wellen sein, und dasselb mein geschaft mit iren aufgedrukten petschoftten verpetschafften wellen in und iren erben an schaden. Das ist geschehen am eritag nach Phingsten anno Domini millesimo quadringentesimo tricesimoquinto.

Item so schaff ich vorgenante Haz Wl meinem sun, Hansen, mein freys haws, gelegen in der stat zu Prespurgk, ainthalben zunagst des Simon Preins haws und anderthalb zunagst des Kwrtzn Hansen haws.

Item so schaff ich mein tzwen weingarten dem obgenanten meinem sun, Hansen, der ain leyt im Tymeren, ainthalben zunagst des Mwr Schuster weingarten und zunagst des Michel Ranes weingarten, und der ander weingarten leyt in dem Kyenhartzgraben, ainthalben zünagst der Fritz Kochin weingarten und anderthalb zunagst des Langen Hannsen weingarten, in solicher beschaidenheit, das die erber fraw Margaretha, des Erhartz Klinß hawsfraw, und junkfraw Clara, ir geswistret kind, mit dem rechten das obgenante haws halbs und die vorgenanten tzwen weingarten auch baid halb von mir vorgenanten Haz Wlein erlangt haben, daran hab ich vorgenante Haz Wl der vorgenanten frawn Margarethen Klinslerin gelihen drey und sybentzigk gulden in golt und LX wienner den., und wann sy dy benanten sum gulden nyderlegt, so haben sy sich zu den benanten erben, als sich das recht aws hat geweist.

Item so hat die obgenante fraw Margaretha Klinslerin und junkfraw Clara, ir geswistrat, auch von mir erlangt im rechten vyerczigk phund pankartten, die selb sum geltz sullen sy haben auf allem meinen guet. Item mer habent sy erlangt mit dem rechten acht dreyling weins, yglichen dreyling weins für XX emmer anzuslahen, dy sullen sy auch haben auf allen meinen erben mit solichen ausgenomen warten,

[9] *Der St. Georgstag wird gemäß ungarischem Brauch mit dem 24. April aufgelöst. An diesem Tag wurden auch die Stadtoberen von Preßburg gewählt.*

das „man“ die obgenanten frawn Margarethen und irem geswistrat kind alle jar von meinem erben betzalen sol ain dreiling weins aws dem grunt als lang, das sÿ gantz betzalt werden.
Item so schaff ich meinen weingarten Karaphel halben meinem sun Hansen, und denselben weingarten Karaphl halben hab ich vorgenante Haz Wl gemargengabt meiner hawsfrawen, Kathrein, als der stat recht ist zu Prespurgk.
Item schaff ich mein tzwen weingarten gelegen in Eysgrüben mit allen nutzczen und rechten den erben junkfrawen Andel und Margarethen, domit zutuen allen iren frumen.
Item so schaff ich mein sun Hansen meinen weingarten im Manhartlein, ainthalben zunagst des Jorig List weingarten und anderthalb zunagst des Paül Mesnar weingarten.

So bleibt man mir schuldig, dieselb gelt schult
schaff ich meinem sun, Hannsen.

Item Hanns Tzopf bleibt mir schuldig X lb. wienner den., gesessen zu Wienn am Kyenmarkcht.
Item Paul Ploden von Hadersdarff bleibt mir schuldig V lb. wienner den.

1433 Juli 24 **26**

Geschäft des Simon Sneider[10]

pr. schr., 3 Zg. (*Index*: Gescheft des Simon Sneyder XIIII°)

(fol. 14r) Vermerkcht das geschaft des erbern mans Simon des Sneider, das er getan hat in dem pett seiner crankait am freitag nach Marie Magdalene anno Domini etc. XXXIII°, do bey sint gewesen die erbern man Andre Schonpach, Stephan Pawr von Moder und maister Hanns Sneyder, burger zu Prespurg, das sy des geschafts geczeugen sein mit irem aufgedrukchtem petschaften in und iren erben an schaden.
Item von erst so schaff ich meiner elichen hawsfrawen, Kathrein, mein weingarten, genant Schosperger, bey dem heiligen prun mit frucht mit sampt ledig und frey.
Item so schaff ich, das man das haws verkauffen sol und die gelter dovon beczalen und ob ichs uber wurd, das sol mein weib und mein kind mit einander tailen.
Item so hat mein sun, Hans, czwo ruegung, ainthalben auf des Ryemer haws und anderthalb auf ain weingarten an der Hachney neben Mathes Meyndel, und der Hainreich Kursner hat inn yczunt inne.
Item so schaff ich mein sun, Hannsen, zu trewer hant dem erben man Andre dem Schonpach mit czwain weingarten in der Fuxleitten mit frucht mitsampt und mit den obgeschriben czwain rwegung, das er sein trewer forgeer und gerhab sol sein, als ich im des getraw.

---

[10] *Dasselbe Geschäft ist nochmals unter Nr. 34 eingetragen.*

Item so schaff ich die geltschult nach ains briefs lawt meiner weib und meinem sün, Hansen.

1433 Oktober 2 **27**

Geschäft des Paul Rynner

pr. schr., 3 Zg. (*Index*: Gescheft dez Paul Rynner XIIII°)

Hie ist vermerkch das geschaft, das Paul Rynner getan hat an seinen letzten zeitn czu der czeit, und er das wol getuen macht, unbetwungen mit wolbedachtem muet am freitag noch Michel anno Domini M° CCCC° tricesimotercio.
Item so hat er geschaft seinem vettern, Hennslein Huntzfeint, ein weingarten inn pawngarten neben dem Hensel Mueleich gelegen mit frucht mital (!), dovon sol er beczalen der Harmatin VII lb. den. quart. und der Hanns Pewrin II lb. quart. und der Haintzel Fischerin, seiner andlein, II lb. den. quart., und von der ubermaz desselben weingarten und der frucht sol sich der obgenante knab, Hensel Huntzfeind von Meren, domit zutuen und zulassen.
Item ain tail in der Hachney zunagst des Jacobs Paykkendarffer weingarten mit frucht mitsampt zu einer Romfart.
So schaff ich dem obgenanten knaben all mein hab und gewant.
Bey dem geschaft sint gewesen die erbern lewt Nikl Rwepel, Hanns Halffel und Peter Snichtwarms.

Ohne Jahr, Monat und Tag (ca. 1433–1435) **28**

Geschäft des Hans Clement

pr. schr., 4 Zg. (*Index*: Gescheft dez Hanns Clement XIIII°)

(fol. 14v) Nota was Hanns Clement geschaft hat
Item von erst so schaff ich meiner vettern, Steffan, L rot guldein, und III ros, und I wagen mit aller zugehörung auf aller meiner hab.
Item aber so schaff ich czwen dreiling wein in dÿ czwaÿ spital zu Prespurg.
Item so schaff ich LX rot guldein meinen frewnten, der Barbara und der Agnesen, und dem Nicusch, meinem vetteren, auf meinem haws zu Prespurg, und mer schaff ich in I tüch von Köllen.
Item aber so schaff ich meiner hawsfrawn mein halbes haws und meinem sun, dem Ulreich, auch das halb haws.
Item so schaff ich meinen weingarten denn Mülslag meiner hawsfrawn ledikleich halben und meinem sun auch halben, und wër aber, das mein sun ee abging mit dem tod, so sol derselbig mein weingarten eriben auf meine frewnt halber taÿl.
Item so schaff ich meiner hawsfrawn all mein varunde hab halbe und meinem sun, Ulreich, auch halbe, wein und gewannt.
Item so schaff ich meinem vettern, Steffan, XVIII^c den. und I tüch von Polan, das ist mïr der Lanng Mathes schuldig.

Item der pharrer von dem Nidern Markcht, der ist mïr schuldig XXXVI lb. den., und doran hat er mïr geben XIIII gulden ingold.
Item aber so schaff ich LXXXX mess, dÿ schol mein hawsfraw ausrichten von meinem güt, als ich ÿr des wol getraw.
Das sind dy geschäft herren

Item herr Michel, pharrer zu Gummaren
Item ~~Job vo~~ Jacob vom Zÿtscho
Item vettel Janusch
Item Jacob fya Janusch[11]

1435 Juni 30 **29**

Geschäft der Anna, Ehefrau des Georg List
pr. schr., 3 Zg. (*Index*: Gescheft der Jorg Listin XV°)

(fol. 15r) Jorig Listin
Vermerckt das gescheft der erberen frawen Annen, der Jorig Listin, das sie mit guter vernuft in dem peth ir kranckayt gethan hat am nachstn phincztag nach Petri et Pauli apostolorum anno etc. XXXV.
Item von erst so hat sie geschaft des Nicklas Gewdner tochter ainen plaben ~~mantel~~ rock.
Item des Newpawren tochter auf der Hochstraß hat sie geschaft iren teglichen mantel und ainen polster gestrewfften und ainen tzwyfachen prawnn sloyr.
Item so hat sie geschaft der Phylipp Tannerin tzwü nider phayt und ain dryvachen prawen sloÿr ain gemessertenn.
Item Jorig List ist schuldig Andre, des Grawppmer sün, tzwayncz(i)g phunth phening vrlicken (!) umb tzwen mütt waÿtz, die sie bayde ein genomen haben nach des Grawppmer tät.
Item so hat sie gemelt achczehen guldein in gold, die der Lewppolt Rÿmmer inn hat und schuldig ist seint ~~lebtag~~ der Heiligen Dreÿ König tag [*Januar 6*] uncz her und gehoren auch dem obgeschriben Andre, des Grawppmer sün, zü.
Item so hat sie mer geschaft iren weingarten genant der Pistriczer irem elichen mann, Jorig List, sein lebtag und nach seinem tad so sol er erben und gefallen auf den obgenanten Andre, des Grawppmer sün.
Item so hat sie mer geschaft ïren mantel den güten irem öhem Andre, des Grawppmer sün.
Item Hannsel Modrer ist dem Jorig List tzwen guldein in gold.
Item die Krawtwurmin ist auch schuldig dem Gorig List III gulden ingold.
Item Ulreich Haingler ist schuldig dem Jorig List ain guldein ingold.

---

[11] *Ungarisch „fia": „Sohn", also: „Janos (Johann), Sohn des Jakob".*

Item die Rewtterin X lb. quartling, die ir zü Weinnachten gelihen sind anno etc. XXXIIII° [*1434 Dezember 25*] und gehoren auch dem Jorig List zü.
Item die Holfflin VI guldein, die gehoren auch dem Jorigen zü.
Item ain wanndlung kerczen in Unser Frawen kloster von kunftigen fruchten.
(fol. 15v) Judex Stephann List
Item tzway petth und ain gülter hat Jorig List inn, die sind auch des obgenanten Andre, des Grawppmer sün, und tzwen polster ain lidrein und ain leÿner.
Dabeÿ seind gewesen die erberen Michel Grentel, Nicklas Frantz und Hanns Slosßer.
Item so hat sie mer geschaft irem obgenanten öheim, Andre, ain grün seydl, und ir gute hawben die vech, und ir pest slohir, und darzü ir tzÿn assich, und irn hüt mit tzendal under czogen, und ainen grün porten.
Item der unsynnigen Siglin kind ainen alten lidrein polster und ain alte phann.

1434 März 31 – *1435 Dezember 6* **30**

Gegenseitiges Geschäft und Gemächt des Jost Laspot und seiner Ehefrau Anna
pr. mü., 2 Einbr. = Zg. (*Index*: Gescheft dez Jobst Laspart XV°)

Ich her Cunrad, in Gotzleichnam cappelen verweßer und kapplan, und ich Caspar Ventur, die tzeÿt ain gesworner purger des ratts der stat zu Prespurgk, bekennen mit dem offen brieff, das der erber und weis man Jost Laspat, die tzeyt auch ain gesworner purger zu Prespurgk, und fraw Anna, sein eliche hausfraw, vor unßer mit gesunttem leib und mit guter vernufft und gewissen aintrechtigleich vor unßer ains dem andern gemacht und geschaft haben also mit ausgenomen worten, welichs untter in payden mit dem tod eë ab ging, das dann das ander, das in dem leben bleib, schol haben als das gut, erb gut und farund gut, wie das genant oder wo das gelegen sey, nichtz ausgenomen, da mit zü schaffen, machen, geben, wem es wil, als im das am pesten gefelt an ydermans hinderung und irrung. Auch haben dÿ vorgenanten Jost Lasport und fraw Anna, sein hawsfraw, vor unß bekanth sey, das sich das sich (!) der Michel Laspat, des vorgenanten Jost Laspat vetter, gegen ir baÿden also halt, als er hintz her gethan hab, so wellen sye in auch getrewlich bedencken, und des zu pesßer sicherhayt und warer getzewgnusß willen so haben wir, ich vorgenante her Chunrad und Caspar Ventur, durch fleissiger gepet willen des vorgenanten Jost Laspat und fraw Anna, seiner hawsfrawen, unßer bayder petschaft und insigel auf disen brieff getruckt uns an schaden. Der geben ist zu Prespurgk nach Cristi gepurt tawsent vierhundert und in dem vir und dreyssigisten jare am mittichn in den Oster veyertag.

Acta sunt hec in die Sancti Nicolaÿ episcopi
anno Domini M° CCCC° XXXV.

1435 November 30 **31**

Geschäft des Peter Saltzer;
Bestellung eines Zeugen als Vormund für die minderjährigen Kinder des Erblassers
pr. schr., 8 Zg. (*Index*: Gescheft dez Paul Salczer XVI°)

(fol. 16r) Peter Saltzer
Hie ist vermerckt das gescheft, das da gethan hat Petter Saltzer zu den tzeiten, do er es wol gethun mocht, mit guter vernuft. Das ist geschehen an Sannd Andreas tag anno Domini M° CCCC° XXXV.
Item zum ersten so schaff ich meinem sün, Michln, ain lichte segen, und tzuen gerÿder seckh, und ain news garn, und ain lichten per, und ain segen tzüllen.
Item mer schaff ich meinem sun, Michln, XII lb. den. auf ain weingarten, der do haÿst der Posinger.
Ich schaff auch den weingarten den Posinger meiner tochter, Kathrey, ledigleich, ausgenomen XII lb. den., dy man do meinem sun, Micheln, da von betzalen schol.
Ich schaff auch meiner tochter, Dorothe, ain weingarten, der da haÿst der Grillenpwhel zü nachst dem Reichen Thoman.
Ich schaff auch meinen tochtern päyden, Kathreÿ und Dorothe, ain dicke segens, und ain dicken për, und ain disse segens.
Ich schaff auch meinen tochtern VI lb. den. hintz dem Hannß Schefmans von Räichendorff und XXVIII eÿmer wein, dÿ beraÿt da ligent.
Ich schaff auch meinem tochtern baÿden vier küe, und drew swein, und II petth, II polster, II kusß, und leÿlachen, und XIIII ß. den., dÿ bleibt der Ulreich Rwczinger schuldig, und ain halben mutt waÿtz.
Item ich schaff auch meiner hawsfrawn, Barbara, ain halben mütt waitz.
Da beÿ sind geweßen die frumen lewt Niklas Ferber, und der Schon Jacob, Ludl Andre, Erhart Rabentzagl, Michel Stabnattel, Jacob Wider, Paul Schreÿner, Thoman Haugsorel, die ich durch Gots willen gepettn hab, das sie der sach und gescheft hin fur also tzewgen sein, und ich hab den Niklas Ferber meine kinder empholhen und zu aynem rechten gerhab gemacht.
Item so haben die herren tzwischen der frawn und den kindn ain spruch ausgesprochen, das man der frawn geben schol die XXVIII eymer wein, und ain halben mutt waytz.
Und wer das sach, das dÿ fraw ain kinth gewinn, so solt das selbig kind erben in seins vil gut, als der andern kinder ains.

1436 Januar 24 **32**

Vergleich über das Nachlassvermögen der Hedwig, Ehefrau des Andre Schefman;
Streitbeilegung zwischen dem Ehemann und dem Vetter der Erblasserin
(*Index*: —)

(fol. 16v) Es sind ~~vermerkt das~~ fur uns kömen ~~sind~~ dÿ erbern mannen Andre Schef-

man, unser mitpurger, an seiner und aller seiner erben stat an ainem tail und Chüncz Krapph, auch unser mitpurger, an seiner und aller seiner erben stat an dem anderen tayl von der erben und güter wegen, dÿ her kömen von frawn Hädweigen, des obgenanten Andre Schefmann hausfraw, und diselb fraw Hädweig des obgenanten Kuncz Kraph pasn gewesen ist, der Got gnad. Nu haben dÿ obgenanten paÿden tayl vor unß offenleich bechant, dassy sich noch frumer erber lawt (!) ~~stat~~ „ratt" lyepleich und frewntleich veraint und gütleichen verricht haben insölicher beschaidenhait, das der obgenant Andre Schefman aus den obgenanten erben und güt den weingarten gelegen auf dem Woczengrunt, ainthalben zu nagst des Wll Maÿrs weingarten und anderthalb zu nagst ainer öd, mit allen den nüczen und rechten, dÿ dorczu gehoren, doch unverczigen eins ember weins, den man järikleich do von dint der phrünt Sand Jacobs in der kirichen Sand Larenczen gestift vor der stat zu Prespurg gelegen, und czwen guldein ingold gegeben hat und gelt der obgenante weingarten in kraft der verrichtung. Also hat der obgenant Küncz Kraph an seiner und aller seiner erben stat aller der chlag, vadrung und wartung, dÿ er zu dem obgenanten Andre Schefman oder zu seinen erben haben wolt oder wurd, vor unß gancz freÿ, ledig und quit gesagt. Also das ÿeder benanter taÿl mit seinem güt allen seinen frumen schaffen sol und mag, und derselbigen taÿl chainer aÿner zu dem andern von des obgenanten güts wegen chainn züspruch noch ansprüch noch nÿemancz an ïrer stat sullen noch mögen haben ewikleich. Und das ist geschehen am eritag vor Sand Pauls tag conversionis noch Cristi gepürd tausent vïrhundert und im segs und dreissigistem jare.
Dopeÿ sind gebesen dy erbern Hanns Göldinger, Hans Tumpatorl, Sÿmon Ledrer, Lïnhart Lausseber, Niklas Wolfstaler, Hanns Czwentendarffer und Hans Roresl.

1429 Oktober 30 33

Morgengabe für Anna, Tochter des Peter Leupolt, von Michael Straubenport
pr. schr., 3 Zg. (*Index*: —)

(fol. 17r) Anno Domini M^{o} CCCC^{o} XXVIIII° die dominico proximo ante festum Omnium Sanctorum

Hye ist vermerkcht von der margengab, dye Michel Strawbenport der erbern junckfrawn Anna, des erbern Peter Lewpolten tachter, getan hat redlichen vor unß undengeschriben, in solicher beschaidenhait hat der obgenant Michel Strawbenpart mit gütem willen und gunst aller seiner frewnt und erben der wenanten junckfrawn Anna gemargengabt einen weingarten gelegen im Mwrren auf der stat gepiet zunagst des Michels Kegels weingarten mit allen den nuczen und rechten, dye zu dem selben weingarten gehorent, mit ausgenamen worten, wer den obgenanten weingarten Mwrren des obgenanten Michel Strawbenport frewntschafft haben wolt, zu welich zeit das war, der ader dÿ sullen nÿder legen der obgenanten junckfrawn Anna vierczigck phunt phening, die selb zeit gib und gab, und dÿeselb junkfraw

Anna sol hin fur dÿselben virczick phunt innehaben, als margengabs recht ist der stat zu Prespurgk, und des zegedechtnuz und durch geczeugnuzz willen haben wïr, ich Andre Unger, ich Fricz Sneyder, und ich Nicklas Pachrad, all mitpurger der wenanten stat Prespurgk, unsere petschafft auf denn brieff gedruckcht uns und unsern erben an schaden.

1433 Juli 24 **34**

Geschäft des Simon Sneyder[12]

pr. schr., 3 Zg. (*Index*: Gescheft Symon dez Sneyder XVII°)

Vermerckcht das geschafft des erberen manns Symans des Sneyder, das er getan hat in dem pett seiner krankhait am freÿtag nach Marie Magdalene anno Domini etc. XXXIII°, da beÿ sein gewesen dye erberen man Andre Schonpach, Stephel Pewrin von Moder und maister Hannsen Sneÿder, burger zu Prespurgk, das sÿ des gescheffts geczeugen sein mit ieren aufgedruckten petschaden in und iren erben an schaden.

Item von erst so schaff ich meiner eleichen hawsfrawn, Katrein, mein weingarten, genant der Schosperger, peÿ dem heyligen prun, mit frucht mit sambt ledig und freÿ.

Item so schaff ich, das man das haws verkawffen sol, und dÿe gelter da von peczallen, und ob nichs uber wurd, das sol mein weib und mein kind miteinander tailen.

(*Abschnitt gestrichen*: Item so hat mein sun, Hanns, czwo ruegung, ainthalben auf des Riemer haws und anderthalb auff ain weingarten an der Hahenneÿ neben Mathes Meindln und der Hainreich Kursner hat in jetzund inn.)

Item so schaff ich mein sun, Hansen, zu trewer hannt dem erberen man Andre dem Schonpach mit tzwain weingarten in der Ffuchsleÿten mit fruch mit sampt und mit den obgeschriben tzwain ruegung, das er sein trewer färgear und gerhab schol sein, als ich im des getraw.

Item so schaff ich dye geltschuld nach ains briefs lawtt mein weib und mein sun, Hannsen.

1435, ohne Monat und Tag **35**

Geschäft des Jakob Pfeiffer

pr. mü., 3 Einbr. = Zg. (*Index*: Gescheft dez Jacob Pheiffer XVII°)

(fol. 17v) Anno Domini M° CCCC° XXXV

Es sind für uns komen dÿe erberen manne Jacob Graber, Cuncz Prukner und Lienel Lawsseber, und habent offenleich fur uns bechannt an aÿdes stat, das sÿ der erber man Jacob Pheyffer gepeten mit vleis hat sein geschafft an seiner leczten zeiten

[12] *Dasselbe Geschäft ist bereits eingetragen unter Nr. 26.*

zuverhoren. Nu hat der obgenante Jacob Pheyffer mit guetem willen und vernuft geschafft all sein gutt zu feld und dorff, es sey eribgut oder farund, und besunderleich denn weingarten gelegen in den Frahaiten, ainthalben zunagst der Pynkwschin smidin und anderthalb zunagst des Paulen weingarten, der erben frawn Dorothea, seiner elichen hawsfrawn, eriblich und ewichlich, damit zutuen und zulassen, und ob dy obgenante fraw Dorothea mit gutem willen unbetbungen des obgenanten Jacob Pheiffer pruder kinder hilff tuen wil, das ste mit guttem willen zu der obgenanten frawn Dorothea.

1436, ohne Monat und Tag **36**

Geschäft des Peter Drescher

pr. mū., 2 Einbr. = Zg. (*Index*: Gescheft dez ~~Symon~~ Peter Drescher XVII°)

Anno Domini M^{o} CCCC^{o} XXXVI°

Es sind fur uns komen die erberen manne Ludweig Anderel und Michel Stabanautel, baid mitburger der stat Prespurgk, und habent für unß offeleich (!) an aides stat bechant, das sy mit vleis gepeten sind worden mit dem erberen man Peter Drescher zu seinem geschafft, das er mit rechter vernufft an seÿnen leczten zeiten vor in getan hatt, und hat vor in ingeschaff (!) seinen weingarten halben ledikleich im Mwrren geligen auff der stat gepiet, ainthalben zunagst Michel Haÿm und anderthalben zunagst Taman Stewdel, seiner hawsfrawn, Angnes, und den anderen halben tail des selben weingarten hat er geschafft denn kinden des obgenanten Peter Drescher swester enÿklen, und dy selben kind hayssent Wolffgang und Simen (!), genant nach irem vatter Engelmar.

1434 Dezember 7 **37**

Geschäft des Andre Zimmerman

pr. schr. (*Index*: Gescheft maister Andre Zimerman XVII°)

Vemerckcht das geschefft des erberen manns maister Andres, der stat cÿmerman, das er mit guter vernuft und mit wolbedachten muet getan hat am nachsten erichtag nach Sand Nicklas tag anno Domini etc. XXXIIII°.

Item von erst so schafft er seiner hawsfrawn, Katrein, XX gulden ingold marigengab ledig und frey auf seinen silbergurtell, die man vorkawffen sol und dy ubertewrung schol sy taÿlen mit seinen sun, Chunczem.

Item darnach so schafft er mer seiner hawsfrawn Katrein das pettgwanntt, da von sol sÿ geben seinem sun, Chunczen, ain pett, ain kwss, und czway leylachen.

Item allen hawgerecht (!), kanndel, schussel, und was hawsgrecht genant ist, schafft er seiner hawsfrawn, Katrein, ledig und frey.

Item rockch und manntel sol sÿ tayln mit seinen sun, Chunczen.

Item dornach mer schafft er seinem sun, Chunczen, seinen ledign und freyn weingarten in dem Underen Scharlach perig, unverczigen ein halbs viertail weins

perckgrecht, das man da von jerleich raich und dintt dem burgermaister der stat zu Prespurgk.
Item allen seinen werichczeugk schafft er seinem sun, Chunczen, ledig und frey.
(fol. 18r) Item Laurenz Cimerman hat mit im geessen syben wochen, dÿ rait er ym ze IIII^c den., facit XXVIII^c den., dar an ist er im schuldig ain guldein in gold, das dÿ ubertewrung des gulden noch macht VII^c den.
Item darnach so schafft er mer alle seine varunde hab seiner hawsfrawn, Katrein, und seinem sun, Chunczm, mit sambt der ubertewrung der gurtel, das sÿ mein geltschuld da von schullen beczallen, und dÿ ubermass sullen sÿ (*Fortsetzung fehlt*).

1436 Januar 15 **38**

Geschäft der Anna, Witwe des Jost Laspot;
Bestellung eines Vormunds für den minderjährigen Sohn der Erblasserin
pr. schr., 3 Zg. (*Index*: Gescheft der Anna Laspartin XVIII°)

Jost Laspotin
Ich Anna, des Jost Laspot seligen wittib, bekenn offentlich mit dem geschaftbrif, das ich mit gutem willen und mit rechter vernuft zu der zeÿt, da ich es mit recht wol gethün haben mügen und das auch nyemant wider sprechen hat mugen, geschaft und geordent hab all mein güt, als hernach geschriben stët, und zu solichen mein geschäft und ordnung zu gedachtnus und zu getzeugnus ich mit vleis gepeten hab die erberen weißen herren Stephann List, die tzeÿt richter der stat zu Prespurgk, und Martine Pulkus und Ludweig Kunigsfelder, baÿd gesworen purger doselbst, und das geschäft habe ich gethan am suntag vor Sannd Anthony täg anno Domini millesimo quadringentesimo tricesimosexto.
Item zum ersten so schaff ich all mein güt und hab meyne sun, Lassla, es seÿ eribgüt ader farundgüt, wÿ es genant ist ader gelegen uber kurtz und uber langk, in solicher beschaidenhaÿt, als her nach geschriben stët.
Item das der selb Lassla, mein sün, all geltschuld ichlichen gelter betzalen sol, als hernach geschriben stet.
Item darnach schaff ich, das der selbig Lassla, mein sun, sol ausrichten und geben von meynem gut und hab, die ich im lass, dem Michel Laspat von erst den trittail des weingarten des Grassen Gefangs auf Tebner gepiet gelegen, aber doch in solicher maz, ob es zü taÿlung des selben weingarten käm, so sol in solicher taylung mein sün dÿ wäl haben mit meynen freüntten, die her nach geschriben stent.
Mer sol mein sün, Lassla, dem obgenanten Micheln Laspot ausczaÿgen aws meyns gut mit wissen meÿner frewnth tzwaÿ pett, tzwen polster, tzwaÿ kwß, vier leÿlachen und ayn gulter.
Item ich schaff auch dem obgenanten Micheln Laspot meinen sun, Lassla, den erberlichen zuverwesen mit allem meynem gut, wie das genant oder gelegen ist, es sein hewser, weingarten mit allen iren nuczen, inn zü halten und solich haws und weingartten pewlich halten, als lang untz der ob genant mein sun, Lassla, zu

seynen jaren der vernuft kummen wirt, und die selb weyl sol der obgenant Michl Laspot von den benanten guttern und rentten mit wissem meiner frewnth den unden geschriben geltern ir gelschuld (!) betzalen.
(fol. 18v) Item ich schaff auch, das man all mein gut, wie das genant ist klain oder groß, verschreiben sol, darumb ich mit vleiß die obgenanten mein geschäft herren pit, und nach solichem verschreiben solich gut darnach antwurten dem obgenanten Micheln Laspot sullen und wellen.
Auch ob sach wer, das mein sün, Lassla, das obgenant gut und hab wolt ader würt selber verwesen ader besiczen und unnutzlich vertuen ader vertzeren und sprech solich gut wer sein, und als oft soliche sach an dÿ obgenanten meine frawnth „dÿ Rayneis" geraichen oder kommen wurd ader meine frewnth, die vorgeschriben stent, bitt ich auch allsampt und ewer ichlichen besunder, als vor durch Gotes g (!) willen, das ir meinen sün, Lassla, das obgenänt güt und hab unnutzlich ~~und auch nicht verschaffen wellet laßen und~~ nicht vertuen wellet laßen, und im das weren, und ob des nott geschehen wurt, so nempt zü hilff denn richter und denn ratt die selb tzeÿt wesunt der stat zu Prespurgk, die ich aüch mit vleis durch Gots willen pit, in den benanten meynen sachen hillflich zü sein.
Auch schaff ich mer ob das geschach, do Got fur seÿ, das mein sun, Lasla, mit dem tod ab ging, eë er zü fruchten oder zü seinen rechten tagen kommen wurd, so sol das vorgenant güt und hab alle her wider gefallen auf meine negste frewnth, also das dÿ benanten meine frewnth in Gotsleychnam tzech dreyssigk guldein in gold geben und raÿchen sullen und wellen.
Item ich schaff auch tzwen dreÿling wein zu Sannd Mertin kirchen zü dem gepaw, der selben dreyling wein aÿnen sol man geben auf Sannd Michels tag im schirst kunftig [*1436 September 29*], und den andern von dem selben Sannd Michels tag uber ayn jar [*1437 September 29*].

Das ist dÿ geltschuld, dÿ ich vorgenante Anna, Jost
Laspotin, schuldig bin, hernach geschriben.

Item von erst Hanns von Wels hat mir inn ein gelt brief, der im nicht mer stët nach aller geltschuld wann XX guldein ingolt, ader er spricht XXIIII.
Item ich pin schuldig Petrin von Galitz XXVI gulden in golt, darumb ist kayn gelt priff.
Item von maister Jorigen wegen, korherrn, funfftzigk guldein in gold.
(fol. 19r) Item dem pharrer zu Sannd Mertin vyertzigk guldein ingold.
Item in das spital hundert und tzwayntzigk guldein in gold.
Item dem gardian und dem conent (!) ken Raab vyertzigk gulden ingold.
Item dem gardian und dem conent (!) zu Prespurgk vÿertzigk gulden ingolt.
Item den nunnen in das claster zü Prespurgk hundert gulden in golt.
Item zü Sannd Mertein kyrchen ~~hundert~~ IIII gulden in golt. (*am Rande*: solvit)
Item so pin ich schuldig dem abt zu Sannd Mertins perig XXV gulden ingolt, das stet auf dem haws dar inn ich wonunt pin, da von dÿene ich jarlich dem benanten

abt II½ gulden ingolt, und aynen vyrdung pheffer und aynen vyerdung weyroch. (*Abschnitt gestrichen*: Item so pin ich schuldig eÿnem juden XXXVII guldein in golt, dy stend an schaden untz auf den Faschang am kunftig [*1436 Februar 21*], fur die stët zü phand ein swartz fuxein rockh, ayn gruner mantel, tzwü silberein schal, eÿn silberein pecher, ein sloÿr, ein silberein gurtl.)
Item so pin ich schuldig dem Colbanitz von Posing ein dreÿling wein, darub (!) kain kauf geschehen ist, und an dem ist im betzalt worden XXII gulden in golt. (*am Rande*: solvit)
Item dem obgenanten Michel Laspoten XI guldein ingolt. (*am Rande*: solvit)
Item umb roz und wagen VII gulden in golt.
Item dem Fischer III gulden ingolt.
Item dem Lwdweig Kunigsfelder fur pheffer VI gulden ingolt.
Item so sol man ausrichten jariglichen zü Sannd Lorentzen kirchen von dem weingarten Waxmaister, als man das in der selben kyrchen puch sind geschriben, ayn czenten öl zum liecht.
Item so schaff ich mer, wann mein sün, Lassla, zu seinen jaren kumpt und das gut selber besitzen wirt, so sol der obgenant Michel, des Jost Laspot ~~vetter~~ meines manns vetter, meinem sün, Lasslaw, die weingarten, dar uber die geltschuld beliben sein, mit sampt den fruchten ein anttwurten.

(fol. 19v) leeres Blatt

1431 April 8 **39**

Geschäft der Elisabeth, Ehefrau des N. Chlokaus
pr. schr., 3 Zg. (*Index*: Gescheft der Clokausinn XX°)

(fol. 20r) Chlokausin
Vermerkht das gescheft der erbern frawn Elisabeth der Chlokausin, das sy getan hat mit wolbedachtem mut und do sy es mit recht wol getün macht, recht und redleich geschaft hat am nachsten suntag nach Ostern, als man singt Quasi modo genitÿ etc. anno etc. XXXI°.
Item von erst so hat sy geschafft ain haws gelegen an dem Hawsperg under Sand Niclas kirichen, und das selb haws ist geschetzt fur VIII gulden in gold.
Item II guldein zu Sand Mertein ge (!) Colon, dÿ hat man ausgericht.
Item II guldein zu Sand Niclas kyrichen am perig zu mesgwant oder zu alter tüchern.
Item II guldein zu Sand Margreten kyrichen gen Sellndarff, wer aber sach, das dye kyrichen zu Sellndarff zu stort wurd, so mag man dy selben tzwen gulden in der stat zu Prespurgk an legen, da das am aller nutzleichen ist durich der selikeit willen dy hat man ausgericht.
Item II guldein junckfrawn Chlarn und ayn guten plaben mantel dartzu, das hat man ausgericht.

Item so hat sÿ mer geschaft ayn pett und ayn schrein, da von schol maister Peter ein kue kawffen, und als lang und dye selb kwe wert oder lebt, so schol der obgenant maister Peter die selb milich von der selbenn kwe alle sambstagnacht geben armen lewtn, und dar zu ayn virdung wachs, das selb wachs sol man chertzengeweis prennen in der antlas wochen pey dem grab oder die weil Unser Herr in dem grab leÿt.

Item so schafft sÿ mer dreyn kindern, das sind ayns genant Jacob, des Seydel Chlokauss sun, V gulden in gold ledig und frey. Item dem Taman, des Saltzpurger sun, auch V guldein in gold ledig und frey. Item junkfrawn Angnesen, in dem nunnen chlaster, V guldein in gold ledig und frey. Und ob sach wer, das das selb kind abgieng mit dem tod, so schullen die selbn V guldein ungehindert pleiben peÿ dem selbn chlaster, dar umb ist verkauft worden ayn weingarten gelegen under dem Ollram, aynthalben zenechst des Pertel Salczer weingarten und anderthalben ze nechst her Christans weingarten, also mit ausgenamen weingarten (!)[13], das er dÿ vorgenante X gulden in gold, wann sechs jar iren ausgang haben, so sol er Jacoben und Taman ausrichten und wetzallen an vertziechen, dan die V gulden in gold schol der vorgenante maister Peter mer II jar inne haben, und ir dornach raichen an alles vertziechen junkfrawn Angnesen in das chlaster, und dy weil er und dye zeit die XV gulden inne hat, ist er den obgenanten kinden chain dinst da von phlichtig, sunder er schol die XV gulden die obgenanten jar ledig und freÿ inne haben, als oben geschriben ist. (*am Rande*: item der junkfraw Angnesen sind ausgericht die V fl.)

Item so hat sy mer geschafft dye kunftigen frucht in dem obgenanten weingarten, do schol der vorgenante maister Peter fur sein paw und inne tzwaÿ tail weins ein nemen und sessen, und von dem drittail sol er geben armen lewten ein sel pad und ain mal das selb jar als das gescheft geschehen ist und furbas nit mer, das hat „er“ auch ausgericht.

Pey dem vorgenanten gescheft sein gewesen der erber und weis Stephan Renes, dye zeit ein geswaner purger des rats der stat zu Prespurgk, und dar zu die erbern Michel Feÿrtag, mitpurger zu Prespurg, und darczu Hanns Meÿchsner, ein mitpurger, an dem tag, die des gescheffts geczewgh sein mit seiner aufgedruchten petschad in und iren erben on schaden.

---

13 *Sicherlich irrig für* worten.

1436 Dezember 21 **40**

Geschäft des Niklas Gutgesell

pr. schr., 4 Zg. (*Index*: Gescheft des Niclas Guetgesell XXI°)

(fol. 20v) Niklas Gutgesell

Hie ist vermerkcht das gescheft des erberen manns Niklas Guttgesell, die tzeÿt ein gesworner purger der stat zü Prespurgk, und das er gethan hat mit guter vernüft, därczu er gepeten hat die erberen herren Stephan Raynes, dy tzeyt burgermaïster, und Caspar Ventur und Andre Schonpach, all drey geswom des ratts, und auch Niklas Lachutlein, mein swëher, das ist geschehen an Sannd Thomas tag des heiligen tzwelifpoten anno Domini M° CCCC° XXXVI^to^.

Item so meldet er von ersten die geltschuld. Item der Petter Grünpekch ist mein purgel dem Peyczkhoffer umb vierhundert und viertzik guldein ingold.

Item dem Grunpekchen pin ich schuldig umb holcz tzu der prükch in dem haberen und zü ander nottdurft meins herren des kaÿsers[14] dreyhundert guldein mÿnner acht guldein, ein gulden fur sechs schilling züraÿtten.

Item des Petter Grunpekchen muter bleib ich tzwen und dreissig guldein in gold.

Item sechtzig gulden die ligen da, dÿ sind des Frantzel.

Item der Frantzel hat gelihen meiner hawsfrawen auf das paw der weingarten, die weil ich czu Tÿrna und ze Wienn pin gewesen, das stët auf ein rechnung, dar an hat der Frantzl von mir emphangen sechs und tzwaynczig phunth wÿenner den.

Item was der Frantzel von meinem sweher, dem Niklas Lachutel, hat, das get mir auch an meiner schuld ab.

Item ein silber koph vergolt stet dem Thanner von mir dreÿssig guldein in gold.

Item den Stadlaniorum fur schiff sechtzehen phunth wyenner, die ligen auch awß von meinem herren dem chaiser.

Item dem Rabentzagel gemayn laden meinem herren dem chaÿser.

Item dem Hanns Goldinger hundert gemain laden meinem herren dem chaiser.

Item mein herr dem chaiser bleibt mir drew phunth tavel laden czu sex wynner phenigen, und tzwaÿ phunth gemaÿner laden, ein laden zu funff wyenner den.

(fol. 21r) Item tzwaÿ schiff fur sechtzehen guldein meinem herren dem chayser, darzu mich der Orsag Michel[15] genott hat.

Item so schaff ich tzwü Romvart und aich Ach vart.

Item ich schaff dem Haÿtzer das hewsel auf der Nunnennpant und aller geltschuld sage ich in ledig und lözz.

Item ich schaff dem Tirnacher aws meinem Clain Gevang beÿ der Kytzmagÿnn Gevang ein virtaÿl dar aws und aller geltschuld sage ich in auch ledig.

---

14 *Sigismund, König von Ungarn (1387–1437) und römisch-deutscher Kaiser (1433–1437).*

15 *Mihály/Michael Guti Ország (c. 1410–1484), einer der einflussreichsten Adligen Ungarns, seit 1433 Schatzmeister unter König Sigismund, 1440–1453 Reichsverweser unter Wladislaw I. bzw. Johann Hunyadi, seit 1458 bis zu seinem Tod Palatin des Königs Matthias Corvinus.*

Item so sprach der Guttgesell czü seinem swëher, dem Lachutlein, und pat in er solt hin awz trëten, er wolt sich mit seiner hawsfrawen bereden und auch mit den gescheftherren, also trät der Lachutlein hin awz, do das geschach also.
Item do er sich nü hett besprochen mit seiner hawsfrawen und auch mit den geschaftherren, do hies er seinen sweher wider hin ein treten, also sprach der Guttgesell zu seiner hawsfrawen, Walpurg, ob sy das wolt willig und und (!) gehorsam sein, was er dann schüff. Do sprach sy, sÿ wolt des gescheffts als willig und gehorsam sein an alle wider rëd, und das alles stët zu haben. Also sprach aber der Gutgesell, gib meinem sweher deinem vater und den geschefftherren des dein trew, das du das alles stët habst, das tët sy und gab irem vater dem Lachutlein und den gescheftherren ir trew, alles das stet zu haben, das da vor und hernach geschriben stët.
Item also sprach der Gutgesell, lieber sweher, so schaff ich euch als mein gut, das ich hab, und emphilch euch wider ewr töchter und mein sün auf ewr trew, als Unser Herr dem lieben Sannd Johanns sein liebe mutter emphalch, als ich euch träw, und tüt den armen lewten auf dem dorff gutleich, da von wert ir gut nucz haben.
Item also manten in die gescheftherren und der Lachutel zu dem paw zu Sand Mertin und zu Unser Frawn in das tal oder zu andern paw, also anttwurt der Gutgesell, er hett uns nü geschaft und vergeben seinem sweher, der wer sein nymmer mochtig, was er da mit nü tet oder tun wolt, das stünd zu ain und wer auch sein guter will.
Item da sprach der Lachutlein aÿden, ir solt melden, das ich meiner tochter morgengab awzgericht hab, also sprach er ÿa, und die fraw sprach auch, es wer ir wol wissentlich, das er in geben hiet funfhundert gulden, da sprach der Lachutlein, und di uber mazz, die ich mer aws geben hab, das werden wir wol finden.
Und das dicz gescheft also stët und unzeprochen bleib, so hab ich gepeten die obgenanten mein gescheftherren, das sÿ ir insigel und petschaft auf mein gescheft gedrukcht haben, in und iren erben an schaden.

1436 Juni 19 **41**

Geschäft der Katharina, Ehefrau des Laurenz Virczker
pr. schr., 4 Zg. (*Index:* Gescheft der Laurencz Virczkerin XXI°)

(fol. 21v) Larenncz Vïrczigerin
Hye ist vermerchkt das geschaft, das dÿe erber fraw Gatreÿ, des Larencz Vïrtzker hawsfraw, getan hat, das hat sÿ getan mit guter vernuft und mit wolbedachtem mütt unbetbungenleich. Dar zu hab ich obgenante Gatreÿ gepeten dÿ erbern herren Stephann Reneys, dÿ zeit burgermaister und geswarner des rates der stat Prespurgk, und Hansen Fuerer, perigmaister, und Niclas Feriber, dÿ zeit vïrundczwaincziger, und Mariczen, al mitburger zu Prespurgk, dÿ ich durich Gocz willen zu dem geschaft gebeten hab, und hab sÿ auch gepeten, das sy ir petschafft auf den geschafft

briefft gedruckcht haben in und ieren erben an schaden. Das ist geschehen am erichtag vor Sand Johannis tag Gotes tawffer zu Sunwenden, als man schreybt nach Christi gepürd tawsent vïrhundert und im sechs und dreyssigisten jar.
Item so schaff ich von erst mein weingarten, genant das Rÿdel, meinem elichen manne, dem Larencz Virczïger, sein lebtag, das er in unbechumert sol haben, und nach seÿnem tad sol er gefallen und erben auf meÿne kinder, dÿe ain genant Gatreÿ, des Andre Vassen hawsfraw, und dÿe ander genant Margret, des Schontoman hawsfraw.
Item so schaff ich dem obgenantn Larencz Virczïger, meÿnenn kaman (!), alle unsre peder hab, es sey haws, weingarten und alle farunde hab, nichts ausgenamen, allen seinen frumen da mit zu schaffen.
Item so wil der vorgenant Lorencz Virczker mit seinem gütleichem willen geben zu chirichen zu Sand Merten funff rot guldein und zu der kirichen zu Sand Laurenczen auch funff rot gulden durich seiner hawsfrawn sel willen.

1436 Februar 26 **42**

Geschäft des Andre Grauppner

pr. schr., 3 Zg. (*Index*: Gescheft dez Andre Grawpner XXII°)

(fol. 22r) Andre Grawppner

Hie ist vermerckt das gescheft, das der Andre, des Grawppmer sun, getan hat zu den tzeyten, da er es mit recht wol getun mocht, mit guter vernuft und mit wolbedachtem müt. Das ist geschehen am suntag als man singt Invocavit in der vasten anno Domini millesimo CCCC° XXXVI^{to}.
Item von erst so schaff ich meinem ohem, dem Stephan List, einen weingarten, genant der Pistritz, ledig und frey da mit zetün und zelossen.
Item und mer schaff ich meinem ohem, dem Stephan List, XVII gulden ingold.
Item so schaff ich meinem ohem, dem Gengl Weidner, einen weingarten, genant der Manhart, und ein huet und ein hawben.
Item mer so schaff ich meinem ohem, dem Niklae, VIII gulden in gold.
Item schaff ich X lb. phening, die der List inn hat, das man die sol geben durch meines vater sel willen.
Item so schaff ich XXIIII lb. phening, die sol man geben durch meiner sel willen.
Item so schaff ich das silber gesmeid meÿner basen, der Churtz Czinglin.
Item auch so schaff ich meinem ohem, dem Gengel, ein tuchna, ein pett und kandel.
Item so schaff ich der alten frawen, die mein phlegt hat, ein chlain pett, ain polster, ein plab tekch, eÿnen mantel, das sy sol ir tochter da mit bestëten.
Und dabeÿ sind gewesen die erberen Hanns Klinsler, Feyertag schuster, und Petter Pulber, die ich durch Gots willen dar zü gepeten hab, das sy des gedechtig sollen sein.

1434 Januar 16 **43**

Geschäft der Katharina, Ehefrau des Hans Fink;
Anordnung einer Seelgerätstiftung (obrigkeitlich)
pr. mü., 3 Einbr. = Zg. (*Index*: —)

(fol. 22v) Hanns Finkchin

Ich Hanns List, ich Sigmud Pulner, bayd gesworn purger der stat zu Prespurgk, und ich Hanns Liebel pekch, mitpurger doselbst, bekennen offenleich mit disem brief, das uns die erber fraw Katherina, des erberen Hans Finken eliche hawsfraw, mit vleis gepeten hat, das wir irs geschefts, das sy an iren letzten tzeyten vernunftiglich mit guten willen redlich und rechtlich vor unser getan hat, gedachten und tzeugen sein sollen. Also hat die obgenante fraw Katherina vor unser geschaft alles das gut, es sein erib ader farundgut, wie das genant ist, ader wo das gelegen ist, das sy zu dem obgenanten Hanns gepracht hat, und darnach alles das gut, das sy miteynander erchawft haben, wie die erb genant sein, mit aller ir czu gehorung, an wider red und aller meniklich und besunderlich aller irer frewnt, dem obgenanten Hanns Finkchen, irem elichem mann, mit dem obgenanten gut allem zu tuen und zü lassen, eriblich und ewiglich schaffen und machen, wem er wil, und hat geschaft zu dem gepew ain dreiling wein, und die obgenante fraw Katherina hat vor unser dem vorgenanten Hanns Finkchen, irem elichen mann, ir sel auf sein trew gegen Got empholhen, das der obgenante Hanns Finkch nicht getan hat, als sÿ im dann empholhen hat ir sel. Nu haben wir, richter und ratt, mit sampt den gescheft herren durch der obgenanten frawen sel willen zü Sannd Mertin kirchen zu dem gepëw gemacht hundert und funfundtzwaintzigk guldein in gold, und zu aÿnem ewigen jartag tzwaintzik guldein, und aÿn guldein eintzüschreiben in den toten brief ir und iren vorfadern, und tzwen guldein, do von man selmesss sol lesen, und der obgeschriben dreyling wein, der ist auch in das gelt, als obgeschriben stet, in das gelt genomen worden, also sol und mag der obgënante Hanns Finkch mit den vorgeschriben erben und gütern seinen frumen ~~schafeh~~ schaffen, als ob geschriben stët, mit urkund ditz brifs versigelt mit unsern aufgedrukten insigeln. Das gescheft ist geschehen am sambstag vor Fabiani und Sebastiani tag anno Domini M^{o} CCCC^{o} tricesimo quarto.

1436 Oktober 4 **44**

Geschäft der Ursula, Ehefrau des Kaspar Ventur
pr. schr., 3 Zg. (*Index*: Gescheft der Ursula Venturin XXIII°)

(fol. 23r) Ursula Venturin

Hie ist vermerkcht das gescheft, das die erber fraw Ursula, des erberen manns Caspar Ventur eliche hawsfraw, gethan hat tzu den tzeiten, da sie es mit recht wol gethun mocht, und auch mit rechter gueter vernuft und wolbedachtem mut, und da bey sind gewesen die erberen und weisen Stephann List, die czeit richter

zu Prespurgk, und Ludweig Kunigsfelder, gesworner purger, und Pertel Scharrach, mitpurger da selbst, das ist geschehen am nachsten phintztag nach Sannd Michels tag anno Domini millesimo CCCC° XXXsexto.
Item so schaff ich alles mein gut, es sey erbgut oder farundgut, wie das genant ist, nichtz ausgenomenn, alsampt meinem eelichem mann, dem Caspar Ventur, das er da mit allen seinen frumen schaffen, machen und geben mag, wem er wil, an aller meiner pruder, swester und ander meiner freunth hindrung und irrung. Und das sie auch kainen zu spruch czu dem obgenanten meinem mann sollen haben, und auch desselben gleichen, das mein man chain czü spruch hin fur zu meinen prudern auch nicht haben sol. Und des czu urkund habe ich gepeten die vorgenanten Stephann List, richter, Ludweig Kunigsfelder und Perthl Scharrach, das sy durch meiner fleissigen gepet willen ire insigel haben gedrukcht auf den brief in und iren erben an schaden.

1436 September 16 **45**

Geschäft der Elisabeth, Ehefrau des Bartholome Scharrach;
Beweis des Ehegatten über die Durchführung der Anordnungen
pr. schr., 2 Zg. (*Index*: Gescheft der Elspet Scharrachin XXIII°)

Elizabeth Scharrachin

Hie ist vermerkcht das gescheft, das die erber fraw Elizabeth, des erbern manns Partholme Scharrach eeliche hawsfraw, gethan hat mit guter vernuft, mit rechter guter gewissen und zu der tzeyt, da sy es mit recht wol gethun mocht. Das ist geschehen am suntag nach des Heiligen Creutztag anno Domini millesimo CCCC° tricesimo sexto.
Item von erst so schaff ich alles mein gut, es sey erbgut, der kawffts gut oder farund gut, wie das genant ist, allsampt meinem eelichen mann, dem Perthel Scharrach, da mit allen seinen frumen zu schaffen, geben, machen, wem er wil, an aller meiner freunth hindrung und irrung, awsgenomen, das mein man meiner mummen, Lucia genant, sol geben nach meinem tad auf tzway jar allweg funftzigk guldein ingold, und meinen grossen silber gurtl, und all mein gewanth und schloyr, als her nach geschriben stet. Item drey mantl, ain plober rokch, ain plober seydel, und vier sloyr. Und zu dem obgenanten meinem gescheft habe ich mit vleis gepethen die erberen herren Caspar Ventur und Hanns Liebel pekch, baÿd die tzeÿt gesworner purger zu Prespurgk, das sÿ ire insigel haben gedrukcht auf den brieff in und iren erben an schaden.
(*spätere Eintragungen:* Item und das vorgenant gescheft habe ich Perthl Scharrach alsampt awsgericht der Lucia, meiner hawsfrawen seligen mumenn, awsgenomen die hundert guldein.
Item an den vorgenanten hundertt guldein habt ~~ich~~ „der“ obgenanter Bartholome

Scharrach ausgericht funnfftzigk guldein in gold vor dem ratt, und das ist geschenn an mitichen vor Lucie virginis [*1436 Dezember 12*].
Item darnach hat der obgenante Bartholomee Scharrach die ubrigen fümftzig guldin auch ausgericht und betzalet in gegenwürtikait der erbern vorsichtigen Stephan List, dietzeit richter, und Hannsen Kramer, unserm mitgeswaren, also hat der Jacob Holobb und fraw Lucia, sein hausfraw, den obgenanten Bartholomee Scharrach ledig und freÿ gesagt gentzikleich, nichts mer an ym haben zevodern, noch hintz im zesprechen. Und das haben die benanten Steffan List und Hanns Kramer also vor unser inbekannt. Und das ist bescheen des mitichs am Antlas abend in der vasten anno Domini M° CCCC° tricesimoseptimo [*1437 März 27*].)

1414 Dezember 12 **46**

Geschäft des Ägidius Wenig;
Bestellung von Willensvollstreckern
pr. schr., 4 Zg. (*Index*: Gescheft dez Wenig Gilg XXIII°)

(fol. 23v) Wennig Gilig
Hie ist vermerkcht das gescheft, das ich Wenig Gilig gethan hab zu den czeiten, da ich es mit recht wol gethun mocht und mit rechter guter vernuft. Das ist geschehen an dem nachsten mittichen vor Sand Luciatag, mit willen meines pruder, Hannsen, und mit willen Margarethen, meiner hawsfrawen, und da bey sind gewesen die erbern herren her Mertin, pharrer zu Sand Mertein, und der erber man Jost Laspot und Fridrich Habersdorffer, Niklas Altmansdorffer, die tzeit gesworner des rats czu Prespurgk, und doch also ob ich des gelyger mit dem tod ab gyeng, so sol das geschefft stët sein. Wer aber das, daz ich mit Gotz hilff wider chem der chrankcheit, so sol das gescheft kain kraft nicht haben. Anno Domini millesimo CCCC° XIIII°.
Item am ersten so schaff ich mein drittail an der durren mawt und ainem weingarten Hochgengel czu Unser Lieben Frauen czu ainem frwampt, das der gardian mit den pruderen singen sol tegleich und ewigleich auf Unser Lieben Frawen altar in den eren Unser Frawn, wann der tag an merkcht, und der gardian mit den prudern, ob er sich der pürd des ampts unter winden welle, so sollen sie sich des verpinten des conent (!) insigel und des capitel insigel.
Item so schaff ich vier gulden auf die padstuben auf dem graben zu ainem ewigen jartag dem pharrer zu Sannd Mertin.
Item die uber mazz auf der selbigen padstuben schaff ich Margrethen, meiner hawsfrawen, lediglichen.
Item das haws neben ~~der~~ Protesser, das ich kauft hab von dem Sawslaher, das schaff ich zü dem gepew zu Sannd Mertin.
Item so schaff ich Hansen, meinem prüder, den weingarten, Krays und Ledrer genänt, und allen meinen harrnasch und all mein gewant lediglichen und iren chinderen.

Item so schaff ich meines pruder tochter den weingarten, Fuxleiten genant, lediglichen.
Item so schaff ich meiner hawsfrawen die weingarten, Gefang und den Viertzker und Hambot genant, und mein haws, da ich inn sicz, und das haws bey der padstuben bey dem Fischerturlein, und die satzung auf des Ventur padstuben ledig und frey.
Item so schaff ich dem Jansen ain dreyling wein.
Item so schaff ich den nunnen in das nunnen klaster ain dreiling wein.
Item so schaff ich in das tal zu Unser Frawen ain dreyling wein.
Item so schaff ich in ygleichs spital ain dreyling wein.
Item so schaff ich der jungen Matlein ain dreyling wein.
Item so schaff ich, das mein hawsfraw, die Marethen, bestatten und ausgebn sol nach iren trewen.
Item so schaff ich meiner hawsfrawen all farunde hab und alle geltschuld, da von sy sol ausrichten all mein geltschuld, die ich schuldig pin, ledig und frey.
Item so schaff ich zu Sannd Mertein ain fuder wein, das man die glokchen auf höhe in den twren.
Item das gescheft, das obgeschriben stët, das emphilch ich Hannsen, meinem pruder, und den geschefftherren die obgeschriben seinner.

1422 Dezember 30 **47**

Geschäft des Hans Wenig

pr. mü., 6 Zg. (*Index*: Gescheft dez Wenig Hennsel XXIIII°)

(fol. 24r) Wenig Hensel

Hie ist vermerkcht das gescheft, das ich Wenig Hensel thun mit guter vernufft, da es nymant mag wider sprechen vor den erberen Merth Spigler, Niklas Lachutl, Martine Tyrman, die ich vorgënante Wenig Hensel fleissiglich dar zü hab gepeten, in antwurt gewesen sind Andre Pernhertl, Michel Mader und Katherina, sein hawsfrawe. Anno Domini millesimo CCCC° vicesimo tercio feria quarta ante Circumcisionis Domini[16].
Item so schaff ich Merthlein, meinem enenkchel, den weingarten czu Gefang ganczen.
Item dem selbn Mertlein, meinem enënkchl, den weingarten den Phaffen.
Item aber dem selben Merthlein, meinem enenchkel, schaff ich funffhundert gulden ingolt.
Item ab der obgenänt Merthel, mein enenkchel, ab gieng mit dem tod, eë das er chem̊ zü seinen jaren der verstendichait, so sullen die vorgënanten czwen wein-

---

[16] *Es ist von einem Jahreswechsel zu Weihnachten (25.12.) auszugehen.*

garten mit sampt den funffhundert gulden in gold gefallen und erben lediglichen auf seinem vater, Andre Pernherthel.
Item auch schaff ich Merthlein, meinem enenkchel, allen meinen harrnasch.
Item auch schaff ich Merthlen, meinem enenkchlen, funftzigk phunnth, die schuldig ist Aban und sein hawsfraw an der Wedritz von eynes garten wegen.
Item den weingarten, der da haÿst Heimjohel, habe ich gemorgengabt meinem weyb, Katherine, als der statrecht ist.
Item so schaff ich meinem weib all mein varund hab, wein und hawsgerett, ausgenomen bereÿthschaft, die ich hin dan gib ader schaff.
Item so schaff ich meinem weib, Katherine, hundert gulden in gold und LXXXXIIII lb. weyss geltz.
Item so schaff ich zu Sannd Mertin zü dem gepew an alle irrung geystlicher ader werntlicher funff hundert gulden in gold.
Item so schaff ich in tzway spital armen lewten in yedas spital tzwaÿhundert gulden, an alle irrung geystlichen ader weltlichen, armen lewten nutzlich an zulegen.
Item so schaff ich dem Niklas Ferber dreÿunddreyssigk gulden in gold, zu den drey und dreyssigk gulden, die er mir schuldig ist und das panczir, das er inn hat, das sol man im lassen und das kepplin.
Item so schaff ich dem Michel Schatzel funfczigk gulden in gold.
Item so schaff ich dem Hanns Geweltl und seinem sün sechtzik gulden in gold.
Item so schaff ich meiner mummen, Käthlin, des jungen Matlein hawsfrawen, und iren kinderen tzwaynczik gulden in gold.

Ohne Jahr, Monat und Tag (zwischen 1422 und 1436)[17] 48

Geschäft des Andre Pernhertel

pr. schr. (*Index*: Gescheft dez Andre Bernhertel XXIIII°)

(fol. 24v) Andre Pernhertel

Hie ist vermerkcht das gescheft, das der erber man Andre Pernhertl hat gethan mit guter vernuft und rechter guter gewissen zu den tzeÿten, da er es mit recht wol gethun mocht.
Item ich schaff herren Pauln einen harras rochk und schaff heren Jacob Warsschan einen dreyling wein.
Item frawm Barbara und sein kinden zu gleichem tayl eynem, als vil sain (!) dem andern von seiner hab, doch also mit ausgenomen worten, welichs der chinder eins ee mit dem täd ab ging, so sol desselben kinds tail erben und gefallen auf das ander an alle irrung und an alles recht, ee wann sy chomen zu den jaren ir verstenttichait.
Item dem Martine, meinem sün, und Wentzlawen allen mein harrnasch.

---

[17] *Nach Nr. 47 war Andre Pernhertel 1422 am Leben; mit 1436 datieren die meisten Einträge in diesem Bereich des* Protocollum, *insb. Nr. 49, mit der der Eintrag von Nr. 47 und 48 wohl zusammenhängt.*

Item besunder dem Martine tzwen silber gurtel und alles mein gewanth.
Item und was in von seinem kü an gepürt.
Item dem Wentzla ein silber gurtl, die zu Wienn ist.
Item XX gulden in pharrhoff zu Sand Mertin zu ainem jartag.
Item tzwaÿ fuder wein zu aynem pheÿler.
Item in das tal zu Unser Lieben Frawen ain fuder wein.
Item in das spital ein dreyling wein.
Item dem Hennslein, meinem chnecht, ainen seydel.
Item dem Michel Vogel sein brieff. (*Fortsetzung fehlt vermutlich*).

1436 September 11 **49**

Geschäft des Martin Pernhertel;
Bestellung eines Vormunds für den Bruder des Erblassers
pr. schr., 3 Zg. (*Index*: Gescheft dez Martine Bernhertel XXIIII°)

Martine Pernhertel

Hie ist vermerkcht das gescheft des Martine Pernhertleins, das geschehen ist und das er gethan hat am eritag nach Unser Lieben Frawen tag Nativitatis anno Domini millesimo CCCC° XXXVI^to^ bey seiner guter vernuft, da beÿ sind gëwesen die erbern Hanns Kramer, gesworner purger zu Prespurgk, und Erhart Stab, Colman Pekch, auch mitpurger daselbst.
Item also hat er geschaft am ersten einen weingarten, genänt Prëtnagel, Unser Lieben Frawen in das täl durch seiner und seiner vorfaren sel willen.
Item darnach als sein gut, was des sey zü feld oder zu dorff, klain oder grozz, alles seinen pruder, dem Wentzla.
Item uber das alles schaff ich und emphilch meinem pruder, Wentzla, und alles das, daz wir haben, dem Lachutlein gantz und gar, da mit zu thun und zu lassen, was er da mit tüt.
Item zu dem ander mäl manten wir obgenante gescheftherren den Martine, ob er ich wolt schaffen czü Sannd Mertein oder anderswo hin, do anttwurt er uns auf meinen herren den Lachutlein, der würd wol wissen, was er da mit thun sol, der sol sein gantz mugig sein, was er da mit thün wirt.

1436 Oktober 5 **50**

Geschäft des Georg Weidner;
Bestellung der Zeugen zu Willensvollstreckern;
Bestellung eines Vormunds für die Kinder der Schwester des Erblassers
pr. schr., 3 Zg. (*Index*: Gescheft dez Jorg Weydner XXV°)

(fol. 25r) Jorig Weydner

Hie ist vermerkcht des gescheft, das der erber mann Jorig Weidner gethan gethan (!) hat mit guter vernuft und mit rechter guter gewissen, zü den tzeiten, da er es mit

recht wol gethün mocht. Da bey sind gewesen die erbern lewt, den das gescheft enpholhen ist worden, Symon Osterreicher, Hanns Lasseber, Stephan Dawher. Das ist geschehen am freitag nach Sannd Michels tag anno Domini millesimo CCCC^{o} XXXVI^{to}.
Item zu dem ersten hat er geschaft tzway seiner swester chinder mitt irr zugehorung dem Lynhart Weydner mit virtzehenthalben gulden, die der Gorg Weydner den chindern schuldig ist zu den nachsten Weynachten [*1436 Dezember 25*].
Item so schaff ich dem Wllein Weydner, seynem pruder, den weingarten, der do hayst der Hawbner, mit wein mit sampt, der do gelegen ist bey dem Lynhart Hornleyn. Auch schaff ich im XVIII gulden, und die selbigen XVIII gulden schol es vechssnen von dem haws awf die Weynachten [*Dezember 25*].
Item so schaff ich und ain Römfart und ain Achfart XXVI gulden.
Item so schaff ich, ob meine tzway kinder abgingen, so sol man ausrichten aÿn Romfart und ain Achfart.
Item so schaff ich meinen tzwaÿen chindern vier weingarten, den Vingerhut, und den Haynpurger, und den Frayheit, und den Wolfleins Grunth.

1436 September 11 **51**

Geschäft des Ulrich Sneider

pr. schr., 3 Zg. (*Index*: Gescheft maister Ulreich Sneider XXV°)

Mayster Ulreich Snëyder

Vermerkcht das gescheft des erbern manns maister Ulreichs des Sneider, das er in dem petth seiner chrankeit mit guter vernuft recht und redlich gethan hat am nachsten eritag nach Unser Lieben Frawen tag, Nativitatis Marie, anno Domini M^{o} CCCC XXXVI^{to}.
Item so hat er geschaft und schaft seiner elichen hawsfrawen, Kathrein, all sein gut und hab, das er hat, es sey erbgut oder varundgut, nicht ausgenomen, ledig und freÿ an all hindrung seiner pruder und nechsten freunth, das die vorgenant fraw Kathreÿ allen iren frummen da mit mag schaffen, mit verseczen, mit verkauffen, geben, schaffen, machen, wem sy wil, an alle irrung und hindrung des obgenanten maister Ulreichs des Sneider pruder und nachsten freunth, als vor gemelt ist.
Item so ist dem vorgenanten maister Ulreichen dem Schneyder schuldig der Sigmund, des Lachutl chnecht, ein roten fuxein seydel fur XII gulden ingolt.
Auch ist im der selbig Sigmund schuldig XVIII gulden ingolt fur ain silber gurtl.
Auch ist im der selb Sigmund schuldig V½ gulden, da fur er im sneÿderwerch gearbait hat.
Item Kysch Andreas ist im schuldig II gulden.
Item so ist im Lypti Lasslaw schuldig X gulden in gold.
Item der Kurtz Andreas awsgeber ist im schuldig II gulden in gold.

Item der Janusch deac[18] I½ gulden.
Item pey dem obgeschriben gescheft und bechantnuzz der geltschuld sein gewesen der erbern Hanns Kramer, die tzeÿt gesworner purger des ratts der stat ze Prespurgk, und der erber man Hanns Sneÿder, ein mitpurger da selbst, die des obgeschriben geschefts und der geltschuld getzaig sein mit sampt mir, undergeschriben Michel Vogl, unseren aufgedrukchtem in sigl uns und unseren erben an schadn.

1436 April 23 **52**

Geschäft des Hans Vaschan;
Bestellung der Ehefrau des Erblassers zum Vormund der minderjährigen Kinder
pr. schr., 3 Zg. (*Index*: Gescheft dez Hanns Vaschang XXV°)

(fol. 25v) Hans Vaschan
Hie ist vermerkcht das gescheft, das der eber mann Hanns Vaschan in dem petth seiner chrankcheyt mit gueter vernuft gethan hat, und da es nymannt wider rüft hat, am mantag nach dominicam Misericordia Domini plena est terra anno Domini M° CCCC° XXXVI^{to}.
Item zw ersten so hat der obgenante Hanns Faschan geschaft seiner hawsfrawen, Cristein, all sein hab „halbe", es seÿ erbgut oder farundgüt, ledig und freÿ und damit zethun, geben, schaffen, machen, wem und sy wil an alle irrung seiner nechsten freunthen.
Item dornach so hat er geschaft den anderen halbentayl seiner hab seiner tochter, Katherin, und aynnem chind, das sein eeliche hawsfraw, Cristein, wartund ist gewesen, also das dÿe ytzbenant Cristein der kinder, hab und gut rechter gerhab und innhaberin sol sein ir lebtag. Kemen aber die chinder zu den jaren ir vernuft und verstenticheit, das sy iren erbtaÿl selb verwesen mochten, den sol in dann die mütter lassen nach volgen an alle irrung und hindrung. Wer aber sach, das die obgenanten chind abgingen mit dem tad, ee wann sy chemen zü den jaren ir verstenticheÿt, so sollen die erb und hab bey der mutter pleiben, und die unverchumert inn haben untz an iren tad, und nach irem tad so sol dann der obgenanten chinder taÿl erben und gefallen auf meins pruder, Lorenczen Vaschan, chinder an alle hindrunng und irrunng ir nechsten freunthen.
Und beÿ dem obgenanten gescheft sint gewesen die erberen mann und hawsgenassen Andre Ludweig, Schon Jacob und Wernhart Fullenwolff, die des geschefts geczeugen sein mit iren aufgedrukchten pethschaft in und iren erben an schaden.

---

[18] *Ungarisch „deák": „lese- und schreibkundiger Mensch", oft im Sinne von „Schreiber". Hier wohl als Berufsbezeichnung und nicht als Name aufzufassen, der i. d. R. dem Taufnamen vorangestellt würde.*

1434 April 1 **53**

Geschäft des Friedrich Heppel

pr. schr., 6 Zg. (*Index*: Gescheft dez Fridel Heppel XXV°)

Ffridel Heppel

Hie ist vermerkcht das gescheft, das Friderich Heppel gethan hat, als man schreibt nach Crist gepurt vierczehen hundert und indem XXXIIII jär am phintztag in den Osterveiertagen, und da beÿ sind gewesen Andre Ludel, Erhart Rabentzagel, Michel Stabenentel, Pawl Schreiner, und Werl Fullenwolff, Petter Wÿsant, die ich alle fleissiglich dar zü gepethen hab.

Item so schaff ich mein haws zü nagst der Fudlukchen an dem ekch und darnach meine tzwaÿ taÿl zü Gefang inner des Tewfels Sessel zü Sannd Mertein zü dem gepew, und nyndert anderswo.

Item den Flenthschir schaff ich auch zü dem paw hintz Sannd Mertin, ob man pawt, und das erb zü dem paw nutzleich anlegt, und nicht das anderleüt inn solten haben, und wil auch, das mein weib ir lebtag do beÿ nicht mangel sol haben, und das Got gibt nach unser bayder tad, so sol das gescheft ein furgang haben. Und ob das wer, das mein weyb ein nåt angÿeng, so mag mein weib der erb eyns verchauffenn, welichs und sy wil.

Item auch schaff ich meiner dÿren, Anna, des Linden Ast tochter, einen Satz gelegen bey dem Rindlein, und dreÿ gulden, dÿ sy do funden hat, dy sol man ir nicht geben durch des willen, das ich ir schaff ein solich erb, und ob sy stürb vor zeitten und sy man nëm, so sol das erb her wider gefallen auf mein weïb.

Item auch schaff ich meinem knaben, Mathesen, eynen halben Satz das inner tayl, und ob der knab nicht volgen wolt meine weib, so mag sie im den halben Satz geben ader nicht.

Auch schaff ich meiner diren, Kathrein, eynen halben Satz das ewsßer tayl, ob sÿ volget und frumm ist.

1434 Mai 12 **54**

Geschäft der Katharina, Ehefrau des Ulrich Hekchel[19]

pr. schr., 3 Zg. (*Index*: Gescheft der Katrein Heklin XXVI°)

(fol. 26r) Katherein Hekchlin

Vermerkcht das gescheft der erbern frawen Kathrein, Ulreichin der Hekchlin, das sie in dem pett ir krankcheit mit guter vernuft an Sand Pancreczen tag des heiligen martrer gethan hat anno Domini M° CCCC XXXIIII°.

Item so hat sie geschaft und schaft irem eelichem mann, Ulreich Hekchlein, ir peyder weingarten gelegen in Ledreren auf der stat gepiet ze Prespurgk, aynthalben zu

[19] *Vgl. das am selben Tag auf Einbringen derselben Zeugen ins Protokoll aufgenommene mündliche Geschäft der Erblasserin mit gleichem Rechtsinhalt unter Nr. 20.*

negst des Swartz Hansenn weingarten und anderthalb zenegst des klosters weingarten ledigen und freÿn, also doch mit ausgenomenn worten, das er alle geltschuld, die wir schuldig seyn, betzalen sol. Dornach so sol er ausrichten, wann er wol mag, eÿn Romfart mir und im und ein fart zü Sand Wolfgang, auch wann er sy gar wol mag.

Bey dem obgeschriben gescheft sein durch vleissiger gepet willen gewesenn die erben mannenn Michel Grentl, Colman Pekch und Hanns Groblokch, all mitpurger zu Prespurgk, die des vorgeschriben gescheftz getzeug sein mit iren aufgedrukchten pethschaften, darumb wir sy mit vleis gepethen haben, das sy ir pethschaft zü getzeugnusß auf den gescheft briff gedrukcht haben in und iren erben an schaden.

1436 Oktober 29 **55**

Geschäft des Niklas Harrer

pr. schr., 2 Zg. (*Index*: Geschæft des Niclas Harrer XXVI°)

Niklas Harrer

Hie ist vermerkcht das gescheft des erbern manns Niklas Harrer, das er gethan hat mit guter vernuft und mit wolbedachtem mut unbetwungenleich am mantag (!)[20] Symonis et Jude, als man tzelt von Crist gepurt tausent virhundert und in dem sechsund dreyssigistem jare. Dar zu ich gepethen hab die erberen herren Caspar Ventur und Ludweig Konigsfelder, die tzeyt baÿd gesworen purger der stat zü Prespurgk, das sÿ meins geschefts, als her nach geschriben stët, durch meÿner vleissigen gepeth willen mit iren insigeln auf den brief gedrukcht haben und getzewgen sein in und iren erben an schaden.

Item von erst so schaff ich meiner eelichen hausfrawen, Margrethn genant, mein haws gelegen in der stat, eynthalben zu nachst Ludweig Frankchen und anderthalb zu nagst des Crawsen haws. Item ich schaff ir meÿn weingarten, genant der Flötzer, und dar zu das weingartel vom Prenner, das do neben dem Flotzer leÿt.

Item ich schaff mer meÿner hawsfrawen meÿnen weingarten gelegen am Weynner perig, genant der Saltzer. Das obgenant haws und die weingarten sol mein hawsfraw innen haben ir lebtag in rechtem gepew unverchummert, und ob Got uber meÿn hawsfrawen gepwt, so sol das haws und dÿ weingarten, dÿ sy ir lebtag innen gehabt hat, gefallen auf mein tochter, die Kolestorfferin, doch also mit ausgenomenn worten, das mein tochter das vorgenannt leibgeding auch sol inn halten ir lebtag in rechtem pew unverchumert, und nach meyner tochter tod sol man haws und weingarten verchauffen, und das halbtaÿl sol man geben czü der kirchen czü Sannd Mertin zü dem gepew, und den andern halbentayl sol furbazz erben auf meine

---

[20] *Höchstwahrscheinlich wurde das Wort* nach *irrtümlich ausgelassen. Da das Fest der Heiligen Simon und Judas (28. Oktober) im Jahr 1436 auf einen Sonntag fiel, war der Tag nach dem Fest tatsächlich ein Montag.*

nachste freunnth und auf meiner hawsfrawen nagste frewnth. Wer es aber von meinenn wegenn nach von meiner hawsfrawen wegen chain freunthschaft da, so sol es alles gevallen zü Sannd Mertin kirchen zu dem gepew.
Item so schaff ich aber meiner eelichen hawsfrawen hundert gulden ingold und alle farunde hab lediglichen, allen irn frummen da mit zü schaffen, geben, machen, wem sy wil, ausgenomenn tzwen dreyling wein, dÿ sol sy raichen und geben meyner tochter, der Colestorfferin, da mit iren frumenn zü schaffen.
(fol. 26v) Item so schaff ich mer meiner tachter, der Colestorfferin, meinen weingarten, genant der Stainpwhel, lediglichen, allen irn frumenn da mit zu schaffenn.
Item so schaff ich meynem enenchel mein haws zw Raczesdorff lediglichen, seinen frumenn da mit zu schaffenn.
Item so schaff ich zü Sannd Mertin, und zu Sand Lorentzen, und zu Sand Michels chirchen zu iglicher kirchen zu dem gepew tzehen gulden on (!) gold.

1436 Oktober 31 – 1437 August 6 **56**

Geschäft des Bartholome Saltzer;
Beweis des Verkaufs eines Weingartens aus dem Nachlass des Erblassers
pr. schr., 3 Zg. (*Index*: Gescheft des Bertl Saltzer XXVI°)

Perthel Saltzer

Vermerkcht das gescheft des erberen manns Partholme ~~Scharr~~ Salczer, das er mit guter vernuft in dem pett seiner chrankeyt gethan hat an Aller Heiligen abent anno Domini etc. XXXVI°.
Item von erst so hat er geschaft und schaft seiner eelichen hawsfrawen, Annen, seinen ledigen und freyen weingarten, genant den Olram, paide taÿl, das under und das ober, gelegen auf der stat gepiet zu Prespurgk, ze thunn und ze lossen und allen iren frummen da mit schaffen, mit verseczen, mit verchauffen, geben, schaffen, machen, wem sy wil, an aller meÿner freunth irrung und hindrung und wider red, dann unvertzigen LXXXX guldein in gold, die wir dem Hensel Kren schuldig sein, da von sie diенn mag, wie lanng sy wil, und sind ab zu ledigen, wann man wil, zu aÿnczigen pey tzehenn oder mit XX gulden oder mit der gantzen sum, als vor gemelt ist, und mit dem nachsten dinst dar zu.
Item so schaff ich mer meyner obgenanten hawsfrawen, Annen, meynnen garten, ze thun und zelassen.
Item die Kolgrub den weingarten schaff ich meyner hawsfrawen, Annen, und darnach nach meiner hawsfrawen, Annen, tad, so sol die vorgenant Cholgrub den weingarten erben und gefallen auf meÿn mwmenn, die Kunndel, und ire chinder. Wer aber sach, das die vorgenänt Kundel von Prukch in der Schut, mein mümb, mit dem tad ab gieng und nicht chinder hinder im liezz, so sol die vorgenant Cholgrub der weingarten her wider erben und und (!) gefallenn auf meÿner obgenänten hawsfrawen, Annen, nechste freunten an alle irrunng und hindrung aber meiner nachsten

freunthen. Auch ligen da berait sechs dreyling weïn, die schaff ich auch meyner vorgenanten hawsfrawen.
Bey dem obgeschriben gescheft seind durch vleissiger gepet willen gewesen die erberen und weisen herren Hanns Liebel, Michel Wolff, tzwen gesworen purger des ratts der stat ze Prespurgk, und Michl Vogel, dÿ tzeyt hoffmeister in Sannd Kathrein hof daselbst zu Prespurgk, die des vorgeschriben geschefts durch vleissiger gepet willen getzeugen sein mit iren aufgedrukten insigelen und pethschaften in und iren erben an schaden.
(*spätere Eintragung*: Item den obgenanten weingarten, genant die Kollgrub, hat Bartholome Scharrach ym und frawen Annen, seiner hausfrawen, gantz abgeledigt von der obgenanten frawen Kundlen und iren erben, also daz derselb Bartholome Scharrach hinfür sol denselben weingarten hinfur freileich, ledicleich und erbleich innehaben an all irrung und widerred, es sey mit versetzzen, mit verkauffen, schaffen, machen, geben, wem sy wellen. Acta sunt hec des nachsten eritags vor Laurencii anno Domini etc. XXXVII°.)

1429 März 7 **57**

Geschäft des Stephan Ainrer

pr. schr., 3 Zg. (*Index*: Gescheft dez Hanns [!][21] Ainrer XXVII°)

(fol. 27r) Vermerkcht das geschafft, das der erber mann Stephan Ainrer an seinen letzten ceyten getan hat zu der zeit, do er es mit recht wol getün hat mügen, unbetwungenleich mit guter vernufft und willen und an widersprechung aller seiner frewndt, und dartzü hab ich gepeten mit vleys die erberen mann Michel Rweding, Michel Pawr und Cristan Lechner, das sy meins geschefts getzeugen sind, und das nach geschriben gescheft haben die obgenanten gescheft herrn an aydes stat vor unser also einpekant. Acta sunt hec an manntag nach mittervasten[22] anno Domini millesimo quadringentesimo vicesimo nono.
Item so schaff ich obgenante Stephan Aïnrer meinem brueder, Peter Aïnreich, ainenn weingarten, genant im Wolfleinsgrünt, ledigen und frein, damit zu tün und zu lassen, und wann der obgenant Peter Ainreich mit dem tod abget, so sol den vorbenanten weingarten widergefallen auf meine nagste frewndt, auf den Ändre Ainrer.
Item mer schaff ich meiner tachter, Magdalena, ainen weingarten halben, genant im Pistriczeren, und halben tail meinem enichel, Angnesen, und welichs ee mit dem tod under den chinden abgieng, „so“ sol der vorgenante halb weingarten auf

---

21 *Im Text des Geschäfts lautet der Taufname des Erblassers stets* Stephan.

22 *Der Auflösung des Datums wurde – wie in der gesamten Edition –* SZENTPÉTERY, *Kronológia zugrundegelegt. Die Quadragesima media wird dort abweichend zu* GROTEFEND, *Zeitrechnung nicht mit dem Sonntag Lätare, sondern dem Mittwoch zwischen Oculi und Lätare aufgelöst.*

das ander chind gefallen, und wer sach, das die chindt paide mit dem tod abgiengen, so sol furpas der egenante weingarten hinwider gefallen auf meine nagste frewndt, damit zetün und zu lassen, also in das am aller pesten fügt.

1437 Januar 14 **58**

Geschäft der Kunigunda Raneisin;
Bestellung eines Sohnes der Erblasserin zum Vormund seiner minderjährigen Brüder

pr. schr., 3 Zg. (*Index*: Gescheft der alten Renesynn XXVII°)

(fol. 27v) Der alten Raneisin geschäfft

Vermerkcht das geschäfft, das die erber fraw Chunigund Raneisin getan hat zw der zeit, do sy es mit recht wol getun hat mugen, unbetwungenlich und mit guter vernufft und willen, und darczu hab ich gepeten mit vleis die erberen und weisen Lang Hanns, cramer, und Niclas Leÿnbater und Michel Wolff, die zeit des rats der stat zw Prespurg, das sy meins hernach geschriben gescheffts zewgen sein durch Gots willen.

Item von erst schaff ich zw Sand Merten chirichen zw dem gepäw funff phunt den. auf Sand Larenczen tag [*August 10*] zw peczallenn.

Item mer schaff ich mein ledigs freys haws gelegen in der Newstat vor der benantenn stat Prespurg meinem sun, Gorigen, und alle mein varund hab.

Item mer sullen mein sun awsrichten ain Ramfart van iren allenn drein taÿln.

Item mer schaff ich meinem sün, Gorigen, meinen weingarten, genant der Sacz, gelegen an der Hachneÿ halben und den halben taÿl den anderen meinen sun, Stephan und Wolfgangen, aber das mein sun, Gorig, sol die wal in den tailen haben und die obgenanten mein sun, Stephan und Wolfgang, sullen den weingarten inne haben VI jar päwleich nach einander, und wann die jar awskomen, so sullen sy dann den obgenanten halben weingarten wider antwurten meinem sun, Gorigen, und II fuder wein damit.

Item mer schaff ich meinem sun, Gorigen, meinenn weingarten, genant der Chapher, gelegen awsserthalb des Wasserturen, damit zw tün und zw lassen.

Item mer schaff ich ainen jartag auf den obgenanten weingarten, genant der Chapher, in solicher peschaidenhait, das mein sün all dreÿ sullen awsrichten den vorbenänten jartag, und abczuledigen und wider zw frein den weingarten im jar, wann sew wellen, mit XXV fl. auri, und das mein sün des selben lehen herren sullen sein, und sullen anheben mit dem jartag, als in das am pesten fügt.

Item darnach schaff ich meinem sun, Gorigen, Stephan und Wolfgang, meinen weingarten, genant das Gras Gefang, ydem ainen drittail gelegen neben des Bartholome Scharrach weingarten und darumb sullen sy lassen.

Item darnach schaff ich mer meinem sun, Stephan und Wolfgang, VI dreyling wein, ydem drey dreiling, und die anderen all sullen gefallen meinem sun, Gorigen, und

mit dem obgenanten güt allen emphilich ich meinen sun, Gorigen, dem Wolfgangen, das er in trewleichn inne haben schol mit dem gut, und mein sun, Stephan, sol auch trewlichen zw sehen, und wer sach, das der vorbenant Wolfgang, mein sun, mit dem gut meins suns, Gorigen, untrewleichen umbgieng, so pit ich die obgenanten geschafft herren und den ganczen ratt durich Gotz willen und meinenn sun, ~~Gorigen~~ Stephan, das sy im des nicht gestatten wellen.
Item mer pin ich schuldig X fl. auri, dy sol man voraws von meinem gut peczallen.
Item und wer sach, das der obgenant mein sun, Gorig, sein gut von meinem sun, Wolfgangen, haben wolt, so sol er im das gelimphleich gefallen lassen nach ratt seins bruder, Stephan, und der geschafftherren. Anno Domini millesimo quadringentesimo tricesimo septimo.

Acta sunt hec an mantag vor
Anthonii.

1436 September 19 **59**

Geschäft des Blasius Sneider

pr. schr., 4 Zg. (*Index*: Gescheft dez maister Blasy Sneyder XXVIII°)

(fol. 28r) Vermerkcht der lest wil ains geschafft, das der fursichtig man maister Blasy Sneider von dem haws in dem pet seiner chranchait mit guter vernufft vor den undergeschriben zewgen getan hat am nagstenn mitichen nach dem achteten tag Unser Lieben Frawn, als sÿ geparen ist, anno etc. tricesimo sexto.
Item von erst hat er geschafft seiner jungchfrawn, Susanne, einen weingarten gelegen an der Hachney auff der stat gepiet zw Prespurg, mit frucht mit sambt, des weingarten nachpawren sind Bernhart Fwllenwolff an aim taÿl und Hanns Finkch an dem anderen taÿl mit iren weingarten, ledigen und frein mit allen den nuczen und rechten, die zw demselben weingarten gehörent, an widersprechung aller seiner frawndt.
Item zw dem anderen mal hat er geschafft seiner jungfrawen, Susanne, mit soleicher pefliessung all sein geltschuld, wo er die hat und wer im die schuldig ist, das sy von der selben geltschuld, wem er suldig ist, peczallen schol, und ~~so~~ darnach so schafft er ir all sein gut, erib güt und varund gut, wo er das hat ledig und freÿ.

Nota wer im schuldig ist.

Item Georius (!) Liptaÿ	IIII fl. auri
Item Stephan Schadolczÿ	IIII fl. auri
Item Janus Schönpeter	V fl. auri
Item Jacob Caduchaÿ	III½ fl. auri
Item Nicolaus Fridreich pruder	VII fl. auri

Item Janusch Catusch peleibt im ein sun (!) gelts schuldig, daruber hat der selb Janusch Catusch ein register.
Item so hat er mer geschafft seiner jungfrawn, Susanne, VII gancze tüch, die do ligen in einer chisten, davon er angehabt hat sneiderwerich zw machen, der noch

tayl da sind, und was der ganczen tuch sind mit sambt dem, das davon gearibait ist, hat er geschafft der vorigen seiner jungfrauen.
Item dem Augustin Hubmer, seinem sneider chnecht, hat er geben von seinem aigen güt I^c fl. auri, damit chawfmanschatz tzu treiben und im zw pringen tucher, leynenew und wollennew von Oberlanden zw pringen, die hernach geschriben stend.
Item ain plaben varstat. Item ain swarczen varstat, davon sein chnecht tagleich gearibait haben.
Item XI tüch leinens ~~czwiel~~ plaich tuch und chindl genant, und noch sind peliben zw Wienn XI stukch, die dy mawter von Wienn nicht haben wellen lassen furfaren, das schafft er alles seiner vorbenanten jungfrawn.

Nota was maister Blasy schuldig ist.

Item Peter dem Chach	IIII fl. auri
Item dem Pawlen	XII fl. auri
Item dem Larencz Cäsar	XIIII½ fl. auri
Item dem Sebastiano hofmayster	XL fl. auri, da für hat er ain silber gürtel zw phandt
Item dem Augustin	II fl. auri und czway jarlan

Nota was er geschafft hat durich seiner
und seiner varfaderen sel willen.

Item zw dem gepaw zw Sand Merten chirichen XX fl. auri.
Item dem selampter, seinem peichtvater, umb XXX selmess I fl. auri.
Item darnach durich seiner sel ewigs gedachtnuß in das toth puch zw schreiben I fl. auri.
Item in der sneider czech V lb. wags.
Item in Goczleichnams pruderschafft I fl. auri.
Item zw gewanth XIIII armer mensch von gemainen slechten tuchrenn ain ellen per XXIIII den.
(fol. 28v) Nota wer dy czewgen gewesen sind durich fleissiger gepet willen des vorbenanten maister Blasi des Sneider, darumb er ew mit fleis gepeten hat die erberen und fursichtigen mann Lang Hanns cromer, die zeit des rats der stat zw Prespurg, herr Hanns von Offen, sein peichtvater, Hanns Sneider, Michel Vogel, notarius publicus, paid mitburger zw Prespurg, die des vorgenanten geschafft zewgen sind mit iren aufgedrukchten insigeln und petschaden in und iren eriben an schaden.

1437 Januar 23 **60**

Geschäft des Konrad Turnhofer
pr. schr., 3 Zg. (*Index*: Gescheft des Kuncz Turnhofer XXVIII°)

Ein ander gescheft des Cuntzen Turenhofer

Es hat der erber man Cuntz Turenhofer geschaft an seinen letzten tzeiten, da er es mit recht wol getuen hat mügen, willicleich und umbetwungenlich und an wider-

sprechung aller seiner frewnd. Dartzu hab ich gebeten fleissicleich die erbern Michel Hacker und Sinnig Thoman, baide geswaren purger zu dem obern urfar[23], und den Gilig Süczz, daz sy meins hernach geschriben geschëfts durich Gots willen tzewgen sein.
Item ich schaf meiner hausfrawen, Margarethen, ainen weingarten, genant der Müllslag, auf der stat gepiett freien und ledigen, domit ze tuen und ze lassen und iren frumen damit ze schaffen, wie sy verlustet.
Item ich schaf meiner hausfrawen, Margarethen, alle mein varund hab, nichts ausgenomen, auch damit zetuen und zelassen und allen iren frumen damit ze schaffen, als ir das am pesten fugt. Acta sunt hec am mittich vor conversionis Sancti Pauli anno Domini millesimo CCCC^{mo} XXXXVII°.

1418 Dezember 10 **61**

Geschäft des Michael Pob

pr. schr., 3 Zg. (*Index*: Gescheft des Michael Pab XXVIII°)

Gescheft des Michel Pob

Item ich Michel Pobb hab geschaft, dabey ist gewesen Andre der Runther, und Stephan der Aspner und Hanns Saltzer ze tzeugen, tzu den tzeiten von Cristi gepürd anno Domini millesimo CCCC^{mo} XVIII° am nachsten sambtrag (!) noch Sand Nicklas. Item am ersten hab ich geschaft der Cristlein, meiner hausfrawen, das haws auf der Wedritz ainhalben zenachst der Purkhart anderhalb zenachst dem Peter Hoschen, untz an iren tad mit der swër, die auf dem hawss ist, unverkummert und ungeergert. Die swär auf dem hause ist XX gulden, davon dient man tzwen gulden gen Rab, das abczelosen ist, und ewiger dienst ist auf dem hause XLVIII den., das ist auf dem hause, und ob sy die XX gulden dar geit, so sol man ir und iren erben noch irem tode den dienst geben, die das haws werden haben noch irem tode oder sy sol dy XX gulden haben auf dem hawse.
Item ich hab geschaft den Welser halben der egenanten Cristlein auch untz an iren tod. Item das ander tail hab ich ir auch geschaft ewicleich, davon sol sy geben XII tal. umb ainen kelich tzu Sand Mertein. Item ich hab geschaft den weingarten den Maushalben junckfraw Annen, des Afferhëcklen tochter, ainhalben des Pauls Wachter anderthalben her Simons.
Item den weingartten in dem Sterifgrunt schaf ich tzu dem paw für den dreiling wein, den mein ee fraw hat geschaft tzu dem paw. Item ob die fraw ab geet, so sol noch irem tode der Welser halber und das haus gar, das ir leibgeding ist, sein meines nachsten frewnd, die noch mir komen.

---

[23] *Vermutlich waren die beiden Bürger mit der Einhebung des „Urfahrgelds" (Entgelt für Gebrauch der Donaufähre) betraut. Das „obere Urfahr" befand sich nach den Forschungen der Autorinnen zur Topographie der mittelalterlichen Stadt wohl etwa auf der Höhe der Kirche St. Laurenz. Vgl. dazu auch die Karte S. 29.*

Item die Lasterleiten schaf ich meinen brudern baiden, Hannsen Stebennentlen und Michel Stëbennentel, und meiner swester, der Finkin.
Item der Michel sol tuen ain Romfart von dem vorgenanten weingarten und der Hanns sol tuen ain Achfart und mein swester auch ain Achfart auch von dem weingartten durch meiner sel willen, des Poben guetter will und seiner hawsfrawen und seiner bruder und seiner swester ist gewesen.

1436 November 6 **62**

Geschäft des Heinrich Ambser;
Bestellung eines Vormunds für den minderjährigen Sohn des Erblassers
pr. schr., 2 Zg. (*Index*: Gescheft dez Heinrich Ambser XXVIIII°)

(fol. 29r) Hainreich Ambser
Hie ist vermerkt das gescheft, das ich Hainreich Ambser geton hab an meinem siechpett mit guetter vernuft und tzu den tzeiten, da ich es umbetwungenlich wol tuen hab mügen. Dartzu hab ich gepeten die erbern weisen herren Hannsen Eilawssemrokk, Ludweigen Kunigfelder, die tzeit des geswaren rates der stat ze Prespurg, die ich mit vleiss dartzu gepeten hab, die sachen zu getzewgen.
Item von erst all geltschuld, die ich schuldig pin.
Item dem Häffendl zu dem Steren ze Wienn LXX gulden in gold, darumb hat er ein geltbrief. (*am Rande*: zalt)
Item dem Peter Chulshaimer von Nurmberg II½^{c} gulden in gold, darumb er auch ain geltbrief hat. (*am Rande*: zalt)
Item dem Colman zw Gumaren LX gulden in gold. (*am Rande*: zalt)
Item dem gardian und dem convent Unsern Frawen kloster ze Prespurg LV gulden in gold gestift auf dienst. (*am Rande*: zalt)
Item tzu Sand Mertens kirichen gelegen in der stat Prespurg gestift XXII½ gulden in gold. (*am Rande*: zalt)
Item an dem weingarten, Tunawleitten genant, auf der stat gepiet bleib ich schuldig XL tal. wienner den.
Item der Ulreich Kramerin VIII½ ß den. (*am Rande*: zalt)
Item dem Hanns Peitskhofer ~~irn~~ ze Wienn pin ich schuldig II^{c} gulden, iegleichen gulden fur XII und VI ß den. Daran hat der yetzgenant Peitzkhofer emphangen tzu Marhekk anno Domini millesimo CCCC^{o} XXXVI° Egidÿ [*1436 September 1*] von dem Daniel von Newmburg LXXXXVII tal. wienner den.
Item mer hat der obgenant Peytzkhofer emphangen von mir obgenantem Hainreich LXXVI phund phenig.
Item so schaf ich jungkfrawen Osanna, der Casparin tochter, ettwan Jostin genant, ain pehamisch stuckh sloyer und ain grüen frawen mantël, der meiner hawsfrawen sehligen gewesen ist. (*am Rande*: zalt)

Item so schaf ich dem Caspar, der Jostin man, tzwo joppen die pesten und ain plabs pernisch par hosen. (*am Rande*: zalt)
Item so hat die vorgenante mein hawsfraw lassen ainen slöyer wurchen ze Wienn, der sol haben XIIII vach, daran ist geben wurden III tal. den. und ~~XL den.~~ III ß und X den., denselben sloyer sol man losen und verkaufen, und was über die III tal. III ß X den. uber bleibt, das sol man geben meiner hausfraw brucer zu ainer kutten. (*am Rande*: zalt)
Item so schaf ich meiner swester ainen plaben frawen mantel, und ain frawen seidl, und was klains da ist von phaitten, das ainer frawen tzugehöret. (*am Rande*: habet)
Item so schaff ich mein sun, Hannsen, mit allem meinem guet, es sey erbgut oder varundsgut, nichts ausgenomen, dem erbern mann Paulen Maltzhofer, mitburger ze Prespurgk, getrewlichen in solcher beschaidenhait, daz er die vorgeschriben geltschuld den gelten iegleichem nach seiner antzal betzalen und ausrichten sol und welle von den guettern und erben, die hinder mein bleiben, meins guets das alles zuvolbringen, das obengeschriben steet auf sein trew.
Item und wär sach, daz der obgenant Hanns, mein sun, mit dem tod abgieng, ee wen er zu seinen jaren komen wurd, so sol er von der obgenanten meiner hab meiner swester raichen und geben ain beschaidne narung, und was uber das bleibt desselben meins guets, sol gevallen halbtail in das vorgenanten kloster Unser Frawen ze Prespurg und der ander halb tail sol gevallen Sand Lawrentzen kirichen vor der stat ze Presburg gelegen, mir, meiner hawsfrawen und meinen kindern, und vorvodern tzu gedechtnüss. Des tzu ainem rechten urkund und waren getzeugnüss habent die obgenanten Hanns Eylaussemrokk und Ludweig Kunixfelder ire petschaft auf das mein gescheft gedruckt haben in und iren erben an schaden, darumb ich sy mit vleiss gebeten hab. Acta sunt hec feria tercia proxima post festum Omnium Sanctorum anno Domini millesimo CCCC° XXXVI^{to}.

1429 Mai 27 **63**

Geschäft der Klara, Witwe des Ulrich Frantz;
Bestellung eines Willensvollstreckers
pr. schr., 3 Zg. (*Index*: Gescheft der Clara Franczin XXVIIII°)

(fol. 29v) Fraw Clara, des Ulreich Frantzen witib
Hie ist vermerkt das gescheft der erbern frawen Clara, des Ulreich Frantzen sehligen witib, das sy geton hat mit guetter vernnuft und tzu der tzeit, da sy es wol getuen mochte, und ist bescheen anno Domini M° CCCC^{mo} XXIX° des nachsten freitags nach Gots leichnams tag.
Item von erst hat sy geschaft I^{c} phund den. weiss gelt tzu dem paw Sand Mertteins kirichen.
Item darnach hat sÿ geschaft hundert phund pfennig weiss geltz tzu den kirichen, da man kümfticleich pawen wirdet in den eren Sand Michel und Sand Lawrentzen

in der vorstat tzu Prespurg, des sy guette hoffenuge (!) hat und hintz Got getrawet. War aber das, daz man da kirihen nicht wold gestaten cze pawen, so sol man die vorgenanten hundert phünd pfennige geben und raichen tzu dem paw Sand Merttens kirichn.
Item so hat die vorgenante fraw Clara mer geschaft irem müemlein, der Annen, ain pett, tzwai leilachen, ain palster, tzway kuss und ain gultter, und als ir gewant und gepentt.
Item mer so hat sy geschaft ain weingartten, genant die Pewntt, den ir wirtt sehliger, der Ulrich Frantz, selber gekauft hat Nicklassen dem Öder, der vorgenanten Annen bruder, dafür sol ir vetter, Nicklas, nemen den weingartten, genant der Gudling.
Item darnach so hat sy geschaft tzu dem paw in das new spital XX lb. den. weiss gelts.
Item armen lewten in dasselb spital auch XX phund den. weiss gelts.
Item mer hat sy geschaft tzu ainem jartag, als ir wirtt sehliger geschaft hat, seinen jartag ze begeen X pfund den. weis gelts.
Item den predigern Sand Mertteins kirichen dreissig selmess czu lesen.
Item darnach so hat sy mer geschaft, daz sÿ, ire kinder und ire vorvodern geschriben sullen werden in den toten brief bey Sand Mertten und Sand Larentzen kirichen.
Item darnach so hat sy geschaft ain Romfart und ain Achfart.
Item darnach so hat sy mer geschaft, daz man irs begee die drey tëge mit obläy, das ist mit solichem oppher, als si es selber irem wirtt begangen hat.
Item das vorgeschriben gescheft, das die obgenante fraw Clara geton hat, dasselb gescheft steet als auf mein hawse gelegen in der stat Preßpurg ainthalben zenachst des erbern mannes Niclassen des Altmansdarfer haws und anderthalb zenachst des erbern Sigmunds des Messrer haws, und auf irem weingartten, genant der Olram, auch gelegen auf der stat gepiet, und was uber das gescheft alles uberbleibt, das schaft sy alles irem vettern, Niclasen dem Öder, ires bruder sun, und was im haws und im hofe ist, wein, harnasch, klaynot, pettgewant, darumb so sol er ym ir sele und irs wirttes sele und all ir vorvodern sele lassen trewleich empholhen sein, und hat ym das empholhen auf sein sele und sein gewissen.
Item darnach hat sy mer geschaft, daz sy auch das maynt, daz man iren vettern und öham, den Nicklas Oder, dem sy das geschefte emphilicht und empholhen hat, dasselb gescheft aws zerichten, nicht uberdringen noch ubernötten sol, untz daz er es wol gehalten mug austzerichten.
Und daz das gescheft fürbas also stëtt und untzebrochen bleibe, so hab ich oftgenante fraw Clara mit gantzem vleiss gebeten den erbern und geistleichen man herren Niclassen den List, ettwan pfarrer Sand Lawrentzen kirichen in der vorstat der stat tzu Prespurg, und dartzu die erbern und weisen manne Hannsen den List und Hannsen den Lieblein, dietzeit tzwen geswaren burger des rates, daz sy des geschefts, das ich oftgenante fraw Clara getan hab, getzeugen sein sullen mit iren aufgedruckten insigeln und petschatten yn und iren erben an schaden.

1433 April 22 – 1437 September 13 **64**

Geschäft des Hans Sleech;

Erklärung der Ehefrau und der Schwester über die Durchführung der Anordnungen

pr. schr., 3 Zg. (*Index*: Gescheft dez Hanns Slech XXX°)

(fol. 30r) Hanns Sleech

Hie ist vermerkt das geschëeft, das ich Hanns Sleech geton hab mit guetter vernunft wolbedechtlich cze tzeitten, da ich es mit rechte wol getuen mochte, in gegennwurtikait der erbern weisen Stephan Rëneÿs und Mathes Meindl, baiden geswaren burgern cze Prespurg, und Lienhard Langenwiser, mitburger daselbs. Acta sunt hec anno Domini millesimo CCCC^{mo} XXXIII° des nachsten mittichs vor Sand Georgen tag[24].

Item von ersten schaf ich ain weingartten, genant in Mainharttlein, meiner hausfrawen, frawen Elspetten, ir lebtage, also daz sy yn pewleich innehälden sol und noch iren abgange mit dem tode sol er gevallen meiner lieben swester, frawen Katherine, des Stephan Klinglers hawsfrawe, und iren erben.

Item ich schaf auch mein haws gelegen in Sand Michels gassen tzwischen des Peter Hambot und des Hanns Ösl hewsern, der obgenanten meiner hausfrawen gantz ir lebtag, also das dasselb haus noch irem tode halbs gevalle meiner obgemelten swester, mit dem andern halben tail mag die obgenante mein hausfraw tuen, wie sy verlust.

(*spätere Eintragung*: Item darnach sind die obgeschriben frawen baid für kömen und haben sich gewilligt, dabey zebleiben wellen, und kain tail das andrer ferrer zetreiben weder mit recht noch an recht. Acta sunt hec anno Domini millesimo quadringentesimo XXXVII° in vigilia exaltacionis Sancte Crucis [*1437 September 13*].)

1430 Dezember 24 **65**

Geschäft des Niklas Umbadumb

pr. schr., 3 Zg. (*Index*: Gescheft dez Umbadumb XXX°)

Nicklas Umbadumb

Vermerkt das gescheft des erbern manns Nicklas des Umbadumbs, mitburger ze Prespurg, das er in den pett seiner kranchait getan hat mit guetter vernunft, mit wolbedachtem muette, guettem willen, ungenöttet und unbetwungenleich tzu der tzeit, da er es mit rechte wol getuen mochte und dietzeit nyeman widersprechen seiner erben noch frewnd mochte, das da gescheen ist, da man tzalte anno Domini M° CCCC^{mo} XXX° an Weinnacht abend.

Item von erst hat er geschaft seiner hausfrawen, Dorotheen, sein freien ledigen weingarten gelegen an der Hachneÿ ainhalb zenachst Niclas des Flochperger

---

[24] *Der St. Georgstag wird gemäß ungarischem Brauch mit dem 24. April aufgelöst. An diesem Tag wurden auch die Stadtoberen von Preßburg gewählt.*

weingarten und anderhalb zenachst der Kathrey Pokfuessin weingartten, mit allen nützzen und rechten, die tzu demselben weingarten gehörent, zëversetzen, zu verkauffen, geben, schaffen, machen ledig und frey, wann sy wil, an all tzusprüche seiner kinder und nachsten frewnden.
Item so hat er geschaft seiner eleichen hausfrawen, Dorothee, sechs dreiling wein und tzway fueder wein beraits guets da likund und all varunde habe, nichts ausgenomen, ledig und frey.
Item darnach hat er geschaft und besundert sein töchter und sein ennichkel mit dreien weingarten.
Item so hat er geschaft sein freien ledigen weingartten, genant der Graser und das Rwedel, seinen dreien tochtern in drey tail ze tailen, ain tail frawen Barbare, des Andre Unger hausfraw, den andern tail frawen Kathrey, des Larentz Viertziker hausfraw, den dritten tail frawen Anne, des Thoman Löffler hausfraw, also beschaidenleich, daz ir kaine iren erbtail des vorgenanten weingartten nicht versetzzen noch verkauffen sol, sunder es sol ir iegleiche seinen drittentail des weingartten in rechtem paw haben, als weingartten recht ist. Wer aber seinen drittail in rechtem paw nicht hielt, so haben die andern tzwen tail vollen und gantzen gewalt haben, denselben dritten tail tzu yn zenemen, an allen krieg und an alles recht ungeverdleich.
Item so hät er geschaft seiner ändlein, Kathrey der Yessin, ain tail ains weingartten gelegen hinder Schondorf.
Und bey dem obgenanten gescheft sind gewesen die erbern weisen Stephan Rënëys, dietzeit ain geswarner burger des rats ze Prespurg, und Mert Spigler und Johannes Nusdarffer, baid mitburger daselbs, des sy getzeug sind mit iren petschaten yn und iren erben an schaden.

1436 Oktober 14 **66**

Geschäft des Christian Lang

pr. schr., 6 Zg. (*Index*: Gescheft dez Lanng Cristan XXX°)

(fol. 30v) Lanng Cristan

Hie ist vermerkt das gescheft, das Lanng Cristan wolmugig und wolbedechtleich und umbetwungenleich in seiner kranckhait geton hat am suntag noch Sand Colomans tag anno Domini etc. XXXVI°.
Item so schaft er seiner hausfrawen, Anne, alle die früchte, die des jares in tzwaien weingarten gevallen, damit zetuen und zelassen, ainer gelegen auf Retzesdarfer gepiet, genant der Spiegel, und der ander ist gelegen am Weynawer perge, genant der Tzwikl.
Item so ist ym schuldig Michel Wennser XXXVI flor. auri, von denselben schaft er seiner obgenanten frawen Anne, seiner hawsfrawen, XVIII fl. auri, die sol er betzalen auf den nachstkumftigen Sand Mertteins tag [*1436 November 11*].

Item so schaft er seiner obgenanten hausfrawen in Saͤtzzen ain weingarten an der Hachney neben dem Messrer mit früchten mit all, damit zetuen und zelassen, wenn sy hat yn kauft von irem guete.
Pey dem geschefte sind gewesen her Jörig, pfruntherre zu Sand Larentzen kirichen, Hanns Prews, Cristan Hoppfer, Mertt Pokandl, Michel Tzäpphel und Ulrich Schulter, die das gescheft also vernomen und verhoret haben.

1436 August 30 **67**

Geschäft des Simon Wagner

pr. schr., 5 Zg. (*Index*: Gescheft dez Symon Wagner XXX°)

Simon Wagner

Hie ist vermerkt das geschefte des Simon Wagner, das er geton hat mit wolbedachten muet zu der tzeit, als er das wol getuen mochte, da bey sind gewesen die erbern lewtt Ulreich Satler, Ulreich Fluder, Hanns Weinbachter, Hanns Huetter kramer und Taman Prunner.
Item so schaft er seiner hausfrawen, Elspeten, und iren kindern sein haws, das ledig und frey ist, und all sein habe und dreÿ weingërtten im Pöllen ainthalben neben dem Mert Pokänndl und anderhalb Cristan Sariger, und ain weingarten in Schondarffern neben Ulreich Kürsner, und mer ain weingarten in Hennihöhel neben des Ott Krembser weingarten, damit zetuen und ze lassen.
Item so schaft er seinem bruder, dem Nicklas Wagner, allen werichtzeug und wenn sy ain man nymbt, so sol die obgenante mein hausfraw meinem bruder X gulden geben. (*am Rande*: die sind ausgericht feria sexta post Letare anno etc. XXXVIII° [*1438 März 28*])
Item so schaft er seiner swester, ~~Ker~~ Krenin, X gulden, die sind ir betzalet.

Das gescheft ist gescheen am phintztag vor Sand Giligen tag anno etc. XXXVI°.
Versigelt mit der obgenanten frumen lewt petschaft, die dartzu gepeten sind wurden yn und iren erben an schaden.

1437, ohne Monat und Tag **68**

Geschäft des Niklas Han

pr. schr., 4 Zg. (*Index*: Gescheft dez Han Nikel XXXI°)

(fol. 31r) Han Nickel

Hie ist vermerkt das geschëfte, das der erber man Han Nickel geton hat an seiner letzten tzeit anno Domini millesimo quadringentesimo XXXVII°. Dabey sind gewesen Ulreich Fluder, Hanns Hafner, Peter Hafner, Hanns Mastrieler.
Item am ersten so hat er geschaft ain weingarten gelegen in der Hachneÿ seinem sun, Wolfgang, wann er tzu den jaren käme, damit zetuen und zelassen, ainhalb ze nachst dem Hönigler anderhalb zenachst des Salomons, und ob der knab abgieng,

so sol der weingarten sein der frawen ir lebtag. Ob die fraw und der knab abgieng, so sol der weingartten eriben auf sein nachste frewnt, und ob die fraw abgieng, ee das kind zu seinen jaren kame, so ist der knab empfolichen dem Ulreich Fludrer auf sein (*Fortsetzung fehlt*).
Item so hat er seiner frawen geschaft ain weingarten am Hawspühl gelegen zenachst dem Swartzen Pertlen.
Item so hat er ir geschaft ain weingarten im Pollen gelegen zenachst dem Hanns Stamphaer, und von dem weingartten sol sy geben und ausrichten ain Aachfart und X gulden dem Taman Kreen.
Item so hat er der frawen geschaft das hawss ledicleich.
Item so hat er ainer maid geschaft, die er ertzogen hat, VI gulden, dy sol die fraw von irem guete ausrichten. Auch sol die fraw der maid das gelt nür pessern.
Item so hat er seinem sun, Wolfgang, geschaft XVIII pein oder ymppen.
Item und als das dinge, das er der frawen geschaft hat, hat er ir ledicleich geschaft.

1438 Februar 1 **69**

Geschäft des Michael Laspot;
Bestellung eines Vormunds für den Bruder des Erblassers
pr. schr., 4 Zg. (*Index*: Gescheft des Michel Laspat XXXI°)

Michel Laspot

Vermerkt das gescheft, das ich Michel Laspot an meinem siechpett geton hab umbetwungenlich und mit guetter vernumft tzw der tzeit, da ichs mit rechte wol getuen mochte, und dabey gewesen sind die ersamen edeln und weisen maister Hanns Hamelburger, dietzeit brobst tzw Sand Mertten ze Presburg, her Kadolt von Gartzaw und Hainreich Aach, dietzeit burgermaister der vorgenanten stat Prespurg, und Steffan List, dietzeit des rats daselbs, die ich all mit vleiss darumb gepeten hab, daz sy meins hernach geschriben geschefts durch Gots willen tzewgen sein mit iren aufgedruckten petschatdn (!). Acta sunt hec am sambztag in vigilia Purificacionis Marie anno etc. tricesimooctavo.
Item von erst schaf ich meinem vettern, dem Wolfgang Rosenawer, all mein varundhab und ainen weingarten, genant der Holtzhew, gelegen auf Tebner gepiet ainhalb zenachst des Mawtter von Teben weingarten und anderhalb zenachst des Elssen in solicher beschaidenhait, daz der obgenant mein vetter meinen lieben vater innehaben sol und ausrichten mit der kost und mit gewant untz an seinen tod, als ich ym des getraw, und als er Gote darumb anttwürtten sol am jüngsten tage.
Item darnach schaf ich mein bruder, Caͤsperl, dem vorgenanten Wolfgang Rosenawr, daz er den auch inne sol haben und sol ym geben vier und tzwaintzig gulden in gold, wann er die haben wil.
Item darnach schaff ich tzw dem paw tzu Sand Mertten X gulden.
Item dem Gëngl Mawtter bleib ich schuldig IIII½ gulden.

Item der Mathia Dreissiker ist mir schuldig I fl. auri.
Item darnach schaf ich auf meinen weingarten den Holtzhew nach abgang meins vaters XXIIII fl. auri, daz man alle jar mit denselben gulden sol begeen ainen ewigen jartag, und das sol gescheen hie tzw Sand Mertten jerleich an alles vertzihen.

1438 Dezember 4 **70**

Geschäft des Niklas Gerichtler

pr. schr., 3 Zg. (*Index*: Gescheft des Niclas Gerichtler XXXI°)

(fol. 31v) Nicklas Gerichtler

Hernach ist vermerckht das geschefte, so der erber man Nicklas Gerichtler getan hat an seinem siechpett bey guetter vernumft wolbedechtlich und williclich bey tzeiten, da er das mit rechte wol getuen und auch nyeman widersprechen möchte, und hat das geton anno Domini millesimo CCCC^mo^ XXXVIII°, in gegenwurttikait der erbern weisen herren Stephan Reneiss, dietzeit statrichter, Pertel Scharrach und Ludweig Kunixfelder, baide geswaren des rats der stat ze Prespurg, und ist bescheen des nachsten phintztags noch Andree apostoli.
Item er hat geschaffen von ersten seinen weingarten, genant das Plüml, gelegen auf Sand Jöriger gepiett ainhalb zenachst dem Schakasdarfer und anderhalb zenachst des Staingereuczleins, halben freien und ledigen seiner stewftachter, frawen Margarethen, des Hanns Gleibitz hawsfraw, erblich und ewiclich zebesitzzen und innehalden und damit zetuen und zelassen, zehanndlen und zeschaffen allen iren nutz und frumen, wie sy verlustet, an all irrung, und halben hat er denselben weingarten geschaft seinem elttern sune, dem Ambrosi, und dartzw ainen merbelstaynin tisch auch freien und ledigen, damit zetuen und zelassen, wenn er kumbt tzw seinen jaren, und ob derselb Ambrosi mit dem tad abgieng, ee und er tzw seinen jaren käme, so sol seiner halber weingarten gevallen auf seinen bruder, den Paule, und der tisch der vorgenanten frawen Margarethen, und ob die kinder baide mit dem tode abgiengen, so sol der weingarten gantz gevallen und erben freier und lediger an die obgenanten fraw Margareth, damit zetuen und lassen an all irrung.

Vermerkt was man ym schuldig bleibt.

Item Philipp Marichfelder von Sand Jorigen bleibt ym schuldig VIII fl. auri minus VIII den., und Nicklas Ledrer II fl. auri, das bringt X fl. auri minus VIII den., dieselben hat er geschaffen tzw ainer Romfart.
Item Erhard von Schilttern auch von Sand Jorigen bleibt ym schuldig X fl. auri auf den schiristkumftigen Sand Mertteins tag [*1439 November 11*] zebetzalen und III½ fl. auri auf den andern Sand Mertteins tag hinfür kümftigen [*1440 November 11*], und so die betzalet werden, so sullen davon X fl. auri geraicht werden tzw Sand Mertteins kirichen gepewde.
Item Paul Glëtztzel tzw Sand Jorigen bleibt ym schuldig II fl. auri. Item mer belibt

er ym schuldig I tal. Item LX den. Item I^{c} den. Item X den. Item der Janko von der Krempnitz tenetur ~~d~~ III fl. auri.
Item ym bleibt schuldig fraw Anna, die Spieglin, noch inhaltung und awsweisung des statpuchs[25] I^{c} und XXVII fl. auri und ir man, der Caspar Spiegel, bleibt ym schuldig IIII fl. auri, daran hat er ym betzalet III^{c} minus X new den., und die vorgeschriben geltschuld sol innemen fraw Barbara, sein hawsfraw, und davon ausrichten und betzalen, sovor geschriben steet.

Vermerkt weme er schuldig bleibt.

Item er bleibt schuldig dem Gengel Hotztzer tzw Sand Jorigen, seinem weintzürl, XL fl. auri, da entgegen bleibt ym der Gengl Hotztzer schuldig XXIX fl. auri, also bleibt ~~ym de~~ er demselben Genglen nach schuldig XI fl. auri, dy sol auch die vorgenante fraw Barbara betzalen.
Item er hat sich verschriben mitsambt seinem aidem, dem Johannes Gleibitz, umb ain geltschuld gen dem Nicklas Krambhofer, dem derselb Johannes Gleibitz schuldig bleibt, und ist dann pürgl wurden fur denselben Johannes gen dem Peter Grünpecken umb XIIII tal., und von den baiden sol yn der Johannes ledigen und das betzalen.
Item er bleibt schuldig dem Feior Nicklas III fl. auri und dem Nicklas Lutzen III½ fl. auri, und von denselben baiden sol yn auch der Johannes Gleibitz ledigen und sie baide betzalen.
Item er hat geschaffen, daz man von dreien silberpechern und tzwuen dreilingen wein sol nemen fünftzig fl. auri und sol seinem jüngern kinde, dem Paule, darumb kaufen ain erib, damit das gelt nicht verruckt werde, und ob dasselb kind abgieng, ee und es tzw seinen jaren käme, so sol dasselb erib bleiben frawen Barbare, seiner yetzigen hausfrawen, desselben kinds muetter, als ir leibgedinge, und noch irem abgang mit dem tode sol es wider gevallen an des obgenanten Nicklas Gerichtler nachsten freund und geerben.
Item er hat geschaffen derselben frawen Barbare, seiner ~~tochter~~ hawsfrawen, alle seine varundhabe, wie die genant oder gehaissen ist, damit zetuen und zelassen freilich und lediclich an all irrung, als mit irem aigen guette.
Darnach hat er die obgeschriben herren den richter und baide geswaren vleissiclich durch Gots willen gebeten, das sy den gescheftbrief ze getzeugnüss der vorgeschriben sachen mit ir aller dreier aufgedruckten petschadten haben verpetschaft yn und iren erben an schaden.

---

[25] *Zu den verschiedenen Preßburger Stadtbüchern, von denen hier mehrere in Frage kommen, vgl. Einleitung 15f.*

1439 Februar 16 **71**

Geschäft der Katharina, Witwe des Gotthard Pokfuss; Bestellung zweier Zeugen zu Willensvollstreckern

pr. schr., 3 Zg. (*Index*: Gescheft der Katerina Pokfüessin XXXII°)

(fol. 32r) Katherina Pokfussin

Hie ist vermerkt das geschefte, das die erber fraw Katherina, des Gothard Pockfuzz seligen witib, geton hat tzu der tzeit, do sy es wol getuen mochte und mit guetter vernumft wolbedacht hat durch irer vorvodern und irer sele hailwertikait willen anno Domini M° CCCC^{mo} XXXIX° in die Juliane virginis.

Item tzu der erst schaft die benante fraw tzu der mess, die sy gestift hat, iren ledigen weingarten, genant der Salesdarfer, gelegen ainhalben zenachst des Sinnigen Wllein weingarten, genant dy Öd, und anderhalb zenachst herren Hannsen weingarten, der des Pernherttleins kaplan ist, auch genant der Salesdarfer. Item auch schaft si tzu derselben mess II^{c} gulden in gold ungrischer wolgewogen, dy der Wolfgang Reneiss schuldig ist und seine brüder baide von des hawß wegen, und dieselben II^{c} fl. auri sullen si betzalen auf den nachsten Sand Giligen tag, als man schreiben wirdt anno Domini M° CCCC^{mo} XXXIX° [*1439 September 1*], oder si sullen hinfür davon dienen alle jar XX fl. auri, oder wer dasselb gelt noch yn inne hat.

Item si schaft auch tzw derselben mess ain fleischpanckh, die der Flachperger dieselb tzeit innehat, anno ut supra XXXIX° [*1439*], davon man alle jar V qr. unslitt dient. Auch schaft di obgenänte fraw tzw derselben mess ain kelich und ir messgewant, und dartzu schaft si, daz man tzway messgewant kawfen sol, ain täglichs und ain pessers, und ain messpuch. Auch schaft si hundert gulden umb ain hawss tzu derselben mess, und dartzu sol man einem capplan geben aws dem hawsgerethe, den si hat in irem hawse, alles, das er pillich bedarf, als es dann ir vetter, der Stephl, und der Andre, ir erwelter capplan, paid aws irem munde mündlich gehoret haben, und dartzu die klainer press mit aller tzugehorung. Auch schaft di benante fraw dem Andre die grösser schale und den grossern silberpecher. Item dem Stephl schaft sy dy klainer schale und den klaynern pecher. Item schaft si dy tzwai grösser vessel wein, daz man si sol ausschencken, und davon ausrichten tzu der begrebnüß, und mit der ubermasse sol man dem Steffl und dem Andre „ir“ ieglichen halben tail geben tzu der weingart arbait. Item auch schaft die benante fraw dy andere fleischpanck tzw ainem ewigen liechte fur Gots leichnam hintz Sand Mertt. Dieselb panckh sol man ainem nicht umb anders geben, denn das er alle jar da dienen sol I^{c} lb. öle tzu demselben liecht, also daz es tag und nacht prÿnne, dy sol inne haben Gots leichnams tzeche. Item auch schaft sy L fl. auri zu Sand Mertteins kiriche tzu dem paw. Item auch schaft si in das tal hintz Unser Frawen L gulden tzu dem paw. Item auch schaft si L gulden haws armen lewten. Item auch schaft sy L gulden arme lewten umb gewant. Auch schaft sy X armen juncfrawen man messigen I^{c} fl. ieglicher X gulden. Auch schaft sy LXXX gulden dartzu, wenn sy stiribt, daz man jedem priester tzu Sand Mertt, zu Sand Larentzen, zw Sand Michel, und den minichen in dem closter, dy priester sind, und dy darumb ir iegleicher XXX mess wellen lesen, ieglichen I gulden, und mit der ubermaß desselben gelts sol man sy tzu der erd bestaten. Auch schaft sy irer swester tachter, der Gällin, I[c] gulden und ain corallin paternoster, und ain silbergurtel auf ainen plawen porten, und die ist nicht vergolt, und untter der paternoster sind silbrynne knöphl. Auch schaft sy derselben Gällin ain mantel, und untter iren paiden pesten mentteln sol sy dy wal haben, und ain vechruckkeyne kursen. Item den andern mantel sol man der Kitzmagin geben. Item si schaft irem dirnlen, der Durlen, das aller grosest pett, so es da ist, und II leilachen und ain plabs gultter ain alts, und ob alsvil da wirdt sein, so sol man ir auch XX gulden geben, und dasselb gelt sol der Steffl die weil innehalten, untz dy dyrn tzu iren manmësigen jaren komet. Item darnach schaft sy dem Steflein, irem diener und frewnde, iren weingarten gelegen in den Langen tailen, und darauf ist ain ewigs liecht und ist ab zeledigen mit XXX gulden. Auch schaft si demselben Stephan das hawsgerecht, so es dann oben verschriben oder vermerkt ist, bey dem pfrunnthawse. Auch schaft sy demselben Stephan ain fuder wein von den XVIII fudern, als ir noch schuldig sind dy lewt, dy den weingarten in der Hachney von ir gekauft haben. Item auch schaft sy den nonnen IIII fuder wein von den XVIII fudern, und dieselben IIII fuder wein sullen sy an legen noch rate der gescheft herren denselben juncfrawen zenutz und der oftgenänten frawen Katherine sele ze haile. Auch schaft sy IIII fuder wein aws der obgenanten sum der XVIII fuder armen lewten in die spital, dy man yn auch geben sol, wenn der wein dienst ist, als es dann dy gescheft herren wolbedenken werden, wenn es alles auf ain jar nicht betzalet mag werden. Auch schaft sy aynem kinde, das man durch Gots willen tzeucht, ain fuder wein auch von den XVIII fudern. Auch schaft sy, daz man ir haws sol verkaufen und davon das gescheft ausrichten. Auch schaft si den hawern, dy den weingarten kauft haben, IIII fuder wein ledig. Auch schaft si Barbare, der Jungetelin schafferin, iren swartzen harrasrockh mit der kürsen unttertzogen und ain kuniglynne kursen dy pesser.

Notantur debita de Pokfuzin

Item Simon Wagnerin tenetur XX fl. auri habet terminum solucionis ad Nativitatem Christi [*Dezember 25*]. Item Hanns Lasseber tenetur VI fl. auri.
Item Hanns Kewflin tenetur VII fl. auri. Item Hanns Chewbler tenetur IIII fl. auri.
Item Caspar Caupo tenetur VII lb. ad festum Sancti Laurencÿ [*August 10*].
Item Seidl Klockauf tenetur IIII fl. auri ad festum Sancti Martini [*November 11*].
Item Lachutl habet IIII[c] fl. auri, quos sibi concessi, et cum eadem pecunia et ceteris debitis supra notatis unacum vendicionem (!) domus idem Lachutel debet expedire ordinaciones testamenti suprascripti.

(fol. 32v) Auch schaft si, ob dy Fraunawerin die klainod nemen wil, und sol dafür VII marck silber geben zu ainer monstrantzen zw Sand Mertteins kirichen, und dasselb sol dy Frawnawerin dem Lachutlen inanttwurten, und dieselb monstrantz sol man vergolden von dem gescheft guet.

Darumb daz das vorgeschriben geschefte hinfür also untzebrochn und stëtt bleibt, so hab ich dÿ ersamen herren Steffan List, dietzeit burgermaister der stat zu Preßpurg, und Nicklasen den Lachutlen, mitburger daselbs, daz si sich desselben meins geschefts untterwunden haben durch meiner vleissigen gepett willen, und ich si des gewaltig und mëchtig gemacht hab, damit zetuen und ze lassen noch irer gewissen, yn und iren erben an schaden, daz sy ire baide petschaft ir ieglicher seins besunder darauf gedruckt haben. Dartzu hab ich auch gebeten den erbern Hanns Kramer, dietzeit ain geswarner burger auch daselbs, daz er sein petschaft auch durch tzeugnuß darauf gedruckt hat ym und seinen erben an schaden. Actum anno Domini millesimo quadringentesimo XXXIX° in die Juliane virginis.

Ohne Jahr, Monat und Tag (ca. 1439) 72

Geschäft des Leonhard Lasseber

pr. schr. (?), 5 Zg. (*Index*: Gescheft dez ~~Hainreich~~ „Leonard" Lasseber XXXII°)

Hie ist vermerkt das gescheft, das geton hat der Lienhard Lasseber. Dabey gewesen ist herr Ulrich, pfarrer zu Sand Larentzen, herr Jorig Hainstaler, und Jacob Graber, und Nicklas Grunbald, und Stephan Gotznam.

Item tzu dem ersten male ain weingarten an der Hachney im Hegenger hat er geschaft ledicleichen seinem bruder, dem Hanns Lasseber.

Item zum andern male hat er geschaft, daz sein hawsfraw, Barbara, sol das ander guet innehaben als lanng, daz das kind komet zu seinen jaren, so sol si geben und raichen dem kinde seinen tail, der ym rechtlich zugeburt von seïnem vaterlichen und muterlichen eribtaile.

Item tzu dem dritten mal hat er geschaft, ob das kind ab gieng, ee und es käme zu seine jaren, so sol sein hawsfraw, Barbara, das gut haben ~~se~~ ir lebtëg, und noch irem tod so sol das gut dahin eriben, da es rechtlich hïn eriben sol.

1439 Mai 4 73

Geschäft des Heinrich Paier

pr. schr., 4 Zg. (*Index*: Gescheft dez Heinreich Payer XXXIII°)

(fol. 33r) Hainreich Paier

Hie ist vermerkt das geschëfte, das ich Hainreich Pair geton hab mit guetter vernumft umbetwungenlich zu der tzeit, da ich es mit rechte wol getuen mochte. ~~Ach~~ Auch hab ich in meinem gescheft begriffen all die geltschuld, die man mir schuldig bleibt, und die geltschuld, die ich schuldig bin, das ist gescheen am mäntag noch Sand Philipp und Sand Jacobs tag anno Domini M° CCCC^{mo} XXXIX°.

Item man bleibt mir schuldig ze Wotzen II½^{c} fl. auri und X flor. auri noch lawt ains geltbriefs. Dasselb gelt sol mein weib noch rat meiner herren und hilffe ze Prespurg inbringen, die ich darumb ze hilff pitt durch Gots willen. Also ob das gelt

gefellet, so sol das mein weib halbs geben zu dem paw zu der kirichen Sannd Mertten zu Prespurg, und das ander halbtail sol mein weib innemen und die geltter davon betzalen, und das ander in iren nutz wenden. Auch sol die kirichen (!)[26] auf die kirichen halbe tzerung legen. Wär aber sache, daz das obgenant gelt nicht geviel, so sol mein weib von der kirichen mit allem irem guett ungehindert und an zußprüch bleiben.
Item mir bleibt schuldig Hanns Klinsler und sein hawsfraw XL fl. auri, die ich für yn berait betzalet habe, und darumb er und sein weib mir versatzt haben all ire habe, das ist wissentlich dem herren Stephan Rëneiß, dietzeit statrichter zu Prespurg, daz ich der erst gewerer sol sein.
Item der kalichmeister von Enns bleibt mir schuldig auf Petronelle kunftigen [*1439 Mai 31*] XVII tal. wienner den.
Item der Andre Letzeltter von Enns bleibt mir schuldig III tal. wienner den.
Item der Peter Grüenpeckh von Wienn bleibt mir schuldig ~~VII ce~~ VII centen eisen für ain roß, das sol er mir her anttwurtten verdreisigt und vermawtt, daran hab ich II fl. auri.
Item der Girnfogel von Wienn bleibt mir schuldig umb ain roß VIII tal. minus LX den. wienner.
Item des Hainreichs sun von Klaff bleibt mir schuldig umb ain roß XII fl. auri.
Item man bleibt mir schuldig her Stephan von Rozgon und herr Jorg, sein bruder, haubtman ze Preßpurg[27], LIII fl. auri.
Item mir bleibt schuldig Graf Mertt XII fl. auri, die sol er dar geben an klag und an recht. Von der obgemelten geltschuld alle sol mein weib betzalen die geltschuld, die hernachgeschriben steet, und das ubrig sol mein weib wenden an den nutz, als ir das am pesten gevellet, an all hindernuß meiner bruder und frewnd.

Vermerkt die geltschuld, die ich Hainreich Pair schuldig bleib.

Item dem Rawscher von Wienn bleib ich schuldig XVII½^{m} latten nagel, ain tawsent umb ½ tal. wienner den.
Item dem Czwedler bleib ich schuldig XIII tal. V ß wienner den., daran hab ich im geben V tal. den. wienner.
Item dem Lehenholtzer bleib ich schuldig II tal. den. newes geltt.
Item des künigs silberkamerrer[28] bleib ich schuldig ~~auf~~ „umb" phlug eisen IIII½ tal. wienner den.

---

[26] die kirichen: *sicherlich irrig, wohl für* mein weib.

[27] *Angehörige des ungarischen Adelsgeschlechts Rozgonyi (aus dem Zweig von Sempte), Söhne des Simon. István/Stephan (1388–1443) war Preßburger Gespan und Burggraf (1421–1443) und neben zahlreichen anderen Ämtern Mitglied des königlichen Rates (1439–1440). György/Georg (1395–1457/58) war Preßburger Gespan und Burggraf (1425–1450) und neben zahlreichen anderen Ämtern Mitglied des königlichen Rates (1450–1454).*

[28] *Der König von Ungarn zu dieser Zeit war Albrecht I. (1437–1439). Der hier genannte Amtsträger (Silberkämmerer) konnte nicht identifiziert werden.*

Item dem Hanns Giesfogel bleib ich schuldig umb schussel XIII ß X den. wienner, die sol ich meinem wirtt ze Wienn geben, dem Pawl Kurtzen.
Item und bleib schuldig dem Wolfgang von Hainburg XIII potingen kalich per LXXX den. wienner, daran hat er III fl. auri.
Item dem Hainreich Haiden von Wienn bleib ich schuldig XXV fl. auri.
Item ich Hainreich Pair und Michel Polaner sein schuldig gewesen des Lorbrer knecht von Lanndeshut ain guete sum gelts, als bey VII^c fl., daran hab ich Hainreich Pair mein halbentail gantz ausgericht dem Michl Polaner, daz ich nichts darinn schuldig bin vil noch wenig. Auch haben der Michel Polaner und des Lorbrer knecht ain stoss umb LXXXI fl. auri, da spricht der Michel Polaner tzu des Lorbrer knecht, der Hainreich hat dir geben zw Weisenburg LXXXI fl. auri, des langent des Lorbrer knecht, nu maynt der Polaner, ich Hainreich Pair sold es tzu ym erweisen, und der Michel Polaner hat mich wol bey dreien jaren ledig gesagt, des tzeuch ich mich an seinem aid.
Item ich hab ingenomen von dem Lachütel feÿgen zu getrewr hannt und weinperl, dy hab ich ab gen Ofen gefüret, und sind nicht gar gut gewesen, und was ich daraüs kauft hab, das hab ich im geben. Nu maynt er, si sind ze wol fail gewesen, so sprech ich das bey meinem trewen, daz ich im das alles geben hab und im nichts schuldig bleiben.
Item so schaf ich meinem weibe das hawss, und den weingarten am Scharlachperg und Satz und alle varundhab, mit dem allen ze tuen und ze lassen, schaffen, machen, geben, weme si wil, an hindernuss meiner bruder und frewnde.
Item so schaf ich meiner hawsfraw, Agnesen, die Tunawleyten ir lebtëge und den sol si halden pewlich, und noch irem tode sol er gevallen auf meine nachste frewnd und meine frewnd sullen den weingarten ledigen mit L gulden, die darauf steent.
Und daz ditz obgeschribens mein geschefte also kraft hab und ungebrochen bleib, darumb so hab ich gebeten die erbern und weisen herren Caspar Ventur und Mathes Meindl, baid geswaren burger ze Preßpurg, und die erbern Erhard Rabentzagl und Jorgen Tzipfer, mitburger daselbs, daz si durch meiner vleissigen gepett willen ir sigl und petschaft auf den mein gescheft brief gedruckt haben yn und iren erben an schaden.

1428 Oktober 17 **74**

Geschäft des Peter List
pr. schr., 3 Zg. (*Index*: Gescheft dez Peter List XXXIII°)

(fol. 33v) Peter List
Vermerkt das geschefte des erbern und fürsichtigen mannes Petreins des Listen, burgers zu Prespurg, das er mit gesunttem leibe mit guetter vernumft mit wolbedachtm muette ungenött und umbetwungenlich und tzu der tzeit, da er das wol getuen mochte und auch nyeman widersprechen mochte, recht und redlich geton hat

am nachsten suntag vor Sand Lucas tag anno Domini millesimo CCCC^{mo} XXVIII°.
Item von erst so schaff ich meinem sun, dem Hanns List, mein tail weingartens im Allram halbs und meinem sun, Jorgen, auch halbs ledig und frey.
Item darnach schaf ich mer meins haws bey Sand Michels tor gelegen in der stat zu Preßpurg ledigs und freies meinem sun, Cristan List, halbs und Jorgen, meinem sun, seinem bruder, auch ledigs und freies halbs. Also beschaidenlich, ob sache wäre, daz mein sun, Cristan List, da Got vor sey, ee abgieng mit dem tode, wenn mein sun, Jörg, so sol des Cristan Lists hawsfraw, mein snur, inner ains mänads aws dem hawse tzihen und darinne nicht wonen, und die kïnd meins vorgenanten suns, Cristan Lists, sullen inne haben meine süne seine brüeder.
Item darnach schaf ich mer meinem sun, dem Nicklas List, meinen ledigen und freien weingarten gelegen in den Iwanuschen ainhalben zenachst Cristan Lists, meins suns, weingarten und anderhalb zenachst Hannsens des Tzistler weingarten, also mit awsgenomen worten, daz er den vorgenanten weingarten nicht verkauffen sol, sunder den weingarten sol er selber pawen oder ainem frumen manne ze pawen lassen, der ym davon gebe, das paiden tailen füegt und nuczlich ist, und ob sache ware, da Got vor sey, daz mein vorgenanter sun, Nicklas List, an leib eriben abgieng, so sol der vorgenante weingarten im Iwanusch herwider erben und gevallen auf meine süne, seine prueder, oder ire kinder an allen krieg und an alles recht geistleichs oder weltleichs. Und ob das sache wäre, daz er mit meinen sünen, seinen bruedern, ichtt krieg an hüeb mit geistlichen oder weltleichen rechten, so sullen die brüeder vollen gewalt und macht haben, den weingarten zeverkauffen umb beraits gelt und von demselben gelt mit ym kriegen, als ferr das gelangen mag.
Item darnach so schaf ich mer, welher prüeder ainer an leib eriben mit dem tode ee abgieng, so sullen die vorgenante erb von ainem bruder auf den andern erben und gevallen, als statrecht ist ze Prespurg.
Item darnach so thw ich ain meldung, daz ich meinem sun, Nicklas List, vor andern meinen kindern, seinen geswistreden voraws zw ainer vertigung hundert tzwolf gulden und das ich sust auf yn gelegt hab hundert vier gulden in golde, des sum macht II^{c} XVI gulden in golde, das ym von mir worden ist vor andern meinen kindern, seinen brudern.
Item so schaf ich mer meinem sun, Jorgen, meine weingertten genant die Ungerll, die sind nicht ledig und freÿ, sunder dy dienen ain emmer wein und ain vierdung pfeffer dem abte von Pleiß.
Item so schaf ich meiner muemen, Elsen der Kochlin, mein weingarten den Tzwetler auch nicht ledig und freÿ, sunder er dient ain emmer wein und ain vierdung pfeffer dem abte von Pleiß, und schaf ir yn nür ir lebtëge, und ob sache wäre, das si abgieng mit dem tode, so werden die nachsten frewnd meine sune des weingarten gewaltig sein, wo si den weingarten hin schaffen und geben wellen.
Dabey sind gewesen die erbern und weisen Martinus Tirman, Hanns Potendarfer und Peter Praitendarfer, dietzeit drey geswaren herren des rates der stat ze Preßpurg,

die des obgenanten geschefts tzeugn sind mit iren aufgedruckten petschadten, darumb si der vorgenante Peter List mit vleiss gebeten hat, yn und iren erben an schaden.

1440 April 13 **75**

Geschäft des Andre Käser;
Bestellung der Zeugen zu Willensvollstreckern
pr. schr., 5 Zg. (*Index*: Gescheft dez Andrea Keser XXXIIII°)

(fol. 34r) Andreas Käser

Disposicio ultime voluntatis per modo (!) testamenti facta Andree Kaser sub anno Domini millesimo CCCC^{mo} XL^{mo} die XIII mensis aprilis „Posonii" in domo honesti viri Wolffrann (!), civis ibidem, hora sexta diei vel quinta, presentibus honorabili viro domino Martino, canonico et plebano ecclesie collegiate Sancti Martini ibidem, Wentzeslao, prebendario in eadem ecclesia, necnon viris prudentibus Johanne Eyllawssemrockh, Nicolao Flinss et Wolframo, civibus et juratis civitatis antenotate.

In primis legavit pro ecclesia Sancti Martini antenotata et edificiis reformandis LXXXX fl. auri.

Item pro anniversario in ecclesia eadem per plebanum et suos in curia animarum coadiunctos singulis annis cum vigiliis IX leccionibus decantandis temporibus perpetuis XX flor. auri in remedium anime sue ac suorum progenitorum.

Item relicta per uxorem suam, Walpurgem, pridie sepultam, que eum concernunt racione successionis uxoralis, singula, quibuscumque nominibus censeantur, juxta morem et observacionem civitatis Posoniensis dat et legat pro ecclesia Sancti Martini prout supra.

Item pro ecclesia Sancti Laurencii extra muros Posonii reformanda legat X fl. auri.

Item pro eadem ecclesia plebano pro anniversario peragendo singulis annis profuturis (!) temporibus perpetuis cum IX leccionibus in remedium anime sue et suorum progenitorum X flor. auri.

Item pro ecclesia Sancti Martini (!)[29] extra muros Posonii pro fabrica ecclesie IIII^{or} flor. auri et pro exequiis sibi faciendis in primo I fl. auri in ecclesia eadem.

Item ad hospitalia extra muros Posonii X flor. auri pro pauperibus.

Item ad monasterium Beate Marie Virginis Posonii IIII^{or} flor. auri et unum florenum auri pro exequiis in primo faciendis per fratres eiusdem monasterii.

Item ad monasterium monialium Posonii X flor. auri.

Item ad cellam Beate Marie Virginis XX flor. auri.

---

[29] *Hier scheint ein Fehler vorzuliegen, da sich die Kirche St. Martin innerhalb der Stadtmauern befand. Diese Verfügung war vermutlich für die Kirche St. Michael gedacht, zumal die anderen beiden Pfarrkirchen von Preßburg bereits an früherer Stelle im Text des Geschäfts erwähnt worden sind.*

Item ad Sanctum Wolfgangum XX flor. auri.
Item ad Sanctum Udalricum extra muros Wienne quinque flor. auri.
Item quinque flor. auri, qui distribuantur pro honore Sancte Barbare.
Item sorori sue uterine, Margarethe, quinquaginta flor. auri.
Item Katherine, filie Wolframi de Posonio, XX flor. auri.

Cetera per eum relicta commendat arbitrio testamentariorum superius annotatorum.

Insuper confessus est se habere res suas in Wienna, videlicet unam cistam et quatuor ladulas, necnon unam tunicam nigri coloris pellibus wlpinis subductam et unam sellam, repositas in commenda circa honestum virum Hanns dictum Prunner de Posonio, civem Wiennensem, de quibus rebus predicta singula per dictos suos testamentatores et ultime voluntatis executores dent exequi auctoritative.
Item dicebat se habere clavem ad unam ladulam, in qua ladula cetere claves pro aliis ladulis invenientur.
Item confessus est se obligari Hanns Prunner predicto ½ lb. den. wienn. solvendum.

1433 Dezember 15 **76**

Geschäft des Michael Boduscher;
Bestellung eines Vormunds für die beiden Kinder des Erblassers
pr. schr., 7 Zg. (*Index*: Gescheft dez Michel Woduscher XXXIIII°)

(fol. 34v) Michel Boduscher
Hie ist vermerkt das geschefte, das der Michel Boduscher getan hat, das ist gescheen an eritag vor Sand Thomas tag anno etc. XXXIII°.
Item von erst hat er geschaft seine tzwai kinder seinem frewnd, den Wolffart Boduscher, und den weingarten, genant der Hiersman. Denselben weingarten hat er geschaft in drei tail, den ain tail dem Wolffart Boduscher lediclich, und die czwai tail den tzwaien kindern, und welichs kind ab geet, sol die tzwai tail von ainer kinde auf das ander erben, und ob die kinder baid abgiengen, so sol der egenant weingarten gantz und gar erben auf den egenanten Wolffart Boduscher.
Item auch schaft er dem egenanten Wolffart Boduscher tzwen dreiling wein und ain halbs fuder, also daz er dem Steffl Mawroch davon sol betzalen sechs gulden in golde, und ym selber dem Wolffart Boduscher drei gulden und vier phund ungrisch gelt.
Item und sol auch davon betzalen seinem bruder, dem Andre Früml, und seiner swester XI^c den. ungrischer.
Item sol auch davon betzalen die gab, das macht XXXI lb. und L den.
Item und sol auch davon betzalen dem Kolman Peckhen XIIII^c den.
Dabei ist gewesen der erber Hanns Prews und Liebl Peckh, Pawl Schober, und Wolffart Boduscher, und Ulreich Slosser, und Maritz und Toman Tewschl, und das

gescheft ist gescheen mit seins bruder und seiner hawsfrawn, Künigund, und seiner frewnt guetten willen. Der gescheft brief ist verpetschaft mit des erbern mannes petschadt Hanns Prews, und Liebl Peckh, und Pawl Schober.

1441 April 16 **77**

Geschäft des Christian von Hof;
Bestellung der Zeugen zu Willensvollstreckern
pr. schr., 3 Zg. (*Index*: Gescheft dez Cristan von Hoff XXXV°)

(fol. 35r) Cristan vom Hof

Vermerkt das geschefte des erbern mannes Cristans vom Hofe, das er geton hat in dem pette seiner kranckhait mit guetter vernumft und ungenöttet und umbetwungenlich zu der tzeit, da es nyëman widersprechen noch widerrueffen mochte, vor den erbern herren Hannsen, tzu derselben tzeit seinem peichtvater und selambter Sand Mertteins kirichen ze Prespurg, Jörig Guldinger vischer und Peter Franckh vischer, baid mitburger in der vorstat des Vischer Tores ze Prespurg, geton hat, und dartzu mit sunderm vleiss von dem vorgenanten Cristan von Hofe gepetten sind worden, sein geschefte zeverhören und nach allem seinen willen ze tuen damit und zelassen, mit allem seinem guette ze hanndeln, zetuen, wa er yn das tzaigt, innerlannds oder awsserlannds. Acta sunt hec in die Domini nostri Jhesu Cristi Resurrectionis anno etc. XL primo.

Item von erst so hat er gemelt XL gulden in golde und XX lb., für X lb. wienner und fur X lb. weis gelt in des Mertt Vleischacker laden tzu dem Tzehenttner ze Haimburg, und tzu der selben laden wir tzwen slössel gehabt haben, daz unser ainer an den andern dartzu geen hat mügen, wann ym sein not gewesen ist, und des ze wartzaichen, ain tail der phennige, die lickent in dem ermbl ainer phayt, und verpetschaft an baiden orttern, der ander tail in ainem fürtuche, als die frawen vor yn tragen.

Item auch hat er mer gemelt silbreine pfannde, die auch in derselben lade lickund, und sind Hanns Vleischackers, die man ym umb sust sol widergeben.

Vermerkt sein
geltschuld

Item Jacob Tzehenttner ze Haimburg tenetur XII lb. den. wienner minus LX den. Item der Gundacker ze Kerlburg tenetur XIII ß wienner. Item Jacob Fetztzigan ze Rackendarf tenetur I gulden in golde, XI ß den. wienner. Item Veytl Fetztzigan tenetur XVIII ß newer den. und XIIII ß wienner. Item die Hëniflin auf der Wedricz ze Prespurg tenetur V gulden und IX ß wienner den.

Item dem, der peigewart hat der wais, lickund untter ainem prett in der erden II gulden in gold und II lb. wienner den. und I fingerl, das sol man ym lassen, wenn er wol wais, wo si ligken.

Item dabey sind wol hundert gulden wert, die mach ich auch gewaltig die obgeschriben geschefftherren, und was des übrigen alles ist in hawse und in hofe, es sey kwe, swein oder ander varunde habe, wie die genant ist, mitsambt dem hawse, hab ich gewaltig gemacht und mache gewaltig die obgeschriben mein gescheft herren mit meinem guette zetuen und zelassen noch meiner sele selikait willen, als ich yn des auf ir trew und gewissen vertraw ungeverlich mit urkund irer aufgedruckten petschadt, darumb ich si mit sunderm vleiss gepetten hab zu getzeugnuß des geschefts meins obgenanten Cristans von Hof yn und iren erben an schaden.

Ohne Jahr, Monat und Tag (vor 1441 April 23)[30] – ***1441 Mai 22*** **78**

Geschäft des Hans Gsühl

pr. schr., 3 Zg. (*Index*: Gescheft dez Hanns Gesuchel XXXV°)

(fol. 35v) Hanns der Gsühl

Vermerkt das geschäfft des erberen manns Hannsen des Gsühleins, das er getan hat czu den czeiten, da er es mit recht wol getün macht.

Item czum ersten ist man mïr schuldig der Jorg Schewch IXL fl. auri.

Item der knecht ist mïr schuldig VII fl. auri minus XXX den.

Item ross und wagen für XI fl. auri.

Item der herczog Albrecht[31] ist schuldig III lb. VII ß den.

Item Übelsayl tenetur I fl. auri, den sol man geben Sannd Merten. (*am Rande*: dedit)

Item von der pangk I fl. auri.

Item dye stat tenetur II^{c} den. und III ß den.

Item der Gsmaÿdel tenetur ½ lb. X den.

Item der Plümel ~~d~~ tenetur V fl. auri XXXII den.

Item der Rigler tenetur II fl. auri.

Item und hab VII beraÿt gulden.

Davon schaff ich meiner hawsfrawn L fl. auri, dye sol man ir ausrichten, und mer schaff ir mein haws halbs lediklichen cze tün und cze lassen, und das ander halb tayl schaff ich meinem prüder auch ledikleich cze tün und cze lassen, und mer schaff ich meinem prüder ein panczïr, ein armbst und allen schiesczeug, und schaff ÿm ein swarczen mantel, ein swarcz joppen, ein ploben rok und ein halben mutt waÿcz, und den sol er gancz beczallen, den ist er nach schuldig, und schaff dem knaben einen newen janko, und mein prüder sol mïr ausrichten ein fart czu Sannd Wolffgang, und gän Czell czu geen, und XXX mess.

Und da pey sind gewesen die erberen Wolffgang Woduscher, Pernhart Fleischker und Hanns Adlat, die ich fleissikleich darumb gepeten hab.

Acta sunt hec am mantag vor
Ascensionis Domini etc. XLI°.

---

30 *Der Datumsansatz ergibt sich aus Nr. 79, dem Geschäft der Witwe nach Hans Gsühl.*

31 *Es kommt nur Herzog Albrecht VI. von Habsburg (1418–1463) in Frage.*

1441 April 23 – *1441 Mai 22* **79**

Geschäft der Katharina, Witwe des Hans Gsühl

pr. schr., 2 Zg. (*Index*: Gescheft der Katerina Gesuchelin XXXV°)

Katherina Gsühlin

Hie ist vermerkt das geschafft der erberen ffrawn Katharina, des Hansen Gesühleins seligen witib, das sy getan hat czu der czeit, da sy es mit recht wol getün macht.

Item czum ersten so schaff ich mein hawß halbs und alles mein gü: und farund hab, nichcz ausgenomen, dem Jacob Gsühel ledig und freÿ, damit czu tün und czu lassen an alle ïrrung, und davon sol er ausrichten in den nagsten Pfingstfeirtagen [*1441 Juni 4*] ein fart gen Czell czu Unser Lieben Frawn.

Item und sol ausrichten ein Romfart auff die kunftigen Weinachten [*1441 Dezember 25*].

Item und sol ausrichten gann Sannd Larenczen ein ewigen jartag.

Item und Sannd Merten III fl. auri. (*am Rande*: dedit)

Item und schaft der Strawbenpartin swëster ein grünen seidel.

Item und schafft der Strawbenpartin ein plaben mantel.

Item der Gätlin sol man geben ein pettel und ein polster.

Item und der Marusen, die mein dienner gewesen ist, schaff ich ein polster.

Und pey dem obgenanten geschäfft sind gewesen die erberen Perenhart Fleischker und Johannes Adlat, die ich fleissikleich czu dem geschäfft gepeten hab. Das ist geschehen am suntag vor Georgii martiris[32] anno Domini etc. XLI°.

Acta sunt hec am mantag vor Ascensionis
Domini anno eiusdem etc. XLI°.

1441 April 25 **80**

Geschäft der Christina, Ehefrau des N. Scharn;
Bestellung von Willensvollstreckern

pr. schr., 3 Zg. (*Index*: Gescheft der Cristina Scharnynn XXXVI°)

(*fol. 36r*) Cristina Scharnÿn

Nota das geschäfft der erberen ffrawn Cristina Scharnÿn, und ist geschehen an Sannd Marx tag anno etc. XLI°.

Item czu dem ersten schaff ich auff mein haws, darÿn ich wanund pyn, meiner pasen, der Wunsamÿn, X fl. auri, und das übrig schaff ich czu Sannd Merteins kirchen czw dem paw, und das sollen verkawffen mein geschafft lewt, dy hernach geschriben steent.

---

[32] *Der St. Georgstag wird gemäß ungarischem Brauch mit dem 24. April aufgelöst. An diesem Tag wurden auch die Stadtoberen von Preßburg gewählt.*

Item so bleibt man mïr schuldig cze Teben der Ffeirtag, darumb ein prieff ist, XXVI fl. auri. Von den selben gulden schaff ich dem Piligreÿm und seinen kindern VI fl. auri, und die übrigen XX fl. schaff ich czu Sannd Merten kirchen czu dem paw.
Item so schaff ich dÿ jung kw auch meiner pasen, und dy ander in das nunnen chlaster.
Item so schaff ich czwen sloÿr einen meiner pasen und den anderen in das nunnen klaster, also das mein pass dÿ wal hab.
Item so schaff ich meinen plaben mantel und den grünen seÿdel auch meiner pasen, der Wunsamyn.
Item so schaff ich meinem peichtvater, herren Hannsen selambter, für XXX sellmess, und das werden dÿ geschafftlewt ausrichten.
Item so ist mir schuldig Nicolaus, der Erhart Sneÿderin sun, V½ lb. den., die inphilch (!) ich meinen geschäfftherren auff ir gewissen.

Dy geschäfftlewt sind her Jacob Warschan,
und herr Jacob Trälätsch, und Peter Wunsam.

1439 Februar 28 **81**

Geschäft des Niklas Pachrad

pr. schr., 1 Zg. (*Index*: Gescheft dez Niclas Pachrad XXXVI°)

Niclas Pachrad

Ich Niclas Pachrad, mitburger zu Prespurg, bekenn offenlich mit dem gescheft brief, das ich mit wolbedachtem muet zu der zeit, do ich es mit recht wol getuen ~~mocht~~ hab mogen, alles mein guet geordnet hab und geschaft, ob Got uber mich geput, das hin fur nicht chrieg darumb auf stuenden nach meinem tod, und put all auch yeglich, es sein geistlich oder werltlich richter, den das mein gescheft furkumbt nach meinem tod, das sy das stët und ungeirret wellen halden und nicht verandern durch Gocz willen. Item so schaff ich von erst meinen Kurczen weingarten gelegen auf der stat gepiet halben meiner hausfraun, Margareten, ledigen und freyen, das sy nach meinem tod denselben halben weingarten inn sol haben als ir rechte erb, und sol damit tuen allen iren frummen, geben, schaffen, wem sy wil. Item so schaff ich den andern halben tail desselben Churczen weingarten zu dem gepaw Sand Merten pharrchirchen zu Prespurg, ~~aber sol~~ doch sol die obgenante fraw Margaret dy wal haben czunemen, welichen tail sy wil des benantn weingarten. Item so schaff ich meinen weingarten Haymreich auch der obgenanten frawen weingarten meiner hawsfraun in solicher beschaidenhait, das sy mit dem nach meinem tod ain ewige mess stift, und schaff und schaff (!) darczu mein silbrein gürtel. Item ain mespuch. Item ainen kelch. Item ain messgwant, das als bereits daist (!), und schaff auch mein[33] Reichartt gassen und ander mein zins darczu, als

[33] *Hier muss wohl* haus in der *ergänzt werden.*

dÿ begriffen sind im grundtpuech[34]. Ich schaff auch, das mein vorgenante hausfraw, Margaretha, dem Mert Kirichkneph das (!)[35] dem vorgenanten weingarten Haymreich auf zwaÿ jar zwen dreyling weins woll geben und ausrichten. Item so schaff ich auch mein haws gelegen in der stat Prespurg der obgenanten meiner hausfrawn, Margaretha, damit zetuen und zelassen, das do gelegen ist neben Johannes Gleibicz haws etc., in solicher beschaidenhait, daz dieselb mein hausfraw sol ausrichten von dem selben haws L gulden in gold dem probst und den korherrn zu Sand Mertein, dÿ sullen dasselb gelt anlegen auf ainen zins, und dÿ selben herren sullen mir und meinen vorvordern einen ewigen jartag begen, als sy phlegen zetuen andern, dy do jartag beÿ in haben gestift. Item so schaff ich meinem Janusch alle meine pucher und all mein gwant. Auch sollen mein zwo swestern zu allem meinem guet, das vornen schriben stet, kain zuspruch noch wortung nymer mer haben. Dez czu rechtem urchundt hab ich den gescheftbrieff geschriben meiner aigen hanndt und verpetschaft mit meinem aigen aufgedruckten petschadt und durch pesser sicherhait und zeugnuss willen hab ich den erben weysen herrn Ludweig Kunigsvelder, gesworn purger der obgenanten stat Prespurg, mit fleiss gepeten, daz er sein insigel auf den brief gedrukt hat im und seinen erben anschaden. Acta sunt hec sabbato proximo ante dominicam Reminiscere anno Domini M° CCCC° tricesimonono.

1441 Oktober 6 – *1441 Oktober 31* **82**

Geschäft der Anna, Witwe des N. Treletsch;
Bestellung von Willensvollstreckern
pr. schr., 2 Zg. (*Index*: Gescheft der Anna Treletschin XXXVII°)

(fol. 36v) Anna Treletschinn gescheft

Vermerkt das gescheft der ersamen fraun Anna Treletschinn, das sy getan hat bedechtleich unbetwungenlich mit gueter vernunft zu der zeit, do es sy mit recht wol getuen mocht, auch da es nyemant widerrueffen noch widersprechen mochte, und ist geschehen am freytag nach Sannd Francysczen tag nach Cristi gepurd vierczehenhundert und aüch in dem ainsund vierczigisten jare.

(*Abschnitt gestrichen*: Item zum ersten so schaff ich meinen weingarten, genant den Rossler, zu ainer ewigen mess und phrunt in Sand Mertein chirchen in den eren Unsern Lieben Fraun der Schiedung.) (*am Rande*: ist auch bezalt)

Item so schaff ich mein haws, darinn ich wonund pin, das man es verchauff und

---

[34] *Sicherlich das Preßburger Grundbuch von 1439, heute Archív hlavného mesta SR Bratislavy, 4.1.2. Grundbuch. Vgl. auch Einleitung S. 15.*

[35] *Wohl verschrieben für* aus.

dem phrundtherren ain haus kauff, ain kelich, ain messpuech, messpuech[36] und was darczu gehörtt.
Item so schaff ich zu der mess und phrundt ain breviary in papir, den ich hab.
Item so schaff ich zu der phrundt ain maischpotigen, dreÿ chlain poting, zway tretschaff, zwaÿ virtail und ettlich haussgereth.
Item so schaff ich mein stëdell gelegen bey Sannd Laurenczen tör zu ainem phrundt haus der phrundt Gotzleichnambs mess in Sand Laurenczen chirichen.
Item so schaff ich auf meinem weingërtenn, genannt der Schönvell, was hernach geschriben stet.

> Czu dem ersten schaff ich XX tl. wachs czu zehen cherczen, V czu dem grab czu Sand Laurenczen, und V czu dem grab ze Sannd Mertein kirchen, und sol die anczundten zestund, als palt man Unsern Herren in das grab legt, und sol sew lassen prÿnnen hincz an den Osterrtag nach dem segen, und was ubrig bleibt, daz schullen nemen die czwen kapplen, her Jacob czu Sannd Laurenczen, her Achacz czu Sand Merten. Man mags auch abledigen auf ain ander erb.

(*Abschnitt gestrichen*: Item schaff ich zu dem paw Sand Merten kirichen hundert guldein in golt.)
(*Abschnitt gestrichen*: Item so schaff ich czu Sand Erharts phrundt cze Sand Laurenczen kirichen zehilf in ainem haws, ob man daz paun wirt, L guldein in goltt, und die weil man daz haws nicht pawt, so sol man alle jar davon dienen V guldein dem kapplan.) (*am Rande*: illa summa soluta)
(*Abschnitt gestrichen*: Item so schaff ich czu Gotzleichnambs phrundt czu Sand Laurenczen funfczig guldein, davon man dienn sol dem chapplan V guldein.) (*am Rande*: sunt p.)
Item so schaff ich meiner muemen, der Margarethen Liebelpeckin, des Liebelpecken hausfraw, hundert guldein in solicher mass, ob sach wer, da Got vorseÿ, daz sy abgieng an gërben (!), es schullen dyselben hundert guldein gevallen czu dem paw Sand Merten kirchen.
Item so schaff ich in daz munichkloster hie czu Prespurg czu dem paw XX guldein, und dasselb schullen auch die gescheft herren beschen, was man damit paw.
Item so schaff ich in daz nunnenkloster czu Sand Klarn czu dem paw XX gulden czu gleicherweis, als oben verschriben stet.
Item so schaff ich czu Sand Michel daselbs czu dem paw X gulden auch czeglicher weis als oben. Item so schaff ich czu Sand Laurenzen kirchen „X gulden“ czu dem paw czegleichen weis als oben.
Item so schaff ich czu Sand Niclas kirichen ain venster czuverglasen.

---

[36] *Vermutlich Fehler des Schreibers für* messgewant. *Beide Gegenstände wurden häufig gemeinsam gestiftet.*

Item so schaff ich czu Sand Augustinn czu Wyenn in die pruederschaft czu ainem jartag XX gulden.
Item so schaff ich zu Sand Kyrein cze Vischenmend X tl. swarczer phening, ~~w~~ daz man darumb ein silbrein chreucz kauff.
Item so schaff ich czwo Rom vertt czwain priestern L guldein.
Item so schaff ich ain Achvart mit zehen guldein.
(fol. 37r) Anna Treletschin gescheft
Item so schaff ich suben junkfraun ausczerichten und yeglicher X gulden, und ain pett, ain polster, zway kuss, zway leylachen, ain gulter fur X ß w. den., und yegleicher junkfraun sloyer fur zwen gulden, ausgenomen meiner diern, der Katerlein, sol man geben XX gulden.
Item so schaff ich, daz man sol chauffen vier tuech von Ach, und sol yeder junkfraun geben ain halbs tuch czu seydel und zu manntel.
Item so schaff ich czu Unser Lieben Fraun in daz tal czu dem paw X guldein, und die sol ausrichten der Peter Muelich.
Item so schaff ich ain jartag mir und allen meinem vorvordern gein Sand Merten XXX gulden, dye sol er auch ausrichten der Peter Muelich.
Item so schaff ich meinem kapplan, hern Jacob, fur sein dienst zwen dreyling wein bey dem fueder und ain silberpecher. (*am Rande*: dedit)
Item schaff ich zwen dreyling wein czu dem stedelein (!), damit daz man daz paw einem chapplan.
Item so schaff ich in daz spital ain fueder wein oder als vil sein ein fueder wein, das man daz verchauff und geb alle suntag und veyertag armen leuten yegleichem ain den. durch meiner sel willen hincz daz dez gelts nymer seÿ.
Item so schaff ich czu Sand Mertein kirichen mein guet messgewant und ain silbrein kreucz durch meiner sel willen.
Item so schaff ich mein guldein ring czu dem kreucz czuvergulden und ettlich silber czuverchauffen.
Item so schaff mein lehenschaft meiner muem, der Liebelinn, und mein mann, und Stephan List, dye zeit burgermaister, und Stephan Ränes, daz sy treulichen czuesehen und die phruent bewaren, daz sy nit verderben, also recht patron.
Item so schaff ich vierhalb virtail unslit, die ich auf ainer pannk hab, do denn der Eylausmrock auf hat, czwaÿ virtel czu Unser Fraun in daz tal, und anderthalb virtel czu Gotz leichnambs phrund czu Sand Laurenczen.
Item so schaff ich, daz man mich mit eren sol bestatten czu der erd mit dem ersten, sybendten und dreyskisten und jartag.

Vermerkt mein geltschuld

Item czu dem ersten bleib ich schuldig dem Hanns Rauscher ain hundert guldein, darumb er ain brief hat auf dinst.
Item darnach demselben Rauscher L guldein.

Item so bleib ich dem Veyer Niclas schuldig hundert und XXXII gulden in golt, und XX tal. swarczer w. den., daz ist geschriben in dem grunndtpuech[37].
Item demselben Veyer Niclas bleib ich schuldig LIIII gulden in golt, darumb er kain gewishait hat.
Item so bleib ich schuldig dem Jackab juden von Oven und dem Isserlein von Prugk V guldein.
Item so bleib ich schuldig der Eysack judein XI guldein, dy sind ein czeit gestanden, und darnach II½ guldein, dy sind gestanden nahent beÿ einem jar, und dafur hät sy mein guete sylbrein gurtel, und dÿ sol man losen und sol sey geben meiner muemen, Margareten der Lieblin, und mein guete paternoster dew garollen. (*am Rande*: dedimus)
Item so beleib ich dem Michel Weyssen XVII½ tal. weissgelts, daran hat er ettwas enphangen, daz wirt er wolsagen.
Item ob ich yemant icht schuldig wer, daz wissenntlich wer, daz man daz auf meiner sel nicht lass.
Item mein vorgeschriben gescheft schaff ich und enphilich ich ausczurichten und zuvolfuren auf ir sel und auf ir gewissen, den erbern herren Hannsen Liebel, Margareten, seiner hausfrawn, Stephan List, dy czeit burgermaister, und Stephan Raneis, dy zeit ain gesworen dez rats, in solicher mass, das sy sich underwinden aller meiner hab, es sey erbguet oder varundguet, und was da ubrigs seÿ, dasullen sew halten durch meiner sel willen.
Item so bleib ich schuldig czwen und czwainczig guldein czu hern Achaczÿ phrundt, dafur schaff ich dreyssig guldein, die mir schuldig ist der Heinreich Stenngel der Swab, als im gruntpuch geschriben stet.

Acta sunt hec in vigilia Omnium Sanctorum
anno Domini millesimo etc. quadragesimoprimo.
Affuit in spe qui non derelinquit suos sperans Ihesu.

1441 Mai 28 **83**

Geschäft des Niklas Leinbater[38]

pr. schr., 3 Zg. (*Index*: Gescheft dez Niclas Leinbater XXXVIII°)

(fol. 37v) Niclas Leinbater gescheft

Nach Cristi gepurd tausent vierhundert jar und in dem ain und virczigisten jar hab ich Niklas Leinbater, mitburger zu Prespurgk, mit wolbedachtem muet und mit gueter vernunft zu der zeit, do ichs rechtleich getun hab mugen, daz gescheft getan, daz hernach geschriben ist.

[37] *Sicherlich das Preßburger Grundbuch von 1439, heute Archív hlavného mesta SR Bratislavy, 4.1.2. Grundbuch. Vgl. auch Einleitung S. 15.*

[38] *Vgl. die Ergänzung zu diesem Geschäft unter Nr. 87.*

Item am ersten schaff ich meiner erbern hausfrawn, Agnes, den weingarten ze Turding, genant daz Katterl, freyen und ledigen, daz nyeman darczu czesprechen hab, wenn sy und das sy damit tue wie sy well, sy verchauff oder versecz in und tue damit als mit irem freyn und ledigen erb mit frucht mit all.
Item zu dem andern mal schaff ich den weingarten genant die Wiegen, der auch zu Tuerding leit, meiner wirtin, also die weil sy lebt, und wenn sey Got dann vor (!) diser werlt wil nemen, so sol sy denselben weingarten halben geben zu ainer chirichen, wohin sy wil, oder durch meiner sel wo sey guet hin dunket, oder sy mag daz tuen vor irem tod, daz secz ich zu iren trewen.
Item den weingarten genant der Hohel, der auch zu Turding leit, den schaff ich meiner swester und iren chindern, also daz sich mein swester davon sol neren mit iren chindern. Wer aber sach, daz mein swester den weingarten nit pawlich hielt, so schullen sich ire chinder dez weingarten underwinden und sich davon neren, und der weingarten sol in nach volgen lerer, also daz mein wirtin die frucht daraus nem.
Item ich schaff meiner swester drey achtail weingarten und iren chindern, die ligen zum Wortperg im Jungenperg genannt mit frucht mit all frey und ledig.
Item ich schaff ein weingarten genant Geren, der auch zum Wortperg leit, mit frucht mit sambt zu der chirichen dez lieben heyligen herren Sand Niclas zu Wortperg, also daz man die chirichen davon sol pawn.
Item ich schaff mein fleischpankch, die ich zum Worttperg hab, meiner wirtin und hausfraw, also daz sy alle jar jerlich, die weil sy lebt, alle chottemer lass ein selambt singen zu Wartperg umb mein sel und meiner vorvordern sel. Wer aber sach, daz mein wirtin jerlich nicht singen liess die selmess, so schaff ich, daz denn der zechmaister aus Unser Lieben Frawn czech vom Wortperg, der zu den zeiten czechmaister wirt, sich der pank under wind, und die selambt also singen lass, als vor gemelt ist. Richt aver mein wirtin die selambt also aus, so sol man sey nicht hindern, sunder nach irm tod sosol die egenant fleischpankch chomen in die czech Unser Lieben Frawn, als dann obenverschriben ist.
Item daz haws zu Prespurgk schaff ich meiner wirttin, die weil sy lebt, daz nyemant darauf zusprechen hab, und wenn sy mit dem tod abgieng, so schaff ich dann meinen tail meiner endlein, genant Katherina. Ging aver daz chind, mein ändel, ab, ee daz es zu jaren chom der vernunft, und ee daz es man messig wurd, sosol daz selb halb tayl dez hawss erben, und chommen zu dez lieben heyligen Sannt Mertein chirichen zu dem paw.
Item ich schaff meiner wirttin allew varunde hab, wie die genant ist, nichts ausgenomen, es sey was daz sey, von wein, silberassach, von andern chlainaten, wie die genannt sein, und auch all frucht die zuechunftig sein, ausgenomen die frucht der czwayer weingarten vom Wortperg, die ich vor geschaft hab, als vor gemelt ist.
Item ein chlains weingertel czu Reczestorff ain virtail, daz hab ich meiner wirtinn geben vor anderthalbem jar, das schaff ich ir ledig und frey, und leit bey irm weingarten, genant der Rosenweingarten.

Item alle geltschult, die man mir schuldig beleibt, es sey vil oder wenig, die schaff ich auch alle meiner wirtinn, das sy derselben genyess am pesten, als sy mag, dez gan ich ir gar wol.

(fol. 38r) Niclas Leimbater gescheft

Item den weingarten, genant der Scheph, der leit auf der stat gepiet, den schaff ich meiner wirtin alsolang, bis das mein andel manmassig wirt, und wenn sy den ein man nymbt, so schol mein wirtin meiner andel denselbenn weingarten halben geben mit dem abledigung, als hernach geschriben stet. Sturb aver mein andel, ee daz sy ein man nem, so schol mein wirtin die geltschult selb beczaln, die ich auf den weingarten schuldig sein, und der weingarten schol den aller meiner wirtinn ledig und frey sein, und wenn sy mein ändel ein man nem, so schol sÿ ir den halben weingarten geben an frucht.

Item ich bleib schuldig ein swarcz tuch genannt mächlichs und funf tuch von Polan, die het man czu mir nyder gelegt, und die lagen also lang, daz dy schaben grossen schaden daran teten. Darnach verchauft ich die tuech von Polan zwain erbern mannen, dem Panczir von Sand Marein zwaÿ, und dem Clement, der zu dem Hanns Feyertag inn ist, auch czway, und die vïr tuch hab ich geben an orter czu vier guldein, und daz fünft tuch hab ich geben umb III½ flor. auri, und daz swarcz hab ich versnyten czu V ß unsers gelts, und noch leyt ain tayl da, das man mug versten, was tuech es ist, und die geltschult schaff ich auf den weingarten, der da Schopph haÿst, und wenn der man nicht chem, dez das guet ist gewesen, sosol man daz guet zu Sannd Merteins chirchen geben, also wann die czeit chumpt, alsoben geschriben ist, wenn mein endl ein man nem. Sturb sy aber czehannt, so schol mein wirtin die geltschult und den weingarten czu ir ledigen.

Item daz geschäft daz widerspricht her Peter Jungetel in chainen stukchen, sunder in dem, ob der Niclas Leimbater inndert ein erb chauft hiet in der czeit, als er gehabt hat die mueter die Potendorferin, genant Maret, die dann ein ändel ist gewesen der junkfrawn Kathrein, dez Potendorfer tochter.

Item bey dem gescheft ist gewesen her Jacob Lintein, chorherr, und die erbern weisen her Stephan List, burgermaister, und her Peter Jungetel, rattherr, und geschehen ist daz geschäft am suntag nach Gotzauffart tag in dem obgeschriben jar etc.

Das ander sein gescheft stet
am dritten plat darnach.

1442 Februar 4 **84**

Geschäft des Stephan Grünpacher

pr. schr., 2 Zg. (*Index*: Gescheft dez Stephan Grunpach XXXVIII°)

(fol. 38v) Stephann Gruenpacher kramer geschëft

Hie ist vermerkt mein gescheft, daz ich Stephan Grünpacher kramer getan hab in meinem siechpett mit wolbedachtem muet und mit gueter vernunft czu der czeit,

do ich es darnach wol getuen mocht, unbetwungennlich und mit meiner hausfrawn, Andlein, willen am suntag nach Unser Lieben Frawn tag der Liechtmess anno Domini millesimo etc. quadragesimo secundo.
Item von erst so schaff ich meinem brueder, Jorigen, von meinem guet, das im mein hausfraw schol geben nichts mer dann XXIIII flor. auri.
Item und schaff meiner hausfrawn swester, der Ursula, nicht mer dann X flor. auri.
Item und schaff durch meiner sel selichait willenn czu Sand Mertein kirchen czu dem paw XX flor. auri.
Item und schaff auch durch meiner sel selichait willen czu Sand Laurenczen kirchen auch czu dem paw V flor. auri.
Item und darnach schaff ich meiner lieben hausfrawn, Anndlein, die ubermass, wie daz genantt ist, geltschult, beraitt guet und varund guet, nicht ausgenomen, wo ich daz hab inner oder ausserlanndts, frey und ledichleich an all zuespruch und an alle recht vor allen meinen frewnden und vor aller menichlich.
Item darnach vermerkt mein geltschult, die man mir schuldig beleibt. Von erst Hanns Frawnhauer von Ofen bleibt mir schuldig, darumb ich von im ain brief hab, XXXVIIII tal. wyenner phenning.
Item Michel Trinksaus von Oven bleibt mir schuldig VIII flor. auri.
Item und mein vetter, Leonhart Grüenpacher, hat von mir inn meins güts, und ist mitburger zü Wÿenn, I^{c} und XXX flor. auri und XXXVIIII tal. III½ ß den. wyenner.
Item und von dem selben gelt sol mein vetter, Leonhart Gruenpacher, mitburger zu Wyenn, fur mich beczalen dem Michel Swanser von Steyern XXXVIII flor. auri.
Item und mer hat mein vetter, Leonhart Grunpacher, von mir inn XXXVIIII^{c} messer und IIII½ tal. saffran.
Item der ~~Fries~~ Freysleben von Krembs, der nadler, bleibt mir schuldig XIII ß den. wyenner.
Item und czu meinem gescheft, als vor geschriben stet, hab ich und mein hausfraw fleissichlichen gepeten die erbern Ludel Anderel und Ulreich Wintperger kromer, daz die meins geschefts geczeugen sullen sein, darumb daz mein gescheft chraft und macht haben sol und unczebrochen beleib, als ich dez Got und meinen herren vertraw, und dez cze rechter urchund und geczeugnuss hab ich vorgenanter Stephan Grunpacher gepeten die erbern mitsambt meiner hausfrawn yeglichen egenanten besunder umb sein aufgedrukte petschad, das sy das auf mein gescheft brief gedrukt haben, in und iren erben an schaden etc.

1442 März 2 **85**

Geschäft des Erasmus Pinter

pr. schr., 3 Zg. (*Index*: Gescheft dez Aserl Pinter XXXVIIII°)

(fol. 39r) Aserel Pinter geschëft

Vermerkt daz gescheft, das der erber Aserel Pinter, mitburger zu Prespurg, getan hat bedechtlichen mit gueter gewissenn zu der zeit, so er das mit recht wol getün mocht, und an widerred aller seiner frewntschaft. Also daz er all sein guet und hab, daz er dann hinder im lassen hat, es sein erb oder varundguet, nichts darinn ausgenomen, wie daz genant oder wo es gelegn ist, geschaft hat ledichleich seinem lieben vettern und frewnndt, Fridreichen dem Puchler, gesessen zu Gatendorff, in der beschaidenn, das er in davon erberlich als einen solichen erbern man czu der erden bestatte nach chirichleicher und pherrleicher (!) gewonhait, und was dann uberteurung davon belib, das solt er alles furbaser im und seinen erben halten, allen seinen frumen damit vor menichlich czeschaffen nach allem seinem willen, wie im das am pesten gevel, und dez stat mocht gehaben angever.

Und solichs vorverschribens gescheft sind zeugen dew erwirdigiden (!) und fursichtigen her Wolfgang, pharrer zu Haselaw, und Mert Fleischaker von Gatendorff, auch Jorg Fleischaker zu Czurndorf, die er durch Got gepeten hat, solichs geschefts ob sein, das es gehalten werd, und darumb so haben wir, ich obgenanter her Wolfgang, pharrer zu Haselaw, und ich Mert Fleischaker czu zeugnuss der sachen das gescheft versigelt mit unser bayder aufgedrukter petschad, das wir durch sicherhait und bestettung auf die gescheft czedel gedrukt haben uns an schaden, und ist geschehen an freytag vor Oculi in der vasten anno etc. XLsecundo.

1442 April 22 **86**

Geschäft des Hans Tunkel von Leopoldsdorf

pr. schr., 3 Zg. (*Index*: Gescheft dez Hanns Tunkel XL°)

(fol. 39v) Hanns Tunkel von Leupolczdorf gescheft

Vermerkt daz gescheft, so ich Hanns Tunkel von Leupoldsdorf getan hab zu Stain, zu gegenbart frumer lewt Wernharten dez Teurbanger, Stephan dez Herczenburger, bayder burger daselbs, und Hannsen dez Grueber, statschreiber daselbst, und ist geschehen an suntag vor Sand Jorigen tag[39] anno etc. quadragesimosecundo.

Von erst schaff ich zu dem paw gen Sand Mertein chirchen zu Prespurg XXX flor. auri, und in daz frawnchloster zu Unser Frawn V flor. auri, und czu Sand Jacobs chirichen czu Leupoltsdorff XXX flor., die man nuczlichn sol anlegen.

---

[39] *Der St. Georgstag wird gemäß ungarischem Brauch mit dem 24. April aufgelöst. An diesem Tag wurden auch die Stadtoberen von Preßburg gewählt.*

Ich schaff auch, daz man zu Sand Jacobs kirhen ein erndlichs messgewannt kauffen schol, und den chelich, den ich inne hab, schaff ich auch darczu, und schaff auch darczu ein guets altertuch und acht wandlung cherczen, alle jar aine ausczerichten. Item meins vettern, Tunkel Janus, tochter schaff ich X flor. auri. Auch bitt ich den gantzen rat und gemain zu Leupoltstorff, daz sy den weingarten zu iren hannden nemen, den ich von iren wegen inne hab.
Darnach schaff ich czwe wandlung cherczen gein Unser Frawn gein Kumbach, und ain altertuech, und schaff auch in die czech funf guldein, und in die bruederschaft V flor.
Item ich schaff auch ain Ramfart, die mein mueter selige hinder ir verlassen hat, und dorczu ain ewigen jartag fur gein Sand Jacob zu Leupoltzdorff, und ain jartag fur meines vater und meiner mueter sel, und XXX selmess. Darczu hab ich auch fur mich selbs ain Ramfart.
Ich schaff auch meiner pasen zu Wartperg, ob sy noch in leben ist, V gulden, und meiner swester, ob sy noch in leben ist, X gulden. Wern sy aber gestorben, so sol man daz gelt irm chind aufhalden. Das enphilich ich dem Vokapetern und dem Turkel, und schaff auch derselben meiner swester ir gurtel hinwider, ob sy aver gestorben wer, so sol man die gurtel den chindern auf halden.
Darnach vermerkt die geltschult, so man mir schuldig ist. Von erst baid gemain von Retschesdorf sein mir schuldig XXXVIII gulden. Davon sullen die Leupoldstorfer nemen XXX gulden, als vor gemelt ist, zu der chirichen. Auch bitt ich sew mit fleiss, das sy meiner weib hilfleich sein, das ander gelt und ubermass inzebringen.
Item der Mert Mulner zu Retschesdorf ist schuldig XI flor. auri.
Item Hennsel Mesner ist schuldig daselbs XX flor. auri.
Item dew weinczurel sind schuldig XX flor. auri mynner oder mer.
Item Rot Jacob czu Sand Marein ist schuldig XXXII flor. auri und mer VII gulden, die ich czu meinem tail in den weingarten verpawt hab.
Item richter und der rat zu Sand Marein sind schuldig X½ flor. auri.
Item Niclas Snelhart daselbs ist schuldig XVIII flor. auri umb ain kueffen wein und die chueffen herwider, und dy ander geltschuld wil ich im nachlassen ob ich sturb.
Item sein gesweyinn, die genannt Sneyderinn, ist schuldig VII ß den. dez grossen gelts.
Item Gothart Arnolt zu Brespurgk ist schuldig LXVII gulden.
Item Stephan Gmaitel zu Prespurgk ist schuldig hundert guldein, die ich im in gehaym hab czehalden geben.
(*spätere Eintragung*: Item die suben und sechczig guldein hat Gocz Arnolt bezalt der frawen nach lautt seiner quittung. Actum an montag vor Dorothee anno etc. XLtercio [*1443 Februar 4*].)
(fol. 40r) Darnach vermerkt meine erb, dy mein aygen seind. Item daz Grasel und daz Potengrundl schaff ich ledichleich meinen chindern. So daz wer, daz mein hausfraw ein andern man nem, aver meine chinder und meine erb enphilch ich

trewlich meinem weib, das si sich davon aufhalden und die pauleich legen, als lanng daz die chind davon beraten oder verheyratt werden, das dann die obgenanten weingarten den chindern volgen. Es schol auch ander mein varund guet mein weib ir und mein chindern treulich innehaben. Und pitt mein hausfrawn, das sy ir mein sel trewlich lass bepholhen sein, als sy mir dez schuldig ist. Auch enphilch ich mein hausfrawn und meine chind, dem Turkell, und dem Volkapetern, und dem Galschen.
Auch bitt ich mein hausfrawn, ob der Rot Jacob von dem weingarten scholt chommen, daz man im dann an der geltschult ain hengnuss tue.
Auch bitt ich den Jorigen Scheuch zu Prespurgk, daz er uns bayden uberraitt, welicher dem andern schuldig beleib, dez wil ich im gancz vertrawn.
Das gegenburtig gescheft ist geschehen am suntag vor Sand Jorigen tag, als vorgemelt ist, zu gegenbart der vorgenanten erbern herren in der stat zu Stain, und ist bewart, bestett und verslossen wordenn durch meiner vleissigen gepet willen mit der erbern weysen Wernharten dez Teuerbanger, burger zu Stain, und Hannsen dez Grueber, statschreiber dasselbs, aufgedrukten innsigelen in und irn erben an schaden.

1441 Mai 29 **87**

Ergänzung zum Geschäft des Niklas Leinbater[40]
pr. schr., 3 Zg. (*Index*: Gescheft dez Niclas Leinbater XL°)

(fol. 40v) Niclas Leinbater gescheft zum andern mal
Item erbern lieben gunner. Ich tue euch zewissen, das ich gestern mein gescheft getan hab vor den erbern herren, die dabey sein gewesen. Das selb gescheft halt inn von einen weingarten genant der Katterl, der leit czu Turding, der ist meiner wirtinn morgengab fur zwayhundert guldein, und den hab ich ir freyen und ledigen geschaft czetuen und czelassen, wenn sy hat den weingarten mit mir beczalt, und darumb so hab ich ir den weingarten frey gemacht an all zuespruch. Wer aver sach, daz sey yemant wolt hindern in dem gescheft, und behub ir ettwas an an (!) dem weingarten, dez ich nicht hoff, so schaff ich ir fur denselben tail, den man ir an behueb, den Schopphen und die Wiegenn und daz Hohel frey und ledig, das sy die verchauff und tue damit, wie sy wil, und czal die geltschuld darvon, und tue mit dem übrigen, wie sy wil nach allem iren willenn, und andrew stukch, die ich geschaft hab gestern, die bestetig ich auch hewt, und hab daz geschaft tan mit wolbedachtem muet mit gueter vernunft am montag nach Goczauffarttag anno Domini millesimo quadringentesimo quadragesimoprimo.
Item ist daz ein irrung in meinem geschaft wirt, als dann oben geschriben ist, so schaff ich mein haws meiner wirtinn auch frey und ledig zetun und zelassen damit

40 *Vgl. das eigentliche Geschäft unter Nr. 83.*

und zuverchauffen und schaffen und geben, wem sy wil, als mit irm freyn ledigen haws.
Darbey sein gewesen die erbern weysen mann her Jacob Lintein, chorherr czu Prespurg, und her Caspar Ventur, ratherr, auch Erhart Stab, mitburger zu Prespurg, die ich vleissichlich zu der gescheft gepeten hab etc.

1442 April 22 **88**

Geschäft der Katharina, Ehefrau des Thomas Rueppel

pr. schr., 3 Zg. (*Index*: Gescheft der Katherina Ruepplin XLI°)

(fol. 41r) Das gescheft frawn Kathrein, dez Thoman Rueppel hausfraw
Vermerkt das gescheft, daz die erber fraw Katrey, dez Thoman Rueppel hausfraw, hat getan an irm todpett mit gueter vernunft bedechtleich czu der czeit, do sy das mit recht wol getuen mocht, unbetwungenlich mit willenn und wissen irer frewndt, als das dann hernach geschriben stet.
Von erst so hat sy geschaft irm man, dem Thoman Rueppel, ir haws halbs mit aller czuegehorung gelegen vor der stat Prespurg, genant in der Newnstat auf dem Werd, ainhalb czenachst dez Jorg Spies und am andern tail czenachst dez Heinreich Stiglicz hewsern ledigs und freÿs.
Darnach hat sy aver geschaft demselben irm mann irn weingarten halbenn, genannt im Vingerhuet, auf der stat gepiet gelegen, daz nachpaur ist Erhart der Ebner mit seinem weingarten, auch ledig und frey.
Die vorverschribne zway halbe erb hat die benant fraw Katreÿ irm mann vor aller menichleich geschaft in gegenburtichait irs suns, herren Hannsen, custos zu Sand Merten chirichen, und in gegenburtichait junkfrawn Agnes, irer tochter, die daz chainerlay weis widersprochen habenn, sunder der benannt her Hanns hat die verhayssen dem benanten Thomann, seinem steufvater, dew nitt zepessern und nicht czeergern.
Das vorverschriben gescheft ist geschehen in gegenburtichait der erbern Michel Gruenbalt, Peter Goldinger und Hanns Volsperger, die daruber mit vleiss gepeten ~~habenn~~ sein wordenn, das sy solichs geschefts in gedennk werden, damit es gehalten wurd, und haben dez czu czeugnuss ire petschaft auf die gegenburtigen gescheft zedel gedrukt in an schaden. Und ist geschehen am suntag vor Sand Jorigen tag[41] anno Domini millesimo quadringentesimo quadragesimosecundo.

[41] *Der St. Georgstag wird gemäß ungarischem Brauch mit dem 24. April aufgelöst. An diesem Tag wurden auch die Stadtoberen von Preßburg gewählt.*

1442 März 23 – *1442 Juni 11* **89**

Geschäft des Andre Schonpach;
Bestellung zweier Zeugen zu Willensvollstreckern
pr. schr., 3 Zg. (*Index*: Gescheft dez Andre Schonpach XLI°)

(fol. 41v) Andree Schonpach

Vermerkt das gescheft dez erbern manns Andree dez Schonpach, das er in dem pett seiner chrankait mit gueter vernunft und gewissen wolbedechtlich getan hat am nachsten freytag vor dem Palmtag anno etc. XLII°.

Item von erst hat er geschaft und schaft auch wissenntlich in chraft dez gegenburtigen gescheftbrief Hannsenn, seinem vettern, frawn Elspeten, dez vorgenanten Andre Schonpach fleischleichen swester, sun, und frawn Annen, dez egenanten Hannsen eleichen hausfraun, und ir bayder kind, Martein genant, sein ledig und frey weingerten, wie die mit raynn und mit nachparn umb geben und umbvangen sein all vier. Der erst weingarten, genant der Spiegel ze Retschesdorf, und den andern weingarten, Salczer genant am Schimperg, den dritten weingarten, genant der Harrer auf der stat gepiet ze Prespurk neben dem Schiltlein, und darczu den virden weingarten, genant die Pont auch auf der stat gepiet Prespurg ausserhalb der Gaisgassen gegen dez erbern manns Bertelme dez Scharrachs paungarten uber, mit sambt dem haws und allem hausgerechten und alle varunde hab, die darinne ist, nichts ausgenomen noch hin dan gesaczt, noch geschaft, frey und ledichleichen, damit czetun und czelassen in irn notturften, krankaiten, als mit irm wolgewunnen guet und hab, doch mit solicher underschaid und maynung, ob sach wer, daz sein obgenanter vetter, Hanns, und Anna, sein hausfraw, auch Martein, ir bayder chind, alle abgiengenn mit dem tod, ee sy die vorgenanten weingerten vertëten, so sullen dieselbenn vier weingerten gevallen und dann erben an alle irrung und hindrung auf Martein, dez vorgenanten Hannsen prueder czu Traunstain, und mit allem hausgerechten darczu, und daz obgenant haws, gelegen in der stat gepiet cze Prespurg ainthalb czenachst dez Wolframs haws und anderthalb cze nachst Petern dez Pulbachs haus, daz sol dann erben und gevallen zu dem paw Sand Martein chirichen auch an alle irrung und hinderrung menichlichs angever.

Item so hat er mer geschaft, daz man den weingarten, der Jud genant, an der Hohenney verkauffen sol, so tewrist man in verchauffen und geben mag, umb ain summa guldein. Von derselben sum gulden sullen dann der obgenant Hanns, sein vetter, und Anna, sein hausfraw, nach rat und wissen der hernach geschriben gescheftherren daz gescheft ausrichten und an verczichen inner jars frist [*1443*], ob man den vorgenanten weingarten verkauft und sein chaufrecht tugentlich gehaben mag.

Item so hat der obgenant Andree Schonpach geschaft, daz man czehen ladenn tuch kauffen sol, davon sol man mit acht laden tuch armelewt im newn spital, frawen und man, sy siczen in der kirichen oder vor der chirchen, daran man siecht die notturft, und da es wol angelegt wirt mit geweͣnntten, yecz mensch mit aim rokch, und darczu ainem mann ain par puntschuch und ainer frawn ain par frauen schuch. Mer sol man kauffen drew leynene tuch zu furrir yedem menschen under seinem rokch, und ob derselben drey tuch ichts uber belib, wie vil desselben wurd, daz sol man dann geben ainem anderen armen menschen durch Gotz willen und durch seiner selichait willen. Item und mer hat er geschaft in daz new spital in czwainczig spanpett armen leuten in yeglichs spanpett ain halben koczen. (*am Rande*: das ist ausgericht)

Item mer hat der Andre Schonpach geschaft, das man kauffen sol sechs leynern tucher, von denselben sol man in dem newn spital in yeglichs spanpett geben newn ellen derselben leinbat zu zway leylachen und darczu yedem armen menschen ain kuss. (*am Rande*: das ist ausgericht)

Item mer hat er geschaft ain ladentuchs (!) geen Schonnpach, da seins vatter, Hanns Pinter seligen gedechtnuss, begrebnuss ist. Von demselben laden tuch sol man dann daselbs zu Schonnpach funf hausarmer mensch gewënnten, vier mann und ain frawen, dem man sechs ellen, und der ain frawn acht ellen tuch, und yegleichem menschen czwo ellen leynens tuchs czu furrir under den rock. Daselbs sol dann der pharrer singen lassen ain vigili und dez morgens ain selmess, und sol dann daselbs der pharrer piten umb seins vater und mueter sel, und darnach umb sein sel, und was daz gestet, das sol dann der pharrer den gescheftherren her gein Prespurg verschreiben, die sullen dann das ausrichten und beczalen an verczichen. (*am Rande*: das ist ausgericht)

Item so hat er auch geschaft ainen laden tuchs gein Ottenslag, daselbs sol man auch also vil armen leuten, vir mannen und ainer frawn, geben und ausrichten als zu Schonnpach, und der pharrer daselbs czu Ottenslag mit vigili und selmess und seiner vater und mueter und seiner sel gedennken. Dassol dann auch derselb pharrer von Ottenslag her verschreiben, als vor verschriben stet. (*am Rande*: das ist ausgericht)

(fol. 42r) Andree Schonpach

Item so hat der oftgenant Andre Schonnpach geschaft VIII tal. wyenner den. czu ainem gemawerten gehews, daz sol als hoch sein, als ein treunder man mit ainem ausgerakten arm gelangen mag, darin sosol dann ain chreucz sten, und dasselb gehews sol man maurn lassen auf der Gawmelbs wisen vier oder sechs geiet von ainem pachlein gegen dem Kere cze Schonnpach uber, uber dasselb pechel man get uber attlich stain und tradt durch dieselbig wis, dasein vater seliger gemordet ist worden, czu ainer ewigen gedechtnus. Und wann daz gehews beraitt wirt und gemawrt, sosol dann der richter den gescheftherrn her gen Prespurk daz verschreiben, oder sunst ain gewisse potschaft her sennden, demsullen dann die gescheftheren VIII tal. wynner phening rayhen und geben an verczichen. *(am Rande*: das ist ausgericht)

Item so hat er geschaft in Gotzleichnambs zech und der bruederschaft darinn zu hilf der dritten phrundt, daz sy dez jars wider auf chommen müg, X flor. in gold durch seiner sel selichait willen. (*am Rande*: das ist ausgericht)
Item so hat er geschaft zu Sand Martein paw zu Prespurg XX flor. in gold. (*am Rande*: sein bezalt)
Item so hat er geschaft, daz man im XXX selmes nacheinander an underlos lesen sol lassenn, darumb so sol man ainem priester genueg tuen. (*am Rande*: sein bezalt)
Item so hat er gemelt, daz er herren Laurenczen, der Schilicherin seligen kapplan von Reczestorf, schuldig beleib XIIII flor. in golt, die er im zu rechter notturft beraitt gelihen hab, und die sol man im am ersten beczaln, also pald und der Jud der weingarten verkauft wirt. (*am Rande*: sein bezalt)
Item so hat er geschaft, wann er sein tag mit tod besliessund sey, das man ims begen sull czum ersten, czum sybenden und zum dreyssigisten nach staten, und man zu derselben zeit vermug, und daz hab er daruber also bedacht, das er chain beraitschaft hinder sein lass, davon man ims begen solt, und daruber so hat er geschaft, als vor gemelt ist, daz man den weingarten, Jud genant, verchauffenn sol, die weil er in leben sey, und likund in dem pett seiner chrankait, das man ain beraitschaft mug gehaben. Wer aver sach, daz der weingarten der Jud nicht verchauft mocht werden also pald, so sol man der vorgenanten vier weingerten ainen oder zwen verchauffen, uncz daz der weingarten der Jud kaufleut gehaben mag und verchauft wirt umb ain summ guldein. So sullen dann sein hernach geschriben gescheftherren seinem vettern, Hannsen, und Annen, seiner hausfrawn, also vil wider hin dan geben von derselben sum guldein, daruber sy dann sullen ain oder zwen weingerten hin wider chauffen. Und sullen auch daz vorgeschriben gescheft nach underweysung der gescheftheren alles ausrichten und verbringen, daz vor an dem gescheft brief geschriben stet. Und was uber das gescheft dann der summ guldein uber beleibt, es sey vil oder wenig, das sol man dann dem vorgenanten Hannsen, seinem vettern, und Annen, seiner hausfrawn, geben und raichen, das sy ir weingerten damit pawen und sich davon nern, also pest und sy mugen, und sullen in sein sel trewlich lassen enpholchen sein. Und daruber so hat der obgenant Andre Schonpach mit sunderm vleis und trewlich in seinem chrankpett gepeten die erbern und weysen hern Caspar Ventur und Mathesen den Meindel, die zeit zwen gesworn purger dez rats der stat ze Prespurg, daz sy seins geschefts zeugen sein und daz volbringen wellen, und auch sullen sein volfurer durch Gotz willen mit irenn aufgedrukten insigeln in und irn erben an schaden. Und daz gescheft ist geschehen als vor oben an dem gescheftbrief geschriben stet. Und czu dem gescheft ist auch Michel der Vogel, mitburger daselbs cze Prespurg, czu czeugnuss gerueft und gepeten, daz er dez geschefts zeug sol sein mit seinem aufgedrukten insigel ym und seiner erben an schadenn. (*am Rande*: das ist als geschehen)

Inscriptum feria 2a vor Viti anno XLII°.

1442 März 13 – *1442 Juli 16* **90**

Geschäft der Klara, Ehefrau des N. Aban

pr. schr., 4 Zg. (*Index*: Gescheft der Clara Abanynn XLIIº)

(fol. 42v) Clara Abanynn

Vermerkt das gescheft, das da hat getan die erber fraw Clara Abanynn, und ist geschehen an erchtag nach Sand Gregory tag anno Domini millesimo quadringentesimo quadragesimosecundo.

Item czum ersten czway pett den czwain ~~petten~~ swestern, und der chlainen diern ein gueten manntel, und meinen gueten rockch, und auch ain silbrein gurtel, und auch den pesten sloyer, den ich hab.

Item der grossen diern ein wenigk gesmeyd und auch guets gelts, das do ist.

Item mein haws und ein halben weingarten zu Reczestorff und das Chlain Gevangel und czwen gerten, die schaff ich meinem prudern dem jungern, dem Hanns Pinter, und dem eltern, Mert Fleischakker, und ob daz wer, da Got vor sey, das der prueder ab ging, so sol daz an die chlainer diern erben, und ob den die chlaine dirn sturb, so sols aver erben von ainem auf daz ander.

Item Niclas Pinter, meinem ohem, dem schaff ich ein chlains weingertel, gelegen neben dem halben weingartlein zu Raczesdorff, ledig und freÿ, und auch ain pett.

Item yechleichem prueder ein pett, und was darin sein, kuss und polster, das sollen sy frewntlich tayln.

Item meiner swester, Dorothea, schaff ich X flor., daz schullen mein prueder ausrichten von den weingarten und von den gerten und was ich in dann geschaft hab, und auch mer schaff ich ir einen mantel, und ein pelcz, und einen seydel, und auch ob daz wer, das mein swester abging mit dem tod, so schol ditz gelt und daz guet erben auf iren sun, Niclasen Pinter.

Item auch pin ich schuldig dem erbern herren, dem pharrer czu Sand Mertein, LX flor. in golt, daruber ist in geseczt worden mein haws auf der Wedricz, und auch pin ich dem erbern herren nach dicz jar schuldig IIII flor.

Item dem Gruenpeckch von Wyenn pin ich schuldig VI tal. und LX den. wyenner gelt.

Item dem erbern herren herrn Achacÿ, meinem wirt, pin ich schuldig II guldein in golt.

Item und dem Bartholomee I fl. auri.

Item und bey dem gescheft ist gewesen der erberr her Achacÿ, und Gengel Mautter, und Andre Irher, und Stephel Pinter.

Acta et conscripta sunt hec
feria 2a post Margarete anno ut supra.

1442 Dezember 2 91

Geschäft der Margaretha, Ehefrau des Stephan Raneis

pr. schr., 3 Zg. (*Index*: Gescheft der Margareta Renesynn XLIII°)

(fol. 43r) Margareta Reͣneͣsinn

Vermerkt das gescheft, das ich fraw Margareth, dez erben weysen Stephan Renes hausfraw, getan hab mit gueter gewissen und vernunft bedechtleich und unbetwungenlich czu der zeit, so ich daz mit recht wol getuen macht, an meinem siechpett am suntag vor Sand Niclas tag anno etc. XLII°, als daz dann hernach geschriben ist.

Von ~~aver~~ ersten schaff ich, daz man sol geben von meinem guet der erbern frauen der ~~Kiezmagin~~ Kurcz Zunglin, meiner muemen, meinen gueten mantel und auch mein schauben.

Darnach so schaff ich all ander mein guet und hab, es sein erb, beraittschaft, varundhab, wie die genant oder wo die gelegen sein, nichts ausgenomen, ledichleich meinem lieben eleichen hauswirt, dem benanten Stephan Renes, also daz er vor menichleich an menichleich widersprechen dieselben meine gueter sol er haben, nuczen, nyessen, geprauchen, verseczen, verkauffen, damit tuen und lassen nach allem seinen willen, wie im daz am pesten fugsam mag werden und im wolgevolt. Das ist alles mein will und wort, wann ich dez nyemant paser gan dann im.

Und daruber so hab ich gepeten und pitt ich auch die erbern weysen Ludweig Kunigsvelder, die zeit statrichter, und Peteren Jungetel, die zeit burgermaister der stat zu Prespurg, und Liebharten Egkenvelder, czu den czeiten statschreiber daselbs, das sy meinem benanten eleichen mann solich gescheft czebeleiben und furgank hab da bey halten, darob auch sein, als ich in dez ganncz vertraw, daz es also geschech und in meinem man nach meinem tad lassen bevolhen sein, als sy Got daruber wissen zuverantburten. Das wil ich vor Got umb sy verdien und ist geschehen die ut supra.

1435 (ohne Monat und Tag) – *1443 Februar 14* 92

Geschäft des Hans Kue;

Beweis der Geschäftszeugen über die Durchführung der Anordnungen

pr. schr., 4 Zg. (*Index*: Gescheft des Chue Janus XLIII°)

(fol. 43v) Des Kuehanns gescheft

Ich Kuehanns Janus, mitburger czu Prespurg, bechenn offennlich mit dem brief meines geschefts allen leuten, den er furchumbt, das ich mit wolbedachtem muet zu den zeiten, do ich es mit recht wol getun mocht, und in gegenburtichait meiner hausfrawn, meiner kinder und auch andern meiner frewndt der nachsten, daz nachgeschriben mein gescheft getan und gemacht hab an alles widersprechen und widerrueffen der obgenanten meiner hausfrawen, kinder und auch andern meiner frewndt etc.

Item zu dem ersten so schaff ich meinem chind, Andre, den halben weingarten, in dem Pehem gehaissen, gelegen mit dem obern ort an die laken dez Christan Lechner weingarten, und den weingarten sol dy mueter dem obgenanten kind auf halten und pawn pis also lang, das das obgenant kind kumbt czu seinen jarn, das sich daz selbigen obgenanten weingarten mag underwinden. So sol im die mueter geben und lassen den weingarten an allen krieg und rechten. Und ob daz wer, das das chind ab gieng mit dem tod, sosol der obgenant weingarten gerben (!) auf dew nachsten frewndt, das ist mein tochter, Margareth, darnach auf die ~~meren~~ anderen nachsten frewndt.
Item so schaff ich den halften tail meins hawss gelegen auf Schondorfer gassen neben dem Michel Schuester und oberhalb dem Andre Zäch haws. Das selb obgenant halbs haws, das schaff ich ledichleich auch mein chind, Andre. Darnach so ist daz obgenant haws halbs verchauft worden dem Ulreich Furst umb dreyssig gulden in gold, und die czehen gulden czu bezaln dem obgenanten Fursten, und als er den bezalt ist worden der zehen gulden. Item so sol der obgenant Ulreich Furst dem obgenanten chind inn halten dy zehen guldein pis also lanng, das daz chind zu seinen jarn chumbt, so sol er ims rayhen und geben an allen schaden. Und ob daz chind abgieng mit dem tod, so sullen dÿ obgenanten czehen guldenn erben auf mein tochter, Margareth. Item sosol die mueter dez chinder auch inn halden czehen gulden, und den obgenanten weingarten pewlich halten pis also lang, daz das chind gewechst und czu seinen jaren chumbt, so sol die mueter dez chindes dann darrayhen und geben dy zehen guldein an allen schaden und den weingarten. Und ob wer, daz daz chind abgieng mit dem tod, so sol dÿ mueter behalten dy obgenantn czehen gulden, und der weingarten sol erben auf mein tochter, Margareth.
(*spätere Eintragung*: Item an dem gescheft hat Peter Rosczagel zalt dem Kue Andre, dez Kue Hannsen sun, X fl. Actum an mantag nach Colomani anno etc. LIII^{cio} [*1453 Oktober 15*].)
Item und das mein vorgeschriben gescheft unczebrochen und in kraft beleib, so hab ich gepeten dÿ erbern mann Andre Ungerl, Hanns Kramer, Hanns Grunbald und Hanns Prewss, all vier mitburger daselbs zu Prespurg, die durch meiner fleissigen gepet willen selber beÿ meinem gescheft gewesen sind und daz gehort haben in und allen iren erben anschaden. Geschehen nach Christi gepurd tausent virhundert jar und in dem funf und dreyssigisten jar und versigelt mit unsern aufgedrukten petschaden czu ainer pessern urchund dez briefs.
(*spätere Eintragung*: Item so haben wir, dÿ obgenantn gescheftleut, das vorgenant halb haws verchauft mit aller freundt willen und an widersprechn nach dem tod dez obgemelten Chue Hannsen dem erbern Ulrich Furst, auch mitpurger zü Prespurg, umb dreyssig gulden, davon haben geerbt zehen gulden auf dez Fursten hausfrawn und derselbigen sy also bezalt ist worden, als dann vorgemelt ist, und umb daz vor-

gemelt alles ist uns gescheft herren allenn wissentlich gen unsern allen gueten trewn.)

Actum in die Valentini anno etc. XLtercio
quod presens testimonium conscripsi.

1442 November 1 – *1443 Februar 16* **93**

Geschäft der Barbara, Ehefrau des Hans von Eger;
Bestellung des Ehemanns zum Vormund des minderjährigen Bruders der Erblasserin

pr. schr., 3 Zg. (*Index*: Gescheft der Barbara Egrerinn XLIIII°)

(fol. 44r) Barbara, dez Hannsen von Eger hausfraw

Vermerkt daz gescheft, daz ich Barbara, dez Hannsen von Eger hawsfraw, getan hab wissentlich czu der zeit, do ich es mit recht wol getun mocht mit gueter gewissen, vernunft und unbetwungenlich an meinem siechpett, und main, daz ob Got uber mich put nach meinem tod, gehalten werden, als dann nacheinander verschriben stet.

Von erst so schaff ich meinem lieben hauswirt, Hannsen dem Egrer, meinen tail dez hawss gelegen in der stat Prespurg czenachst dem Stephan Renes mit aller czugehorung, damit cze tuen und czelassen, wie im daz am pesten fugsam ist, wann ich im daz vor menichlichen gan an all czuspruch aller meiner frewndt, und daz ist gancz mein will und wort. Darczu schaff ich im alle meine gerechtichait, so ich hab an ainer vleischpankch, die yecz inn hat der Niclas von Teben, czenachst dez Lachhuetel vleischpankch.

Darnach so schaff ich meinen tail dez weingarten, genant daz Gevang, gelegen auf Tebner gepiett auch meinem lieben hauswirt, Hannsen dem Egrer, mit aller gerechtikait, als er mit rinn umb vangen ist, auch ledichleich vor aller menichlich anspruch damit czetün und cze lassen, als im daz am fugsamisten ist und werden mag an all czuspruch meiner frewndt, wann ich im dez am allerpesten gan.

Uber das so schaff ich meinem mann, dem Hanns Egrer, czu trewer hannt und enpholchnuss meinen brueder, Hannsen, denselben in und sein guet trewlich innczehalten, also lang daz er zu gevogten jaren kumpt vor aller menichleich, wann ich sein nyemant paser gan, dann im, und daruber enphilch ich mein sel ob Got uber mich put, im gegen Got die lassen bevolhen sein mit aller chirchlicher gerechtikait, als er mir dez vor Got phlichtig ist als ein getreuer hauswirt, wann ich von im anders nit verstanden hab, dann trew und lieb.

Bey dem gescheft sind gewesen, die ich mit vleiss darczu gepeten hab czu czeugnuss und gedechtnuss der sach, die erbern und fursichtigen Hanns Vingk und Peter Pulbechs, auch Jorg Mulner, all mitburger der stat czu Prespurg, das sy nach meinem gepet solichs meins gescheftes meinem man gehulfig sullen sein, helfen und raten mit aller herren hilf, daz gehalten werde, wann daz ist alles mein will und wort, und nach meiner beger haben sy mein bedenken angesehen und czu bestettung ir aigne petschadt auf dy gescheft zedel gedrukt in und iren erben anschadenn, und ist geschehen an Aller Heyligen tag anno Domini etc. XLsecundo.

Inscriptum in die Juliane virginis anno XLtercii (!).

1441 Juni 22 – *1443 Mai 16* **94**

Geschäft der Margaretha, Witwe des Niklas Harrer;
Bestellung der Zeugen zu Willensvollstreckern

pr. schr., 2 Zg. (*Index*: Gescheft dez Niclas Harrer [!] XLIIII^{c})

(fol. 44v) Margareta, des Niclas Harrer hausfrau

Hie ist vermerkt das gescheft und die geltschuld fraun Margareten, des Niclas Harrer seligen weib, das ich getan hab zu der czeit, das ichs mit rechten wolbedachtem muet wol getun hab mogen.

Item mein haws gelegen in der stat zu Prespurg, das ich hab verchauft Thoman auf dem Puhel umb II^{c} guldein in gold, auf vier jar nach meinem tod, und was mir auch ubrig bleib, dy sullen auch gevallen czu dem gepew Sand Merten chirichen.

Item dy obgenanten II^{c} guldein in gold dy schullen nemen mein gescheft herren nach meinem tod und sullen sew anlegen an daz gepaw czu Sand Merten mit iren aygen henndenn und ausgeben.

Item all mein haws gereth schaff ich junkfrawen Katrein, meines prueders tochter.

Item ich schaff czwain swestern, die meines prueder tochter sind gewesen dem Got genad, czehen guldein, der Katrein V fl. und der andern swester zu ainem chind, daz sy inne hat, genännt Angles, auch V fl. auri.

Item meinem wirt, dem Thoman auf dem Puhel, hab ich gelihen V flor. auri, also daz er alle jar sol davon dien I flor. dem selbigen chind unczen also lanng, daz daz chind czu seiner wirtschaft chumpt. Wer aver, daz daz chind sturb vor derselbigen czeit, so sullen dy selbigen V flor. erben und gevallen auf dy zwo swester, dy obgenant sind, und furbas der Thoman nicht mer davon tuen.

Item der Cristan (!), meyner phlegerin, schaff ich meinen pelcz und den groben seydel. (*am Rande*: ist ausgericht)

Item Jorg Tulmaczinn fischerin ist mir schuldig VI flor. auri, die schaff ich auch der Cristanynn umb iren dinst und grosse mue, dew sy mit mir hat gehabt. (*am Rande*: ist ausgericht)

Item meiner steuftochter schaff ich meinen mantel, und dy hauben, und ain phayt, und ein gulter. (*am Rande*: ist ausgericht)

Item meinem wirt schaff ich czu dem haws einen tisch, und ain spanpett, einen eysenhuet, ein taczen, dy press, und potigen chlain und gros. (*am Rande*: ist ausgericht)

Und daz alles mein gescheft enphilch ich her Jacoben Warschan und herren Mathes Meindel, dy czeit ain gesworner purger czu Prespurg.

Item und daz dicz mein gescheft also stet beleib, darumb hab ich gepeten durch Goczwillen die erbern herren obgenanten, das sy ire petschaft da~~rumb~~ auf haben gedrukt durch pesser sicherhait in und allen irn erben anschaden. Und daz mein obgenant gescheft ist geschehen am phincztag vor Sunebendten anno etc. XLprimo.

Actum dez inschreibens an pfincztag nach Pangracÿ
anno etc. XLtercio.

1443 Februar 17 – ***1443 August 13*** **95**

Geschäft des Niklas von Teben;
Bestellung der Ehefrau des Erblassers zum Vormund der Kinder
pr. schr., 2 Zg. (*Index*: Gescheft dez Niclas von Teben XLV°)

(fol. 45r) Des Niclas von Teben gescheft

Alhie ist vermerkt mein gescheft, das ich Niclas von Teben getan hab in meinem siechpett zu der zeit, do ich es wol getuen mocht, und mit gueter vernunft am suntag nach Sand Valentin tag des heyligen martrer anno Domini millesimo quadringentesimo quadragegesimotercio (!). Und bey dem gescheft sind gewesen dy erbern herrn her Stephan Gmaitel und Lanng Paul, bayd gesworn burger des rats.

Item von erst so schaff ich ein weingarten, genant Lameinnicht, meinem sun, Hannsen, zetuen und zelassen damit und leit neben dem Jacob Prein und anderhalb neben des Sneffen, und das haws halbs und leit nebn dem Leonhart Horndel, und hundert guldein berait in gelt, und den weingarten sol dy mueter pauen, und sol im den wein geantburten auf den Gantner. (*spätere Eintragung*: Dÿ hundert guldein hat bezalt Lang Paul dem Hansen, und hat auch dez geschefts nichts mer innen. Actum an montag vor Oswaldi der zalung anno etc. XLVI^{to} [*1446 August 1*].)

Item auch schaff ich meinem obgenanten sun, Hannsen, all mein gewannt und allen meinen harnasch.

Item ich schaff auch meinem sun, Hannsen, ain gerichts pett mit aller zugehorung und ainen silbrein pecher.

Item das ander tail dez halben hawss schaff ich meinem sun, Wolflein, und dem chind, des sy wortund ist.

Item ich schaff auch meiner hausfrawn, Osann, fur ir morgengab den weingarten, genant der Goltfues.

Item und schaff meiner hausfrawn den weingarten, genant der Floczer, halben, damit zetün und zelassen, und das andertail den chinden ains, das auf erden ist, und dem andern, des sy wortund ist, und auch ob man den weingarten tayln wurd, das dy selbigen chind dy wal haben an der taylung.

Item auch schaff ich meiner hausfrawn, Osann, anderhalb hundert guldein und alle varunde hab, ausgenomen ros und wagen, dy sullen beleiben meinem sun, Hannsen, und ain mutt habern.

Item auch schaff ich dem jungern meinem sun, Wolfgang, hundert guldein.

Item und schaff dem chind, des sy noch wortund ist, auch hundert guldein.
Item und schaff meiner diern, der Ulreichinn, die mir lange jar gedienet hat, XXXII flor. auri.
Item und ob sach wer, das under den drein chindern ee ains abging mit dem tode, so schol dann das vorgenant geschaft von ainem chind auf das ander erben, und die mueter dÿ sol payder chinder gerhab sein, also beschaidennlich, das dÿ mueter dye weingarten in guetem paw halden sol und auch das haws, die weil sy darinn ist. Und ob sach wer, das sy die obgenanten weingarten nicht pawlich hielt, so bevilch ich dann die chind und dÿ weingerten mitsambt dem haws dem herren Stephan Gmaitel, und hern Lang Paul und Cristan von Raab, zu tuen und zu lassen nach der chind nucz.
Item ich schaff dÿ vleischpannk meinem sun, Hannsen, wenn er im heyratt und nit ee, und dy weil er nicht geheyratt hat, sosol dÿ mueter den zins davon jerlichen innemenn.
Nota die geltschuld, dy man dem Niclas von Teben schuldig ist.
Item Hanns Kuepodin tenetur LXV flor. auri czubezaln auf Gotsauffartts tag in dem drew und virczigisten jar [*1443 Mai 30*]. Davon schaft er XL flor. zu Sand Laurenczen kirchen czu ainem gewelbel uber Unser Frawn altar, und was uber beleibt, darumb sol man kauffen ain messgewannt. Und ob man das gewelbel nit welt lassen pauen, so sol man die obgenanten guldein gar legen an ain messgewannt, und sol der guldein chainer aus leyhen auf zins. Und dÿ ubrigen dreyssig flor. auri dy schaff ich czu Sannd Merten paw, und das sol man auch nit auf zins ausleÿhen.
Item Cristan von Raab tenetur LXXXXIII flor. auri, dafur seczt er zwen weingarten, ainer genant im Ibanusch und leit neben dez Hanns Kuepodin, und der ander genant dy Flaken gelegen neben dez Mathes Meindel weingerten. Auf dy obgenanten weingarten bleibt der Cristan von Raab schuldig Sannd Laurenczen chirchen XXXI tal. den. wyenner, und dy chirchen dy sol vorgen, aver dy obgenanten LXXXXIII fl. auri, dÿ schaff ich bayden meinen chindern, dem Wolflein und dem chind, dez sy gewartund ist, ~~in~~ an irn II^{c} flor. in zenemen, als vor geschriben stet. Und man sol auch den Cristan von Raab X jar ungehindert lassen, und ob er in der zeit von guetem willen zaln wil, das stet mit im, und nach den czehen jaren vergangen, ob er nicht bezalt, so sullen dÿ chinder gannczen gewalt haben, sich der weingarten cze underwinden mitsambt den fruchten zuverchauffen und verseczen uncz also lanng, das sy bezalet werden.

Actum dez inschreiben an Sand Ypoliten tag anno etc. XLtercio.

1443 August 15 – *1443 September 6* **96–97**

Geschäft des Christian Walich[42]

pr. schr., 3 Zg. (*Index*: Gescheft dez Cristan Walcher XLV°)

(fol. 45v) Des Cristan Walher gescheft

Vermerkt das gescheft des erbern mannes Cristan des Walich, das er in dem pett seiner krankait mit gueter vernunft mit aigem willen ungenott und unbetwungenlich an Unser Liebn Frawn tag, als sy der haben ist worden uber alle chöre der angel in das hymelisch reich, vor unser hernach geschriben getan hat anno Domini etc. quadragesimotercio.

Item von erst so hat er geschaft und schaft in kraft des gegenburtigen gescheft briefs seiner eeleichenn hausfraun, fraun Margareten, all sein guet und hab, es sey erbguet oder varundguet, wie dy genant oder wo die gelegen sein auf der stat gepiet zu Prespurg oder anderswo, ledig und frey und damit czetuen und czelassen an alles widersprechen aller seiner nachsten frewndt. Und ob sach wer, das seine freundt mit ir umb erbtail rechten wolden oder tuen mit geistleichem oder werltlichem rechten, die sullen chain kraft wider daz gescheft nicht haben, sunder kraftlos, tot und czemachte sein, umb das, das sy do gar treulich und frumklich in seiner vanknuss an im getan hat. Dar hinder sy noch gegen hern Hilbranten dem Fuchsen mit leib und mit guet mitsambt im noch stee im subenhundert guldein in gold, darumb so hab er ir das gëscheft also getan zu ainer fursorg, doch mit solichen ettlichen ausgenommen worten. Wann sach ~~w~~ sey, das im Got der almechtig urlaub geb von diser werlt und sein tege mit dem tode versliess, das im dann sein obgenante hausfraw, Margareth, den ersten, sybenden und dreÿssigisten begen sol in Sand Laurenczen pharr, und wo sey Got hin erman, und sol in den dreyssig segen arme leut verpaden und cze tisch haben mit essen und mit trinken, und darczu geben was darczu gehort nach irem vermogenn durch sein und seiner vorfodern sel selichait willen.

(*Abschnitt gestrichen*: Item so hat er mer mit seiner vorgenanten hausfrawn, Margareten, czetun und czemachen im und allen seinen vorfordern ain jartag begen in Sand Laurenczen pharrchirichen an dem tag, so er verschaiden sey, mit ainem phundt phening und nicht mit mer. Derselbe jartag sol dann steen auf irem haws, also lanng und als sy wil, und wann sy dann das phundt phening auf dem haws nit lenger haben wil, und dasselb ir haws ledig und frey machen, das mag sy tuen im jar, wann sy wil, mit czehen phundt phening der stat werung. Die mag sy dann ausleyhen mit der geschefft herren wissen und willen auf ain ander erb, haws oder weingerten, das darumb guet ist, also das der jartag wol versichert werd und nicht

[42] *Aufgrund eines Irrtums in einem frühen Bearbeitungsstadium wurden die beiden Hälften dieses Geschäfts zunächst als zwei Einträge nummeriert. Die Zählung wird hier und im Folgenden beibehalten, da bereits in mehreren Publikationen aus dem* Protocollum testamentorum *nach dieser Nummerierung zitiert worden ist.*

ab gee. Und wem man dann die czehen phundt phenning ausleicht, das sol man dann dem pharrer zu Sand Laurenczen czewissen tuen, wann er den jartag beger, das er dann wiss, wo er sein phundt phenning wiss wo czenemmen.)
(*andere Hand*: Item den obgenanden jartag hatt auff sich genamen der N. Theischel zueverdienen, und hatt dar fuer sein haus versezt gelegen auff Thaunawneusidel.)
Item so hat er mer geschaft seiner oftgenanten hausfrawn, frawn Margarethen, ein kelich und ein paten czemachen von anderthalben marken beraitem silber, und wann der kelich und die paten beraitt sind und von dem goldsmid gelöst werden, so sol dann sein vorgenante hausfraw, Margareth, den kelich und die paten geben nach der gescheft herren rat, wissen und willenn, wo sy Got hin dermanet (!), durch sein und seiner vorvorderen sel selichait willen.
Item so hat er mer geschaft Wolfganngen dem Pembstlein, seinem diener, seinen ledigen und freyn weingarten bey dem heyligen brundlein auch ledig und frey, und da mit czetuen und czelassen, durch seiner treun dinst willen, die er im von jugent auf, uncz das er verschaiden ist, getan hat, und nach hewt dez tags seiner frawn tuet als ein frummer diener.
(fol. 46r) Das Cristan Walher gescheft
Item des obgeschriben gescheft alles, so dann der vorgeschriben Cristan Walher vor unser unden geschriben gescheftherren getan hät, hat sich sein erbere hausfraw, fraw Margareth, vor uns gewilligt zetuen und volbringen als ein frumme erbere fraw an alle widerrede.
Item so hat er mer geschaft, ob sein obgenante hausfraw, Margareth, von seinem guet und hab seinen und iren geltern bezalerinn werd oder sull sein, so soll sy auch einnemerinn sein geweltichleich, sein und ir geltschuld ein czevadern, wo man ïm und ir dieselb geltschuld schuldig ist innerlandes oder ausserlanndes, als er selber dawer.
Item und das das gescheft vor unser hernach gemelten also geschehen sey, und darczu mit sunderm vleis von dem vorgenanten Cristan Walicher dasselb sein gescheft czu verhoren gepeten sein, als oben gemelt ist, das bechennen wir mit unsern trewn an aydes stat ungeverlich, und dez durch pesser sicherhait willen und warer gezeugnuss der sach und das gescheft sich also vor unser vergangen hab, so haben wir, ich Philipp Kugersauf, Hanns Huengster, und ich Michel Vogel, all drey mitburger zu Prespurg, unser petschadt und innsigel czu gezeugnuss des obgeschriben gescheft auf den verslossen gescheftbrief gedruket, verpetschadt und versigelt uns und all unsern erben an schaden.

Actum des inschreibens an freytag
vor Unser Lieben Frawn tag Nativitatis.
(*am Rande*: anno ut supra)

1443 Juni 6 – *1443 September 23* **98**

Geschäft des Hans Lasseber

pr. schr., 4 Zg. (*Index*: Gescheft dez Hanns Lasseber XLVI°)

(fol. 46v) Gescheft dez Hanns Lasseber

Alhie ist vermerkt mein gescheft, das ich Hanns Lasseber getan hab in meinem siechpett zu der zeit, do ich das wol getuen mocht und mit gueter vernunft unbetwungenleich mit meiner hausfraun willen und nach frumer leut rat, und zu der czeit, das das nyem widersprechen hat, am pfincztag vor Phingsten in anno etc. XLIII°.

Item von erst so schaff ich meinen bäiden sünen, dem Sigmund und dem Jorgen, ainen weingarten, genant Haggenger, gelegen in der Haheney neben des Cristan Hopfer weingarten und anderhalb des Andre Weinwachter weingertn czu tuen und czelassen damit. Und ob sach wer, das die obgenanten mein sun abgiengen mït dem tad, ee daz sy chëmmen czu iren jaren und vogtber wurden, sosol dann der vorgenant weingarten hin wider erben auf mein hausfrawn, damit czetuen und zelassen etc.

Item darnach schaff ich meiner tochter, Barbare, ainen weingarten, genant der Hafner, czetuen und zelassen damit, und ainen weingarten genant an der Hacheney, genant daz Chlain Tail, und ob daz chind mein tachter abging, ee si quemme (!) czu iren vogtbern jarn, so solten dann dieselbigen weingerten hinwider erben auf mein hausfrawn, damit cze tun und zelassen.

Item und schaff ich meiner ~~tochter Barbara~~ „hawsfrawen", Dorothee, ain weingarten, gelegen in der Undern Hoheney neben dez Stephan Renes weingarten und anderhalb neben dez Zwivaler weingarten, damit czetun und czelassen.

Item und schaff auch mer meiner hausfrawn mein haws gelegen in der stat czu nachst des Stephan Dauher haws und anderhalb zenachst dez Niclas Volfsperger haws. Da von sol sy bezaln von dem obgenanten haws und weingerten alle gelt schuld, die ich schuldig worden pin, und was uber beleibt, das sol ir sein ledig und frey vor aller menichlich, damit czetuen und czelassen.

Item und bey meinem gescheft sind gewesen die erbern herr Ulrich kramer genant Windtperger, gesworen purger dez rats zu Prespurg, und der Jung Laurencz, und der Francz Nickel, und der Symon Osterreicher. Und dez czu rechter urkund und gezeugnuss meines geschefts hab ich vleissichleich gepeten den vorgenanten herren Ulrich Wintperger kramer umb sein aufgedrukte petschadt, darumb daz mein gescheft kraft sol haben, wenn dy andern vorgenant nicht aigens insigel pey in haben gehabt. Das ist geschehen am pfincztag vor Pfingsten anno etc. XLIII°.

Actum dez in schreibns am montag
vor Sandt Michels tag anno etc. XLIII°.

1443 August 29 – *1443 November 29* **99**

Geschäft des Hans Gapler;
Bestellung der Zeugen zu Willensvollstreckern
pr. schr., 3 Zg. (*Index*: Gescheft des Hanns Gapler XLVII°)

(fol. 47r) Gescheft Hanns Gapler

Vermerkt das gescheft dez erbern mannes Hannsen dez Gapler, das er mit gsundem ~~leib~~ krankem leib (!)[43] und mit gesundem gemuet mit gueter vernunft recht und redlich vor den unden geschriben erbern und weysen mannen seinen gescheftherren, die er zu seinem gescheft mit sunderm vleis gepeten hat, und dasselb sein gescheft in daz erbern mannes Niclasen dez Franczen haws in einem chlain stublein in demselben haws auf der erden in dem hof getan hat an Sand Johans tag ~~Sunebenten~~ Gotztauffer, als er enthaubt ist worden, anno Domini etc. XLIII°.

Item von erst so hat der obgenant Hanns Gapler geschaft und seines geschefts geweltig und zu gescheftherren gemacht und gepeten die erbern und weysen mann Micheln den Granntner, Niclasen den Franczen und Ulrich den Fluder, all drey mitburger czu Prespurg. Wann daz sach sey, das der obgenant Hanns Gapler mit dem tod ab gee, daz dann dy egenant all drey und auch mit seiner frewntschaft hilf, das ist mit Micheln Subenleutgebs, seins vettern, daselbs sein haws verchauffen schullen, so tewrist und dÿ gescheft herren und dy frewntschaft mugen, und daz hernach geschriben gescheft davon ausrichten durch sein und seiner vorvodern sel selichait willen.

Item vermerkt, das die erber fraw Katrey, dez vorgenanten Hanns Gapler eleiche hausfraw seliger gedechtnuss, in irem pete der krankait czehen phundt phening czu dem paw Sand Merten chirichen ze Prespurgk geschaft hat, darczu derselb ir man, Hanns Gapler, geschaft hat und schaft, daz dieselben zehen phundt czwainczig gulden machen sullen mit seinem und irm gescheft czw dem paw Sand Merten kirichen zu Prespurg durch irer payder sel selichait willen.

Item so hat er mer geschaft in die zech der hawer funf guldein in gold auch durch seiner sel selichait willen, und hat er auch mer geschaft seinem vettern, Micheln Subenleutgeb, XIII fl. in gold ledig und frey, doch in solicher maynung, ob er ain Ramfart gen ~~wil~~ wald, daz stuend mit im, und ob daz sach wer, daz er der Ramfart nicht gieng oder nit gen wold, so sol man in darczu nit notten, und sol im die guldein geben ungehindert und anverczichen, wan daz haws verchauft wirt.

Item so hat er mer geschaft und schaft des obgenanten Michels des Subenleutgebs swester, seiner muemen, X gulden ingolt ledig und frey, und hat der obgenant Hanns Gapler mer geschaft ainer ellenden frummen junkfrawen oder ellenden frummen hawsarmen lewten funf gulden in gold durch seiner sel selichait willn.

---

[43] *Der Schreiber hat unterlassen, das Wort* gsundem *zu tilgen.*

Item so hat er mer geschaft drey schilling selmess, das ist III ß den. hern Jacob dem Warschan, phruentner in Sand Merten chirichen, und drey ß den. den herrn den munichen in Unser Frawn tal und III ß den. dem pehemischen hern Mathesen, caplan czu Sand Merten, das sy seiner sel in den selbigen messen gedennken schullen. Item so hat er mer geschaft ain guldein in den totenbrief czeschreiben, das sein und seiner hausfrawn sel, Katrein, die prediger Sand Merten kirichen auf der kanczel gedennken umb ir sel piten sullen. Und hat mer geschaft und schaft seinen ledigen und freyen weingarten gegen dem heyligen prundlein uber, wie der mit nachtpauern (!) umbvangen ist, der Hanns Hirsin und irn kinden ledig und freyen, damit czetun und czelassen.
Item so hat er mer geschaft seinen ledigen und freyn weingarten in den Gunten zegeben, ausgenommen ainen emer wein, herren Wenczlaben, auf dem freythof phruntner und kapplan Sand Merten kirichen. Denselben weingarten sullen dy gescheftherren verkauffen, als tewer und sy mogen, und sullen dann dasselb gelt, darumb sy den weingarten verkauft haben, geben und austailn armen leutten durch sein und seiner hausfraw sel selichait willn.
(fol. 47v) Item so hat er mer geschaft seinen ledigen und freyn weingarten, genant das Purkstal, dez nachpauern sein an aim tail Mert Fullenwolf und am andern tail Jacob Kunther, seiner hawsfrawn, Margareten, ir morgengab, als morgengab recht ist, und das sy dasselb erb oder weingarten in rechtem und redleichem paw halden sol, als weingarts paw und erbs recht ist. Ob sy das nit tet, so sullen und mogen sich dy nachsten frewndt an recht dez weingerten zepawn underwinden. Wer aber ~~sul~~ sach, daz dy vorgenant fraw Margareth mit dem tod abging, wan daz wer im jar, so sol der obgenant weingerten erben und gevallen auf seinen vettern, Michel den Granntner, und der sol dann ain Ramfart davon begen. Wolt er aber dez weingarten nit haben, so mag der obgenant Michel Granntner den weingarten daz Purkstal einem andern nachsten frewndt widerfaren lassen, der dann dy Ramfart volbringen sol, also daz die Ramfart nit sol abgen.
Item den weingarten im Wolfleins Grundt hat er geschaft und schaft den Micheln dem Subenleutgeben, seinem vettern, ledig und freÿ.
Item und daz wir obgenant all drey bey dem obgemelten und vorgeschriben gescheft gewesen sein, und sich also das vor unser geschehen seÿ, daz sprechen wir beÿ unsern trewn an aydes stat ungeverlich, und dez zu pesser sicherhait, warer gezeugnuss der sach so haben wir all dreÿ unser petschadt auf dem verslossen brief und auf daz gescheft aufgedrukt uns und unsern erben an schaden. Und daz gescheft ïst an dem tag und in der jar als oben geschriben stet.

Actum dez inschreibens an freytag
nach Katherine anno ut supra XLIII°.

1443 Oktober 1 – *1444 Januar 27* **100**

Geschäft des Hans Lautterhofer

pr. schr., 2 Zg. (*Index:* Gescheft des Hanns Lautterhofer XLVIII°)

(fol. 48r) Hanns Lautterhofer

Alhie ist vermerkt mein gescheft, das ich Hanns Lautterhofer getan hab, do bey gewesen ist mein hawsfraw und mein sun, Hanns Lautterhofer, und hab daz getan mit gueter vernunft und mit guetem willen unbetwungenlich czu der zeit, da ich daz wol getuen möcht, und daz daz niemant widersprochen hat noch widersprechenn hat mugen. Darczu hab ich gepeten vleissichleich die erbern, das die meins gescheffts gezeugnuss sullen sein, also genant den Cristan Hopfer und den ~~Stei~~ Symon Steinphel, und hab yeden sunder gepeten umb sein ~~abgedruk~~ aufgedrukts petschadt, das sy das auf meinen gescheft brief gedrukt haben durch meiner vleissigen gepet willen, darumb daz mein gescheft~~s~~ kraft sol ~~sein~~ haben und unzebrochen bleib, als ich das Got getraw und meinem herren. Und ist geschehen am ertag nach Sand Michaels tag anno Domini etc. XLIII°.

Item so schaff ich meiner lieben hawsfrawn, Elsen, mein haws ir lebteg, gelegen auf Tunaw Newsidel, und nach irem tod halbs damit czetuen und czelassenn, wem sy wil, und das ander halb taÿl schol darnach erben auf meinen sun, Hanns Lautterhover, und daz ist gelegen auf Twnaw Newsidel ainhalben czenagst dez Chuncz Wolfstainer haws und anderhalb dez Gerger Unger haws, und daz haws ist frey und ledig vor juden und vor kristen, ausgenomen, das daz haws dint jerlichen in daz spital czu Sand Lasla auf Sand Michels tag [*September 29*] III ß den.

Actum dez inschreibens an
montag vor Purificationis anno XLIIII°.

1442 November 11 – *1444 März 4* **101**

Geschäft des Jakob Schon;
Bestellung der Ehefrau zum Vormund der unmündigen Kinder

pr. schr., 4 Zg. (*Index*: Gescheft dez Schon Jacobs XLVIII°)

(fol. 48v) Schon Jacobs gescheft

Alhie ist vermerkt mein gescheft, das ich Schon Jacob getan hab in meinem siechpett, das ich getan hab mit meiner frumer hausfrawn willen und mit gueter vernunft und mit guetem willen und unbetwungenlich und czu der zeit, do ich daz wol getun mocht, und ist geschehen an Sand Mertein tag im XLII jare.

Item von erst so schaff ich meiner frumer hausfrawn, Elspet genannt, mein haws gelegen auf Wedritz gelegen ainthalben dez Kuncz Hoschen haws und anderhalb dez Niclas Payer haws, und alle mein hab darczu, nichts ausgenommen, es sey erbguet oder varundguet, wie daz genant ist, darumb daz ~~meiner~~ sy meiner kinder und irer chinder vorgeerin sol sein, die weil sy lebt, und die kinder sind also genant

von erst, Barbara, und daz junger kind, Elspet, an alle zuspruch aller menichleich, also beschaidenleich mit ausgenomen worten, das mein frumme hawsfraw, Elspet genant, aus sold richten meins prueder kind, dem Schonn Jorigen, und seiner swester, Barbara genant, in bayden czehen phund den., darumb daz sy hin für chain czuspruch nicht sollen haben, noch mugen zu meiner obgenanten hawsfrawen, Elspeten, und meinem kindern, es sey mit recht oder an recht. Darumb daz mein gescheft, als vornen geschriben stet, kraft sol haben und unczebrochen sol beleiben, als ich daz hincz Got und meinen herren wol getraw. Und dy obgenanten czehen phund die sol man ausrichten unverczogenlich in jares frist meins brueder chindern, als man die obgeschriben vindten.
Item und bey meinem gescheft sind gewesen die erbern und weysen Paul Schreiner, und Mert Muschenraif, und Stephan Nurnberger, und Ulreich Kremser, die ich fleissichleich gepeten hab meins vorgeschriben geschefts czu zeugnuss yegleichen besunder umb sein aufgedrukts petschaft, das dy das auf disen brief gedrukt haben in und irn erben anschaden. Darumb daz mein gescheft unzebrochen beleib und kraft sol haben, und ich vorgenant Ulreich Kremser die zeit nicht bey mir hab gehabt mein aygens petschaft, das ich auch auf disen brief hiet gedrukt. Und das ist geschehn an Sand Merten tag anno Domini millesimo etc. XLsecundo.

Actum dez inschreibens an mitichen Quatuor
temporum in der vasten in anno XLIIII°.

1444 Februar 5 – *1444 März 5* **102**

Geschäft der Elena, Ehefrau des Andre Irher

pr. schr., 4 Zg. (*Index*: Gescheft der Irherinn Andreinn XLVIIII°)

(fol. 49r) Elena, uxor Andre Irher, testamentum

Hie ist vermerkt das gescheft, das ich Elena, dez Andre Irher hawsfraw, in meiner krankait mit mit (!) gueter vernunft getan hab in gegenburtichait meins manns und daz ich mit recht wol hab mugen getuen.
Item ich schaff auf meinem weingarten der Tunaw Lewten auf meinem halben tail ain jartag in den pharhof jerleich czu begen, und darumb sol mein man ~~man~~ dem pharrer geben drey guldein und mit dreyssig guldein ab czeledigen, das der pfarrer sol gedenken mein und meinen mannen sel, und mein man sol mein tail sein lebtag in guetem paw halten, und nach seinen tod sol er gevallen zu Sand Merten kirchen czu dem paw, ausgenomen dy dreyssig guldein zu dem jartag. (*am Rande*: dedit dy XXX gulden dem pharrer ut [?] in dem gruntpuch[44])
Item so schaff ich zu dem paw Sand Mertein kirchen ainen virdigen dreyling wein. (*am Rande*: dedit)

---

[44] *Sicherlich das Preßburger Grundbuch von 1439, heute Archív hlavného mesta SR Bratislavy, 4.1.2. Grundbuch. Vgl. auch Einleitung S. 15.*

Item so schaff ich mein Pranntstat auch czu Sand Merten paw.
Item so schaff ich mein haws meinen tayl meinem mann, also daz er sol gen ein Ramfart, ain Czell vart, und czu Sand Wolfgang ain fart, und daz er sechs jar nach ein ander alle jar schol haben in bayden spitaln ain sel pad. (*am Rande*: dy Romfart ist ausgericht)
Item so schaff ich meiner diern meinen pesten seydel, und meinen pesten mantel (*am Rande*: dedit), und was meins gewannts mer ist, das schaff ich armen frawn und junkfrawn, daran man siecht, daz es bestatt ist (*am Rande*: dedit). Und das obgenant gescheft hab ich getan an Sand Agatha tag anno Domini etc. XLIIII°. Und dez czu ainer bestetigung meins geschefts hab ich mit vleiss gepeten die erbern herren Caspar Ventur und Mathes Meindel, bayd gesworn dez rats der stat Prespurg, und die erbern Paul Schreiner und Hanns Werel, daz sy ire sigel und petschadt darauf zu geczeugnus aufgedrukt haben, in und irn erben anschaden etc.
Actum dez inschreibens an pfincztag
vor Reminiscere in der vasten anno etc. XLIIII°.

1429 April 5 – *1444 März 18* **103**
Geschäft der Margaretha, Witwe des Jakob Ventur
pr. schr., 5 Einbr. = Zg.[45] (*Index*: Gescheft der Margaret Venturin XLVIIII°)

Geschëft Margaret Venturinn
Wir der gesworn rat der stat Prespurg verrichten und tun kund offennlich mit dem brief allen leuten, gegenburtigen und kunftigen, das aufgestanden sein in unser mitt die erbern weysen mann Andre Bernhertel, dy zeit unser statrichter, und Hanns Pawer, dy zeit unser burgermaister, auch Martinus Tirman, Jost Laspot, unser mitgesworner burger, und Johannes, unser statschreiber, dy haben vor uns ain trechtathel fur gelegt, daz die ersam fraw Margaret, Jacobinn Venturinn witib, unser mitburgerin, mit gueter vernunft und wolbedachtem muet vor in bechannt hat, daz sy vor ettlichen zeitn hab getan ain gemecht oder gescheft under czwayer erbern mannen, mitgesworn burgern czw Wien, insigel dem erbern mann Paul Bursel, auch burger zu Wyen, und mit demselben gemecht hat sy im bevolhn gehabt ainen brief irer morgengab und ain brief auf ir und irs suns haws gelegen czu uns in der stat Prespurg, und czwo klain verslossen laden, der doch ainer grosser ist dan die ander, mit dem, das darine ist, und dasselb vorgenant gemecht und bevelchnuss oder gescheft, wie daz genant ist, hat sy mit gueter vernunft und mit wolbedachtem muet willichlich widerrueft und wider sprochen, und hat die vorbenanten baid brief und dy czwo laden mit allem dem, daz darinne ist, geschaft und geben dem erbern mann Caspar Ventur, unserm mitburger, irm sun und seinen kindern, also

45 *Der Text wurde in Wien in der Anwesenheit von zwei Zeugen geschrieben und mit dem Siegel einer dritten Person gesiegelt. Danach wurde das Dokument von fünf anderen Personen in Preßburg präsentiert.*

daz er sol daz selbig vorgenant guet und brief von dem vorbenanten Paul Wursel widervordern und ein nemen, und sol haben gannczn gewalt dasselbig inn zehaben und besiczen, geben, schaffen, machen, wem er wil, und auch damit tuen und hanndeln und czelassen als mit seinem rechtem aygem erb guet an alle hindernuss und widerred aller lewt in kunftigen czeiten. Dez czu ainer urkund und gezeugnuss haben wir, obgenant rat, uns obgenanten statsigel auf den brief gedrukt. Der geben ist nach Christi gepurd virczehenhundert jar und darnach in dem neun und czwainczigisten jar am erchtag Sand Ambrosy tag[46].

Actum dez inschreibens an mitichen vor
Letare in der vasten anno etc. XLIIII°.

1442 Dezember 18–24 – *1444 März 18* **104**

Geschäft des Ulrich Gross;
Bestellung von Willensvollstreckern

pr., mü., 3 Einbr., 3 Zg. (*Index*: Gescheft dez Grossen Üllein XLVIIII°)

(fol. 49v) Gescheft des Gross Ullen

Vermerkt das gescheft, das der Gross Ull getan hat mit wolbedachtem muet und gueter vernunft in seinem siechpett czu zeiten, da er sein guet recht gehabt hat unbetwungenlich und an widersprechen aller seiner frewndt, in mass, als hernach verschriben stet. Und ist geschehen in der wochen vor Weinachten in anno XLII°.

Von erst so hat er geschaft an seinem totpett zu hailbertichait seiner sel und aller gelaubigen sel und aller seiner vorvordern sel czu dem paw Sand Merten kirchen neunczig guldein, dy man czalen und ausrichten sol in newn jarn alle jar czehen guldein.

Auch hat er geschaft czwain seinen ernn yegleichen czehen guldein und seins prueder sun auch czehen guldein czu hilf und steuer irer narung und nichts mer aller seiner hab.

Darnach hat er geschaft seinem rechtem prueder, genant Gilg Ludweig, alle sein weingerten ungeverlich, nichts hin dan gesaczt, und darczu hat er demselben seinem brueder geschaft sein haws gelegen in der stat czenachst der Heslerin hawsung mit aller czugehorung, und alles, daz er hat. Daz hat er dem bedachten seinem brueder geschaft, davon er dann sol bezaln, was er vor geschaft hat.

Mer hat er geschaft seiner schafferinn newn emmer wein, die vor hannden sein in czwain kuefflein, umb daz sy sein in der krankait gewartt hat.

Darnach hat er geschaft dem Andre Tischer, das er sol siczen in seinem haws ain gancz jar mir umb vier guldein, und sol nit hoher umb hofzins gedrungen werden desselben jars.

---

[46] *Die Datierung ist problematisch, da das Fest des Hl. Ambrosius 1429 auf einen Montag fiel. Der darauffolgende Dienstag ist der 5. April, vielleicht fehlt das Wort* nach.

Item er hat auch bechannt, daz er schuldig ist beliben in die ledrer czech XXII fl. auri, der auch sein prueder sol ausrichten von dem guet, daz er im geschaft hat. Das aber solich gescheft furbas gehalten werd und unzebrochen beleib, so hat der benant Gross Ull gepeten mich Laurencz Virczker, mich Thoman Brunner, und mich Andre Tischer, all drey mitburger czu Prespurg, daz wir solichs seins geschefts gescheftleut zu gedechtnüss weren, und daz wir peten dÿ herren dez rats, daz sy das liessen schreiben in ir statpuech, damit es hin hin (!) fur zu ewiger gedechtnuss dabeÿ belib und nicht verrer chrieg umb sein guet darauß erstuend, und ist geschehen in der wochen vor Weinachten anno ut supra.

Actum dez inschreibens an mitichen
vor Letare in der vasten anno etc. XLIIII°.

1438 Juli 15 – ***1444 März 28*** **105**

Geschäft der Anna, Tochter des Martin Tirman und Ehefrau des Bartholome Scharrach

pr., schr., 2 Zg. (*Index*: Gescheft Anne Tirmanynn L°)

(fol. 50r) Gescheft Anne Tirmanynn

Hie ist vermerkt das gescheft, das ich fraw Anna, des Martine Tirman tochter, mit gutter vernunft getan hab als hernach geschriben stet.

Item ich schaff meinem eleichem mann, Pertel Scharrach, all mein guet, erb und varund guet, nichts ausgenomen, das er damit mag tuen, was er wil, und ich enphilch im auch mein sel auf sein trew.

Item ich schaff meiner swester, der Vinkein, mein rotn mantl. *(spätere Eintragung*: das ist ausgericht) (*am Rande*: dedit)

Und daz mein obgeschribens gescheft also kraft hab und unczebrochen beleib, so hab ich mit vleiss gepeten die erbern herren hern Mert, charherr und pfarrer zu Sannd Mertein, und Caspar Ventur, die zeït dez rats gesworn der stat Prespurg, daz sy ire sigel auf den gescheft brieff zu zeugnus gedrukt haben, in und irn erben an schaden. Der geben ist an erchtag nach Sand Margareten tag anno Domini M° CCCC° XXXVIII°.

Actum dez inschreibens an sambstag
vor Judica in der vastn anno etc. XLIIII°.

1437 Oktober 12 – ***1444 März 2*** **106**

Geschäft des Stephan, Sohn des Jakob Cristan

pr., schr., 4 Zg. (*Index*: —)

Hie ist vermerkt ain gescheft, das hat getan Stephanus, Jacob Cristan sun auf der Wedricz, als man zelt nach Cristi gepuerd vierczehen hundert jar und in dem suben und dreyssigist jar des sambstags vor Galli tag mit wolbedachtem synn und muet.

Und da bey sein gewesen erber frum lewt herr Wenczla, dy zeit prediger hincz Sand Mertein pharr chirichen, und Andre Ludweig, Erhard Rabenzagel, Michel Stabenewtel, all mit gesessen zu Prespurg.
Ich schaff all mein guet, das ich indert hab und hinder mein lass meinem weib, Elizabeth, und meinem sun, Jacob, mit sambt der lehentschaft so mein eltern gestift und gewidmet haben, und ob der bedacht mein sun, Jacob, abchind (!) mit dem tod, so schaff ich all mein guet meiner weib, Elizabeth, damit zetuen und czelassen vor menichleich nach irm gevallen, wann ich als meins guets, es sey erb guet oder varund, nichts auß genommen, gan ich nyemants paser dann meiner hausfrawn etc.

Actum des inschreibens an montag
nach Invocavit anno etc. XLIIII^{to}.

1444 Februar 29 – 1444 März 25 – *1444 April 7* **107**

Geschäft des Andre Irher[47]*;*
Bestellung von Willensvollstreckern
pr., schr., 7 Zg. (*Index*: Gescheft Andre Irher LI°)

(fol. 50v) Andre Irher
Alhie ist vermerkt mein gescheft, das ich Andre Irher getan hab an sambstag vor Invoca (!) in meinem siechpett mit gueter vernunft und mit guetem willen und mit wolbedachtem muet und zu der zeit, do ich es wol getuen mocht und mit frumer leut rat, do es nyemant widersprechen hat mogen noch widersprechen hat, in dem vierund (!) vierczigisten jar.
Item von erst so schaff ich meinem prueder, Ulreichen Riemer, mein haws gelegen in der stat Prespurg pey Wedriczer Tor frey und ledig. Also beschaidenlich mit ausgenomen wortn, daz man von dem obgenanten haws ausrichten sol ein Ramfart, und ein Czellfart, und ein vart kein Sand Wolfgang, und ein selpat armen leuten in dem spital VI jar nach einander, alle jar ain pad und ein mal, und darnach ist des haws frey und ledig. (*am Rande*: expedivit)
Item und mer schaff ich meinem prueder, Ulreichen Riemer, ein halben weingarten auf Tunaw Lewten mein tail frey und ledig czetuen und czelassen, und das ander halben tail, daz findt man in meiner hausfrawn gescheft, wie sich daz halt. (*am Rande*: expedivit)
Item und schaff mer meinem prueder, Ulreichen Riemer, ein weingerten gelegen in Undern Tunaw Seczen frey und ledig. Also beschaidenlich, das man von dem selben weingarten jerleichen dint auf Sand Michels tag [*September 29*] der die zeit purgermaister ist zu Prespurg II gross und nit mer swerung hat der obgenant weingarten auf im.

---

[47] *Dieser Eintrag wurde bereits ediert.* LEDERER, *Középkori pénzüzletek 247–250.*

Item mer schaff ich meinem pruder ain armprust im haws mit seiner zugehorung, und das stet X ß den.
Item und schaff im mer ain armprust, daz ist czum Hanns Pogner und ist bezalt.
Item und schaff meinem prueder ain panczir und III kregel und ein swarczen eysenhuet.
Item und schaff im meinenn swarczen rokch, ein janko.
Item und ain pett und II polster und ain leilach und I lidrein polster und ain kuss.
Item und schaff meinem prueder allen zewg von hawn und von krampen und von assach und ain press, die stet zum Abban.
Item und schaff meinem prueder III silbrein pechher und dy sol man verseczen und mich domit bestatten von dem, wem der in meiner gewalt leit, den sol man ausschenken und die pecher hin wid (!) lasen, und was uber beleibt, das sol man haws armen leutn mit tailn, und I pint chandel zu vierhalben, das schaff ich im auch mit. (*am Rande*: expeditum)
Item und schaff dez Stephan Hueter tochter, Mareth genant, I pett, daz aller pest, und II newe leylach von tuech, das da berait leitt in meiner gewalt und dennoch mer. (*am Rande*: dedit)
Item und schaff meiner dirn, der Cristel, I pettel und II polster, dy aller pesten, und II kuss und II leilachen. (*am Rande*: dedit)
Item und ich schaff auch ein Ramfart, und ain Achfart, und ein fart ken Sand Erhart, und zu Unser Frawn keen Peruckch, und gen Czell, und gein Sand Wolfgang, darumb sol man verchauffen die rauhen vel und gescheft herren under haws arm leut tailn.
Item und ich armer durstiger, ich schaff durch meiner sel selichait willen auf allem meinem guet XL mess, und ainen flor. auri dem prediger, daz man auf dem predig stuel fur mein sel sol piten jerlichen. (*am Rande*: dedit)
Item vermerkt, was man fur mich bezaln sol. Von erst dem Veit, puxemaister (!), daruber er mich von der Ulreich Kursner geber geledigt hat umb XIII ß den. in die gab. (*am Rande*: dedit)
Item und bleib schuldig der Wolfgang Nymersalin VI ß minus VI den. (*am Rande*: dedit)
Item und bleib schuldig dem Reich Thoman IIII½ ß den. wyenner. (*am Rande*: dedit)
Item und mein gescheft herren sullen sein von erst dy obristen

Ulreich Fluder
Paul Schreiner
Thoman Ruspekch.

Alhie ist vermerkt mein geltschuld hernach geschriben alles chlain und gros, wie daz genant ist, und daz schaff ich alles zu paw zu Sand Merten kirchen von erst czu Prespurg.

Prespurg

Item Jorg Spies tenetur von wein wegen, den er von mir kauft hat, III flor. auri.

Item Cirvus Ledrer tenetur LXXXII gais heut per XXVI den., facit VIII tal. VII ß II den., in hoc dedit VII fl. auri.

Idem tenetur mer I^{c} irich per XXV den., facit X tal. III ß X den., in hoc dedit III½ fl. III tal. minus XXX den.

Item Wolfgang Magenchorn tenetur umb irich VI tal. minus LX den.

Item Michel Klinsler tenetur von ains weingarten wegen XVIII flor., Frisin im Gerrn genant, und davon schol man noch lassen im III flor., und daz ubrig macht XV fl. auri.

Item N. Flochperger tenetur gelihns gelts V flor. minus XL den.

(fol. 51r) Item Sinig Üll tenetur mit ainem verpot auf seinem haws, daz der Hanns Pogner aus sol richten VI½ fl. auri.

Item ein schuester, dez Paul Rewssen swager, tenetur umb vel I flor. auri.

Item Mathes Rewss tenetur umb V vel per XXXVIII den. wyenner facit VI ß X den.

Idem tenetur II tal. den. wyenner, daran hat er mit in daz haws schuech gemacht, das stet mit im.

Item Symon Peutler tenetur umb irich, doran hat er VII tech chlaine peutel und II tech frawn peutl VII flor. auri.

Item Andre Czobel tenetur, darumb ich im geben hab III panczir umb VI flor. auri.

Item Hanns Guldein smid tenetur ½ tal. den.

Item Niclas Fischamunder tenetur X fl. auri.

Tirnaw

Item Jacob Weber und Hanns Weber von Tirna bleiben schuldig unverschaidenlich umb woll IIII flor.

Ibidem Niclas Peutler tenetur an ainem rokch I flor. auf Ostern.

Ibidem Leonhart Peutler tenetur umb irich II flor.

Posing

Item Tompa Jorg weber tenetur umb woll VII flor. auri.

Item ~~Weber~~ Vetter Michel tenetur alder geltschult umb woll II½ flor.

Item Vetter Michel und Niclas Gerngros beleiben schuldig unverschaidenlich VIII½ flor. umb woll.

Item Peter Verberinn tenetur umb woll XVII ß den. wienner.

Item Peter Scherer tenetur umb woll I^{c} den. wyenner.

Leupolczdorff

Item Hanns Weber tenetur umb woll II tal. den. wyenner.

Item Hanns Lannczman tenetur umb woll I tal. den. wyenner.

Item Hanns von Gletarn ist purgel worden umb wich fur den Vogel czu Sand Marein umb VII tal. den.

Haimburg

Item Michel Hueter tenetur umb woll X ß den. wyenner.

Item Kobrer ledrer tenetur umb irich LX vel pro XXII den.
Item Czipser hueter tenetur umb vel X ß den. wienner, in hoc dedit ½ tal. den. wyenner.
Idem Czipser tenetur fur ain wag woll II^{c} den. wyenner.
Item Caspar Weber tenetur umb LXX tal. woll per XII den. facit III½ tal. den. wyenner.
Item Caspar Guetgelt tenetur umb woll IIII flor. LX den. wyenner.
Idem Caspar Guetgelt ist purgel fur sein swager, Mathes, umb XL tal. woll per XII den. facit II tal. den. w.
Idem Caspar Guetgelt tenetur mer fur sein swager, Mathes, dorumb er purgel ist, umb XXX tal. woll per XII den. facit XII ß den. wyenner.
Item Peter Spies hat nider gelegt in meinem namen an meiner geltschuld zu dem richter Tanperger I flor. auri.
Item Hanns Weber tenetur umb woll IX ß den. wyenner.
Item und die vorgeschriben geltschuld alle, chlain und gros, schaff ich czum paw Sand Merten kirichen.
Item und beÿ meinem vor geschriben gescheft sind gewesen die erbern Niclas Gurtler von Papa, und Paul Schreiner, und Ulrich Fluder, und Thoman Ruspekch, und Wolfgang Mautter, und Michel Rigler, und Jorg Czipser, und ich hab gepeten yeglichen besunder umb sein auf gedrukts petschaft, das sy das auf meinem gescheft brief gedrukt habn in und iren erbn an schaden, darumb daz mein gescheft kraft sol haben und ungebrochen sol beleiben, als ich dez Got und meinem herren vertraw, und daz ist geschehen am sambstag vor ~~Judica~~ Invocavit in der XLIIII jare.
(fol. 51v) Alhie ist vermerkt, mit wem ich Andre Iricher abgericht hab nach dem gescheft, das ich getan hab am sambstag vor Invoca (!), und darnach als mir Got hin wider ein kraft gab, am mitichen vor Judica [*1444 März 25*] hab ich abgeraitt mit etzlichen meinem geltern zu meiner notturft, daz in ab sol gen in meinem gescheft prief, als man das darinn finden wirt geschriben in dem XLIIII jar, und bey meiner raittung sind gewesen die erbern Niclas Kursner, und Stephan Hueter, und Ulreich Riemer, mein prueder, und Thoma, mein (!), der do vil umb sach und umb mein handel wais.
Item Cirvus Ledrer bleibt mir schuldig nach aller rayttung, die ich mit im getan hab zu meiner notturft VI tal. XX den. wienner.
Item und daran hat er mir geben und ausgericht I fl. auri.
Item Symon Peutler bleibt mir schuldig nach aller raittung, daz ich im durch Gots willen nach hab lassen und durch seiner armuet willen und meiner sel selichait ab ich ab sold gen mit dem tod, III fl. auri.
Item Niclas Fischamunder, mein weinczurel, bleibt mir schuldig, das ich im nach hab lassen, gen durch seiner trewn dinst willen und durch meiner sel willen und

seiner lewt willen, je das ich abge mit dem tod, V fl. auri, die sol er zaln Sand Merten chirchen und nit mer.
Item Leonhart Peutler von Tÿrna ist gancz entricht.
Item Kobrer ledrer von Hainburg blibt (!) mir schuldig nach aller raittung daz ich im noch hab lassen V tal. LX den., dÿ sol er zu Sand Merten raichen.
Item und ob die obgeschriben geltschuld von in meinem gescheft brief, dÿ sol man ieglich bezalen, oder auf dÿ kunftigen Ostern in anno etc. XLIIII^to [*1444 April 12*].

Actum dez inschreibens in anno XLIIII°
an erchtag vor Ostern.

1444 Dezember 7 – *1444 Dezember 14* **108**

Geschäft des Hans Rauscher von Kaltenstain

pr., mü., 3 Einbr., 3 Zg. (*Index*: Gescheft Hanns Rauscher cum uxore LII°)

(fol. 52r) . Hanns Rauscher Veronica Rauscherin

Vermerkt, das vor unser sind aufgestanden in unserm rate dew ersamen weysenn Stephan List, unser statrichter, und Peter Jungetel, unser burger des rats, und mit in ist furchomen der erber Stephan Renes, unser mitburger, dy haben offennleich vor unser bechannt bey iren aiden, als sy zu recht solten, das sy darczu gerueft sein worden nach guetem vertraun, und sein da bey gewesen, das der edel und fursichtig Hanns Rauscher vom Kaltenstain, auch unser mitburger, an seinem siechpett bedechtleich, unbetwungen und mit gueter vernunft all sein guet und hab, es sein erb, varundguet oder geltschuld, wo er dÿ gehabt hat inner oder ausserlanndts, alles gancz und gar, nichts ausgenommen, geschaft hab seiner eleichen hausfrawn, Veronica Gnewssin, und seiner chinden, die sy eleich miteinander gehabt haben, unverschaidennlich vor menichleich aller ander seiner frewndt, und hat dy selben seine gueter auch sein sel mitsambt den chindern, ir, der benantn seiner hausfrawn, ganncz bevolhen auf ir trew und gewissen, als sy Got darub (!) solt das veranntburten. Actum an montag nach Sand Niclas tag anno Domini etc. XLIIII^to.

Actum dez inschreibens an montag nach Concepcionis Marie
anno ut supra, dy czeit ist burgermaister gewesen Ludweig
Kunigsvelder etc.

1445 Februar 17 – *1445 April 4* **109**

Geschäft der Veronika, Witwe des Hans Rauscher;
Bestellung eines Vormunds für die minderjährigen Söhne der Erblasserin

pr., schr., 2 Zg. (*Index*: Gescheft Hanns Rauscher cum uxore LII°)

Vermerkt das gescheft, das ich Veronica, des edeln Hanns Rauscher seligen witib, getan hab zu der zeit, do ich es mit recht wol getun mocht mit gueter vernunft

und wolbedachtem muet, und zu meinem gescheft hab ich gepeten den erbern Stephan List, die zeit richter der stat Prespurg, und den erbern Stephan Renes, mitburger daselbs, das sy durch meiner fleissigen gepet willen gezeugen sein meins geschefts. Das geschehen ist am mitichen vor Reminiscere anno etc. XLV^{to}.
Item von erst so schaff ich ein vergolte silbreine gurtel auf ainen plaben parten, das man die verchauffen sol, und da von sol man frummen tausent mess, und was ubermass ist, daz schol man durch Gotz willen geben armen leuten.
Item so schaff ich meinen roten sammet rokch, das man darauß sol machen zway messgwant, ains sol man geben und rayhen zu Sand Merten pharchirchen zu Prespurg, und das ander schol man raichen und geben zu Sand Michels chirichen oder chappeln zu Ungrischen Altenburg, die gestift hat der edel Hanns Rauscher, und was zugehorung gehort zu den zwain messgwanten, das sol man erstatten von meinen chlaidern, was da ist von menteln und von roken und von chursen, ausgenomen einen langen mantel, den sol man geben meinem chapplan gein Ungarischen Altenburg.
Item so schaff ich ein tafel, die in Sand Merten pharchirchen stet, mit alabastrein pildein, zu meiner chappellen gen Ungrischen Altenburg.
Item so schaff ich uber das, als das guet, es sein erbgueter und varundgueter, nichts ausgenommen, und wo die gelegen sind, das mir mein man der edel Hanns Rauscher seligen ~~h~~ gelassen hat, meinen sunnen, mit nammen genant Johannes, Paulus, Albrecht und Ladislaus dy Rauscher. Also hab ich gepeten den edeln Hannsen von Gluks, purger zu Prespurg, und auch Petern Jungetel, gesworn purger dez rats daselbs, das sy meine vorgenante chinder und auch dy vorbenanten gueter, erbgueter und varundgueter, innenhaben schullen unverschaidenlich uncz als lang daz die vorbenanten meine chinder zu iren vernunftigen jaren chomen, und auch dez zu pesser sicherhait und merer zeugnuss hab ich die obgenanten gescheft herren gepeten, daz sy das gescheft haben versigelt mit iren aufgedrukten insigeln, in und irn eriben an schaden. Actum ut supra.

Actum des inschreibens an suntag nach dem heyligen Ostertag anno etc. XLquito (!), die zeit ist burgermaister gewesen Ludweig Chunigsvelder etc.

1444 April 13 – *1444 Dezember 18* **110**

Geschäft der Margaretha, Ehefrau des Hans Holczer und Witwe des Christian Walich;
Bestellung von Willensvollstreckern
pr., schr., 2+2 Zg. (*Index*: Gescheft Margarete Holczerin LIII°)

(fol. 52v) Margarete Holczerinn gescheft
Vermerkt das gescheft der erbern frawn Margaretn, Hannsen des Holczer eleichen hausfrawn, ettwan Cristans des Walicher seligen witib, den paiden Got ge-

nad, das sy in dem pett irer krankait mit gueter vernunft recht und redleich vor unser paider under geschribner mannen ungenott und unbettwungenleich getan hat, an dem nachsten montag in den Osterfeyrtagen nachst vergangen anno Domini millesimo etc. XLIIII^{to}, und dy gescheft herren sind Michel Vogel und Philipp Kugersauf, bayd mitburger der stat czu Prespurg.
Item von erst so hat sy geschaft und schaft in kraft des gegenburtigen gescheft briefs den weingarten genant der Welser irer swester, frawn Anna, der Hainczel Pfafsteterinn, und irn chindenn, und darczu aller geltschult, die ir und im ir man, seliger Christan Walicher, und sy selber irer swester, der yeczbenanten frawn Annen, und irm mann gelihen haben gancz und gar ledig und frey vor menichleich.
Darnach so hat sy mer geschaft Thoman dem Rokkengarib, irm ohem, irer swester sun, den weingarten an der Innern Hoheney, der da leit under des Schonpachs seligen Juden, auch ledigen und freyen, damit czetun und czelassenn.
Darnach so hat sy mer geschaft, das das silber in einem verslossen und verpetschadten pewtel, und was sy davon genommen hat nach ires manns ~~tag~~ tod, Cristans des Walicher, mit der benanten gescheft herren willen und wissen, das das alles bey einander pleiben schol, und das der chelich zwen schullen werden, ainer von des oftgenanten Cristans des Walicher wegen, und ainer von irn wegn und yeczleicher kelich von anderthalben marken mit zwain paten, und was an dem silber ab gieng, das sol dann Johannes, ir elicher man, derstatten und dervollen mit dem grossen silber pecher, und auch die kelich auf sein gelt weyhen lassen und uns dy in antburten, das wir die dann dew geben und weyhen an solich stet, das der armen sel payder und irer vorfordern nymer mer gen Got und Unser Frawn vergessen schull wordenn.
Darnach so schol Johannes Holczer, ir eleicher man, tuen ein selgret mit zwain selpaden in payde spital, yegleichs mit ainem phundt phening, und sol daz holcz selber zu den paden geben dem padern LX den. und den armen lewten dy VI ß den. umb essen und umb trinken durch irer payder sel selichait willenn.
Darnach so sol Johannes Holczer alle jar begen zwen jartag ewichleich, das die nicht abgen ir und irm vodern mann, Cristan dem Walicher, yegleichem mit ainem phund den. und die jerteg (!) sollen sein auf irm haws, darinne sy wonund ist. Den ersten jartag sol man Cristan dem Walicher begen an dem nachsten tag nach Unser Lieben Frawn tag Assumpcionis Marie [*August 16*] in Sand Laurenczen chirichen, darnach irn jartag den sol man ir begen in Unser Lieben Frawn chloster, da peder leib rastund sind, yegleichen jartag mit ainer vigily und mit ainem selambt, und dy jartag sein abzelosen mit XX tal. den., die mag dann Johannes Holczer, ob er das haws ledig und frey haben wil, leyhen auf der stat gepiet zu Prespurg mit des pharrer von Sand Laurenczen und mit des gardian willen und ir payder willen auf ain ander erb, haws oder weingerten, das darumb guet ist, das sy dann ir phundt phenning von der jarteg wegen, wann sy die beganngen haben, wissen, wo sy die vordern und ein nemen sullen. So ist dann

das haws ledig und frey dez Johannes Holczer, irs mans, dem sy das schaft und geschaft hat mit allem dem guet, es sey erbguet oder varundguet, was in haws und in hoff zeveld und zedorff mag ~~g~~ gesein, ausgenomen ettlich ~~artk~~ artikel, die hernach geschriben stenn, darczu er sich auch gewilligt hat vor unser verschriben gescheftherrn, und vor den ersamen und weysen mannen und hern Ludweig Kunigsvelder, die zeit ain geswarner dez rats der stat czu Prespurg und purgermaister daselbs, und Niclas Flins, die zeit haubtman der stat zu Prespurg und darczu auch ain gesworner purger dez rats der stat daselbs zu Prespurg, alles das volbringen und volfurn, das in dem gescheft brieff geschriben stet bey seinen trewn ungeverlich, es sey lembtig oder tod. (*am Rande*: expedita sunt per Johannem Holczer)
(fol. 53r) Item so hat die obgenant fraw Margaret mer geschaft, das man ir prewtgewant, rokch, mantel und kursen, das man das alles verchauffen sol, und das gelt geben priestern, geistleichen und werltlichen, dafur hat sich Johannes Holczer, ir man, gewilligt ein gradual lassen schreiben mit aller czugehorung, nicht auf daz ergest, sunder auf daz pest, Got dem herren und Unser Frawn und Sand Mertn zu lob und cze eren, und czu ainer ewigen gedachtnuss payder sel der oftgenanten frawn Margareten und irs gemehel, Cristan des Walicher, den Got genad und aller der sel, die darczu hilfen.
Darnach so sol Johannes ain Ramfart aus richten, er gee selber oder er schik ain andern fur Cristans Walhers sel, der layder an seinem gevattern schuldig ist worden und den vom leben und zu dem tod pracht hat.
Darnach so hat fraw Margareth aber geschaft, das im Johannes Holczer dy alten frawn, genant die Ulreichinn, sol lassen enpholhen sein uncz an ir end mit essen und mit trinken und mit ander notturft, als ein frawn angehort durch Gocz willen irer armen sel auch zu ainer trost.
Auch so hat die obgenant fraw Margaret mit gesundrem leib und wolbedechtlich, ee wan sy den Johannes Holczer genomen hat, vor unser gescheftherrn zu dem gewilligt, das nur dy XII^{c} guldein und dÿ echt phundt wyenner hern Fuchsen nicht beleiben schullen, der ir irn man, Cristan den Walicher, auf dem hart und von ir frawn, Margareten, auf der vest genommen hat zu Haimburg. Dieselben summ guldein und acht phundt wyenner phening hat sÿ czu geaigent und geben dem erbern und weysen herren, dem richter und dem rat der stat Prespurg, das die mit dem rechten mit ganczem fleiss darnach sein sollen, und wann sy dann dy oftgenanten summ guldein und gelt in ir gewer und gewalt pringen mit geistlichem oder mit werltleichem rechten. Sosol (!) dy stat vorauß vor der obgenanten summ gulden nemen hundert guldein fur ir mue, und was auf den chrieg verzert und gelegt ist worden, und dy ubermass sollen dan die herren richter und der rat der stat czu Prespurkch geben und rayhen zu dem paw Sand Merten kirchen daselbs zu Prespurg oder zu ainer ewigen mess und phrundt ir payder sel, Got czu lob und Unser Frawn und Sand Mertein, zu ainer ewigen gedechtnuss.

Und das das gescheft und willigung der oftgenantn frawn Margareten ~~daz~~ „und" Johannes des Holczer vor unser payder obgeschriben gescheft herren also geschehen und sich also vor unser gewilligt haben, und sunderlich der oftgenant Johannes sich vor den erbern und fursichtigen herrn Ludweig Kunigsvelder, dÿ czeit burgermaister und ain gesworen purger dez rats der stat zu Prespurg, und Niclasen dem Flins, die czeit haubtman und auch ain gesworner burger des rats daselbs zu Prespurg, gewilligt und versprochen hat alles das czu volbringen, das in dem gegenburtigen gescheftbrief geschriben stet bey seinen trewn an aidts stat ungeverlich. Daruber so haben wir durch fleissiger gepet willen der obgenanten frawn Margareten und Johannes Holczer unser insigel und petschadt zu zeugnuss auf daz verslossen gescheft besigelt und verpettschadt, uns und unsern erben an schaden, und sprechen auch daz bey unsern trewn an aydes stat, das sich daz alles was oben geschriben stet vor unser payden also vergangen hat ungeverlich etc.

Actum des inschreibens an freytag in den
quottemern cze Weinachten etc. anno ut supra.

1444 November 27 – *1445 Januar 11* **111**

Geschäft des Leonhard Smerber

pr., schr., 2 Zg. (*Index*: Gescheft Leonhart Smerber LIIII°)

(fol. 53v) Leonhart Smerber

Hernach ist vermerkt das gescheft, das ich Leonhart Smerber mit gueter gewissen und wolbedachtem willen und vernunft getan hab.

Zum ersten schaff ich meiner hausfraun mein haws frey und ledig, damit zetuen nach irem willenn.

Item ich schaff meiner hausfrawn mein czway tail in Tunawleutten frey und ledig, damit czetuen und lassen nach irem willen.

Item ich schaff meiner hawsfrawn, Anna, dy zwaytail in Ottenzegeln, davon sol sy der Werblein ausrichten VII flor. auri, wenn sy es wol getun mag, damit sy dann ganncz entricht ~~word~~ ist.

Item so schaff ich der Berblein III gulden zu der Freyssamynn vom Wortperg.

Item ich schaff meiner hawsfrawn, Anna, all mein wein in meinem keler, davon davon (!) sol sy ausrichten XXX tal. auf den wegk gein Rom und Ach, das secz ich czu iren trewn, wenn sy es bequemlichen getun mag.

Item ich schaff ein wein czu Sand Mertein, der leit im dem bresshaws.

Item ich schaff dem Peter mein czwey tail im Rauchweingarten frey und ledig, darczu auf meinem guet XX tal. wyenner.

Item ich bleib schuldig Jorgenn von Haimburg auf VIII flor. gulden.

Item Stephan Unger II½ flor. gulden.

Das also mein gescheft ganncz und ungehindert bleib, hab ich Leonhart mit fleiss gepeten dew erbern mannen Niclas List und Heinreich Aach, das ir yeczleicher sein petschadt gedrukt haben auf dise gescheft czetel, und ist geschehen an freytag nach Sand Katrein tag XLIIII jar.

Actum dez inschreibens an montag nach
Trium Regum anno etc. XLV^{to}.

1444 Dezember 5 – *1445 März 16* **112**

Geschäft des Servatius Zalker;
Bestellung von Willensvollstreckern

pr., schr., 4 Zg. (*Index*: Gescheft Zirfos Zalker LIIII°)

(fol. 54r) Cirfos Zalker

Vermerkt, das der ersam Cirvos Zalker in seinem siechpett mit gueter vernunft bedechtlich, mit willen und wissen seiner nachsten frewnt sein gescheft getan hat, geornet und gemacht in maynung, als hernach geschriben stet, in gegenburtichait der ersamen weysen Stephan Gmaitel, purger dez rats der stat Prespurg, und Thoman Maurochen, Jorgen Ledrer und Fridreich Klebinger, all mitburger daselbs, die er mit fleiss darumb gepeten hat, das sy solich sein gescheft treulich bewarn, damit es volbracht und gehalten werd, und ist geschehen an sambstag vor Concepcionis Virginis Marie anno Domini etc. XLquarto.

Von erst hat er mit guetem willen geschaft all sein hab und guet, es sein erb oder varundgueter, ledichleich und unverschaidenlich seiner hausfraun, Katherina, vor menichlich damit zetuen und ze lassen, schaffen, machen und geben, wem sy wil, an aller seiner freundt irrung, also, das sy alle die geltschuld sol bezalen, die er schuldig bleibt ungeverlich, doch ~~auch~~ mit solichen ausgenommen underschaiden, als hernach verschriben stet.

Item auf dem weingarten, der do haist das virtail gelegen zu ~~Re~~ Retschenstorf am Pendlsperg hat er geschaft in die pruederschaft Goczleichnambs ɟ zech zu Prespurg zehen guldein, die sol dew benant fraw bezaln in funf jarn nacheinander, in yedem jar zwen gulden anvercziehen.

Darnach hat er geschaft sein halbs haws gelegen zu Sand Marein in der Schutt gegen Lewpolczdorf wertz zenachst der Jerunngin an ainem tail und am andern tail zenachst dez Andre Snelhart hausung seiner swester chinder frey und ledigs, doch in solicher beschaiden, ob die selben chinder nicht chemen zu vagtperen jaren und ee abgingen mit dem tod, so sol dasselb halbs haws nach irm abgang erblich gevallen zu der pharchirchen zu Sand Marein. Wer aber, daz die chinder chemen zu gevagten jaren, sosullen (!) sy dasselb halb haus innhaben, nuczen und nyessen nach allem irm pesten frumen, wie in daz am pesten fugt und stat werden mag.

Mer hat er geschaft auf ainem agker, dez da ist vier jeuch, auch zu Sand Marein gelegen, sechs phundt den. seines steufprueder sun, genant Cristanne, und ist dez Michel Zalker sun, ~~dan~~ darumb man in ainen geltbrief sol vertigen also, daz er frey sey den selben aker zuverseczen umb sovil gelts ungeverlich.
Item und was uber solich vorverschriben gescheft und auch geltschuld uber bleibt seins güts, es sey erb oder varundguet, nichts ausgenommen, wo er daz gehabt hat, inner oder ausserlanndts, das sol alles valgen und zusten ledichleich seiner benanten hausfraun an alle irrung, an gever.
Das aber solich gescheft vor uns obgenanten Stephan Gmaitel, Thoman Mauroch, Jorig Ledrer und Fridel Chlebinger geschehen sey, das bechennen wir bey unseren treun in chraft der gescheft zetel, darauf wir czu zeugnus der sach unser yetweder sein petschadt hat gedrukt uns und unsern erben an schaden. Actum ut supra.

Actum dez inschreibens an erchtag vor dem
Palm Ostertag anno Domini etc. quadragesimoquinto.

1445 Februar 28 – ***1445 April 28*** **113**

Geschäft des Augustin Schneidergeselle

pr., schr., 3 Zg. (*Index*: Gescheft Augustin sneydergesell LIIII°)

(fol. 54v) Augustin Sneydergesell

Alhie ist vermerkt daz gescheft, das ich Augustinn Sneyder gesell getan hab inmeinem (!) siechpett mit gueter vernunft und mit guetem willen czu der zeit, da ich es wol getün mocht und unbetwungenlich, do es nyemant widersprochen hat noch wider sprechen hat mogen, und ist geschehen am suntag als man singt Oculi inder vasten anno Domini etc. XLV^{to}.
Item von erst so schaff ich von den LX gulden, die der maister Weinreich des kunig Albrecht[48], dem Got genad, ~~wol~~ weil (*Bezeichnung fehlt*), und ee Raifsneyder dy zeit gewesen ist, die ich in treulich zebehalden geben hab, und zwen gulden ring, darczu daz der von den obgenanten LX gulden schol geben nach meinem gescheft XXX gulden und zwen gulden ring darczu zu der mess und pruderschaft, die dÿ sneyder gesellen zu Wyenn angefangen haben.
Item und darnach so schaff ich den ubrigen XXX gulden zu dem gwelb zu Sand Merten kirichen zu Prespurg, daz der obgenant maister Weinreich die sol rayhen und antburten gein Prespurg meinen gescheft leuten, und dÿ sullen dann das furbas rayhen czu der gwelb czu Sand Merten chirchen czu Prespurg.
Item mer hab ich gelihen meiner wirtin zu Wyen, der Clement Sneyderin, XV flor. auri, und darinn lass ich ir nach V gulden mit guetem willen durch irer treun

---

[48] *Der Text bezieht sich auf den verstorbenen röm.-dt. König Albrecht II. (1438–1439), ab 1438 auch König von Ungarn.*

dinst willen, die sy mir erczaigt hat, und dÿ ubrigen X gulden sol sy antburten ken Prespurg meinen geschefftherren, und dy sullen sy den furbas geben durch meiner sel selichait willn.
Item mer ist mir schuldig der Ulreich Wintperger kramer LXX gulden in gelt, und von denselben LXX gulden in gold schaff ich XXX gulden zu Sand Merten chirchen zum paw und czur gwelb.
Item und schaff von den obgenanten LXX gulden in die sneyder zech und umb dÿ dÿ (!) ubermass sol man mich begraben, und mein gescheft leut sullen daz ausgeben durch meiner sel selichait willn.
Item und schaff ich besunder ainer diren umb ain mantel tuch III gulden in gold.
Item mer schaff ich dem Hanns Raubentisch und seiner hausfraun IIII gulden, die in der lad ligen, und sein aufm haus, und zwen rokch, ainen plaben mit ainer lembrein kursen, und ain engen rokch, und zwo joppen durch seiner dinst willn, die er mir und sein hausfraw getan haben.
Item und beÿ meinem obgenanten gescheft sind gewesen die erbern hern Ulreich Wintperger kramer, die zeit geworner (!) purger, und Symon Sneyder, und Hanns Sneyder, und dÿ ich treulich gepetn hab zu meinem gescheft, darumb daz mein gescheft gancz kraft hab und unczebrochen bleib, als ich dez Got getraw und meinem herren und hab daruber gepeten die vorgeschriben geschefftherren yeczlichen besunder umb sein auf gedruktes petschadt, das sy daz auf meinem gescheft prief gedrukt haben in und iren erben an schaden anno Domini etc. XLV^{to}.

Actum des inschreibens an mitichen
nach Georg[49] anno etc. XLV^{to}.

1443 Dezember 16 – *1445 April 28* **114**

Geschäft der Agnes, Ehefrau des N. Wolfram

pr., schr., 3 Zg. (*Index*: Gescheft Agnes Wolframynn LV°)

(fol. 55r) Angnes Wolframynn

Vermerkt das gescheft, das die ersam fraw fraw Angnes Wolframynn getan hat mit gueter vernunft und mit willen irs vater und irs manns, die baid gegenburtig gewesen sein, und ist geschehen am montag vor Sand Thomans tag anno Domini millesimo etc. ~~XLquinte~~ quadragesimotercio.
Item ich schaff mein weingartn, genant der Ruesch, meinem mann, dem Wolfram, ledigen und frein da mit zetuen und zelassen, zuverchauffen, czu verseczen und geben, wem er wil.
Item so schaff ich meiner tochter, Katherina, mein haws und meinen weingarten, genant der Fuchsel, frey und ledigen.

---

[49] *Der St. Georgstag wird gemäß ungarischem Brauch mit dem 24. April aufgelöst. An diesem Tag wurden auch die Stadtoberen von Preßburg gewählt.*

Und bey dem gescheft sein gewesen die erbern und weysen Caspar Ventur, Stephan Renes und Mathes Meindl, all drey dez rats der stat zu Prespurg, das sy des geschefts ingedenk sein, darumb ich sew fleissichleich gepeten hab. Actum die et anno ut supra.

Actum des inschreibns an mitichen vor Sand Philipp und Sand Jacobs tag anno Domini etc. quadragesimoquinto.

1445 März 23 – *1445 April 25* **115**

Geschäft der Katharina, Ehefrau des Simon Ledrer

pr., schr., 2 Zg. (*Index*: Gescheft Katerina Symon Ledrerinn LV°)

Katerina Symon Ledrerin

Hie ist vermerkt das gescheft der erbern fraun Symon Ledrerin, genant Katrey, das sy geschaft hat iren man, dem Symon Ledrer, mit wolbedachtem muet und mit gueter vernunft und do sy es wol tuen hat mogen, und daz sey nyemant darczu betwungen hat denn ir gueter will.

Item sy hat im geschaft das haws, das da leit am Tunaw Neusidel zenachst ainthalbn des Hanns Czephelin und anderthalb dez Stephan Gmaitel hausung, und alles daz, das sy mit einander gehabt haben, das er sich damit neren sol, die weil und er lebt zetuen oder zelassen, und ob uber wurd nach seinem tod, so schol man das tailn den chinderen, und auch durch Gotz willen geben.

Und das gescheft ist geschehen des ertägs im Osterveyertagen an Sand Johannes tag, und bey dem gescheft ist gewesen zwen gesessen man, der ainer haist Cristan Hopher, und der ander Mertt Rosenmulner, und daz gescheft ist geschehen in denn Osterveyertagen in dem funff und virczigisten jar.

Actum des inschreibens an suntag nach Sand Jorgen tag[50] anno Domini etc. quadragesimoquinto.

1444 Juli 20 **116**

Geschäft des Hans von Haydenhaym

pr., schr., 3 Zg. (*Index*: Gescheft Hannsen von Haydenhaim LVI°(!))

(fol. 55v) ~~Andre Schonpach~~ Hanns von Haydenhaym

Hie ist vermerkt das gescheft, das ich Hanns Haydenhaim getan hab und ist mein leczter will. Am ersten hab ich geschaft meiner tochter und meiner elichen hausfrawn tochter, Anna genant, czwen und dreyssig guldein in gold gueter hungrischer gulden auf meins haws gelegen in dem Newngessel ainthalb czenachst dez erbern Peter Inngetl haws anderthalb zenachst dez fursichtigen Swarcz Pertel

[50] *Der St. Georgstag wird gemäß ungarischem Brauch mit dem 24. April aufgelöst. An diesem Tag wurden auch die Stadtoberen von Preßburg gewählt.*

haws also, wen daz chind zu seinen jarn chumbt, daz man es aus gibt ainem man, so sol man dem kind die zwen und dreyssig gulden gancz und beraitt außrichtn wallen verzichen. Wer aber sach, daz daz chind abging mit dem tad ee es czu seinem rechten jaren keme, so sollen dy XXXII gulden erben auf dez egenanten Hansen Haydenhaim nachste frewndt. Und was uber dÿ XXXII gulden uberbleibt, davon sol man dy geltschuld zalen, und was uber dy czalung uberbleibt, daz sol aller meiner hausfrauen nachfolgen gancz und gar, es sey vil oder wenig. Und bey dem gescheft sein gewesen dy erbern fursichtiger Ulreich Wintperger kramer, und Hans Feyrtag goltsmid, und Jorg Zibser, al mitburger zu Prespurg, dÿ ich Hanns Haydenhaim fleissichlich darczu gepeten hab. Und das gescheft ist geschehen an montag vor Jacobi inden tausent IIII^{c} ~~XLII~~ XLIIII jar nach Cristi gepurd.

1446 Januar 25 – *1446 Februar 28* **117**

Geschäft des Erasmus Satler

pr., schr., 5 Zg. (*Index*: Gescheft Erasm Satler LV°)

Erasm Satler

Item das ist das gescheft, das der erberg (!) Asem (!) Satler getan hat mit wolbedachtem muet an Sand Pauls tag. Dabey ist gewesen der erberg und weys Stephan Gmaitel, die zeit des rats der stat zu Prespurg, und Taman Ruspekch, Willhalm Scherer, und Michel Freydensprung, und maister Thoman Brunner in anno XLVI^{to}.

Item am ersten hat er geschaft sein haws und gelegen ist des nachst des Wilhalms Scherer zu ~~den~~ der andern seitten zu nachst Goczleichnambs kappeln frey und ledig seiner ~~hawsung~~ hausfrawen, damit cze tuen und czelassen und alle ~~freundt~~ farunde hab.

Item besunder schaft er ~~sel~~ seinen weingarten genant in der Lasterleytten einem chind halbem und halben tayl in Unser Frawn czech. Wer aber, das das chind far sein gefogten jarn abging mit dem tod, sosol (!) der weingarten gancz gefallen in Unser Frawn czech. Mer so schaff ich dem selben chind, genant Marusch, ein pett und ein haubpolster, czway kuss, und zway leylachenn.

Item mer schaff ich meinem frewndt, Friczen, ain plaben mantel, und ein alte joppen, und ein par hosen, und VI guldein reinisch, ist man mir schuldig zu Amberg der Prisicz, dy schaff ich im auch.

Item mer als dem mein forige hausfraw selige hat geschaft gen Sand Mertein zum paw VI flor. und XXX selmess, schol man auch aus richten.

Actum des inschreibens an montag
vor Invocavit anno etc. XLVI^{to}.

1446 Juni 26 – *1446 Juni 30* **118**

Geschäft des Niklas Sneyder;
Bestellung der Zeugen zu Willensvollstreckern
pr., schr., 4+1 Zg. (*Index*: Gescheft des Niclas Sneyder im juden hof LVI°)

(fol. 56r) Niclas Sneyder

Vermerkt das gescheft, das ich Niclas Sneyder hab getan in meinem siechpett zu der czeit, do ich daz mit recht wol getuen mocht mit wolbedachten willen und gueter vernunft, als hernach verschriben stet, und wil auch, daz es also, ob Got uber mich geput, gehalten werd, und zu zeugnuss der sachen hab ich gepeten die erbern Hannsen Kursner von Tuln, Cristan Smid, meinen vettern, Jorgen Wind sneyder, und Hannsen Kursner von Leupolczdorf, all mitburger zu Prespurg zu gedechtnuss, das solich mein gescheft sol furgang haben an alle irrung vor menichleich.
Von ersten vermelde ich obgenanter Niclas Sneyder, das ich recht und redleich mit guetem willen und wissen an menichlichs widersprechen meinen aigen tail tail (!) hauss im judenhoff gelegen verchauft hab dem erbern obgenanten Hanns Kursner von Leupolczdorf, als der stat recht ist zu Prespurg, vor erbern leuten freys und ledigs, als ich daz ingehabt hab und guete zeit besessen, umb neun und zwainczig guldein, der er zehen berait bezaln sol, darnach sol er zehen ausrichten zu Sand Michels tag schirist kunftig [*1446 September 29*], und die neun sol er bezaln auf mittevasten [*1447 März 15*][51] auch nachstkunftig ungeverlich.
Darnach schaff ich von erst in die sneyder zech czwen guldein in gold, die man von dem gelt dez hauss der leczten warung sol ausrichten.
Item ich schaff auch, ob Got uber mich geput und mit dem tod abging, das man durch meiner sel hail willen lass lesen dreyssig selmess, und daz gelt sol man darub (!) ausrichten von der ersten werung dez gelts umb mein haws.
Item darnach schaff ich armen leuten in das spital durch Got und meiner sel hail willen czwen guldein, in dy ausczerichten von dem gelt meins hauss.
Darnach schaff ich dem Stengel Schuester, meinem swager, alles mein pettgwant, wie vil dez ist, uber kurcz und uber lang. Mer schaff ich demselben meinem swager, Stengl Schuester, die geltschuld halbe, die uber wirt gegen den geltern so ich schuldig, und den halben tail schaff ich dann Mathesen, meinem prueder, und seinen chinden vor menichleich.
Darnach vermerkt, was man mir schuldig bleibt. Von erst czu Tirna ist mir schuldig der Benedic Weber drey guldein, dafur der Ulreich Chramer purgel ist czu ainem rechten. Item die Zimermanyn, des Huetleins amel, ist mir auch schuldig zehen schilling den., das alles schaff ich zu dem paw Sand Mertein kirichen durch hail willen meiner sel.

---

51 *Der Auflösung des Datums wurde – wie in der gesamten Edition – SZENTPÉTERY, Kronológia zugrundegelegt. Die Quadragesima media wird dort abweichend zu GROTEFEND, Zeitrechnung nicht mit dem Sonntag Lätare, sondern dem Mittwoch zwischen Oculi und Lätare aufgelöst.*

Darnach vermerkt, was ich schuldig pin. In das spital pleib ich schuldig versessens dinsts zehen schilling und zehen den. wienner. Mer bleib ich schuldig dem Jacob Scheb, hueter von Wyenn, zwen guldein, dy sol man im bezaln von dem gelt der leczten werung umb mein haws.
Darnach wil ich und ist auch mein maynung, ob Got uber mich gepeutt, das alles meines geschefts, so oben verschriben stet, sol verwesen und ausrichter sein mein vetter, Cristan Smid, bey dem Wedriczer tor gesessen.
Das aber solich mein obgeschriben gescheft furbaser also stet und unczebrochen gehalten werd und in chraft bleib, so hab ich die obverschriben Hanns Kursner, Cristan Smid, Jorgen Wind sneyder, und Hannsen Kursner von Leupolczdorf mit ganczem fleis gepeten, das so dez also czeugen sein, und in das also bevolhen auf ir gewissen, das es verpracht werd, auch das es czu ewigen gedechtnus wird geschriben in der herren czu Prespurg und stat gescheftpuch.
Das aber solich gescheft vor uns obgenanten gescheftleuten sey geschehen, als oben verschriben stet von wort zewort, das bechennen wir in kraft der gescheft zetl, und haben auch dez zu czeugnus und beweysung der sach ich Hanns Kursner von Tuln, ich Kristan Smid, und ich Hanns Kursner von Leupolczdorf unser yeder sein aygen petschadt an die gescheft czetel gedrukt, uns und unsern erben an schaden. Wan aber ich obgenant Jorg Wind sneyder aigen petschad nit enhab, so hab ich mit fleiss gepeten mitsambt andern gescheft leuten den erbern weysen Liebhart Egkenfelder, das er sein petschad auch an den brief gedrukt hat, im und seinen erben an schaden. Und ist geschehen das beschreiben an suntag vor Sand Lassla tag anno Domini millesimo etc. XLmosexto.

Actum des inschreibens an pfincztag
vor Visitacionis Marie anno etc. XLVIto.

1445 September 30 – *1446 August 1* **119**

Geschäft des Achatius Schadengast;
Bestellung von Willensvollstreckern
pr., schr., 4 Zg. (*Index*: Gescheft Achacy Schadengast LVIo)

(fol. 56v) Achacius Schadengast

Vermerkt das gescheft, das der erber Achacy Schadengast seiner hawsfrawn, Barbara, und seinen chindern, aigen sun und steuf sun, mit gueter vernunft bedechtleich mit guetem aigem willen czu hail seiner sel und fursehen seiner benanten hausfrawn auch seinen sun, Caspar und Wolfgang, vor uns nachgeschriben gescheft leuten in seinem siechpett unbetwungen hat getan in maynung, als hernach geschriben stet. Actum an pfincztag vor Francisci anno etc. XLVto.
Von erst hat er geschaft der benanten seiner hawsfrawn, Barbara, und seinen sunen hundert gulden, die von seinem vettern, Michel Rinalden zu Chloster Neunburg, herchomen umb seinen erbtail, die derselb Rinolt von dem Achacÿ zu im auf

widerlosung gelost hat, und dieselben hundert guldein sollen ausrichten und zaln Wolfgang Harder und Herman Pekch, payd purger zu Hainburg, als darumb ain geltbrief vorhanden ist.
Daruber bleibt der benant Michel Rinolt mer schuldig dem Achacy an seinen erbtailn hundert phund den. wyenner der swarczen munss, die er unverczogenlich sol ausrichten und zaln auf mittvasten Letare nachstkunftig [*1446 März 27*], und dieselben hundert tal. den. schaft er auch ledichleich der obgenanten seiner hausfrawn und und (!) seinem auch irm sun vor menichleich.
Item Elizabeth Hoslerin bleibt auch schuldig dem obgenanten Achacy seligen VII gulden, und mer bleibt sy im schuldig IIII^{c} XXVIII tal. walischer nuss, die er ir zechauffen hat geben, daran hat sy im bezalt an den nussen IIII flor. auri. Daz ander ist sy noch alles schuldig, und was dez ist beraitt gelt und fur dy nuss, das schaft er als seiner bedachten hausfrawn und chindern.
Item Gocz Arnolt bleibt auch schuldig dem bedachten Achacio XX flor. auri gelihns gelts, dy schaft er auch seiner hausfrawn und chindern. Darnach Niclas Polan, der Erhart Sneyderin sun, bleibt auch schuldig dem Achacio seligen IIII flor. umb hostuech, und der Hanns Korner ain guldein an ainer raittung. Auch Jorg Spies bleibt im schuldig ain gulden ~~an ainer raittung~~, den er im berait gelihen hat, als er bey seinem herren Farkas Lassla was. Das alles schaft er den benantn seiner hausfrawn ~~an~~ und chindern.
Item dem Michel Rinolten, seinem benanten vettern zu Klosternewnburg, hat er geben zway pherd, ains fur XXXVI guldein, das ander fur XVI flor., dy bleibt er im auch noch schuldig all und schaft auch das als seiner hausfrawn und sunnen.
Item er hat auch ain truhen in seines herren Farkas Lassla haws, darinn ligt ein kestel, das schaft er auch seiner hawsfrawn und sünen mitsambt der truhen.
Item Jorg Rosendorn, goldsmid czu Gran, bleibt dem Achacio noch schuldig V½ mark silber, als daz wol czewissen ist dem Andre Reutter und dem Hanns Kochaim, das sol man von im ervodern und inbringen, und schaft daz czegeben czu Sand Merten kirchn.
Item solich obgeschriben geschaft ~~hannt~~ hat der benant Achacius also geordnet mit lautter beger, lieb und gunst, das alle die geltschuld, beraitschaft, erb und varunder hab, so er hat und hinder im lest, das aller sol der bedachten seiner hausfrawn volgen czue sten, und daz rechtleich innemen und inn haben ir und irn chindern. Ob aver sy mit dem tod abging, so sol solich obgeschriben gescheft dann alles volgen und czusten dem jungern seinem rechten naturlichen sun, Caspar genant, den der mit der benanten seiner hawsfrawn eleich hat. Geb sich dann, das der benant sein sun und auch dy mueter bayde abgingen, so sol darnach volgen das bedacht sein gescheft seinem steufsun, Wolfgang genant, den dy bedacht sein hausfrawn mit irm erern man eleich hat gehabt. Ob dann geschech, das Got lang nit geb, daz daz kind Caspar, ir payder naturleicher sün, ee abging mit dem

tod dann dy mueter, so sol aber daz gescheft zusten ~~volgen~~ und volgen der bedachten seiner hausfrawen und iren erben ungeverlich.

(fol. 57r) Achacius Schadengast

Uber daz hat der oftgenant Achacius benant und gemelt dy geltschuld, so er schuldig bleibt. Von erst dem Chochaim bleibt er schuldig V flor. Darnach dem Stephan Unger, seinem nachpern, VIII flor. Die geltschuld alle schaft er czezaln von seiner obverschriben hab und guttern.

Das obverschriben gescheft alles hat der ~~bedacht~~ benant Achacius seliger bedechtlich, unbetwungen, mit vernunft und guetem willen getan vor mir Ludweig Kunigsvelder, die zeit burgermaister der stat Prespurg, auch vor unser Caspar Ventur und Ulreich Windtperger, bayd des rats, und Liebharten Egkenvelder, statschreiber der benanten stat Prespurg, und uns mit fleiss gepeten durch Gocz willen, das wir hilfleich sein, daz es volbracht werd und ausgericht bleib und werd czu hail seiner sel und auch zu ewiger gedechtnuss ingeschriben werd von wort czu wort in der herren gescheftpuch czu Prespurg. Und dez czu bechanntnuss haben wir obverschriben gescheftleut unser yeder sein aygen petschadt an die gescheft zetel gedrukt uns und unsern erben an schaden. Actum die anno et hora ut supra.

Actum dez inschreibens an montag vor Sand
Oswalts tag anno Domini etc. XLmosexto.

1444 Januar 25 – *1446 September 14* **120**

Geschäft der N., Ehefrau des Hans Schuester;
Bestellung eines Vormunds für den Sohn der Erblasserin

pr., schr., 5 Zg. (*Index*: Gescheft Hanns Schuesterin LVII°)

Hanns Schuesterin

Vermerkt das gescheft, das die ersam fraw Hanns Schuesterin von Laynsnicz hat getan in irem siechpett mit gueter vernunft, unbetwungen, zu der czeit da sy das wol getuen mocht in mass, als hernach verschriben stet.

Von erst hat sy geschaft irm sun, Pertelme, zehen gulden, dy schuldig ist Niclas Vischamunder, davon er alle jar, dy weil er dy nit czalt, sol dienen ainen guldein zu Weinachten [*Dez. 25*]. Darumb dann stet ain garten zenachst dem Paul Schreyner gelegen im Päczen und dez nachpaur ist an der andern seytten dew Schon Jacobinn. Dafur hat auch gesaczt der Vischamunder mer fur dy czehen guldein zephandt ainenn weingarten gelegen auf der stat gepiet genant (*der Name fehlt*), dez nachpawern seindt Jorg Weinwachter und Cristan Vorsprech. (*am Rande*: ist ausgericht)

Item es pleibt auch der selb Vischamunder der frawn II flor. czezalen unverczogenlich auf Sand Laurenczen tag [*August 10*]. (*am Rande*: ist bezalt)

Item es pleibt auch der Mert Weber schuldig der benanten frawn Hanns Schuesterinn zwen guldein, dy schaft sy auch irm sun, und sol dy zaln auf mittevasten [*März 18*][52]. (*am Rande*: ist bezalt)
Item Hanns Egrer pleibt auch schuldig der benanten frawn Hanns Schuesterinn sechs guldein, dy sol er czaln auf Sand Jorgn tag [*April 24*][53], dy schaft sy auch irm sün, Bertelme. (*am Rande*: ist bezalt)
Item ich schaff auch meinem sün, Pertelme, alles, das ich hab und das da oben geschriben stet, gancz vor menichleich, damit czetuen und lassen, wie es im gevelt. (*am Rande*: ist bezalt)
Item ich wil auch, ob mein sun, Bertelme, abging mit dem tod, des Got lang nit ergeb, so schaff ich von dem obverschriben gelt ain Ramfart, dy czu meiner sel hail czuverpringen. (*am Rande*: ist ausgericht)
Das aber solich mein obverschriben gescheft kraft hab und furbaser werd gehalten und volbracht, so hab ich zugedechtnuss darczu gepeten dy erbern, den Paul Schreyner auf der Wedricz gesessen, der des obverschriben meins geschefts sol sein ein rechter vormund, und meins benanten suns gerhab. Auch hab ich gepeten Scheuczern, den schuester. Item Hannsen Sneyder in dez Inngetel haws. Item Hannsen Egrer, Hannsen Czingiesser, und hab in das bevolhen trewlich, das sy es lassen schreiben czu ewiger gedechtnuss und in der herren gescheftpuech czu Prespurg, und zu beweysung hat ir yeder sein aigen petschadt auf den brief gedrukt. Actum an Sand Pauls der becherung anno etc. XLIIII^to^.

Actum dez inschreiben an mitichen exaltacionis
Sancte Crucis anno etc. XLVI^to^.

1446 August 14 – *1446 September 14* **121**

Geschäft des Kaspar Ventur;
Bestellung von Willensvollstreckern (?)
pr., schr., 4 Zg. (*Index*: Gescheft Caspar Ventuer LVII°)

(fol. 57v) Caspar Ventur
Vermerkt daz gescheft, das der ersam weis man Caspar Ventur, burger dez rats der stat czu Prespurg, mit gueter vernunft und gewissen in seinem siechpett bedechtleich hat getan vor den ersamen weysen herren Stephan List und Mathes Meindel, paid purger dez rats der benanten stat Prespurg, und Micheln Wolf, mitburger daselbs, auch Liebharten Egkenvelder, der benanten stat Prespurg statschreiber, als dann hernach verschriben stet, und sy gepeten durch Gotz willen,

---

[52] *Der Auflösung des Datums wurde – wie in der gesamten Edition –* SZENTPÉTERY, *Kronológia zugrundegelegt. Die Quadragesima media wird dort abweichend zu* GROTEFEND, *Zeitrechnung nicht mit dem Sonntag Lätare, sondern dem Mittwoch zwischen Oculi und Lätare aufgelöst.*
[53] *Der St. Georgstag wird gemäß ungarischem Brauch mit dem 24. April aufgelöst. An diesem Tag wurden auch die Stadtoberen von Preßburg gewählt.*

das sy sein arme hausfrawn dabey halten, und furbaser dasselb sein gescheft hat begert czu schreiben in der stat gescheft puech czu ewiger gedechtnuss, das es also verpracht werd.

Von erst hat er geschaft sein guet messgwant, das zu Wyenn ist, und chainerlay geltschuld dismals darauf stett, dann was der Tanperger, purger zu Prespurg, darauf behemisch gwant genomen hat, als auf zwen und dreyssig guldein, dasselb gwant er auch noch inn hat, und sol daz vertuen und daz messgwant darumb frey und ledig machen. So das geschiecht, so hat er verrer dasselb messgwant geschaft in der herren Goczleichnambs pruederschaft in solicher beschaiden, daz es sol gehalten werden bey Sand Merten pharrchirichen, doch daz ein yeder czechmaister der obgenanten pruederschaft daz sol czegwalt haben und czu hochzeitleichen tagen daz her fur geben den Gotz dinst darinn czuverbringen.

Darnach hat er all sein hab und gueter, es sein hewser, weingerten, pawngerten, muln, fleischpenkch, klainat, hausgret, pettwant (!), pucher, und all sein guet, erb und varundhab, wie das genant ist, nichts ausgenommen, alles mit einander geschaft seiner hawsfrawn, Anna, vor menichleich, die gelter damit czubezaln, so er ainem yeden schuldig ist, es sein juden oder christen. Was aber uber bleibt uber dy gelter, das sol ir furbas alles volgen und czuesten vor menichleich, damit czetuen und czelassen als mit irm rechten freyen guet, auch das schaffen, machen und geben, wem sy wil. Aber was sy durch seiner sel hail willen wil tuen, daz seczt er zu irer gewissen.

Darnach hat er gepeten die oftgenanten sein gescheftleut durch Goczwillen, und dez ellents, das sy in sein armes weib bevolhen haben, und verrer sy gepeten, das sy dasselb sein ellendts weib verrer bevolhen dem ganczen rate, das sy in solichem irm ellent ir vormundt und vorgeer sein durch seiner langen trewn dinst willen, und ir also bey stenn, als sy witben und waysen dez phlichtig sein bey irer gewissen, das sy von yemand gedrungen werd wider recht.

Das aber solich obverschriben gescheft also vor uns obgenanten gescheftleuten geschehen seÿ, das bechennen wir in kraft der gescheft zetel, und hab dez czü bechanntnuss ~~unser~~ und czeugnuss unser yeder sein aigent petschaft auf dy gescheft czetel gedrukt, doch uns und unsern erben an schaden. Geschehen am suntag vor vor (!) Unser Frawn tag Assumpcionis anno Domini etc. XLVI^{to}.

Actum dez inschreibens an mitichen exaltacionis
Sancte Crucis anno Domini etc. XLVI^{to}.

1444 März 3 – *1446 November 28* **122**

Geschäft des Thomas Chlain

pr., schr., 6 Zg. (*Index*: Gescheft Clain Thoman LVIII°)

(fol. 58r) Chlain Thoman

Alhie ist vermerkt mein gescheft, das ich Clain Thoman getan hab in meinem siechpett unbetwungenlich und mit wolbedachtem muet, zu der zeit do ich es wol getuen mocht und mit meins weibs willen und nach frumer leut rat, und daz nyemandt widersprochen hat noch widersprechen hat mogen. Und daz ist geschehen am erchtag in der vasten nach Invocavit in anno XLIIII^{to}.

Item von erst so schaff ich meiner hausfrawn, Anna, und iren chindern unverschaidenlich XLIII flor. auri frey und ledig fur aller menichleich zetuen und czelassen, darauf nyemant zu sprechen hat noch sprechen sol, weder mit recht noch an recht, weder meine frewndt, wie die genant sein, noch nyemand ausgenommen.

Item darnach so schaff ich meiner hausfrawn, Anna, und irn ~~erben~~ kindern unverschaidenlich L flor. auri auf dem haws, auch frey und ledig fur aller menichleich, die ich berait an dem haws hab geben, darauf auch nyemandt, weder meine frewndt, noch nyemand sprechen sol, weder mit recht, noch an recht, also beschaidenlich, daz mein hausfraw alle meine geltschuld sol bezaln, den ich schuldig bleib.

Geltschuld

Item Hanns Rigler tenetur VIII flor. auri.

Item Jorg Ledrer tenetur umb kalbfel VIII flor. LX den.

Item und dy obgenant geltschuld sol mein hausfraw infexen mitsambt meinen chinden und iren chinden.

Item und pey meinem gescheft sind gewesen dy erbern Symon Dumbriczer, und Hanns Rigler, und Michel Chlinsler, und Niclas Stettner, und Jacob Haimburger, dy ich fleissichleich gepeten hab, igleichem besunder, umb sein aufgedrukts petschad, daz sy das auf den gescheft brief gedrukt haben durch meiner fleissigen gepet willen, in und iren erben an schaden. Und daz ist geschehen am erchtag nach Invocavit in der vasten in dem XLIIII jar. Und Hanns Polczel ist auch bey meinem gescheft gewesen.

Actum dez inschreibens
an montag vor Sand
Andreas tag anno etc. XLVI^{to}.

1446 Juli 16 – *1447 Januar 10* **123**

Geschäft der N., Ehefrau des Niklas Velsperger

pr., schr., 3 Zg. (*Index*: Gescheft Niclas Velspergerinn LVIII°)

(fol. 58v) Niclas Velspergerin

Hie ist vermerkt das gescheft, das die erber fraw, des Niclas Velsperger haus-

fraw, getan hat an irm todtpedt zu der zeit, do sy es wol getuen hat mogen, zu rechter zeit und mit gueter vernunft.
Item die erber fraw hat geschaft irm eleichen mann, Niclasen Felsperger, all ir hab unverschaidenleich uber churcz und uber lang, zu veld und zu dorf, nichts ausgenomen, also mit ausgenommen worten, das er alle geltschuld sol bezaln, und was ubermass wirt, da sol er mit haben vollen gewalt cze tuen und zelassen vor menichleich irer frewndt. Und ob Got geb, das dy erber fraw von der krankait auf stuendt und sturb inner jars frist an gescheft, so sol daz gescheft fur sich gen ayn „weis" als dem andern.
Darnach hat sy geschaft ainer junkfrawn, Katrey genant, die dez Jacoben Prem dienerin ist, ain mantel plaber farb, und ainen sloyer, und ain kuczel, des er sich selber gewilligt hat. (*am Rande*: das hat er ausgericht)
Und do bey ist gewesen Philipp Kugersauf, gesworner purger dez rats, und Jacob Haimburger und Mertt von Teben, payd mitburger daselbs zu Prespurg, und ist geschehen dez sambstags nach Margarete anno etc. XLVI^{to}.

Actum dez inschreibens am erchtag
Pauli primi heremite anno etc. XLVII^{mo}.

1439 März 31 – *1447 Februar 14* **124**

Geschäft des Ulrich Honigler

pr., schr., 4 Zg. (*Index*: Gescheft Ulreich des Honigler LVIII°)

Ulreich des Honigler

Vermerkt das gescheft, daz Ulreich Honigler getan hat bey zeiten, daz er es mit rechte wolgetan und nyeman widersprechen mocht. Dabey gewesen sein die erben Hanns Weinbachter, Mert Frawnchind, Mert Muschenraiff und Hanns Slaher, die daz gescheft verhort, vernommen und verpetschaft haben, und ist gescheen anno etc. XXXIX° dez nachsten erchtags nach dem Palmtag.
Item von erst schaft er seinen weingarten in der Hochney gelegen ainhalb zenachst dez Chuncz Hon und anderhalb dez Wolfram Weniger ain drittail seiner hausfrawn, frawen Annen, den andern drittail frawn Katherine, seiner tochter, des Feyrer hausfraw, daz sÿ baid damit freylich und ledichleich zetuen und zelassen habent, iegleiche mit irem drittail. Und den dritten drittail schaft er seinem sunn, dem Hannsen, und was geltschuld ist auf dem ganczen weingarten, die sol auch von der fruchten dez ganczen weingarten bezalet werden. Wer aber sach, daz man den weingarten verchauffet gancz, so sol auch die geltschuld gancz davon bezalt werden, und sol die geltschuld nit allain sten auf ainem, sunder auf allen drein tailen unverschaidenlich.
Item so hat sich der obgenant Feyrer underwunden und gewilligt den vorgeschriben weingarten zepawn und allenthalben pewlich zehalden pis auf daz lesen, und

die gelt schuld mit den fruchten zebezalen, als vor die gelangen und geraichen mochten, und die ubrig geltschuld sol bleiben auf dem ganczen weingarten.
Item so hat er geschaft der egenanten frawn seiner hausfrawn, Annen, seinen weingarten hinder Schondorfern freyen und ledigen, damit zetuen und zelassen als mit irn aigen guetern, an alles widersprechen und irrung.
Darumb hat er die egenanten Hanns Weinbachter und Mert Frawnchind, mit sambt den andern vorgeschriben vleissichleich gepeten, daz sÿ das gescheft verpetschadt haben in und irn erben an schaden. Actum ut supra.

Actum dez inschreibens an erchtag Valentini
anno Domini etc. XLVII^{mo}.

1446 April 4 – *1447 Februar 27* **125**

Geschäft des Hans Sneyder;
Bestellung von Willensvollstreckern
pr., schr., 2 Zg. (*Index*: Gescheft Hennsel Sneyder LVIIII°)

(fol. 59r) Hensel Sneyder

Vermerkt das gescheft, das der erber man Hannsel Sneyder auf der Hochstrass hat getan mit gueter vernunft, bedechtleich und unbetwungen, als er gelegen ist in seinem siechpett, und ist geschehen am montag frue nach dem suntag Judica in der vasten. Da bey durch seiner fleissiger gepet willen gewesen sind die erbern Stephan Pinkiczer und Andre Frumel, sein nachpern, auch paid gesessen auf der Hochstrass. Anno Domini etc. XLVI^{to}.
Von erst hat er geschaft seiner hausfrawn, Agnes, vor menichleich seiner erben das halb haws, darinn er gewonet hat ledig und frey, damit zetuen und zelassen mit aller seiner zugehorung, aber der ander halb tail sol ~~mit~~ mier (!) sein ir leibgeding und den innhalten, nuczen und nyessen trewlich als leibs gedings recht ist.
Darnach hat er seiner hawsfrawn, Agnes, geschaft mer seinen ganczen weingarten in Kramern gelegen zenachst dem Ulreich Schawer, den hat er ir gancz geschaft frey und ledig damit czetuen und zelassen, verschaffen, machen und geben, wem sy wil, an menichleichs irrung, wohin und wem sy verlust.
Darnach hat er mer seiner hausfrawn, Agnes, geschaft seinen weingarten im Gaisweg gelegen ir lebteg also, daz sy den sol innhaben, nuczen und nyessen als leibgedings recht ist, und nach irm tod sol er gevallen und erben auf Merten, seinem öhem, dez jungen Rinolden sun, hin fur frey und ledig czehalten.
Darnach hat er all ander sein guet und hab geschaft, es sey erb oder varund guet, der bedachten seiner hausfrawn, Agnes, damit zetuen und czelassen als mit andern irm freyen guet, daz zu verchauffen, verseczen, verchumern, verschaffen wie ir daz gevelt, an menichleichs ansprechen.

Czu dem obverschriben meinem gescheft hab ich gepeten die erbern obgenanten mein nachpern, Stephan Pinkiczer und Andre Frumel, solichs mein gescheft helfen, damit es verpracht werd und beÿ chraft bleib, und ist geschehen anno, die ut supra.

Actum dez inschreibens an montag
nach Invocavit anno Domini etc. XLVII^{mo}.

1446 November 20 – 1446 November 27 – *1447 Februar 27* **126**

Geschäft der Margaretha, Ehefrau des Jakob Haimburger

pr., schr., 4 Zg. (*Index*: Gescheft Margareta Haimburgerin LVIIII°)

(fol. 59v) Margareta Haimburgerin

Vermerkt das gescheft, das die erber fraw Margareth, Jacob dez Haimburger hausfraw, mit gueter vernunft und betrachtung bedechtleich in irm siechpett getan hat zu der zeit, do sÿ das mit recht wol getuen mocht, in gegenburtichait erberger leut und auch irs suns, der da wider nit gewesen ist, und ist geschehen an suntag vor Sand Katrein tag anno Domini etc. quadragesimosexto [*1446 November 20*].

Von erst hat sy irm mann geschaft, Jacoben Haimburger, vor menichleich und ledichleich das haws, darinn sy wonund ist gewesen, ledig und frey da mit czetuen und zelassen als mit seinem aigen guet, und hat in darumb damit betrewt von der geltschuld wegen, dy er, der Jacob, ir man, fur seÿ an maniger stat und seinen vorvordern bezaln hat mussen und auch bezalt hat.

Darnach hat sy mer irm mann geschaft den weingarten genant Lamich nicht (!) gelegen auf der stat gepiet zenachst dez Peter Krawsen und Hannsen von Teben auch ledig und frey, den zehaben vor menichleich.

Item mer schaft sÿ irm benanten mann ain tail weingarten im Wyenner gelegen das ausser tail, dez nachpern ist her Hanns Selmesser, aber daz ander tail alles schaft sy irm sun, Gregorio, auch ledig und freÿ.

Darnach schaft sy irm sun, Gregorio, auch ain weingarten in der Fuchsleuten, dez nachper ist ain yeder kaplan in Goczleichnam kappeln mit ainem weingarten.

Mer schaft sÿ irm sun ainen weingarten in Menhertlein zenachst dem Bertelme Hartman in der beschaiden, ob dy benant fraw Margaret abging mit dem tod, so sol der Jacob Hainburger, ir man, irm sun, Gregorio, die benanten weingerten pawn hincz auf daz weinlesen, dann zu dem weinlesen sullen dem Gregorio dy weingerten gepawt haim gen mit sambt den fruchten, doch also ob der sun dem vater die weingerten lenger wil lassen in paw zu getrewer hannt, das stet mit in payden.

Item mer hat dy fraw geschaft irm sun, daz ir man Jacob Haimburger sol geben zu den zeiten, so er chem zu gevogten jarn und heyraten wolt, sol geben ze haimstewer und czu furdrung seins hanntberchs X hungrisch gulden.

Dar czu schaft sy irm sun zu zeiten, so er nach ern wurd heyraten, zway pett, I hauptpolster, zway kuss, zway leylachen, ain tuchna, ain silberpecher czu furdrung und ern kunftiger narung.
Bey dem gescheft sind gewesen durch fleissiger gepet willen der benanten frawn dy erbern weysen Philipp Kugersauf, Erhart Ebner, Ulreich Fluder und Liebhart Egkenfelder, statschreiber zu Prespurg, und zu bechanntnuss hat ir yetweder sein petschadt an dew gescheft zetel gedrukt, in und irn erben anschaden. Geschriben an suntag vor Sand Andres tag anno Domini etc. XLVI^{to} [*1446 November 27*].

Actum dez inschreibens an montag
nach Invocavit anno etc. XLVII^{mo}.

1443 September 18 – *1447 Juli 31* **127**

Geschäft des Konrad Gunser

pr., schr., 3 Zg. (*Index*: Gescheft des Kuncz Gunser LX°)

(fol. 60r) Chuencz Gunser

Vermerkt das gescheft, das der erber man Kuncz Gunser an seinem siechpett getan mit gueter vernunft zu der zeit, do er es wol getuen mocht, in gegenburtichait der erbern leutt Mertt Leyschel, Hanns Proderstorfer und Niclas Schremel, und ist geschehen in den quottemer vor Michaelis anno Domini in XLmo tercio.
Von erst hat er ~~ir~~ geschaft sein haus, frey und ledig, gelegen auf der Gaisgassen mit aller czugehorung seiner hausfrawn, Katherina.
Item darnach hat er geschaft seiner hausfrawn, Katherina, ainen seinen weingarten gelegen am Hausperg zenachst dez Hanns Wagner.
Item darnach hat er mer geschaft seiner hausfrawn, Katherina, ain weingarten im Poln bey dem Andreasch Prunn ledig und frey.
Uber daz hat er mer der benanten seiner hausfrawn geschaft all sein hab und guet, es sein erb oder varund gueter ungeverlich, nichts ausgenommen.

Actum des inschreibens an mantag vor
Oswaldi regis anno etc. XLVII^{mo}.

1447 Juni 15 – *1447 Oktober 24* **128**

Geschäft des Niklas Spies;
Anmerkungen über die Erfüllung der vom Erblasser getroffenen Verfügungen;
Bestellung eines Vormunds bzw. eines Treuhänders für das Mündelvermögen (?)

pr., schr., 3 Zg. (*Index*: Gescheft des Niclas Spies LX°)

(fol. 60v) Niclas Spies

Vermerkt ist alhie mein gescheft, das ich Niclas Spies getan hab in meinem siechpett, dannoch mit gueter vernunft und mit wolbedachtem muet und nach frumer leut rat und zu der zeitt, do ich es wol getuen mocht und do das nyemant widersprochen hat noch widersprechen hat mogen und das ist geschehen am pfintztag an Sand Veits tag anno Domini MCCCCXLVII°.

Item von erst do schaff ich meiner hausfrawn, Katherina, mein haws ir lebtag also beschaidenleich, wenn sy abget mit dem tod, so schol denn das benanter haws erben auf dez Hannsen Spies kinder, meins prueder chind, auf den Wolfgang und Anna, sein swester, und welliges chind ee abgieng mit dem tod meins brueder chind, so sol dann das benant haws erben von aim auf das ander.

Item und schaff mer meiner hausfrawn, Katherina, XXV guldein in gold, die ir ir prueder, Niclas Purchhart, schuldig bleibt die er ir an laugen (!) ist.

Item und schaff auch meiner hausfrawn, Katherina, mer XXV guldein in gold berait guldein und alles, das in haus und in hof ist, nichts ausgenomen, zetuen und zelassen.

Item und schaff auch meiner hausfrawn, Katherina, den weingarten gelegen in der Poshait, damit ze tuen und zelassen mit frücht mit all.

Item darnach so schaff ich dem Wolfgang und Anna, seiner swester, meins prueder chind, dez Hannsen Spies chind, X guldein in gold, die der Niclas Widmer mir schuldig bleibt und den sol man nicht darumb ubertreyben. (*am Rande*: ist bezalt actum feria 2 vor Jacobi 1454 [*1454 Juli 22*])

Item und schaff auch meins prueder chind, dez Hannsen Spies chinder, dem Wolfgang und Anna, seiner swester, in paiden funfczig gulden in gold berait gelt. (*am Rande*: ist bezalt ut supra [*1454 Juli 22*])

Item und schaff auch besunder meins pruder, dez Hannsen Spies chind~~er~~, der Anna, ain weingarten gelegen in Pätzen frey und ledig, also lerer an die frucht. (*am Rande*: ist ir zu geschriben)

Item darnach so schaff ich besunder meins prueder sun, dez Hannsen Spies sun, dem Wolfgang, ain weingarten gelegen im Goltfueß frey und ledig, also lerer an die frucht. (*am Rande*: und ist irn zue geschriben)

Item und schaff darnach V guldein in gold zu dem altar in Sand Michels chirichen, das man deken sol und maln sol. (*am Rande*: und ist aus gericht die, anno ut supra [*1454 Juli 22*])

Item und schaff mer funf guldein in gold zu der monstranczen zu Sand Michels chirichen, das man die uberguldein und pessern sol seuberleichen, hat der Schauer enpfangen, kirchmaister.

Item und schaff der dieren, Anna, des Hensel Wernher tochter, ein weingarten gelegen im Welserlein und dem Roslein neben der Michel Polaner frey und ledig, also lerer an die frucht.

Item und schaff meinem plaben fuxen rokch meinem frewndt, dem Hensel Wernher. (*am Rande*: hat der Wernher)

Item und schaff dem Jorg Spies, meinem vetter, X guldein die man mir schuldig bleibt zu Teben der gantz rat daselbs, als daz der Grodel wol wais. (*am Rande*: ist bezalt)

Item und schaff auch durch meiner sel selichait willen XXX mess zu Sand Michel. (*am Rande*: als aus gericht)
Item und schaff mer XXX mess durch meiner sel selichait willen in daz chlaster Unsere Lieben Frawn. (*am Rande*: aus gericht)
Item und bey meinem obgeschriben gescheft sind gewesen die erbern weisen hernach geschriben Ulreich Fluder, und Niclas Widmer, und Niclas Frantz, die ich fleissichleich gepeten hab zu meiner vorgeschriben gescheft, und besunder den Ulreich Fluder und den Niclas Franczen igleichen besunder umb sein auf gedrukts petschad, das sy das auf meinen gescheft brief gedrukt haben in und irn erben an schaden, darumb das mein gescheft kraft sol haben und unczeprochen sol beleiben, als ich das Got und meinem genedigen herren wol getraw und den vorgenanten Niclas Frantzen hab ich durch Gots willen gepeten, das der meins geschefts obman sol sein uber des Hannsen Spies, meins prueder chind, das die meiner hausfrawn gehorsam sollen sein uncz das die zu irn jarn chommen, und ob im das zu swer wer, so rueff ich mein genedigen herren an durch Gots willen, das sy dem Niclas Franczen darim (!) beholfen sein, als ich in das wol getraw.
Actum an pfincztag an Sand Veits tag anno etc. XLVII°.

Actum dez inschreibens an erchtag vor Sand Symon
und Judas tag anno Domini etc. XLVII^{mo}.

1448 Januar 14 – *1448 Januar 26* **129**

Geschäft des Ulrich Unger;
Bestellung von Willensvollstreckern
pr., schr., 3 Zg. (*Index*: Gescheft dez ~~Niclas~~ Ulreich Hunger LXI°)

(fol. 61r) Ulreich Unger
Vermerkt das gescheft, das der erber man Ulreich Unger, gesessen in der Neunstat, mit gueter gewissen, vernunft, guetem willen und ungenott getan hat, bedechtlich getan hat in seinem siechpett zu der zeit, da er es wol mit recht getuen mocht in mass, als her nach geschriben stet, an suntag vor Sannd Anthony tag anno Domini millesimo etc. XLVIII°.
Von erst hat er sein hausfrawn, Katherina, bedacht und ir geschaft sein haws gelegen in der Neunstat zenachst dem Zwinsen mit aller czugehorung ganncz frey und ledig, damit czetuen und hanndeln, mit verchauffen, verseczen, vergeben, wem sÿ will, an menichleichs irrung und widerrueffen, wann er ir dez am aller pesten hat vergunnet.
Darnach hat „er" der benantn frawen Kathrein, seiner hausfrawn, mer geschaft ain halben weingarten im Wolfleins grunt gelegen zenachst dem Jorg Mendel, der dan vor ir morgen gab ist gewesen, und den selben halben tail und weingarten hat er ir nu gancz geschaft frey und ledig allen irn frummen damit zeschaffen, an menichlichs irrung ungeverlich.

Darnach hat er geschaft seiner ~~hausfrawn~~ swester, Cristina, dez Hanns Pawngartner seligen witib, von allem dem guet, daz er hat gehabt, zwen gulden, dy sol ~~s~~ ir sein hausfraw ausrichten und widerfarn lassen von ainer geltschuld, dy im sein hanntgesell schuldig ist.
Was dez andern seins guets ist, wenig oder vil, erb oder varund guet, das schafft er alles der benanten seiner hausfrawn ungeverlich.
Uber daz alles hat er geschaft durch hail willen seiner sel ain chirchvart gein Sand Wolfgang im pirg bey Salczburg, dy sol dy benant sein hausfraw ausrichten von dem haws, daz er ir geschaft hat.
Und zu pesser gedechtnuss des obgeschriben seins geschefts, damitt es gehalten werd, verbracht und ausgericht, hat er darczu gepeten dy erbern Hanns Zwinsen, Wolfgang Nymervel, Cristan Wernher, daz sy seins geschefts ingedenk sein, und darumb sein, damit es verbracht werd, und zu ewiger gedechtnuss in der stat ~~puch~~ czu Prespurg gescheft puch pracht, als er in dez gancz vertrawt auf ir gewissen. Und ist geschehen an tag und datum ut supra.

Actum dez inschreibens an freytag
Policarpi anno Domini etc. XLVIII°.

1444 September 27 – *1448 Februar 13* **130**
Geschäft des Ulrich Furst
pr., schr., 3 Zg. (*Index*: Gescheft des Ulreich Fuerst LXI°)

(fol. 61v) Ulreich Fuerst
Alhie ist vermerkt mein gescheft, das ich Ulreich Furst getan hab in meinem siechpett mit wolbedachtem muet und mit gueter vernunft und nach frumer leut rat zu der zeit, do ich es dan noch wol getuen möcht unbetwungenlich, do es nyemand widersprochen hat noch widersprechen hat mogen, und das ist geschehen dez suntags vor Sand Michels tag anno XLIIII^to.
Item von erst so schaff ich meiner hausfrawn, Margareten, ein weingarten gelegen im Chinhartz graben ainthalben der Niclas Helslm (!) weingarten und anderthalben des Ulreich Nusman weingarten frey und ledig, damit zetuen und zelassen, an all zuspruch und an alle hindernuss domit ze tuen und lassen wie sy will, an alles recht.
Item darnach so schaff ich mein haws gelegen auf Schondorfer gassen ainthalben dez Andre Zech haws und anderthalben dez Cristan Pawer haws meinen payden chinden, dem Oswalt Furst und dem Hainreich Furst also beschaidenlich, das haws, das stet X flor. auri und dy zehen guldein, sol dy mueter dar raihen und zaln und sol den obgenanten zwain chinden daz benant haus freyen und ledigen, daz daz frey und ledig seÿ.
Item darnach so schaff ich meinem sun, Andre Furst, ein weingarten genant der Pehem, gelegen im Wurczenpach ainthalben der laken dez Mathes Lehener wein-

garten und anderthalb dez Kue Andre weingarten frey und ledichleichen, damit ze tuen und zelassen wie er wil.
Item und bey meinem obgeschriben gescheft sind gewesen die erben Niclas Grunbald, und Hainreich Pfaffsteter, und Christan Herman, die ich fleissichleichen darczu gepeten hab umb das, das das (!) mein gescheft chraft sol haben und unczeprochen sol beleiben und darczu so hab ich gepeten den erben Niclas Grunbald und den erben Hainreich Pfaffsteter iglichen besunder umb sein aufgedrukts petschadt, das sy das auf meinem gescheft brief gedrukt haben, mir meins geschefts zu rechter zeugnuss, daz das chraft sol haben als oben geschriben stet, als ich daz Got und meinem herren wol vertraw. Geben dez suntags vor Sannd Michels tag anno etc. XLIIII^{to}.

Actum dez inschreibens an erchtag
vor Reminiscere in der vasten anno Domini
etc. XLVIII°.

1447 August 31 – *1448 Februar 26* **131**

Geschäft der Barbara, Ehefrau des Niklas Flins;
Bestellung von Willensvollstreckern
pr., schr., 4 Zg. (*Index*: Gescheft Barbara Flinsin LXII°)

(fol. 62r) Barbara Flinsin

Vermerkt das gescheft, das ich Barbara, dez erbern weysen Niclas Flinsen, purger des rats der stat zu Prespurg, hausfraw, mit gueter vernunft bedechtlich zu der zeit, do ich daz mit recht wol getuen mocht, in meiner chrankait getan hab und main, daz gehalten werden an widersprechen, als ich den nachgeschriben meinen gescheft herren vertraw, sy werden darob sein, damit es gehalten werde.
Item ich schaff meinem lieben mann, Niclas Flinsen, all mein guet und hab, es sey erb oder varund hab, geltschult, beraitschaft, oder wie es namen hat, uber chlain und uber gros, gar nichts ausgenomen, vor menichlich aller meiner frewndt, wann ich sein nyemandts anders mer gan dan im, umb das er es mit mir treulich und hertichleich hat er arbaitt und zewegen pracht, und ob Got uber mich gepeutt mit dem tod, so enphilch ich mich im gancz in sein gewissen durch meiner sel hail willen czetuen nach seinem willen, wann ich anders nit wais, er lass mich im bevolhen sein.
Das aber solich mein gescheft gehalten werd und volbracht, dadurch so hab ich zu gedechtnuss und westettung gepeten mit fleis dy ersamen weysen Ludweig Kunigsfelder, statrichter, Stephan List, burgermaister, Lang Paul und Ulreich Chramer, purger dez rats der stat zu Prespurg, das sy darob sein, damit solich mein gescheft verpracht werd, und zu ewiger gedechtnuss in der stat gescheft

puch geschriben werd, als ich in dez vertraw. Actum an pfincztag vor Sand Gilgen tag anno Domini etc. XLVII^{mo}.

Actum dez inschreibens an montag nach
Oculi in der vasten anno Domini etc. XLVIII°.

1446 April 8 – *1449 Januar 21* **132**

Geschäft des Gregor Scharrach

pr., schr., 4 Zg. (*Index*: Gescheft Gregory Scharrach LXII°)

(fol. 62v) Gregorius Scharrach

Vermerkt, daz am heutigem tag, freytag vor dem Palmtag in anno Domini M^{o} CCCC XLVI^{to}, Gregorius Scharrach mit gueter vernunft, ungenett, mit guetem willlen, bedechtleich in seinem siechpett sein gescheft geordent hat und getan in solicher verschriben maynung.

Item der benant Gregorius Scharrach hat geschaft, ob Got uber in geput, all sein hab und gueter, es sein erb oder varund hab, wie die genant oder wo die gelegen sein, nichts ausgenommen noch hindan geseczt, als er dann vor auch angemacht und on veschreiben getan mit sein solhs hannt geschrift verschriben hat in dez Bartolme (!) Scharrach register also, daz er all sein guet schaft uber chlain und uber gros seinen benanten vettern, Bartolme Scharrach, und seinen chindern, was der gros sind, die im zugehorn, auch recht und redlich an erben von seinem een und seiner endlein, auch von seinem vater und mueter unverschaidenlich und ungeverlich. Daz alles ist mein gueter will und wort, wann ich solich mein vaterlich und mueterlich, auch een und endlein guet und hab anders nyemand paser gan dann dem benanten meinem vettern, Bartolme Scharrach, und seinen chindern nach meinem tod, ob Got uber mich geput, damit zetuen und lassen, als mit ir selber guetern.

Item ob Got geb, daz ich in leben blib, so wil ich dannoch, daz solich obvermelt schreiben und gemecht, als ich vormaln getan hab, sol bleiben stet in kraft und oben geschriben stet, mit meinem vetter und tailn und seinen chindern, als mit meinem rechten geswistreten ungeverlich. Dez gleichen ich in auch vertraw her wider zetuen, ob mir Got hilft zu meiner gesundt.

Ich secz auch gancz im hin haim auf sein gewissen und trew, was er durch meiner vater, mueter, ern und endl auch durch meiner sel hayl willen, ob Got uber mich putt, wil tuen, als zu meinem vater und vettern.

Bey meinem obvermelten und obverschriben gescheft sein gewesen durch meiner fleissiger gepet willen dÿ ersamen weysen Stephan List, Peter Jungetel und Paul Malczhofer, all drey gesworn purger dez rats der stat zu Prespurg, und sÿ gepeten, daz sÿ solich mein gescheft, ob Got uber mich geput, lassen schreiben in der stat gescheft puech zu Prespurg, damit es gehalten und volfurt werd. Dabei ist auch gewesen Liebhart Egkenfelder, statschreiber daselbs, und hab sy all gepeten, daz ir yetweder zu zeugnuss der sach sein petschadt auf dew gescheft zetel gedrukt hat, in und irn erben anschaden. Actum die ut supra.

Actum dez inschreiben am erchtag
vor Vincenti anno XLVIIII°.

1445 Februar 27 – *1449 September 4* **133**

Geschäft des Meinhard Hager;
Bestellung von Willensvollstreckern;
Bestellung eines Vormunds für die minderjährige Tochter des Erblassers
pr., schr., 4 Zg. (*Index*: Gescheft des Menhart Hager satler LXIII°)

(fol. 63r) Meinhart Hager satler

Vermerkt daz gescheft, das der erber man Meinhart Hager satler, mitburger zu Prespurg, hat getan in seinem siechpett mit gueter gewissen zu der zeit, da er sein guet recht hat gehabt und mit gueter vernunft in mass, als hernach verschriben stet, und darczu gepeten hat zu bewarung dez geschefts, damit es nach seinem tod gehalten werde, die erbern Niclas Gurtel von Papa, Ulreich Kursner, Erharten Stab und Thoman Ruspeken, all mitburger zu Prespurg, und in daz bevolhen auf ir gewissen, daz es verpracht werd, und ist geschehen an sambstag nach Reminiscere in der vasten in mass, als hernach beschriben stet anno Domini etc. XLV^{to}.

Von erst hat er geschaft, daz man in erlich und loblich mit kirichleuchen und pharleichen rechten sol bestatten zu der erden, dez sein sel nucz hab gegen Got.

Darnach hat er geschaft sein haws, daz gelegen ist in der benanten stat Prespurg bey dem Vischer Tor zenachst dez benanten Niclas Gurtler von Papa seiner hausfraw, Margareta, als fur ir morgengab, darauf er ir dan czu morgengab vermacht hat LXXX flor. also, daz sy dasselb haws inn sol haben als morgengab und der stat recht ist zu Prespurg.

Darnach hat er derselben seiner hausfrawn aber mer geschaft allen seinen werch zeug, als sein satel, griem, zam, wenig oder vil, chlain oder gros, wie der genant ist, nichts ausgenom (!), ledichlich den zehaben und gnyessen zum pesten, als sy mag, und sol davon all gelter bezaln, was geltschuld er hinder im lassen hat, es sey gegen juden oder christen.

Darnach hat der benant Meinhart ~~La~~ Hager satler, ob Got uber in gepüt, enpholhen zu trewer hant als zu lieben gerhaben sein tochter, Dorothea, seinen obgenanten gescheftherren, die fleissichlich zu betreuen und nemlich geschaft den edeln hern Hannsen von Klux, das der sey (!) halt mit zucht und ler, wis daz sy kumbt zu irn gevogten jarn, und was er ir dann darczu schaft, das sollen dy obgenanten gescheftherren dann mitsambt dem chind enpholchen zu trewer hant dem, der es in nemen wirt, und daz chind haben, das es im treulich furgehalten werd.

Auf daz so schaft er der benantn Dorothea, seiner tochter, den weingarten zu Retschenstorf gelegen, der da sein wol erarbaits guet ist, und ist genant daz Hungerel und ligt auf Retschenstorfer gepiet zenachst dez Eylausmrok weingarten, der da genant ist Randolt zu der ain seytten, mit aller gerechtichait, freytung (!) und nuczen, als er den inngehabt hat.
Darnach hat er aber geschaft seiner benanten tochter, Dorothea, ain kueffen wein, dy da berait da ligt in seinem haws, das man ir den weingarten damit pawen sol.
Item darnach hat er mer geschaft der benanten seiner tochter, Dorothea, ain pett, zwen polster, zway kuss, und zway leilachen, daz ir zu den ern von irn gerhaben sol furgehalten werden hincz auf ir vogtperen jar, als pillich ist.
Item er hat auch geschaft der benanten seiner tochter den vorverschriben weingarten, Ungerel genant, zu Retschensdorf in solicher mass, ob sy vor irn „un"-vogtpern mit dem tod abgieng, da Got vor seÿ, so sol dann derselb weingarten verchauft werden, und wie er verchauft wirt, so sol man umb das gelt durch seiner sel hail willen lassen gen ain Ramfart und ain Achvart. Was dann uber wirt dez gelts, daz sol gevallen zu der kirichen Sand Merten paw zu Prespurg ungeverlich. Blib aber daz chind in leben, so sol er ir volgen in mass, als vorverschriben stet.
Item so hat er dem weinczurl gelihen VI guldein auf daz paw dez weingarten zu Retschenstorf und vor dez ist er im mer zwen gulden schuldig gewesen, und daz gelt sol auch zu sten seiner tochter, Dorothea, damit ir der weingarten davon gepawt werd.
Das aber solich gescheft furbaser in kraft bleib und gehalten werd, dadurch so hat er uns obgenant gescheft herren mit fleis gepeten, daz wir es zu bewarung lassen in schreiben in der herren gescheft puech der stat Prespurg, damit nach seinem abgang nicht irrung darauf erste, seiner sel zu swernuss, und ist geschehen an tag und datum, als vor geschriben ist am anfang.

Actum dez inschreibens an pfintztag
nach Sand Gilgen tag anno etc. XLVIIII°.

1449 April 6 – *1449 September 24* **134**

Geschäft des Stephan Mair;
Bestellung der Ehefrau zum Vormund des minderjährigen Sohnes
pr., schr., 2 Zg. (*Index*: Gescheft des Stephan Mair LXIII°)

(fol. 63v) Stephan Mair gescheft

Alhie ist vermerkt mein gescheft, das ich Stephan Maer getan hab in meinem siechpett zu der zeit, do ich es wol getuen mocht unbetwungenlich und mit gueter vernunft, nach frummer leut rat, do es nyemant widersprechen hat noch widersprechen hat mögen, und daz ist geschehen am heyligen Pluem Ostertag in der vasten in anno XLVIIII°.

Item von erst so schaff ich meiner hausfrawn, Preyden, zwen wein, dy do ligen aufm Stanntner im keller, davon sol sy den weingarten in Patzen ledigen und freyen, daz der meiner vorgenanten hausfrawn sol sein frey und ledig an all zuspruch und hindernuss.
Item mer schaff ich meiner hausfrawn, Preyden, mein haws, daz sy das verchauffen sol, und was uber tewr ist uber geltschuld, das sol ir dennoch volgen an all zuspruch und hindernuss und an allen krieg vor aller menichlich.
Item ~~so~~ und dy Hoheney in dem undern pirig neben dem Michel Zephel und dez Krumpen Jorgen, der selbig weingarten, der ist meiner hausfrawn Preiden morgen gab frey und ledig, wenn sy hat irn tail daran gantz bezalt.
Item und schaff besunder meinem sun, Hanns Maer, den weingarten in Spitalern ainhalb gelegen innerhalb dez Wenczla Pestler weingarten und ausserhalb dez Hanns Renusch weingarten also beschaidenlich, das dy mueter sein gerhab sol sein untz das er wol kumbt zu seine jar, und er sol auch seiner mueter gar gehorsam und nit widerspenig.
Item und schaff XXX sel mess durch meiner sel selichait willen.
Item und schaff meins prueder tochter, des Thuman Fursten, der Marethen, dy prayten in meinem garten.
Item und schaff dem Chunradt Fuerst mein joppen.
Item und schaff dem Hanns Grimsch meine rok.
Item und bey meinem obgeschriben gescheft sind gewesen dy ich darczu gerueft hab, dy erbern herren Niclas Frantz und Michel Grantner zu meinem gescheft, und hab gepeten iglichen besunder, das sy ire petschadt auf meinen gescheft brief gedrukt haben durch meiner fleissigen gepet willen, in und irn erben an schaden, darumb daz mein vorgeschriben gescheft kraft sol haben und unczeprochen sol bleiben, als ob Got und meinen genedigen herren wol traw. Actum ut supra.

Actum dez inschreiben an
mitichen vor Michaelis anno ~~ut~~
Domini etc. XLVIIII°.

1448 Mai 14 – *1449 September 24* **135**

Geschäft des Hans Hafner;
Bestellung eines Willensvollstreckers

pr., schr., 4 Zg. (*Index*: Gescheft Hanns Hafner LXIIII°)

(fol. 64r) Gescheft Hanns Hafner

Alhie ist vermerkt mein gescheft, das ich Hanns Hafner getan hab in meinem siechpett mit gueter vernunft und unbetwungenlich mit guetem willen zu der zeit, do ich es wol getuen mocht, und nach frumer leut rat, mit sambt meinen nachsten frewndten und chindn, do es nyemant widersprochen hat nach widersprechen hat mogen, und das ist geschehen am erchtag nach Pfingsten in dem XLVIII jar.

Item von erst schaff ich mein freys haws gelegen auf Schondorfer gassen meinem sun, Czirfos, frey und ledig, also beschaidenleich mit ausgenomen worten, das mein frume hausfraw, Katrei genant, in dem haws sol sitzen ir lebtag mit meinem vorgenanten sun, Czirfos, und ob sach wer, das mein sun, Czirfos, abgieng mit dem tod, so sol dan mein vorgenants haus erben auf meinem sun, Jacob Hafner, mit allen nutzen und rechten also beschaidenlich und mit ausgenomen worten, ob sach wer, das mein vorgenante hausfraw, Katrey, aus das haws nicht pewlich wold halden, das das erweislich wer, so sol dann mein sun vollen gewalt haben, der Jacob Hafner, mein vorgenante hausfraw, Kathrei, aus dem haws ze treiben. Wer aber sach, das mein hausfraw das peulich hielt, das das erweislich wer, so sol mein sün chainen gewalt nicht habn dy Katrey, mein hausfraw, aus dem haws zu treiben in chainerlai weis nicht.

Item und schaff mer meinem sun, Zirfos, ainen freyen weingarten gelegen im Goltfues neben dem Pertelme Scharrach, und ob dann mein sün, Zirfos, abging mit dem tod, so sol dan der weingarten erben auf meinem sun, Jacob Hafner, und die weil mein sun, Zirfos, im lebn ist, so sol sein mueter, mein hausfraw, Kathrei, dez weingarten geniessen, was dar aws chembt, es sey vil oder wenig, was frucht darinn wert, des sy wol genyessen mag, und ob Got wolt, daz mein sün ab gieng in dem zuchunftigen jar mit dem tod, so sold dannoch mein hausfraw, Katrei, dy frucht innemen an alle irrung und an alle hindernuss und an alle zuspruch, und mein vorgenante hausfraw, dy sol auch den weingarten alle jar pewlich halden, dy weil mein sün, Czirfos, in leben ist, und di frucht daraus nemen alle jar an zuspruch und hindernuss.

Item und ob mein sun, Zirfos, chem zu seinen jarn, und wolt der mueter nicht volgen und wolt zu ainem pueben werden und der mueter nicht wold folgen, und welt daz guet unnuczlich verczern, so sol mein sun, Jacob Hafner, gewalt haben seins guets, im das auf zehalden, das er das nicht vertuen mocht, untz das er vernunftiger wirt.

Item und schaff darnach meiner frumen hausfrawn, Katrei, ain weingarten, Koraphl genant, frei und ledig zu thun und zulassen, an alle zuspruch und hindernuss vor aller menichlich.

Item mer schaff ich meiner hausfrawn, Kathrei, im haws alle farunde hab frey und ledichlichen.

Item und schaff darnach ein weingarten, Weissenburger genant, zwai tail meinem sun Jacob Hafner, frey und ledig und das dritte tail meiner tochter, Christein, Thoma Heufeintin, frey und ledig, yedem tail zu tuen und zu lassen und allso beschaidenlich mit ausgenomen worten, das mein hausfraw, Katrei, das zu kunftig jar dy frucht in sol fexen an alle zu spruch und hindernuss.

Item und mer hab ich gedacht und ist mein geschëfft, daz mein sun Jacob Hafner habn sol zu legen, in meinem keler halten geleichen tail gegen dem prun uber in

mein haws seine frucht, und in daz ander halb tail dez kelers, daz sol meiner hausfrawn sein umbechumerlich.
Item und ich hab geschikt zu meinem gescheft noch dem Ulreich Fluder, und noch dem Peter Hafner, und nach dem Ulreich ~~Hafner~~ Schawn, und nach dem Peter Rosczagel, und der vorgenant Ulreich Fluder, der sol obman sein meins vorgeschriben geschefts. Darczu hab ich die ~~obgescheft~~ obgeschriben gescheft~~s~~ leut gepeten iglichen besunder umb sein aufgedrukts petschadt, daz sy daz durch meiner fleissigen gepet willen auf meinem gescheft prief gedrukt haben, daruber daz man (!) mein vorgeschriben gescheft kraft sol haben und unczebrochen beleib, als ich den Got und mein genedigen herren wol vertraw.

Actum dez inschreiben
an mitichen vor Michel anno XLVIIII°.

1443 Januar 26 – *1450 Januar 26* **136**

Geschäft des Hans Weisman;
Bestellung von Willensvollstreckern (?)
pr., schr., 3 Zg. (*Index*: Gescheft Hannsen Weisman LXIIII°)

(fol. 64v) Hanns Weisman

Vermerkt daz gescheft, das der ersam man Hanns Weisman auf Spitalneusidel vor der stat Prespurg bedechtlich, mit guetem willn und unbetwungen getan hat in seinem siechpett zu der zeit, da er das mit recht wol getuen moͤcht an menichlichs in red und widersprechen und zu hail seiner sel, und daz getan vor den erbern leuten Thoman Mauroch, Hannsen Kolman und Bertelme Kolman, dy er darczu durch Gotzwillen ervordert hat und zu bestettung, damit es nach seinem tod gehalten und verpracht wurd in mass, als hernach verschriben stet.
Von erst hat er geschaft seinem öhem, dem Michel Tumler, sein haus gelegen vor Spitalneusidel auserhalb dem graben zenachst den Anderel Weber frey und ledig, als er das guete zeit besessen hat vor menichlichs irrung.
Darnach hat er demselben seinem öhem mer geschaft ainen weingarten im Wurczenpach gelegen mit aller seiner zugehorung zenachst dez Wenczla Zephel weingarten auch vor menichlichs irrung.
Item darnach hat er mer geschaft drey Ramfart.
Item und drey kelch, ainen in daz munich chloster und dy zwen in Sand Laurenczen chirichen.
Item und was darnach uber beliben ist, das ist alles gevallen seiner hausfrawn damit ze tuen und zelassen ann menichleichs inred.
Das aber solich gescheft also geschehen sey, das bechennen wir obgenant gescheft leut bey unsern trewn an aides stat, und haben auch dez zu gedechtnuss unser yetweder sein petschadt an den brief furgedruckt, uns und unsern erben an

schaden. Und ist geschehen an sambstag nach conversionis Sancti Pauli anno Domini etc. XLmo tercio.

Actum dez inschreibens
an montag nach conver-
sionis S. Pauli anno L^{mo}.

1449 Dezember 26 – *1450 März 27* **137**

Geschäft des Michael Granntner;
Bestellung von Willensvollstreckern (?)
pr., schr., 4 Zg. (*Index*: Gescheft Michel Granntner LXV)

(fol. 65r) Michel Granntner
Vermerkt das gescheft, das der ersam Michel Granntner bedechtleich mit guetem willen und gueter vernunft zu der zeit, do er es mit recht wol getuen mocht, in seinem siechpett an menichleichs in red getan hat. Das, ob Got uber in geput, ausgericht und verpracht, auch gehalten werde in mass, als hernach verschriben stet, und ist geschehen am freitag Sand Stephans tag in Weinachtfeyertagen anno Domini etc. quinquagesimo[54].
Von erst hat er geschaft alle seine gueter, es sein erb oder varundgueter und hab, wie die namen haben, haws, weingerten oder gerten, nyndert noch nichts ausgenommen, frawn Katherina, seiner elichen hausfrawn, erblich und ewichlich, damit zetuen und zelassen an menichlichs irrung, dy zenyessen und nuczen nach allem irm gevallen, doch also, daz sy davon ausrichten sol alles daz, was hernach verschriben stet.
Am ersten sol sy sich vernahen zebezaln alle bewerliche geltschuld, so er schuldig worden ist, wohin oder wem das ist, die man erweisen chan oder mag, es sey mit briefen oder andere warhafter kuntschaft.
(*Abschnitt gestrichen*: Darnach hat er geschaft, das sy, dy beruert sein hausfraw, sol geben in die zech Gotz leichnam der pruederschaft er ist funfczehen guldein, dy sol man anlegen der zech zu notturfen, zu gedechtnus seiner sel oder dem Gotzdinst der bedachten pruederschaft czu merung und nücz.)
Darnach sol er ausrichten und geben in die hawer zech funfundzwanczig guldein also, daz derselben guldein zehen sullen angelegt werden zu nucz und notturft derselben zech, aber dy andern funftzehen guldein sollen dy prueder der selben pruederschaft hawerczech also anlegen, das davon ein ewiger jartag werd gestift zu hail im und seiner vorvordern seln, zu begen jerlich in der kirichen zu Sand Michel mit anderthalben guldein gelts. (*neben diesem Paragraphen*: solvit der

---

[54] *Es ist von einem Jahreswechsel zu Weihnachten (25.12.) auszugehen.*

Hanns Grässel XV fl., dÿ zu jartag gehörn, dÿ Peter Kraws auf sein haus genom (!) hat nach lawt des gruntpüchs[55])
Item er hat auch geschaft und bedacht, das die obgenant sein hausfraw von seinen gueten sol geben seinem vettern, Hannsen dem Fuerer, ain dreyling weins auf das kunftig lesen, auf welichem irm weingarten sy will, ungeverlich.
Er hat auch geschaft dem egemeltn seinem vettern, Hannsen Fuerer, sein gerechtichait auf ainem leibgeding, so er hat auf den gueten dez Gapler seligen, daz dann disczeit innen hat die Jorg Spiessin, ob dasselbig ledig wurd, das er es dann inneme, ob Got uber in geput, und richtet davon auß ain Ramfart, dy darauf stet.
(*Abschnitt gestrichen*: Auch sol sy ausrichtn ain dreyling wein zu dem paw Sand Merteins kirichen auf daz kunftig jar, und dasselbig gelt, sovil darauf chumbt auf dem benanten wein, sol sein hausfraw selbs aus geben zu notturft dez gepaws Sand Merten chirichen nach irm pesten versten und irer gewissen.)
Item es ist auch ~~sein~~ „mein" beger und will, das dy benant mein hausfraw solich gelt, so stet auf dinst, ob sy wil, selb mag innhaben und daz vergueten, und fur alle soliche geltschuld, haubtguet und dinst sol sein zephannt der weingarten genant der Tiendorfer alsolang, bis daz dy selb mein hausfraw dy egemelt geltschuld bezalt oder abledigt, davon sy dann, dy weil sy die innhat unbeczalt, sol dienn als recht und solicher dinst gewonhait ist.
Zu dem obbeschriben meinem gescheft hab ich obgenanter Michel Granndtner gepeten die erbern weisen Philipp Kugersauf, Petern Kraws, Niclas Franncz und Mathias Örtl, all vier purger zu Prespurg zu gedechtnus meins geschefts, ob Got uber mich gepeutt, daz es verpracht werd, als ich in dez gancz vertraw, und hab sew gepeten, das ir yetweder sein petschadt zu bestettung darauf drukt, in und irn erben an schaden. Actum anno, die ut supra.

Actum dez inschreibens an freytag
vor dem Palmtag anno etc. L^{mo}.

1450 Januar 30 – *1450 August 14* **138**

Geschäft der Agnes, Witwe des Niklas Leinbater und Ehefrau des Martin Lintacher

pr., schr., 3 Zg. (*Index*: Gescheft Agnes Leinbaterin LXVI)

(fol. 65v) Agnes Leinbaterin (!) von dez jartag wegen

Nach Cristi gepurd tausent vierhundert jar und in dem funfczigisten jar hab ich Agnes, des erbern Martine Lintacher, mitpurger zu Prespurg, eliche hausfraw, mit wolbedachtem muet, gueter vernunft und guetem willen zu der zeit, so ich daz mit rechte wol getuen mocht, mein gescheft unbetwungenlich getan in mass, als hernach geschriben stet.

[55] *Sicherlich das Preßburger Grundbuch von 1439, heute Archív hlavného mesta SR Bratislavy, 4.1.2. Grundbuch. Vgl. auch Einleitung S. 15.*

Von erst schaff ich die helft ains weingarten, die Wiegen genant, gelegen zu Turding der ersamen kirchen zu Sand Mertein zu Prespurg zu ainem ewigen jartag umb meiner und meins vorigen wirts, Niclas Leinbater, dem Got genad, seln selichait, an zuhaben noch meinem tod inner jars frist, und zu begeen mit vigily und selambten nach gewonhait als ~~so~~ ander jartags mit solicher frist begeende, und von der selben helft dez benanten weingarten sol mein lieber man, der Martine Lintacher, oder wer den zu der zeit mit seinem gueten willen wirt haben, jerlich funf guldein in gold, oder sovil gelt, das die zeit geng, und geb wirt sein im land zu Hungern, den obgenanten korhern von wegen dez jartags an vergehen ausrichten und bezaln, und darumb, daz die selb helft dez gemelten weingarten den zins dez jartags nicht getragen mag, so schaff und secze ich den andern meinen Stein tail des egenanten weingartens zu dem tail in phant, also daz dem jartag nichts abge noch verkurczt werd.

Darnach so wil ich und schaff ich, das der Martine Lintacher, mein lieber man, den vorgeschriben weingarten, die Wiegen genent, innen halt und hab in solicher mass, als oben ist vermerkt, als lang und er dann wil und im gefelt. Und wenn er so magend ~~wird~~ wurd und gerne wil, so sol er frey sein dy funf guldein zins mit funfczig gueten hungrischen guldein in golt oder sovil gelt, daz die zeit geng und gab ist im land zu Hungern von dem obgemelten weingarten abelosen (!) ungeferlich, und so sol er denn den weingarten gancz ledig und frey haben an allen zuspruch aller menichlich, und sol damit tuen und lassen als mit seinem rechten freyen aigen guet, schaffen, machen, geben, verseczen und verchauffen, was im dann not tuet, wem er wil, an alle irrung, und die egenanten funfczig guldein zu zaln und zu nider legen schol in nyemant zwingen, sunder es sol sten zu seinen gueten willen.

Item ob dy funf gulden dinst oder zins von dem ob geschriben weingarten mit funfczig guldein, als oben vermerkt ist, ymer wurden abgelost, so sullen die erbern korherren dieselben funfczig guldein oder daz gelt mit wissen, rath und hilf dez Martine Lintacher, meins wirdts, wider an ain ander guet anlegen, wo in das am pesten gefelt nach ~~ern~~ eren gewissen also, daz dem jartag nichts abgee nach verchurtzt werde.

Uber das alles so wil ich, daz der Martine Lintacher, mein lieber man, frey sey, wenn im das gar wol gefelt, den obgenanten weingarten mit wissen der korhern vor wegselen oder verchauffen unschedlich dem jartag, als oben begriffen ist, an als gefer.

Das gescheft hab ich gethan am freytag vor Unser Lieben Frawn tag der Liechtmess in dem obgeschriben jars, da beÿ sein gewesen der ersam und die weisen her Paul von Legnicz, korherr zu Sand Merten, her Ludweig Kunigsfelder, dy zeit richter der stat Prespurg, und her Niclas List, mitburger doselbst, die durch meiner pethe willen ditz mein gescheft mit iren sigillen haben versigelt.

Actum dez inschreiben in vigilia
Assumpcionis anno etc. quinquagesimo.

1450 Januar 30 – *1450 August 14* **139**

Geschäft der Agnes, Witwe des Niklas Leinbater und Ehefrau des Martin Lintacher
pr., schr., 3 Zg. (*Index*: Gescheft Agnes Leinbaterin LXVI)

(fol. 66r) Agnes Leinbaterin (!) gescheft
nach der ausczaigung dez jartags

Nach Cristi gepurd tausent vierhundert jar und in dem funfczigisten jar hab ich Agnes, dez erbern Martini Lintacher, mitpurger zu Prespurg, eliche hausfraw, mit wolbedachtem muet, gueter vernunft und guetem willen zu der zeit, so ich das mit recht wol getuen mocht, mein gescheft unbetwungenlich getan in mass, als hernach beschriben steet.

Von erst schaff ich meinem lieben mann, Martine Lintacher vorbenant, mein tail dez haws gelegen in der stat Prespurg zenachst dem Niclas Stern oder List ganncz frey und ledig an allen zuspruch, damit zetuen und czelassen als mit seinen rechten freyn aigen guet, zu schaffen, machen, geben oder verchauffen wem er will, an alle irrung.

Darnach so schaff ich dem benanten Martine, meinem lieben mann, allen meinen ~~hauf~~ hausgereth, press, potingen, kueffen, und was darczu gehört, wo ich daz hab, wo oder wellent dy im haws geseczt sein, odir (!) in welichem tail die funden werden ungeferlich, und alle meine farundehab, nichts ausgenommen, wie daz namen hat oder wo ich das hab, daz zu nuczen und damit zetuen gancz nach seinem willen.

Darnach schaff ich dem obgeschriben Martine, meinem wirt, den weingarten genant der Scheph gelegen auf der stat gepiet zu Prespurg frey und ledig an all zuspruch ze tuen und zelassen, damit geben und schaffen, als ims am pesten gefallen wirt, doch in solicher beschaiden, daz er die zwainczig guldein ausricht, die vormals darauf stend.

Darnach schaff ich aber meinem lieben „man", Martine, meinen weingarten, genant der Spiegl, auf Retschenstorfer gepiet gelegen zu seiner lebtagen und emphilich im auf sein trew und gewissen, daz er in bey seinem lebtagen oder in seinen leczten zeiten an lege und geb zu Gots dinst, wie er daz wais am pesten und nuczlichisten an zulegen durch unser paider sel hail und selichait nach dem und er Gote darumb sol antburten.

Ich schaff auch meinem lieben mann, Martine, meinen weingarten, genant das Drofuessel, auch gelegen auf Retschenstorfer gepiet am Schimperg gancz ledig und frey, damit nach meinem tod zetuen und lassen wie es im am nuczisten gefelt.

Ich schaff auch mer meinem lieben mann, Martine, meinen weingarten, genant der Rosenweingarten, gelegen auch auf Reczestorfer gepiet ledig und frei den obern tail, das er damit tue als mit seinem freyen guet.

Darnach schaff ich den untern tail, di drey achtail, die da stossen undern an dem Rosenweingarten zenachst peym dorf Reczestorf, das mein man, der Martine,

inner ains oder anderthalben jars frist, wenn er daz vermag, die zu Gotes dinst geb wo in das am pesten dunkt. Wil er aber dy drey achtail selber behalten, was „dann" frumme leut derchennen, wes si wert sein, und das ain fromder dorumb geb, daz gelt sol er geben zu Gots dinst durch mein und meiner vorfodern sel hail und selichait nach frommer leut rats am nuczisten, dann sol er die egenanten drey achtail weingarten glicher weis frey und ledig haben damit ze tuen, wie und er wil.
Darnach schaff ich dem vorgemelten Martine, meinem wirt, meinen weingarten genant der Quotterl, gelegen zu Turding am Schorperg (!)[56], frey und ledig zuhalten und damit ze hanndeln als mit seinem rechten frein „aigen" guet, den zu schaffen, geben, wem er wil oder verchauffen, wen er wil an alle irrung.
Darnach schaff ich dem Martine egenanten meinen freyen halben tail dez weingarten, die Wiegen genant, auch zu Turding gelegen freyn und ledigen, doch in solicher mass, als im gescheft dez jartags ist gemelt und begriffen.
Darnach schaff ich auch meinem lieben mann Martine alle meine geltschuld, wo man mir die schuldig ist inners lanndts zw Ungern oder ausserlanndts oder wo daz sey, die er zu gueter mass wol wais, und die zu fordern und geniessen an gefer, daz pest er chan und mag, der gan ich im gar wol.
Darnach schaff ich, das mein man, der Martine, schol zaln und gelten alle geltschuld, die weislich ist, die wir paide mit ein ander schuldig sein, und bleiben in und auf den obbeschriben guetern, die ich im schaff und geschaft hab, als oben vermerkt ist an als gefer.
Darnach als man voriger der Niclas Leinbater
(fol. 66v) Darnach als mein voriger man, der Niclas Leinbater, hat geschaft ein fleischpankch czu Wartperg, das die nach meinem tod sol chomen zu Unser Lieben Frawn zech oder pruederschaft, das die prueder alle chottemer sollen sunderlich ain selambt begeen und lassen singen umb sein und seiner vorfordern seel selichait, als sein als sein (!) gescheft innhalt. Wer es sach, das sich die pruederschaft der selben fleischpannk also, als geschaft ist, nit wolten under winden, so schaff ich und beger, daz sich der Martine, mein lieber man, der underwinte und anneme, und also die selambt zu eren zeiten ausrichte und lass begeen, als ich getan hab pis her. Underwundten sich oder die egenanten prueder der fleischpankch, so pitt ich und beger, das der Martine, mein man, fleissig darob sey, das die selambt zu eren zeiten werden ausgericht und begangen, als ich im gancz vertraw. Weren aber die oftgenanten prueder sewmlich bey den selambten und liessen die underwegen oder undergeen, so sol und mag der Martine, mein man, dieselb fleischpannkch zu im nemen und ausrichten dy selambt als oben vermerkt ist, und enphilich im mich und meiner sel hail gancz in sein gewissen, als ich im vertraw und als er Got sol antburten.

---

[56] *Der Name des Weingartens ist wahrscheinlich* Schonperg.

Uber das als schaff ich und wil, daz ditz gescheft dem andern uber den jartag, noch das uber den jartag disen, chains dem andern schol schadlich sein, sunder paide chraft und macht sollen haben, die ich paid sam ains an ainem tag in ainer stund hab getan, und vor ains hab. Daz gescheen ist am nachsten freytag vor Unser Lieben Frawn tag der Liechtmess. Dabey sein gewesen der ersam und die weisen her Paul von Legnicz, koherr (!) zu Sand Mertein, her Ludweig Kunigsfelder, die zeit richter zu Prespurg, und her Niclas List, mitburger doselbst, die durch meiner pethe willen haben dicz mein gescheft mit irn sigiln versigelt.

Actum dez inschreibens
an freytag vigilie
Assumpcionis Sancte Marie
Virginis anno Domini
millesimo quadringentesimo quinquagesimo.

1450 Dezember 28 – *1451 Februar 1* **140**

Geschäft der Barbara, Ehefrau des N. Ungerl
Bestellung von Willensvollstreckern
pr., schr., 3 Zg. (*Index*: Gescheft Barbara Ungerlin LXVII)

(fol. 67r) Barbara Ungerlin
Item alhie ist vermerkt mein gescheft, das ich Barbara Ungerlinn getan hab in meinem siechpett zu der zeit, do ich es wol getuen mocht mit gueter vernunft und unbetwungenlich, das das nyemant widersprochen hat und nicht wider sprechen hat mogen. Das ist geschehen am sambstag in vigilia Thome apostoli in anno quinquagesimoprimo[57].
Item von erst so schaff ich zum paw zu Sand Laurenczen chirchen ein wandlung cherczen und X flor. (*am Rande*: ausgericht)
Item und schaff auch zu Sand Laurenczen kirichen zu ainem messgwant sechs guldein. (*am Rande*: ausgericht)
Item mer schaff ich zu Sand Merten chirichen zum paw ain wandlung cherczen und X flor.
Item und schaff auch zum paw zu Sand Michels chirichen ain wandlung cherczen und X flor.
Item und schaff auch besunder in die hawer zech zu Sand Michels chirichen X flor., und dy hawer zech sol patron sein. (*am Rande*: ausgericht)
Item und schaff auch zwo Romfart, und die Romfart sollen gen der Michel Colestorfer und der Peter Medlinger, mein weinczurel, und den sol man darumb genüg tuen umb ir mue. (*am Rande*: ausgericht)

---

[57] *Der Schreiber hat wahrscheinlich das Fest des Apostels Thomas (21. Dezember) mit demjenigen des Hl. Thomas Becket (29. Dezember) verwechselt. Wenn das Testament zum 28. Dezember datiert ist, trifft die Jahresangabe 1451 zu, da das Jahr am 25. Dezember beginnt.*

Item und schaff auch ainer ellenden diern, einer armen, ain pett, und ain haubtpolster, und zway chuss, und zway leilach. (*am Rande*: ausgericht)
Item so hab ich gepeten durch Gots willen den erbern herren Niclas Franczen und Philipp Kugersauf, paid gesworn purger dez rats, und den Jorg Zibser, mitburger, all gesessen zu Prespurg, das die durch meiner fleissigen gepet mein gescheftherren sullen sein und sollen von mir vollen gewalt haben, mein vorgeschriben gescheft zu verpringen und furen trewlich als ich in dez zu Got wol vertraw. Darumb so mach ich si meins güts gar gwaltig, damit zetuen und czu lassen, es sey erbguet oder varundguet, wo ich das hab, nichts ausgenomen. Item und ob ettbas uber blib meins güets, so beger ich von meinem vorgeschriben gescheftherren ein jartag zu Sand Michels chirchen durch meiner sel selichait willen und meines vater und mueter seln willen und meiner vorvordern seln willen, und dy hawer zech sol sein patron.
Item und schaff auch mein leibgeding, das mich rechtlich an erbt hat von meiner swester, Katreÿ, das enphilich ich meiner gescheft herren Niclas Franczen und Philipp Kugersauf, und dem Jorig, domit zetuen oder farn, was rechtlich ist, als sy verstenn, was rechtlich sey.
Item und bey meinem vorgeschriben gescheft sind gewesen die erbern hern Niclas Francz und Philipp Kugersauf, paid gesworn purger dez rats ze Prespurg, und Jorg Zibser, daselbs mitpurger, die ich fleissichleich gepeten hab yeglichen besunder umb sein petschadt, daz sy das auf mein gescheft brief gedruckt haben, in und irn erben an schaden, darumb das mein gescheft kraft sol haben und unczebrochen sol bleiben, als ich daz meinen genedigen herren wol vertraw. Geben am sambstag in vigilia Thome apostoli anno L^{mo}.

Actum des inschreibens an montag
vor Dorothee anno etc. quinquagesimo primo.

1446 Juli 8 – *1451 Februar 3* **141**

Geschäft des Hans Drexel

pr., schr., 3 Zg. (*Index*: Hannsen Drexel LXVIII)

(fol. 67v) Hanns Drexel

Alhie ist vermerkt mein gescheft, das ich Hanns Drexel getan hab in meinem siechpett mit gueter vernunft unbetwungenlich und mit guetem willen zu der zeit, da ich es wol getuen mocht und nach frumer leut rat, des freytags vor Sand Margareten tag anno Domini millesimo quadringentesimo quadragesimo sexto.
Item von erst so schaff ich ein wandlung kerczen zu Sand Michels pfarchirichen.
Item und schaff darnach meiner pasen, Margareten, und irn chindern und irm mann, Grad Andre genant, alle mein hab uber churcz und uber lang.
Item von erst ain weingarten gelegen im Feyaltal mit frucht mit all gelegen ainhalben Hanns Pfafsteter und anderhalb dez Jacob Pfafsteter.

Item und ain weingarten mer gelegen im Raͤpplen ainhalben des Michel Wolff weingarten und anderhalb dez Hensel Ledrer weingarten auch mit frucht mitsambt.
Item und bey meinem obgeschriben gescheft sind gewesen die erbern Michel Wolf, und Ulreich Schawer, und Andre Wakahuetel, und ich die selben gescheft herren gepeten hab ieglichen besunder, das die ire petschaft durch meiner fleissigen gepet willen auf meinem gescheft prief gedrukt haben inn und irn erben an schaden, darumb das mein gescheft gancz kraft und unczebrochen bleib, als ich das Got und meinem genedigen herren wol vertraw.

Actum dez inschreibens an mitichen
vor Dorothee anno etc. Lprimo.

1442 Dezember 10 – *1451 Februar 3* **142**

Geschäft des Peter Riemer

pr., schr., 4 Zg. (*Index*: Gescheft Peter Riemer LXVIII)

Peter Riemer gescheft

Vermerkt, das Peter Riemer, mitburger czu Prespurg, mit gueter gewissen, bedechtlich und unbetwungen an seinem siechpett mit gueter vernunft geschaft hat, sein gescheft geornet und gemacht hat vor erbern leuten, als hernach verschriben stenn.
Von erst hat er geschaft zu dem paw Sand Merten pfarchirichen zu Prespurg durch seiner sel hail willen zehen guldein, dy von aller seiner hab dahin aus zerichten, ob Got uber in geput.
Darnach hat er ~~geschaft~~ mit guetem willen all sein hab geschaft, es sein erb, varund guet, beraitschaft, werchzeug, uber churz und lanng, wie das genant ist, ledichlich Kunigunden, seiner hausfrawn, damit nach seinem tod, ob Got uber in putt, zetün und lassen, an menichleichs irrung aller seiner frewndt.
Und bey dem geschaft sein gewesen die erbern leut Erasm Satler, Jacob Riemer, Fridreich Klebinger und Liebhart Egkenvelder, statschreiber zu Prespurg. Und ist geschehen an montag nach Sand Niclas tag, und zu zeugnuss und gedechtnus haben si ire petschadt durch meiner fleissigen gepet willen an dise gescheft zetel gedruckt in und iren erben an schaden, in anno etc. quadragesimosecundo.

Actum des inschreibens am mitichen
vor Sand Dorothea tag anno Domini Lprimo.

1447 April 24 – *1451 Februar 3* **143**

Geschäft des Niklas von Papa

pr., schr., 5 Zg. (*Index*: Gescheft Niclas von Papa LXVIII)

(fol. 68r) Niclas Papa

Item hie ist vermerkt das geschaft, das der erber man Niclas von Papa hat getan bey seinem lembtigen leib und czu der zeit, da er sein gewalt hat gehabt, und hat das getan mit wolbedachtem muet, und das gescheft ist geschehen nach Christi gepurd virczehnhundert jar und darnach in dem siben und virczigisten jar an Sand Jorgen tag[58].

Item der Dorothea sol man geben ein grün mantel und ainen ploben rokch, das er gechauft hat bey seinem lembtigen leib, und sol sey ausrichten zu pett und zu tisch und X gulden in gold.

Item der Katrein sol man auch geben ein grün mantel und ainen ploben rok, das er gechauft hat bey seinem lembtigen leib, und sol sey auch ausrichten zu pett und zu tisch, und X gulden in gold, und darumb pitt ich mein hausfrawn, Magdalen, durch Gotz willen, so well ir das enpholhen lassen sein, und daz das frumen leut mogen erchennen, das das nach ern ain genugen sey.

Item darnach schaff ich ~~zehen guldein~~ XX gulden czu dem paw hincz Sand Merten.

Item darnach schaff ich drew tausent schindel zu dem chreuczgang in das chloster zu Unser Frawn.

Item darnach schaff ich drew selpad.

Item darnach schaff ich ein Achvart zu Unser Frawn gein Ach.

Item darnach schaff ich XXX selmess zu Sand Laurenczen.

Item darnach schaff ich ain gulden zu Sand Laurenczen, das man umb mich sol piten.

Item darnach schaff ich X pfund wachs in Unser Frawn zech.

Item darnach schaff ich den pokaschmen rok, den mit der fuchsen chursen, dem alten her Mathes, zu Sand Merten dem priester.

Item darnach schaff ich den Benedicten, meinem knecht, den groben rokch, den rauhen, und ain plobe forstantene joppen.

Item darnach schaff ich meinem gontner (!), dem Michel, ain grobe pokaschmene joppen.

Item darnach schaff ich der Maruschen, das man sey aus sol richten zu pett und zu tisch von meinem guet und meiner hausfrawen von dem nembczt.

Item darnach schaff ich meiner swiger X gulden von unser payder guet.

Item darnach schaff ich zway polanische tuch armen leuten.

Item darnach schaff ich ain fart zu Unser Frawn gein Zell, darnach zu Sand Erhart, darnach zu Unser Frawn gein Perucgk, darnach zu Sand Wolfgang mit ainer fart.

Vermerkt, was ich schuldig pin gein Wienn hin auf der Petter Schellinn XXXI½ gulden XV den.

Item darnach schaff ich IIII gulden zu der kappeln, die man paun wil zu Sand Laurenczen.

---

58 *Der St. Georgstag wird gemäß ungarischem Brauch mit dem 24. April aufgelöst. An diesem Tag wurden auch die Stadtoberen von Preßburg gewählt.*

Item und darnach schaff ich II gulden zu Sand Michel czu der chirchen zenotturft.
Item darnach schaff ich IIII guldein der Barbara, meiner muemen.
Item als das gescheft, daz ich getan hab, dem sprich ich kraft, das man das aus sol richten, und was ubrigs ist, haws und hof, und als, daz do ist, dez mach ich mein hausfraw als gewaltig an all zuspruch, damit czetun und zu lassen.
Item und bey dem gescheft ist gewesen der erber man, der Ulreich Fluder, und Hanns Gnem, und Jacob Riemer, und Maystrieler, und maister Hanns Arczt, darumb ich sew fleissichlich gepeten hab umb ir sigel in und irn erben an schaden, und der Ulreich Fluder ist fleissichlich gepeten worden, das er den brief sol innhalten auf meiner herren chunft.

Actum dez inschreibens am mitichen
Sand Blasy tag anno Domini etc. Lprimo.

1451 Oktober 22 – *1452 Januar 31* **144**

Geschäft der Margaretha, Ehefrau des Matthias Meindel, Witwe des Andre Gunther, Tochter des Hans Kuepoden

pr., schr., 2 Zg. (*Index*: Gescheft der Margareta Meindelin LXVIII)

(fol. 68v) Margareta, des Mathes Mandel hausfraw etc.

Vermerkt das gescheft, das getan hat die ersam fraw Margareta, des Mathes Meindl hausfraw, in irm siechpett mit gueter vernunft wolbedechtlich und ist gewesen gancz ir will und beger, das es nach irm tod also stet und unczebrochen solt beleiben, an menichleichs widersprechen und widerrueffen, in mass, als hernach verschriben stet, und ist geschehen vor den nachgeschriben gescheftleuten etc.
Von erst hat si geschaft alle die gueter, so si mit dem benanten irm mann, Mathes Meindel, in den zeiten irs leben und gesundt hat erarbaitt, gewunnen, erchauft oder zusamb bracht, es sein erb oder varundgueter, hewser, weingerten, gerten, nichts ausgenommen, das alles hat si ledigleich und vormenichleich geschaft demselben irm mann, Mathes Meindel, frey und ledigs damit zetuen und lassen als mit seinem aigen guet.
Darnach so hat si geschaft mer dem obgenanten irm ~~erben~~ mann, Mathes Meindel, alle die erb und erbschaft, so sey an erben, als den allernachsten frewndt von irm een seligen Andre dem Gunther, als si derselben erb dann lannge zeit ungeirret inngehabt hat, die erb und erbschaft alle hat si auch geschaft frey und ledig demselbenn Mathes Meindel, irm mann, damit zetuen und lassen, als mit sein selbs guetern an menichliche irrung.
Auch hat si gemelt vernunftichleich und bedechtlich, was erb gueter ir vater seliger, Hanns Kuepodm, inn gehabt hat von irm egemelten een seligen Andre dem Gunther, dieselben erb hat si irm vater guetichleich, als nur von gunst wegen innlassen sein lebetag und nit von gerechtichait auch des gleichen irer mueter,

aber nach irer paider tod, vater und mueter, sein ir dieselben erb rechtlich zugestanden, dadurch so hat si die verschaft dem oftgenanten irm mann, Mathes Meindel, in mass, als oben verschriben stet.
Dabey und uber das als hab si gemelt vor irnn nachgeschriben gescheftleuten, und hat ire chinder so si und ir lieber man mit einander hieten, dieselben hat si im, irm mann, Mathes Meindel, bevolhen auf sein gewissen, die treulich fur zesehen, als ein vater sol tuen an seinen chindern.
Und bey dem gescheft sein gewesen nach gepet der benanten frawn Margareta die ersamen herren, der andechtig herr her Mert, pfarrer und korherr bey Sannd Merten pfarchirchen zu Prespurg, und Peter Kraws, die zeit burgermaister der stat daselbs Prespurg, als si das gescheft also bechannt haben, und ist geschehen am freytag vor Sannd Symon und Judas tag anno Domini etc. quinquagesimoprimo.

Actum des inschreibens an
montag vor Purificacionis
Marie anno Domini etc. LII°.

1452 Dezember 22 **145**

Geschäft des Bartholome Kocherdorfer von Krakau

pr., schr., 3 Einbr., 3 Zg. (*Index*: Gescheft des Bartolme Kocherdorfer LXIX)

(fol. 69r) Bartolomeus Kocherdorfer

Nos Stanislaus, predicator ad Sanctum Laurencium extra muros civitatis Posoniensis, in persona honorabilis viri domini Johannis Kraft, plebani ibidem, necnon Albertus Galsam, civis civitatis Posoniensis, memorie commendamus tenore presencium significans quibus expedit universis, quod de anno Domini millesimoquadringentesimo quinquagesimo secundo vigesimasecunda die mensis videlicet decembris providus et circumspectus vir Bartolomeus Kocherdorfer de Cracovia, concivis prefate civitatis Posoniensis, debilis quidem et infirma corpore sanus tamen per omnia mente et plene compos racionis maturaque sui deliberacione fecit et condidit coram nobis inviolabiliter et irrevocabiliter ad pias causas suu (!) finale et ultimum testamentum modo infrascripto. Primo omnia sua bona mobilia et immobilia atque debita ubicumque, tam in regno Hungarie, quam extra habita et existencia, in quibuscumque rebus existant et consistant, nullis penitus demptis, testamentaliter legavit provide domine Anne, uxori et conthorali sue, legittime secundum a Deo sibi datam prudenciam et secundum quod sue videbitur et placuerit voluntati successu temporum, quo maluerit ad pias causas exponenda, et cum eisdem bonis pro salute anime sue exponentis, prefate uxori sue plenam et omnimodam dedit potestatem et facultatem, demptis tricentis florenis auri, quos consanguineis suis propinquioribus idem Bartolomeus tunc testamentaliter legavit, sic quod nulli sui consanguinei de aliis bonis suis mobilibus et immobilibus preterquam de dictis trecentis florenis auri quomodolibet valeant, debeant sew possint se intromittere in effectum, sed ipsa sua uxor dumtaxat exponendi ipsa bona ab eo plenam habeat ~~partem~~ potestatem et facultatem. In cuius rei memoriam evidenciam presentem litteram sigillorum nostrorum munimine duximus roborandum. Datum ubisupra.

1453 August 3–9 – *1453 Oktober 27* **146**

Geschäft des Bartholome Scharrach;
Bestellung von Willensvollstreckern
pr., schr., 3 Zg. (*Index*: Gescheft des Bartolme Scharrach LXX)

(fol. 69v) Bartolme Scharrach

Vermerkt die ordnung des geschefts, so der ersam weis Bartolme Scharrach, burger zu Prespurg, mit wolbedachtem muet willichleich und unbetwungen mit gueter vernunft in seiner chrankait gemacht, betracht und geordnet hat vor seinen hernach gemelten gescheft herren, die er zu behaltung und bestattung, damit es nach seinem tod, ob Got uber in gepewt, gehalten und an menichleichs widersprechen und widerrueffen, und sey das also zu verbringen, darczu erpeten hab, in mass, als hernach beschriben stet. Wann soliche ordnung er wol also getuen hat mogen und rechtlich, und ist geschehen im drew und funfczigisten jar in der wochen vor Sand Laurenczen tag.

Von ersten so schaff ich obgemelter Bartolme Scharrach meiner lieben hausfrawn, Katherina, ainen meinen weingarten gelegen auf der stat grunden zu Prespurg, genant der Ruedel von Laa, mitsambt den fruchten und aller seiner zugehorung, den ledigen und freyn zehalten, nuczen und nyessen, und allen iren frummen damit zehanndeln und tuen als mit irm freyn erbguet.

Darnach so schaff ich mer meiner hausfrawen einen weingarten, genant die Kolgrueb, auch gelegen auf der stat grunden mit aller zuegehorung, nuczen und fruchten mitsambt ainer meiner halben fleischpannkch also, das si den bedachten weingarten und die halb fleischpankch sol innhaben, nuczen und nyessen die weil si witib ist. Nem si aber ain man, so sol er zu stund ledig sein der weingarten, und auch dy fleischpannkch, und sol sein meins sun, Erasm.

Mer schaff ich derselben meiner lieben hausfrawn, die weil und si witib bleibt, das si dann sol besiczen und innhaben mein haws, darinn ich wonung hab, gelegen in der stat Prespurg zenachst der Praytendorferinn hawsung, des genyessen und nuczen nach irm pesten frummen, doch das es beleib unverchumert und das pewlich halt hincz auf dy zeit, das mein sün, Erasm, vogtper wirt, auf den es dann sol erben und mag auch, das so er zü vogtpern jarn chumbt mitsambt der mueter, ob si witib ist, besiczen als der recht erb. Ob sich aber begeb, das der selb mein Erasm chem zu vogtpern jarn und das haws wolt selb innhaben, so sol dannach die bemelt mein hausfraw, als verer si witib bleibt, siczen und dar auf ungedrungen bleiben, und ir wonung ir lebtag in dem haben in dem hindern tail des obgemelten hauss.

Mer schaff ich und wil, das die bemelt mein hausfraw sol besiczen und innhaben,

die weil si witib ist, alle meine erb, die ich meinen zwain chindern hinder mein lass, in die trewleichen fuerhalten, und ir narung davon halden, als verr si es tuen wil. Wer aber, das si die erb nicht pewlich den chindern fuer hielt, so mag ir mein lieber sun, Purkart, wol darumb ein reden und sey darumb frewntlichen anhaben, und ob sie furbaser nicht tet, und soliche erb den chindern nit pewlich innhielt, so mag der benant mein sün, Purkart, solicher erb sich selber under winden, und den chindern die pewlich fuerhalten hincz zu irn vogtpern jarn, das si der selber wissen zenuczen und prauchen.
Darnach so schaff ich meiner lieben tochter, Margareta, so sy chumbt zu vogtpern jarn und eleichen zu ainem mann heyratt, so sol man ir geben den Messerer halben das ausser tail, darczu die Tunawleytten. Die selben erb und weingerten ligen paid auf der stat grunndt zu Prespurg, und sol auch die ledig und frey innhaben, der nach irm pesten frummen czegeniessen. Mer schaff ich der selben meiner tochter, so si chumbt in elichen stanndt, ein halbs fleischpannkch nür (!) ir lebteg, darczu so schaff ich ir meiner pett viere der pesten zu irer vertigung mit gueten zichen und mit leylachen, so zu solichen petten erlich gehorn. Mer schaff ich ir das pest mein gulter und besunder die newn seyden kuss ziehen, auch den seyden haubtpolster, und darczu mer dy grob gurtel, und auch ain leichtere gurtel. Ging si aber ab mit tod vor gevogten jarn, so sol dann solich erb und hab auf meinem sün, Erasm, volgen und auf meinem sün, Purkarten.
Item als ich hab geschaft meiner tochter, Margareta, den halben tail des weingarten Messerer, als oben gemelt ist, also schaff ich den innern tail desselben weingarten Messerer meinem sun, Erasm, darczu so schaff ich im „ainen“ mer meinen weingarten genant der Hëgner, und auch den weingarten, genant daz Ottach, und mer den weingarten, genant daz Menhertel, darczu mein haws in mass, als oben gemelt ist. Item mer schaff ich im den stadel in der stat bey der mawer zenachst dem Caspar Pader gelegen, auch darczu ain halbs fleischpannkch alles freÿ und ledig.
Item mer schaff ich, ob meine chinder an erben abgingen, so sol mein getel (!) die Listin erben.
Item mer schaff ich meinen garten und mein praitten meiner hausfrawn und meinen zwain sunen, Purkarten und Erassm.
Item mer schaff ich die pfrundt, die von hern Merten Kuepodm her ist chommen, hern Mathes Meindel und seinen chindern mit aller zugehorung.
(fol. 70r) Item mer schaff ich die ander pfrundt, die vom Swarczen Kuntzen her chumbt, dem Purkharten und dem Erasm mit aller zuegehorung.
Darnach so schaff ich meinem lieben sun, dem Purkarten, einem weingarten, genant der Goltfues, darczu das Frawngefenngel. Mer schaff ich im die padstuben gelegen in der stat Prespurkch bey dem Vischer Tor mit aller seiner zugehorung, darczu das haws seiner wonung, und auch ain halbe fleischpannk, als freÿ und ledig zehalten, nuczen und nyessen, und allen seinen frummen damit zeschaffen nach seinen pesten an menichlichs in red.

Uber das als so ist mein will und beger, auch schaff ich das, so Got uber mich gepewt und mit tod ab gee nach seinen gotleichen genaden, das man dann verchauff meinen weingarten, genant der Olram, und mein gelter, den ich schuldig „pin“, die hernach bemelten geltschult davon czal, als verr man damit gerayhen mag. Und ob dann daran icht abging, so sol man die varund hab angreiffem, damit man ye die gelter czal, und alle meine varunde hab sol nach meinem tod also bey einander gehalten werden, under meiner gëscheftherren petschadten hincz das die gelter bezalt werden, was der dann uber bleibt uber die geltschult, die sollen mein sün paid trewlich tailn mit meiner lieben hausfrawn auf gleichen tail durch erber lewt rat und erchanntnuss, und ich bevilch mein sel „derselben“ meiner lieben hausfrawn und auch mein sün auf ir gewissen, als si mir gegen Got daz schuldig ist.
Item so vermeld ich obgenanter Bartolme Scharrach zu gedechtnuß, wem ich schuldig ~~pin~~ „bleib“, als hernach vermelt wirt, zu bezaln von den guetern, als vor gemelt ist.
Von ersten pin ich schuldig dem pfarrer zu Sand Laurenczen, der yecz ist oder hernach chumbt, zway hundert guldein nach lawt ains briefs auf jerleich dinst, doch also, daz mein sweher, der Lang Pawl, das ain hundert gulden schuldig ist, und sol auch jerlich davon dienen zehen gulden, dafur ich zu purgel verschriben pin, als dann der brief genugsamlich innhalt.
Item ich pin schuldig zu hern Gabriel jartag LXXX gulden, davon jerlich dienn VIII gulden, darumb ist kain brief.
So pin ich schuldig meinem capplan, hern Andre Muschenraif, XX gulden, davon jerlich zedienn II gulden.
Item so pin ich schuldig dem pfarrer zu Sand Merten funfczig gulden, davon jerlich zedienn V gulden, und besunder pin ich im schuldig XVIII gulden, mer versessen dienst VIIII gulden.
So pin ich dem Grunpeken IIII tal. III ß X den.
Das aber solich mein ornunng (!) des geschefts also verbracht und ausgericht werd in mass, als oben geschriben stet, so hab ich mit fleis dar czü gepeten herren pfarrer zu Sand Merten pfarrchirchen, hern Stephan List, auch hern Mathes Meindel, daz sew durch meinen fleissiger gepet willen zeugnus des geschefts ire petschaft darauf druken, in und irn erben an schaden.

Correctum cum
Pernhertel et secunde
correctum cum Kunigsfelder
3o correctum cum Meindel (?)[59]

Actum des inschreibens am sambstag vigilia
Symonis und Jude anno etc. LIII^{cio}.

[59] *Schwer lesbar* M...e.., *der Name ist möglicherweise* Meindel, *einer der Zeugen.*

1453 November 4–10 – ***1453 November 12*** **147**

Geschäft des Thomas Ledrer

pr., schr., 4 Zg. (*Index*: Gescheft des Thoman Lederer LXXI)

(fol. 70v) Thoman Ledrer

Vermerkt das gescheft, das der erber man Thoman Ledrer, weilent gesessen auf dem Spital Neusidel, mit gueter vernunft bedechtleich und gueter betrachtung in seinem siechpett getan hat, ob Got uber in geputt, das es dann nach seinem tod also verbracht, ausgericht und gehalten wurd, und darumb zu gedechtnuss die erben leut darczu gepeten mit namen Wenczla Prachwiczer, Andre Weber, Leonhart Merher und Ulreich Hunger, und ist geschehen in der wochen vor Sand Merten tag anno Domini etc. LIII^{mo}. Auch hat er begert, das es also werd geschriben zu bestettung in der stat Prespurg gescheftpuech.

Item der bedacht Thoman Ledrer hat mit gueten willen geschaft der erbern frawn Anna, seiner lieben hausfrawn, alle seine gueter, erb und farund gueter, das haws darinn si wonet und erchauft vom Michel Tumler ist worden, das si an nucz und gwer sol geschriben an alle irrung.

Item ain weingarten in der Poshait, des nachper ist Andre Schurfenaker und Lassla Modrer, und hat den zu irm benanten mann bracht, mit dem si dann hat gwalt ze tuen und ze lassen ann menichleichs irrung.

Item also hat der benant Thoman Ledrer die bedachten Anna, sein hawsfrawn, aller der gueter gewaltig gemacht, die er hinder im let, ir und irn chindern also, das seine gueter auf gleichen tail der frawn und chindern sollen volgen ungeverleich. Gingen die chinder aber ab mit dem tod, so sollen soliche gueter darnach volgen der bedachten frawn an menichleichs seiner frewndt in red, so dann die fraw auch abging, so volgen die gueter den chindern, die dann in leben sind. Sturben aber dÿ chinder vor ir, was ~~d~~ si dann von den guetern wol tuen durch ir paider sel selichait, daz seczt er gancz zu irer gewissen.

Das aber solich gescheft also geschehen sey, das bechennen wir, obgenant gescheft leut, und haben auch ich benanter Wenczla Prachwiczer und ich Leonhart Merher, mit willen der andern gescheftleut, unser yeder sein petschaft an die gescheft zetel gedrukt, uns und unsern erben an schaden. Actum die, anno ut supra.

Correctum cum Weinwachter

Actum dez inschreibens am montag nach Leonhardi anno etc. LIII^{tio}.

1453 Juli 13–20 – ***1454 Februar 22*** **148**

Geschäft des Stephan Lechner

pr., schr., 3 Zg. (*Index*: Gescheft des Stephan Lechner LXXII)

(fol. 71r) Stephan Lechner

Vermerkt das gescheft, das der erber man Stephan Lechner, gesessen auf der Schondorfer gassen vor der stat Prespurg, mit gueter vernunft, wol bedachtem willn in seinem ~~set~~ siechpett getan hat zu der zeit, do er das wol rechtlich hat mogen getuen, und darczu gepeten die erbern her nachgeschriben leut zu gedechtnuss, damit es, „ob" Got uber in geput, unwiderrueffleich gehalten und verbracht wurd, und ist geschehen in der wochen nach Margarete anno Domini etc. Ltercio.

Item von ersten hat er geschaft wolbedechtleich seiner tochter, Katherina, ain sein weingarten, genant der Hochweingarten, mit aller zugehorung an die frucht, den nach seinem tod erbleich zehalten, nuczen und nyessen, und allen irn willen und frummen, damit schaffen an irrung.

Darnach hat er mer geschaft der selben seiner tochter, Katherina, ain pett, ain polster, zwan kuss, ain rokch, ain mantel, ain paternoster, ain fingerel, und ain kue und zehen gulden zu dem Stephan Nater, ir die aus zerichten vor menichleich.

Darnach hat er mer geschaft seiner hausfrawn, Agnes, ainen seinen weingarten gelegen im Poln auf der stat grunden mit frucht, mit all, und ist ir morgengab gewesen also beschaidennleich, das si demselben weingarten den zwain chindern, genant Mathes und Margaretha, die si dann hat gehabt mit im eleichen, sol fuerhalten pewleich, als morgengabs recht ist, und so si mit tod abging, so sol dann der bemelt weingarten volgen den benanten chindern, Mathes und Margareten, an irrung fuer freys ledigs erb.

Darnach hat er mer geschaft sein haws gelegen auf Schondorfer gassen, darinn er gesessen ist, seiner bemelten hausfrawen, Agnes, und seinen zwain egenanten chindern, Mathes und Margareten, in solicher beschaiden, das dy fraw dasselb haws sol besiczen ir lebtag und den chindern das fuerhalten unverchummert und peulich, als pilleich und recht ist.

Uber das hat der benant Stephan Lechner furbaser ~~ledichleich~~ „bedechtlich" geschaft, so di benant fraw Agnes, sein hausfraw, mit tod abging, so sollen dann die obgemelten zway erb haws und weingarten zuesten erbleich den benanten zwain seinen chindern, Mathes und Margareten, an alle irrung vor menichleich. Wer aber, das dieselben zway chind auch abgingen ee si chemmen zu gevogten jarn, so sollen dann furbaser dieselben erb, haws und weingerten, erben und gevallen auf sein vorgenante tochter, Katherina, auch an alle irrung. Ob aber geschech, das die selb sein tochter, Katherina, auch abging mit tad, und also der chinder chains mer in leben wer, so sollen dann die benanten erb, haws und

weingarten, erben und gevallen auf die nachsten freuntschaft, auf dy si dann zu recht erben sollen, und die obverschriben drew erb, haws und weingarten, sein alle herchommen von dem Stephan Lechner rechtvertichleich an als gever.
Und bey solichem seinen des Stephan Lechner gescheft hat er fleissichleich gepeten die ersamen leut da bey zesein zu gedechtnuss und verbringung, damit es gehalten werd Peter Rossczagler, Peter Polster, Michel Kolestorfer, all gesessen lewt bey der stat Prespurg, und zu bestettung solichs geschefts hat ir yetbeder sein petschad auf dy gescheft zetel fuer gedrukt, in und irn erben an schaden.
Actum anno, die ut supra.

Correctum
cum Pernhertel

Actum des inschreibens am freytag
Kathedra Petri anno etc. Lquarto.

1451 Februar 14 – *1454 Februar 26* **149**

Geschäft des Laurenz Jung;
Bestellung eines Willensvollstreckers;
Bestellung eines Vormunds für die Cousine der Ehefrau des Erblassers
pr., schr., 5 Zg. (*Index*: Gescheft des Jung Laurencz LXVII)

(fol. 71v) Jung Laurencz gescheft

Alhie ist vermerkt mein gescheft, das ich Jung Laurencz getan hab in meinem siechpett, dannoch mit gueter vernunft und mit wolbedachtem muet zu der zeit, do ich es wol getuen möcht, und mit guetem willen unbetwungenleich, das das nyemant widersprochen hat noch widersprechen hat mogen, und das ist geschehen am suntag vor Juliane virginis in anno quinquagesimoprimo.
Item von ersten so schaff ich meiner hausfrawn påsel, Barbara genant, mein haws gelegen oberhalb des alten spital Sand Anthonÿ auf Spital Neusidl gegen dem newen spital uber Sanndt Lasla.
Item so schaff ich mer meiner hausfrawn, Katreÿ, påßel, Barbara genant, ein weingarten, genant im Monichlein, gelegen zenachst des Peter Smerber weingarten ausserhalb.
Item auch so schaff ich mer meiner hausfrawn, Kathrey, påßel, Barbara genant, mein weingarten gelegen in Påczen zenachst des Chuncz Mulner weingarten ausserhalb.
Item so schaff ich auch und wil das, das man den weingarten im Hafner genant hin sol geben und verchauffen, wie man den verchauffen mag, und mit demselben gelt sol man bezaln an meinem gescheft, das ich getan hab, ~~also~~ „als“ ferr man gelanngen mag.
Item und ob sach wër, das die genant junkfraw Barbara, meiner hausfrawn Kathreÿ påßel, abgieng mit dem tod, ee das sy mann messik wër, so sol si chain

gewalt nicht haben ze schaffen noch zegeben, weder vater noch mueter noch nyemant die vorgeschriben drey erb, das haws und den weingarten im Monichleïn und den weingarten im Påͤczen, und dieselben drey erb, der sullen mein gescheft herren gewaltig sein, die zu verchauffen und nyëmant anders, und von den selbigen drein erben sol man geben den zwain pruedern, dem Sigel und dem Jorgen, payden XVII flor., und mer wie man den weingarten genant im Hafner ~~hie~~ hin geit, und als vil gelt, dasselbig gelt, das sol auch gefallen den vorgenanten zwain pruedern, dem Sigel und dem Jorigen, von dem vorgenanten dreyn erben, ob si abgieng mit dem tod. Aber sol sy als lanng leben, das sy ein man nem, (~~...unlesbar...~~) so ist si des guetes als geweltig zu tuen und zu lassen, wie si wil, und das ubrig gelt, das sol man geben durch meiner sel und durch meiner hausfrawn sel und durch unser vorfordern sel selichait willen, und zwm paw zu Sand Laurenczen kirichen, und zu ander notturft armen lewten.
Item so schaff ich den weingarten einhalben des hawss, genant der Satz, innerhalb des Koler weingarten und ausserhalb dez Peter Hafner weingarten, darauf ein Ramfart und ein Achfart.
Item und schaff mer ein weingarten Unterm Tirgart meinem vettern, Niclein, meinem chnecht zetuen und zelassen.
Item und schaff auch zu Sand Laurenczen kirichen zum kor zum paw, wenn man wirt an heben, X lb. den.
Item und schaff in die hawer zech des lieben Sand Laurenczen V tal. den.
Item und ich pin schuldig in das new spital auf dinst V tal. den., und ist abzeledigen.
Item und ich schaff meiner diern, der Ulreichinn, fur irn dinst und mue II tal. den.
Item und schaff dem Hanns Weber, daz er an legen sol seiner hausfrawn II tal. den.
Item und schaff dem pfarrer zu Sand Laurenczen, das er mich lass schreiben in die gedechtnuß, und mein weip XIIII ß den.
Item und schaff durch meiner sel selichait willen XXX selmess.
Item ich bechenn, das ich schuldig pin auf den weingarten im Påͤczen I flor.
(fol. 72r) Jung Laurencz
Item ich enphilich dem Grossen Peter meiner hausfrawn Kathrey irem paßlein, Barbara genant, und alles mein gescheft, das oben geschriben stet, das er des rechter gerhab sol sein an alles widersprechen. Die drew erb, haws und zwen weingarten, als si oben geschriben stenn, die sol Gross Peter auf halten und tuen nach der gescheftlewt rat, und darnach dy weingerten paid, die sol er pawen und pewleich halten, uncz das junkfraw Barbara heyrat, und sol auch dy frucht dar aws nemmen an allen chrieg und hindernuß, und an alles widersprechen, und nyemant davon raittung tuen, als ich im das oben enpholhen hab und wol geträw.
Item mer enphilich ich dem Grossen Peter, das er sol alle mein geltschult bezaln, was in meinem gescheftbrieff begriffen ist oben, ausgenommen dy XVII flor. nicht und das gelt, do man den weingarten genant im Hafner umb geit, auch

nicht, und daz sol sten auf den dreyen erben, die der junkfrawn Barbara nach volgen sullen, und die ubrig geltschült, die sol er bezaln von aller meiner farunden hab, und von meinem garten, und vom weingarten im Hafner, als oben begriffen ist, und von den wein, dy yeczund vorhanden sein, und davon sol er nyemant raittung geben, und nyemant sol von im rayttung begern.
Item ich schaff meiner swegerinn, Dorothea genant, die yeczund den Stephan Karel hat zu Teben geleich nichts, weder vil, noch wenig, und hab auch gepeten besunder meine gescheft lewt, das si darob sein, das ir nach meinem tod meins güets nichts sol volgen, wenn es wer mir in jäner welt laid, und umb das wann si mich von recht solt bezaln, sy wer mir wol XL flor. schuldig.
Item und beÿ meinem vorgeschriben gescheft sind gewesen die erbern hernach geschriben herren her Philipp Chugersauf, und Gross Peter, und Hanns Wagner, und Erhart Ebner, und Wolfgang Varnneben, die ich fleissichleichen gepeten hab, das si peÿ meinem gescheft sind gewesen, und hab auch yegleichen besunder gepeten umb sein aufgedrukts petschadt, das sy das auf meinem gescheftbrieff durch meiner fleissigen gepet willen gedrukt haben, in und irn erben an schaden, darumb das mein gescheft kraft sol haben und unczebrochen sol bleiben, als ich das Got und mein genedigen herren wol getraw. Geben am ~~montag~~ suntag vor Juliane virginis in anno quinquagesimoprimo.

Correctum cum Wenczlao Pernhertel

Actum des inschreibens an erchtag
nach Mathie apostoli anno Domini etc. Lquarto.

1453 Oktober 30 – *1454 Mai 20* **150**

Geschäft des Paul Schreiner

pr., schr., 3 Zg. (*Index*: Gescheft des Paul Schreiner)

(fol. 72v) Paul Schreiner

Vermerkt das gescheft, das getan hat der erber man Paul Schreiner zu der zeit, do und er es wol hat mugen gethuen mit wol bedachtem muet und unbetwungen, das ist geschehen am erchtag vor Aller Heyligen tag anno Domini etc. LIII^{cio}.
Item am ersten so hat er geschaft sein haws gelegen auf der Wedricz dem Hannsen, seinen sun, und seinen chinden also, das er schol ausrichten ein Ramfart.
Item zu dem andern mal so hat er geschaft Katherine, seiner hausfrawn, den weingarten gelegen in der Tunaw Lewtten mit aller geltschuld, die er schuldig ist, und auch all sein gartenwerch und alle varunde hab.
Item der Philipp Kugersauf und Anna, sein hausfraw, die sind in ettbas vermonund worden, wie er in sol beschaiden seiner erb von wegen ainer summ gelts als virczig gulden, und mer aindlif gulden, darumb im chain wissen ist, als und er dann bechannt hat vor den gescheftleuten, dy her nach mit namen benant sind.
Item Peter Noppel ist schuldig drey gulden, dy hat er auch geschaft seiner hausfrawn.

Item Niclas Koler ist schuldig funf gulden und drey schilling phening, dy hat er auch geschaft seiner hausfrawn.
Darczu sind gepeten worden dy erbern lewt Wenczla Pestler, dy zeit pergmaister zu Prespurg, Niclas Morner und Hainrich Kochermacher, das sy des geschefts ingedechtig sein, verpettschadt mit yerer aller dreyer auf gedrukten petschat.

Actum dez inschreibens an
montag vor Urbani anno
Domini M° CCCC° LIIII^to^.

1454 Januar 8 – ***1454 Mai 20*** **151**

Geschäft des Peter Gross;
Bestellung von Willensvollstreckern
pr., schr., 5 Zg. (*Index*: Gescheft des Gross Peter)

(fol. 73r) Gross Peter
Hie ist vermerkt das gescheft, das ich, Gross Peter, mit willen meiner hausfrawen getan hab zu der zeit, do ichs mit recht wol getuen mocht, und gueter vernunft und wol bedachtem muet unbetwungenlich getuen hab mogen, und daz auch nyemant widersprochen hat, noch widersprechen hat mogen, als hernach beschriben stet, und daz gescheft ist geschehen am erchtag nach Epiphania Domini anno Domini LIIII jar.
Item am ersten schaff ich funf hundert gulden zu ainer ewigen mess zu Sannd Mertt, zu trost mein und meiner hausfrawn und unser vorfodern und nachchomen, und dy selben phrundt hab ich verlihen hern Pernhart, dy zeit prediger zu Sannd Mertt, und die lehenschaft der benanten pfrundt schaff ich meinem brueder, Gross Wennczla, und Andre Weinwachter, und Thoma Peken.
Auch schaff ich meinem vorbenanten brueder mein haws zu Prespurg gelegen ainthalben zwischen des Egrer anderthalben zwischen Peter Krawsen hewser in solicher maynung, ob der benanten mein prueder das obgemelt mein haws nicht wolt haben, so sol man von denn (!) benanten funf hundert gulden im geben zway hundert, und auf dem haws sollen darnach beleiben II^c^ gulden der pfrundt, und was das haws tewer geben wirt, das sol gevallen meiner hawsfrawn. (*neben diesem Paragraphen*: Item dy zwaÿhundert gulden ꝑ hat bezalt Andre Weinbachter der Gross Wenczla, und mer L gulden der Gros Petrein daz umb daz haws der benanten Andre Weinbachter verchauft ist worden. Actum feria secunda vor Nativitatis Domini anno LV^to^ [*1455 Dezember 22*].)
Und schaff auch meinem brueder meinen weingart gelegen zu Moder ledig und freÿ.
Item auch schaff ich meinem chnaben, genant Michel, einem weingart, genant Chollgrueb, und X gulden und die sol man im geben, wenn er chombt zu prauchung seiner vernunft.

Item auch schaff ich in das chloster, das man all jar zway ambt sing sollen, zwo mess les an Sand Wolfgang tag [*Oktober 31*] auf Sand Wolfgangs altar, jerlich ainen guldein.
Item auch schaff ich den bruedern zw Unser Frawn inn das tal X gulden.
Item und all ander mein geltschult und farund guet schaff ich meiner ~~fr~~ hawsfrawn ledig und frey, damit ze tun und zelassen.
Item bey meinem gescheft sind gewesen die erwirdigen weysen her Mertt, pfarrer zu Sannd Mertt, und her Pernhart, prediger, und Andre Weinwachter, und Thoman Pekch, und Wolfgang Meichsner, mitburger zu Prespurg, die ich mit fleis durch Gotz willen daruber gepeten hab mein gescheft zu volfuern, als es oben geschriben stet, auch das si zu zeugnuss meins geschefts ir yeder sein petschadt gedrukt hat, an die gescheft zetel, in und irn erben an schaden.

Actum dez inschreibens an montag
vor Urbani anno Domini etc. LIIII^{to}.

1453 November 25 – *1454 Mai 20* **152**
Geschäft der Katharina, Ehefrau des Hans Pawer
pr., schr., 5 Zg. (*Index*: Gescheft des ~~P~~ Hanns Peter (!) hausfraw)

(fol. 73v) Katherina, des Hanns Pawer hausfraw
Vermerkt das gescheft, das die erber fraw Katherina, des Hanns Pawer hausfraw, getan hat vernunftichleich bedechtlich in irm siechpett und mit guetm willen, auch gueter gewissen vor den hernach verschriben gescheftleuten und zu der zeit, da si das mit recht wol getun mocht an menichleichs widersprechen in mass und maynung, als hernach verschriben stet.
Item von ersten so hat dÿ benant fraw Katherina mit wolbedachtem muet und guetem willen geschaft das haws, das mit einander erchauft haben, irm benanten mann, Hanns Pawern, und auch irm chind halbs ledichleich und freÿ. Ob aber daz chind ab ging, so hat si ains irm mann dann noch vor menichleich halbs geschaft, aber den andern halben tail desselben haws hat si geschaft irm brueder, genant Wiltpold Frunczler, also ob er zu lanndt cheme. Wer aber, das er zu lanndt nit cheme, so sol ir man dasselb haws gelegen auf dem Spital Newsidel haben, nuczen und nyessen, als sein rechts erb guet an menichlichs widersprechen.
Item so hat auch dy benant fraw Katherina mer vermelt und geschaft irm lieben mann, Hanns Pawer, allew varunde hab, gar nichts ausgenommen, allen seinen frummen, damit schaffen, tuen und hanndeln als mit seiner aigenthaften guet.
Item so hat darnach dy benant fraw Katherina begert und geschaft, das ir lieber man uber ander begrabnuß und bestettung zu der erd ir zu hail irer sel selichait sol lassen vonn allem irm guet XXX selmess lesen.
Item darnach hat dy obgenant fraw Katherina vermelt von ains weingarten wegen, genant Chlampher, gelegen auf der stat gepiet zu Prespurg also, das sy denselben

weingarten halben hat geschaft dem Wolfgang Pfenczler fuer alle die anspruch, so er maint zehaben von erbschaft wegen zu irm mann, also, das er den selben irn man furbaser freÿ lass vor aller ansuchung und er mag damit tuen und hanndeln mit dem selben halben weingarten nach allem seinen gevallen an menichleichs irrung, und hat im auch nichtsmer (!) gemaint, wann si im sein nit schuldig wer gewesen, dann also vil von irrung wegen merers chriegs, aber den andern halben tail dez weingarten ~~sol~~ hat sy geschaft irm benanten mann ungeverlich.
Und bey solichem meinem gescheft sein gewesen durch meiner fleissigen gepet willen die erben lewt Stephan Nater, Stephan Pehem, Hanns Kolman, Benedik Schaffs wol und Sigmund Pfafsteter, all mitburger zu Prespurg, und zu bestettung, weysung, gedechtnuss und behaltung solichs meins geschefts, damit es verbracht und gehalten werd, hat ir yeder sein petschadt auf ~~dy~~ „den" gescheft brief gedrukt, in und irn erben an schaden. Actum an suntag vor Sand Andreas tag anno Domini etc. LIII^{cio}.

Actum des inschreibens an montag
vor Urbani anno Domini etc. LIIII^{to}.

1452 Januar 17 – *1454 August 14* **153**

Geschäft der Anna, Ehefrau des Michael Zistler

pr., schr., 3 Zg. (*Index*: Gescheft des Michel Zistler hausfraw)

(fol. 74r) Anna, des Michel Zistler hausfraw

Alhie ist vermerkt mein gescheft, das ich Anna, des Michel Zistler eliche hausfraw, getan hab in meinem siechpett, mit gueter vernunft und unbetwungenlichen zu der zeit, do ich es wol getuen möcht, das das nyemant widersprochen hat noch widersprechen hat mogen, am montag in die Anthony abbatis in anno Domini millesimo etc. Lsecundo.
Item von erst so schaff ich meiner swester, der Gruenlin, genant Margareta, ain plaben rokch, und ain vierfechtigen sloyer, und ain phait, und ain uberstos kurczel.
Item darnach so schaff ich meinem mann, dem Michel Zistler, ain weingarten im Paczen frey und ledig ze tuen und ze lassen, an alle zuespruch und hindernuss vor aller menichleichen im und seinen chindern, und ain garten in der Praytten auch an all zuespruch und hindernuss vor aller menichleich.
Item und ainen weingarten im Artz, den schaff ich im auch, den wir mit einander haben chauft, ze tuen und ze lassen, darumb das er im seine chinder und meine chinder ~~lass~~ im enpholhen lass sein, als ich im des wol getraw, die wir mit ein ander gehabt haben von den genaden Gots.
Item und was des ubrigen alles ist, das schaff ich auch im als durch der chinder willen, die uns Got im und mir hat geben.
Item und bey meinem gescheft sein gewesen die erbern hernach geschriben Ulreich Schawer, und Caspar Raifsneyder, und Wolfgang Strobler, all mitburger zu Prespurg, die ich darczue gerueft hab, und hab yegleichenn besunder gepeten,

si uns seines aufgedruktes petschadt, das si daz auf meinen geschefts brieff gedrukt haben, in und irn erben an schaden, darumb das mein vor ver~~schriben~~ schriben gescheft kraft hab und unczebrochen ~~belib~~ beleib, als ich daz ~~wolt~~ das gut wol und den herren getraw. Actum in Posonio ut supra.

Actum des inschreibens am
mitichen vor Elene regine anno
Domini millesimo etc. quinguagesimo quarto.

1452 Mai 13 – *1454 August 14* **154**

Geschäft der Kunigunda, Ehefrau des Hans Gnem

pr., schr., 4 Zg. (*Index*: Gescheft des Gnemen hausfraw)

(fol. 74v) Kunigund Gnemynn

Vermerkt das gescheft, das die ersam fraw Kunigund, des erben Hanns Gnem, mitburger zu Prespurg, eliche hausfraw, in irm siechpett bedechtleich mit gueter vernunft ungenött und mit guetem willen getan hat zu der zeit, da si das wol ge-tuen mocht an menichleichs widersprechen in mass, als hernach verschriben stet.

Item si hat geschaft und geordnet all ir guet und hab, es sein erb, hewser, wein-gerten, clainat, beraitschaft, was des ist, wo es gelegen ist oder wie das nammen hat, nichts ausgenommen, dem bedachten irm mann, Hanns Gnem, das aller ~~erlich~~ erblich und rechtlich zehaben, nuczen und nyessen, und ob Got uber seyn gepewt, an menichlichs irer frewntschaft dy verchauffen, verseczen und allen seinen frummen nach irm tod damit schaffen und hanndeln, als mit seiner aigent-haften hab, und was er davon tuen oder geben wil durch irer sel hail, daz seczt sy gancz zu seiner gewissen.

Und bey dem gescheft sein gewesen durch der benanten frawn fleissig gepet die erben weysen Thoman Ruspekch, Peter Prukslegel, Fridrich Satler, all dreÿ mit-burger zu Prespurg, und Liebhart Egkenvelder, statschreiber daselbs. Und zu ge-dechtnuss, furbringen und behaltnuss des geschefts haben sy ire petschadt an dye gescheft zetel gedrukt, in und irn erben an schaden. Geschehen an sambstag nach Sand Pangreczen tag anno Domini etc. Lsecundo.

Actum dez inschreibens an
mitichen vigilie Assumpcionis
Marie anno etc. Lquarto.

1454 Januar 3 – *1454 Oktober 1* **155**

Geschäft der Barbara, Witwe des Wolfram Gleichenperger, Ehefrau des Thomas Anwein;

Bestellung von Willensvollstreckern

pr., schr., 5 Zg. (*Index*: Gescheft der Wolframynn)

(fol. 75r) Barbara Wolframynn,
darnach des Thoman Anbeinn peken hausfraw

Vermerkt das gescheft, so getan hat die ersam fraw Barbara, des erben Thoman Anwein peken eleiche hausfraw, in irm siechpett mit gueter vernunft bedechtlich zu der zeit, da si es wol getuen mocht unbetbungenleich an menichleichs widersprechen vor den her nach beschriben irn gescheftleuten, die si mit fleis darczu gepeten hat zu gedechtnuss, damit es nach irm tod, ob Got uber sey geput, verbracht und ausgericht werd, und ist geschehen an pfincztag vor der Heyligen Drey Chunig tag anno Domini millesimoquadringentesimo quinquagesimoquarto.
Von ersten so hat die benant fraw Barbara geschaft irn zwain chindern, so si hat von irm erern mann, Wolfram Gleichenperger seliger gedechtnuss, mit namen genant Barbara und Margareta, baide rechts geswistret ir wein halb ungeverlich, und darczu zway gerichts pett mit aller vertigung, polster, leilachen, kussen, deklachen. Item mer zwo gurtel, aine und dy pesser auf ainem plaben porten, dy ander ain frawn gurtl mit clainen spenglein, das hat der Thoman Pekch gancz ausgericht, als dy gescheftherren haben bechant und geantburt dem Krausm, irm gerhaben.
Darnach hat dy benant fraw geschaft dem obgenanten irm hauswirt, Thoman Anbein peken, den andern halbenn tail der wein ungeverlich, so si hab in des Gailsam haws, und darczu alle varunde hab, ausgenomen was si vormaln irn chindern, Barbara und Margareten, hin dan hab geschaft, davon er seÿ dann erlich sol bestatten zu der erden, ob Got uber sey gepewt, und begen ir begrebnuss mit vigili, selambten nach chirichleicher gewonhait. Item haben dy gescheftleut bechannt, das er auf sein tail wein den chindern ze furdrung und pfortail hab geben ain fueder wein, hat auch daraus der chinder gerhab enphangen.
Item dem Herman, irm diener, und irs voring manns vetter, des Wolfram, hat si geschaft auf den pfannden, so ir in pfantbeis stenn noch nach dem abgang irs yeczgemelten manns, des Wolfram, was der ist kreucz oder gurteln zwainczig gulden in gold, darczu hat so dem selben Herman mer geschaft ain ploben rok mit fuchsein gefuetert, der dann auch des Wolfram seligen ist gewesen. (*am Rande*: und ist ausgericht)
Item so hat si geschaft auf dy vorgemelten pfannt zwainczig gulden zu ainem ewigen jartag, den man irm egemelten mann, Wolframen Gleichenperger, auch ir und ir paider vorfordern sel ierleich bey Sand Merten pfarchirchen begen nach pferleicher gewonhait, und die bemelten zwainczig gulden anlegen auf zins, damit der bemelt pfarrer werd verguett genugsamlich, und der jartag davon werd begangen ernlich von solichen jerlichen zinsen. Item dy pfanndt sein eingeanntburt werden dem Peter Krausen, und sol den jartag lassen begen, und anders was darauf verschaft ist, ausrichten.
Item irn weingarten genant dy Fuchsleuten gelegen auf der stat grunden zu Prespurg schaft si zu dem paw Sannd Laurenczen pfarchirchen, wie man den verchauft, das gelt nuczleich an daselb paw, dy an zelegen mit gewissen erber leut.

(*am Rande*: haben dy gescheftleut bechannt, das er der chirchen den weingarten hab lassen gevallen)

Das aber solich gescheft furbaser also bleib und also ausgericht werd, so Got uber sey geputt, hat si uns hernach beschriben gescheftleut mit fleis darczu gepeten, das wir solichs irs geschefts verweser sein, damit es verpracht werd, mit namen Symon Dumbriczer, Philipp Kugersauf, Liebhart Egkenvelder, statschreiber, Hanns Groblokch und Jacob Haimburger, die ir petschadt zu czeugnuss und gedechtnuss daran gedrukt haben, in und irn erben an schaden. Actum die, anno ut supra.

Actum dez inschreibens am ertag
Remigÿ anno Domini etc. LIIII^to^.

1454 Oktober 29 – *1454 November 12* **156**

Geschäft des Wenzel Eisner, Pfründner;
Bestellung von Willensvollstreckern

pr. schr., 5 Zg. (*Index*: Gescheft hern Wenczla pfruentner)

(fol. 75v) Gescheft hern Wenczla Eysner,
pfruntner zu Sand Merten auf der freythof etc.

Vermerkt das gescheft, daz der ersam andechtig briester her Wenczla, pfruentner der Hamboten stiftung zu Sand Merten pfarrchirchen, gesessen daselbs auf dem freythoff in der stat Prespurg, mit gueter vernunft wolbedechtlich auß freyem willen zu der zeit, da er so an menichliches widersprechen wol getun möcht, verlassen, getan, geornet und genugsamlich betracht hat vor uns hernach beschriben gescheftleuten, ob Got uber in gepewt, das er dann nach seinem tod also gehalten werd als er dann „das“ seiner hernach benanten gescheftherren auf irer gewissen hat bevolhen und in der vertrawt.

Von erst hat er vermelt ain geltschult, dy im her Stephan List schuldig bleibt, die da bringt virczig gulden in gold, daraus hat er demselben Stephan List vorgenant nachlassen zehen gulden, aber umb dy andern dreyssig gulden hat er aus gueten wolbedachten muet denselben Stephan List und seinen erben ~~erg~~ geben durch der trewn dinst willen, dy im der bedacht Stephan List guete zeit beweist hat, und daz uns hernach beschriben gescheftherren fur gehalten trewlich und nemlich als auf drew jar nach einander nachstchomenden also, daz er oder sein erben dyselben dreyssig gulden mogen bezaln in der zeit. Teten sy daz nicht, so sullen sy oder ir erben, oder wer dy hin fur innhat, davon dienen und der pfrundt dy vergueten nach statrechten.

Darnach aus seinen weinen, der vier dreyling vor hannden sein, zwen virdig und zwen heurig, dar aus hat er ain virding wein und den pessern geschaft den armen leuten in daz spital, die taglich davon zespeysen, also lang der werdt, zu trost und hail seiner seln, und sol geschehen mit wissen der gescheft herren. Dy andern

drey dreyling wein hat er geschaft ainem pfruentner, der nach im sein pfrundt verwest, dy weingarten damit zepawn und dy narung davon zehaben. (*am Rande*: den ain wein hat man geben und geantburt in daz spital)
Item demselben pfruentner hat er lassen auch bey der pfruendt was zu ainen press gehoret, als drey poting, zway tretschaff, ain grunnt, ain rynnen, ain schophen, zway virtail schuff, ain sachterel, ain kuefkar, zwen full trachter. (*am Rande*: hat man lassen in keler)
So hat auch ainem pfruentner vermelt im haws und ausczaigt mit wissen der gescheft herren, und er daz darczu gechauft hat ain guets pett mit ainer gestraiften parchantenn ziehen, mer ain pett mit samischem irch uberczogen, ain strosak, ain guete spand mit ainem vorsidel allessambt bey einander, mer ain sidil als ain truhen, und ain alts lad, darinn ist ain pfeffer sib, darczu ain gueten haubtpolster, zway kuss, drew leylachen, ain ~~kla~~ plabs gulden, drew leylachen. Darnach hat er derselben seinen pfruendt und ainem pfruendtner vermelt und geschaft zeantburten den hausgerechten und anders, was im zugehorn sol, als ainen karrok, drew tagzeit puecher, ain genedts tischtuch, vier hanntucher, drew haubttuecher, ain koczen, ain pannk tuch, mer zway alte schrein in seiner chamer, drey zaphen zangen, ein eysmein (!) trachter, ain zinen stanttner, ain messeins hannttpekch, ain messeins wasserchendel, zwo guet zinein pindtkandel, zway halb chandel, und ain seyttel chendel, drey ziner schüssel und zway claine zyneine schussel, sechs hulczeinn schussel, ain morser, und ain lidrein siczpolster. (*am Rande*: vindt man als in der kammer und hats aim kapplan auf zinss)
Item so hat er bey der pfruendt lassen zwen guet ornät mit aller zuegehorung gelegen in seinem camerll in der chirichen, mer ainen gueten chelch, ain messpüch, ain vergolts kreuczel an ainer silbrein kernn pro pace, ain altar tuch, darczu mer in ainem schrein in seiner kamer ain erndliche kasel gmusiert gel (!) auf rot, und ist seyden mit ainem gulden parten zu ainem krancz, ain guets news umbral, ain palla äuf der altar, und ander clain ding, was zu ornamenten gehört. (*am Rande*: das ist als funden und dem kapplan geantburt)
Item so hat er vermelt, was weingart zeugs vorhanden seÿ, daz sol auch bey der pfrundt bleiben, und sein erfunden zehen kest, zwolf hawn clain und gros, drey krampen, und ain preit hawn. (*am Rande*: das hat man als gefunden in seiner kamer)
Item darnach hat er nemlich vor seinen gescheftherren lassen bringen seine clainat, ain vergulte gurtel auf ainen swarczen riem und spangen darauf als dy mer muschel, darczu drey schalen innen verguldt, und drey silber pecher, dy clainat alle hat er bevolhen seinen gescheft herren, und nach irm willen seinen altar zum pesten fuersehen mit ainem messgwant nach irm gevallen.
Item seine puecher, die im zuegepuern, als ain erndliche wibel, predig puecher, was und wie vil der volumina sein, in ainer almary verspert, die schaft er alle zu

Sand Merten pfarrchirchen in sein librey, als sich erfindt per inventarium. (*am Rande*: dy hat man geantburt in dem capell)
Item er hat meldung getan von ains gesankpuchs wegen, und ist ain gradual, daz schaft er zu der chirichen gen Zelnbicz, wann es in den zeiten dez unfridts davon entpfuert ist worden und er hatt geloͤst. (*am Rande*: das man auch hin aus geben)
Item seiner schafferinn, die im gedient hat, auch ainem alten armen mann, Ulrrich genant, der sein gewart hat, den schaft er fur ir mue ain aicheins vessel weins, als ze newn emern, und in sunderhait hat er geschaft seiner bemelten schafferin ain pett, darczu salcz, smalcz, kes, und was solicher haws narung vorhanden ist essunder speis. (*am Rande* hat man ir ausgericht)
Item ain vessel weins hat er geschaft zu seiner oblay, und was sunst zu seiner begrebnus gehort, damit man inns (!) herlich begee, darczu hat er aus zeigt berait gelt. (*am Rande*: est expeditum)
(fol. 76r) Item ain eimer neglwein hat er geschaft hern Stephan List, seinem gescheftherren, darnach mer ain vessel wein zu zwain emern hat er geschaft hern Hannsen, prediger bey Sand Merten pfarrchirchen, und darczu mer schaft er zu dem altar desselben herrn Hannsen in Sand Laurenczen pfarrchirchen, damit man den altar sol lassen weyhen, und ornament darczu bestellen, was notturft ist, suben gulden in gold und XV schiling mynner XIIII den. wienner, dy da aus sten bey dem Symon Sneyder. (*am Rande*: est expeditum)
Item dem hochgelerten maister Wolfgang, doctor medicine und korherr zu Prespurg, hat er geschaft czwo madrein kursen, dy vorhanden sein, darczu sein tuchna, ain tebich und sein guete chisten. (*am Rande*: est expeditum)
Item hern Paulen kapplan, in Gotzleichnambs capeln, hat er geschaft seinen gueten swarczen rokch, und ein karrak, und seinen fuchsen peltz hat er geschaft ainem erben priester zegeben. (*am Rande rechts*: habet prediger; *am Rande links*: est expeditum)
Item dem Pisenczer, der auch in seiner chrankait bey im gewesen ist, hat er geschaft seinen swarczen rok speÿrer mit fuchsein underczogen. (*am Rande*: est expeditum)
Item der ersamen frawn Heslerinn hat er durch irer armuet willen bedacht von der versessen zins wegen, dy da haben bracht V gulden Sand Michels dinst nachst vergangen, dy hat er geschaft ir dy nach zelassen, und das nemlich bevolhen seinen gescheft herren. (*am Rande*: est expeditum)
Item des Niclas Kuersner tochtern, der da sitzt auf der Wedricz in der Fudluken, hat er geschaft sein guets gross pett, das pest, und darczu zway leylachen. (*am Rande*: ist ausgericht)
Item ain geltschult, dy der smid vor Sand Michels tor schuldig bleibt genant Petroneller nach lautt ains briefs, dy schaft er den pruedern Sand Pauls orden in daz tal zu Unser Lieben Frawen.

Item dem Jacob schuester, genant Geschaff, hat er geschaft umb daz er im auch hat gewartt in seiner chrannkait, ain kessel und seinen tagleichen blaben rokch mit ainem fuchsen under zugen und ain spandt. (*am Rande*: est expeditum)
Item ain vessel wein zu ainem emer hat er geschaft dem notario, der sein gescheft hat auf copirt. (*am Rande*: est expeditum)
Item er hat vor seinen gescheftherren nemlich gemelt und verlassen auch das bevolhen, ob icht chrieg von wegen der lehenschaft seiner pfruendt sich erhueben oder erstuenden, wie sich daz begeb, aus solichen chrieg sol der pfruendt guet gar nichts gelegt werden, clain noch gros, nach damit nichts der pfruendt enczogen werden in chainerlay weis. Noch voraus und besunderlich von den gutten, die er selbs zu der pfruendt nach innhaltung genugsamer brief darczu geben, gestift, gewidmet und geordnet hat, und auch verlassen, und daz bedechtlich geschaft dy selben brieff zegeben in die pruderschaft Goczleichnambs zech, und ainem capplan darinn, als dy patron fuerhalten.
Item uber das als hat er vor seinem hernach benanten gescheft herren mit guetem freyem willen wolbedechtlich enpholhen dy pfruendt seiner verwesung, wie er dy inngehabt und besessen hat, der bruederschaft Goczleichnambs zech, das sy der patron sollen sein, auch all sein brief und kuntschaft, new und alt, lauttund uber dy selb sein pfrundt und geantburt zuhannden, was der sind, dy daruber gehorn und lauttn, der bemelten bruederschaft und sein vor in wissentlich verpetschadt worden under dez benanten herren maister Wolfgang und Liebharten Egkenvelder, notario, payder aufgedrukten petschadten.
Durch fleissiger gepet des benanten hern Wenczla, pfruendtner, sein zu seiner gescheft ervordert worden zu behaltung, fuergang und ausrichtung seins leczten willen und geschefts die erwirdigen andechtigen herren maister Wolfgang, doctor medicine und korher zu Prespurg, her Hanns, prediger vorgenant, her Paul capplan und verweser Goczleichnam capeln, her Stephan List, burger zu Prespurg, und darczu ist auch ervordert worden Liebhardus Egkenvelder, statschreiber dy zeit daselbs zu Prespurg, solich gescheft zuverschreiben, und hat in daz bevolhen sew, auch gepeten durch Gocz willen treulich auf ir gewissen, daz aus zerichten, und in ganczen gwalt geben in dem und allen seinen guetern, dy nicht vermelt wern noch in daz gescheft bestimbt, damit zetün und zelassen nach irm pesten versten und gevallen auch irer gewissen, und ist geschehen am ertag vor Aller Heyligen tag anno Domini millesimo quadringentesimo quinquagesimo quarto.

Actum des inschreibens an ertag morgen vor tags
nach Sand Merten tag anno Domini etc. Lquarto
in stuba consily pretory Posoniensis.

Liebhardus notarius

1454 November 4 – *1454 November 19* **157**

Geschäft der Elena, Ehefrau des Peter Kraus

pr., schr., 4 Zg. (*Index*: Gescheft frawn Elena Chrausinn)

(fol. 76v) Elena Krausinn

Nota das gescheft, so ich Elena Krawsin getan hab mit gueter vernunft und wolbedachtem muet und zu der zeit, do ich es mit recht wol getan hatt mogen, und ist geschehen am montag nach Omnium Sanctorum etc. LIIII jar.

Item von erst so vermeld ich, wie das mir mein lieber man, Peter Kraws, albeg fuergehalten ~~mog~~ hat, das ich sull und mog mit den guetern, so mir mein lieber vater und liebe mueter geben haben, es sey erb oder varund gueter, damit tuen, was und ich will, die verczern oder tuen, wie ich will.

Item von erst so schaff ich meiner lieben swestern, Elizabeth, all mein gwannt und ander vertigüng, so mir mein lieber her vater und mein liebe fraw mueter mir geben haben, nichts ausgenommen.

Item mer schaff ich meinem zwain pruedern, Paulen und dem Jorgen, mein zwen weingerten, so und mir vater und mueter geben haben zu Hayrnsteur mitsambt den fruchten, die das vergangen lesen darinn sein ~~worden~~ gewachsen, den ainer genant ist das Gevang auf Tebner gepiet, der ander genant ist der Taber auf Raczenstorfer gepiet.

Das aber solich mein ordnung des geschefts bey solichem gehalten und verpracht werdt in massen, als oben geschriben stet, hab ich mit fleiss gepeten zu zeugnuss der sachen den geystlichen hern Niclas Kelner von Presla, prediger zu Sannd Merten pfarchirchen, und hern Wenczla Pernhertel, purger des rats, Paul Malczhofer, Wolfgang Vorster, purger zu Prespurg, das sy durch pesser sicherhait willen irew petschadt auf dysew geschaft zedel gedrukt haben, in und irn erben an schaden.

Actum des inschreibens an Sand
Elspeten tag anno Domini etc. LIIII^{to}.

1442 Oktober 31 – *1454 November 19* **158**

Geschäft der Margaretha, Ehefrau des Georg Meindel

pr., schr., 3 Zg. (*Index*: Gescheft Margarete Jorg Meindelinn)

(fol. 77r) Margareta, des Jorg Meindleins gemehel

Vermerkt das gescheft der erbern frawn Margarethen, Georgens des Meindleins gemehel und hausfrawn, das sy in dem pett irer krankait mit gueter vernunft ungenott und unbetwungenlich an Aller Heyligen abent vor den hernach geschriben gescheftsherren willichleich getan hat, darczu sy dieselben erbern herren mit fleis gepeten hat ir gescheft zu verhörn und hinfuer zu gedennken mit urchund des gescheftbrieff, das da geschehen ist anno etc. XLII°.

Item von erst ~~so~~ hat sy geschaft mundleich und schaft Jorgen dem Meindlein, irem trewn gemehel, und kan mann iren ledigen und frein weingarten, genant dy Plaben gelegen auf Retscherstorfer gepiet ainthalben zenachst Stephans Wiltfeurs weingerten und anderthalb zenachst Cirphos Zallner weingarten und ir payder chind gebchleich und ewichleich, das si damit allen irn frummen mogen schaffen, mit verseczen, mit verchauffen, geben, schaffen, machen, wem si wellen, an aller irer nachsten frewndt wider red und widersprechen.
Item so hat si mer gescheft und schaft irm vorgenanten gemehel, Jorg Meindlein, ainhalben (!) weingarten gelegen am Weinarner perg genant das Engelchind, und ir paider chind auch ledig und freÿ, das si damit allen irn frummen mugen schaffen, mit verseczen, mit verchauffen, zegleicher weis, als vor geschriben stet.
Item so hat sy dann denn andern helftentayl des weingarten Engelchind am Weinerarenperg geschaft irm eenn, Hannsen dem Frawn Gruess, und Mertein dem Frawn Gruess, des alten Frawn Gruess öheim, payder unverschaidenlich geleich, ainem als dem andern ledichleich, das si allen irn frummen damit schaffen mugen mit verseczen, mit verchauffen etc., aber als oben mit geschrift begriffen ist, und den vorgenanten weingarten der Engelchind, der ist sey an ge erbt und gestarben von junkfrawn Barbara, irer rechten swester, darumb so hat sy den selben weingarten geschaffen mugen, wem und ~~hat~~ sy hat wollen.
Und des obgeschriben gescheft sein geczeugen durch meiner fleissigen gepet die erbern und weisen Michel Wolf, die zeit ain gesworner purger des rats der stat ze Prespurg, und Michel der Granntner und Michel der Vogel, paid mitburger auch daselbs czu Prespurg, mit iren aufgedrukten insigeln und petschadten, die sie durch meiner fleissigen gepet willen zu rechtem gezeignuss auf den gescheftbrief gedrukt haben, in und irn erben an schaden.

Actum an Sand Elizabeth
tag anno Domini etc. Lquarto.

1454 November 9 – *1454 Dezember 9* **159**

Geschäft des Heinrich Kochermacher

pr., schr., 3 Zg. (*Index*: Gescheft Heinrich Kochmacher)

(fol. 77v) Heinreich Kochermacher

Nota das gescheft oder testament, das do getan hat der erber man Heinreich Kochermacher zu Prespurg mit bedachtem muet, frey und unbetwungen, seiner hausfrawen, Anna, und seinen chindern. Zu dem ersten hat er gelassen der obgenanten seiner hausfrawn, Anna, das haws mit allen seinen guetern, und das dy fraw Anna schul geben davon seinen sünen oder kindern von der ersam frawen Agnes zwainczig flor., als dem Wolfgang und Jorgen.
Item das ander hat er alles geschaft der frawn Anne und irn kindern, als Andres genant, und dem das si gepern wirt mit der hilf Gots, sindt dem mal das si swanger ist, und die fraw sol auch bezaln die schuldiger von den guetern.

Item ob „do“ Got gepot oder gepieten wurd auf dy obgenanten kinder, Wolffgang und Jorgen, zo sullen dy ob beschriben XX gulden wider chommen an sein hausfraw, Anna, und ir kinder.
Item das gescheft ist geschehen anno Domini M° CCCC° LIIII^{to} sabbato vor Martini zu Prespurg in dem haws des selbigen vorgenanten Heinrich Kochenmacher und dez zu gezeugnuß hat er gepeten die erben hern hern Niclas Kelner von Bresla, dy zeit prediger zu Sand Mertin (!), und Niclas Smerber, und Andre Tischer, mitburger zu Prespurg, dy do haben von pegerung desselbigen Kochermachers versigelt das testament zu zeugnuss und bewerung.

Actum des inschreibens
an montag nach Nicolai
anno Domini etc. Lquarto.

1453 Juli 29 – *1454 Dezember 23*[60] **160**

Geschäft des Wildpold Gundaker;
Bestellung von Willensvollstreckern
pr., schr., 7 Zg. (*Index*: Gescheft Wiltpold Gundaker)

(fol. 78r) Wilpold Gundaker
Vermerkt das gescheft, das der erber Wiltpolt Gundaker, mitburger zu Prespurg, in seiner krankait bedechtlich und vernunftichleich zu der zeit, do er es mit recht wol getuen mocht mit gueter gewissen, als er sich dannoch wol vermogen hat, vor uns hernach benanten gescheftleuten aus guetem willen und verstentichait an menicleichs inred geordnet und getan hat, das, ob Got uber in geput, nach seinem tod, an alles widerrueffen seiner frewndt zehalten, und uns hernach beschriben gescheftleut gepeten, das wir treulich darob wern, das es also belib und verbracht wurd, als hernach verschriben stet, und hat dasselb sein gescheft verbracht in solicher nachbemelten ordnungen. Also (*Fortsetzung fehlt*).
Von ersten so schaff ich Wiltpolt Gundaker mein haws mit aller seiner zugehorung und gerechtichait meiner hausfrawn, das da gelegen ist in der stat Prespurg bey den fleischpenken zenachst des Jacob Haimburger hawsung frey und ledig allen irn frummen, damit zehandeln und tuen, verchauffen, verchumern, geben, machen und schaffen, wem si wil, wenn si es mit mir treulich erarbait hat, darumb gan ich ir des vor menichlich.
Darnach so schaff ich ir mer derselben meiner hausfrawn, N., meinen weingarten, genant der Zwivaler, gelegen auf Retschenstorfer gepieten mit fruchten und aller seiner gerechtichait, wie der mit nachpern, bam und stam umbfangen ist, den auch

[60] *Das Datum des Einschreibens ist am Ende von Nr. 162 zusammenfassend für die Einträge Nr. 160–162 angegeben.*

ir frey und ledigen zehalten, allen irn frummen damit zeschaffen an meniclichs inred, wann ich ir sein wol gan nach dem und si in mit mir treulich er arbait hat.
Mer schaff ich derselben meiner hausfrawn meinen weingarten gelegen auf Tebner gepieten in den Gefangen, genant der Kunigsperg, auch mit frucht mittall, und aller seiner gerechtichait, als ich den guete zeit inn nucz und gwer gehabt hab, ir den frey und ledig czehalten, als ir aigens erbguet allen irn frummen damit zebetrachten an aller menigen in red, wann si den auch treulich mit mir erarbait hat.
Uber das so schaff ich ir derselben meiner hausfrawn meinen weingarten gelegen auf den grunden der stat Prespurg genant der Grillenpuhel, mit aller zugehorung, fruchten und gerechtikait, wie der mit nachpern umbfangen ist, ir den frey und ledig zehalten und damit zetun und hanndeln, wie si gevelt, an alle irrung, wann ich ir sein ledichlich gan.
Nach dem allen so schaff ich ir all mein farundguet und hab, es sey geltschuld, hausgerett, clainat, beraitschaft, blundern und ander ding, wie das namen mag gehaben, wo oder wellent das ist, also, das si solich hab zu irm frummen mag geprauhen, innhaben, nuczen, nyessen, ubergeben, verschaffen nach meinem tod, wem oder wohin si wil, und irn freyn willen damit haben, wan si solich hab treulich mit mir zewegen hat bracht, darumb gan ich ir der vor menichlich.
Auf solich vorgemelt gescheft so wil ich und schaff auch, das mein bedachte liebe hausfraw ausricht von den obgemelten guetern, erb und varund hab, soliche geltschult, als hernach beschriben stet den geltern.
Item dem Thoman Toldl VII tal. den.
Item dem Hanns Tragenlast V tal. den.
Item dem Symon Pötel IIII tal. den.
Item dem Hanns Abentewer XIII ß den.
Item dem Caspar Struczel V ß den. (*am Rande*: ist gancz ausgericht)
Auch wil ich und schaf, das mein oftgemelte liebe hausfraw solich hernach beschriben selgret ausricht durch meiner sel hail willen, ob Got uber mich gepewtt, und als ich ir des gancz vertraw, verlass auch mit meinen lieben herren und frewndten, den gescheftleuten, das sy darob sein, damit es ausgericht werd, als hernach verschriben stet.
Item zu Sand Laurenczen pfarrchirchen schaff ich X gulden, das man daselbs zu dem paw oder ander notturft sol nuczen und anlegen, zu wee (!) man sein darff.
Darnach schaff ich zu ainer kirchfart gen dem lieben Sand Wolfgang bey Salczpurg, das dy nach meinem tod durch meiner sel hayl begangen werd, III flor.
Darnach so schaff ich, so Got uber mich gepeut durch sein gnad, das man durch meiner sel hail willen geb zwain priestern, dem prediger und her Petern, bey Sand Laurenczen chirchen diener, das si Got fur mich piten, yedem ain gulden.
Desgleichen den zwain priestern im spital schaff ich yedem ain gulden, das si Got nach meinem tod fur mich piten umb meiner sel hayl. Auch dem pfarrer zu Sand Michels pfarchirchen, das er auch Got pitt nach meinem tod umb meiner

sel hail, ain gulden. Desglichen (!) den andechtigen pruedern, den munichen in Unser Frawn closter zu Prespurg, das si Got fur mich piten, schaff ich allen zu samb I gulden.
Item auch schaff ich, daz man den armen leuten im spital halt ain selpat, und in mit tail das almosen umb meiner sel hail ain gulden.
Das aber solich mein gescheft furgang hab, gehalten werd und bestett bleib nach meinem tod, und mein bedachte liebe hausfraw dadurch furgeschehen ~~wird~~ sey und in gehalten werd, so hab ich mit irm willen mit fleis darczu gepeten die andechtigen ersamen herren Hanns Kraft, pfarrer zu Sand Laurenczen, hern Franczen,

(fol. 78v) Wiltpold Gundaker

korhern bey Sand Merten kirchen, hern Petern, diener und pfruntner auch bey Sannd Laurenczen pfarrkirchen, auch die erben und weysen Symon Dumbriczer, Philippen Kugersauf, Niclas Morner, all mitburger zu Prespurg, und Liebharten Egkenvelder, statschreiber daselbs, und in solich mein gescheft bevolhen auf ir gewissen, damit si darob sein, das es also furgang hab an menichlichs irrung, und zu ewiger gedechtnuss auch bestettung in der herren der stat Prespurg gescheftpuch werd in geschriben, und mein ellende hausfraw, ob Got uber mich peutt, nach meinem tod mit hilf der herren des rats dabey gehalten werd, damit si ungedrungen bleib von meinen freunden. Und ist geschehen am suntag nach Sand Jacobs tag anno Domini M° CCCC° Ltercio, und zu bestettung solichs meins geschefts hab ich die bedachten mein lieb gescheft herren gepeten, das ir yeder sein petschadt an die gescheft zetel und brieff gedrukt hat, in und iren erben an schaden.

1454 Januar 15 – *1454 Dezember 23*[61] **161**

Geschäft des Wildpold Gundaker und seiner Ehefrau, Margaretha

pr., schr., 5 Zg. (*Index*: —)

Gescheft dez Wiltpold
Gundaker und Margareten,
seiner hausfrawen

Innomine Domini, amen. Ego Wiltpoldus Gundaker institor, civis civitatis Posoniensis, et ego Margareta, conthoralis eiusdem legittima, scientes, quod nichil sit certius morte, nichilque incertius hora mortis, quam prevenire cupientes, licet corpore debiles, mente tamen et racione per omnia sani, mutua et matura scilicet inter nos prehabita deliberacione nostre saluti consulere cupientes in hac nostra ultima voluntate ultra alias nostras disposiciones testamentarias per nos prius factas, quam eciam per omnia in suo vigore remanere volumus. Coram nobis

[61] *Das Datum des Einschreibens ist am Ende von Nr. 162 zusammenfassend für die Einträge Nr. 160–162 angegeben.*

honorabilibus viris dominis Johanne Kraft, plebano ecclesie beati Laurencii martiris extra muros huius civitatis Posoniensis fundate, ac magistro Benedicto de Waradino, canonicis ecclesie collegiate beati Martini alias Sancti Salvatoris hic Posonii, necnon discreto domino Johanne Olmunczer, in prefata ecclesia beati Laurencii martiris predicatore, providisque Simone Dumbriczer ac Jacobo Haimburger, concivibus huius civitatis Posoniensis, per nos specialiter huc vocatis et presentibus, pro animarum nostrarum remedio et salute de bonis nostris temporalibus a Deo nobis collatis tale fecimus testamentum pariter, et fundacionem pro singulis tribus missis singulis ebdomadis in prefata ecclesia beati Laurenti martiris sine omni pretermissione earundem perpetuis temporibus per unum cappelanum ydoneum ad hoc bene meritum legittime eligendum in altare ad honorem Sancte Trinitatis de eisdem bonis nostris in eadem ecclesia S. Laurencii in loco competenciori erigendo hoc modo in letura (!) peragendis videlicet singulis diebus dominicis una missa de Sancta Trinitate, altera singulis feriis quartis pro defunctis, et tercia singulis feriis sextis de Sancta Cruce aut de passione Domini, pro quorum effectiva complecione ac salutari et perpetua continuacione damus et legamus istam domum nostram omnino liberam, quam nunc in habitamus (!) in hac civitate Posoniensi circa macella, ex opposito fontis retro domum dicti Jacobi Haimburger situatam. Item unam vineam nostram Zwyfaler vocatam in territorio possessionis Retze in monte Thendelsperg appellato existentem. Que quidem domus et vinea per executores huiusmodo nostri testamenti infrascriptos vendantur, sicut carius fieri potest, et de precio earundem fiat unus census salutaris perpetuo duraturus pro una prebenda, et annotato dicti altaris cappelano, quem videlicet cappelanum semper eligere habebunt plebanus dicte ecclesie beati Laurencii martiris pro tempore constitutus imperpetuum, et dictus Symon Dumbriczer solum ad tempore vite sue. Ipso autem ab hoc seculo emigrante idem plebanus Sancti Laurencii debet eligere ad se unum alium de medio civium Posoniensium pro suo compatrio quem habere poterint inter eosdem magis conscienciosum. Cuius persona deficiente fiat similiter de sequenti eligendo, quos semper taliter post mortem nostram inperpetuos huiusmodi prebende patronos ac collatores semper fieri et esse volumus. Insuper ad eandem prebendam pro uno libro missalis ac calice argenteo, necnon ornatu sacerdotali competenti cum suis pertinenciis, et una cruce similiter argentea comparandis damus et legamus unum solempnem nostrum balteum argenteum de auratum quinque marcas argenti inse continentem, qui similiter vendatur sicut carius fieri potest, de cuius precio fiat disposicio ipsi prebende iuxta modum iam prescriptum ad honorem Sancte Trinitatis, prout decencius fieri potest per ipsas executores huiusmodi ultime nostre voluntatis, videlicet dictos dominum Johannem, plebanum S. Laurencii, et Symon Dumbriczer, per nos electos. Acta sunt hec et facta per nos modo premisso Posonii in prescripta domo nostra in lectis egritudinum nostrarum, hora nonarum ultra quidem feria tercia proxima post octavas festi Epiphaniarum Domini anno eiusdem MCCCC Lquarto, et sigillata sigillio (!) nostro secreto ac prefatorum dominorum Johannis plebani, magistri Benedicti, Johannis precicatoris, necnon providorum virorum prenominatorum Simonis Dumbriczer et Jacobi Haimburger, nostrorum ad peticionem, ipsorum tamen absque dampno.

1454 Februar 19 – *1454 Dezember 23* **162**

Geschäft des Wildpold Gundaker;

Bestellung des Einbringers zum Willensvollstrecker

pr., schr., 1 Einbr., 2 Zg. (*Index*: —)

(fol. 79r) Wiltpolt Gundaker

Vermerkt, das an ertag vor Kathedra „Beati" Petri apostoli in anno Domini millesimo quadringentesimo quinquagesimo quarto hat der erber Wiltpolt Kramer nach mir, Symon Dumbriczer, burger zu Prespurg gesanndt, als er lag in seinem siechpett, den ersamen wolgelonten herren Hannsen von Engerstorf, dy zeit prediger beÿ Sand Laurenczen pfarchirchen, und begert mein durch Gocz willen zu im zechomen, da zu verhorn seins willens leczten geschefts, und so ich zu im cham, do schuef er aus wolbedachtem muet mit gueter verstentichait und vernunft und pit mich auch durch Gocz willen darob czesein, als wol und er mir vertrawt, das ich seins geschefts obrister verweser, patron, und ausrichter auch verantburter solt sein.

Also schuef er und meldet der obgenant Wiltpolt Kramer von seiner stiftung der mess zu hail sein und aller seiner vorvordern seln, was er vor darczu hiet ausczaigt, das dann wer sein haws gelegen in der stat Prespurg bey den fleischpennken mit aller seiner zuegehorung, auch ain weingarten, genant Zwivaler, gelegen am Pendleinsperg zu Retschenstarff und ain vergolte silbreine „frawn" gurtel, das solt also zu der mess gehorn und bleiben, damit dÿ stiftung furgang gewünn, das ist gewesen seins gescheschefts (!) leczter will, und ich solt dez also vor meniclich patron und verantburter sein.

Darnach so hat er bedechtlich geschaft und ist gewesen gancz sein will, was uber wer nach solicher ordnung, und zue aygung der mess, des solt ich mich vor meniclich underfahenn, und des gwalt haben, das verchauffen und zu gelt bringen und die gelter davon zaln, wem er schuldig blib, was weislich wer, darczu seinen dinstpoten davon ausrichten, auch darob sein, das sein ersts gescheft davon wurd verpracht, das wer sein gantz will.

Darnach was uber soliche ordnung, bezalung der gelter, auch seiner dinstpoten uber blib, es wer vil oder wenig, das solt alles gevallen zu der pfrundt und stiftung seiner mess an menicleichs ein red geistlicher oder werltlicher leut, wann das wer also sein beger und leczter will, da bey dann der obgemelt her Hanns, der prediger, auch ist gewesen, zu beweysung und bestettung der sach, und hat mir auch selb ein geantburt, clainat und all ander ding der selb Wiltpold Kramer, die in seiner gegenburtichait an zenemmen, wan er mir des am hochsten vertrawt.

Item er inehat auch gar bedechtlich und vernunfticlich von ettlichen claidern und gwandt, sein und seiner hausfrawn, das solt man tailn armen leuten, und umb mess durch hail willen seiner sel geben und seiner hausfrawn, als vil dez uber blib uber die gelter, und ich solt damit tuen und handeln nach meinem pesten versten, das wer gancz sein will.
Das aber soliche ordnung, gescheft, enphelhnuss und ubergeben von dem benanten Wiltpold Chramer, dem Got genad, also vor mein und mer in gegenburtichait hern Hannsen, prediger, vernunfticlich mit guetem willen hab bevolhen, mich auch mit allem fleis darczu erpeten, das sprich ich bey meinem trewn, als ich zu recht solt, hab im auch daz also globen muessen, das es also verbracht wurd, und dem also nach zechammen nach meinem pesten vermogen, und dez zu gedechtnuss, bestettung und furbringen mit sambt hern Hannsen, vorgemelt unser yettbeder sein petschadt furgedrukt an dy gescheft zetel uns an schaden. Actum anno, die ut supra.

Actum des inschreiben der dreyer
gescheft an montag vor Nativitatis
Domini anno eiusdem M^{o} CCCC^{o} Lquarto.

(*am unteren Rand der Seite*: eodem die raisten herr Stephan Raneis und Niclas Flinns gein Pressla)

1454 Dezember 31 – *1455 Januar 15* **163**

Geschäft des Hans Pledlinger

pr., mü., 3 Einbr., 3 Zg. (*Index*: Gescheft Hanns Pledlinger)

(fol. 79v) Hanns Pledlinger

Vermerkt das gescheft, das der erber Hanns Pledlinger, mitburger zu Prespurg, in seiner chrankait bedechtlich und mit gueter vernunft getan hat vor uns benanten hern Hanns Olmunczer, prediger bey Sand Merten pfarchirchen, und Hanns Stamphaer, und Niclas Messerer, ped zu Prespurger gesessen, hat er aus guetem willlen an menigs inred geschaft also, ob Got uber in geput, das nach seinem tod an als widermessenn seiner frewndt, alles sein guet, wo er das hab, es sey erb oder farund guet, das sol sein hausfraw, Elizabeth, nach seinem tod alles haben, nichts ausgenomen, ledig und freÿ zu verseczen und zuverchauffen, schaffen, machen, wem er wil, und davon sol sÿ zallen dy geltschult, die er und im weislich seyn, und von dem andern yer sein sol liess bevolhen sein. Das ist geschehen an dem tag des lieben Sand Silvester tag anno etc. LIIII^{to} jar.

Actum des inschreibens an
mitichen vor Anthony
anno Domini etc. Lquinto.

1453 Oktober 30 **164**

Geschäft des Paul Schreiner

pr., schr., 3 Zg. (*Index*: —)

Vermerkt das gescheft, das getan hat der erber man Pawl Schreiner zu der zeit, do und er es wol hat mogen getuen mit wolbedachtem muet und unbetwungen. Das ist geschehen am ertag vor Aller Heyligen tag anno Domini etc. Ltercio.

Item am ersten so hat er geschaft sein haws gelegen auf der Wedricz dem Hannsen, seinem sün, und seinen chindern, also das er sol ausrichten ein Ramfart.

Item czu dem andern mal so hat er geschaft Katherine, seiner hausfrawn, den weingarten gelegen in der Tunawleutten mit aller geltschuld, die er schuldig ist, und auch all sein gartenberch und alle varunde hab.

Item der Philipp Kugersauff und Anna, sein hausfraw, dy sind in ettbas vermonund worden, wie er in sol beschaiden seiner erb von wegen einer summ gelts, als virczig gulden, und mer XI gulden, darumb im chain wissen ist, als und er dann bechannt hat vor den gescheftleuten, die hernach mit namen benant sind.

Item Peter Noppel ist schuldig drey gulden, dy hat er auch geschaft seiner hausfrawn.

Item Niclas Koler ist schuldig V gulden und III ß den., dy hat er auch geschaft seiner hausfrawn.

Darczu sein gepeten worden die erben lewt Wenczla Pestler, dy zeit pergmaister czu Prespurg, Niclas Morner und Heinreich Kochermacher, das si des geschefts ingedechtig sind, verpetschadt mit irer aller dreyer gedrukten petschadt.

1454 September 25 – *1455 Februar 3* **165**

Geschäft des Wolfgang Meixner;
Bestellung von Willensvollstreckern;
Bestellung eines Treuhänders für das Mündelvermögen

pr., schr., 2 Zg. (*Index*: Gescheft Wolfgang Meixner pek)

(fol. 80r) Wolfganng Meixner pekch

Vermerkt das gescheft, das Wolfgang Meixner pekch, wonund zu Prespurg, mit gueter vernunft unbetwungenlich aus guetem willen bedechtlich zu der zeit, do er es mit recht wol getun möcht, ausrichticlich getan hat in mass, als hernach verschriben stet.

Von erst so vermeld ich, das ich hab drewczehen sweindel, und darczu ist ~~mer~~ mir schuldig der Stephan Walich vierdhalb pfundt wienner phenig, und von den sol mein hausfraw bezaln die geltschuld, die ich schuldig pin, als ich vertraw meinen gescheft herrn.

Daruber so schaff ich meiner swester tochter, genant Margareta, X gulden auf dÿ geltschuld, dye man mir schuldig bleibt.

Darnach so schaff ich mein haws und weingarten meinen chindern und auch meiner hausfrawen, Katherina, also beschaidennlich, zway tail auf den erbenn den chindern, und den dritten tail den benanten meiner hausfrawn, doch also, das man von dem benanten erben sol zaln XXIII tal. den. meinen geltern.
Darnach so schaff ich meinen tail mul ledichleich meiner hausfrawn alsoverr sy den zalt und daz gelt darumb richt, dan so sol sy denselben taÿl meiner mul haben frey und ledig vor aller lay anspruch ungeverleich damit ze tün und zelassen als mit irm freyn guet.
Darnach so schaff ich und wil, was meinen chindern zuegepuert, das sol erben von ainen chind auf daz ander ungeverlich, und ob aber dy chind alle abgingen, was dann den chindern vermelt und geschaft ist, das sol furbaser nach irm tod erben auf mein nachst frewndt.
Er hat auch geschaft dy prot und semel penck, daz haben mein herren widersprochen, wann sy sein der stat.
Darnach so schaff ich der obgemelten meiner lieben hausfrawn alle varunde hab, gar nichts ausgenomen, davon sol sÿ meinen chindern ausrichten X flor. auri und sol mich erlich bestatten, ob Got uber mich gepewtt, zu der erd.
Darnach so hab ich geschaft ain Ramfart also, das man von der kinder X flor. auri sol davon rayhen IIII flor., darnach so sol man zu der selben Ramfart dargeben von den zehen gulden meiner swester tochter II flor. auri, das ubrig das dannoch bringt IIII flor., dy sol ~~sy~~ dy fraw von irm guet ausrichten, das ist mein will und wort, und hoff daz also ausczerichten. (*am Rande*: ist ausgericht)
Item czu solichem gescheft, damit es also verpracht werd und ausgericht, so hab ich mit fleiss gepeten dy erbern weysen Symon Dumbriczer und Thoman Frannk pekchen, paid mitburger czu Prespurg, und sy solichs meins geschefts ganncz ~~ledig~~ gewaltig gemacht, das sy den chindern und meiner hausfrawn trew vorgeer sein, und sy halten bey der gescheft, damit es verpracht werd, auch daz den chindern ire erb pawlich gehalten werden. Und ist geschehen an mitichen vor Sand Michels tag anno Lquarto.

Actum des inschreibens
an montag ~~vor~~ Blasÿ
anno Domini etc. Lquinto.

1455 Februar 21 – *1455 April 16* **166**

Geschäft des Simon Kramer

pr., schr., 3 Zg. (*Index*: Gescheft Symon Kramer)

(fol. 80v) Symon Kramer

Vermerkt das gescheft, das der erber man Symon Kramer, dy zeit wonund auf der Hochstrass zu dem Nepawer vor der stat Prespurg, mit gueter vernunft unbetwungenlich und aus guetem frein willen zu der zeit, do er es mit recht wol getuen mocht, vor uns hernach verschriben gescheftleuten getan hat in mass, als hernach vermerkt ist, und ist geschehen am freytag nach dem heyligen Estag anno Domini etc. LV[to].

Von erst hat er aus guetem willen geschaft seiner lieben hausfrawn, Elena genant, ainen weingarten genant im Clepeis bey Selenndorf, des nachper ist Jorg Sunlewtter, mit frucht, grunden, und aller seiner zugehorung freyn und ledigen, allen irn frummen damit zeschaffen, mit verchauffen, verseczen, vermachen, geben, wem sy wil, an menicleichs irrung, wann si in der krankait, als er vermelt hat, das wol umb im verdient hat.

Darnach hat er der selben seiner hausfrawn, Elena, mer geschaft ainen weingarten genant im Gern, auch auf der stat grundt gelegen, des nachper ist der Stifter und Jorg, kamerschreiber, darauf noch stenn VIIII gulden zu bezaln. Denselben weingarten sol dy benant Elena auch haben freyn und ledigen mit aller zugehorung, damit zetun und zelassen mit sambt den fruchten, und allen irn frumen, damit schaffen, als mit irm aigenthaften guet an meniclichs irrung.

Darauf hat er mer geschaft derselben seiner hausfrawn, Elena, all ander seine gueter und varund hab, es sey hausgerechten, blundern, oder wie das namen hat, gar nichts noch nyndert ausgenomen, also, das sein swester oder yemant ander seiner frewndt nichts darczu haben noch sullen mogen gesprechen, wenig noch vil, wann er ir des alles vor meniclich wol hat vergundt, und sey damit bedacht umb dy dinst, die sy im beweist hat in seiner krankait.

Das aber solich gescheft also geschehen sey, das bechennen wir, ich Niclas Wortperger, Thoman Nepawer und Hanns Pinter, all drey mitburger bey der stat Prespurg, und sprechen auch, das bey unsern treun, als wir czu recht sollen. Das das vermelt obverschriben gescheft also ergangen ist, und dez zu gedechtnuss hat unser yeder sein petschadt an dy gescheft czetel gedrukt hincz auf ain inschreiben in der stat gescheft puech. Actum anno, die ut supra, doch uns und unsern erben an schaden.

Actum dez inschreibens an mitichen
nach Tiburcy und Valeriani anno LV[to].

1454 Juni 8 – *1455 April 16* **167**

Geschäft des Christian Fridolt;
Bestellung eines Sachwalters für das Mündelvermögen (?)
pr., schr., 3 Zg. (*Index*: Gescheft Cristan Fridolt)

(fol. 81r) Cristan Fridolt

(*Eintragung gestrichen*: Alhie ist vermerkt mein gescheft, das ich Cristan Fridolt getan hab in meinem siechpett, dennach mit gueter vernunft und unbetwungenlich zu der zeit, da ich es wol getuen mocht, das das nyemant widersprochen hat,

noch widersprechen hat mogen, und das ist geschehen am sambstag am heyligen Pfingstabennt in anno Domini M^{o} etc. Lquarto.
Item von erst so schaff ich meiner lieben hausfrawn, Margareten, beraits gelts XIII tal. den. und mein haws und alle varunde hab, darczue an alle zuespruch und hindernuss.
Item und schaff meiner tochter, Katrein, ~~XXXV flor. auri~~ ain weingarten im Smidlein neben dem Hanns Hetewer.
Item und schaff meiner tochter, Katrein, XXXV flor. auri, und davon sol man geben zu der ersten werung zu Sand Michels tag [*September 29*] funff flor. auri.
Item und schaff meiner tochter, Kathrein, XXII flor. auri berait zu ainer vertigumb umb ain pett, und umb gwanndt, und ander notturft, wenn man sÿ aus geit, und das selbig gelt sol der Ulreich Schawer, mein lieber gefater, innhaben, als lang uncz das man sey aus geit durch meiner fleissiger gepet willen, als ich im des wol getraw.
Item und ob mein tochter, Kathreÿ, abging mit dem tod, so sol das erben auf meine nachste frewndt, weingarten und beraitschaft, als oben geschriben stet, und die selbigen die sullen mit meiner hausfrawn treulichen tayln, das sy da bey nit chain mangel leyd.
Item und bey meinem vorgeschriben gescheft sind gewesen die erben hernach geschriben der Ulreich Schawer, und der Caspar Raifsneyder, und der Peter Ledrer, die ich fleissichlich darczu gepeten hab, und hab gepeten yeczlichen besunder umb sein aufgedrukts petschadt, das si das durch meiner fleissigen gepet willen auf meinem gescheft brief gedrukt haben, in und irn erben an schaden, darumb das mein gescheft kraft sol haben und unczebrochen sol beleiben, als ich das Got und meinen genedigen herren wol getraw. Anno Domini M^{o} LIIII^{to}.)

Actum des inschreibens an
mitichen nach Quasi modo
geniti anno Domini etc. Lquinto.

1447 Mai 22 – *1455 Juni 27* **168**

Geschäft des Simon Irher;
Bestellung von Willensvollstreckern (?)
pr., schr., 4 Zg. (*Index*: Gescheft Symon Irher)

(fol. 81v) Symon Irher

Vermerkt das gescheft, das der erber man Symon Irher, gesessen in der Neunstat zu Prespurg, mit gueter vernunft unbetwungenlich, bedechtlich und mit wolbedachtem willen zu der zeit, do er es mit recht wol hat mogen getuen, bemacht, geordnet und getan hat vor uns hernach beschriben gescheftleuten, und zu gedechtnuss, damit es hin fuer, ob Got uber in geput, da bey gehalten werd, ausgericht und verbracht, als hernach beschriben stet.

Von erst hat er geschaft zu hail und selickait seiner sel zu dem paw Sannd Merten pfarrchirchen X flor. per VII ß, die sein ausgericht, als der alt Virczker dy teglich hat geben den arbaittern, da man dy bedacht kirchen gwelbt hat.
Darnach hat er geschaft seinem vater, Mathes Irher, und Clara, seiner mueter, XV flor. per VII ß also beschaidenlich, ob si zusamb chemen, so solt man in dy bemelt summ gulden ausrichten. Chemens aber nicht zesammen, so solt man yeden tail geben VI fl. per VII ß. (*spätere Eintragung*: die sind im ausgericht)
(*Abschnitt gestrichen*: Darnach so hat er mer geschaft ainer seiner tochter, genant Margareta, die er mit seiner erern hausfrawn hat gehabt, XX flor. per VII ß also beschaidenlich, ob dy benant Margareta cheme zu gevogten jarn und elich verheyratt wurd, so solt man man (!) ir dy selben XX gulden rayhen und antburten zu haymstewer, ging si aber ab mit dem tod ee und si tret in chenlichen stant, so solten dy selben XX gulden auch chommen zu dem paw Sand Merten chirchen, dy man dann solt zainczig auf arbait darraihen, wann man den chor anhueb zepawn. Und ob si dann verheyrat wurd, so solt man sy von seinem guet vertigen, als dann ainer solichen erben junkfrawn zuegepuret nach gleichem vermogen. Wurd si aber nit verheyrat, so solt soliche vertigumb bleiben irer steufmueter und irer swester.)
Darnach so hat der benant Symon Irher mer geschaft all ander sein guet, haws, ander erb und varundhab, beraitschaft, clainat, hausgerechten, wie daz namen hat, nichts ausgenommen, der erbern seiner hausfrawn, Elena, damit zetuen und zelassen nach allem irm gevallen, und davon sein tochter, genant Anna, die er mit derselben seiner hausfrawn, Elena, hiet, ob si tret in chenlichen stannt, vertigen zu pett und zu tisch, als dann ainer solichen tochter zuegepuret.
Das aber solich gescheft in gedechtnuß bleib, ausgericht und verbracht werd, so hat er darczu mit fleis gepeten die erbern Laurencz Virczker, Niclas Messrer, Bartolme Slosser und Hannsen Gnem riemer, all mitburger zu Prespurg, und in das bevolhen, darob zesein, das es also behalten werd, und zu gedechtnuß geschriben werd inder stat Prespurg gescheftpuch. Actum an montag vor dem Pfingstag anno Domini etc. XLVII[mo].

Actum dez inschreiben an
freytag vor Petri und Pauli
anno Domini etc. Lquinto.

1454 Dezember 8 – ***1455 Juli 1*** **169**

Geschäft der Katharina, Ehefrau des Paul Schreiner
pr., schr., 4 Zg. (*Index*: Gescheft Paul Schreinerinn)

(fol. 82r) Pawl Schreinerinn
In dem jar Unsers Herren, do man hat geschriben M[o] CCCC[o] LIIII[to] an dem tag der enphabung der Allerheyligisten Junkfrawn Marie, die erber fraw Katherina, Paul Schreynerin, der do Got genad, hat gemacht ein solich gescheft.

Czu der chirchen Sent Mertein zu dem paw oder ander noth hat si geschaft drey flor., und irm peichtvater eingulden (!) und aber ainen sey zuschreiben in das totenpuech, und dy gulden sol geben heraus Philipp Kugersauf und sein weib, wenn er von der selbigen Katherina Schreynerinn gekauft hat ainen weingarten in der Tunaw Leutten zu nechst Niclas Morner aussenthalben, da von ~~her~~ er noch XL flor. ist schuldig.
Item irm sun, Hanns, und seiner hausfrawn, Agnes, und irn kindern zwen pawngerten in Ëngissen, und alles pettgwant und claider und hausgerechten also, daz nyemant anders, noch frewndt noch frombd darczu zesprechen ~~haben~~ noch zu vordern hab. (*am Rande*: Ennsigen)
Item davon ist geschehen ain testament, das man sol tuen ain Ramfart und dy hat si auch ~~bestigt~~ bestetigt von irm haws.
Item das ist geschehen in irm haws in der stuben, do si chrank lag, yedoch das sy was pey gueter vernunft unbetbungen wolbedacht in kegenburtichait hern Niclas Kelner von Bressla, irm peichtvater, dy zeit prediger zu Sand Merten, und da bey sein gewesen die erbern man Wenczla Pestler, Jorg Schol und Niclas Morner, mitburger zu Prespurg, die zu bechanntnuss haben ire insigel auf gedrukt.

Actum des inschreibens am
erchtag vor Visitacionis Marie
anno Domini etc. Lquinto.

(fol. 82v) leeres Blatt
(fol. 83r) leeres Blatt

1455 Juli 19–24 **170**

Geschäft der Katharina, Witwe des Paul Schreiner
pr., schr., 3 Zg. (*Index*: —)

(fol. 83v) Katherina, Paul Schreinerinn

Vermerkt das gescheft, das die ersam fraw Katherina, des Pawl Schreiner weilent gesessen auf der Wedricz seligen witib, mit gueter vernunft bedechtleich aus guetem willen und fuergesechner betrachtung zu hail irer sel getan hat, damit nit chrieg nach irm tod erstand, und ist geschehen in der wochen vor Sand Jacobstag in mass, als hernach verschriben stet.
Item dy bemelt fraw hat geschaft irer tochter, Margareta, und irm elichen mann, Niclas Choler, auf der Wedricz gesessen, ain silber gurtel ainer frawn zue gepuerund frey und ledig dew czu haben, als sein aigenthaft guet.
Darnach hat si in der bedachten irer tochter und irm aidm geschaft aus guetem willen und si damit betrewt ain silber pecher, auch den haben frey und ledigen vor menicleich.
Mer hat si geschaft der bedachten irer tochter, Margareta, ainen irer pesten sloyer, und dy vorbedachten clainat und stukch hat si in geschaft durch des schaden willen, den si enpfangen haben, damit si des ergeht werden.

Czu solichem gescheft hat dy bemelt fraw gepeten den ersamen weisen Michel Grunbalt, Wernhart Fullenwolf, Mertt Oler. Actum die ut supra anno Domini etc. Lquinto, und si gepeten, das es also wurd geschriben in der stat gescheftpuech zu gedechtnuss.

1449 Dezember 25 **171**

Geschäft der Agnes, Ehefrau des Peter Hafner

pr., schr., 2 Zg. (*Index*: —)

Agnes, des Peter Hafner hawsfraw

Vermerkt das gescheft, das dew ersam fraw Agnes, des Peter Hafner weilent hausfraw, aus gueter vernunft, gueter gewissen mit guetem wolbedachtem willen unbetwungenleich zu der zeit, da si das mit recht wol getuen mocht, ir gescheft getan hat vor uns hernach beschriben gescheftleuten, in mass, als hernach verschriben stet. Und ist geschehen zu den Weinachten in dem newn und virczigisten jar.

Von erst hat si geschaft aus den weingerten, der ain im Purkstal, der ander in der Obern Poshait, der dritter im Kestenpem, all drey gelegen auf der stat grundt, auf yeden bemelten weingarten den halben tail irer tochter, Margareta, des Hanns Hafner hausfraw, ir und irm chind, das die selb zeit in leben ist gewesen, frey und ledig, dy tail zehaben nach des Peter Hafner tod vor meniclich ansprach.

Darnach hat si mer geschaft das haws halbs auf der Schondorfer gassen, darinn si wonung hat, auch irer tochter, Margareta, und irm chind vor vermelt. Auch so hat der Peter Hafner ein inrede gehabt von des hawss wegen, das si es schaff als verr si dez recht hab.

Bey solichem gescheft sein gewesen durch das fleissig gepet der obgemelten Agnes, Peter Hafnerin, und si darczu ervordert durch behaltnuss willen und gedechtnuss willen die ersamen Jacob Hafner und Michel Smid, sew auch mit fleiss daruber gepeten, das si das liessen schreiben in der stat gescheftpuch zu Prespurg, und hat auch yeder zu bestettung sein petschadt an die gescheft zetel gedrukt, in und iren erben schaden (!). Actum die, anno etc. ut supra.

1455 Oktober 14 – *1455 November 1* **172**

Geschäft der Katharina Schonvellin

pr., schr., 3 Zg. (*Index*: —)

(fol. 84r) Katherina Schonvellinn

Vermerkt das gescheft, das die erber fraw Katherina Schonvellinn hat getan mit gueter vernunft und gewissen unbetbungenlich von irm aigen guet in der zeit irs siechpets, als si das wol rechtlich mocht getuen an menicleichs widersprechen vor uns hernach benanten gescheftleuten, als si das mit recht wol getuen mocht, und geschehen an ertag nach Sand Colman tag anno Domini etc. LV^{to}, wann si

zu irm prueder dreymal hiet gesanndt, aber er wer zu ir nye chommen, noch hiet chommen wellen.
Von erst hat si geschaft durch irer sel selichait willen, das man von aller irer hab sol ausrichten, wer dy innhaben wurd, XXX sel mess.
Item so hat si geschaft darnach des Hanns Czwentendorfer tochter, mit namen Katherina, mentel und rak, auch yeder wadt, und was nach irm tod leibgewanndt uber bleibt, nichts ausgenommen, an als geverd.
Item darnach hat si geschaft irn weingarten inn Schonndorfern mit aller seiner czugehorung auf der stat grundt Prespurg gelegen ~~nach~~ zenachst varnn erben dem Hanns Czwentendorfer, irm wirdt, umb das das er sey betrewt hat in iren krankait, und ob ir prueder red darinn hiet, das sol chain chraft haben, wann si im des vor meniclich wol gunne.
Item aus demselben weingarten sein chomen des jars XXIIII emer weins, dy der Virczker hat er erchauft. Das selb gelt, was des kumbt auf dem wein, das sol auch gevallen dem Czwentendorfer, und davon zaln dy gelter zu bezaln, das ander hat si als geschaft demselben irm wirdt damit zetun und zelassen.
Damit aber solich ir gescheft furgang hab, gehalten werd und ausgericht an meniclich irs brueder und ander irer frewntschaft irrung, darumb zu gedechtnuß hat si mit fleis gepeten dy erben leut Thaman Maurochen, Jorgen Ledrer und Niclas Ungern, all mitburger czu Prespurg, zu gedechtnuß, weysung und bestettung solichs irs geschefts, dadurch sy ire petschadt an die gescheft zetel gedrukt haben, in und iren erben an schaden. Actum anno, die ut supra.
Item dem benanten Czwentendorfer hat si bechannt, das sy im schuldig sey, damit si den weingarten pawt hab II tal. XXVIII den.

Actum dez inschreiben am
sambstag vor Omnium Sanctorum
anno Domini etc. Lquinto[62].

1454 September 8 – *1455 November 26* **173**

Geschäft des Andre Praun

pr., schr., 3 Zg. (*Index*: —)

(fol. 84v) Andre Prawn

Alhie ist vermerkt mein gescheft, das ich Andre Prawn getan hab in meinem siechpett mit gueter vernunft unbetwungenlich zu der zeit, do ich es wol getuen mocht, das das nyemant widersprochen hat noch widersprechen hat mogen, und das ist geschehen am suntag in die Nativitatis Marie Virginis in anno Domini millesimo etc. LIIII^{to}.
Item von ersten so schaff ich meiner lieben hausfrawn, der Anna, meinen freyen

[62] Omnium Sanctorum *fällt 1455 auf einen Samstag. Das Wort* vor *ist daher vermutlich zu streichen.*

weingarten gelegen in der Cholgrueb frey und ledig, damit ze tuen und zu lassen, an all zuespruch und hindernuss vor aller meniclich.
Item mer schaff ich meiner hausfrawn, Anna, mein haws halbs zenachst dem Hanns Holczer gelegen, damit zetuen und zelassen an alle zuspruch und hindernuss vor aller meniclich. Und mer schaff ich meiner tochter, Barbara, das andertail haws halbs also beschaidennlich, ob mein tochter, Barbara, chem zu fokpern jarn. Und ob si nicht mochten mit einander uber ain werden, so sol man daz haws scheczen, was es wert wer, darumb sol dy mueter dy wal haben, und ob dy tochter abging ee wenn si zu vogtpern jarn chem, so sol es der mueter zue erben, damit zetuen und zelassen an alle zuspruch und hindernuss, als oben geschriben stet.
Item so schaff ich mer meiner tochter, Barbara, mein tail weingarten gelegen im Tymer zenachst dez Erhart Gluken weingarten, damit cze tuen und czelassen, an all zuspruch und hindernuss. Und ob dy bemelt mein tochter, Barbara, ab gieng ee wenn si zu vogtpern jarn cheme, so sol der weingarten erben auf meine nachste frewndt, als oben geschriben stet. Und mein tochter, Barbara, das enphilich ich ganncz meiner lieben hausfrawn, Anna.
Item czu meinem vorgeschriben gescheft hab ich gerueft die erben hernach geschriben den Philipp Kugersauf, und den Thoman Anwein pekken, und den Jacob Haimburger, und hab yeczlichen gepeten besunder umb sein aufgedrukts petschad, das si das auf meinem gescheft brieff gedrukt haben, in und irn erben an schaden, darumb daz mein gescheft kraft sol haben, und unczebrochen sol beleiben, als ich daz Got und meinen genedigen herren wol vertraw. Actum ut supra.

Actum dez inschreibens
an mitichen nach Katherine
anno Domini etc. Lquinto.

1443, ohne Monat und Tag – ***1455 Dezember 12*** **174**

Geschäft des Peter Korbler

pr., schr., 3 Zg. (*Index*: —)

(fol. 85r) Peter Korbler

Vermerkt das gescheft, das ich Peter Korbler getan hab mit vernunft in meinem siechpett, als ich das wol rechtlich „hab“ mugen tuen vor den hernach benanten meinen gescheft lewten etc.
Von erst schaff ich aus guetem willen meiner lieben hawsfrawn, Agnes, ain weingarten genant der Kemerler frey und ledig, den furbaser ze haben nucz und genyessen, als ir freyes erb guet an menicleichs irrung, doch also, das sy daraus zaln sol, was schuld darauf stett, als ich dann umb wem chauft han.
Mer schaff ich meiner tochter, Preydel genant, mein haws mit aller zuegehorung gelegen auf der Hochstrass und mer ein weingarten im Sleyming zu nachsten Tibolt, der erb payder mit aller czue gehorung frey und ledig haben, nuczen und

genyessen, wie ir gefeldt, und allen frummen, damit schaffen an meniclichs irrung. Czu dem obgeschriben meinem gescheft, do mit es gehalten werdt, hab ich mit fleis gepeten die erbern lewt Andre Frumel, und Stephann Pinkiczer, und Wolfgang Stern, und zu bechanntnuss meiner fleissigen gepet hat yeder sein petschadt an die gescheft zetel gedrukt, in und irn erben an schaden. Actum im drew und virczigisten jar etc.

Actum des inschreiben am
freytag vor Lucie virginis anno LV^{to}.

1456 Januar 5 – *1456 Februar 13* **175**

Geschäft der Agnes, Witwe des Hans Lang;
Bestellung von Willensvollstreckern
pr., schr., 4 Zg. (*Index*: —)

(fol. 85v) Agnes, Lanng Hannsinn

Vermerkt das gescheft, das die ersam fraw Agnes, des Lanngen Hannsen seligen witib, auf Schondorfer gassen gesessen, mit gueter vernunft aus guetem vorbetrachtem willen unbetbungenlich geornet und getan hat zu der zeit, als si das wol recht hat gehabt und getuen mogen vor den erben hernach beschriben irn gescheft leuten in mass, als hernach begriffen wirt. Und geschehen an montag vor Epiphanium Domini anno eiusdem etc. LVI^{to}.

Von erst hat er (!) geschaft, das man ire zway chind ros sol verchauffen, und was gelts daraus chumbt, das sol man durch irer sel selichait willen un (!) auch zu trost irs manns und vorvordern seln geben zu dem paw Sand Laurenczen chirchen. (*am Ende*: und das ist also ausgericht)

Darnach hat si mer geschaft, das man irn weingarten Zugefang[63] gelegen auf Tebner gepiet zenachst dem Ulreich Kramer sol v„er"chauffen und voraus dem Thoman Schawer in der Newnstat, als dann geschehen ist, und haben der (!) geben umb newnzehen guldein, und von dem selben gelt sullen gevallen zehen gulden ainem irm sün, genant Jorg, der dismals in der frombd ist, dy andern newn gulden sollen gevallen auf dy andern zway ire chind, genant Stephan und Barbara, und soliche czalung der bemelten summ gulden sol geschehen auf zwo Weinachten nach einander nachstkomund datum des briefs [*1456 und 1457 Dezember 25*], und gulden in gold sol man daruber ausrichten, und ob aber der chind ains oder menigers abgingen mit tod, so sol solich gelt obmal erben von aim auf daz ander. Ging aber dy chind alle ab vor gefogten jarn, so sol das selb gelt dann gevallen auf dy nachsten erben, auf die es dann zu recht erben sol ungeverlich.

---

[63] *Es handelt sich hierbei wohl um den auch in anderen Quellen genannten Weingarten* Gefang.

Item mer hat si geschaft und das verlassen mit irn gescheftherren von irs haws wegen, darinn si wonung hat gehabt, zenachst dem Eysencholben, das si es hat gemaint irm jungen sun, dem Stephlein, in solicher beschaiden, ob ims dy frewntschaft nicht mocht wesenlichen vorgehalten, so mocht mans verchauffen. Und das ist auch geschehen, und also hat man das haws verchauft umb funfczig gulden dem Taschner, genant Jorg, daran hat er bezalt zwainczig gulden in gold, die haben die gescheftleut ingenommen, und haltns (!) dem chind fuer mit wissen der frewntschaft, aber dy andern XXX gulden sollen bezalt werden auf zwo mittvasten, als im siben und funfczigisten [*1457 März 23*][64] auch acht und funfczigisten jarn [*1458 März 8*][65], und so dy bezalt wern, sol mans dem chind fuerhalten im lanndt nach willen und wissen der frewntschaft, hincz daz es chumbt zu seinen gefogten jarn. Ging es aber ab mit tod, so sollen solich summ gulden gevallen auf dy nachsten erben, sein geswistret oder frewntschaft, auf dy sy dann zu recht sollen erben.

Item mer hat si geschaft irer tochter, Barbara, ainen irn weingarten im Kienhartsgraben frey und ledigen czenachst der Polczlinn weingarten, den sol man der chind fuerhalten und den erpawn, als recht ist. Ob mann aber verchauffen mag, das sol und mag tuen, und daz gelt aber dem chind vorhalten in mass, als oben vergriffen ist bey den andern erben. Item derselben irer tochter, Barbara, hat si geschaft ain pett, siben polster, ain tuchna, III leilachen, drew koczen, zwen sloyer yeder vierfach, ain kisten.

Item mer hat si ~~geschaft~~ andre varunde hab, was und wievil der ist geschaft, das man dy verchauff und irnn sün, Stephan, damit erczierch, das er mög zu seinen jarn chommen, und also ~~haben wir~~ „sein" verchauft wein umb V tal., und ain kue, und hew umb zway pfundt, und zway sweindl, mer hew, und ander ding umb XV ß den., und das gelt ligt bey den gescheftleuten.

(fol. 86r) Item mer hat sy geschaft ain irnn garten zwischen dem Teich und den Pewndten gelegen irer tochter, Barbara, doch also dy weil und si nit verheyrat wirt, so sol dy Mertt Purklinn den garten innhaben, nuczen und nyessen, auch im gleichen paw innhalten, als recht ist. So sy aber mit tod, dy Barbara, ab ging, so sol der garten erben auf dy nachst frewntschaft, darauf sy dann zu recht erben sollen.

Item ain rokch und mantel tegleichs gwant hat sy geschaft irer swester, der Mert Purklinn, umb daz si ir gewart hat in irm siechpett.

Und bey solichem meinem gescheft sind gewesen durch meiner fleissigen gepet willen dy erben Michel Kolestorfer, Cristan Dornpacher, Hanns Vetter, Peter am

---

[64] *Der Auflösung des Datums wurde – wie in der gesamten Edition – SZENTPÉTERY, Kronológia zugrundegelegt. Die Quadragesima media wird dort abweichend zu GROTEFEND, Zeitrechnung nicht mit dem Sonntag Lätare, sondern dem Mittwoch zwischen Oculi und Lätare aufgelöst.*

[65] *Vgl. Anm. 64.*

Ort, und hab si mit fleiss gepeten, das sy desselben meins geschefts verweser sein, und pitt durch Gots willen, das es also gehalten werd und verpracht, auch zu gedechtnuss geschriben werd in der stat gescheft puch. Actum die, anno ut supra.

Actum des inschreibens feria
sexta proxima ante Invocavit anno ut supra.

(*spätere Eintragung*: Vermerkt daz, als vor in dem anndern artikel des vorgeschriben gescheffts begriffen ist, daz der weingarten zu Gfang sol umb XIX gulden verkaufft und X gulden dem Jörgen, der Lannghannsin sun, sullen geben werden, also haben die geschefftleut die IX guldein zu denselben X gulden demselben Jorgen mit der frewntschafft willen und wissen gancz bezalt und ausgericht. Actum 2ª ante Omnium Sanctorum anno etc. LVIII^{vo} [*1458 Oktober 30*].)

1453 Januar 26–Februar 1 – ***1456 Februar 13*** **176**

Geschäft des Wolfgang Weidner

pr., schr., 4 Zg. (*Index*: Wolffganng Weidner)

(fol. 86v) Gescheft dez Wolfgang Weidner

Vermerkt das gescheft, das der erber man Wolfgang Weidner, gesessen auf der Hochstrass, mit gueter vernunft unbetbungenlich in seinem siechpett vor uns hernach beschriben gescheftleuten getan hat und darumb mit fleis uns gepeten, das es nach seinem tod also gehalten wurd. Actum in der wochen vor Liechtmess anno Domini etc. Ltercio.

Von ersten hat er bedacht sein hausfraw, Dorothee, und hat ir aus guetem willen geschaft und sey damit fuergesehen das haws seiner wonung gelegen auf der Hoch strass zenachst dez Hanns Dorner hawsung, und hat ir das geschaft freys und ledigkleich zehaben vor meniclich seiner frewntschaft das nuczen und nyessen, und allen iren frumenn damit schaffen, mit vergeben, verchauffen, verseczen, schaffen, machen und geben, wem si will, nach seim tod an alle irrung seiner chind und frewndt, wann er ir dez vor meniclich wol gan.

Darnach hat er auch geschaft der selben seiner hausfrawn alle varunde hab, was der ist, es sein blundern, pettgwannt, hausgerechten, gar nichts ausgenommen, es wer geltschult oder beraittschaft, chainerlay hin dan geseczt, derselben geprawhen nach irm pesten frummen und nucz etc.

Item derselber Wolfgang hat mit der benanten frawn, Dorothea, zway chind gehabt, ains genant Cristan, das ander Martine. Nu hat er dem selben Cristan, seinem sun, geschaft ain weingarten auf der stat Prespurg grundten gelegen, genant im Schuesterlein, zenachst dez Gerloser weingarten also, das der selb Cristan, sein sun, denselben weingarten frey und ledig sol haben, vor aller ansprach seiner hausfrawn und ander frewndtschaft, doch das die mueter im den trewlich sol fuerhalten als ein getrewe gerhabin irm chind mit genugsamem paw hincz daz er

chome zu seinen gevogten jarn, dann so mag er desselben weingarten selber geprawhen nach allem seinen frummen als sein aigenthaft guet.
Darnach hat er mer geschaft dem jungen seinem sun, genant Martine, auch ainen weingarten gelegen auf der stat Prespurg grunden, genannt im Manhertlein, zenachst dez Jacob Haimburger weingarten, den sol im sein mueter auch trewlich vorhalten mit genugsamen paw hincz daz er chumbt zu gevogten jarn. Dann so sol im der selb weingarten volgen und haim gen an alle irrung freyer und lediger allen seinen frummen damit schaffen, als mit seinem aigen guet.
Er hat auch mer geschaft dem selben seinem sun, Martine, das leibgeding, das der Jorg List innhat auf ain weingarten genant im Pistriczer also, wann der selb Jorg List stirbt, so ist der weingarten dann frey, und sol darnach haim gen als ainer nachsten erben, wie in der tod begreift, ungeverlich dem benanten Martine, seinem sun, frey und ledig an meniclichs irrung den zehaben und allen seinen frummen damit schaffen als mit seinem aigen guet. (*am Rande*: dem artikel hat widerredt und widerrueft der Stephan List)
Item er hat auch vor uns gescheftleuten bedechtlich vermelt und bedacht, also ob der chinder ains ab ging vor dem andern, si wern gevogt oder ungevogt, so sollen solich erb der weingarten und auch daz leibgeding erben von ainer auf das ander. Ob sich aber begeb, daz Got nit enwell, daz dy chinder payde abgingen und liessen doch hinder in laberben, auf dy selben erben oder irs chinder sollen dy bemelten erb der weingerten erben und gevallen. Gingen si aber ab mit dem tod ee si chemen zu gevogten jarn, also das si nit hinder in liessen leib erben, als wern chinder, so sollen dann dy obgenanten weingarten chomen und gevallen durch seiner sel selichait willen und aller seiner vorvordern mitsambt dem leibgeding zu dem paw Sand Michel pfarchirchen, oder zu ander notturft derselben pfarchirchen, darein dann sein hausfraw, Dorothea, noch nyemant anders seiner frewndt und erben
(fol. 87r) nichts sollen sprechen noch irrung tuen, mit recht noch an recht in chainerlay weis, an als geverd, aber dy weil dy chinder in leben sind, so sol ins dy mueter treulich fuerhalten unverchumert mit paw und andern notturften als ain getrewe gerhabin.
Damit aber sein gescheft furgang hab und also gehalten werd nach seinem tod, so hat er uns gescheftleut mit nammen Ulreich Schawer, Stephan Pinkiczer, Leonhart Groblok und Lanng Hannsen, all mitburger zu Prespurg, zu zeugnus mit fleis darczu gepeten, das wir durch Gots willen dez also gedechtig wern, und eingeschriben wurd nach der gewonhait und gerechtichait der stat Prespurg, und dez zu zeugnuß und weysung hat unser yeder sein petschadt auf dy gescheft zetel auf gedrukt, uns und unsern erben doch an schaden. Geschehen anno, die ut supra.

Actum des inschreibens an
freytag vor Invocavit in der
vasten anno etc. LVI^{to}.

1450 April 24 – *1456 Februar 25* **177**

Geschäft der Elisabeth, Ehefrau des Ulrich Schawer
pr., schr., 3 Zg. (*Index*: —)

(fol. 87v) Elizabeth, des Ulreich Schawer hausfraw

Alhie ist vermerkt mein gescheft, das ich Elizabeth, dez Ulreich Schawer eliche hawsfraw, getan hab in meinem siechpett mit gueter vernunft und mit guetem willen und unbetwungenlich und czu der zeit, do ich es wol getuen mocht, und daz nyemant widersprochen hat noch widersprechen hat mogen, und das ist auch geschehen mit meinem gueten willen am freytag vor Sannd Jorgen tag[66] in anno L^{mo}.

Item von erst so schaff ich ein Romfart durch meiner sel selichait willen.

Item und schaff meiner andlein, der Cristel, meinen pesten sloyer.

Item darnach so schaff ich meinem lieben mann all mein guet, das wir mit einander trewlich erarbaitt haben, es sey erbguet oder varundguet, wie das genant ist, nichts ausgenomen, das mein man, Ulreich Schawer, mit meinem guet und seinem guet damit mag tuen, wie er wil, an all zuespruch und hindernuß, daz er das mag verchauffen, machen, schaffen, wem er wil, damit zetuen und zu lassen, wie er wil.

Item und dez zu rechter urchundt und warer gezeugnuss meins vorgeschriben gescheffts hab ich vorgenante Elizabeth, dez egenanten Ulrich Schawer eliche hausfraw, gepeten die erbern hernach beschriben Niclas Franczen, und Caspar Raifsneyder, und Michel Zistler czu meinem gescheft yglichen besunder gepeten umb sein petschadt, das si das auf meinem gescheft brieff durch meiner fleissigen gepet willen gedrukt haben, in und irn erben an schaden, darumb daz mein vorverschriben gescheft kraft sol haben und unczebrochen sol bleiben, als ich dez Got und meinen genedigen herren wol vertraw. Actum am freytag vor Sannd Jorgen tag anno L^{mo}.

Actum dez inschreiben
an mitichen vor Oculi
in der vasten anno LVI^{to}.

1452 April 23 – *1456 Februar 26* **178**

Geschäft des Niklas Lanntman
pr., schr., 2 Zg. (*Index*: —)

(fol. 88r) Niclas Lanntmann

Alhie ist vermerkt mein gescheft, das ich Niclas Lanntman getan hab in meinem siechpett mit gueter vernunft und unbetwungennlich zu der zeit, do ich es wol getuen mocht, das das nyemant widersprochen hat, noch widersprechen hat mogen,

---

66 *Der St. Georgstag wird gemäß ungarischem Brauch mit dem 24. April aufgelöst. An diesem Tag wurden auch die Stadtoberen von Preßburg gewählt.*

und ist geschehen am suntag an Sannd Jorgen tag[67] in anno Domini millesimo etc. quinquagesimosecundo.
Item von erst so schaff ich meiner hausfrawn, Magdalene, ain weingarten im Ibanusch und mein haws gelegen auf der nunnen guet, als dy Nunnen Pewnt ain endt hat gelegen ainhalben dez Niclas Proker haws und anderhalb dez Stephan Pehaim haws, damit ze tuen und zelassen, frey und ledig, an allen irsal, und an all zuespruch und hindernuss vor aller meniclich.
Item und was dez ubrigen ist, es sey erbguet oder varundguet, wie das genant ist, nichts ausgenommen, das schaff ich auch meiner hausfrawn, Magdalen, ir und meiner tochter, Barbara, die wir mit einander gehabt haben, auch an all zuespruch und hindernus vor aller meniclich, also beschaidennlich mit ausgenommen worten, ob mein tochter, Barbara, abging mit dem tod, so sol daz vorgenant guet erben auf mein hausfraw, Magdalen, und ob dann mein hausfraw, Magdalen, ee abging mit dem tod, so sol dann daz vorgenant guet erben auf mein tochter, Barbara, von ir hin wider fur all meniclich, als oben geschriben stet.
Item und bey meinem gescheft sind gewesen die erbern Ulreich Schawer und Michel Zistler, die ich fleissiclich darczu gepeten hab und yglichen besunder umb sein aufgedrukts petschadt, daz si darauf meinem gescheft brieff gedrukt haben, in und irn erben an schaden, darumb, daz mein vorverschriben gescheft kraft sol haben und unczebrochen bleib, als ich daz Got und meiner herren vertraw. Actum in Posonio in die ut supra.

Actum dez inschreiben an pfincztag
vor Oculi anno Domini etc. LVI^to^.

1452 Dezember 31 – *1456 Februar 27* **179**

Geschäft des Simon Sibenhärel;
Bestellung von Willensvollstreckern
pr., schr., 2 Zg. (*Index*: —)

(fol. 88v) Symon Sibenhärel
Vermerkt das gescheft, daz der erber man Symon Sybenhërler, dy zeit wonund auf der Nunnen Pewnt, in seinem siechpett, doch mit gueter vernunft bedechtlich und unbetwungenlich getan hat zu der zeit, als er sein, an irrung seiner frewntschaft, wol recht hat gehabt, und daz geordnet vor den hernach verschriben seinen gescheftleuten in mass, als hernach vermerkt wirt, und geschehen an suntag nach Weinachten anno Domini etc. quinquagesimotercio[68].
Von erst hat er geschaft seiner hausfraw, Margareta, das haws seiner wonung auf der bemelten Nunnen Pewnt gelegen zenachst dem Stephan Dreyling und dez

---

[67] *Entgegen dem ungarischen Brauch wird der Tag des Hl. Georg hier mit dem 23. April gleichgesetzt. Vgl. dazu auch Anm. 66.*
[68] *Es ist von einem Jahreswechsel zu Weihnachten (25.12.) auszugehen.*

Philipp Engelmar hewsernn in solicher beschaiden, daz dy fraw gwalt hat dasselb haws zu verchauffen, und die gelter davon bezaln, und was ubertewrung dann bleibt, das sol ir und irm sun, Wolfgang, gevallen an alle irrung vor meniclich.
Darnach hat er geschaft derselben seiner hausfrawn und seiner sun, Wolfgang, den si mit im leiblich hat gehabt ain weingarten im Loffler gelegen auf der stat grundt Prespurg zenachst dem Jorg Weinbachter frey und ledig, den zu haben vor meniclichs irrung.
Item er hat auch der selben seiner hausfrawn und irm sun, Wolfgang, geschaft mer ain weingarten genant im Kuttner auf der stat Prespurg grunden gelegen zenachst dem Stephan Schatan, den auch frey und ledig zehaben vor meniclichs irrung.
Uber daz als hat er geschaft der bemelten seiner hausfrawn, Margareta, allein alle varunde hab, was der ist, nichts ausgenommen, damit cze tuen und zelassen, nach allem irm frummen an meniclichs inred und irrung.
Damit aber daz bemelt sein gescheft also werd verbracht und ausgericht, dadurch so hat er zu im ervordert die erbern Cristan Achtsennicht und Philippen Engelmar, baid mitburger czu Prespurg, und die mit fleis gepeten, daz si durch Gocz willen darob sein, daz es also gehalten werd und ausgericht, auch zu gedechtnuss geschriben in der stat Prespurg gescheft puch, als er in dez ganncz vertrawt.
Actum die ut supra.

Actum dez inschreiben
den freytag vor Oculi
anno Domini etc. LVI^{to}.

1456 Juni 3 – ***1457 März 4*** **180**

Geschäft der Katharina, Ehefrau des Hans Grĕffel;
Bestellung von Willensvollstreckern
pr., schr., 3 Zg. (*Index*: Katherina Hanns Grefflin)

(fol. 89r) Katherinen, Hannsgrĕflin
Vermerkt das geschĕfft, daz die ersam fraw Katherina Hannsgrĕflin bedĕchtlich mit güten willen und güter vernüfft, zu der zeit, das sy es mit recht wol getün mächt, in irm siechpett an meniklichs inred getan hat, das, ob Got uber sy gepütt, ausgericht und verbracht, auch behalten werd in massen, als hernach verschriben steet, und ist geschehen am phincztag Sannd Erasm tag anno Domini etc. quinquagesimosexto.
Von erst hat sy geschafft das haws ir wanung gelegen zu nachst des Ramentisch etc. mit aller varunder hab „irm eelichen mann“, Hanns Gräfflein.
Darnach hat sy geschafft irn weingarten, genant Tiendorffer, mitsambt den nüczen und früchten irm mann, Hanns Grĕfflein.

Darnach hat sÿ geschafft zwen ir weingërten, genant Guttner, mitsambt den früchten irm mann, Hanns Grëfflein.
Darnach hat sÿ geschafft irn garten auff der Sluter gassen irm mann, Hanns Grëffel.
Die vorgenanten güter „und hab“ hat sÿ geschafft irm eelichem mann, Hanns Grëfflein, erblich und ewiklich, damit zu tün und zu lassen, an mëniklichs irrung, die zu niessen und nuczen, nach allem seinen gevallen, doch also, daz er davon Hanns Grëffel alle dinst und gelt schuld und hawbtgut bezalen sull, als recht ist.
Darnach hat sy geschaffen irn weingarten an der Hacheneÿ ledig und frei irn päseln, Madaleine, ausgenommen die frücht des jars, die schäfft sÿ irm eelichem man. Doch so sol die vorgenant Madlen in dem spital dienen jërlich zwen emer wein, unczt das wezalt wirdt XX emer wein.
Czu den obgeschriben meinem geschëfft hab ich gebeten die ersamen weisen herrn Bernhartten Schinnagel, prediger diezeit zu Sannd Merten, und Burkart Scharrach und Paul Malzehoffer, ~~d~~ bede burger zu Prespurg, zu gedechtnus meines geschëffts, ob Got über mich gepüt, daz es verbracht werde, und ausgericht, als ich in des gancz vertraw. Und ich vorgenante Katherina, Hanns Grëfflin, sÿ gebetten hab, daz ir yetweder sein betschatt zu bestettung darauf drukt, in und irn erben an schaden. Actum anno, die ut supra.

Actum des inschreiben an
freitag vor Invocavit
anno Domini etc. LVII^{mo}.

1457 Mai 2 – *1457 November 11* **181**

Geschäft des Matthias Wolfel;
Bestellung eines Vormunds für die minderjährigen Kinder des Erblassers
pr., schr., 4 Zg. (*Index*: Mathes Wolfel)

(fol. 89v) Mathes Wolfel
Hie ist vermerkt daz geschëfft, daz Matheus Wolffel getann hat in seinem sichpett wolbedechtlich und mit gueter vernuft an alles widersprechen und wider rüffen, und ist beschehen an montag vor invencionis S. Crucis anno etc. LVII^{mo}.
Item so schaff ich am ersten meiner hausfrawen, Waltpurg, ein weingarten im Kestenpawmen gelegen zutun und zulassen.
Item mer schaff ich meinem sunn, Michelnn, ainen weingarten in der Hoheneÿ gelegen zenachst des Peter Ostermann gelegen freÿ und ledig. Wer aber sach, das mein sun, der Michel, mit tod abgienng ee wann er zu seinen vogtpërn jarn kem, so sol er sein meiner hawsfrawen, Waltpurg, ir lebtag, darnach sol sein ein verweser, der Jörg Weinbachter, und ein gerhab der vorgenanten kinder.
Item mer schaff ich meiner tochter, Elsbetten, ein weingarten genannt im Schusterlein zutun und zulassen.

Item mer schaff ich meiner tochter, Elsbetten, XV fl. auri.
Item mer schaff ich meinem sunn, Michel, V fl. auri.
Item mer so schaff ich, ob meiner kinder ains abgienng ee wann es zu seinen vogtpërn kam, so sol mann enntrichten ein Ramfart.
Item mer so bitte ich meinen swagern, Jörgen Weinbachter, zu einem gerhab meiner kinder mit allen iren guttern, und ob die kinder abgienngen, so sol mein swager, Jorg Weinbachter, die gutter geben zugepew zu Sannd Michels kirichen und zu Sannd Larentzen kirichen.
Item zu den obengeschriben meinem geschëfft hab ich gepetten die ersamen Jorg Weinbachter, Cristan Pawr, Steffan Rynnolt, Stephann Stampher zu zeugnuss und umb ir petschafft, daz sy auf daz mein geschefft ire petschafft darauf gedruken, in und iren erben an schaden.

Actum in schreiben in die
Martini anno ut supra.

1456 September 10 – *1457 November 29* **182**

Geschäft der Katharina, Ehefrau des Hans Eylausemrock
pr., schr., 3 Zg. (*Index*: —)

Alhye ist vermerchkt daz geschëfft, das dy ersam fraw Katerina, Hanns Eylausmmachin[69], gethan hat in irem siechpet wolbedachtlich und mit gueter vernuft an alles widerrueffen und widersprechen. Actum am freitag post Nativitatis Marie anno etc. LVI°.
Item am ersten so schaff ich meinem man allew meinew gueter, erbguter und vorund güt, nichts ausgenommen noch hindan geseczt, zu tun und zu lassen als mit sein selbs güt.
Item mer schaff ich meinem man in sonderhait ein weingarten zu Sannd Jorgenn genant der Klain Hakel sein lebtag, und nach seinem tod sol er seyn meiner adleinn, Margareten.
Item mer schaff ich, das mein man schol ausrichten meyn adleinn, Margareten, zu pett und zu tisch, und wefilhs ym auf sein trew.
Item zu zeugnuss meines geschäfft hab ich gepeten dy ersamen herren her Hannsen, pharrer Sannd Larenntzen kirchen, und her Ulreich Kursner, des rats, und Jorgen Weinbachter, umb ir pettschafft auf disen prieff zu drukenn, in und iren erben an schaden.

Actum inschreiben an Sannd Andres abent
anno Domini etc. LVII^{mo}.
Dicz geschëfft hat Stephan Gmaitel, richter,
desselben tags widersprochen.

---

[69] *Die Schreibung des Namens ist ungewöhnlich. Der Mann ist aus zahlreichen anderen Testamenten bekannt und wird immer* Eylausmrock *genannt.*

1455, ohne Monat und Tag (nach November 13)[70] – ***1457 Dezember 13*** **183**

Inventar und Geschäft des Liebhard Egkenfelder[71]*;*
Bestellung von Willensvollstreckern
pr., schr., 6 Zg. (*Index:* —)

(fol. 90r) Liebhardus Egkenvelder

Vermerkt, was ich Liebhardus Egkenvelder, dy zeit stattschreiber zw Prespurgk, pueher und vertigung hab.
Item ain puech der wibel novum testamentum, und dabei libri Machabeorum, und ist in ain rot sëmische vel gebunden.
Item mer ain puech der wibel des V pücher Moyse, und dabey Baruch dez propheten, und ist in ain plabs semisch vel in preter gebunden und beslagen.
Item mer ain puech der propheten aller, Ysaye, Jeremie, etc., und ist in ain plab vel gepunden und in press.
Item mer ettlich sexteren auch der wibel ungepundten hincz auf dy püch der kunig, und also wër dy wibel gantz als meiner hant geschrifft.
Item ain rots puech maister Niclas Dinkenspuhel predig, in ain losch gepunden, und sein darinn verschriben decalogus, decem precepta, octo beatitudines, uber den pater noster, und uber den suben todsund, und ist mit meiner hanntgeschrifft.
Item ain predig puech auch maister Niclas Dinkenspuhel, und ist de tempore in ain plab semisch vel gepunden meiner hantgeschrifft.
Item ain predig puech auch maister Niclas Dinkenspuhel, und ist de sanctis mit vill gueten tractaten, auch in ainer roten ligatur losch, meiner hanntgeschrifft.
Item mer ain predig puech de sanctis in ainer roten haut von losch gebunden und darinn ain tractat de arte moriendi, auchain (!) tractat von den Heiligen Drein Kunigen, ain tractat vom Anticrist, drey sermon denovo (!) sacerdote mit vil themata, auch dy concordanczen uber dy passion der ewangelisten mit dem plancto (!) Anshelmi, ain gueter tractat de instrucione confessorum und matrimonio.
Item ain puech zw ain rots lesch gepunden, darin sein omelie Beati Gregorÿ, dann predig de dicacione. Item drey sermon de animabus, de Sancta Cruce, de sacerdotibus. Item ain lectur uber den propheten Job, und ist nit meiner hantgeschrift.

---

[70] *Das Testament ist nicht mit Monat und Tag, sondern nur mit Jahreszahl datiert. Unsere Datierung beruht auf der Tatsache, dass Liebhart Egkenfelder sein Testament nach dem Tod seiner Ehefrau zusammengestellt hat. Das Todesdatum der Frau wurde in einem Kodex eingetragen, in den Egkenfelder eigenhändig eine Fassung der* Ars moriendi *kopiert hatte.* „In anno Domini millesimo quadringentesimo L quinto feria quinta proxima post festum sancti Martini apostoli obiit Anna uxor mea...,“ *Budapest, Ferences Könyvtár és Levéltár (Bibliothek und Archiv des Franziskanerordens), Esztergomi letét (Graner Repositur), Múz. cod. 1. Nach dieser Eintragung ist seine Frau Anna am 13. November 1455 gestorben.*

[71] *Ediert nach anderen Editionsgrundlagen und mit einigen Lesefehlern: SPIRITZA, Testament Liebharda Egkenfeldera.*

Item ain puech in ainem roten semischen gebunden, darin vindt man declarationem generalis concily, ain tractat contra Johannem Huss. Item dy Casus, dy man am Charfreitag verchundt in den pan, ain lectur uber den pater noster, und wie man horas soll sprechen, ain lectur uber den glauben, auch de Corpore Christi und periculum circa sacramentum, drey sermones de animabus, drey sermones de nova sacerdote, dy omelia cogitis me o Paula und mer de Assumpcione, dedicacione und doctoribus ettlich predig, ain tractat von den vier angel tugent auf hundert und X capitel, und ist als meiner hanntgeschrifft.
Item ain puech in pergamen und text geschriben in ainer weissen ligatur, darinn man zu kor das ewangelium list, und habs kaufft von herrn Cristan, korherrn, der im spital starb.
Item ain puech in ain weiss losch gepunden, das innhalt summa misteriorum, ain lectur uber dy sequenczen und uber den salter, auch questiones accurtate uber daz ander, dritt und vierd puech sentenciarum mit andern collecturen, nit meiner hanntgeschrifft.
(fol. 90v) Item ain deutsch rechpuch (!) in ainer roten losch hawt gepundten in preter, meiner hantgeschrift.
Item ain deutscher formularÿ in ainer roten losch hawt verpunden, guete dictamina, und ist meiner hanntgeschrifft.
Item ain deutsch puch in ainem roten losch und preter gepunden, darinn vindt man die regierung des grossen Allexander, von der stat Akers, wie die verloren ist worden, der Katho und Teichner deutsch, als meiner hanntgeschrift.
Item ain deutsch erczney puech, halb pogen mit funf registern, und ist in ain rots losch und preter gepunden als meiner hantgeschrifft.
Item ain deutsch puech vom maister Zamuel, dabey uber den salter und zehen gepot, ain auslegung uber dy mess, und dabey wie man pulver und saliter sol machen, und ist in ain rots losch und preter halb pogen gepunden, und ist als mein hannt geschrift.
Item ain deutsch puech, darinn ist am anfang ain kalendarÿ und darnach vil gueter materÿ in ain gruens losch und preter halb pogen gros gepunden, meiner hantgeschrifft.
Item ain deutsch puech lauttund uber dy ewangely vom suntag Esto michi hincz auf den Ostertag, mit vil gueten predigen und der passion durch dy siben tagczeit gar wol ausgelegt, meiner hanntgeschrifft.
Item ain deutsch weiss puhel regel pleter in ainer weissen ligatur, schon beslagen, das innhalt, wie man sich sol schiken zesterben, und vil materi der peicht, meiner hanntgeschrift.
Item ain deutscher schach zabel schon gemalt und seuberlich in preter und in ain weiss vel gepunden, und nit meiner hanntgeschrifft.
Item ain deutsch puech genant Wigleys in pergamen in preter gepunden, aber nit uberczogen, meiner hanntgeschrifft nit.

Item ain chlains alts rechtpüch in pergamen von alten stat und lanndesrechten.
Item ain puech commentator uber dy drew pueher Eberhardi, und ist eingepunden in ain weiss copert.
Item ain chlains pühel in pergamen gar gueter geschrifft, und ist ein leccionarius durch das gannez jar mit schon legenden, in pretel gepunden und mit aim plaben vel uberczogen und beslagen.
Item ain puech gannczer pogen, lauttund commentator super secreta mulierum in ainem swarcz copert punden.
Item zway selterel, der ain gar chlain mit aim weissen semisch uberczogen, in pergamen, text geschriben, schon illuminiret, am anfang Marie pildung, der ander auch in pergamen, text geschrifft, und ist ain taill grosser mit ainem roten fel uberczogen und beslagen.
Item ain puech ganczer pogen, und sind sophismata Alberti, auch textus philosophie Alberti, gepunden in aim weissen copertt.
Item Boecius de consolacione und disciplina scolarium, in ainem weissen copert gebunden, meiner geschrifft.
(fol. 91r) Item ain deutsch pühel und lateinisch, mit silbrein vergolten clausuren beslagen, in pergamen und ainem roten losch uberczogen.
Item ain swarcz diurnal von herrnn Peter Zistler, in pergamen und text geschriben, in fine histori von Unser Frawn Visitationis papirein.
Item ain rats puhel textpleter (!), in latein beschriben von der underweisung der hussen oder keczern in Pehaim, und ist gewesen herrn Michel Wolff.
Item ain plabs pühel regel pleter, darinn am anfanng ain peicht, darnach cursus pro preteritis, cursus von Heyligen Geist, cursus von Goczleichnam, darnach vil oraciones, wenn ainer zu Gotestisch get, und ist meiner hantgeschrift.
Item ain pettpüchel in pergamen als regel pleter, notel geschrift, darin XV gradus und ander vil oraciones, mit aim plaben vel uberczogen, daz hat mir geschannkt her Peter Zistler in gegenbürt herrn Mert, pharrern S. Martini.
Item ain special genotirt in regal papir, und ist ain cantual ains gradual, meiner hanntgeschrifft.
Item Allexander prime, secunde und tertie partis in pergameno und schon glosiret, in pergamen und preter gepunden, und aim swarczen uberczogen.
Darnach vermerkt ander mein varennd hab, dy ich Liebhardus hab in anno Lquinto, nach abganng meiner lieben hawsfrawen, Anna.
Item ain prawner lannger pernischer mantel mit vechwemlein underfurriret.
Item ain swarcze harraseine schuba mit vechrukem underfurriret.
Item ain varstateiner swarczer rok mit aichornein wemblein underfürrert.
Item ain harraseiner swarczer hungrischer rokch mit nichte underfurrert.
Item ain annder swarczer rokch rokch (!) mit vech wemlein unterfuetert.
Item ain plaber pernischer rokch mit fuxtloein underczogen.

Item zwen swarcz mentel, ain langer und gmainem tuch, der ander churczer, pernnisch tuch.
Item zwo ellen rotes vorstannts, zwo ellen weiss parchants, zwo ellen swarcz parchants, vier ellen plaben harras.
Item zwo ellen plab pernisch zuhosen, zwo ellen prawn pernisch zuhosen, zwo ellen swarcz zuhosen, drey ellen swarcz tuch, tuch in der truhen, ain ellen gruen pernisch zuhosen, ain ellen swarcz tüch zuhosen.
Item ain rote vorstateine yoppen, ain seydeine joppen schilher.
Item ain rots alts par hosen, ain swarcz parhosen, ain plabs gmains parhosen.
Item ain fuchseiner pelcz rukkem, ain fuchsrukeine dech, ain langer lembreiner alter pelcz.
Item zwo hanntpuchsen, ein eysneine, ain messeine, ain lanngs gassen swert, ain lanngs pawner messer, ain schabel messrer, ain chuchen messer oder jeger messer, ain langen öl spies, ain lanngen par zukurczweil, ain grosse zineine chandl plechein zu aim virtail, ain virtail angster zu ainem virtail, ain stannttner zineiner zu ainem virtail.
Item drey hannthaken und weingarten haken, ain perkhakken, zwo holczhaken.
(fol. 91v) Chlainat
Item ain silbrein schal ordenlich gemacht, zwen silber pechen (!) slechts silber, ain fledreins kopphel mit silber beslagen, ain mermuss zu ainem trinkassach, ain gueter silbreiner pecher lautters silber, ain vergolts monstranczel mit heiligtum, ain Agnus Dei mit ainer perelmueter und darinn heiligtumb, ain silber gurtel mit ainem ast umbgeben pro me, ain vergolte frawen gurtel auf aim seiden porten, ain garalleine paternoster ainer frawn, ain aichstaine mans paternoster mit edlin gestain, ain beslagens messer vergolt mit ainer parillen, ain silbreins frawngurtel auf aim zerissen porten, ain edler stain jaspis, calcidoni mit silber gevast und vergolt zu ainer paternoster, ain schone nater zungen ungevast, ain pluet stain ungevast, ain ander prawen stain auch ungevast.
Nota testamentum Liebhardi notarÿ, quem si omnipotens Deus vocaverit ab ergustulo (!) huius vite, rogat et petit, quod post terminum vite sue observare, prout suis subscriptis testamentarÿs per omnia fideliter considerit ad conscienciam ipsorum, ac ob efusionem sanguinis Cristi expedierint, et mei testamentarÿ viri electi sunt dominus Martinus, plebanus ad Sanctum Martinum, Lodowicus Kunigsfelder, Nicolaus Francz, Matheus Meindel, Jacobus Loffler et Jorg Meindel, sic quod proficiant pro expedicione huius testamenti ad fidem et fidelitatem eorum Deo debitam.
Primo legavit et legat pro pauperibus in hospitali unum vasculum vini, iacens in celario suo retro prope fenestram, tali sub condicione, quod distribuntur singulis pauperibus, quam diu durabit, et solum pauperibus.
Item dy ander vier vass, dye sol man ausschenkchen zu rechter weil und zeitt nach gevallen meiner geschäfftherren, und was gelcz daraus kumbt, das soll man

anlegen zu notdurfft dez gepaw der weingarten meinem sun. Sturb er aber ee der zeitt, so sol man dasselben geltz geben halben tail zu dem paw Sannd Mertten, und auch davon ausrichten ein selpad in dem spital.
Item mer schafft er sein weingarten Wolffsgerel, dez es frey und ledig stet in nucz und gewer, und hincz her von yemant an red hat gehabt auch seinem sun, Sebastiano, also das sein geschäfft herren ym den treulich furhalten mit gepëw und ander nottdürfft, wann ich Liebhardus notarius meiner swiger, der Wolfganng Mauttnerin, nidergelegt hab hundert guldein ingold lenger dann vor zehen jaren. Auf daz ermont er auch sein geschäfft herren, das ir durch Got und der marter willen Unsers Herrenn, das ïr dem kind und ellenden waysen „kain" gewalt, unrechtlich last beweisen. Sturb aber das kind ee es kam zu gefogten jaren, so sol man denselben weingartten Wolffsgerel verkauffen, und von dem gelt sol man dem statschreiber zwainczig jar, ym und seiner hausfrawn, begeen einen loblichen jartag zu der czeit seines abganngs mit zwain gulden, und wann des gelts nymer ist, so sol man den jartag nymer begeen, nur von beraittm gelt.
(fol. 92r) Item er schafft auch mer seinem sun, Sebastiano, seinen freyn und ledigen weingarten Alser, des in nucz und gewer stet unangesprochen lennger dann funffczehen jar, also das man den dem kind fürhald peulich, biz das er kumbt zu vogtperen jaren, doch also das man seiner amen, Katherina Wagneryn, eins jeden jars, dye weill sy das kind innhat, sol geben vier emer wein, den anndern wein mag man verkauffen und verschenkchen und den weingarten damit pawen. Sturb es aber vor gefogten jaren, so sol der weingarten genant Tymir hinwider erben auf dy nagsten erben, auf dew er dann rechtlich erben soll.
Item ainen weingarten genant Kränczer, den ym sein swiger hat haym lassen geen nach abganng yeres mans Wolfgang Mauttner, und den gepawt hat auf vir jar an irrung, den schafft er auch seinem sun, Sebastiano, doch also, das man jerlich der ambmen sol daraus geben drey emer wein, dye weil sy sein verwest in mass, als oben verschriben steet.
Item das haws seiner wonung gelegen in der stat gegen Mathes Meindlein uber daran ich berait beczalt hab hundert guldein in das spital dem Hanns Eylausmrokch, dyeselben gulden, ob das haws verkaufft wurd, schaff ich voraus meinem sun, Sebastiano. Wann maister Wolfganng doctor in medicinis, der yeczund verwest der Pokfuessin phruendt, auch auf dem haus maint zehaben hundert gulden, daran ich im hab ausgericht dreissig guldein als von dienstz wegen, und doch dy erber fraw nit das gelt geschaft hat auf diennst, besunder, das man aynem ÿren kapplan ain haws umb dyeselben hundert gulden kauffen, als das geschëfft innhalt, des ich mich zeuch in meiner herren geschäfft puech und traw iren gnaden, sy halten meinen waysen bei solhem geschefft der Pokfuessin. Ob aber der doctor das haws verkauffen wold durch seinen frëffel, so sullen voraus dye vor vermelten hundert guldein volgen meinem sun, Sebastiano, dye weil er in leben ist. Gieng ez aber ab vor gefogten jaren, und dye hundert guldein vorhannden waren,

so schaff ich aus denselben hundergulden (!) funffundczwainczig guldein, das man die verpaw an den graben bey Sannd Larennczen thor, als man dann angefangen hat. Mer funffunczwainczig guldein schaff ich in daz tal zu Unser Lieben Frawen, das man dye unverczogenlich sol ausrichten. Darnach stuenden auss funffczig guldein, ob das kind abgienng, davon sol man beczallen zehen guldein in daz munich kloster, und zehen gulden in das nunnenn kloster, und zehen guldein gen Hainburgk zu der pharrkirchen, funff guldein meiner ambmen als verr yn leben ist, zwen guldein gein Sand Michel, und zwen gulden zu Sannd Larenczen, umb dye andernn aindleff guldein soll man einen jartag begeen yn mass, als vor geschriben stett.

(fol. 92v) Item sy sein mir schuldig mein herren dez rats umb mein dienst hundert und newnunddreissig gulden verreihenter sold und hoffgwantt. Ob nun mein herrenn den doctor wolden bezalen, des ich nicht rat, sunder mein gevallen ist, das man das haus bring zu beraittem gelt und halcz dem kind für. Was ich aber daran enphanngen hab von meiner herrn, das secz ich ganncz in ir weishait, wann ichs anders nyemants will, dann meinem sun, Sebastiano. Ging er aber ab vor gevogten jaren, so soll man aber des selbigen gelt gelt (!) anlegen XXV guldein an den graben bey Sannd Larennczen thor. Dye andern XXV guldein schaff ich meinem vetteren zu Egkenfelden. Mer XX guldein schaff ich meiner frewntschaft, der Pingkiczerin und irem sun. Mer X guldein schaff ich meinen vetteren, dye bey mir sind, und dy anndern zwainczig guldein schaff ich zu dem paw Sannd Mertten kirchen zu dem char, so man anvengt zw pawen. Darumb beger ich, als verr stat mag haben, das man mich begrab bey der hindern thuer in der chirchen, da mein hawsfraw salige gernn knyet ist. So aber mein sun yn leben belib, so sol es ym alles volgen, das er davon erczogen werd als ein ellender waiss, wann er annders nit hat.

Item meiner hawsfrawn rokch den gruenn schaff ich der Barbara, meiner swiger tochter, und darczu zwen der besten slaer, so man sy vindt in meiner (*Fortsetzung fehlt*).

Darnach schaff ich meiner infrawn, der Wagnerin, auch der pessten slaer zwen nach der Barbara, und den prawn mantel meiner hawsfrawn. Mer dye weil das haws unverkumbert beleibt, so soll sy darynn in yrer kamer beleiben an allen hoffczins.

Item meiner ambmen schaff ich meiner hawsfrawn prawn rokch, und dy kürssen, auch ein pett mit zwain leylachen, ainen polster, und zway kuss.

Item zway pett schaff ich meinem sun, Sebastiano, und dye duchna, und das seyden gulter mit den pesten leylachen zwayn, und allen hawsgerechten ynn press und in keller, und wo das ist, das man ym den fürhalt. Gieng er aber vor seinen gevogten jaren ab, so sol man das alles verchauffen, und das geben durch meiner seel salikchait willen. Mer ain pett mit seiner zügehorung schaff ich auch meinem sun.

Item der benanten Barbara, meiner swiger tochter, schaff ich mein beste padphait mit den guldein preysen, und mer meiner hawsfrawn brusst phaidtel von synabassen auch mit guldein preysen.
Item mein prawn mantel schaff ich herrn Gregori in dem spitall.
Item mein farsstaten rokch schaff ich Leonhardo Plankch, und I ellen tornisch tuch, welherlay varb er haben wil, und mer mein roten farstaten joppen.
(fol. 93r) Item all ander slaer, dy da ligen in der lad, dye soll man austailen frummen junkfrawen.
Item alle meine klainad, gürtel, pecher, schal, kopphfel, meiner hawsfrawen gürtel, daraus sol man machen kelich, und voraus ainen geben zu Sannd Mertten kirchen und den anndern in das tal.
Item dye korallen paternoster schaff ich der Barbara, meiner swiger tachter.
Item der Veyrtag goldsmid hat von mir ynn XIII lot silber, das schaff ich auch zu den kelichen.
Item meinen roten schamlaten mantel schaff ich, das man daraus sol machen ein kasel, und ainen guldein parten darzu zu einem kreucz.
Item allen den czender, den ich hab in meiner lad, schaff ich zu Sannd Lasla in das spital, das man fandel davon mach.
Item ainen meinen mantl den swarczen schaff ich der Wagnerin, in meinem haws.
Item den anderen, den lengeren schaff ich meiner ambnen (!).
Item ein grossen cristall schaf ich in das capitel zu einer chorkappen.
Item was gebrochens silbers ist, auch mein guldein ring, schaff ich auch alles zu den kelchen.
Item ainen plaben fuxsein rokch schaff ich dem Stephan, meinem vettern.
Item ettlich ellen prunner tuch schaff ich meinen vettern payden, das man sy davon klaed.
Item zwo ellen rots vorstat schaff ich zu der chkasel.
Item in dem pharrhoff zu Sannd Mertten haben sy vyer predig pühër. Dy schaff ich darein albeg darynn zubeleiben, damit dye prediger darinn studieren, und ob Gott uber mich gepeut, das sy mich dann und mein hawsfrawn schreiben in das toten puech.
Item mein rechtpuech und mein zwen formulari schaff ich meinen herrnn in das ratthaws.
Item ein puech der arte moriendi mit anderen vil tractaten schaff ich des Kunigsfelder sun.
Item mein summa misteriorum, dye sol man geben einem frumen priester, der do gernn lese.
Item ein rotz puhel in medicinis und auch mein schachzagel, dye schaff ich dem Johannes Schuss.
Item allew meine täffel, auch mein manstranczen, schaff ich in daz tall.
Item einen epistolarium schaff ich zu Sannd Mertten kirchen.

Item omelias Beati Gregorÿ und auch ein klains puch de disputacione hereticorum in rott gepuntten schaff ich maister Wolffgangen, doctori in medicinis.
Item novum testamentum ewangeliorum und epistolarium schaff ich gein Hanburg (!) zu Sannd Mertten kirchen.
Item meine Alexandrum, dye sol man armen schuelern geben.
(fol. 93v) Item mein zwen salter und ein puehel in ein plaben haut geczogen, darinn sein omelie per circulum anni, die schaff ich in daz nunnen kloster.
Item mein gemains pett püchel und ein anders in ainer plaben hawtt schaff ich hern Wennczla Pernnhertel.
Item ein rots püch cum multis tractatibus schaff ich gein Hainburg zu Sannd Mertten.
Item mein sexteren, darynn sein dye predig per totum Jeremiam, dye schaff ich dem Jorg Ränës.
Item ein weiss pühel cum oracionibus schaff ich dem Wolffgang Ränes. Mer ein alts pühel cum oracionibus schaff ich auch dem Wolfganng Ränës.
Item sexteren de horis dicendis in Nativitate, am newn jar, zu der Heiligen Drey Kunig tag schaff ich herren Michel von Newsidel.
Item ein commun ist nicht eingepuntten, schaff ich herren Cristoff.
Item ein rots püch cum multis tractatibus schaff ich zu Sannd Merten in dye liberey.
Item mein puech Eberhardum schaff ich in die schuel albeg darinn zubeleiben.
Item summa de consolacione philozophie (!) und de disciplina scolarium schaff ich Leonhardo Plankch, und I chlaine pettpühel.
Item ein cantual schaff ich in daz tal.
Item was annderr pücher sind, dye soll man geben armen schueleren.
Item den grössten ainen meinen leuchter mit sechs liechten schaff ich in das tal.
Item den nagsten darnach, auch mit sechs liechten, schaff ich in daz spital.
Item den dritten schaff ich zu Sannd Michel.
Item mein schenkchkandel und ain chandel zw zwain ächterin schaff ich der Wagnerin, dye bey mir in meinem haus.
Item dye anndern chandel schaff ich meiner ambmen.
Item all mein zinschussel und tälier schaff ich in das spital.
Item ainen perlein pörten schaff ich zu einem umerall.

Actum inschreiben an erichtag vor
Lucie virginis anno Domini etc. LVII^{mo}[72].

---

[72] *1457 fiel der Festtag der Hl. Lucia auf einen Dienstag, deshalb ist das Wort* vor *überflüssig.*

1457 Februar 8 – *1457 Dezember 17* **184**

Geschäft der Margaretha, Ehefrau des Stephan Pernschoph

pr., schr., 3 Zg. (*Index*: —)

Alhie ist vermerkcht mein geschëft, das ich Mareth, des Stephan Pernschopph eeleiche hawsfraw, getan hab in meinem sichpeth unbetwungenlich und dannoch mit guͤter vernuft zu der czeit, da ich es wolgetuen mocht, und mit wolbedachtem muͤt, das das nyemanndt widersprochen hat, noch widersprechen hat mugen, und das ist geschen am erichtag nach Sand Dorothee tag in anno Domini millesimo quadringentesimo quinquagesimoseptimo.

Item von erst so schaft (!) ich meinem lieben sunn, Erhart Otten, auf alle meine hab funnf guldein in gold, die im mein man ausrichten. (*am Rande*: der artikel ist ausgericht)

(fol. 94r) sol unverczogenlich auf czwen Sannd Mertentag an alle widerred und an alle clag, was zum rechten gehort, auf den kunftigen Sand Merten tag [*1457 November 11*] drithalben guldein, ich stirb oder geness, und darnach auf den andern Sannd Merten tag uber ain jar [*1458 November 11*] mer dritthalben guldein ingold, auch unverczogenlich an alle clag, was czum rechten gehort. (*Nachtrag*: „dedit“). Darumb durich guͤtes gemachs willen, das mein obgenanter sun, Erhart Ott, hinfuͤr zu meinem elichem lieben man, Stephan Pernschopph, zu im nichts suͤhen sol, und zusprechen sol haben auf sein und mein guͤt in chainerlay weiß nicht.

Item und was des ubrigen ist meines guͤts und meines mannes, Stephan Pernschopph, guͤts, wie das genant ist, es sey erib guͤt oder varundguͤt, wie das genant, das schaff ich meinem vorgenanten man und seinem kind.

Item und pei meinem vorgeschriben gescheft sind gewesen die erbern hernach geschriben Toman Rorer, und Cristan Pawer und Jacob Munnczer, die ich fleissikleichen zu meinem gescheft gepeten hab ygleichen besunder umb sein pettschad, das sie das durich meiner fleissigen gepet willen auf meinem gescheftbrief gedrukt haben, in und iren erben an schaden, darumb das mein gescheft chraft sol haben und unczebrochen sol beleiben, als ich das Got unnd mein herren wol getraw. Actum ut supra.

Actum inschreiben an sambstag
nach Lucie virginis anno Domini etc. LVII^{mo}.

1457 Februar 27 – *1457 Dezember 17* **185**

Geschäft des Peter Rosszagel

pr., schr., 3 Zg. (*Index*: —)

Vermerkt das geschefft, so der erber Peter Rosszagel mit guͤter vernufft seiner wicz und synnenn an seinem krankpet in gegenwürttikait diser hernach geschriben seiner geschëfftleut getan hat in maynung, ob Got uber in gebutt, daz es dann

bei krafft beleiben sulle, und sein das die geschefftleut von erst Kristan Pawr, Niclas Durnschachner und Stephan Löffler.
Von erst hat er geschaffen seinen weingarten genant in der Kolgrůben seiner tochter, Margreten, und irm mann, Micheln Smid, ledigklichen nach seinem abgang zubesitzen.
Item so hat er drew kweffel wein ligund bei demselben Smid, darauf schefft er auch den benanten seiner tochter und irm mann das mitter kweffel.
Item so ist man im schuldig XVI gulden ainer genant Peter Harrer zw Tunawnewsidel und sunder ist im ainer ainer (!) schuldig LX und III tal. den., *(fol. 94v)* dafür Stephan Löffler, sein swager, porg ist. Schefft (!) er aus den XVI gulden Syman Rosszagel, seinem sun, VIII gulden, und die ubermas gennczlich mitsambt den III tal. den. und LX den. sol Mareten, seiner hawsfrawen, gevallen ledigklich.
Item so schafft er Syman Rosszagel vorgenant aus seinem peraitten gelt X tal. den., und VIII gulden, und seiner vorgemelten hawsfrawen, Mareten, XXVI gulden, davon sol sy zu geltschuld VIII gulden entrichten.
Item so schefft er den benanten sun und müter das haws, darinn er yecz wanund ist also, daz sy nach seinem abgang, wann sy dasselb haws verkauffen, das gelt gleich vexnen und tailen, doch das die muter mit irem tail vorgee und ee dann der Syman, ir sun, einneme.
Item so schafft er seiner obgemelten hawsfrawen, Mareten, seinen weingarten genant im Beham ledigklich in solher maynung, ob sy den mainte czuverkauffenn, das sy dann Micheln Smid und Margreten, sein hawsfrawen, des obgenanten Rosszagel tochter, vor mëniklich und gleichlich mit dem kauff benatt (!).
Item mer schafft er seiner hawsfrawen, Margreten, ain weingarten genant im Kienharts grëben ledigklich.
Item so schafft er seiner pasen, Elsbeten, Kristoffen Vorsprechern hawsfrawn, ain kueffel wein gelegen hincz dem Nachwintter.
Item auch schafft er, daz Michel Smid vorgemelt das bemelt gelt, so Syman Rosszagel, als vor steet, ist geschaffen, sol einnemen, innhaben zu desselben Symanns hannden halden unverkumert, wiß er zu eren, es sey mit heirët oder anndern keret, alsdann sol er darobsein (!), daz derselb Syman dasselb gelt an erb nuczlich anleg, damit das durch in in frombd weg nicht vertan werde. Sturb aber derselb Syman und das solh gelt nicht verkumert oder angelegt wurde, so sol der bemelt Michel Smid darob sein, damit dasselb gelt zu hail des bemelten Petern seel angelegt und zu kirchfart gen Rom ains tails gekert werde, darin dann desselben Micheln gewissen werde beswërt.
Darauf so haben wir obgenant geschëfftlewt nach fleizziger bet des bemelten Pe-

tern Rosszagel diß geschëfft mit unsern aufgedrukchten pettschaden versorgtt und vermacht, doch uns und unsern erben an schaden. Geben am suntag vor Vasennacht (!) anno etc. LVII^{mo}.

Actum inschreiben an sambstag nach
Lucie virginis anno Domini etc. LVII^{mo}.

Ohne Jahr, Monat und Tag (ca. 1457) – *1457 Dezember 19* **186**

Geschäft des Leonhard Pader von Tyrnau;
Bestellung von Willensvollstreckern (?)
pr., schr., 4 Zg. (*Index*: —)

(fol. 95r) Liennhart Pader von Tierna
Vermerkcht das geschëfft, das ich Lienhart Pader von Tierna an meinem siechpett mit gutem vernuft und wicz meiner synne und unbeczwungenlich getan hab, als hernach geschriben steet.
Von erst so schaff ich, ob Gott uber mich püt, daz man mich erberlich czu kirchen bestatten sol.
Darnach schaff ich durich meiner seel hail willen zu haltenn dreissig seelmess in Sannd Merten kirchen von allem meinem güt, und zehen gulden zum paw daselbs in gold.
Item so schaff ich daz holcz, so ich bracht hab in die badstuben Jënnko Pader, meinem gevatternn.
Darnach so hab ich geseczt zu geschëfftlewten die erbern weisen Jacoben Loffler und Hannsen Karnër, denselben schaff ich die ubermass alles meines güts, wo und wellend daz begriffen wirdet, nichts ausgenomen, also, das sy das einnemen und einbringen, und durich Got und meiner seel hail willen dasselb in das spitall und anndern hawsarmen lewten nach irem gütbedunken geben und austaillen, wann ich in daz vormëniklich bephilich und vertraw.
Bey solhem meinem geschefft sind gewesen die erbenn weysenn Michel Enser, diezeit kamerschreiber der stat Prespurg, und Jënnko Pader von Tierna, dieich (!) zu zeug darczw gepetten hab.
Darauf haben wir obgenannt geschefftlewt in gegenwürtikait der vorberurten zeugen, Micheln und Jennko, mit fleiß gebeten die ersamen weysen Rudbrechten Alram, diezeit statschreiber hye zu Prespurg, und Hannsen Pöttenperger, ainer der genanten daselben, daz sy ire pettschafft auf dicz mein geschëfft aufgedrukt haben in und iren erben an schaden.

Actum inschreiben am montag vor
Thome apostoli anno Domini etc. LVII^{mo}.

Ohne Jahr, Monat und Tag (ca. 1457) – ***1457 Dezember 19*** **187**

Geschäft des Kaspar Pader

pr., schr., 3 Zg. (*Index*: —)

Hye ist vermerkt das geschäfft, das ich Caspar Pader getan hab czu den czeiten, als ich es wolgetuen mocht unbetwungenlich mit guter vernufft, mit wolbedachtem muet, an alles widersprechen meiner frewndt und allermënigklich.

Item von erst so schaff ich meinem sun, Merten, dye padstuben gelegen bey dem nunnen kloster mit allen nuczen und zügehorung, so darczw gehoren, dar auff dan stend vier gulden dienst, die man dient herren Larennczen umb steyg, und abczuledigen mit virczig gulden.

(fol. 95v) Mer schaff ich auf dye padstuben zwainczig guldein, die ~~dann~~ stennd auf meinem weingarten genannt der Schonndarffer, dye auch mein sun soll ausrichten und beczallen.

Item mer schaff ich auff dye padstuben vierczig guldein, die mein sun sol ausrichten seiner swester doch in solher underschaid, so er chumbt zu seinen vogtperen jaren, so sol er ausrichten die vïrczig guldein in vir jaren, alle jar X gulden. Ob aber das wër, das dye padstuben verprunnen, da Got vor sey, ee mein sun vogtpër wurd, so sol er derselben vierczig guldein frey und ledig sein von seiner swester.

Item so schaff ich meiner tachter, genant Dorothea, einen weingarten gelegen auf der stat grundt genant das Vogelgsannkch ledig und frey.

Mer schaff ich meiner tochter einen weingarten gelegen ynn Schondorfernn auf der stat grund auch freyn und ledig.

Item so schaff ich mer meiner tochter einen weingarten gelegen ynn Mitteren Gfännglein auf Tebner güt ainthalben gelegen neben dem Michel Tumler auch frey und ledig, ausgenomen perkrecht.

Item so schaff ich auch mer zehen gulden zw dem paw Sannd Merten kirchen, das man dye sol ausrichten von allen meinen guetern unverschaidenlich. So aber der kinder ains ee abgieng dann daz ander, ee und es vogtpär würd, so soll desselben güt erben auf des ander.

Item ob aber sich das begab, da Got vor sey, das meine kinder paide abgiengenn vor vogtparen jaren, so bevilh ich all mein gueter, erb und varundguet meinen geschäfftleuten auf ir trew und gewissen, dyeselben meine gueter nach irm versteen austailen in kirchen, Goczshewseren, und meiner frewntschaft.

Und des geschäfft sein geczeugen dye erbern und weisen Jorgen Meindl, Hanns Karner, ~~Jacob Loeffler~~, Cristan Strawss, all mitburger der stat Prespurg, mit yren aufgedrugkchten pedtschaden, dye ich mit (!) durich Goczwillen darczw gepeten hab, yn und allen yren erben an schaden.

Actum inschreiben an montag vor
Thome apostoli anno Domini etc. LVII^{mo}.

1457 September 29 – *1458 Februar 6* **188**

Geschäft des Peter Hameli

pr., schr., 3 Zg. (*Index*: —)

(fol. 96r)

Vermerkt das geschëfft, daz Peter Hameli getan hat zu den zeiten, da er das wol getün mocht unbetwungenlich mit guetem willen, wolbedëchlich und an menigklichs widersprechen.

Von erst hat er geschafft seiner hausfrawn, Anna, ain weingarten halben genant der Froschgrunt, damit zetuen und zulassen, und den anndern halben tail hat er geschafft zu iren lebtëgen inhaben, und nach irm tod seiner nagsten frewndten zevolgen.

Item so hat er geschafft das haus gelegen in Sand Michels gassen und stöst mit aim tail an Hannsen Hëtewr und mit dem anderen an Casparen Raifsneider, das ïr baider ist, der obgenanten Anna, seiner hawsfrawen, und davon sol sy ausrichten zehen phundt phenning zu Sannd Stephan gen Stamphach, und mit der ubermass desselben haws allen iren frumen zeschaffen.

Item so hat er geschafft ainn weingarten im Olfrid seiner pasen, Michel Wartpergerin, und iren kindern ledig und frey, davon sew dann der obgenanten seiner hawsfrawn dy nagsten nucz aus denselben weingarten gefallen ausrichten sullen.

Und des geschefts sein wïr geczeugen und dabeÿ gewesen Mathes Hewsler, Ulrich Schawr, Hanns Rab, dy wïr mit vleis darczw gebeten sein, zu urkund besigelt mit unsern aufgedrukchten petschaden, uns und unsern erben anschaden. Actum an Sand Michels tag anno Domini etc. LVII^{mo}.

Actum inschreiben an Sannd
Dorothes tag anno Domini etc. LVIII^{vo}.

Ohne Jahr, Monat und Tag (ca. 1457) – *1458 Februar 6* **189**

Geschäft des Ulrich Usman

pr., schr., 3 Zg. (*Index*: —)

(fol. 96v)

Item vermerkcht, was Ulrich Usman verschaffen hat dem Gilig Ussman, seinem brueder, mit bolbedachten mütt bey lembtigen leybe. Do bey ist gewest der erber man Cristan Hopphär, und Wenczlaw Gurtner, und Hanns Grunwald.

Item Ulrich Usman hat bekannt vor den erberen lewten, das im sein bruder hat gelihen VIII guldein, das er in hat gelöst von Kunrad Stayn.

Item mer hat er bekannt, das er im gelihen hat VI guldein, das er in aus den juden gelost hat.

Item mer hat er bekannt, das er hat gegeben gen Haynburg dem Sweleim pekchen, das er in gelost hat umb IIII gulden.

Item mer hat er bekannt, das er im gelichen hat zw dem paw, und zw czerung, und zu seiner notdurft VII phundt phenning.

Item suma sumarum, das macht
XXV guldein miteinander.

Item so hat Ulrich Usman seinem brüder geschafft an der geltschuld, das er schuldig ist beliben, ayn weingarten gancz gar, und das kind sol er halden bey im und soll es aufhalden.

Item so hat er geschaffet seinem weybe ain halbs fueder wein und XI meczen waycz, und alle farundehab, dy in dem haws seind, und auch nicht mer. Der zu ainer sicherhait und bekentnuss hab wïr gedrukt unnser insigel auf den brief.

Actum inschreiben an Sand Dorothes
tag anno Domini etc. LVIII^{vo}.

1457 August 17 – *1458 Februar 17* **190**

Geschäft der Anna, Witwe des Hans Paur;
Bestellung von Willensvollstreckern
pr., schr., 4 Zg. (*Index*: —)

Item merkcht (!) das gescheͤfft, das ich Anna, des Hanns Pawren seligen witib, getan hab durich hayl meiner sel zu der zeit, do ich es wol getun mocht an menigs inreden, und darzue hab ich gepeten und gefadert dy erberen mein frant und herren, den ich des vertrawt hab noch meinem tod zu verbringen.

Item am ersten schaff ich meiner muemel, Elsbeten, mein halben weingarten, der genant ist der Stamphaer, ledig und frey ÿr zehaben, der do leyt an der Hochney.

Item mer schaff ich des benanten weingarten den anderen halben tayl czwaen kindern, einem chnaben und einem maedlein, dy meins pruder chinder sein gewesen, auch ledig und frey.

Item mer schaff ich auf ein weingarten gelegen pey dem Halbeingarten, der genant ist der Schiltt, XL guldein zu Sand Merten chirchen zw dem paw durich meiner sel hayl, und auf dem selbigen benanten weingarten stend noch hundert gulden geltschuld, von den man alle jar X guldein dient zw der mess, der verweser ist her Christoff.

(fol. 97r) Und das ander, das do ubrig wïrd von dem benanten weingarten und auch ander aller meiner hab, haws und erib und varundgüt, dasselbig schulen die erbern mein gescheftherren gancz noch meinem gepet und begerns geben, wo sy hin wellen, das sy zu dem pesten wedunkt, zu hayl meiner sel an menigs inreden oder irrung.

Item und das solich mein gescheͤfft werd verpracht und ausgericht noch meinem tod und bedacht des hayls meiner sel, hab ich gefadert und fleissig gepeten dy erbern herren des gescheͤfts her Hannsen, dy zeit prediger pey Sand Mertens pharrkirchen, und den Andre Weynbachter, dy zeit ainer meiner ~~er~~ herrenn des rats ze

Prespurkch, und den erbern Jorg Meindlen, und Michelen Zistler, das sy ÿr signet dorauff druken, in und yren eriben anschaden, und das sy das lassen verschreyben in meiner herrenn statgescheft puech etc. Das ist geschehen am mitichen noch Asumpcionis anno LVII^mo^.

Actum inschreiben an freytag nach
Juliane virginis anno Domini etc. LVIII^vo^.

1457 März 6 – *1458 Februar 17* **191**

Geschäft des Stephan List

pr., schr., 2 Zg. (*Index*: —)

Vermerkt das geschëfft, das ich Stephan List gethan hab ze der czeyt, das ich es rechtleych wolgetün hab mugen und es nymancz widersprechen hat mugen, und ist geschehen am suntag Invocavit in der vasten in anno etc. ym LVII^mo^.

Item von erst schaff ich als mein guet, es sey erib aber varundguett, nichts ausgenommen, meiner lieben hawsfrawn, Katherina, damit zethuen und zelassen, geben, schaffen, wem sy will, doch yn solicher mass, das sy all gelter davon schol zallen, als ich dann das in einer zedel hy in dem gescheft verslossen hab, und das schol sy beczalen von erib und varundgüt uncz das dy beczalt werden, und was dann uber die geltschuld uber beleibt, es sey wenig oder vill, das alles schol sy haben an allen zuespruch aller meiner frewndt, und schol damit thuen und lassen, als vorgeschriben stet. Doch bephilich ich ÿr auf ïr sell und auf ÿr gewissenn meiner seel, als ich ir dann geträw.

Item ich schaff dy lehenschafft, all dy ich ze leyhen hab, meinem bruder, Niklas List, doch das er des Cziegler kinder auch damit pedenck.

Item mer schaff ich das leibgeding, den weingarten der Pistriczer, den dann der Jorg List yn hat, zw Sand Merten pharrkirchen dem pharrer, der yeczund ist oder hernach chumbt, das er darumb ein jartag schol begen nach gewonhait der pharrkirchen, und ob der weingarten so guet nicht wër, so scholl mein hawsfraw das der statten so ïr sovill uber beleibt mïr und mein vorvaderen, unseren sellen zehilff und zetrost.

Item ich schaff ein tagtzeit puech zu der phruent Goczleichnam so Sand Larenczen, dy verwest her Peter.

Item das mein geschëfft also ungeprochen beleib, und also geschehen sey, darumb hab ich es mit meiner aygen hant geschriben und darczw gebetten dy ersamen herrenn Niklas Flins und Albrecht Gaylsam, purger zw Prespurg.

(fol. 97v) Nota debita Stephan List

Item ich beleyb schuldig in das nunnen kloster LX gulden, davon zedienen nach lautt eins briefs.

Item ich pin schuldig der Dreleczschin I^c^ fl., dy ich von dem Langen Paull genumen hab. Mer XL tal. den., dy ich von dem wein genumen hab von dem Steffan

Rënes. Mer hab ich genumen von dem Lyenhart Caisperër XX fl., dy er auch der Drëletschin schuldig ist gewesen. Suma facit I^{c} LX fl., dy pin ich schuldig von der Drëletschin geschëft und nicht mer, und ich hab das haws beczalt.
Item ich pin schuldig yn das spital XXX fl., darumb ein brieff. Mer XXX fl. per VII ß davon zedien III fl. per VII ß, und das stet in dem gruntpuech[73].
Item zw Sand Andres phrunt, die her Jächs verbest, XXX fl. ~~zedienn III fl., und das stett auf den Gfang, das ich davon chauft hab versessen dienst VI fl.~~ dy stent in dem gruntpüch verschriben. Mer L fl., dy stent auch in dem gruntpuecht geschriben und versessen dienst XVI gulden.
Item ze der Chiczmagin phruent XXX fl., davon zedien III fl. und das stet auf dem Gfang, das ich davon chauft hab versessen dienst VI fl.
Item dem brobst gen Nawnburg XXX lb., darumb sein brief umb L lb., da beleibt mein sun XX tal. daran.
Item dem Jorg Schol XX VII fl. V ß X den.
Item dem Mulfelder, meins herren[74] chuchenmaister, XX fl. auri, mer hab ich enphangen von seml wegen XIIII tal. L den., daran ist er mïr schuldig an esseich VII tal. LXXX den.
Item der Materinn VIII tal. V ß XXIIII den., mer XII ß den., daran hat sy enphangen III ß und X chueffel salcz.
Item dem Ulrich Kursner umb wein LX den. (*Nachtrag*: „dedit")
Item dem Niclas Flins pin ich schuldig, da hat er von mir epistolas Pauli in pergamen und mer II puechel und summum virtutum und summum officiorum, als er wol ways, und ein erbularium, und I parillen in silber gefast, und ain silbrein ring.
Item herrn Thoman ze Sand Larenczen, III fl. auri, dy er mir gelihen hat.
Item Jorg Meindl IIII tal., dy hat geschaft zw dem paw Sand Merten.
Item maister Wolfganngen XII ß den.
Item dem Purkharten III tal. den.
Item dem Ulrich Kramer VII ß mer III ß.
Item mer von meines pruder weyb wegen III oder IIII fl.
Item dem Aychelperger XIII fl. auri.
Item des Czyegler kinder I^{c} fl. auri ze zallen, wann sy ze iren gefogten jaren komen, darumb ein brieff, aber nicht dy gancz sum.
Item her Cristoff phruent XL fl. auri, und darumb ein brieff versessen IIII fl.
Item her Paulen und seiner swester in Goczleichnam kapellen I tal. V ß den.
Item dem Jacob Prein I tal., mer der Jacob Prein IIII tal. den.
(fol. 98r) Item dem pharrer ze Sand Merten X fl. auri.

---

[73] *Sicherlich das Preßburger Grundbuch von 1439, heute Archív hlavného mesta SR Bratislavy, 4.1.2. Grundbuch. Vgl. auch Einleitung S. 15.*

[74] *Der Text bezieht sich auf Ladislaus V. (Postumus), König von Ungarn (1440–1457).*

Item dem Jacob juden von der Newnstat II tal. an gesuech.
Item dem Muschel jud VI½ tal. an gesuech.
Item des Jacob juden sun von Ofen, der do auch haist Jacob, XL fl. an gesuech, darumb hat er mein hantgeschrift, und ist betaidingt warden, ob er nicht lenger peytten wollt, so scholt er mïr vor einer guten czeyt mann, so wolt ich in beczallen, wenn ich wolt chain gesuech davon geben.
Item dem Asserll jud, darumb sein sun ein brieff hat XX fl.
Item mer hat ein jud ein brieff von der Newnstat umb XX fl., den schol mein sun lösen.
Item mer hat mein weyb verseczt ïr phant ze cristen und ze juden, dy sy dann woll ways, dy ich nicht hab alle mugen geschreiben.

Actum inschreiben an freytag nach
Juliane virginis anno Domini etc. LVIII^{vo}.

1456 Dezember 1 – ***1458 Februar 17*** **192**

Geschäft des Matthias Meindel;
Bestellung eines Vormunds für die minderjährigen Kinder des Erblassers
pr., schr., 5 Zg. (*Index*: —)

Vermerkcht das geschëfft, das ich Mathes Meindel getan hab zu den czeiten, als ich ez wol getuen mocht mitguetm willen und unbetwungenlich an allez widersprechen meiner hawsfrawn, auch meiner kinder und aller meiner frewndt und an menigklichs widersprechen.
Item von erst so schaff ich meiner hawsfrawn, genant Dorothea, einen halben weingarten genant in der Flackken für funffczig guldein.
Item mer so schaff ich den andern halben tail dez weingarten meinem sun, genant Andrea, und den schol sein mueter ynhaben uncz das er kumbt zu seinen gevogten jaren, so sol derselb halb tail weingarten erben auf sein swester, Lucia.
Item mer so schaff ich meiner tochter, genant Lucia, funffczig guldein ingold, und dye schol sy haben auff meinem klaineren haws. Wär aber sach, das sy ee abging ee und sy käm zu vogtperen jaren, so sullen die egenanten funffczig guldein erben auf meinen sun, Andre. Begäb sich aber das, das dye egenanten meine zway kinder abgiengen ee und sy vogtpär wurden, so soll das güt derselben meiner kinder erben auf dy anderen meine kinder unverschaidenlich, ausgenomen mein tochter, genant Katherina.
Item mer so schaff ich meinen drey sunen, dem Hannsen, Mertlen, Wölfel, einen weingarten genant in dem Phaffen, das ainer sovil haben sol daran als der ander. Gieng ïr ainer ee ab ee er gevogt würd, so soll desselben tail erben auf die andern zwen, und furbas von ainem zw dem annderen.
(fol. 98v) Item mer so schaff ich meinen zwain tochtern, Affra und Barbara, einen weingarten genant in dem Ybanusch, ÿglicher halben tail. Wär aber sach,

das aus yn aine abgieng ee das sy gevogt würd, so solt derselben tail erben auf die ander.

Item mein haws gelegen neben des Hanns Karner haws schaff ich ledig und frey auf dye gelter dem pharrer zu Sandt Merten und dem Potel zu Wienn, was aber do uber beleibt, das sol man taylen under meine kinder nach rat und hilf frumen lewt.

Item mer so pin ich schuldig worden meinem bruder, Jorg Meindlein, hundert und funffundnewczig guldein, daran hab ich ym gebenn und verchawft vor den geschafft herren meinen tail weingarten gelegen in den Goltfuessen zenagst des Kugersauff weingarten umb anderthalb hundert gulden, noch ist der schuld funffundvierczig gulden, dyeselben schol er haben äuf meinem klainen haws gelegen zenagst des Hanns Raubentisch.

Item so schaff ich mer auf meine gueter, dye ich hab frey lassen auf meine gelter, es sey hewser oder weingarten, was do überbeleibt über dye geltschuld, das sol erben auff meine funff kinder, Affra, Barbara, Hänsel, Mertel, Wolffel, auf ayns so vil als auff das ander nach frumer lewt rat.

Item mer so schaff ich meiner hawsfrawn, Dorothea genant, sechs dreyling wein nach meines prueder ausczaygung, und auch alles mein federgewant, davon sol sy ausrichten meinen czwayn töchteren, Affra und Barbara, zu pett und zu tisch nach statten.

Item mer schaff ich meiner hawsfrawen das gut, das ich meinen czwayn kindern, Andre und Lucein, geschafft hab, das sy das treulich sol ynhalten und schol das nicht verkumern in dhainerlai weis. Und ob aber ein abgangk wolt darynn sein, so schol mein prueder das nicht gestatten, dem gib ich gwalt daryn.

Auch so schaff ich meiner hawsfrawn alles, was in der chram ist ledig und frey.

Item das silber gesmeyd und assach, das ich hab, das sol man verchauffen und davon sol man meinen zwayn töchtern, Affra und Barbara, yeder ein gürtel machen nach statten, wenn besunder ein grosse gurtel, die schol mein hawsfraw lösen, wo sy dew wais, und schol ir dye behalten, darumb pitt ich sey ~~darumb~~ fleissigklichen, ob sy die möcht furhalten und gesperren meiner tochter, Lucia.

Item so schaff ich mer dye andern wein, ausgenomen dye sechs dreyling, dye ich meiner hawsfrawn geschaft hab, all zu den erben, dye ich meinen funff kindern, Affra, Barbara, Hänsel, Mertel, Wolffel, geschaft hab, das man in dyeselben erb sol treulichen damit arbaiten und pawen, und was uber das paw beleibt, davon sol man sy gewanten als verr sein werd.

Item meinen garten schaff ich meinen sunen allen dreyn, den ich kaufft hab von den nunnen frey und ledig.

Item so schaff ich meinen weingarten, genant der Hekkinger, den ich chawft hab umb virdhalbhundert gulden von herrn Watzschan, also das in das spital, davon beczalt werd vierczig guldein, davon ich gedient hab, *(fol. 99r)* und sechczig guldein hab ich berait daran ausgericht, dyselben sechczig guldein schullen gevallen meinen obgenanten funff kindern, und auch die ubermass, was der weingarten uber vierdhalb hundert guldein verchauft würdt, davon sullen gevallen drithalb hundert guden (!) in Goczleichnams czech nach geschëfft herren Waczschan.

Item so schaff ich allen meinen harnasch, was ich des hab, meinen dreyn sünen, Hännselen, Mertel, Wölfel, daz in der werd fürgehalten.

Auch so schaff ich all mein gewantt, das man das sol verchauffen mit gewissen meiner geschëfftherrenn, und dasselb gelt fürbas meinen zwain tochtern anlegen, als man sy vortigen wil und schol zu pett und tisch, als oben verschriben und gemelt ist, mit einem gewant.

Item mer so schaff ich meinen dreyn sunen dye phrundt in dem pharrhof zw Sannd Merten dez Merten Kuepoden, und meinen brüder secz ich darüber zu einem gerhaben, biz das dy offtgemelten mein sun kömen zw yren vogtpären jaren.

Item ob sach wër, das meine kinder abgiengen, dye Affra, Barbara, Hännsel, Mertel, Wolffel, so schol dasselb ïr güt halbs auf mein tochter, Katerina, erben und davon schol sy vier jar alle jar ein mal in das spital geben, und das ander halb tail des güts das schol erben auf meinen prueder, Jorg Meindel, davon sol er haben czehen jar alle jar ein selpad.

Item und das obgenant güt, das do gehört zw offtgenanten meinen funf kindern, daruber mach ich meinen brueder, Jorg Meindlein, und Katherina, mein tachter, zu gerhaben, das sy das trewlichen schullen ynnhaben, also enphilh ich yns auff ïr bayder trew und sel, und sullen auch mein hawsfrawen in enpholhen lassen sein, und auch dye zway kinder.

Item so schaff ich dye gerhabschafft des statschreiber und das güt, das dem kind zu gepurt den geschëfftherrn herren Mertten, pharrer Sannd Merten, und Ludwigen Kunigsfelder, Jacoben Löfflër, Jorg Meindlein, das daran nichtz sol abgen, ez schol redlich verraitt werden, und das mugen sy hinfür gewalt haben, damit ze thun und zulassen nach dem aller trewisten, und ist mein güter will.

Item und dez geschäfft sein geczeugen mit iren aufgedrukchten petschadten der erwirdig herr Mert, pharrer zu Sannd Merten, und die ersamen weysen Ludwig Kunigsfelder, Stephan Ränes, Jacob Löffler und Jorg Meindl, dye ich mit fleiz und durch Goczwillen darumb gepeten hab, yn und yren erben an schaden.

Actum am mitichen nach Katerine virginis anno Domini etc, LVI^{to}.

Actum inschreiben an freytag nach
Juliane virginis anno etc. LVIII^{vo}.

1458 Oktober 18 – *1458 Dezember 4* **193**
Geschäft des Ulrich Wyder;
Bestellung von Willensvollstreckern (?)
pr., schr., 5 Zg. (*Index*: —)

(fol. 99v) Ulrich Widers geschëfft
Vermerkcht, was Ulrich Wider vor seinen enndt an seinem siechpett mit zertiger (!) vernunft und gedechtnuss geschaffen hat in massen, als hernach begriffen ist.
Von erst schafft er seiner tochter, der Martha, ainen weingarten, genannt der Ressler, innerhalb der Inngerlinn an ainer seitten und annderhalb neben herrn Peters, kapplan, weingarten frey ledig doch in der bescheydenhait, das sy ausserhalb der anndern geswistred und frewntschaft den selben weingarten weder zuverkauffen noch zuverkumeren hat, und darczu ain pet mit aller seiner zugehörung, als man das in seiner gewaltsam erfundet, und zwen dreyling weyn, die in dem obgenanten weingarten Rossler hewr das jar seinn gewachsen.
Item ain garalein paternoster, die irer muter ist gewesen, mit ainem Agnus Dei vergullt und daran hanngt. Item ainen vergullten kopf mit ainem uberlid.
Item ain perleins pörtel. Item funf silberloffel. Item zwen und dreyssigk gulden in gold und ain silbergurtel mit fransen, das seiner tochter, Elsen, ist gebesen.
Item er schafft auch seiner tochter, Barbaren, die XXX gulden, die Wolfgang, ir man, im schulldig ist, ledig und frey. Item der grosseren silberpecher ainen und vier silberloffel. Item ainen drittail aus dem weingarten Heimjohel.
Item dem kind, so noch in muter leyb ist, schafft er an seinem haws, darinn er ist, ain virtail frey. Item und an dem obgenanten Heimjohel auch ainen drittail. Item zwen „klain“ silberpecher. Item ain sein silbergurttl und ain taschen mit silber beslagen. Item ob das kinnd ain knab wirt geboren, so sol im sein petschaft rinng gevallen. Ist das aber ain tachter, so sol der ring in Unser Frawn zech gevallen, alspald man des kinds underschaid gehoben mag.
Item schafft er Madalen, seiner hawsfrawn, alle die varund hab, die sy hat zu im pracht, und was er ir von gwanten wyderumb hat geben, frey nachzevolgen vormeniklich und am ersten mitsambt einem silberein gürttlein, so sy töglichen gepraucht. Item ainen dreyling virdigen wein zu narung und aufhaltung des kinds in muter leyb obengenant. Item ainen weingarten inn Schonndorfferen zu nachst dem Pisenczer frey ledig. Item ainen weingarten inn Krameren frey ledig, und vier silberloffel.
Item schafft er Barbaren, seinem enenkel, Hannsens von Theben tachter, XII tal. den., die derselb Hans im schuldig bleibt, die sol Jorig Unverrichtt von im emphangen und die dem junckfreilein behallten.
Item den lessten drittail im Heimjohel schefft (!) er des vorgenanten Hannsens von Teben drein kinder, mit namen Hennslein, Wolfgangen und Barbaren obengenanten, von ainen auf das ander zuvolgen unverkumert.

Item zu Sannd Mertten pharrkirichen zum paw schafft er XVI tal. den., darumb Ott Swan porg ist zubeczalen auf Weinachtten nachsst kunftig [*1458 Dezember 25*]. Item ainen zwovirdigs dreyling wein auf XXVI emer auch zum paw. Item X tal. den. beraits gellts.

(fol. 100r) Item mer schafft er in Unser Frawn zech auf ainen guldein rokch, der stet X½ gulden, allso der rokch ist ain pfandt, wirt er gelöst, so geenn die X½ gulden der zech ein, und darczu schëfft er VIIII½ gullden aus seinem beraiten gellt. Also das die zech den rok hallt in pfandsweys umb X½ gulden unczt der wirt abgelost. Item ainen perleinn krannczc. Item ein grosse silbergürttel, halbe zu der zech und halbe in Unser Frawn kloster in das tal. Doch das die gurtel Martha, seiner tochter, zelosen geben werd vor meniklich umb XXVIII gulden.

Item er schafft auch ain fleyschpank zu Unser Frawn zech obengenanten, davon man jërlich VI virtail unslit dint also, das die zech ainem pfarrer zu Sannd Mertten davon jërlich dien II flor. zu ainem jartag jërlich zubegeen zu Sannd Mertten des suntags vor Sannd Thomas tag apostoli [*Sonntag vor Dezember 21*] durch seiner sel und seiner hawsfrawen, Margrethen, sel hail willen, und die zech sol die pankch verseczen und innhaben nach notdurfften. Vermerkcht, das die pankch VII virtail dint, aber das ain virtail gehört zu Sand Johanns altar in Sand Larenczen kirichen.

Item an dem haws, darinn er ycz ligtt und ist, schafft er Barbaren und Martha, seinen tochteren, die III virtail daran allso, das sy davon geben hundert gulden in gold ainem pfarrer zu Sannd Mertten zu ainem jartag seiner sel hail jerlich zubegeen, und sullen jerlich aus den selben gulden II geben uncz dy I^{c} gulden gancz bezallt seinn, zu abslagen und nit auf zinns.

Item fraw Madlen sol in irem wittiben stuel behaust sein in dem tail, darinn der sneyder gewant hat bei dem brunn.

Item kursnwerig, varundhab, wein, und all ander güt, so uber die bemelten stukch übrig sein, sullen getailt werden seinen kinden in drew tail lediklich nachczevoligen, doch allso, das fraw Madlen den ainen drittail an stat ires kindes in irem leyb ledichlich innem, damit zuhanndelen und zu thunn nach iren trewn, das kind damit ausczuhabenn, und Martha sol die wal zuvordrist haben.

Item seinen mërdreinn mantel und hut sullen verkaufft und das gellt armen lewten durich Got gegeben werden.

Item Wolfgangen Aigner schafft er seinen mërdreinn rok umb seinen willen zutragen. Item ain messer mit silber beslagen auch. Item seinem kaplan, herrn Michelen, schafft er ainen new harrassen swarczen rok, darumb sol er Got fur sein sel pitten. Item seinem gevattern, Hadrer, sein alte joppen und ain plabs parhosen. Item er schafft auch Jorigen Unverrichtt ainen weingarten auf dem Gefang frei.

Das gegenburttig geschëfft hat er den ersamen weysen herrn Martein, pfarrer zu S. Mertten, Pürkarten Scharrach, Fridrichen Satler, und Stephan Pinter und Rupprechten Alramm, statschreiber, als seinen geschefftlewten zuvolfuren, ob Got über in geput, nach irer gewissen bevolhen, und mit vleys gepeten dem nachczekomen, als er in des vor maniklich vertraut, und sunder das sy ire petschaft darauf gedrukcht haben, in und iren erben an schaden. Wan das ist geschehen am mittichen Sannd Lucas tag im achtundfunfczigkisten jar.

Actum inschreiben in die
Barbare LVIII^{vo}.

1459 November 1 – *1460 Februar 29* **194**

Geschäft der Katharina, Ehefrau des Gebhart;
Bestellung des Ehegatten der Erblasserin zum Willensvollstrecker
pr., schr., 4 Zg. (*Index*: —)

(fol. 100v) Katherina Gebhartin

Vermerkt das geschefft, daz ich Katherina Gebhartin an meinem sichbet, doch mit guter vorbetrachtung meiner vernufft und sinn zu rechter zeit getan hab, an menigklichs irrung und widersprechen.

Von erst schaf ich meinen weingarten Hegenger gelegen an der Hochnei zu nachst der Gengel Mauterin und des Procop weingërten meinen zwain kindern, Ludbigen und Ludmillen, lediklichen also, ob dieselben mein kinder vor irn vogtpern jaren abgiengen, alsdann sol derselb weingarten wider Gebharten, meinem mann, lediklichen an aller meiner erben und frewndt irrung und widersprechen gevallen.

Item ich schaff auch, ob Got uber mich geput, daz mein man, Gebhart, unverzogenlich nach meinem tod bei Sannd Merten pfarrkirchen II^{c} mess, I^{c} in der erenn Unser Lieben Frawn und die anndern I^{c} von dem leiden Jhesu sprechen lassen, und sol die ausrichten von seinem und meinem gut ungeverlich.

Item auch schaff ich in Gotzleichnams zech I gulden wegund II½ gulden.

Dicz mein geschëfft, ob Got uber mich geput, bevilh ich dem bemelten meinem mann vor meniklich zuvolfurn, als er Got und mir des gepunden und schuldig ist, und hab mit fleis gebeten die ersamen weisen herrn Hannsen Hawspeken, meinen peichtvater, Niclasen Lisst, Niclasen Morner, burger, und Ruprechten Alram, statschreiber hie, daz die ire betschatt in und irn erben an schaden daran gedrukt haben. Gescheen an Aller Heiligen tag anno Domini ~~LX~~ LVIIII^{mo}.

Actum einschreiben feria 6ta
ante dominicam Invocavit anno LX^{mo}.

1460 März 4 – *1460 Juli 29* **195**

Geschäft der Barbara, Ehefrau des Hans Potenperger;
Bestellung von Willensvollstreckern;
Bestellung des Ehegatten der Erblasserin zum Vormund der minderjährigen Kinder

pr., schr., 4 Zg. (*Index*: —)

(fol. 101r) Barbara Potenpergerin

Vermerkcht ain geschëfft, das ich Barbara Potenpergerinn an meinem siechpett mit guter vernunft und witz getan hab zu den zeyten, da ich das recht und redlich wol getun mocht und an meniklichs widersprechen.

Von erst schaff ich umb meiner sel hayl willen die XXXV gulden, die Michel Zistler auf leibgeding innhat, halb zu Sannd Mertten paw und halb meinen kinden, Hannsen und Elenen, also, das sy bayd tail von demselben Zistler ain aufrichtige versaignuss neme.

Item auch schaff ich all mein guter, haws, hof und weingerten mit allen iren zugehorungen, alls hernach geschriben steen, und mein varund guter, nichts davon ausgenomen, ledigklichen Hannsen, meinem sun, Elenen, meiner tachter,̀ und Hannsen Potenperger, meinem lieben mann, yeden geleich ainn drittail, als dann demselben meinen manne in zusamfugung unser beder konschaft mit meinem guten willen ain solicher drittail alles meins guts rechtlich und lediklich ist betedingt (!) worden vor guten und frumen lewten.

Item so schaff ich dem benanten meinem lieben mann, Hannsen Pötenperger, die benante meine kinder bede mit irem leib und allem gut ledichlich innen zehaben uncz zu iren fogtperen jaren, doch also, das er sy mit irem leib und gut treulich innhab und nach eren und notdurften verwes und fürsech uncz zu fogtperen jaren, darauf sullen sehen die hernach benanten mein geschëfftherren, das den benanten meinen kindern also von im und von solhem irem gut treulich gewaert werde. Wurde er aber darinn prüchig, so bevilh ich meinen hernachgeschriben geschefftherren, das sy im das in dhainn weys sullen gestatten, sunder sullen im die benante meine kinnder mit solhem irem geschafften gut gänczlich zenemen gewalt haben die verer furzesehen und zuverheyraten, als ob ich selbs in leben wer, und ir trew und er gut bedunkcht vor meniklich, und alsdann sol der benant mein hauswirt volkomene raittung den geschefftherren tun von allen gutern, die er also zu meiner kinder hannden nach meinem abgang hat von iren wegen angenomen und emphangen. Verrer nach notdurften den geschefftleuten nach meiner kinder nücz zuhanndelen. Darwider sol mein ebemelter man kainerlay einred nach engnuss tün ungeverlich.

Item es sol auch mein ebemelter man nach solher taylung alles guts, varunds und ligunds, wan im seiner drittail besundert ist, den kindern kainen iren tail abczelosen macht haben in dhainner weys, sunder, wan es im zumůt ist, seinen drittail

zuverkumeren, haben die benante meine kinnder vor meniklich gwalt solhen seinen tail, den er hat am haws, darinn ich ycz bin wonund, von im zelosen und er sol in den vor meniklich zulosen geben nach einem pillichen.
Item es sol auch der benanter mein man die hernachgeschriben schuld mitsambt den benanten meinen kinndern geleich beczalen ungeverlich von allen iren geschaffen gütern, die ich in geschaffen hab, als vor steet. Ob aber yemannt nach meinem abganngkch über die hernachgeschriben schuld von meinem wegen wolt oder wird mer schuld an sy ervordern, so bekenn ich ycz an meinem siechpett, als ich vor bekennt hab bei meiner guten gewissen, das ich nyemants rechtlich mer schuldig bin worden, dann hernach begriffen ist.

Und ist das die schuld, die ich noch schuldig bin

Von erst dem Stephan Walich nach lawt ains geltbrieffs II^{c} und XXX gulden, daran ist er mir wyderumb schuldig als mein man, Hanns Pötenperger, wol ways.
Item dem Aichlperger zu Wienn LXXVII gulden, dafur der Stephan Walich porg ist.
Item dem Röchlinger I½^{c} gulden.
Item herrn Paulen, korherren zu Sannd Mertten, I^{c} gulden auf zinns.
(fol. 101v) Item dem pfarrer zu Sand Mertten XX gulden auf zinns.
Item dem Vinkchen X gulden.
Item herrn Jorgen, probst hie, XII tal. den.
Item der stat XI gulden.
Und ainczmiger schuld als auf XX gulden.
Item ich gib und schaff den benanten meinen zwain kinndern, Hannsen und Elenen, auch Hannsen Potenperger, meinem lieben mann, in kraft dicz meins gescheffts gannczen gwalt zuhaben an meiner stat umb die II^{c} und XXX gulden, als vor stët, frist und tegczeit gen Stephann Walich und seinen erben zugeprauchen und zuhaben, die in dem benanten geltschuldbrief darumb ausgangen begriffen ist, als ich selber gehaben hiet mügen.

Hie sind vermerkcht die stukch und erbgüter, so ich benante Potenpergerinn hie inner und ausser der stat habe.

Von erst das haws, darinn ich wonund bin.
Item ain haws und ainen garten auf der Gaysgassen.
Item ainen saffrangarten vor der stat bey der juden freythof.
Item ainen weingarten genant Enndre.
Item ainen weingarten genant Prustpeter.
Item ainen weingarten genannt der Flöczer.
Item ainen weingarten genannt Rössler, der ist ledigklich Hannsens und Elenen, der benanten meiner kinnder. Desgeleichs haben dieß meine kinnder nach laut aines brieffs auf dem Grünnstublen II^{c} gulden.

Was aber von früchten jerlich aus dem benanten Rossler gevelt uber das darlegen, das sol zu der vorgeschriben schuld zalung in der gemain kert werden uncz die gennczlich beczalt wirt.
Item es sol auch sölh meiner kinnder güt erben und gefallen von ainem auf das annder. Gingen sy aber ab vor fogtperen jaren, alsdann was über die bemelt schuld überbelebt, das sol halbs zu Sannd Mertten kirchen zum paw, und der annder halb tail den nagsten erben gefallen.
Dicz mein gescheffl hab ich genczlich bevolhen zuvolfuren gwalt und macht geben und zu gescheftherrn gepeten den erwirdigen in Got herrn Jorgen, probst hie, Ludwigen Kunigsfelder, burgermaister, Stephann Gmaitl, burger und des rats, und Ruprechten Alram, statschreiber hie zu Prespurg, als sy Got darumb vor dem engstlichen gericht pflichtig seinn zu antburtten, doch vorbehalten zu mynneren und zw meren, und sy mit fleis gepeten, das sy ire petschat zu bekrefftigung daran gedrukcht haben, in und iren erben an schaden. Gescheen und geschafft am eritag nach dem suntag Invocavit in der vassten anno etc. LX^{mo}.

Actum inschreiben am eritag nach
Jacobi apostoli im sint anno eodem.

1460 September 14 – *1461 Mai 30* **196**

Geschäft des Thomas Reich;
Bestellung von Willensvollstreckern
pr., schr., 2 Zg. (*Index*: —)

(fol. 102r) Reich Tamans geschëfft
Anno Domini etc. sexagesimo an suntag exaltacionis Sancte Crucis hab ich, Reich Taman, an meinem siechpett mit guter vernufft und gewissen das nachgeschriben geschëfft getan in gegenwurtikait der ersamen weisen Ulreichs Windperger und Burkarten Scharrachs, mit gesworn des rats zu Prespurg.
Von erst, ob Got über mich put, so schaff ich meiner hawsfrawn, Kristina, zwen weingarten frey und ledig, und ist ainer genant Tunawleitten und der annder der Rëdler im Weinartperg. Darnach schaff ich ir ainen roten parten mit silber beslagen und vergult, auch ain klains gürtel auch mit silber beslagen und vergult, ainen silbrein pecher und alles pettgewant.
Item darnach schaff ich meinem sun, Hannsen, den weingarten, genant der Jud, auf der stat gründen gelegen auch frey und ledigen nachzevolgen, doch die yetzkunfftigen heirigen frücht sullen meiner hausfrawen davon gevallen. Und mer schaff ich im ainen weingarten in der Kolgrüb.
So schaff ich meiner tochter, Marusch, den weingarten, genant die Wiegen, auch frein und ledigen, und die yeczkunftigen heirigen frücht, so als hewr davon gevallen werden, meinem benanten sun, irm bruder. Auch schaff ich ir ainen grün

parten mit silber beslagen und vergult, und den garten Schottenaw auch frein und ledigen.
Darnach schaff ich meinem sun und meiner tachter beden vorgenant das haws, darinn ich pin, ir yeden gleich halbs, und all die weil ~~d~~ mein tochter nit gefogt ist, sol mein obgenante hawsfraw in irm tail haws siczen und beleiben.
Item ob die benanten geswistrët meiner kinder ains vor dem anndern an elich leiblich erben abgieng, so sol alles das gut und ich in beden samentlich und sunderlich geschaffen hab, erben und gevallen auf das annder. Giengen sy aber bede ab an erben, so solde alsdann alle ir vorbestimbte erbgüter Sannd Merten pfarrkirchen hie zum paw zusteen und gënczlich nachvolgen an meniklichs irrung und widersprechen.
Ich schaff auch zu dem bemelten Sand Merten paw zwai virtail stokch weingarten genant im Pliener zu Rëzesdorff gelegen auch frei und ledig.
Dann mein silbergürtel und was ich noch wein vorhannden hab, ob sach wër, das Got uber mich put, die schaff ich zuverkauffen und die nachgeschriben geltschuld davon zebezalen.

Geltschult

Von erst pin ich der stat schuldig von des garten Schottenaw wegen XLIIII gulden, davon zedienn in Gotzleichnams zech jërlichen, und ob die mein benanten hausfraw zalet, so sol sy sÿ darauf haben uncz sy ir bezalt und entricht werden.
Darnach pin ich schuldig auf ainen weingarten genant der Redel gelegen zu Rëzisdorff XXIIX (!) gulden.
(*Abschnitt gestrichen*: Item Jacoben juden von Ofen XXV gulden in gold sider Ostern nachstvergangen [*1460 April 13*] auf täglichen gesuch, ye von ainem gulden wochenlich III swarcz den. Und pin porg demselben juden für den Matern umb XII gulden in gold auch auf teglichen gesuch syder dreir wochen vor Vaschang nachstvergangen [*1460 Februar 5*].) (*am Rande*: und der (!) juden sein gantz betzalt)
Dicz mein geschëfft hab ich bevolhen den ersamen weisen Burkarten Scharrach und Ulrichen Windperger, baid gesworn des rats, darauf sy fleizziklich gebeten, daz sÿ ire betschatt darauf gedrukt haben, in und irn erben an schaden. Datum am suntag etc. ut supra.

Actum einschreiben in vigilia
Sancte Trinitatis anno LXI^{mo}.

1459 August 4 – *1461 Juni 17* **197**

Geschäft des Jakob Henner

pr., schr., 4 Zg. (*Index*: —)

(fol. 102v) Jacob Henner

Vermerkt das geschëfft, das der Jacob Henner getan hat mit wolbedachtem muet und zu den zeitten, do er das wol getun hat mugen.

Item von erst schaf ich meiner hausfrawn, Margreten, mein haus halbs, das da gelegen ist auf Schondarffer gassen an dem obern tail zunachst Hanns Lehner haws und an dem anndern tail zu nachst Peter Polster haws, damit zutun und zelassen nach allem irm willen, und das annder halb haws ir und den kindern fürzehalden ir lebteͣg mit irer wirtschafft. Wer aber, daz sÿ mitsambt den kindern mit tod abgiengen, so sol das vorgemelt halb haws auf dem Taman Öler und sein erben gevallen.
Item so sol mein hawsfraw von irm gschefft, daz ich ir getan hab, ain Ramfart ausrichten, doch also ob sy in leben bleibt, so sol sy VI jar frist darzu haben [*bis 1467*]. Wër aber, das sy mit tot abgieng, so sol mans im ersten jar ausrichten [*1462*], und in dem jar, da sÿ inn stirbt.
Item schaff ich auch meiner hawsfrawn alle varund hab.
Item sol mein hawsfraw vom irm tail dem Peter Gugel XLII ß den. bezalen.
Item ich schaff auch meiner hawsfraw XL tal. den. innzenemen vom Peter Meixner.
Item so schaff ich auch meinem sun, Taman, ain weingarten gelegen in dem Röslein.
Item so schaff ich auch meinen zwain töchtern, Barbara und Dorotheen, ainen weingarten gelegen in dem Türnlein.
Item so schaff ich junkfrawn Annen, des Taman Leitgeben tochter, ain pet und ain polster, die mein dinst diern gebesen ist.
Und was ich verschafft hab, des sol mein hawsfraw gerhab seinn, als lang das die kinder vogtper werden.
Und dabei sein gebesen Michel Kolestorffer, Cristan Pawr, und Peter Polster, Niclas Dorenschachen, die ir petschatt aufgedrukt haben, in und irn erben an schaden. Und das ist gescheen am sambstag vor Sannd Laurenczen tag anno etc. LVIIII°.

Actum einschreiben feria 4ta post Viti
Modesti martirum anno LXprimo.

1460 September 25 – *1461 Juni 17* **198**

Geschäft der Katharina, Ehefrau des Christian Smid;
Bestellung von Willensvollstreckern
pr., schr., 4 Zg. (*Index*: —)

Kristan Smidin gschëfft

Vermerkt, das ich Katherina, Kristans Smids hawsfraw, mit guter vernufft und rechter zeit mein gschefft getan hab an meniklichs widersprechen, als hernach geschriben steet.
Von erst schaff ich zu Sand Merten paw I flor.
Item ich schaff, das maister Jobst und Ursula, sein hawsfraw, sullen meinen obgenanten man, Kristan, mit aller notdurfft uncz in sein end erberlich versorgen, als dann das nemlich in der heirät betedingt ist.

Item ainen gulden sol er ausrichten in Unnser Frawn zech.
Item mer V emer wein per IX ß in Gotzleichnams zech.
Item mer sol er ausrichten herrn Jacoben, auf S. Anndres altar zu Sand Merten I kaplan, XXX gulden mitsambt den jerlichen zinnsen.
(fol. 103r) Item maister Hannsen Smid zu Hainburg XX gulden.
Item Leonarten Jörger VIII zenten eÿsen.
Item Erharten Wisinger zum Perg III flor.
Item der Künczin im Wasserturm IIII flor.
Item so schaff ich, das maister Jobst und Ursula, sein hawsfraw, sullen drew jar nacheinannder jerlich ain selpad halten mit armen und durfftigen leuten.
Item darauf schaff ich im den anndern halben tail meins haws zusambt dem halben tail, den ich in beden zu heiretgüt hab vormals geben, ledig, mit aller zugehorung, doch das sÿ was yecz in schuld vermeld ist, das genczlich zalen und volbringen.
Item so schaff ich der benanten Ursula ainen plaben harrassen mantel, ainen slair mit X vachen, und zwai gute leilachen, zwai gute tischtücher mit seiden genët, zwai pleter, doch also, das das alles nach meinem abgang hincz einem frumen man wede (!) eingelegt zubesichern, wie sich die selb Ursula anlasse. Gieng sÿ aber ab, mügen alsdann die hernachgeschriben geschefftherren damit nach irer gewissen handeln.
Dicz mein gescheft hab ich den erbern Niclasen List, mitgesworn des rats hie zu Prespurg, Niclasen Marner, Wennczlawen Pestler, und maister Vinczenczen Brünner auf ir gewissen bevolhen und sÿ zu geschëfftherren, das sÿ ire betschat darauf gedrukt haben mit fleis gebeten, in und irn erben an schaden. Gescheen am pfincztag vor Sannd Michels tag im LX jar.

Actum einschreiben feria 4ta
post Viti Modesti anno LXprimo.

1461 Mai 2 – *1461 Juli 6* **199**
Geschäft des Christian List;
Bestellung von Willensvollstreckern
pr., schr., 3 Zg. (*Index*: —)

Kristann Lists geschëfft

Vermerkt das geschëft, das Kristan List bei güter vernuft und rechter zeit getan hat an meniklichs irrung und widersprechen am sambstag nach Philipi Jacobi anno etc. LXprimo.
Von erst seinem sun, Jörgen, ainen drittail im Ybanusch ledig und freÿ.
Item die zwai tail aus dem Ybanusch seinem sun, Micheln.
Item seinem sun, Micheln, das haws, darinn er yecz ist, auch mit der beswërung der schuld, so der Kristan schuldig ist, die sol er zalen.
Von erst in das spital XXX gulden auf dinst.

Item zu Sand Merten dem pfarrer XV gulden auf dinst.
Item Casparn Perger, seinem aiden, III flor.
Item Hannsen aufm keller III flor.
Item ainer dinst diern I tal.
Item der Riglerin L ɫ krewczer.
Item auch schëft er die Tunawleiten halbe seiner tochter, Dorotheen, ledig und frein, ausgenomen ainen ur „dinst“ in das capitel, ir lebtëg, und nach irm abgang irn kindern.
Item so schëft er seiner hawsfrawn, Annen, seinen weingarten im Hausperg ir lebtëg, und nach irm tod irm sun, Jorgen, ledig und frei.
Item so schëft er seiner hausfrawn, Annen, allen hausgerët und alle varundhab.
Item so schëft er Micheln, seinem sun, ainen weingarten im Scheuchenpflug mitsambt
(fol. 103v) seiner zugehorung, ledig und frei.
Item dicz sein geschëft hat er bevolhen den ersamen weisen herrn Stephan Reneis, haubtman, Jacoben Lofflër und Anndreen Weinwachter zuvolfurn, ob Got über in geput und sÿ mit fleis gebeten das zuversichern mit irn petschatten, in und irn erben an schaden. Actum ut supra.

Actum einschreiben 2^{a} feria
post Udalrici anno LXI^{mo}.

1459 Juli 1 – *1461 Juli 30* **200**

Geschäft des Ägidius Ludweig

pr., schr., 6 Zg. (*Index*: —)

Gilig Ludbigs geschefft

Vermerkt das gescheft, das ich Gilig Ludweig, mitburger der stat Prespurg, getan hab zu den zeitten, do ich es wol getun mocht, unbetwungenlich mit gutten willen bedechtlich an meniklich irrung und widersprechen.
Item von erst so schaff ich mein haws gelegen in der stat ainhalb zu nachst Pauln Malczhofer haws annderhalb neben Hanns Arczt haws meinem lieben vettern, Hannsen Pinter, und darzu alles, das ich hab, es sey hie oder annderswo, an geltschuld und auch sunst alles ledig und frei, damit zutun und zulassen wie und er wil. Doch also, daz er mich bei im mein lebtëg halt und davon ner und geweͣnnt. Auch mer sol er davon ausrichten ein Romfart und dieselbs geen, und was also über das alles überbeleibt, das sol im lediklich und frei volgen.
Dicz meins geschëffts sein zeͣugen die erbern weisen Michel Grünbalt, Hanns Gnëm, Niclas Koler, Cristan Liechtschirb, Swarcz Anndre, Gilig Kochermacher, all mitburger der obgenanten stat Prespurg, die ich selbs mit fleis und durch Gotzwillen darzu gepeten hab also, daz sy darob sein, das dem also nachkumen werde, czu urkund besigelt mit irn aufgedrukten petschat, in und irn erben an

schaden. Actum am suntag nach Sand Peter und Sannd Pauls tag der heiligen zwelfboten anno Domini etc. LVIIII.

Actum einschreiben am pfincztag
nach Panthaleonis anno etc. LXprimo.

1447 Mai 24 **201**

Geschäft der Katharina, Ehefrau des Simon Schneider; Bestellung von Willensvollstreckern (?)

pr., schr., 2 Zg. (*Index*: —)

(fol. 104r) Katherina, Sÿmon Sneÿderin, gescheft

Vermerk das gescheft, daz die erber fraw Katherina, des Symon Sneider hausfraw, getan hat mit wolbedachtem mut und guter vernufft zu der zeit, als sy es wol tun hat mugen an meniklichs widersprechen mit allem artikeln, als hernach geschriben steen. Actum am mittichen vor Urbani anno Domini etc. XLVII^{mo}.

Item von erst schaff ich mein grosse silbergurtel zu kelhen, das man daraus mach zwen kelh, I zu Sand Merten und I zu Sand Larentzen ~~nach~~ „mit" aller zugehörung. Wolt mein man aber die gurtel behalten, so geb er so swër silber dar, als die gurtel hat, da mit die kelh volkömenlich zu beden kirchen geantwort werden.

Item mer schaf ich zu Sand Merten pfarrkirchen zu dem paw XL gulden, X zebezalen auf den nachstkünftigen Sand Giligen tag [*1461 oder 1462 September 1*][75], X auf Sand Kathrein tag auch nachstkunftig [*1461 oder 1462 November 25*], X auf Petronelle auch nachstkunftig [*1462 oder 1463 Mai 31*], und darnach von Sand Giligen tag nachstkunftig [*1462 oder 1463 September 1*] über ein jar X gulden.

Item mer schaf ich zu dem Salve, das man all sambstagnacht singt, V flor. auch zu Sand Merten, davon jërlich ze dienen ainen halben gulden.

Item mer schaf ich meiner swester am ersten X flor., und meinen harras mantel, und ein pett mit aller zugehörung und zwen slair, die die diern wol wais. Auch so pitt ich meinen man gar fleissig, daz er sei bei im halt des lengist, als er mag.

Item auch schaf ich meiner swester kinder, mit namen das knëbel Jacob, daz maidel, mit namen Anna, daz mein man dem zwain geswistreten sol raichen und geben, wenn sÿ zu irn jarn kämen XXV flor. Wër aber sach, daz der zwair kinder ains abgieng, so sol es von ainem zu dem anndern erben. Wer aber sach, daz sÿ baide abgiengen ee wenn sÿ zu irn vogtpërn jarn këmen, so sol es mein man selber erben als annder güt. Auf das bevilh ich die zwaÿ kinder meinem man auf sein trew und auf sein gewissen.

---

[75] *Aufgrund des umliegenden Textes, der von gleicher Hand eingetragen wurde, kann das Einschreiben des vorliegenden Testaments um 1460/61 angenommen werden.*

Item mer schaff ich der Margreten, meiner diern, ainen pet mit aller zugehorung und ainen funffachen slair, der ist da.
Item mer schaf ich hundert mess zulesen an das dreisgist (!).
Item mer schaf ich den sundersichen II gulden in yedes haws ainen gulden ze Wienn.
Item mer schaf ich XXX selmess zusingen.
Item mer schaf ich ainen graben loden armen leͣuten.
Auch schaff ich meinem wiert, Symon Sneider, all unser baider gut, es sein erbguter oder varundguter, wo wir das haben, inner lands ader ausser lannds, klain und gros, damit zutun und zelassen, der warten, das er im die kinder und mein seel despaser lass bevolhen sein.
Und durch pesser sicherhait willen und gezeugnüs hab ich fleizziklich gebeten, damit mein vorgenants geschĕffts fürsich gee und furbracht werde, die erbern Stephan Gmaitel und Petern Jüngetel, ped des rats der stat Prespurg, daz sy ire petschad auf meinem vorgenanten gescheftbrief gedrukt haben, in und irn erben an schaden. Actum am mittichen vor Urbani anno Domini XLVII^{mo}.

Ohne Jahr, Monat und Tag (ca. 1462) – *1462 Mai 4* **202**

Geschäft des Martin Neitel von Stampha, Pfarrer und Chorherr; Bestellung von Willensvollstreckern
pr., schr., 6 Zg. (*Index*: —)

(fol. 104v) Testamentum domini Martini Neitel,
plebani et canonici ecclesie Posoniensis

Innomine Domini, amen. Ego Martinus Neitel de Stampha, plebanus et canonicus ecclesie collegiate Beati Martini alias Sancti Salvatoris in Posonio Strigoniensis diocesis, licet corpore laguens, consciencia tamen et mente per omnia sanus, animadverti dictum apostoli ad hebreos, illud videlicet, quod antiquatur et senescit prope interitum et iuxta quod etiam statutum est lege nature hominibus, semel more propter originale delictum a prothoplastis in posteros emanatum ex hoc, quod prenosceris mortem esse certam, horam autem mortis incertam, non enim hic quis manentem habet civitatem, sed futuram inque aedem celestem summe scilicet felicitatis Ierusalem, in quam beatitudinis finem omnes mortalium iura, vario licet ritu disparique cultu naturaliter est deflexa. Bonus ideo bonus est, malus autem malus, animarum ut sit beatus. Volo igitur et ego dictus Martinus mee aliorumque omnium Christi fidelium animabus bonis rebusque meis mediantibus de salute melius prout potest providere. Testamentum et ultimam meam voluntatem firmo, facio, ordino, testor et condo in hunc qui infra sequitur modum.
Primo et principaliter commendo animam meam Deo omnipotenti, eius creatori, ut dum eam a corpore migrari contigerit, illic misericorditer revertitur, unde venit.

Tandem testor ad cecham Corporis Christi sacratissimi, ad honorem omnipotentis Dei, gloriose Virginis Marie, Omniumque Sanctorum, nec non ob sacratissimi Corporis Domini nostri Jhesu Christi, quod premitti decuit reverentiam, in cuius nomine et honorem, signanter eadem cecha dinoscitur esse fundata, pariter et lego infrascripta. Et primo vineam meam Schilt in vulgari nominatam, emptam per me a Bolfgango Reneis, concive civitatis Posoniensis, pro ducent (!) et LXVII florenis auri, racione cuius adhuc debitor domini Bolfgangi in LX flor. existo, propter quos persolvendos testor ad prefatam Corporis Christi cecham tres ternarios et unam mediam carratam vini, ut hiis per magistrum zeche et dominos fratres in precium commutatum venditum solucio predictorum LX flor. dicto Bolfgango Reneis iusta impendatur et condigna.
Item 2° ad pretactum zecham lego vineam meam wlgariter Holczhey vocitatam, sitam in territorio Tebem, super qua dominus plebanus ecclesie Sancti Martini in Posonio habet XXIIII flor. auri per Michaelem Laspart pro anniversario restatos, quem magister zeche pro tempore constitutus pagere tempore scilicet Sancti Michaelis ordinet, et ut plebano secundum ecclesie consuetudinem satisfiat pro eodem disponat.
Item 3° lego ad predictam Corporis Christi zecham XXX flor. auri, quos vero providus vir Purkardus Scharrach, concivis Posoniensis, debet et obligatur.
Item 4to testor et lego ~~duos ornatus integros~~ ad eandem ornatum meum rubeum aureum cum cruce preciose decoratum et eius pertinenciis, ut domini fratres iam dicti zeche ad usum ecclesie Sancti Martini in festivitatibus presentationis beatissime Virginis Marie [*November 21*] diligenter et circumspecte administrent, videlicet ita reponant.
Item V^{to} eidem zeche lego duos ornatus integros, unum album de damasco factum, alterum vero et secundum in colore varium, et 3^{m} adhuc ut commisi, dominis testamentariis disponendum.
Item 6to testor pretacte zeche calicem meum ab extra et intra deauratum. Reliqas (!) meas in quodam rotundo argenteo repositorio conclusas, et ad missam pro pace deferendas duas ampullas meas argenteas, librum meum unum missale, et unam pallam, ut et illa pro festum ad altare Beate Marie virginis in prelectum deserviant.
(fol. 105r) Consequenter ordino et fundo racione et pretextu iamdictarum rerum testatarum pro nominata cecha per me et donatorum subscripta. Et primo unam missam in ara et altari Beatissime Virginis Marie in ecclesia Sancti Martini constructo, quod inter cetera eiusdem ecclesie altaria, ut dixi, michi specialiter preelegi de gloriosa dicte virginis Assumpcione singulis et omnibus quartis feriis ebdomade per unum ex dominis predicatoribus aut eorum subrogatum et rectorem scole cum suis solemniter decantandam. Si vero aliquod festum celebre in ipsa dicta quarta feria evenerit, tunc volo predictam missam decanendam modo quo supra per eosdem anticipare ad diem immediate precedentem.

Item lego et fundo unum Requiem in dicta Beate Marie virginis ara immediate facto circuitu ecclesie solito et consueto singulis et omnibus feriis 2dis decantandum, modo quo supra de officio iam expresso, videlicet per unum ex predicatoribus aut eorum subrogatum et rectorem scole aut per suos substitutos.
Et quia dignus est mercenarius sua mercede, idcirco volo, ordino eciam lego et testor, quod domini sepedicte ceche fratres Corporis Christi et specialiter eorum magister pro tempore constitutus et rector de fructibus, redditibus et proventibus ipsius zeche universis, tam essencialibus, quam accidentalibus, et dictorum rerum, que ipsis pro memorata zecha per me testate existunt et donate, omnibus et singulis 4or temporibus anni [*Sonntag Invocavit, Mittwoch nach Pfingsten, Freitag nach September 14, und Samstag nach Dezember 13*], absque omni juris strepitu et dilacione, qualibet semota, quinque flor. auri aut eorum valorem persolvant. 3s (!1o) propter Beate Marie officium et reliquos duos propter officium defunctorum, quorum quinque flor. unam partem habeat plebanus, racione cuius, prout aliis intendere habet eius ecclesie factis, ita et hiis eciam provideat diligenter, et superintendat. 2am vero partem dominis predicatoribus, reliquam autem et 3am rector habeat scolarum quemadmodum et in aliis consueverunt tripartitas ꝑ inter se facere et observare divisiones.
Item 3o ob singularem beatissime ac sanctissime Virginis Marie laudem et amorem testor et fundo Salve Regina omnibus et singulis qudragesime (!) noctibus per rectorem et suos scolares cum sequenciis sew prosis et collectis per unum ex predicatoribus aut eorum substitutum, prout aliis sabbatinis noctibus consuetum est, legendis, decenter et sollemniter decantandum. Et pro huiusmodi laborum satisfactione volo, quod domini fratres de ante dicta Corporis Christi cecha quolibet anno in ipso festo Pasce 3s flor. auri aut eorum valorem de bonis et rebus ipsius zeche omnibus, ut lucidius supra continetur, persolvant. Quorum 3m flor. unus cedat plebano, 2us predicatoribus, 3us vero scolastico, qui et tandem omnes equaliter componant ad satisfaciendum pro dicto Salve Regina, pulsu campanatori. Pro quo eciam Salve Regina volo dominos et fratres prenotate zeche disponere et ordinare quattuor candelas pro laude Dei et honore ecclesie, wlgariter stekcherczen vocatas, duas pro summo altarum et duas pro dicta Beate Marie virginis ara, quam et viribus optimis, scilicet officii et requiem predictorum et aliis temporibus necessariis, decentibus et congruis, luminibus illuminent atque provideant.
Postremo predictum 2um ordinem, ut eorum sortiantur effectus, modo ut prefertur, committo dominis sepefate zeche fratribus universis, tam futuris, quam presentibus ad eorum conscientias, prout polliciti sunt et fidelitates exequendum.
Item pro edificio chori ecclesie Sancti Martini, ita quod non pro alia ecclesie structura testor unum ternarium novi vini de Pöllen vinea, unum ternarium veteris vini et unum medium carratum vini.
Item plebano successori testor VII vascula vini in celario quando intratur a dextra parte versus curiam iuxta ordinem posita, unam vaccam, scutellas stagneas, septem

discos, tres mensas, duo torcularia, vasa, doleum magnum, et alia minora mensalia, manutergia, pelvim, cantros, ligna, et cetera domus utensilia.

Item domino Jeorio, amico meo, lego et testor unum vasculum vini ex 4^{or} residuis, quodcumque sibi placuerit et palium meum flaveum cum pellibus subductum, necnon nigram tunicam cum pellibus vulpinis subductam, joppam meam meliorem, duas meas caligas, mittram magnam cappam, unum picarium argenteum, coclear argenteum, unum superpelicium, stantanarium, camisias universas, pulvinar meum magnum, lectum meum, cervicalia, lintheamina mea, et spondam wlgariter raispet.

(fol. 105v) Item Thome, fratri domini Georgii, lego pecaria duo argentea et quatuor coclearia argentea.

Item testor Nicolao Marner mensam meam meliorem et testam unam argenteam que in wlgari schal ~~appellatur~~ nuncupatur.

Item lego amice mee, Dorothee, uxori Piscatoris, lectum meum melius, duchnam meam, et antiquum meum nigrum palium.

Item ex tribus vasculis vinorum residuis primum testor et lego dominis prebendariis ecclesie S. Martini omnibus, ut ipsi pro me Deum deprecantur. 2^{m} pro oblacionibus primi, septimi, et tricesimi fiendis, que tria volo ut honeste, laudabiliter et legaliter fiant. 3^{m} autem vini vasculum lego et testor pro pauperibus in scolis et alibi existentibus.

Item librum meum horarum unacum diurnali lego et testor pro perpetuo ad prebendam beate virginis et S. Stephani et Ladislai regum, quam actu dominus Georgius, amicus meus, regit et tenet ita, ut hii duo libri a dicta prebenda non distrahantur neque alienantur.

Item ad claustrum monialium ipsisque monialibus testor ac lego et dari volo medium modium tritici.

Item palium meum nigrum et melius testor domino Bernhardo, pro nunc aput Sanctum Martinum predicatori.

Item tunicam meam flaveam in medio constrictam et pellibus wlpinis subductam testor domino Nicolao, predicatori meo.

Item tunicam meam griseam cum pellibus wlpinis subductam lego domino Sigismundo, pronunc requiano meo.

Item palium meum griseum lego magistro Johanni, pronunc rectori scolarum, et unum superplicium. Item unum vasculum vini urnarum quinque vel citra volo dicto magistro Johanni racione 4^{or} urnarum vini sibi per debitarum.

Item Johanni, quondam filio Mathie Meindel, lego cingulum meum argenteum, duas marcas argenti minus quinque unciis.

Item famulo meo, Michaeli, joppam meam mediocrem et debitum, quod racione sibi suorum serviciorum debeo eciam restituare.

Item testor triginta requiem, a die primi usque ad diem tricesimi, iuxta ordinem decanenda et tot Salve Regine finito dicto requiem circa tumulum cum collecta

per unum ex predicatoribus legenda per scolares decantanda, de quo scolasticus semper habeat VII den. et predicatores VII den.
Item res michi per dominum judicem, Ludovicum Künigsfelder, impignorata videlicet bibliam, duas monstrantias, duo pateni lego et testor pro edificacione chori fiendo ecclesie S. Martini, sub hac tamen condicione, quod si dictus dominus Kunigsfelder debitum persolvetur, sibi sua bona restituantur, et tandem talis solucio pro structura dicti chori ut expressi, cedat et exponatur.
Item libros quos habeo valentes lego pro usu communi ecclesie Sancti Martini et competenciorum.
Item omnia alia, quorum ordinacionem non tetigi specialem, committo dominis meis testamentariis pro salute anime mea (!) ordinanda et distribuenda.

Debita

Item Kuncz Veitlander tenetur michi XV flor. auri.
Item testamentarios meos et fidei iure commissarios volo esse honorabiles et sagaces viros dominos magistrum Benedictum, dominum Bernardum, dominum judicem, Ludovicum Künigfelder, Stephanum Gmaitel, Nicolaum List et dominum Georgium, amicum meum, quos ad predicta exequienda specialiter hortatus sum et deprecatus.

Actum in die Floriani martiris
einschreiben anno LXII^{do}.

1461 März 29 – *1462 April 30* **203**
Geschäft des Georg Goldinger
pr., schr., 2 Zg. (*Index*: —)

(fol. 106r) Jorg Goldingers geschëfft
Vermerkt das geschëfft, das ich Jorg Goldinger tan hab mit guter vernufft und zu rechter zeit und weil an mëniklichs irrung.
Von erst schaff ich meinem sun, Wolfgangen, meinen weingarten in der Hacznëy, darauf der gewöndlich dinst steet, ledigen und frein.
Item denselben Wolfganngen sol innhaben mein aiden, Michel Tünner, mitsambt III lb. den. und ainem rotem vësslein wein gelëgen bei der Hëflerin.
Item ich schaff meinen töchtern, Cristina und Katherinen, zwen weingärten, ainer genant im Weintegl, der annder der Pistrizer, damit zutün und zelassen lediklich.
Item meiner hawsfrawn schaff ich meinen weingarten genant im Satz, darawf gewondlich dinst stet, wann ich hab ir den vormals gemorgengabt ledikIich.
Item ich schaff auch mein haws, darinn ich pin, meinen drei (*unlesbar, aber wahrscheinlich*: kindern), Wolfganngen, Cristinen und Kathrein, ledig und freÿ, ausgenommen der dinst, so darawf steent dem kustos zu Sannd Merten und ob ains ee dann das annder abgienng, so sol es von ains an das annder erben.

Item mein hawsfraw sol nach meinem abganng in meinem haws bleiben III jar [*bis 1465*] und die weingarten der zwaier töchter sol sy innhaben derselben jar das pëwlich. Tët sy aber des nit, so süllen die hernach geschriben gescheftlewt darob sein, und nach ~~ab~~"aus"ganng der drein jarn sol mein aiden, der Tünner, kinder und weingarten einnemen, und als dann sol sy an dem letzten jar den kinden halben wein niderlegen auf das gepëw der kinder weingärten.
Item nach meinem abgang sol alle varunde hab getailt worden, die hëlfft meiner hawsfrawn und die helfft meinen kindern. Dieselben tail sol Michel Tunner einnemen und mit wissen der geschefftlewt das den kindern fürbas fürhalten.
Item meinen weingarten in der Tunawlewten schaff ich meines bruder, Anndrees Göldinger sun, ledigen.
Item das haws, darinn mein aiden ist, schaff ich meinen vier kindern und drein meines bruder kindern, ainem als vil daran als dem annderm, doch des Anndre Göldinger, meines bruder sun, und sein geschwistrët meinen kindern ainen guldein auri heraus geb.
Item ich schaff auch zum paw gen Sannd Merten hie fünf guldein in gold etc.
Ditz mein gescheffit hab ich bevolhen zuvolfüren und mit fleis hab ich gebeten die erbern Niclasen Wolfstaler und „herr" Anndre Schefman, das die ire petschat daran gedrukt haben, in und irn erben anschaden. Geben am Palmtag anno etc. im LXI jar.

Actum einschreiben feria 6ta ante
Philiphi Jacobi apostolorum anno
etc. LXsecundo.

1462 Januar 21 – *1462 Mai 1* **204**

Geschäft der Dorothea, Ehefrau des Prokob

pr., schr., 2 Zg. (*Index*: —)

Dorotheen, des Procoben
hausfraw, geschefft

Vermerkt das geschefft, das ich Dorothea, des Procoben hausfraw, getan hab mit wolbedachten muͤt. Actum am phincztag vor Sannd Paulstag pekerung anno 62.
Item ich Dorothea schaff meinem man, dem Procoben, ped weingarten, ainer genant dy Hohenay zunagst des Wolfganngen Gebharten weingarten und anderthalb des Cristan Hopher weingarten. Der annder weingarten genant der Muͦlslag zu nagst des Stephan Schreiner weingarten und andert des Thoman Hawer weingarten gantz ledig und frey, damit zuthun und zulassen, zuversetzen oder zuverkauffen als mit seinen vatern eribgütern vor mëniklich.
(fol. 106v) Item mer schaff ich meinem man, dem Procob, alle varunde hab vor mëniklich, und damit das mein geschefft also furgang hab und stët beleib, hab ich gepeten zu zewgnüss die erbern Niclas Morner und Michel Wohner, ped

mitburger zu Prespurg, das sy das geschefft von meiner gepet willen mit irer peder petschat verpetschat haben, in und irn erbn anschaden.

Actum einschreibens in die Philiphi
et Jacobi apostolorum anno etc. LXsecundo.

1456 September 12 – *1462 Mai 1* **205**

Geschäft des Hans Niethaimer

pr., schr., 3 Zg. (*Index*: —)

Hanns Niethaymer geschĕfft

Vermerkt das geschĕfft, das ich Hanns Niethaimer smid getan hab zu der zeiten, do ich es wolgetun mocht bei gesuntem leib wolbedĕchtlich und unbetwungen, mit willen meiner hawsfrawn und nach rat frumer lewt und zu der zeit, als ich mich geben hab mitsambt anndern frumen kristen lewten wider die türken zu ziehen[76].

Item von erst so schaff ich, ob Got uber mich gepuͤt und ausbelib, meiner hawsfrawn, Elena genant, mein haws gelegen in der stat Prespurg in der Lanngen gassen ainhalb zunagst des Jacob Riemer haws anderhalb zunagst des Zirfos Päller haws frei und ledig, mit aller zugehörung, auch allen zewg der zu meinem hanntwerch gehort, den ich ir berait lassen pin mit dem allen zetün und zelassen, wie und sy wil, doch also ausgenomen, das sy davon sol ausrichten und bezallen unverschaidenlich alle geltschuld, so wir miteinander schuldig sein worden.

Item mer „so“ schaff ich meiner tochter, genant Margaretha, vierczikh phunt phennig beraits gelts, das ich meiner hawsfrawn berait lassen pin, und darczu ain vertigung, die man ir sol geben so sy heirat, und chumbt zu vogtpern jarn „jarn“ (!). Und die obgemelten vierczik phunt phennig sol und mag mein hawsfraw innhaben und damit arbaiten bis das mein obgenante tochter zu vogtpern jarn kumbt. Ob aber das wer, das mein tochter mit tod abgieng ee und sy vogtper würd, so schaff ich aus den obbemelten vierzik phunten zehen phunt zu Sannd Merten kirchen daselbs zu Prespurg, und die annder sum gelts sol volgen meiner hawsfrawn.

Und des geschĕfft sein zewgen die ersamen weisen Pernhart Virczgker und Wolfgang Vorster, die zeit baid burger des ratz der stat Prespurg, auch der erber Michel Sebriger smid, mitburger daselbs, mit irn aufgedrukten petschatn, die ich mit fleis darzu gepeten hab in und irn erben anschaden. Actum am suntag vor des Heiligen Krewcz tag, als es erhocht ist worden, anno Domini millesimo CCCC^{o} quinquagesimo sexto.

Actum einschreibens in die Philiphi
et Jacobi apostolorum anno etc. LXsecundo.

---

76 *Der Testator kann nicht die Absicht gehabt haben, bei Nándorfehérvár (heute Belgrad), gegen Sultan Mehmed II. (1451–1481) im Heer von János/Johannes Hunyadi, Woywode von Siebenbürgen (1441–1456) und Hauptfeldherr, zu kämpfen, da die Belagerung schon am 22. Juli 1456 mit dem Sieg der Ungarn endete. Er wollte sich wohl dem zuvor angekündigten Kreuzzug anschließen.*

1461 Oktober 19 – *1462 Mai 1* **206**

Geschäft des Leonhard Plankch;
Bestellung von Willensvollstreckern
pr., schr., 2 Zg. (*Index*: —)

Leonhart Plannkch gescheﬀt

Vermerkt ein gescheﬀt, das ich Leonhart Plannkch zu der zeit, do ich das mit guter vernuﬀt, wolbedachten mut rechtlichen getun hab mugen, getan hab in mas, als hernach hie inn begriffen ist.

Item von erst schaff ich al mein gwannt zu meinem leib gehorund meinem lieben vater.

Item darnach so schaff ich meiner hawsfrawn, Kristina, und meiner elichen tochter, Badruschen, unser paider kind, LXXXXIIII guldein ingold ungrisch, die mir dann mein swiger, Elisabeth Hëflerin, schuldig ist, der sy in gegenwurtikait meins gescheﬀt und gescheﬀtherren verholen und bekennt hat, die schaff ich in craﬀt dits meins gescheﬀt meiner egemelten hawsfrawn und tochter unverschaidenlichen in paiden, und mein hawsfraw sol gewalt haben die zuervordern und anzebringen. Dabei hab gepeten den erbern weisen Hanns Pottenperger, das der hilflichsten meiner hawsfrawn und kind dew schuld von meiner egemelten swiger zu ervordern, daran sol mein egemelte hawsfraw dy schuld bezalen, die ich hinder mein lassen wirdt, die dan mein hawsfraw wol wais.

(fol. 107r) Dicz mein gescheﬀt hab ich bevolhen, gwalt und macht geben zuvolfürn und zu gescheﬀt herren gepeten den erwirdigen herren her Sigmunden, diezeit phfarer der pharrkirchen zu Sannd Merten hie, und Hannsen Potenperger, mitpurger zu Prespurg, und sy mit fleis gepeten, das sÿ ire petschat an mein gescheﬀt zu bekreﬀtigung gedrukt haben, in und irn erben anschaden. Gescheen und geschaﬀt am montag vor der Undecim Miliarum Virginum anno etc. LXI jar.

Actum einschreiben in die Philiphi
et Jacobi apostolorum anno etc. LXsecundo.

1462 März 24[77] **– *1462 Juli 14*** **207**

Geschäft des Andre Weinbachter;
Bestellung von Willensvollstreckern
pr., schr., 5 Zg. (*Index*: —)

Anndres Weinbachter
gescheﬀt

Item vermerkt das gescheﬀt, das ich Anndre Weinbachter, mitburger in Prespurgk, durch hail meiner sel zu der zeit, da ich das wol getün macht, mit wolbedachtem

[77] *Das Jahr ist nicht angegeben, aber das Tagesdatum bezieht sich vermutlich ebenfalls auf die Jahresangabe des Einschreibens.*

müet und güter vernufft an aller meniger wider sprechen und inred, also das meiner sel hail davon verpracht werd, so ich abgieng mit dem tod.
Item am ersten so schaff ich meiner hawsfrawn, „Dorothe“, dy patronschafft „der stift des Grassen Petern seligen“ des altars auf Sannd Wolfganngs altar ir lebundtag, und nach irm tod sullen dy haben meins herren des rats und dye versargen, als ich in des vertraw.
Item darnach schaff ich LXXX guldein zu ainem kanczell zu Gotleichnams zu Sannd Merten kirchen. Ob das aber mer stuend, so sol das alls dy LXXX guldein und dy merung ausrichten dy vermelt mein hawsfraw, Dorothe, und dy merung sol sten bei XX guldein und nicht mer.
Item darnach schaff ich meinen weingarten zu Reczisdorff genant der Rëtsch halben, und das halb tail gegen dem dorff den prudern zu Unser Lieben Frawn im tal zu der pruderschafft, das sy dester pesser fleis haben in irm gepet.
Item darnach schaff ich meinem „bruder“, Jorg Weinbachter, diezeit purgermaister, mein weingarten genant der Phaff ledig und frey domit zeschaffen und tün, wie er wil.
Item darnach schaff ich meiner hawsfrawn, Dorothe, alles das annder mein güt, varund und eribgut, wo sy und ich das haben, alls ledig und frey, damit zuthün als ich ir vertraw, und davon sol sy bezalen alle unser geltschuld, und mit dem anndern bedenken meiner sel und der irn hail auf ir gewissen und vertrawn.
Item und das solich mein geschåefft und lester will verpracht werd und gehalten, darumb hab ich gebeten dy erbern herren her Pernharten, pharrer zu Sannd Merten, und her Hannsen, pharrer zu Sannd Michel, und Wolfganngen Varster, und Pernharten Fierczker, und Niclasen Stern, das sew darob seinn, das solh mein gescheffl aus werd gericht und in meiner herren geschëfft „buch“ geschriben werd, als ich in das vertraw, und ir signet darawf druken, in und irn erben anschaden, und ist geschehen an Unser Lieben Frawn abent Anunciacionis.

Actum einschreibens feria quarta
post Margarethe anno etc. LXII°.

(*spätere Eintragung*:

Das geschëfft, als es von den benanten geschefftherren ist einbekannt,
hat das Jorg Weinbachter von stunden widersprochen.
Nota das widersprechen ist darnach in sprüchbrief und
in verainung komen und das geschëfft bleibt bei krafft.)

1459 August 12 – 1462 Juli 14 **208**

Geschäft des Martin Hueter

pr., schr., 4+2 Zg. (*Index*: —)

(fol. 107v) Mërten Hueters geschëfft

Vermerkt das geschefft, so Mert Hueter an seinem lessten mit wolbedachtem mut, guter vernünft und gewissen getan hat.

Von erst hat er das geschëfft, das er Petern Unger, seinem vetter, gethan het in derselben Petern gegenbürttigkait, widerumb gënczlich abgeschafft, des sich dann der benant Peter williklich verzigen hat.
Darnach hat er tan ain annders nëws geschefft seiner hawsfrawn, Elspethen, und hat ir geschaffen ungeverlichen all sein hab, errb und gut, anligents, varundez, nichts ausgenomen lediklich, ganntz und gar nachzefolgen. Doch also ob sein sun, der Frëntzel, der nicht bei dem lannd ist, füran icht wider kem, das sy dem das alsdann geleich halbs geben und volgen lassen soll. Këm er aber nicht, so mag sy mit dem gut allem nach irer notturfft und fügsamkait hanndelen an menigklichs irrung yetz und hinfur. Und was sy des ir lebczeit nicht verzert, das uber belib, das sol sy schaffen ir beder selen zehilf und trost, das in das zehail und selikait angelegt werde.
Bey disem geschefft sein gewesen wir, die hernach geschriben mit namen: ich Wolfgang Heberler, ich Philipp Gÿgker, ich Mert Raman und ich Mathews Fridoldt. Und ist geschehen an suntag vor Assumpcionis Virginis Marie. Und beslossen worden vor unser aller wegen mit meinem egenanten Hëberler aufgedrukten petschat, den wir dy anndern mit fleis darumb gebeten haben, wann wir nicht petschat haben. Darczu zu merer krefftigung mit der erbern Niclasen Messrer und Jacoben Trampler, burger zu Prespurg, auch aufgedrukten petschaten. Die wir dy vorgenanten all mit fleis auch darumb gebeten haben, in und irn erben anschaden, anno etc. Lnono.

Actum einschreibens feria quarta
post Margarethe anno etc. LXII.

1462 Juni 12 – *1463 Januar 19* **209**

Geschäft der Agnes, Ehefrau des Peter Kraus;
Bestellung von Willensvollstreckern
pr., schr., 2 Zg. (*Index*: —)

Agnesen, des Peter Krawsen
hawsfrawn, geschefft

Vermerckt das gescheft, das die ersam fraw Agnes, des Peteren Krawsen hawsfraw, getan hat an sambstag nach Barnabe apostoli anno Domini etc. LX° secundo.
Item von erst „schaff" ich meiner mutter alles mein klaid und gewant und mein silbergürtel und V gulden.
Item darnach schaff ich XXXII pfund pfenning zu ainen ewigen jartag zu pegern in Sand Mertten pfarrkirchen durch meiner sel hail, die da mein müter den meinen geschefftherren ausrichten sol, umb welichew XXXII pfund pfenning dann mein geschefft herren ordnen und schickhen sullen ainen zimlichen und gotlichen zins, da durch der bemelt jartag begangen und ausgericht mag werden.

Item alle geltschuld, so mir mein eelicher hawswirt, Peter Kraws, schuldig ist worden, und die ich im berait gelihen hab, memlich (!) die LXXX pfund pfenning schaff ich im mit solicher underschaid, das er mich bestatten und begraben lass in Sand Mertten pfarrkirchen, und mir begeen den ersten, sibenten, und dreyssigisten nach der selben kirchen loblicher gewonhait, und das ubrig aus zutaillen in der lieb Gotz nach seiner gewissen.
Ditz meins gescheffts hab ich gewalt und macht geben zuvolfuren, und zu gescheffft herren gepeten die erwirdigen und weisen herren herrn Pernnharten, korherren und pfarrer Sand Mertten pfarrkirchen, und Burkharten Scharrach, burger zu Prespurg, doch in und iren erben anschaden.

Actum in vigilia Fabiani
et Sebastiani anno Domini
etc. sexagesimotercio.

1463 Januar 22 – ***1463 März 4*** **210**

Geschäft des Georg Pranawer;
Bestellung von Willensvollstreckern
pr., schr., 5 Zg. (*Index*: —)

(fol. 108r) Jörgen Pranawers geschëfft
Vermerckt das geschëfft, das Jörg Pranawer mit güter vernüfft bedachtlich und willigklich geordnet und getan hat an Sand Vintzentzen tag anno etc. LX° tercio, und das bevolhen auszurichten den erberen Symon Dumbritzer, Kue Michelen, Niclasen Wolfstaler und Steffan Pinter, all mitburgeren zu Prespurg, in gegenwurtigkait des ersamen herren Fridrichen, prediger zu Sand Merten daselbs, seins peichtvaters.
Item am ersten hat er geschafft zu Sand Merten pfarrkirchen zum paw acht pfund kuffel saltz mit allem gewin, die man sol raichen aus der gesellschafft.
Item den weingarten im Satz hat er geschaffen Wolfgangen, seinem öhaim, und zehen pfund phenning, die man im raichen sol von der geltschuld, die hernach geschriben ist.
Item das haws mit aller seiner varunder hab und auch den weingarten Kötseeber hat er geschafft Kathrein, seiner töchter, und yrem kind yedlichem halben tail.
Item der yetzgemelten töchter, Kathrein, und irem kind yedlich hat er geschaffen alle geltschuld, die hernachgeschriben ist, mit solicher underschaid, das davon sein leichnam zum erdreich bestatt werde mit Gotzdinst ersten, sibenden, und dreysgisten nach gewonhait der kirchen, und davon Wolfgangen, seinem ohaim, X tal. den. geraicht werde, und Anndreen Dreisgker, seinem inman, VI guldein und XXX den. und N., seiner schafferinn, V gulden.

Die geltschuld
Item Thoman Irhër ist schuldig XXV gulden.
Item Veksi Jenusch und sein gesell, Steffan, sind schuldig XX gulden.
Item der yetzgemelt Steffan ist schuldig uber das VI gulden.
Item Hanns Schreitel ist schuldig X gulden.
Item Thoman Scheuntzel ist schuld (!) X gulden.
Item Symon Tenck ist schuldig IIII gulden.
Item Oswald Peck ist schuldig IIII gulden.
Item Anndre Henk tenetur L gulden.
Item Kristaninn von Raab tenetur XXVIII gulden und XII tal. den. umb saltz.
Item Henntz von Schatein tenetur IIII gulden V ß den.
Item Nicolasch tenetur III½ ß den.
Item Peter von Tëber tenetur III½ ß den.
Actum feria 6ta ante
Reminiscere anno etc. LX° 3°.

Ohne Jahr, Monat und Tag (ca. 1462/1463) – ***1463 März 4*** **211**
Geschäft des Niklas Wolfstaler
pr., schr., 3 Zg. (*Index*: —)

(fol. 108v) Niclas Wolfstaler
Vermerckt das geschefft, das Niclas Wolfstaler getan hat mit gutem willen und bedachtm müt, als er das wol hat tun mügen.
Item am ersten hat er geschafft seinem ayden, Kuntz Pecken, und seiner töchter, Annen, das haws.
Item darnach schafft er aber seinem ayden und seiner tochter ainen weingarten im tail neben dem Gmaitlein.
Item mer schafft er seinem ayden und seiner tochter ainen weingarten in der Fuchsleyten zwischen dem Vaszieher und Chochaimer.
Item so pin ich meinem ayden schuldig XXVI gulden.
Item darnach hat er geschafft seiner hawsfrawn ainen weingarten im Montzhalben zu nechst dem Letzelter.
Item darnach hat er mer geschaffen seiner hausfrawn, Annen, ainen dreyling wein.
Item darnach hat er geschaffen ~~s~~ dem vorgeschriben seinen ayden und tochter, Annen, ainen weingarten gelegen im Unbeschaiden zu nagst Michelen dem Zëppflein.
Item darnach hat er geschaffen ain klains weingartel genandt im Wienner, das schaff ich meiner mumen, Annen.
Item darnach X gulden an hawsen, die hat er geschaffen gen Sand Merten zum paw.
Und dabei sein gewesen die erberen Niclas Vogel, Fridrich Klebinger und Kuntz Michel, die er mit vleiss dartzu gepeten hat.
Actum feria sexta ante
Reminiscere anno etc. LX° 3°.

1451 Dezember 25 – 1453 Juli 2 – *1463 März 9* **212**
Geschäft des Georg Tompatörel und seiner Ehefrau, Anna
pr., mü., 3+2+1 Einbr., 3 Zg. (*Index*: —)

(fol. 109r) Tompatörel
Vermerckt die bekanntnuss, so wir hernach benant geschefft lewt gedechtig sein von wegen des Jorg Tumpatorel und Annen, seiner hausfrawn, und furbazer an wen solich geschefft komen ist, als hernach verschriben stet.
Also bekenn ich Thoman Mawroch, Michel Grünwald und Peter Göldinger, das wir bey dem geschefft gewesen sein der ersamen frawn Anna, des Jorg Tumpatörel hausfraw, so sy getan hat, das im als zu Weinachten im zwelfften jar ist ergangen [*1451 Dezember 25*] und ist nu kömen an frawn Margarethen, die den Wolfgang Tod eelich hat gehabt.
Item die benant fraw Anna Tumpatörlin hat geschäfft auf das haws, darinn sy weilent gesessen ist, mit guter vernufft bedachtlich und unbetwungenlich zu der zeit, das sy das rechtlich wolgetun mocht, das da gelegen ist in der Newnstat genandt vormalen im alten werd zunagst des Wentzla Ruëtzinger haws, dartzu auf ainen weingarten im Gefangen auf Tebner gepiet ain Ramfart und zu dem paw des chors Sand Merten kirchen VI guldein, also wann man daran zepawn anhebt, das man die dann zaintzigen sol ausrichten. (*am Rande*: item die Ramfart ist ausgericht worden, das bekennen wir obgemelt geschefftlewt)
Darnach sein wir, obgemelt Thoman Mawroch etc. auch gevordert worden zu dem benanten Jorg Tumpatörel, als er lag in seinem siechpett, und da wir in ermonten zuschaffen da, was das sein bekantnüss und sprach die güter haben genug zetragen, die gelter zubetzallen, und davon so schuef er allew seine güter, erb und varund hab seiner hawsfrawn, Margrethen, damit zetun und zelassen ledig und frey das man doch voraus die gelter davon solt betzallen als dann sein egenante hawsfraw, „Anna", vormalen hat auch verlassen und also, wer die gelter zal, der sol auch pillich erben. (*Am Ende*: „Darüber ist verkaufft worden ain weingarten genandt im Petzen, davon hat man zalt als verrer er gewert hat und geraichen mügen die schuld auszerichten.")
Item uns ist auch wissentlich, das der Kurtz Michel der benanten Margarethen, die den Wolfgang Tod gehabt hat, hat übergeben derselben Margrethen, seiner tochter, ainen weingarten in Tunaw Setzen zenagst des Paul Schreiner weingarten und des benanten Kurtz Michelen damit zetun und zelassen.
Actum der einbekantnuss an Unnser Frawn tag Visitationis anno Domini millesimo CCCC° quinquagesimotercio [*1453 Juli 2*], per Thomam Mawroch et Michel Grunwalt, in presencia Kurtz Michel.
Ich Hanns Kocham, dietzeit kuochmaister, bekenn, das ich empfangen hab von Wolfgangen Tod II½ pfund pfenning, und hab die wider ausgeben zu dem gepew, als ich dann das mitsambt anndern gelt verrait hab.

Actum im LVII jar [*1457*].

Das geschefft hat allain
einbekannt Michel Grunwald.

Actum einschreibens feria quarta
post Reminiscere anno LX° tercio.

1462 März 18 – *1463 April 13* **213**

Geschäft des Niklas Veldsperger

pr., schr., 3 Zg. (*Index*: —)

(fol. 109v) Niclas Veldsperger

Alhie ist vermerkt mein geschefft, das ich Niclas Veldsperger getan hab in meinem siechpett, dannoch mit guter vernufft und mit gutem willen unbetwungnlich zu der zeit, da ich das wol getün mocht, das daz nymandt widersprochen hat, noch widersprechen hat mugen, und das ist gescheen an pfintztag nach Reminiscere in der vasten anno Domini millesimo etc. LX° secundo.

Item von erst so schaff ich meinem stiefsun, dem Jorgen, meinen weingarten im Scharlachperg halben frey und ledig damit zutun ~~und lassen~~ und zulassen an all zuspruch und hindernuss.

Item und das annder halb tail desselben weingarten auch im Scharlachperg, das schaff ich meiner lieben hawsfrawn, Klara, auch frey und ledig damit zutun und zulassen an all zusprüch und hindernuss vor aller menigklich.

Item mer schaff ich meiner lieben hawsfrawn, Clara, meinen weingarten im Wozengrunt zwischen den Ulreich Fluder weingarten und des Pertlme Slosser weingarten frey und ledig damit zutün und zulassen vor aller menigklich an all zusprüch und hindernuss.

Item mer schaff ich meiner lieben hawsfrawn, Clara, meinen weingarten im Feyoltail zu aller obrist, damit zutun und zulassen an all zuspruch und hindernüss vor menigklich.

Item mer schaff ich meiner lieben hawsfrawn, Clara, meinen weingarten im Goldfüß gelegen ausserhalb des Jorg Zeissinger weingarten auch frey und ledig damit zutün und zulassen an all zusprüch und hindernuss vor aller menigklich.

Item mer schaff ich meiner lieben hawsfrawn, Clara, mein haws gelegen in der stat Prespurg zunagst des Mert von Teben haws und annderhalb des Hanns von Tekenpach haws, damit zutün und zulassen an all zusprüch und hindernuss vor aller menigklich.

Item mer schaff ich meiner lieben hawsfrawn, Clara, all varund hab, wie das genandt ist, es sey vil oder wenig, damit zutün und zulassen vor aller menigklich und an all zuspruch und hindernüß.

Item und von dem vorgeschriben geschefft, das ich meiner lieben hawsfrawn, Clara, geschëfft hab, was das ist oder wie das genant ist, davon sol sy bezallen

und ausrichten den nonnen in das kloster Sand Claren orden sechzig gulden in gold haubtgüt, darumb sy von mir zwen geltbrief haben, die sol sy ausser nemen nach der zalung.
Item und ich wil auch und beger nichts annders von dem allmechtigen Got und ainem genedigisten herren, das mein geschafft alles, das oben geschriben stet, in krafft so beleiben und unzebrochen, ich sterb oder geness, und nichts annders.
Item und zu meinem vorgeschriben geschëfft hab ich lassenn rüffen zu mir die erbern hernachgeschriben mitburger zu Prespurg. Von erst den Jacob Hainburger, und den Wolfgang Prawn, und den Hanns Weber, und hab gepeten yeglichen besunder umb sein petschatt, das sy das auf meinem geschefftbrief gedrukt haben durch meiner vleissigen bet willen, in und iren erben anschaden, darumb das mein geschefft krafft sull haben und unczerbrochen sull beleiben, als ich des Got und meinen genedigen herren wol vertraw. Actum ut supra.

Actum einschreibens feria quarta
in festis Pasca anno LX° tercio.

1462 Februar 16 – *1463 Juni 15* **214**

Geschäft des Niklas Grünwald

pr., schr., 3 Zg. (*Index*: —)

(fol. 110r) Niclas Grunwalds geschefft

Vermerkt das geschefft, das der Niclas Grunwald fursichtiger und weyser man geschafft hat in seiner krankhait und mit wolbedachtem muͤt und wer den brief versigIt in und iren erben anschaden.
Item ich schaff meinem sun, Hannsen, zehen gulden in gold.
Item ich schaff meiner tochter, Kathrein, ain weingarten an der Underen Hocheney den nyderen tail, und das die zway kinder die annderen kinder unbekumert lassen.
Item schaff ich meinem sun, Wolfgang, auch ain weingarten auch in der Underen Hochenaw und darczu zwainczig guldein in gold dem Niclas V guldein.
Item schaff ich auch meinem sun, Merten, ain weingarten in der Oberen Hochenaw und zwainczig guldein in gold Niclas V flor.
Item schaff ich vier guldein zu dem paw hincz Sand Larenczen, die sind schuldig Michel Klinsler, die ich im berait hab gelihen.
Item schaff ich meiner hawsfrawn, Kunigund, das haws zutun und zulassen.
Item schaff ich ir ainen weingarten in dem Hirsman auch zutün und zulassen, und schaff ir darczu vier dreyling wein, und von dem sol sy beczallen zehen pfund in das spital dem Hirsman, auch dem Niclas des Grünwald sun.
Item die sum, die man mir schuldig ist, LIII gulden und ain tal. den.
Item dem Hannsen schaff ich ain joppen, und ain rokh, ain veyrteglichs gewant.
Item ich schaff auch meinem peichtvater ain plabs par hosen.

Item das geschefft gescheen ist vor dem vorgemelten Niclas Grunwald an Sand Julian tag ainer junkfrawn in der zeit, als man zalt im LXII° jar, verpetschatt mitt herrn Pauls, prediger zu Sand Larenczen, und Michel Grunwalden und Steffans aufm Stokh aufgedrukten petschaiten, in und iren erben anschaden.
Item und demselben Hirsman sol des Niclasen müter innhalten und nuczen, und das kind davon aushalten uncz auf seine votgpere (!) jar, und darnach sol die müter dem kind, Niclasen, den weingarten ledigen und freyn ubergeben, und darczu die zehen guldein auch. Wer „aber" sach, das dasselb kind, Niclas, abging vor seinen vogtperen jaren, so sol der weingarten der müter widerhaim geen, darnach sullen die zehen guldein widerhaim geen yeglichen brüder sein tail etc.

Actum einschreibens an Sand Veyts tag
anno Domini etc. sexagesimotercio.

1463 Januar 29 – *1463 Juni 15* **215**

Geschäft der N., Ehefrau des Andre Polczel;
Bestellung von Willensvollstreckern
pr., schr., 3 Zg. (*Index*: —)

(fol. 110v) Anndre Pölczlin

Vermerkt das geschefft, so die erber fraw Anndre Polczlin getan hat an sambstag vor dem heiligen Liechtmess tag anno Domini etc. LX°tercio.
Item am ersten hab ich geschafft meiner lieben tochter, Barbaren, zway bett, ains mit ainer parchanten ziehen, und sunst ains mitt zwain „haubt"polstern, die in meinem bett ligen, vier leylachen, zway grosse und zwai klaine kuss, und ain tůchna.
Item mer schaff ich derselben meiner tochter mein plaben mantel, all mein slair, und zu ainen tisch hanttücher und tistücher.
Item mer schaff ich derselben meiner tochter, Barbaren, ain silbrein pecher, ain paternoster, ettliche gesperr und schellen, die der Wolfel judin für drey guldein und zwai pfund pfenning zu ainem pfant steen. Auch ain silbreins gürtel, das dem Caspar Hörndel stet umb IIII gulden.
Item mer schaff ich Cirfos, Barbaren und Mathesen, meinen lieben kinden, mein haws etc. und mein zwen weingerten, ainer genant der Freyhait und der annder in der Poshait, davon sy sůllen beczallen die schuld, so hernach geschriben stet.
Item mer schaff ich meinem lieben hawswirt, Anndreen Polczlein, den aussernn halbentail weingarten ~~genant~~ im Kienharczgreben ledigen und frein.
Item mer schaff ich den anndern halben tail, halben meinen yeczgenanten hawswirt und halben meinem lieben sun, dem Johannsen, in mainung, das sy sullen die schuld, so darauf steet, beczallen.
Item so schaff ich auch, das mein offtgenanter hawswirt sol den vorgenanten weingarten halbentail, so ich dem Johannes geschafft hab, pawn bis auf das nachstkunftig lesen.

Item mer schaff ich daz all mein varund hab sol halbe sein meins lieben hawswirts und halbe meiner lieben kinder, mittnamen Zirfos, Barbara und Mathes, davon sy mich dann bestatten sullen zu dem erdreich, als ainen kristen menschen zugebürd.
Item so schaff ich auch das man meinem lieben sun, Larenczen Polczlein, den weingarten genant der Freyhait sol vertigen in das gruntpüch[78].
Item so schaff ich auch das nach meinem tod der offgenant mein lieber hawswirt sol und mag in dem vorgenanten meinem haws, das ich dann meinen lieben kinden geschafft hab, wonung haben als lanng bis das er hinwider heyratt und nit lenger.

Vermerkt die schuld, so man
mir, obgenanten Anndree Polczlin, schuldig ist.

Item von erst die Kristaninn von Rab ain halb pfund kuffel salcz.
Item die Wagnerin und die Protsakhin I tal. minus X den.
Item der Schenczel dreyzehenthalben schilling pfenning.

(fol. 111r) Vermerkt auch was ich, obgenante
Anndre Pölczlin, schuldig bin.

Item von erst dem Walësch zu Bischolfstarff zwelif guldein.
Item dem Hainreich Salczgrafen zwainczig guldein und achthalb pfund phenning.
Item dem Caspar Horndel vier guldein, darumb hat er zu pfant ain silbreins gurtel, als vor vermelt ist.
Item dem Peter Eysenreich drey guldein XV den.
Item der Wolfel judin drey guldein und zway pfund pfenning, darumb hat sy pfannt, als vor vermelt ist.
Item dem Veit Ruger drey guldein.
Item meiner schafferin drey guldein in gold und fünfthalb pfund phenning der alten münss.
Item der Slaherin VI ß den.
Item der Steffaninn ain guldein.
Item dem Albrecht Gailsam zehen schilling pfenning.
Item und daz das obgenant mein geschefft zu end volfürt werd, hab ich durch Goczwillen zu mir ervordert und zugeschefftherrn gebeten die ersamen weisen Albrechten Gailsam, Bernharten Fleischakher und Jacoben Prein, das die ire petschatt auf das gegenwurtig geschefft gedrukt haben, doch in und iren erben anschaden.

Actum einschreiben in die
Sancti Viti anno Domini etc. LX°tercio.

---

[78] *Hier ist wohl das Preßburger Grundbuch für Weingärten von 1439 gemeint, heute Archiv Hlavne'ho mesta SR Bratislavy, 4.1.1., Vgl. auch Einleitung S. 15.*

1461 Dezember 6 – *1463 August 16* **216**

Geschäft des Kaspar Adler

pr., schr., 3 Zg. (*Index*: —)

Kaspar Adler

Vermerkt das gescheffft, das ich Kaspar Adler mit gutem willen und mit vernunft hab getan an meinem todpedt am mantag an Sannd Niclas tag anno Domini M° CCCC° LXI[79].

Am ersten so schaff ich meinem weib, Warbara, ainen weingarten genant zw Gefang gelegen in dem Reczisdorffer grundt auf dem nidern güt freÿn und ledigen, ausgenomen das perkrecht.

Mer schaff ich ir ain silbergürtel mit ainem plaben portten und mer ain gürttel mit ainem prawn portten, hat innen mein swester, und ain silbreins kreucz vergolt mit edlen gestain gen Sannd Larenczen.

Und schaff ir ain seideins gulter und ain silbergürtel, dy sol sÿ lösen aus den juden, da ir wol wissen umb ist.

Item mer schaff ich ir mein haws ir lebtag. Wer aber sach, das sy abgieng mit dem tod, so sol man das haws verkauffen und das gelt anlegen nach meiner seel sëlikait und meiner elteren, als umb selpad, umb mess und armen lewtten, wenn ich das befilich meinen geschefftherrn, als auf ir trew. Item dy weil sy in dem haws ist, das sy das haws bei rechten paw halt. Item ob aber sach wer, das sy das haws bei rechten paw nicht wolt halten, so bephilich ich meinen geschefftherren und frewndten, das sy das nicht gestatten. Item so schaff ich ir alle varunde hab. *(fol. 111v)* Item so schaff ich ainen weingarten gelegen im Paczen, den ich kawfft hab irem und mer ainen weingarten in der Poshait, das man dy zwen sahel verkawffen, und davon sol geben umb meiner sel selikait und meiner eltern, als hernach geschriben ist.

Item am ersten so schaff ich zu Sand Merten kÿrchen zu dem paw des kor XX fl. auri.

Item so schaff ich zu Sannd Larenczen kÿrchen zu dem paw des kor X fl. auri.

Item in das kloster schaff zu Unser Frawen zu Prespurg V fl. auri.

Item dem Pertelme, des Gretzen vetter, schaff ich zehen fl. auri, sover das er wil werden zu priester. Wer aber sach, das er nicht wolt zu priester werden, so schaff ich das gelt ainem anndern armenn priester. Item und was des andern gelt uberbleibt, das schaff ich armen lewtten umb mess und umb selpad.

Item die obgenanten zwen weingarten genant Peczen und Poshait sol zu lösen haben mein hawsfraw, Warbara. Wer aber sach, das sy dy nicht wolt kauffen, so sol mein swester, Anndre Weinbachterin, in den kawf tretten und zu ir lösen, und wolt sy auch nicht kawffen, so sol man dy wein ausstailen anndern lewtten nach irm werd.

---

[79] *1461 fiel der Festtag des Hl. Nikolaus nicht auf Montag, sondern auf Sonntag.*

Item so schaff ich meiner swester, Anndre Weinbachterinn, mein tail weingarten im Pëczen, den wir miteinander haben tailt.
Item es sol mein hawsfraw bezalen die schuld, so ich beleib, die ir wissentlich ist, von den gütern, die ich ir laz, als obengeschriben steet.
Item ich pin meiner swester schuldig XLII guldein.
Dicz mein geschefft hab ich bevolhen den erbern weisen Petern Kursner, Niclasen Purkhart und Jacoben Hainburger, und sy mit fleis beten, ir petschafft in und irn erben anschaden daran zedruken.

Actum feria 3ª post Assumcionis
Marie Virginis einschreibens anno Domini etc. LX3°.

1451, ohne Monat und Tag – *1463 August 25* **217**

Geschäft des Hans Wagner

pr., schr., 3 Zg. (*Index*: —)

(fol. 112r) Hanns Wagnër

Vermerkt ain geschëfft, das weilennd Hanns Wagnër getan und darczů gevodert hat Syman Dumbriczër, Philippen Kugersauf und Andreen Ludwig, anno etc. LI^mo mit gueter vernufft und bei rechter weill und zeitt.
Am ersten zu Sannd Larennczen kirchen X flor. auri.
Item zu Unnser Frawn zech X flor. auri.
Item meiner muemen XI flor. auri.
Item meiner swiger, der alten Ekglin, V flor. auri.
Das alles umb meiner seel haill willen.
Darnach schaff ich dy ubermass alles meines güts, varundes und ligundes, nichts ausgenomen, Barbaren, meiner hawsfrawen, ledig und frei, damit zutün und zulassenn.
Dicz mein geschefft hab ich bevolhen den obgenanten drein burgernn, und sy mit fleis gepeten, das mit iren pettschaden zebewaren, in und iren eriben anschaden.

Actum feria quintag (!) post Bartholomei anno Domini etc. LXIII^cio.

1463 Januar 12 – *1463 September 27* **218**

Geschäft der Anna, Ehefrau des Wolfgang Prawn

pr., schr., 3 Zg. (*Index*: —)

Anna Wolfgang Prawninn
geschefft

Alhie ist vermerckt mein geschefft, das ich Anna, Wolfgang Prawninn, getan hab in meinem siechpett mit gutter vernunfft unbetwungenlich zu der zeit, do ich es wol getün mocht, das das niemant widersprochen hat noch widersprechen hat mügen, das ist am mittichen nach Paul primi heremite anno Domini M° etc. LXIII°.

Item von erst so schaff ich meinem lieben man, Wolfgang Prawn, mein tail haus oder das halb haws mit der wil, als mir es mein voriger man seliger geschafft hat.
Item mer schaff ich meinem man, Wolfgang, I weingarten im Gefang zu leibgeding gelegen zenagst des Jorg Pair und annderhalb des Pangrecz des Vogelweber aedem.
Item mer schaff ich, das mein man mein tochter, Barbara, aus sol richten zu pet und zu tisch, nach dem als ich im wol vertraw.
Item mer schaff ich meinem man, Wolfgang, I weingarten gelegen im Woͤlfleins grunt, domit zutün und zulassen.
Und schaff auch meinem man Wolfgang alle varunde hab domit zutün und zelassen.
Item bei meinem vorgeschriben geschefft sind gewesen die erbern hernach geschriben, von erst Pernhart Vierczker fleischhaker, und her Pernhart Vierczker und Jacob Hainburger, die ich fleissiklich darzu gepeten hab, und gebeten yeglichen besunder umb sein petschafft, das sy das auf meinen gescheffbrief gedrukt haben, darumb das mein geschefft krafft sol haben und unzeprochen sol beleiben, als ich das meinen genedigen herren wol vertraw, in und irn erben anschaden.
(*Am Ende*: das geschëfft hat Hanns Mandel widersprochen)

Actum einschreibens feria 3^a
post Ruperti episcopi anno etc. LXIII°.

1463 September 3 – *1463 November 24* **219**

Geschäft des Georg Scholl;
Bestellung von Willensvollstreckern;
Bestellung der Ehefrau zum Vormund der Tochter des Erblassers und der Willensvollstrecker zu Treuhändern des Mündelvermögens
pr., schr., 2 Zg. (*Index*: —)

(fol. 112v) Jorig Scholl

Vermerkcht daz geschëfft, das ich Jorig Scholl bedëchtlich mit gutem willen und vernuft getan hab, das, ob Got uber mich putt, ausgericht und behalten werd in mass, als hernach geschriben stet, und ist geschehen am sambstag nach Sand Giligen tag anno Domini etc. in dem dreiundsechczigisten jare.
Item vonerst, nach der bephelhung in dy hent Gocz meiner seel, von meinen zeittlichen guetern schaff ich meinen ubergolten choph und den pesten silberpecher under den viren zu dem paw Sannd Mertten pharrkirchen zu Prespurg in solher underschaidung, das jërlich ain yeder kirichmaister mïr und meinen vorvoderen, von dann das herkomen ist, laß begeen von dem gelt aus dem stok ainen jartag mit newn leczen und ainer gesungenn seelmeß nach gewonhait der chirchen also, das all jar III gulden von der obgemelten sum, darumb man mag verchauffen das obgenant silber, abgeen.

Item mer schaff ich zu Sannd Mertten paw XVIIII gulden in gold, dy mïr der Hanns Chochaim schuldig worden ist umb ain puchsen, dy er von mïr genomen hat, und dy fuͤrpas gen Ofen gefuͤrt hat.
Item so schaff ich, das man mïr loblich begeen lassen soll mein hausfraw, Magdalen, von den guetern, dy ich ir geschafft hab, als hernach begriffen ist, den ersten, subenten und den dreissigisten mit dem grossen gelewtt fuertragen, und andern notdurfftten nach gewonhait der chirchen. Auch schaff ich, das von dem tag meiner bestattung zu der erden mïr gesungen soll werden ain selambt uncz auf den dreisgisten tag, das auch soll ausrichten und beczallen mein hausfraw.
Item darnach so schaff ich meiner lieben hawsfrawen, Magdalen, frey und ledig meinen weingarten ~~genant das Langtayl~~ mitsambt den fruchten gelegen an dem Hausperig pey Sand Niclas chirchen.
Item auch so schaff ich meiner hawsfrawen dy helfft meins weingarten mitsambt den fruchten genant das Langtayl.
Item aber schaff ich meiner hawsfrawen ain silberpecher, der dann der vird ist, und zwen silberloffel.
Item auch schaff ich ir all mein puchsen, moser, globen, und allew andrew varunde hab, und hawsgeschïrr, das hernach nicht bestimbt und verschafft wird und ist.
Item auch schaff ich meiner hawsfrawen alle geltschuld, ausgenomen dy schuld, dy mïr mein herren des rats schuldig sind, also, das sy davon all meine gelter entricht, und ledigklich beczall, und dy schuld alle hab ich geschëczt auf XXVII gulden in gold.
Item so schaff ich meiner hawsfrawn dy helfft meins haws, also das sy das selbig prauch, ir lebtëg, und nach irm tod soll es dann an alle hindernuß nachvoligen meiner tochter frey und ledig.
Item so befilich ich auch ~~meiner~~ meiner ~~tachter~~ hawsfrawen mein tachter inczuhaben, und dieselbig trewlich und tugentlich ziehen, mitsambt dem haws und dem halben weingarten uncz auf ir vogtpëre jare, doch mit solher underschaidung, ob sy mein tochter nicht trewlich und tugentlich zug, und das haws und den weingarten nicht pewlich hielt, so sullen meine gescheftherren ganczen gewalt haben einczunemen mein tachter mitsambt den ~~weingarten~~ vor-
(fol. 113r) gemelten erben an alle widerred und menikliche hindrung nach meiner herren des rats wissen und helff.
Item so schaff ich meiner tochter, Barbara, mein haws gelegen bey Wedriczer tor zu nagst dem Pëstlër, das ich gancz gefreit und gelost hab von den frewndten und und (!) ier ansproch meiner vordern hawsfrawn, Barbara seliger gedechtnus, freÿ und ledig ausgenomen ain leibgeding, auf mein hawsfrawen, Madlen, als oben berürt wirdet.
Item auch schaff ich meiner tochter, Barbara, die helfft meins weingarten mitsambt den früchten genant das Langtail.

Item auch schaff ich meiner tochter, Barbara, den anndern meinen silber kopf und zwen silberpecher, die mynnern, und funf silberlöffel, und meine silbreine manns-gürtel frey und ledig.
Item aber schaff ich meiner tochter die helfft meiner petgewandt, der ich XII hab und I duchna mit zugehorung, kisten, und annder hawßgeschirr.
Item auch schaff ich meiner tochter alle schuld, die mir mein herren des rats und die gancz gemain schuldig worden ist von wegen meines jarsold und getrewer dinst und arbait, als dann awsweisent die register aines yeden burgermaister die selb zeit und statkamrer, die dann geschěczt hab auf I½^{c} ungrisch gulden.
Item so schaff ich der alten Eͣndlein zu kawffen ain tüch zu ainem rok.
Item so schaff ich und wil, das alle vorgemelt varund güter, die ich meiner tochter geschafft hab, als oben geschriben steet, trewlich und an all irrung oder hinder-nüs, alspald nach meinem tod einnemen sullen mein geschëfftherrn, daz sÿ die trewlich innhaben pis das mein tochter kumbt zu irn vogtpërn jaren. So aber ainer oder baid aus meinen geschëfftherrn mit dem tod abgieng, da Got vor sey, vor den vorgemelten jarn, so bitt ich umb Gotz willen, daz ewr yeder verrer bevelhen well die vorgemelt mein tochter mit den gutern trewlich und ungeverlich ainem ersamen man, geistlichen oder weltlichen mit wissen meiner herren des rats, als ich in empholhen und getraut hab, und wil nit, noch sullen mein frewndt das kind furen aws der stat Prespurg mit seinen gütern, sunder ich wil es da zebehawsen.
Item ich schaff auch, so mein tochter vor vogtpëren jarn mit tod abgieng, da Got vor sey, das alles gut, es sey erbgut oder varundgut, als obengeschriben steet, erblich gevallen soll auf die nachsten frewnd meines stam und geslëchter und nit verrer, so aber dieselben mein frewndt die vorgemelten guter nit pesüchten also lang, daz sy mit recht verrer erben möchten, so sullen dann alle die obgemelten güter gancz und lediklich gevallen gen Sand Merten zu dem paw.
Darumb das mein geschëfft also volfürt und volbracht werde, und unzebrochen beleib und stët, hab ich gebeten umb Gots willen und meiner fleizzigen gebet willen die ersamen herren herrn Bernharten, dieselbig zeit korherrn und pfarrer zu Sand Merten pfarkirchen, und Niclas List, die zeit gesworner des rats, daz sy sich desselben meins gescheffts under wunden haben und bestëttigt ir yder mit sein petschaden darauf gedrukt, in und irn erben an schaden.
(fol. 113v) Item vermerkcht, was man mir schuldig worden ist, daz ist wissen meiner hawsfrawn von dem Këpel und den anndern, die sy ir ervordern und ein-bringen sol, als obengeschriben stet.
Item vermerkt die schuld, die ich schuldig worden pin.
Item von erst in Gotzleichnam zech pin ich schuldig versessen zinns VI fl. auf Michaelis nachstkünfftig [*1463 September 29*], von ~~we~~ meinen ~~wegen~~ wein-garten genant im Langentail.
Item dem Langen Hainreichen, des Pëmkircher diener, pei X fl.
Item ainem ze Wienn auch genant Hainreich VII fl.

Item dem Ulreich Kramer III fl., welher mir herwider schuldig ist und stet auf ain raittung.
Item herrn Jacob, prediger, LX den.
Item so aber ettwer mer këm mit genügsamer weisung, das yeczund in mein gedëchtnüs nit bewegen kan, dem sol auch genug gescheen nach seiner weisung.

Actum einschreiben in vigilia Katherine LX3°

Madalena, uxor, contradixit.

1463 Juli 15 – *1463 August 9* **220**

Geschäft des Bernhard Virczker

pr., schr., 2 Zg. (*Index*: —)

Pernhart Vierczkger

Vermerkt das geschëfft, das der fursichtig Perhart Virczker bedachtlich mit guter vernunfft getan hat, redlich an meniklichs widersprechen, das ob Got uber in gepüt ausgericht sol werden in mas, als hernach begriffen ist. Und ist gescheen an dem tag der ausdaillung der Heiligen Zweliffpoten anno Domini millesimo quadringentesimo LXIII[c].
Und am aller ersten hat er enphalhen seiner seel hail in dy hennd Gotz seins herren, und hat zewgnüs von den gegenwurttigen, das er woldt sterben in rechtem krisstenleichen gelauben.
Darnach von seinen zeittlichen güttern hat er von erst geschafft XL guldein zum paw Sannd Merten kirchen und „zum" paw Sannd Larenczen kirchen XX guldein umb seiner seel hail willen, das er auch besunderlich seiner hawsfraw auf ir gewissen bevolhen hat.
Darnach schaff ich mein haws gelegen oberhalb zunagst dem Hanns Korner halbs meyner hawsfraw, Babare (!), und dy annder hellfft meinem kind, Martino, und des sy swanger ist.
Mer schaff ich meiner hawsfraw mein drey weingarten, der erst genant Rebstokch gelegen auf der statgründ, der annder genant Puder gelegen an Weinnerperg, der dritt genant Grünlërn, all drey frey und ledig tun und damit zelassen nach irm willen.
Auch schaff ich meiner hawsfrawn, Barbare, alle mein peraitschafft und varunde hab, wo oder an wew (!) ich dew hab, nicht ausgenomen, und darzu alle gelt schuld, dy man mir schol oder schuldig ist. Und wil, das sy meinen kindern vorbestimbt geb, so sew vogtperig werden, als hernach begriffen ist, LX guldein, und bezall all anndre mein schuld.
(fol. 114r) Mer schaff ich meinen vorgenanten kindern drey weingarten, der erst genant Wottenburger gelegen zunagst des Hanns Pottenperger weingarten ains tails und des spital weingarten des andern tails, der annder genant Pretnagel gelegen zunagst des Simon Sneider weingarten, der dritt genant Spiegel gelegen auf dem obern güt zu Rezisdorff zu nagst des Simon Sneider weingarten, all drey

freÿ und ledig. Und dy yecz gemelten drey weingarten und das halb haws auch vorbestimbt mittsambt meinen kindern enphilich ich meiner hawsfraw, Barbare, auf ir trew, doch in solher underschaid, das sy dy erb peilichen halt, und dy kinder mütterlichen halt und erziech uncz das sy vogtperig werden, und wann das nun geschicht, so sol sy dy vorgenanten erib anntwurten den kindern. Dy weingarten drey mal gehawt mitsambt den fruchten. Wer aber sach, das dy erib der kinder nit pewlich hielt, so sullen dy frewndt der kinder nach dymeltiger mainung mit rat und wissen der purger sich der erb mitsambt den chindern underwinden und pewlichen halten. Giengen aber dy kinder unvogtperig mit tod ab, so sol mein hausfraw dy LX guldein geben nach rat gotforchtiger lewt, es sey zu ainem jartag oder zu der kirchen paw, oder zu anndern guten werchen.
Auch schaff ich meinen kindern mein fleisch pank.
Item meinem bruder, Hannsen, schaff ich meinen weingarten genant der Frandt frey und ledig, und mein hawsfraw schol im den pawn uncz auf das nagst lesen. Er sol auch derselb mein bruder frewndtlich und trewlich tun an meiner hawsfrawn und meinen kindern, und ir einhellfen zebringen und raihen dy geldschuld ungeverlich, als ich im des getraw.
Und zu gezewgnüs meins hie geschriben geschëfft hab ich gebeten dy ersamen und weisen her Bernharten, corherren und pfarrer zu Sannd Merten, und Wolfgangen Vorster, diezeit des rats, das sew solhs mein gescheffft inbekennen nach gewonhait der stat und kerfftigen (!) mit irn aufgedrukten betschifften (!) in und den yeden anschaden.

Actum einschreibens feria 3ª ante
Laurenti martiris anno "etc." Lx~~quarto~~ tercio.

1459 Februar 23 – *1464 Januar 27* **221**

Geschäft des Ulrich Schaur;
Bestellung von Willensvollstreckern (?)
pr., schr., 2 Zg. (*Index*: —)

Ulrichen Schaurs geschëfft

Vermerkt das nachgeschriben gescheffft, so ich Ulrich Schawr, burger zu Prespurg, mit wolbedachtem mütt, gutter vernufft und gewissen zu zeitten, als ich dann das rechtlich wol getün mocht, getan hab.
Item von erst schaff ich hie zu Sannd Michel pharrkirchen aus den XLII guldein, so mir Kunrat Sagler zu Schonndorffer gassen fur den weingartten im Kreuczner underm Fredman gelegen schuldig ist XX guldein, also, so dy zeitt der zalung këm, das man dy selben bemelten XX guldein dem obgemelten Goczhaws einnemen und im die nach seiner notturfft anlegen sol ungeverlich.Item mer schaff ich aus den bemelten XLII guldein mir und meinen vordern und nachkömen zu ainem ewigen jartag zebegeen X guldein, und des sullen dy bruder der hawer zech patron sein, dye ich dann mit fleis darumb bitt.

Item ich schaff auch mer aus denselben XLII guldein den bemelten brudern der hawer zech in ir zech, damit das sy des obemelten jartags dester fleissiger sein, VII guldein, derselben zech nach nucz und früm anzelegen, und genczlich nach zefoligen.
Item so schaff ich meiner pasen, der Kreschen sun, für das, das ich von seinen wegen gevechssent hab V guldein in gold, die man im auch aus den vorgeschriben XLII guldein bezalen sol.
(fol. 114v) Item darnach schaff ich meiner meiner (!) lieben hawsfrawn, Anna, den weingarten im Ellein mitsambt dem gartten ledigen und freÿ also, das sy damit zehanndeln, zethün und zelassen hab nach allem irm willen, wie sy des verlust an meiner erben und meniklichs von irn wegen irung und hindernüs. Auch schaff ich ir mer aus der nachgeschriben meiner geltschuld XII tal. den. gancz nach zevolgen, und auch dy XVIII ß den., dy mir der Mertt Pachfurter, mein diener, schuldig ist. Darczu und auch mer V guldein, so mir auch derselb mein diener beleibt auch gancz frey und ledig, dach das sy in damit nicht verr treiben sol, sunder die von im einnemen, wenn er die wol gehaben mag. Darzu schaff ich ir die wein, sovil ich der hab, lediklich halb nachzevolgen, und auch alle varunde hab, was in dem haws ist, ungeverlich, nichts ausgenomen.
Item mein haws und hofstat, darinn ich gesessen bin, auch ainem weingartten im Dursmaul schaff ich den nach genanten meinen frewndten und enekel, mit namen Chunczen Puchler, Christan Schawr, Hannsen Schawr von Stamphach, Simon Bair und Mathewsen Kegel, allen miteinander, ainem yeden darinn geleich sovil als dem anndern nachzevolgen an irrung und hindernus des anndern.
Item dann den weingarten in der Poshait schaff ich Simon Bair und Kristan Schawr miteinander, yedlichem ainen tail fur X guldein, mugen sy aber das icht mer geniessen, sol in auch zu steen.
Notta mein geltschuld. Item der Kennenwurffel und sein gesellschafft bleiben mir schuldig IX ß minder VIII den. Darnach ist mir Kuncz Puchler, mein ohaim, schuldig IIII guldein in gold, die selben IIII guldein schaff ich meiner swester, der Ul Bairin gen Prellen kirchen. Item N. Schneider, des Rotten Anndreen sun, ist mir schuldig V½ tal. den. und VI tal. den. sullen dy vorgenanten V erben von den vorgeschriben, so in zugeschafft ist, der ebemelten herawsgeben, und bezalen, damit ir die XII tal. den. gancz vollrekcht (!) und bezaltt werden.
Dicz mein geschefft hab ich befolhen und des zugescheffftherren gebetten dy ersamen weisen Wolfgang Strobel, diezeit pergmaister, und Michelen Zistler, burger hie, dy dann da pei gewesen sein, und das mit irn bettschaden durch meiner fleis bett willen beslozzen haben, in und irn erben anschaden. Gescheen an Sannd Mathews abent anno Domini etc. LVIIII°.

Actum einschreibens feria 6ª ante Valerius
episcopi anno etc. sexagesimoquarto.

1462 September 27 – *1464 Februar 24* **222**

Geschäft des Christian Paur

pr., schr., 5 Zg. (*Index*: —)

(fol. 115r) Kristan Pawr geschefft

Vermerkt ain geschefft, das ich Kristan Pawr tan hab an meinem siechpet mit guter vernunfft, wicz und sinnen, an meniklichs widersprechen und irung, als hernach begriffen ist.

Von erst schaff ich meinem sun, Anndre, mein weingarten im Hawbmer lediklich damit zetün und zelassen. Mer ainen weingartten im Fleütschier auch also lediklich.

Item ainen weingarten im Schospurger auch meinem sun, Anndre, zetun und zelassen.

Item mer mein haws halbs, darinn ich sicz, auf Schondorffer gassen zunachst Niclas Darnschachen und Kue Anndre hewsern gelegen meinem obgenanten sun, Anndre.

Item die annder helfft meiner hawsfrawn mit solher underschaid, ob mein sun und mein hawsfraw sich nicht mochten miteinander verainen, und ob sy wolt irn halben tail hingeben, so sol sy den meinem sun, Anndre, verkawffen, darumb des der halb tail gar wol wert ist.

Item ich schaff auch meiner obgenanten hawsfrawn ainen weingarten in der Kolgrub lediklich nach zevollgen, zutun und lassen.

Item ich schaff auch meiner swester, Anna, XII ellen prüner tuch, die sullen mein hawsfraw und sun miteinander bezalen von den fruchten, die sy miteinander verchaufen werden in dem gegnwürtigen lesen.

Item dÿ frücht aus den obgenanten weingarten allen sullen gleich muter und sun ein nemen und verrer die benanten weingarten widerumb auf das eingennd jar paw, und was aus denselben fruchten uber das paw uber bleibt, sol muter und sun miteinander geleich tailen, und die frücht, die auf des annder jar gevallen werden aus den obgenanten weingerten, davon sol mein hawsfraw den dritten emer ~~nit~~ wein und nit mer. Item mein sün sol von den gütern, die ich im hab geschaffen, inner dreyn oder vier jarn [*1467 oder 1468*] ungeverlich ain Ramfart volbringen oder volbringen lassen.

Item ich bin IIII guldein schuldig, die sullen muter und sun bezallen miteinannder.

Dits mein geschefft hab ich bevolhen den erbern Peter Polster, Niclas Dornschach, Hannsen Kern, Thaman Drëxel und Hannsen Vetter, und sy mit fleis gebeten, das sy das mit irm betschafften versorgt und verrer fleis haben, das das volbracht werd, als ich in des am hochsten vertraw, doch inn und irn erben anschaden. Geben am mantag vor Sannd Michels tag anno LX2°.

Actum einschreibens feria 6ª ante Mathie
apostoli anno etc. LXIIII.

1457 Juni 26 – *1464 Februar 24* **223**

Geschäft des Christian Dornpacher

pr., schr., 3 Zg. (*Index*: —)

Kristan Dornpacher geschefft

Vermerkt, das der ersam Christan Dorn~~sch~~,,p“acher auf Schonndorffergassen hat getan ein geschefft am suntag vor Sannd Peter tag, als man schreibt nach Kristi geburd M^{o} CCCC^{o} ~~LXIII~~ LVII jar, da bei gewesen sind dy ersamen und fursichtigen mann am ersten der Simon Dumbriczer, Niclas Dornschacher, Chuncz Stigler, die er darzu fleissiklich gebeten hat.

Item am ersten schaff ich meiner tochter, Margrethen, ein weingarten in der Hochney, der nachper sind der aüssrer Niclas Messrer, der indrer Simon Tumbriczer.

(fol. 115v) Item aber schaff ich ein weingarten der haist in Gerlein in der Wurczenpach.

Item aber schaff ich ein weingarten in den Peczen meiner obgemelten tochter Margreten. Die selbn obgemelten weingarten schullen pawn mein pruder, Jobst an den Ort und Peter an den Ort, und auch der Simon Arczt, sein sun swager, und sullen dy weingarten so lanng pawn, uncz das mein tochter, Margret, kumbt zu irn vogtpern jarn, darnach sullen ir nachvolgen halbew frucht aus yeglichen weingarten.

Item ich schaff meiner hawsfrawn, Elspeten, mein haws gelegen auf Schondorfer gassen zwischen des Michel Cholasdorffer und Hanns Vetter, da pei sy nicht sol mangel leiden zuverkawffen. Mag sy es aber verspern, so sol es dann erben auf dy nachsten erben ausgenomen X guldein, dy schullen geschafft werden irm pruder, Stephan.

Item ich schaff dem Smalczhënsel II tal. und ein plaben rokch, IIII meczen waicz.

Item mer schaff meiner hawsfrawn, Elspeten, ain dreiling wein, der zwen ligen zu dem Peter Swaber, darinn sy dy wal sol haben.

Item ich schaff ir auch allew varunde hab, die da ist in dem haws, ausgenommen das pest pet.

Item ich schaff meinem vetter, Stephan in der Newnstat, II guldein, dy schol geben der Thaman Frank.

Item schaff ich meinem peichtvater, her Thoman von dem Krensteter, I guldein.

Item ich schaff zu dem paw zu Sannd Larenczen II gulden, I ist schuldig Michel Dornhofer.

Item schaff ich meinem bruder und meinem swager, Simon Arczt, II dreiling wein.

Item schaff ich meiner muter XII emer wein.

Item das obgemelt geschefft ist geschehen mit ir baider will und mit wolbedachtem mut und unbetwungenlich, da sy das gar wol tun haben mugen und mit guter vernufft.

Actum einschreibens feria
6^{a} ante Mathie apostoli anno
LXIIII°.

1460 Juni 6 – *1464 August 31* **224**

Geschäft des Wolfgang Ertel

pr., schr., 3 Zg. (*Index*: —)

Wolfgangen Ertl geschěfft

Vermerkt das geschefft, das ich Wolfgang Ertel hab getan mit wolbedachtem mut am (!) alle widerred und zu der zeit, als ich es wol haben mügen tün.

Von erst so schaff ich meiner hawsfraw ein weingarten gelegen in dem Hengst zutun und zulassen.

Darnach so schaff ich mer ain weingarten meiner hawsfrawn gelegen in den Eysgruben ir zutun und zu lassen.

Darnach so schaff ich meinen zwain kindern ein weingarten gelegen zu Recziscdorf und dem knaben schaff ich den pessern tail und von des maidlein ~~erb~~ tail sol man nemen III guldein, und sol die geben meiner peslein. Ob aber der kinder ains mit dem tod abgieng, so sol der obgeschriben weingarten erben von ainem auf das annder. Und darnach auf die nachsten frewndt von ainem auf den anndern.

Darnach so schaff ich das haws auch meinen zwain kindern, Erharten und Anna, und dem knaben den pessern tail.

Und die gescheffltlewt, die ich mit fleis gebeten hab, das sein die erbern lewt Erhart Emer, Stephan auffm Stokch und Niclas Weber. Und das geschefft ist geschehen am freytag in der quottember nach Phingsten anno Domini M^{o} CCCC^{o} LX° jar.

Actum einschreibens feria 6^{a} ante
Egidy abatis anno Domini LXIIII^{to}.

1464 August 27 – *1464 August 31* **225**

Geschäft des Jakob von Brünn

pr., schr., 4 Zg. (*Index*: —)

(fol. 116r) Jacoben von Brünn, burger zu Wienn, geschěfft

Vermerkt den lesten willen, so Jacob von Brunn, burger zu Wienn, diezeit ligund zu Prespurg, an seinen lesten zeiten getan hat.

Item zu dem ersten ist mein will und geschefft, das Elisabeten, meiner hawsfrawn, nachvoligen sol all mein gut von erben und peraitschafft unverschaidenlich.

Item die gelt schuld, so der Swenczeler schuldig ist von wegen des gepaw seiner weingarten, wievil der ist, schullen Wolfgang, mein sun, der Lempel, mein aiden, trewlich mit der muter einbringen, und mit den anndern geswistreten ungeverlich tailen mitsambt der muter.

Item XXVIII tal. oder die geltschuld, sovil ir ist zu Ibs von den hoflewten schaff ich lediklichen Wolfgangen, meinem sün, seinen frummen damit zeschaffen.

Item die XXXV guldein, so mein aidem, der Lempel, mir schuldig ist, schaff „ich" in ledig quit und ledig frey.
Item III guldein schol man geben zu Sannd Merten.
Item der Stephan Gurtler ist schuldig dem benanten Jacoben XI guldein von wegen des Caspar Maler, der XIIII gewesen sind dieselbigen, ob Got uber mich put, pitt ich meiner frawn all zehant zeraichen.
Item hern Ypolten hat der Wolfgang zubehalten geben VIIII guldein.
Item „dem" dreysigker schol man entrichten was man im schuldig ist.
Item dem Wolfgang wil ich X½ guldein von wegen des Knaphansen, die sullen im auch beleiben.
Item II guldein schol im die muter aushin geben.

Dabey sind gewesen

her Ypolt, maister Stephan, diezeit prediger zu Prespurg, der erber weis her Ott Swan, gesworner des rats und burger daselbs, der beschaiden Hanns Geyr, ainer der genanten. Actum anno Domini etc. LX°quarto an montag vor Augustini des episcopi.

Actum einschreibens feria 6ª ante
Egidi abatis anno etc. LXIIII°.

1464 September 24 – *1464 November 23* **226**
Geschäft der Anna, Ehefrau des Michael Wohner;
Bestellung von Willensvollstreckern
pr., schr., 3 Zg. (*Index*: —)

(fol. 116v) Anna Wohnerin
Vermerkt die bekantnüs und das geschëfft, so die erber fraw Anna, Michels Wohner hawsfraw, mit wolbedachtem mut williklich und unbetwungen mit guter vernufft in irer krankhait bekant gemacht und geordent hat, vor irn hernachgemelten geschefftlewten, die sy zubehaltung und bestëttung, damit es nach irem tod, ob Got sy geput, gehalten werd vor meniklichs widersprechen und widerrůffen, und sy das also zuverbringen darzu gebeten hab in mass, als hernachgeschriben steet, und ist gescheen im LXIIII jar am mantag vor Sand Michels tag.
Am ersten bekenn ich, als sich mein vater und annder mein frewndten nach abgang meins mans, Niclas Hawer seligen, gegen meinem sweher, Anndren Hawer, in einen teding geben haben an mein willen, wort und wissen von wegen ains halben weingarten genant der Frawnweingarten, mich des erblich zeverzeichen. Sprich ich, daz mein vater noch ander mein frewndt kainen gewalt noch willen von mir gehabt haben, mir denselben weingarten zuvergeben, wenn was durch sy getedingt ist worden, daz haben sy getan an mein willen und wissen. Es ist auch kain gewalt noch willen nye verhort worden. Ich hab mich auch verschreibnus auf solhe vergebung meins vaters nye verwilligt, darumb widersprich ich das, und

als mir mein Niclas seliger den weingarten erblich geschafft hat, also schaf ich in widerumb, so Got über mich gepüt, meinem hawswirt, Michelnn dem Wohner, mit frucht mitall, damit zutun und zelassen, ausgenomen ainen dreyling wein aus dem benanten weingarten, den schaf ich hie zu Sand Merten zu dem paw, ich sterb oder genes, von wegen meines manns, Niclasen ~~Nicla~~ seligen, und meiner seel hail.
Mer ainen weingarten zu Sand Jörgen, den wir miteinander kawfft haben, genant der Silberprenner schaf ich meinem hawswirt frey und ledig.
Mer ainen weingarten zu Rëzisdorff gelegen am Weinarner gepirg, der da haist der Molfleisch, schaff ich auch meinem hawswirt frey und ledig.
Anndre ligunder guter und varund, es sein hewser oder weingerten, darinn mein frewndt sprechen wolten, sullen unverschaidenlich nachvolgen meinem hawswirt, Micheln dem Wohner, allen seinen frumen damit zeschaffen.
Meiner swester, der Scharrachin, schaff ich die silbrein guͤrtel auf dem swartzen parten und das plab seiden par ermel mit den perlein preisen.
Daz aber solh mein bekanntnüs und ordnung des gescheffts also volbracht werd in massen, als oben geschriben steet, hab ich mit fleis gebeten herrn Ypolten, die zeit prediger zu Prespurg Sand Merten kirchen, Niclasen Morner, Jorgen Unverricht, baid burger daselbs, daz sy durch meiner fleissiger gebet willen zewgnus der bekantnus und gescheffts ir petschatt darauf druken, in und irn erben an schaden.

Actum inschreiben in die
Clementis anno LXIIII°.

1464 August 5 – 1464 August 14 – *1465 Februar 27* **227**

Geschäft des Wolfgang Spies

pr., schr., 4 Zg. (*Index*: —)

(fol. 117r) Wolfgangen Spies

Vermerkt das geschëfft, das ich Wolfgang Spies mit wolbedachtem mut an alle widerred zu der zeit, da ich das wol hab mugen tun, hab getan.
Item von erst so schaff ich meiner hawsfrawn, Cecilia, meinen weingarten ze Gfang in solher beschaiden, das sy XIIII guldein davon bezalen sol, VII guldein auf die nagst kunfftigen Weinachten [*1465 Dezember 25*], und die VII guldein auf die Weinachten, die darnach nach den benanten Weinachten künftiklich komen [*1466 Dezember 25*], darnach hat sy damit zetün und zelassen.
Item darnach schaff ich derselben meiner hawsfrawn, Cecilia, mein haws auf der Schonndorffergassen zwischen Hannsen Drëxel und Mathews Lehner, das stet meiner swiger zu phannt umb XLII guldein, wann sy die ablöst. So hat sy auch damit zetun und zelassen.
Item ich schaff auch mer meinen weingarten in der Hochney meinem sun, Jacoben. Ob der abgieng, da Got vor sey, so sol derselb weingarten auf die benant mein hawsfraw Cecilia erben, damit hat sy auch zutun und zelassen.

Item mer schaff ich Michelnn Ewrthaber meinen weingarten in der Eysgrüb frey und ledig.
Item mer schaff ich meiner hawsfrawn, Cecilia, mein zwen weingartten, der ain gelegen im Goltfuss, der annder gelegen im Pawngarten, baid weingarten frey und ledig ir lebtag, doch das sy davon ausricht in den drein jarn ein Ramfart, und das darnach nach irm tod dieselben benanten zwen weingarten erben auf mein swester, Anna, und auf irn hawswirt, Kasparn Woduscher, und auf ire kinder sy sein pürttig oder unpurttig, gancz ledig und frey.
Und die geschëfftlëwt, die ich mit fleis gebeten hab, das sein die erbern Hanns Kron, Stephan Stamphaer, Niclas Troppawer und Përtel Kürsner. Und das geschëfft ist gescheen am suntag nach Sannd Stephans tag anno Domini etc. LXIIII^{to}.
(*spätere Eintragung*: Das geschëfft, das hat widerrüfft Anna, des Kaspar Woduscher hawsfraw, Wolfgangen Spies seligen leibliche swester, nach des kinds, Jacoben, tod und ist gescheen an Unser Frawn abent irer Schidung im LXIIII jar [*1464 August 14*].
Nach solher widerruffung ist zemerkten, das sin (!) der Wolfgang Spies hat gehabt, er las sein hawsfraw, Zecilia, swanger.)

Actum inschreibens am Ëscher
mittichen anno etc. LXV^{to}.

1463 März 9 – *1465 März 24* **228**

Geschäft der Anna, Ehefrau des Martin Gailsam

pr., schr., 2 Zg. (*Index*: —)

Anna Gaylsaminn

Vermerkt das geschëfft, das ich Anna Gaylsaminn vor meinem kund (!) mit güter wolbetrachtung und wicz und sinnen an meinem siechpet getan hab, do ich das müglich und billich wol getun mocht an meniklich hindernuss und einred.
Also schaff ich und ist auch mein leczter will, als mein güt, varunds, ligunds, gelt, geltschuld, klainhait, und parschafft, nichts ausgenomen, sunder alles hieinn bestenn Mertten Gailsam, meinem hawswirt, lediklich und freÿ damit zetün und zehanndeln nach seinem willen.
Aus den gütern allen meiner seel haÿl zuversorgen, sol derselb mein hawswirt das tun in massen, als ich im des vertraw und er wol waÿs.
Zu dem geschëfft hab ich gebeten die ersam weisen Burkarten Scharrach und Wolfgangen Vorsster, ratgesworn, das diz meins gescheffts geschëfftherren sein mit irn aufgedrukten petschaden, in und irn erben anschaden. Gescheen am mittichen nach Reminiscere anno Domini etc. LX3^{o}.

Actum einschreibens am sambstag Unser Frawn
abent[80] in der vassten anno etc. LXV^{to}.

---

[80] *1465 fiel der Tag vor Maria Verkündigung auf Sonntag.*

1464 Mai 12 – *1465 April 22* **229**

Geschäft der Katharina, Tochter der Zistlerin

pr., schr., 2 Zg. (*Index:* —)

(fol. 117v) Katherina Zistlerin

Vermerkt daz geschëfft, daz ich Katherina, der Zistlerin tochter, mit guter vernufft und wolbedachtem muͤt, da ich das also wol getun hab mugen, getan hab.

Item ich schaff meiner lieben müter, der Zistlerin, obengemelt mein weingerten gelegen auf Rezisdorffer guͤt, dar ain gelegen im Gerewt und den meinen tail weingarten im Viertail, damit sol sy haben zutun und zelassen nach irm willen, wie sÿ verlust.

Dicz mein geschëfft hab ich bevolhen den erbern Kasparn Raifsneider und Rot Kristan, und gebeten, daz sÿ das mit irn petschaten haben bewart und verslozzen, in und irn erben an schaden. Gescheen und geschafft am sambstag nach dem Auffertag im LXIIII jare.

Actum einschreiben am mantag
vor Jeorgy[81] anno LXV^{to}.

1456 April 7 – *1465 Mai 27* **230**

Geschäft des Ladislaus Mordrer;
Bestellung von Willensvollstreckern

pr., schr., 5 Zg. (*Index:* —)

Lassla Mordrer

Vermerkt das geschëfft, daz Lassla Mordrer auf Sand Michels gassen mit guter vernufft unbetwungen in seinem sichbet getan hat vor den hernach geschriben seinen geschëftlëwten getan hat Jorg Meindlein, Caspar Raifsneider, Andre Weniger, Michel Zistler und Hanns Leopolden. Actum am mittichen nach Quasimodogeniti anno etc. LVI^{to}.

Von erst hat er vermeldt, daz das haws in dem er want halbs ist seiner verlebten muter, Kunigund, damit furbazer zetun und zelassen als mit irm erbgüt.

Item den anndern halben tail hat er geschaft seiner hawsfrawn, Margret, als zu leibgeding in mass, als er ir das gemorgengabt hat, also beschaidenlich, ob sy swanger wër und lebentig kind geperet, daz dann in leben blib, darauf solt das halb haws erben. Ging es aber ab mit tod, so sol das haws fürbazer erben auf die nachst frewntschafft, auf die es dann rechtlich erben sol, doch das der frawn in irer morgengab und leibgeding nichts abgee.

---

[81] *Der St. Georgstag wird gemäß ungarischem Brauch mit dem 24. April aufgelöst. An diesem Tag wurden auch die Stadtoberen von Preßburg gewählt.*

Item mer hat er geschafft zwen weingarten, ainer in der Undern Hocheney ze nachst dem Thoman Drëgsel, der annder gelegen im Hochweingarten oberhalb der Muͤnichlein, seinem sun, Michel, den er hat gehabt bei des Kren tochter in solher beschaiden, ob das kind abgieng mit dem tot vor gevogten jaren, so sullen darnach die benanten weingërten erben auf des Lassla Mordrer frewntschafft, und der weingërten sol gerhab und verweser seinn und dem kind fürhalten die frawn Krenÿn trewlich mit allerlay notdurfft. Ob aber das kind kuͤmbt zu seinem gevogten jaren, so mag er die verschaffen, geben und machen, wem er wil an meniklichs irrung.
Item mer hat er geschafft drey weingërten, ainer im Noͤrtz vicinus Kue Cirvos, der annder in der Poshait ze nachst dem Holdus Jenusch, der dritt im Mënhërtlein ze nachst dem Peter Ledrer, seiner tochter, Wendla, die er hat elich gehabt mit des Lanndman tochter, also beschaidenlich, so das kind kuͤmbt zu seinen gevogten jaren, so mag es damit tun und hanndeln, als mit seinem rechten erbguͤtern. Gieng es aber ab ungevogter, so sullen die weingërten erben furbazer auf des kinds nachst erben, auf die es dann rechtlichen erben sol.
(fol. 118r) Item es ist auch vermeldt, die weil das kind, Wendla, nit kumbt ze gevogten jarn, und die weil es nit vermëhelt wirt elich ainem man, so sullen die weingerten innhaben den Noͤrtzen der Hanns Leopold zusambt dem kind, aber die anndern zwen weingerten sol innhaben der Kristan Achtseinnicht, und die verwesen mit paw und aller annder notdurft verantworten also lang, hincz das kuͤmbt ze seinen gevogten jarn. So aber das kind kumbt ze seinen zaljarn, daz es elich einem mann verheiret wird, so sullen sy baid das kind vertigen ze pett und tisch nach erlichen „statten".
Item mer hat er geschafft seiner swiger, der Krenin, ainen plaben frawn rok.
Item so hat er geschafft seiner tochter, Wendla, ainen silbreine frawngurtel, die von irer muͤter ist herkomen. Mer hat er geschafft derselben seiner tochter ainen plaben frawnmantel und ainen pett zu irer vertigung, zwen haubtpoͤlster.
Item darnach hat er geschafft seiner hawsfrawen, Margaretha, des Hanns Lehner tochter, all wein, die da sein sind in seinem keller gelegen, auch schafft er ir ros und wagen, und darzu alle varunde hab, was der ist unvergriffen, was vor vermeldt ist.
Item davon sol man zaln von der varunden hab seiner muͤter, der Modrerin, XIIII ß den. und ims begern mit pfërlichen rechten, als pillich und recht ist.
Damit aber sein geschefft fuͤrgang hab, hat er gebeten die obgenanten sein geschëftlewt durch Gots willen, daz sy desselben seins geschëffts verantwortter seinen und zu zewgnus und gedëchtnuͤs hat ir yeder sein betschatt auf die geschefftzedel gedrukt, und sol von wort ze wort also in geschriben werden in der stat geschëfftpuech. Actum anno, die ut supra.

Actum einschreibens 2ª feria post
Urbani anno LXV^to^.

1465, ohne Monat und Tag – ***1465 Juni 5*** **231**

Geschäft des Wenzel Pestler

pr., schr., 2 Zg. (*Index*: —)

Wentzla Pëstler

Vermerkt das geschëft, daz ich Wenczla Pöstler hab getan am freytag nach etc. (!) mit guter vernuft und wobedachtem (!) můt, da ich es wol hab tun můgen in gegenwůrtikait der erbern Wolfgang Půhler und Stephan Nater, die ich darzu mit fleis gebeten hab, in und irn erben an schaden im LXV jar.

Item daz ich Wenczla Pëstler pin schuldig einem juden gen Ofen XXIII fl.

Item mer pin ich schuldig den erbern herren dem capitel L fl.

Item herrn Pauln, in Gotzleichnams kapeln, X fl.

Item in das spital X fl.

Item aus den zwain weingarten genant Spitaler und Viertzker sol man dem obgenanten juden geben und bezaln gantz und gar seiner schuld von den frůchten, die in den zwain weingärten werden.

Item die zwen weingërten oder den ainen, die vorgenant seinn, sol mein hawsfraw hingeben nach rat und willen der erbern herrn und geschëfftlewt, und davon sol man bezaln die herren im capitel und herrn Pauln, in Gotzleichnams zech, und spital, und ob ein ůbermass bleibt, das sol alles seinn meiner hausfrawn.

Item so schaf ich mein haws meiner hawsfrawn gantz frey und ledig, doch also, ob die vorgenanten gelter nit bezalt moͤchten werden, so sol man als vil vom haws nemen, damit daz sy bezalt werden, und das übrig gancz und frey irn willen damit zeschaffen.

(fol. 118v) Item mer schaff ich meiner hawsfrawn ainen weingarten gelegen im Veioltal an alle menikliche irrung, das so allen irn willen, damit mag und sol tün.

Item mer schaff ich das ynder tail im Replein meiner hawsfrawn gancz und ledig irn willen damit zeschaffen und zetun.

Item mer schaf ich ein awswendigs Rëppel meinem knecht, dem Merten, gancz seinen willen damit zetůn, zeverkawffen, verseczen, vermachen, wem er wil, doch also, daz mein swester denselben weingarten sol ir lebtëg pawn und frucht davon nemen und nach irm tod so sol der weingarten gantz und lediklich meins knechts seinn, des Merten.

Und des ze urkund hab ich die obgenanten erbern lëwt gebeten mit fleis umb ir aufgedrukte petschatt, in und irn erben an schaden.

Actum einschreibens feria 4ta
Penthecostes anno LXV^{to}.

1464 Juli 15 – 1464 Juli 26 – *1465 Juni 5* **232**

Geschäft des Martin Öler

pr., schr., 3 Einbr., 3 Zg. (*Index:* —)

Mert Öler

Ich Michel ~~Öler~~ Grunwald auf der Wedritz, Fridreich Klebinger in der vorstat daz in der Newnstat haisset, und Niclas Schöttel auch auf der Wedricz wonhafft und gesessen veriehen und bekennen, daz der erber Mert Oler genant auch die zeit auf der Wedritz mit hawsung gesessen, guter gedĕchtnüs, wie wol er dieselb weil mit leib swach, yedoch mit synnen gesunt und bei seiner guter vernuͤfft mit wolbedachtem muͤt seines leczten willens an seinem todpette ain geschefft tan hat vor unser, als hernach geschriben stet.

Item am aller ersten hat er geschafft seiner hawsfrawn, genant der frawn Kathrein, das haws, das ir baider gebesen ist, und darinn sy baide wonhafft gebesen sein, und den weingarten an dem Hawsperg het er auch geschafft habt darzu. Und gleich zu derselben zeit und stund ist kömen sein sun, der Niclas Oͤler, und widerredet dasselb geschëft von des yeczgenanten weingarten wegen, und sprach: Lieber vater, lasst mir den weingarten am Hawsperg, wenn der mich anerbt (!) von ew und unsern vorvordern, und lasst meiner muͤter die zwen weingärten, baid in dem Scharlaperg ainen und den anndernn in dem pirg Fuxleiten gelegen, sy seinn halt umb vil pesser dann der weingarten am Hawsperg, und so hat der vorgenant Mert Oͤler seinen sun gevolgt und desselben seins suns guͤten willen und wol gelassen und geschafft der vorgenanten seiner hawsfraw das bemelt sein haws und die zwen weingärten im Scharlaperg und in Fuxleyten und dem sun den weingarten am Hawsperg.

Und nach derselben red hat die fraw gemeldt und gebeten umb den garten in dem Gerͣwt, da hat der sun auch nit dawider geredt, und das die fraw mit dem obgemelten geschaften gut frey sey, damit zetuͦn und zelassen, zuhandeln und irn frumen zeschaffen zu irm nucz nach allem irm willen und wolgevallen. Auch hat der obgenant Mert Öler X fl., die dann berait vorhannden seinn, geschafft zu ainer Romfart, die dann die fraw innhat. Wil dann der sun selber die Romfart in aigen person verbringen, sullen im dieselben X fl. volgen, wolt er aber nit, so mag die fraw das selbs tun oder ainen anndern darzu gewinnen. Das geschĕfft ist gescheen am suntag nach Sand Margreten tag nachst vergangen [*1464 Juli 15*]. Des zu gezewgnus und pesser gewishait haben wir unsere aigne petschaft mit unsern wissen zu disem brief aufdruken lassen. Geben zu Prespurg am pfincztag nach Sand Jacobs tag apostoli nach Kristi gepürd MCCCC° LXIIII^to^.

Actum einschreiben feria 4ta
Penthecostes LXV^to^.

1465 Juli 31 – *1465 August 27* **233**

Geschäft des Niklas Jung;
Bestellung eines Willensvollstreckers
pr., schr., 5 Zg. (*Index*: —)

(fol. 119r) Niclas Jung vom Sool

Vermerkt daz geschefft, als ich Niclas Jung aws dem Newnsool, do ich in meinem sichbet gelegen bin mit guter vernufft und wolbedëchtlich getan hab, als hernach geschriben stet, und das selbig mein geschëfft, so der almëchtig Got über mich gebieten wurde und von der welde nemen, darnach zuvolfüren und volenden hab ich bevolhen dem ersamen Albrechten Gailsam, burger und des rats der stat Prespurg, dem ich solhs vertraw und hoff er werd mir des nicht verzeihen so im Got, der Herr, haimher hilft.

Von erst sein in ainer truhen ettlich klainat, als hernach vermeldt seinn.

Item zwen kopf vergult haben V½ mark.

Item zwen kopf vergult haben VII mark minus I virding.

Item zwen kopf vergult haben VI½ mark.

Item VIII weis pecher haben VI½ mark und III lot.

Item VIII weis pecher haben VII mark und III lot.

Item III pecher und ain schal weis haben IIII mark und III lot.

Item XXV loffel weis haben III mark und V lat.

Item ain par parillein kopf mit silber beslagen und vergult, ubergult.

Item VII frawn gürtel vergult haben XVI mark.

Item II mannsgurtel weis.

Die stuk alle obgeschriben schaff ich halb meinem sun, Anndreen, und die anndern helfft schaff ich meines bruder kindern und des Petrëschen Neidinger, meinem swager.

Item die geltschuld, die der Albrecht Gailsam schuldig ist, schaff ich auch meinem sun, Andreen, halbe und meines brudern kinder und auch dem Petreschen Neidinger die annder helfft. Und ob mein sun, Anndre, mit dem tod abgieng, so schaff ich III^{c} guldein in gold zu dem paw Sand Merten kirchen zu Prespurg von derselben schuld, so mir Albrecht Gailsam schuldig ist, und den anndern tail der geltschuld und auch der klainat am ersten gemeldt, so mein sun mit dem tod abgieng, schaff ich in das Sool zu ainer mawr umb die pfarrkirchen. (*neben diesem Paragraphen*: Item der Albrecht Gailsam hat dem Andren innen tawsent gulden und sein tail klainat dy helfft ausgericht, darumb sein II quittungen under dem grossten statsigill verhanden und fur offen rat gesehen und gehort sein wurden. Actum sabbato ante Purificationis Marie anno etc. LXXXIII^{tio} [*1483 Februar 1*].)

Item ich schaff I½ mark ɫ gold und auch ettlich ducaten, die in parschafft dahaim seinn zu ainem kelch in die pfarrkirchen im Sool, den sol der Petresch Neidinger lassen machen und dargeben.

Item meine klaider schaff ich meinem sun, Anndre, und dem bemelten Petreschen, meinem swager.
Item die klaider meiner hawsfrawn schaff ich der Sibilla, meiner hawsfrawn swester tochter, und ob die Sibilla mit tod abgieng, so schaff ich die selben klaider dem vorgemelten Petrëschen.
Item ich schaff meinem bruder, „herrn“ Jacoben Jung, II^c guldein in gold, die sol im ausrichten Petrēsch Neidinger von meinen hannden.
Item X ellen von ainem gulden tüch schaff ich zu ainem messgwandt zu Unser Lieben Frawn kirchen im Sool und beger an meinem vater, das er das messgewant well lassen beraitten und machen und dahin geben. So aber mein vatter das nit wolt machen lassen, so bitt ich meinen swager, den Petrëschen, daz er das lass machen und an die obgenant stat raich und geb.
Item das guldein stukch zu der korkappen sol mein swager, Petrēsch, lassen machen und sol darzu guldein parten kawffen fuͤr L gulden, darzu sol er auch machen lassen ainen schallt hinten an die kappen fur L gulden, darzu sol man auch nemen meiner tochter perlein krantz und der frawn perlein preis und annder perl, die dahaim seinn und dieselb kappen schaff ich also gemachte in die pfarrkirchen im Sool.
Item ain grosse manstranczen übergold schaff ich in das spital im Sool.
Item zwe gůrtel vergoldt, haben VII mark minus III lot, schaff ich zu Sand Larenczen kirchen zu ainer monstranczen oder zu ainen krëwtz.
(*unten*: Item dem Petern von Perig hat „Albrecht Gailsam“ er auch sein tail gelt und klainat aůsgericht, facit VI^c LXVI flor. zway ort wienner den. funff, darumb ist ain quittung furbracht wurden under der stat hie klainern insigill und maister Larentzen, pfarrer auf der Krembnitz, insigill darnoch hat er der Sophia, seiner swester, auch alsovil gelt und klainat geben und ausgericht, darumb quittung auch furbracht und der stat auf der Krembnitz insigil und her Hansen Kolman insigill aus dem Newnsoll. Item dem Petern Neidinger, seinem aiden, hat er auch sovil ausgericht gelt und klainat ~~den daz er~~, darumb sein aigne handgeschrifft vorhanden, dy dan selbs bekannt hat er „hat“ dy geschriben. Actum des furbringen der quittung proxima die sabbato ante Purificacionis Marie anno etc. LXXXIII^tio [*1483 Februar 1*].)
(fol. 119v) Item ich schaf ainen seidein gulter „zu ainen“ vasten tüch zu Sand Larenczen zu Prespurg daraus zemachen.
Item die stat zu Prespurg ist mir schuldig VIII^c guldein, dieselben schaff ich als hernach geschriben steet.
Item am ersten schaff ich zum paw Sand Larentzen kirchen zu Prespurg III^c fl.
Item ich schaff zu ainem ewigen liecht in Sand Larenczen kirchen I^c fl.
Item ich schaff zu ainem seelambt all freitag ze singen ewig in Sand Larenczen kirchen II^c guldein.
Item ich schaff zu ainem stain auf mein grab L fl.

Item ich schaff mich zebestëtten zu der begrebnus und umb vigili seelambt zesingen und zu lesen in Sand Larenczen kirchen L fl.
Item ich schaff in das spital zu Prespurg I^{c} fl.
Item mein slafpet und auch meinen pesten polster schaf ich dem herrn pfarrer zu Sand Larenczen.
Item ich schaff L guldein dem Peter, meinem schaffer.
Item ich schaff auch XXV fl. auri, und ain swarczer ros vom Suchapetzkÿ, und ain harrasseine schawben underfutert mit füxeim meinem diener, Symon.
Item ich schaff XL fl. der frawn Ursule, meiner koͤchin.
Item ich schaff auch X fl. der frawn Walachin.
Item ich schaff XVI fl. meinem diener, Anndreäsch ~~Dirk~~ Durkg.
Item ich schaff auch die vier ros, die hie zu Prespurg sein, und ain wagenfart auf der Nidern Huͦtten meinem diener, dem Merten, und seiner hawsfrawn sol man fuerden ainen mantel oder ainen rok.
Item ich schaff auch XXV fl. dem Sneider, meinem diener.
Item ich schaff meinem diener, Michel Getzel, X fl. auri.
Item das obgemelt gelt sol ausrichten der Petresch, mein swager.
Item und ob meins bruder kinder mit dem tod abgiengen ee sy zu irn vogtpern jarn komen, so sullen solhe guͤter von mir gen in geschafft, komen und gevallen zu dem spital im Sool, dasselb spital damit wertter und groͤsser ze~~machen~~pawen.
Item ich hab vormals ain geschefft in dem Newnsool in meinem haymant getan, das lass ich auch bei seinen krefften besteen. Und zu solhem meinem geschëfft hab ich gebeten die ersamen herren herrn Franczisken, pfarrer zu Sand Larenczen vor der stat zu Prespurg und korherrn zu Sand Merten daselbst, und Andreen Satzkoftzkÿ, auch Ulreichen Windperger, Niclasen Flinsen, Anndren Gailsam, burger zu Prespurg, daz dieselben zu gezeugnus ire betschatt darauf gedrukt haben, in und irn erben an schaden. Actum am mittichen vor Vincula Petri anno Domini etc. M^{o} $CCCC^{o}$ LXV^{to}.

Actum einschreiben feria
3^{a} post Bartolomei LXV^{to}.

(*unten*: Item dy übrigen hundert guldein uͤber dy IIII^{m} hat herr Albrecht Gailsam geben dem Steffan Jung, damit er seinen suͦn, Niclasen Jüng, bestat hat, das ist auch ~~diez~~ in zwainn quittungen des Petern vom Perg und Zophia, seiner ~~gemelt~~ swester, geschriben.)

Nota ein einbekantnüs auf das geschefft
require fursich am vierden plat.

1464 Februar 17 – *1465 Dezember 2* **234**

Geschäft der Katharina, Ehefrau des Georg Mauter

pr., schr., 2 Zg. (*Index*: —)

(fol. 120r) Katherina Mauterin

Vermerkt daz geschĕfft, so ich Katherina Mauterin an meinem sichpet getan hab mit guter vernufft und an meniklichs irrung.

Von erst schaff ich lediklich und freÿ meinem hawswirt, Jorgen Mauter, alle und yeglich guter, die ich hab und die an mich von vater und muter und anndern meinen frewnden gevallen und erblich komen seinn, nichts ausgenomen, es sein weingarten und varund guter, allen seinen frumen damit zeschaffen und zehandeln. Dicz mein gescheffft hab ich bevolhen den erbern Mathes Bischolff und Hannsen Krĕgel, und sy mit fleis gebeten darob zeseinn, das daz also ainen furgang gewinn, ob Got uber mich gepüt, das auch mit irn petschaten zebewarn, in und irn erben an schaden. Actum am freytag nach Vaschang LXIIII^to^.

Actum einschreiben feria
2^a^ post Anndree LXV^to^.

1464 August 15 – *1465 Dezember 10* **235**

Geschäft des Wolfgang Frank;
Bestellung eines Willensvollstreckers (?)

pr., schr., 6 Zg. (*Index*: —)

Wolfgang Frankch

Item hie ist vermerkt daz geschĕfft, daz ich Bolfgang Frank von Prespurg, diezeit ain diener herrn Albrecht Gailsam, burger daselbs, gebesen pin, als ich das hab wol vermügen in derselben weil und zeitt bekenntt, offenwart hab bei guter vernufft all mein gut, vorund oder unvarund hab zu Ofen und zu Prespurg, oder wo ich das hab, es sey wein oder weingarten, silber, gulden, hawsgerët, wie das genant möcht werden. Auch mein vorgenanter her Gailsam ist mir schuldig an meinen dinsten und auch sünst, daz secz ich zu seiner gewissen. Auch zu lob ~~Got~~ und er Got dem almechtigen und zu dem hail meiner seel geschafft und geordent hab, auch schaff und orden mit gegenwurt diser zedel in solher aigenschafft, daz der vorgenant her Albrecht Gailsam, mein herr, den ich erwellt hab, und auch erwell zu einem geschĕfftherren und ausgeber meines leczten willen und testaments uber all mein gůt, und dasselb mein gůt, als pald er kan oder mag, zu gelt sol bringen und das tailen in funf tail.

Item ainen tail schaff ich zu Unser Lieben Frawn der pfarrkirchen zu Ofen, zum paw des turn.

Item den anndern tail gen Prespurg zu Sand Merten kirchen zum gepaw.

Item den dritten tail zu Sand Larenczen kirchen daselbs zum gepaw.

Item den vierden tail zu Sand Michel kirchen auch daselbs zum gepaw.

Item den funften tail in die zway spital zu Prespurg zum gepaw.
Und zu merer zewgnus meines letzten willen und testaments hab ich gebeten die ersamen weisen herrn Hanns Müntzer und Sophienn, sein hawsfraw, Hannsen Inngetel, Swartz Niclas, mitburger zu Ofen, Barbaren, sein hawsfraw, und Bartholomenn Weinraichen, die all der sachen zewgnüs sind, und darnach sunderlich die erbern herrn Hannsen Münnczer, Hannsen Inngetel gefordert und gerufft hab, das sy dicz testaments mit irn aufgedrukten petschatten wollen bewarn und besteͣtten in und allen irn erben an schaden.
Anno Domini M^{o} CCCC^{o} LX°quarto an Unser Lieben Frawn tag der Verschiedung.
(*spätere Eintragung*: daz in principio storer)

Actum einschreiben feria
3^{a} post Concepcionis Marie
anno Domini etc. LXV^{to}.

1454 Februar 22 (Wien) – *1466 Januar 15* **236**

Geschäft des Peter Zistler, Kaplan der Pfarrkirche Sankt Martin

pr., schr., 3 Zg. (*Index*: —)

(fol. 120v) Hern Peter Zistler

Vermerkt, das her Petern Zistler, kaplan der Sannd Merten pharkirchen, an vermachung verlassen und geschëfft hat tan zu der zeit, als er in seiner kranckayt ist gewist gen Wienn, darumb, ob Got über in gepuͤt und er aus der rais abgieng, das dann solhs von seinen gutern, so im rechtlich und erblich zugehort und wurd ausgericht, das hernach verschriben steet. Und ist solhe ordnung geschehen an freytag Kathedra Petri anno domini M^{o} CCCC^{o} Lquarto.
Item was zu seiner phrunt gehoͤrt, das vindt man als beschriben an ainer zedel, es sey messpüher, kelh, messgwant, heiligtumb, das sol beleiben bei der phründt, als er das eingenomen von dem Scharrach seligen.
Item so hat er darnach geschafft aus seine guter, ob Got uber in gepüt, von ersten ainen jartag zu Sannd Merten pharrkirchen zebegen, und darzu so hat er auf seiner hab und guter auszaigt und zugeaigent XX guldein auf jërlich dinst, ains yeden jars den jartag mit zwain guldein zubegen, und darumb sol man seine güter, erb und varunde hab angreiffen, damit der jartag geebigt und gestifft werd.
Item darnach hat er geschafft zu seiner phründt zu pessrung und aufnemen X gulden, die man mag geben umb ainen jërlichen zins, damit ain kaplan derselben phründt dester pesser auskomen hab und gewinen und pitt umb seiner seel selikait.
Item darnach ist sein will, was von vedergwant da ist, daz im zuͦgehört, das let (!) er als der pfruͦndt ainen yeden pfruͦndtner zuvolgen, der nach im koͤm, und darzu sein zwen korrok, daz ain yeder caplan Got fuͤr inn pitt, es sein leylachen, pett, polster, etc.

Item was püher er hat, sermones oder annder ding, das maint er, das es bleib bei dem pfarrhof, aber ain dyurnal sol bleyben bei der pfründt und das klainer.
Item seiner silberpecher zwen schafft er den ainen voraws und den pessern seinem brüder, und darzu auch den anndern, davon sol man die gelter zalen. Wil er aber sein brüder losen, das stet mit im.
Item die silberguͤrtel sol sein brůder zu im nemen und davon zaln, wo sein notdurfft ist.
Item was annder seiner hab und guter ist, das gibt er als über seinem bruder uber kurcz und „uber lang".
Item seinen guten swarczen mantel den newen, ab er abgieng mit tod, so sol man den verkawffen und das gelt geben zum paw des kors bei Sand Merten pfarkirchen.
Item solchs verlassens und gescheffts sein gedechten durch herrn Petern Zistler seliger gebet, der andĕchtiger her her Mert, pfarrer bei Sand Merten pfarkirchen, her Mathes Meindel, gesworner des rats und patron der benanten pfrůnd, auch Liebhart Ekenfelder, statschreiber der stat Prespurg, und ir yetweder sein petschat auf die geschĕfft zedl gedrukt. Actum die, anno ut supra.

Actum einschreiben
4ta ante Anthoni LXVI^{to}.

1460 Juni 18 (Ungarisch-Altenburg) – *1466 Januar 21* **237**

Geschäft des Jakob Werbart

pr., schr., 3 Zg. (*Index*: —)

Jacobus Werbart

In nomine Domini, amen Omnium memorari et in nullo deviare non est in vanum sed divinum. Ego Jacobus Werbart, magnificorum dominorum Johannis et Sigismundi comitum de Sancto Georgio et de Bozin etc. notarius[82], licet corpore debilis, mente tamen per omnia sanus et incolumis, testamentum et omnem meam ultimam voluntatem sic volui et iuxta infrascripta disposui et ordinavi et legavi.
Primo ut conthoralis mea domum ~~in~~ meam in Posonio habitam, census, vineas, et omnia bona mobilia et immobilia ad ipsam domum spectantia et alia ubilibet habita possidere debeat, tali tamen sub condicione, ut pueros meos videlicet et suos nutriat et ad bonos mores erudiat, et se tandem et honeste regat, tamdiu que quosque pueri ad eorum perfectam perveniant etatem.

---

[82] *János/Johannes (1446–1492) und Zsigmond/Sigismund (1446–1493) von Posing und Sankt Georgen waren beide Mitglieder der Familie Szentgyörgyi aus dem Geschlecht Hontpázmány, Zweig Szentgyörgyi, Kinder des Georg Szentgyörgyi,* magister pincernarum regalium. *Johannes war 1456 Stadthauptmann von Tyrnau (Trnava), Sigismund war 1456 auch* magister pincernarum regalium; *sie waren beide Woywoden von Siebenbürgen 1465–1467. Die meisten ihrer Besitzungen befanden sich in den Komitaten Pozsony (Preßburg) und Moson (Altenburg).*

Quod dominus Paulus, rector capelle Corporis Christi, et dominus Bartholomeus, canonicus et custos ecclesie Sancti Martini Posonii, pretacte domus mee census conthorali mee pretacte et pueris meis, tamquam fideles manus et tutores porrigant semper et assignant.

Vineas meas, unam in promontorio Santi (!) Georgii Langweingarten, aliamque in Modra Waitz dictas utilitatesque conthorali mee legavi, ipsis uti, frui et in usus suos eciamque in profectum puerorum convertendas, possidendas, et ad mutuum suum percolendum.

(fol. 121r) Philippus Hölczel obligatur michi centum XL^{ta} octo flor. auri, quos predicti dominus Paulus, presbiter, et dominus Bartholomeus, custos, ab eo acquirere debeant, et ad manus ipsius conthoralis mee porrigere et assignare, et ex eadem pecunia sic per ipsos acquisita eadem coniunx mea ipsis satisfacere debeat pro expensis et fatiga ipsorum factis pro pecunia eadem, tam per hiis, quam et pro aliis temporum fatigiis pro parte horum factorum meorum per ipsos habitis et peractis. Hoc fiat cum scitu et decreto proborum virorum civitatis Posoniensis.

Michal Trawt obligatur michi XL^{ta} et duos cum dimidio flor. auri pro quinque aureis et pro sex cum medio staminibus panni brunensis a me comparatis, super hoc ipse michi non plus quam quinque flor. auri expedivit. Restant ad huc in debito XXXVII et medius (!) flor. auri et eandem per omnia nunc memoratam videlicet XXXVII et medium florenos auri legavi mediam precisam et directam partem ecclesie Sancti Adriani in Owër, mediam quoque similiter et precisam et directam uxori mee et pueris, et eandem exigere et extorquere debent plebanus, vitricus ecclesie, et consules opidani Owarienses, et quicumque eandem per omnia a predicto Trawt acquisierit sibi tam de porcione sew medietate ecclesie, quam et uxoris mee de fatiga primo et principaliter satisfiat.

Dominus Bartholomeus, custos et canonicus supradictus, habet aput se unum baltheum meum argenteum, et duo clenodia, unum aureum cum lapidibus preciosis et aliud argenteum deauratum simplex, que sibi tradidi observanda, eadem legavi uxori mee et pueris meis, et hoc totum ipsa uxor mea vendat et pro eodem exequias, missas et divina officia pro anima mea peragere faciat, quosque pretium vendicionis istarum rerum perdurabit videlicet triginta missas continuas sine intermissione mittat celebrare.

Ob quam rem et testimonium humillimis meis precibus instantissime ac sedule pro maiori parte ut potui supplicavi venerandis et discretis meis domino Gallo, cooperatori divinorum ibidem, Johanni, notario spectabilium ac gratiosorum dominorum comitum de Bosing, alias discreto viro Thome Hëkel, civi et jurati ibidem, ut eorum sigilla aut signeta huic cartule appensserint. Hec acta sunt feria 4ta post Corporis Christi. Datum in ipso die anno Domini M^{o} CCCC^{o} LX^{mo} in Owër etc.

Das geschëfft ist „nit" einbekant und doch geschafft einzeschreiben. Actum 3^{a} Agnetis virginis anno LXVI^{to}.

1460 Februar 1 – ***1466 Januar 22*** **238**

Geschäft des Hans Leopold

pr., schr., 4 Zg. (*Index*: —)

Hannsens Leopolt

Vermerkt das geschëfft, das Hanns Leopold mit guter vernufft, witz und synn und mit wolbedachtem mut getan, da er das wol tun hat mügen.

Item von erst schaff ich meinem sun, Leopolden, mein haws gelegen neben Casparn Raifsneider frey und ledig.

Item mer schaff ich meinen weingarten inn Schondorffern meinen zwain töchtern, Klara und Dorothea, frey und ledig.

Item meiner hawsfraw, Peternell, schaff ich meinen weingarten in der Undern Hochney frey und ledig.

Item mer schaff ich meiner bemelten hawsfraw alle varunde hab damit zutun und zelassen und von dem yetzbemelten weingarten und der varunden hab sol sy bezalen III fl. auri dem Michel, des Kristan Leopolden sun.

Bei dem bemelten ~~sein~~ „~~ein~~“ geschëfft sind gebesen die erbern Kaspar Raifsneider, Niclas Droppawer, Rot Kristan und Mathes Bischoff, und hab die gebeten, das bemelt mein gescheffl mit irn petschaten zebewarn und zuvermachen, in und irn erben an schaden.

Item meinen weingarten in der Poshait schaff ich dem Michel, des Kristan Leopolden sun, und ob der abgieng mit tod, so sol der bemelt weingarten in der Poshait erben wider auf meinen kinder.

Und das bemelt geschëfft ist geschriben und gescheen am Liechtmess abent LX jar.

Actum einschreiben an Sand
Vintentzen (!) tag anno LXVI^{to}.

1466 Januar 25 – 1466 Februar 7 – ***1466 Februar 14*** **239**

Geschäft des Gotthard Hertel

pr., schr., 2 Zg., 5 Einbr. (*Index*: —)

(fol. 121v) Gothart Hertel

Alhie ist vermerkt das gescheffl, daz der erber man Gothart Hertel getan hat in seinem sichpet mit bedachtem mut zu der zeitt, do er es wol getun möcht, an alles meniklichs widersprechen.

Item ich schaff meiner lieben hawsfrawn, Barbara genant, all mein gut, varund und erbgut, wo wir die haben, nichts ausgenomen, die wir dann miteinannder er arbait haben und gekawfft haben, damit zutun und zelassen als mit irm aigen gůt, doch mit solher underschaid, daz sy davon sol ausrichten ain Achfart. Desgleichen sol sy mein muter bei ir behalten und sol ir geben ir narung ir lebtëg, und sol mich bestatten trewlichen zu der erden und meiner seel nit vergessen.

Item das aber solhs mein geschëfft und mein lester will ausgericht und volbracht werd als oben geschriben ist, hab ich gebeten den erbern mann Hanns Zwentendorffer, mitburger zu Prespurg, und Barbara, ~~sein leip~~ mein leipliche muter, zu gezewgnus ir betschat darauf druken in und irn erben anschaden. Actum an Sand Pauls bekerung, als man schreibt nach Christi gepu°rd M° CCCC° und in dem LXVI jar.

Ad idem

Vermerkt daz vor uns hernachgeschriben Zirfosen Pinter, Fridreichen Klebinger, Wolfgangen Tod, Taman Unger und Sigmunden Pantzir, fraw Barbara weilent, Gotharts Hertl seligen muter, an irm sichbet hat einbekannt, daz das geschefft, daz ir sun, Gothart Hertel, auch an seinem siechbet hat getan mit irm irm (!) wissen und willen also gescheen ist in aller mass, als das begriffen ist, und hat uns darauf dieselb fraw Warbara gebeten, das also von irm wegen einzebekennen und ingedenk zeseinn auch zebewaren die zedel un~~d~~„s“ und unsern erben an schaden mit unsern petschatten. Gescheen die aufmerkung am freytag vor dem suntag Exurge anno Domini etc. LXVI.

Actum einschreybens in die
Valentini martiris anno ut supra.

1466 Februar 24 – ***1466 März 26*** **240**

Geschäft des Hans Kue
pr., schr., 2 Zg. (*Index*: —)

Kue Hannsn

Vermerkt Kue Hannsens geschëfft, daz er an seinem sichbet mit guter vernufft und wicz seiner sinn hat getan rechtlich und billich an mëniklichs einred.

Von erst hat er seinem bruder, Kue Michelnn, geschafft sein haws, hof und all sein erb, nichts ausgenomen, zu gleichem tail dem yeczgemelten Micheln und Niclein, seinem bruder, lediklichen yedem die helfft nachzevolgen.

Item und die beraitschafft, die dann die (!) der bemelt Michel emphangen hat, hat er auch in zway tail geschafft demselben Niclen und Micheln nachzevolgen.

Item und ob der Michel die erb als haws und weingarten wolde im ungetailt halten, so hat er geschafft, daz der Michel dem Niclein ein genugsame pfrund sol kawffen sein lebtëg aws, doch ob des Niclein willen auch dabei seÿ.

Item mer ist geschaffen, ob der bemelt Michel sich verheiretët, sol er derselben seiner hawsfrawn nit mer morgengaben dann XXXII oder auf das aller maist XL guldein, und gieng er aber an erben ab, so sol erben und gevallen sein bemelts gut alles auf Niclein, sein bemelten brůder.

Item und hat geschaffen seiner hawsfrawn, Kathrein, hundt (!) guldein fur ir morgen gab.

Item mer hat er der bemelten frawn Kathrein geschafft ainen weingarten gelegen im Scharlachperg ledigen und frein, damit zutun und zelassen.

(fol. 122r) Item und hat geschafft seiner tochter, Maruschen, hundert guldein. Gieng aber die bemelt Marusch mit tod ab, sullen die bemelten hundert guldein erben und gevallen auf die muter, sein bemelte hawsfrawn.
Daz gescheͤfft hat er uns mit namen Langen Andreen und Hannsen Starhen empholhen und gebeten das mit unsern petschaten zebewaren und einzebekennen, uns und unsern erben an schaden, das wir also tan haben. Geschriben an Sand Mathias tag apostoli anno LXVI[to].

Actum einschreiben feria 4ta
post Annunciacionem Marie LXVI.

1465 Dezember 11 – ***1466 April 1*** **241**

Geschäft der Margaretha, Ehefrau des Stephan Walh;
Bestellung eines Willensvollstreckers
pr., schr., 2 Zg. (*Index*: —)

Margre (!) Walhin gescheͤfft

Vermerkt ain news geschefft, das ich Margreth Walhin an hewtigen mitichen vor Lucie in anno sexagesimoquinto getan hab an meniklichs irrung.
Von erst schaff ich, das mein man, Stephan, zum paw gen Sand Merten sol ausrichten V tal. den. und sovil in Unser Frawn kloster in das tal.
Item, ob Got uber mich gebüt, sol von stundan mein man mir und meiner armen seel zu storst (!) hie in allen kirchen und wo er des verrer am furderlichisten mag bekömen, vigili und mess und seelambt fur X tal. den. halden und sprechen lassen.
Item auch schaff ich Elslein, meiner tochter, mein haws, darinn ich wonund pin, halbs, Mezzrer, Koczeber, Menhertel weingarten die helfft. Also ob sy ungevogt abgieng, das alles nach irm tod Stephan, meinem leiben mann, lediklich ze volgen.
Item auch schaff ich demselben Stephan mein fleischpankch, pawngarten und die Nider Tunawlewten lediklich.
Item und schaff meiner pëslein, Margretchen, meines bruder Burkarts tochter, den obern tail in der Tunawlewtten ledigen und freyen.
Item und schaff meinem mann alle varunde hab frey.
Item es sullen von den bemelten X tal. den. herrn Stephan, meinem gescheͤfftherrn, umb hundert mess sein erber sold gegeben und durch en (!) verbracht werden.
Dicz mein geschefft hab ich empholhen dem yeczgenanten maister Stephan, prediger zu Sannd Merten, und Ruprechten Alram, statschreiber, hie das einzebekennen und daran zesein, das das also gënczlich vollfürtt und ausgericht werde mit irn bëtschaten vermacht umb meiner vleiss bett willen, in und irn erben anschaden. Actum ut supra.

Actum einschreiben am eritag in der
Korrwochen anno LXVI[to].

(fol. 122v) leeres Blatt

1466 März 28 **242**

Erbrechtsurteil: Eigentum des Niklas Jung von Neu Sool

schr., 3 Einbr. (*Index*: —)

(fol. 123r)

(*Eintragung gestrichen*: Wir hernachgeschriben Stephan Gmaitel, diezeitt statrichter zu Prespurg, Ludbig Künigsfelder, burgermaister, Stephan Reneis, Albrecht Gailsam, Ulrich Wintperger, Burkartt Scharrach, Wolfgang Vorster, Niclas List, Thaman Beham, Jacob Hainburger und Jörig Unverricht, des rats daselbs bekennen, das fur uns kömen sein die erbern weisen Peter Jung an aim, Hanns Kalman und Niclas Flöhel, all aus dem Newensol, am anndern tail und hat von erst derselb Peter vor unser einbekannt, wie Stephan Jung, sein bruder, hie von gebrechlikait seins leibs nit mocht zu disemmal für uns persondlich kömen, sunder hiet im empholhen seinen willen, der hernachgeschriben betrachtung an seiner stat einzebekennen, das geschëfft das weilent Niclas Jung, sein sün, seliger hie an seinem todbett vor seinem ende getan hat in unserm geschëfftbuch geschriben, fur sich hern Jacoben, seinen sün, und Anndreen, desselben Niclasen sün, der unvogtper ist und all ir erben in allen artikeln und punkten, wie das begriffen ist, vesst und stët zu halten, dawider zu künfftigen zeitten nit mer zereden noch zutün, weder mit recht, noch anrecht, geistlich noch weltlich in kain weis trewlich angevërde. Nachmalen haben Hanns Kalman, ain ayden Kristans Richter im Newnsol, und Niclas Flöhel vorgemelt an stat desselben Richter, Giligen, seines stewfsun, und desselben Giligen kinder auf ain besigeltt gwalczbrief einbekant von der zuspruch und erbschafft wegen, die der bemelt Richter und sein sun, Gilig, zu allen und yeglichen gelassen hab und guͤtern Niclasen Jungen, varunden und ligunden, nichts davon besundert, sunder alles hie inn beslozzen gehabt haben, oder vermainen gehabt zehaben oder haben hieten mügen. Und umb all annder misslydung und zwitrëcht, die üncz auf hewtigen tag zwischen peden partheien sein entsprungen mit dem vorgemelten Stephan Jungen, desgeleichs er mit in hinwider ein volkömmene bestettige und aufrichtige ainikait und bericht gemacht und beslagen zehaben. Also, das der bemelt Kristan Richter, Gilig, sein stewffsün, seine kinder und ir aller erben desgeleichs Stephan Jung, sein bemelter „sun“, und Eͣndres, sein enikel, und ir erben gëneinander der obgeschriben zuspruch und erbschafft halben ainicherlaÿ anvordrung noch ansprach zu bederseitt erib und gutern zu ewigen zeitten niemermer haben suhen, noch gewinnen sullen, noch mügen in dhain wais mit recht noch anrecht, geistlich noch weltlich, trewlich und angevërde. Wann aber die bemelten Kalman und Flöhel die annbatt und verricht vor dem richter und rat im Newnsol umb merer zewgnüs und vesstikait willen einczebekennen und der brieflich urkund zenemen uns gelobt haben. Davon so hat der bemelt Peter Jung an stat seins oberrürten bruder sein einbekanntnüs mitsambt der bericht in unser geschëfftpüch zeschreiben und im ainen besiglten brief daruber zegeben uns mit vleis gebeten, das wir also tun und im disen brief under unserm, der stat anhangenden insigil besiglten, uns und gemainer stat anschaden, gegeben haben. Geben am freitag vor dem Palmtag nach Kristi geburd M° CCCC° und im sechsundsechczigisten jare.)

1466 März 28 **243**

Erbrechtsurteil: Eigentum des Niklas Jung von Neu Sool

schr., 3+2 Einbr. (*Index*: —)

(fol. 123v)

Wir hernachgeschriben Stephan Gmaitel, die zeit „stat"richter zu Prespurg, Ludbig Kunigsfelder, burgermaister, Stephan Reneis, Albrecht Gailsam, Ulreich Wintperger, Burkartt Scharrach, Wolfgang Vorster, Niclas List, Thaman Beham, Jacob Hainburger und Jorg Unverricht, des rats, bekennen, das für uns komen seinn aus dem Newen Sool die erbern weisen Peter Jung, von wegen seins bruder Stephan Jungs hie, herrn Jacoben, desselben Stephan leiblichen sün, und Anndres Jung, weilent Niclasen Jung säligen ~~sun~~ eelicher sun, noch unvogtper, an aim, und Hanns Kalman und Niclas Flöhl an stat Kristans Richter daselbs im Sool, Giligens vom Perg, ein stewfsün des bemelten Stephan, und desselben Giligen eelichen ~~sün~~ kindern, mit besiglten gwalt am anndern tail, und gab uns von erst der obgemelt Peter Jung zuerkennen, wie die yeczgenanten Richter und Gilig von wegen der zusprüch, die sy zu den gutern, die weilent der vorberürt Niclas Jung hinder im lassen, die dann ains tails durch Stephan Jungen vorgemelt Albrechten Gailsam hie zu trewer hannt erlegt, die dann Hanns Kalman und Niclas Flöhel zeversehen zu disem mal wëren hergesanndt und umb all annder anvordrung und misshellung, die uncz auf hewtigen tag zwischen demselben Richter und Giligen und Stephan Jungen gewesen und entsprungen, die dann ain tail zum anndern gehabt hiet oder gemaint gehabt zehaben von erblicher oder annder gerechtikait wegen zu allen und yeglichen beder tail hab und guͤtern im Newen Sool, hie und anndern ennden gelegen, es sein varund oder ligund guͤter, so sy yecz hietten gewinnen und hinder in liessen, gar nichts ausgenomen, sunder alles hie inn beslozzen mit seinem bemelten bruder ain volkömne ainikait und bericht beslozzen hietten. Nu möcht derselb sein bruder diczmals von geprechlikait seins leibs, die also persöndlich einzebekennen fur uns nit kommen, als uns sein sbachait wol wissentlich ist, und hiet in gegenwurt Albrechten Gailsams vorgemelt in die an seiner stat einzebekennen empholhen, darawf hat er und die obgeschriben Kalman und Flöhel miteinannder ainheliklich bekannt umb all vergangen zusprüch und sachen genüglich genutt und verricht zeseinn. Also das kain tail nie hinfur wider weilent Niclasen Jungen geschëfft, das er hie getan hat, anncherlay einred, widersprechung nach zugriff mit recht noch an recht, geistlich noch weltlich nit mer tun sol, noch mag, sunder wie das in unnserm geschëfftpüch begriffen und eingeschriben ist, also sull es vesstiklich beleiben, und von in allen und yedem besunder gehalten werden zu ewigen zeitten trewlich angevërde. Es haben auch die bemelten ~~sün~~ Kalman und Flöhel an stat des bemelten Richter, Giligen vom Perg, und seiner kinder, und irer erben, Stephan Jungen, hern Jacoben, seinen bemelten sün, und Anndreen Jungen, und all ir erben mitsambt irn gutern, varunden und ligunden, allen, die sy hie erlegt als vor stet, und anndern enden haben und in zugehörn, nichts ausgenomen, gancz müssig und freÿ gesagt, den zu anncherlay zusprüch noch anvordrung zu ewigen zeitten nimermer zehalten, zegwinnen noch zesuhen mit recht noch an recht, geistlich noch weltlich in dhain weis, sunder damit frey und ledig sein zehanndeln und verkawffen, vermachen, verschaffen und geben, wem sy willen, an irer und meniklichs von irn wegen hindernuss und irrung. Hingegen zu ewenglicher mass und form hat Peter Jung an stat seins bruder, Stephans, und herrn Jacobs auch Anndres Jung vorgemelt alle und yeglicher erblicher und annder gerechtikait zuspruchen und anvordrungen allen guter, gegenwurdigen und kunfftigen dem bemelten Kristan, Giligen vom Perg, seinen kindern, und iren erben gehörund wider sagt, und sich der genczlich verzigen zeewigen zeitten, und also hat ain tail den anndern umb all vorgeschriben ansprach und sachen gancz frey, quitt und ledig gesagt trewlich und angeverde. Sölhew bericht und ainikait haben sy erpeten die bemelten Kalman und Flöhel vor dem ratt im Sool auch einzebekennen. Umb merer vesstikait und stëtthaltung willen so haben sy und Peter Jung die begert in unser geschefftpüch zu des bemelten Niclasen Jung seligen geschëfft zeschreiben und des dem obgemelten Stephan Jungen ainen besigelten brief zegeben, uns mit fleis gebeten, das wir also tan, und im disen brief under unserm, der stat anhangunden insigel besiglten, uns und gemainer stat an schaden gegeben. Geben am freytag vor dem Palmtag nach Kristy gepurd tausent vierhundert und im sechsundsechzigisten jare. (*Am Ende*: Item der obgemelt her Jacob Jung hat an stat sein selbs auch uns umb unser insigel an den brief zegeben mit fleis zehaben in unser ratstuben.)

1465 November 25 – ***1466 Oktober 2*** **244**

Geschäft des Otto Swan

pr., schr., 6 Zg. (*Index*: —)

(fol. 124r) Otten Swan

Vermerkt das geschëfft, das ich Ott Swan getan hab an meinem siechpet mit guter vernunfft und zu den zeitten, do ich es unbetwungenlich wol tun hab mugen, darzu ich dann gepeten hab die hernachgemelten herren, gaistlïch und weltlich. Am ersten hern Pernharten, pharrer zu Sand Merten, und her Pawlen, in Goczleichnams kapelen, her Ludbigen Kunigsfelder, burgermaister, her Albrechten Gailsam, Niclas Flins und Hanns Amster, die ich mit vleis gebeten hab, der sachen zu gezewgen. It *(Fortsetzung fehlt*).

Item am ersten so schaff ich meiner hawsfraw, Affra genant, meinen freyn ledigen weingarten gelegen zu Sand Jorgen, genant der Gros Goͤldner, freyn und ledigen, damit zutun und zulassen.
Item auch so schaff ich der bedachten meiner hawsfrawn zwen weingerten gelegen zu Rezisdorf, ainer genant der Paschinger, der annder genannt der Preller, auch damit zutun und zulassen.
Item mer so schaff ich der benanten meiner hawsfrawn einen meinen weingarten gelegen auf der stat grunnt, genant der Halb weingarten, auch damit zutün und zelassen.
Item mer schaff ich der benanten meiner hawsfrawn zwen weingarten, ainer genant die Poshait, der annder genant der Voglgesang, auch damit zutun und zulassen.
Item mer so schaff ich der bedachten meiner hawsfrawen mein ledigs freys haws, darinn ich wonhafft bin, und darzu alle varunde hab, besunderwar zwen silber pecher.
Item den grössern silberpecher schaffe ich meinem sweher, Ludbig Kunigsfelder.
Item den klainern schaff ich der Tugenhafften frawn, frawn Glüksin.
Item so emphillich ich meiner hawsfrawen „ir swester", Annastasia genant, auf ir trew. Wer aber sach, das sy ir nicht vertrawn wolt und sey höher dringen, so sol sy ir zu heyratstewr nit mer phlichtig sein dann XXXII fl.

Vermerkt wem ich schuldig bin.

Item ich bin schuldig dem Klingwerg II^{c} fl.
Item ich bin schuldig her Kaspar Holderberger L fl., demgegen ist er mir schuldig bei III½ fl.
Item und solhe schuld sol mein hawsfraw, Affra, entrichten und bezalen den benanten meinen geltern von den vor bemelten meinen guͤtern.

Vermerkt wer mir schuldig ist.

Item Jörg Reiker von Walfstal ist mir schuldig XX fl. und darzu ain mutt waÿcz.
Item Scharf Hanns zu Sannd Marein ist mir schuldig IIII fl.
Item Jörg Elstawder von Sand Jorgen ist mir schuldig IIII fl.
Item Ulreich Hager auf der Pibersburg ist mir schuldig verraitter schuld XXIIII½ fl. und für ain keler, den er selbs verkawfft hat VI fl.
Item Gros Sigel von Lainsnicz tenetur I tal. den.
Item graf Lasla von Posing ist mir schuldig XXIIII½ fl. und graf Emreichin ist mir schuldig L fl.[83], und fur die baid schuld hab ich von in ein geltsbrief, lawt umb hundert guldein, davon sein sy mir nicht mer schuldig dann LXXIIII½ fl.

[83] *László/Ladislaus (1429–1484) und Imre/Emerich (1429–1457) von Posing und Sankt Georgen waren beide Mitglieder der Familie Szentgyörgyi aus dem Geschlecht Hontpázmány, Zweig Szentgyörgyi, Söhne des Peter Szentgyörgyi. Zwischen 1453 und 1457 war Ladislaus* magister dapiferorum regalium. *Die meisten ihrer Besitzungen befanden sich in der Umgebung von Preßburg.*

Item mein vetter, Kaspar Per, ist mir schuldig nach lawt eines briefs XL fl., und die XL fl. schaff ich meinem vetter, Hanns Trawppicz, also, das er die sol einnemen und die verrer mittailen under mein armen frewndt, die sein notturfftig seind. *(fol. 124v)* Item so schaff ich, das mein hawsfraw, Affra genant, von solhen gelassen meinen guͤtern und erben, so ich ir schaff und hinder mein las, mir davon ze stifften einen ebigen jartag in das erwirdig kapitel Sannd Mertten kirchen gelegen in der stat Prespurg V gulden jërlich dem selben kapitel davon zeraihen, und das nach götlichen furnemen und underweisung der bedachten meiner geschefftlewt erkanntnüss zu lob und ere dem allmechtigen Got und zu ewiger gedëchtnüss meiner armen seel, und aller der, die aus meinem geslecht verschaiden sein. Wer aber sach, das die bedacht mein hawsfraw solh V flor. gelt nit lenger raihen und geben wolt, so sol sy haben gewalt solh V flor. abzeledigen mit L flor. und in das kapitel zegeben unverzogen solhs jartags, und das mit wissen meiner geschëfftherrn.
Item so schaff ich, das mein hawsfraw sol ausrichten zu dem paw Sand Mertten kirchen XXXII flor. bei zainzigen damit sy nit werd uberdrungen oder beswëret.
Item so emphilich ich mich und mein arme seel Got und darnach meiner hawsfrawn auf ir trew und gewissen mein arme seel ir lassen sein trewlich empholhen. Auch mich zu dem erdreich erwirdiklich zu bestëtten, als ich ir des getraw und secz auf ir gewissen. Und des zu ainer rechtten urkund und warer gezewgnüss haben die obbenanten her Pernhart, pharrer zu Sannd Mertten, her Pawl, in Goczleichnams kapel, her Ludbig Kunigsfelder, burgermaister, Albrecht Gailsam, Niclas Flinns und Hanns Ambster durch meiner vleissigen bet willen ire betschafft auf das mein geschëfft gedrukt, in und irn erben anschaden. Acta sunt hec ipsa die Sancte Katherina sub anno sexagesimoquinto.

Actum inschreibens feria
quinta post Jeronimi anno etc. LXVI^{to}.

1466 Juli 30 – *1466 Oktober 10* **245**

Geschäft des Laurenz Meindel;
Bestellung des Vaters des Erblassers zum Vormund dessen Ehefrau und ihres ungeborenen Kindes
pr. schr., 2 Zg. (*Index*: —)

(fol. 125r) Larenczen Meindel geschëfft
Vermerkt das geschëfft Larenczen Meindel, Jorgen Meindleins sün, das er an seinem siechpet getan hat mit guter vernunfft ungenött und unbetwungenlich am mitichen nach Sand Jacobs tag vor den hernachgeschriben geschëffthërren hat getan, das da gescheen ist anno Domini etc. sexagesimosexto.
Item von erst so hat er geschafft mundlich und schafft seinem vater, Jörgen Meindel, einen weingarten, genant die Plaben, gelegen auf Reczisdorffer gepiett

ainthalben neben des Michel Zistler weingarten im Spiegel und annderthalben neben dem Kawf weingarten, der ettben gewesen ist des Zirfos Zalker, ledigen und freÿn zetün und zelassen als mit seinem rechten eribgüt.
Item so schaff ich mein hawsfraw mitsambt der frücht, die sy da dregt, meinem obgemelten lieben vater auf sein gewissen und sein trew, das er damit hanndl, als ich im des gënczlich vertraw.
Item so schaff ich auch meinem bemelten lieben vater meinen tail haws widerumb, als er mir den hat ausgezaigt und getailt, nu hinfur damit zetün und zehanndelen als mit dem anndern seinem tail des hawss gënczlich ledig und frey.
Und des obgeschriben geschëfft sein gezewgen die ersam weisen Hanns Karnner, die zeit des rats zu Prespurg, und Kristof Sooler, der genanten ainer under der gemayn, mit irn aufgedrukten insigeln und betschaten, der sy umb meiner obgenanten Larencz Meindel vleis gepet willen zu rechter gezewgnuss auf den geschefftbrief gedrukt haben, in und irn erben anschaden.

Actum einschreibens feria 3ª
post Francisci anno etc. LXVIto.

1462 Oktober 3 – *1467 Januar 29* **246**

Geschäft des Hans Pakendorfer

pr., schr., 5 Zg. (*Index*: —)

(fol. 125v) Hanns Pagendorffer

Item Hanns Paekendorffer bekennt offentlich mit disem brief, daz ich awszayg gesuntz meines leibs mein kinder die Tunawleyten Mathes Paekendorffer und seiner tochter, Anna, und den Grillenpühel Mathes Paekendorffer seiner tochter, Anna, zwen gërten im Drischwerd ainen halben ins Mathes Paekendorffer und ain virtail der tochter, Anna.
Item ain gůrtel, leit in ainer lad, und zway gesperr zum Mätlein.
Item ain Romvart schaff auf die Tünawleyten under X jarn selber mein sun, Mëtel.
Item auf den Grillenpuhel schaff ich ain Achvart auch ausrichten under X jarn nach seinem tod.
Item daz sys ausrichten die zwo vert unverschaidenlich mit einander.
Item daz gletel, das wil ich behalten ~~mein lebtëg~~ und daz gescheffi, „das“ wil ich ~~behalten~~ zu tun und zelassen, die weil ich leb, und nach meinem tod sol das krafft haben in disem brief an all sprüch.
Item ob mein sun heiret nach meinem will, so hab ich im zugeben auch nach meinem will ir desselben gleichen, ob sy auch heirat nach seinem will, so gib ich ir auch nach meinem will, aws dem geschëfft zu dem halben haws zu der margengab nach stat rechten und den Pankarten schaff ich auch meiner hawsfrawn.
Item der Frawn schaff ich meiner hawsfrawn, halbs ist ir morgen gab nach statrecht und halben tail dem kind, Madlen, und die XXX gulden darzu zu zall und

zwen ensig dem kind und ain Hawsperg auch dem kind, und der Frawn den Perg nach notdurfft zu tun und zulassen, und der hawsfrawn alle varundhab zu veld und zu dorff halbe zutun und zulassen, und afftendes halben tail meinem sun, Mëthel, und Anna.
Des bekennen wir offentlich mit dem brief mit unsern trewn und an stat Michel Grunbald, Mert Öler, Bolfgang Puͤchler, Peter Grunbald, Cristan Liechtschierb, die seinn dabei gebesen, in und irn erben an schaden.
Item ich doreth (!) bekenn offentlich mit disen brief, das daig geschefft gancz mit meinem willen ist gescheen vor den frumen lëwten, die da bei gebesen sein nach Christi gepurd M° CCCC° und im LXII jar am suntag nach Sand Michels tag, so ist der prief gemacht worden.

Actum einschreiben am
pfincztag vor Purificacionis
anno LXVII^{mo}.

1466 August 16 **247**

Geschäft des Hans Pakendorfer

pr., schr., 4 Zg. (*Index*: —)

Hanns Paëkendorffer ad idem

Vermerkt das geschëfft, das Hanns Paikendorffer an Unser Frawn abendt am suntag in dem LXVI jar[84].
Item er hat geschafft einen weingarten am Hawsperg und ainen weingarten in der Under Hoheney, die schafft er seiner hawsfrawn
(fol. 126r) zutün und zulassen, davon sol sy zallen X fl. aus dem ainen weingarten.
Item er hat geschafft ainen garten in dem Gevert der stewftachter.
Item ainen weingarten im Pankarten, den hat er geschafft seiner hawsfrawn ir lebtëg. Wann die fraw abgeet, so sol „er" erben auf seinen sun, Mathes Paekendorffer.
Item er hat geschafft das haws halbs ir lebtëg das bezallt tail, darnach sol es seinn seines suns.
Item ain halbs fuder wein schafft er seiner tochter zu irn erben.
Item er hat geschafft XXXI emer weins, davon sol man X fl. umb ain Ramvart und was ubrig, das sol man armen lewten geben.
Das hat er geschafft aus wolbedachten bei guten můt. Dabei ist gebesen Niclas Gotz, Niclas Schottel, Michel Krewtzer, Wolfgang Püchler.

---

[84] *1466 fiel das Fest Maria Himmelfahrt auf Samstag, der Tag zuvor war also ein Freitag. Unsere Datierung beruht auf der Vermutung, dass der Tag mit* suntag *korrekt angegeben ist. Vielleicht ist mit* Unser Frawn abendt *aber auch der Tag vor Maria Empfängnis (7. Dezember) gemeint, der 1466 auf einen Sonntag fiel.*

1456 Januar 26–31 – *1467 März 12* **248**

Geschäft der Elisabeth, Ehefrau des Hans Karner; Bestellung von Willensvollstreckern

pr., schr., 3+1 Zg. (*Index*: —)

Elizabet Kornerin

Vermerkt daz geschefft, daz getan hat die ersam fraw Elizabet, des Hanns Karner hawsfraw, mit guter vernufft aus guten willen unbetwungen und vorbetrechtlich zu der zeit, do sy das mit recht wol getun möcht an irrung, inred und widersprechen meniklichs in mass, als hernach geschriben steet. Und darzu ervordert und gebeten die hernachbenant ir gescheffftlëwt zu gedëchtnuͤs und verpringen ir geschëft. Actum in der wochen vor Unser Lieben Frawn tag der Liechtmess anno etc. Lsexto.

Item von erst hat sy geschaft zu dem paw Sand Merten kirchen von irn wegen und irn guͤtern auszerichten zu hail irer selikait irer seel vier gulden in gold, dy dahin zeraichen, so man anhebt an dem kor zupawn.

Item sy hat mer geschaft den predigern bei Sand Merten pfarrkirchen, damit ir gedacht werd und ingeschriben in den tottenbrief zu gedechtnus irer seel, so sÿ mit tod abgeet, I flor. auri, den den predigern von irn gutern anverziehen zuantworten.

Item sy hat mer geschaft, daz man ir begee durch irer sel selikait und das von irn gelassen gutern ausgericht werde XIII (!) gesungen selambt bei der pfarrkirchen Sand Merten und darzu XXX gesprochen seelmess.

Item darnach so hat sy mer geschafft und damit bedacht irn man, Hanns Korner, alle ire güter, es seinn erb, weingarten, haws, wein, varundhab, gar nichts ausgenomen, wie die namen haben oder wo die gelegen seinn solh ir gelassen güter frey und ledig zehaben, nuczen und nyessen allen seinen frumen damit schaffen, vergeben, verschaffen, vermachen, wem er wil und wie im das gevellt an meniklichs irer frewntschaft irrung und widersprechen, wan sy im der am aller pesten gan. Und bei solhem geschëfft sein gebesen durch meiner obgenanten Elsbet fleizzig gebet die erbern Jacob Loffler, Niclas Burkart und Anndre ~~P~~ Weniger, all mitburger zu Prespurg, die ich mit fleiss darzu ervordert hab, damit sy solhs meins geschefts ingedenk und darob seinn auf ir gewissen, damit es also volbracht und ausgericht ~~werde~~, auch zu gedechtnüs in der stat gescheftpuͤch geschriben werd. Actum anno, die ut supra. Bei solhem geschefft und irm leczten willen ist auch mitsambt uns gebesen her Jacob, prediger bei Sand Merten pfarrkirchen.

Actum einschreiben quinta ante
dominicam Judica LXVII^{mo}.

1467 März 9 – *1467 März 19* **249**

Geschäft der Katharina, Ehefrau des Thomas Drexel

pr., schr., 4 Zg. (*Index*: —)

(fol. 126v) Katherina Drëxlin

Vermerkt ain gescheft, das Katherina, Thomas Drexel hawsfraw, getan hat mit

guter vernuft, do sy das muglich tun hat mugen an meniklichs widersprechen in gegenwurt der nachgeschriben gescheftlewten.
Von erst hat sy geschaffen ainen rok, ainen pelcz und ainen mantel durch Gots willen ainer armen frawn, genant Wolfgang Burgerin.
Item ain Romfart, die sol ausrichten ir man, Taman Drëxel, in jars frist [*1468*] zu hail irer und irer vorvordern seel.
Item sy hat Paulen Kaller, irm bruder, geschaffen ainen weingarten in der Undern Hochney und X fl. darzu ledig und frey, damit er kainerlay erbschafft noch ansprach zu irn gelassen gůtern imhinfuͤr nit mer genomen, noch haben müge noch sulle.
Zum leczten hat sy irm mann, Thaman vorberurt, die ubermas aller guter, varunden und ligunden, ledig und frey geschaffen (!) allen seinen frumen, damit zuhanndeln und zutun an aller meniklichs irrung.
Zu solhem gescheft sein gevordert und gebesen (!) worden wir hernach geschriben Hanns Salmon, Kaspar Boduscher, Kristan Klonner und Symon Haselberder, burger hie zu Prespurg, das bemelt ir geschëfft aufzenemen, einzebekennen und mit unsern petschaten zubewaren, das wir also getan und aufschreiben und vermachen mit unsern petschaten haben lassen, uns und unsern erben an schaden. Gescheen am mantag nach Letare anno LXVII.

Actum einschreiben am
pfincztag vor Palmarum
ut supra LXVII.

(*am Ende*: Paul Kaller hat das widersprochen und verloren)
(*am Rande*: das obemelt geschaft ist gancz ausgericht worden mit sambt der Ramfartt)

1467 März 17 – *1467 April 11* **250**
Geschäft des Martin Nachwinter
pr., schr., 4 Zg. (*Index*: —)

Mert Nachwinter

Hie ist vermerkt das geschëft und der lesst willen des erbern fürsichtigen weilent Mert Nachwinter, mitburger der stat Prespurg, das in massen, als hernach geschriben stet, zuvolenden und verbringen, und solhs ist gescheen am eritag nach Gregori anno Domini M° CCCC° LXVII.
Item mit dem ersten und vor allen dingen hat er sich bevolhen Got dem almëchtigen, daz er im hie und dort seiner armen seel genediklich mitsey (!).
Item darnach hat er sein haws geordent Anne, seiner hawsfrawn, gancz und gar als ir erblich guͤt, wenn es ist, als er bekannt hat vor den hernachgeschriben gescheffthern, umb ir vëterlichen erbtail erkawfft worden, auch in gleicher weis hat er den weingarten gelegen in der Tunawleyten seiner yeczgemelten hawsfrawn geordent und lassen als ir vëterlichen erbtail.

Item seinen weingarten gelegen in der Hochnei zu nachst ains weingarten genant der Hengst an ainem tail des anndern tail aines wegs hat er auch geschafft Anne, seiner egemelten hawsfrawn, mit solher underschaid, daz und sy bezaln und ausrichten sol hundert gulden herrn Pernhart, pfarrer
(fol. 127r) hie zu Sannd Merten, die er geschafft hat zu ainem ewigen ambt in den eren der marter Unsers Herren Kristi und des Heiligen Krewtz alle freitag in Sand Merten kirchen hie auf des Heiligen Krewtz altar durch ainen der prediger oder ainen anndern an irer stat, den sy erbitten und durch den schulmaister mit den knaben zusingen als umb die newnt stundt des tags. Es sol auch der schulmaister mit den knaben belaiten den priester, des das ambt singen sol aus dem sagrer mit dem lobgesank O crux ave, spes unica etc., und Te suma Deum trinitas etc., uncz zu dem altar, und darnach anheben loblich das ambt Nos autem gloriari oportet etc., und singen uncz an das ennd und der obgenant herr der pfarrer sol die bestimbten I^c^ guldein anlegen, und darumb kawffen recht gotlich zinns, des ganczen gwalt er im geben hat, darinn zutun nach seiner gwissen, und die dann getailt sullen werden nach der kirchen gwonhait in drew tail, ainer dem pfarrer, der annder den predigern und der dritt tail dem schulmaister gevallen sol. Es sol auch sich der pfarrer und seinen nachkomen verpinden under des capitels und der stat hie insigel solhe ambt trewlich, fleissiklich und an underlas auszurichten, und die brief darumb gegeben sol er raichen den brudern Gotzleichnams zech, welh er uber Gots willen gepeten und bitten hat lassen, das sy ain fleizzigs aufsehen wellen haben, und so ain pfarrer sewmig wër und nit volbrecht das ambt in massen, als oben geschriben stet, so sullen gwalt und macht haben die bruder der obgenanten zech an alle recht, nach der ersten, der anndern und der dritten vermanung nemen zu irn hannden solhe erkawfte zins, und selber durch wen und sy willen den obgenanten Gotzdinst in Sand Merten kirchen volbringen.
Item er hat auch geschafft LX fl. zu ainem krëwcz, das sullen lassen machen her pfarrer und maister Hanns von Weitra, als er in das bevolhen und getrawt hat, daz dann der briester, der das ambt singt, tragen sol zu dem altar offenlich in der processio. Er hat auch gancz warleich gehofft zu seiner hawsfrawn, sy werd auch darzu stewr und hilf tun, und die bemelten LX fl. sullen die bemelten herren Pernhart und maister Hanns ganczen gwalt und macht haben zu ervordern und nemen von dem Cristof Meixner zu Ofen, der im so vil schuldig worden ist seines tails an ainer schuld I^c^ und XIII fl., in welher schuld der I^c^ und XIII fl. auch Wolfgang Vorster, burger zu Prespurg, tail hat.
Item darnach alle seine anndre guter, nichts ausgenomen, hat er geschaft seiner hawsfrawn, damit zutun und zelassen nach irm willen an menikliche hindrung und irrung, und auch die hernachgeschriben geltschuld einzenemen und auszurichten, wie und wem sy sol.
Item Bertelme, sein diener, ist schuldig worden I^c^ und LXIII fl., die er von im par genomen hat, damit zuarbaiten und hanndeln als ein getrew diener ungevërlich,

das auch also der benant Bertelme selber vor den geschëftherrn bekant hat, und von sovil schuld und gwin raitung zu tun ist und sol.
(fol. 127v) Item der erwirdig herr her Jorg, brobst zu Prespurg, ist schuldig XX fl., ainer genant Kilian bleibt schuldig XVI fl., Niclas Flins zu Prespurg ist schuldig II fl. (*am Rande*: solvit)
Er hat auch berurt schuld, die er schuldig worden, und die bevolhen hat seiner hausfrawn auszerichten, und am ersten ist er schuldig worden zu der pfrund Aller Heiligen, die yeczuͤnd hat und regirt maister Hanns von Pulka, XXX fl. darnach dem Gilig Pawm, burger zu Wienn, XXXVI fl. oder dabei. Auch ist er schuldig worden den ainem, der da genant ist Esenprein XXIIII tal. den. (*am Rande*: ist petzallt)
Und zu zewgnus solhs seines leczten willen und geschëftz, als oben geschriben stet, hat er mit fleis und umb Gotzwillen gebeten die erwirdigen und ersamen herrn Jorgen, brobst, Bernharten, pfarrer, maister Hannsen, korherrn zu Prespurg, und Thaman Peken daselbs, daz und sy ire petschat auf dise geschefftzedel gedrukt haben, in und irn erben an schaden. Actum ut supra.

Actum einschreiben
sabbato ante Tiburci
anno LXVII^{mo}.

1467 März 29 – ***1467 April 14*** **251**

Geschäft des Jakob Hafner
pr., schr., 4 Zg. (*Index*: —)

Jokel Hafner

Vermerkt das geschëfft, so ich Jacob Hafner guter vernufft an meniklichs widersprechen getan hab am heiligen Ostertag in anno LXVII.
Vor erst schaf ich ainen weingarten genant der Weissenburger meiner zwain sunen, ainer genant Wolfel, der annder genant Ludbig, also wann sy abgiengen unvogtpër, daz dann der selb weingarten auf frawn Elsbeten lediklich gevall.
Item ainen weingarten, genant im Hiersman, schaf ich meiner yeczgenanten hausfraun, Elspet, frein und ledigen.
Item ainen weingarten, haisst der Gern, ob yemand nach meinem abgang darnach sprëch, der sol meiner bemelten hawsfrawn darumb XV fl. auri niderlegen und antworten, wan ich den darumb gelost hab, als dann das Micheln Grunwald, Caspar Raifsneider und Micheln Zistler wol wissen ist.
Item ich schaf mein haws, darinnen ich pin, halbs meinen benanten zwain sůnen und irer muter, Elsbeten, von ainen auf das annder zuerben und gevallen, dann den anndern halben tail schaff ich meinem bruder, Zirvosen, auch ledig und frey.
Item auch schaf ich meinen bemelten zwain sůnen ainen garten, genant die Praiten, ledig und frey.

Item auch schaf ich frawn Barbaren, des Guldein Petern tochter, ainen weingarten gelegen in der Nonnenpëwnt, daz das gelt, darumb er verkawfft ist, oder dem weingarten lediklich innzenemen und zubehalten.
(fol. 128r) Item und schaf meiner hawsfrawn alle varunde hab, und davon sol sy meinem bemelten bruder ainen virdigen dreyling wein und I pet geben.
Item als mein vordre hawsfraw geschafft hat ain Ramfart und noch unverbracht ist, also schaf ich von meiner varunden hab die zuvolbringen anverziehen.
Dicz mein geschefft hab ich bevolhen Thaman Behem, Jacoben Hainburger, Micheln Grunbald und Kasparn Raifsneider mit irn pet schaten (!) zubewarn und das einzebekennen, ob Got über mich gepuͤt, doch in und irn erben an schaden. Actum ut supra.

Actum einschreibens die
Tiburci LXVII^{mo}.

1465 Mai 28 – ***1467 April 20*** **252**

Geschäft des Hans Eylausemrock
pr., schr., 4 Zg. (*Index*: —)

Eylausmrok

Item vermerkt das gescheffl, daz Hanns Eylausmrok geschaft und getan hat mit gutem willen und mit guter vernufft zu der zeit, do ~~ich~~ es rechtlich nyemants widersprechen mocht, wenn ich von meinen weiben, von in allen, nichts innhab kainerlaÿ guter, noch von allen meinen frewndten auch gar nichts innhab, was ich hab, das hab ich der arbait, und wann ich hab recht das mein geben, wem ich well, und hab darzu gebeten erbern herrn geistlich und weltlich, die des geschefft ~~und~~ herren und zewgen sullen seinn.
Item ich schaff und gib auf meiner hawsfraw, Katherina, all mein gůt, was und ich hab, es sey erb und varundgůt, nitz ausgenomen, damit zutun und zulassen, als mit irm gůt. Ich entphilh ir auch dabey auf ir trew mein seel, daz sy ir die lass empholhen seinn.
Item ich schaf dem Mert Spiegel und seinen kindern ain brůnner tuch und darzu X tal. den. auszerichten so schierist und sÿ mag.
Item mer schaf ich der Cristmanin von Raab ½ brunner und darzu V tal. den. auch auszerichten so schierist und sy mag.
Item mer schaff ich zu Sand Larenczen X tal. den. zu ainem jartag ewiklichs auszerichten.
Item mer schaff ich zu Sannd Larenczen kirchen zum paw X tal. den. also, das mein hawsfraw sol ausrichten, so sy die gar wol gehaben mag.
Item herr Bernharten, pfarrer zu S. Merten, item herrn Frantzen, pfarrer zu Sannd Larenczen, item her Ludbig Kunigsfelder, diezeit burgermaister zu Prespurg, herr Stephan Reneis, auch burger daselbs, die vier herrn hab ich gebeten mit fleis, daz sy des geschëfts zeügen sullen sein und geschëftherrn, und ir petschat darauf

gedrukt haben, in und irn erben an schaden. Actum am ertag var Pfingsten, als man schreibt nach Christi gepurd M CCCC° und LXV jar.

Actum einschreiben feria 2ª
ante Geori[85] (!) LXVII.

1461 März 9 – *1467 April 30* **253**

Geschäft der Magdalena, Ehefrau des Wolfgang Vorster

pr., schr., 6 Zg. (*Index*: —)

(fol. 128v) Madalena Vorsterin

Vermerkt ain ordnung des geschefts, das die ersam fraw, Madalena, des Bolfgang Vorster hawsfraw, in irm sichbet mit guter vernufft und verstentikait, unbetwungen, bebedĕchtlich (!) und aus gutem willen betracht und gemacht hat. Auch getan zu rechter weil und zeit an meniklichs widerruffen, das zuvolfürn und auszerichten von irn zeitlichen guten durch irer seel hail und selikait willen, und sol auch also gehalten werden an widersprechen aller irer frewndt und zubestettung, wissenhait und gedachtnüs hat sy die hernach benanten herren mit fleis darzu erbeten, dadurch ob Got uber sy geput, das es also an alle irrung verbracht wurd. Und ist gescheen am mantag vor Sand Gregori tag anno Domini M° CCCC° LXprimo.

Von erst schaff ich obgenante Madalena, also ob Got uber mich put also, daz ich mit tod abgieng, zu Sand Larenczen kirchen zu dem paw ainen virding dreiling wein und darzu IIII fl.

Darnach schaf ich zum spital Sand Lassla armen lĕwten V fl. und darumb zukawffen, was am aller nüczisten ist und notdurfft.

Auch schaff ich, ob Got über mich put, zu Unser Frawn ins kloster VI fl., ob man wurd anheben ettwas zu pawn.

Darnach schaf ich zu Sand Michels kirchen zum paw, was dann an der kirchen notdurft wurd seinn, IIII fl.

Aber schaff ich in das junkfrawn kloster zu Sand Klarn V fl., darumb sol man in kawffen tůch zu kutten.

Ich schaff auch mein silbergůrtel, die klain mit ainem plaben parten in Unser Frawen zech und die anzelegen nach dem pesten.

Darnach schaff ich von meinem und seinem gůt L fl., und darumb zu kawffen ain messgwandt, und ain altertuch, und den kelh der vorhannden ist, und das geben, wo es im am aller tüchlichisten hinbedunkt.

Auch schaff ich, das mein Bolfgang sol vertigen mein dienerin, Madalen, zu pet und zu tisch, als es gehort.

---

[85] *Der St. Georgstag wird gemäß ungarischem Brauch mit dem 24. April aufgelöst. An diesem Tag wurden auch die Stadtoberen von Preßburg gewählt.*

Mer schaff ich gen Raab zu Sand Stephan V fl. umb I mesgwant durch mein und meiner eltern seel willen.
Auch schaf ich der lieben meines bruder tochter, des Niclas Vorster, so man sy versorgt nach eren einen newen prewtrok.
Ich schaf auch der geistlichen frawn, Ursula, die bei mir ist, VI ellen weiss tůchs zu ainem rok.
Darnach schaff ich herrn Micheln korherrn, meinem peicht vater, I fl. durch meiner seel willen.
Mer schaf ich durch meiner seel selikait willen zu singen XXX selmess nacheinander, angehebt den ersten tag und auf den dreisgist.
Auch schaff ich zu Unnser Frawn im tal VI fl., daz man meiner seel darumb sol gedenken.
Uber das alles so schaff ich dem obgenanten meinem lieben hauswirt,
(fol. 129r) Wolfgang Vorster, all annder mein gůt und hab, es sein hewser, weingerten, klainat, varundguter, kramerey, beraitschafft, gar nichts ausgenomen, wo oder wellent ich das hab, geltschuld oder annder guter, also, daz er die vor meniklich aller meiner frewndt die sol haben, besiczen, nützen und nyessen, frey und ledig an mëniklichs irrung und allen seinen frumen domit schaffen, verkawffen, verseczen, vergeben, schaffen, machen, wem er wil, wie in des verlust, wenn ich im des am aller pesten gan, und bevilh im mein seel auf sein gewissen, als ich des ain gancz vertrawn zu im hab.
Daz aber solh geschëft gehalten, volbracht und ausgericht werde nach aller ~~notdurfft~~ vorgemelter ordnung, so hab ich mit fleis darzu gebeten die ersamen geistlichen herren herrn Franczen, pfarrer zu Sand Larenczen und korherrn zu Sand Merten, herrn Micheln, irn peichtvater auch korherrn daselb, herr Ulrich Windperger, herr Burkart Scharrach, gesworner des rats, herr Albecht Gailsam und herr Pernhart Virtzker, mitburger bei der stat Prespurg, daz sy solhs meins geschefts gedechtig sein, damit es gehalten und ausgericht werde, und zu pezzer bestëttung und gewishait yr yeder sein aigen petschatt darauf gedrukt an jar und tag ut supra.

Actum einschreiben am pfincztag
vor Philippi Jacobi LXVII.

1467 März 24 – ***1467 Juni 12*** **254**

Geschäft des Markus Wagner
pr., schr., 4 Zg. (*Index*: —)

Marcus Wagner

Item hie ist zumerken die ordnung und geschëfft, das getan hat Marx Wager (!) mit gueter vernufft und wolbedachtem můt und mit willen und wissen seiner hawsfrawn, Margarethen, und ist geschehen vor den erbern lewten mit namen

Hannsen Grafenpücher, Hannsen Saltzburger, Hannsen Gename und Hannsen Pfarrkircher, all vier mitburger zu Prespurg, und bitt auch mein herren des rats durch Gotzwillen, daz sÿ mitsambt den obgenanten geschëfftleüten willen darob sein, damit solchem meinem geschëfft nachkomen und gehalten werde, als hernach geschriben stet. Actum am eritag vor dem heÿligen Ostertag 1467.
Item zům ersten schaffe ich Margarethen, meiner hawsfrawen, mein haws, darinn ich yeczund won.
Item mer schaffe ich ir viertzig gulden in gold und alle varunde hab.
Item mer schaff ich meins brueder tochter, Marwschen, XXXII gulden und ein gerichts pett nach eren, und ob sach wer, daz die obgenant Marusch an erben abging, so sullen die obgemelten XXXII gulden und pett dem Merten, des Stewrer Wager (!) sun.
Item die ubermass meiner gůeter bevilich ich meiner hawsfrawen, daz sy damit mein sel versorgen sol nach irm pessten, als sÿ dann Got antworten sol an dem jungsten tag. Und ich hab auch vleissigklich gebeten die vorgeschriben geschëfftleüt, daz sÿ durch Gotzwillen des ingedechtig sind, und mitsambt meinen herren darob sein, damit solhem meinem wolbedachtlichem geschëfft nachkomen werd und gehalten. Und des zu merer sicherhait hab ich die vorgemelten geschefftleüt gebeten, daz sy ire petschadt auf diß geschefft gedrukt haben, doch in und iren erben annschaden. Actum einschreiben feria sexta ante Viti anno ut supra.

1467 Mai 29 – *1467 Juni 20* **255**
Geschäft des Andre Zimerman
pr., schr., 3 Zg. (*Index*: —)

(fol. 129v) Andre Zimerman
Vermerkt ain geschëfft, daz Andre Zimerman getan hat in seinem sichbet mit guͤter vernufft zu rechter zeit, do er das wol tun mocht und nyemandts hat widersprochen in gegenburt der hernach geschriben geschewfftlewten.
Von erst schaffe ich all varende hab, nichts ausgenomen, die helfft meiner hawsfrawen und den anderen tail meiner enikel, junkfrawen Maruschen, doch vorbehalten daraus ain pett, ain duchnaw, ainen mantel, und ainen prawen rokch, das alles bevilh ich meinen geschefftherren, die wissen wol, damit zuthun und zuhanndeln, und aus der vorberürten varunden hab sol man mich bestatten, und alle schuld, die ich schuldig pin, betzalen, und das die ubermass varunderhab vorgemelt, die der Maruschen zugebürt, sullen die geschefftlewt innemen untz zu derselben Maruschen vogperen jaren. Sturb sÿ aber ungëvogt, dann sol Wenntzel II tal. den. und dem Hannsel, so er briester oder in weltlichem stannd als lay sich aufrichtiklich halten wurde, III fl. gevallen, und das ubrig meiner seel hail durch mein geschefftleẘt zuraichen.

Item schaff mer meiner bemelten hawsfrawen hinwider die gůeter, die sy zu mir bracht hat, und für ir dinst II fl. und morgengab IIII fl. auf meinem haws zuhaben.
Item auch sol sy vechsnen die hewrigen frücht aus meinem weingarten und beleiben in meinem haws auf Sand Michels tag und nicht lenger schiristkünfftig [*1467 September 29*].
Item ob yemandt von geltern këme und geltschuld, die ich schuldig belib weislich machten, die sol von meinem haws und weingarten, genant Hiersman, betzalt, davon auch ain Rom oder Achfart volbracht und ausgericht werden. Und ob ubrigs blib, sůllen mein geschefftleẘt gwalt haben, die auszutailen nach meiner sel selikait.
Item man sol auch ainen zimerman oder stainmetzen ain wochen betzalen zum paw Sand Mertten hie.
Item man sol dem pfarrer zu Sand Larenntzen geben von schuld wegen LXX den.
Item man sol ausrichten herrn Steffan List, meinem peichtvatter, V ß den., darumb sol er mess lesen.
Item ich pin schuldig dem Pekel Hafner zu Hainburg VI ß XII den.
Item Taman Saltzer zu Wienn IIII½ tal. den.
Item Wolfgang Vorster VI ß den., hingegen ist er mir zulon meiner arbait, als ich hoff, vil mer schuldig.
Item Flins ist mir schuldig I fl., den schaff ich in der zimerlewt zech umb wachs.
Ditz mein geschefft hab ich empholhen dem Lanngen Andre, Friderichen Tulner und Niclasen Turkchen, daz sy das mit iren petschadten bewaren und einbekennen, darob seinn, daz das alles gehalten und volfüret werde, als ich in dann vormeniklich getraw. Und ist geschehen am freitag nach Gotzleichnams tag anno Domini etc. LXVII°.

Actum einschreiben
sabbato post Viti Modesti
anno LXVII^{mo}.

1467 April 2 – *1467 Juli 8* **256**

Geschäft des Niklas Purkart

pr., schr., 4 Zg. (*Index*: —)

(fol. 130r) Niclas Purkart

Vermerkt das geschefft, das weilent Niclas Purkart in der Slossergassen mit guter vernufft und an meniklichs widersprechen geordnet und gemacht, und uns mit namen Jorgen Weinbachter, Mathes Hüter, Cristan Sailer und Niclasen Messrer, als sein geschefftherren erbeten hat, das geschefft mit unsern petschadten zubewaren. Actum am pfintztag nach der Osterfeÿr anno LXVII^{mo}.
Vonerst hat er geschafft seiner hawsfrawn, Clara, all varundhab, davon sol sy ainer arm diern ain stewr tůn.

Item und hat ir geschafft ainen weingarten in der Hohney.
Item mer hat er ir geschafft ainen weingarten im Nartz, davon sol sy ausrichten ain Romfart und ain Achfart.
Item und hat dem Purkhart Schuͤster zu Lainsnitz geschafft III fl.
Item und aber seiner hawsfrawn geschafft ainen halben weingarten in der Tůnalewͦten und den andern tail seinem diener, dem Jorg Thomeͣsch.
Item und hat aber geschafft seiner hawsfrawn ain weingarten im Wotzengrundt.
Item auch das haws zunagst des Niclas Lisst hat er auch seiner hawsfrawn geschafft.
Item Jacob Zerrengastin ist im schuldig I fl. I^{c} den., hat er seiner hawsfrawn geschafft.
Item er hat geschafft dem Hanns Strewbner ainen weingarten im Wolflins grund zunagst des Mathes Fůxlens weingarten nach dem nachstkůnfftigen lesen nachzuvolgen.
Item auch schafft er seiner hawsfrawn IIII fl., die im der Kuntz Půhler schuldig ist, und sol im ainen gulden nachlassen.
Item so ist im Hanns Strewbner schuldig XI ß wienner den., und I fl. hat er seiner hawsfrawn geschafft einzenemen.
Item und hat ir mer geschafft einzenemen II½ tal. den. und XX den., die im Hanns Osterreicher schuldig ist.
Item auch hat er ir mer II½ tal. den. geschaffen, die im Steffl Smid schuldig ist.
Item und schafft ir mer I tal. den., das im Sigmund Smid ist schuldig.
Item auch hat er geschafft, daz sy sol zalen X fl., die auf dem haws steen.
Item und hat mer seiner hawsfrawn II flor. geschaffen, die im Steffl Sailer ist schuldig.
Und darauf haben wir obgemelt geschefftlewt ditz geschefft nach des bemelten Burkarts bitten und begeren mit unsern petschadten bewart, uns und unsern erben anschaden. Actum ut supra.

Einschreiben geschehen an
mittichen nach Ulrici
anno etc. LXVII^{mo}.

1466 September 7 – *1467 September 3* **257**

Geschäft der Margaretha, Ehefrau des Hans Poltzel

pr., schr., 6 Zg. (*Index*: —)

(fol. 130v) Margaretha Pöltzlin

Vermerkt das geschefft, daz ich Margareth, Hannsen Poltzel hawsfraw, geschafft und tan hab mit meins manns willen mit meiner vernufft und wolbedachtem můt, und das wol thůn hab mugen an meinem todpett gelegen.
Item am ersten schaff ich meiner tochter, Agnesen, ainen weingarten gelegen zu dem Hehel, und ainen halben weingarten gelegen zum Munichlein, und damit

frey zethün und zelassen nach irem willen, und mer schaffe ich ir meiner tochter, der Agnes, mein pesste gürtel und den pessten rokch und mantel.
Item darnach schaff ich meinem sün, dem Mertlein, ainen weingarten im Purkchstal, und ainen halben tail im Münichlein freÿ und ledig zethůn und zelassen, und schaff im mer ainen halben garten im Kressling, damit im auch frey und ledig zethun und zelassen.
Item darnach schaffe ich meiner tochter, Barbara, ainen garten im Drëschberd und ainen weingarten auf dem Hawsperg, und die ander silbergürtel und als mein gwant halbs frey und ledig zethün und zelassen.
Item darnach schaff ich meinem mann, dem Hannsen Poltzel, ainen weingarten gelegen im Pätzen, den ich vermorgengabt hab sein lebteg. So er aber mit dem tod abgieng, so sol derselb weingarten erben auf meine kinder, die ich gehabt hab beÿ meinem ersten mann, und schaffe darnach meinen kind und meins mans Hanns Poltzel kind ainen garten in dem Aussung, und darnach meinem mann und dem kind ein silbergürtel die klainist. So das kind mit dem tod abgieng, so sullen die vorgemelten zwen gärten, der Aussung und die helfft zu dem Kressling, erblich sein des Hannsen, meins man, freÿ und ledig zethün und zelassen.
Item darnach schaff ich meinen kindern, dem Mertel, und der Agnes und Barbara, das haws frey und ledig zethun und zelassen.
Item darnach schaff ich meinem mann, dem ~~Mertel~~ Hanns Poltzel, und meinen kindern das yeder gwandt halbs, und die vierdigen wein und auch heÿrig wein auch halb und damit sÿ mit den vierdigen weinn also brauchen und auslewtgeben, und damit sy die heÿrigen wein und frücht einbringen.

Die geltschuld

Item vermerkt daz mir der Jacob Palbein schuldig ist VI gulden, und die schaff ich gen Sand Merten zum paw, und er das betzal und dargeb, wann und ers hat oder gehaben mag, und in darin nicht verrer dring und beswar, und er betzall zaintzigen ze ain gulden oder wie er es vermag zegeben im gold oder pfening dargeb.
Item und ich das gescheﬀt getan und geschafft hab vor den ersamen und weisen mannen, burgern und mitburgern mit namen Niclas Marner, Peter Grünbald, Paul Muschenraiff, Wolfgang Puͤhler, Michel Krewtzer, Jacob Palbein, und sÿ vleissigklich gebeten hab darzu, und das ubriger
(fol. 131r) geschafft ich empholhen hab, und sÿ darzu beten hab mit vleissigen pete sÿ sich des underwinnden haben, der ersam und weis man Peter Grünbalt, Paul Muschenraiff, Wolfgang Pühler, Michel Krewtzer und Jacob Palbein, und sÿ das gescheﬀt und gescheﬀtbrief besigelt haben mit iren petschadten, in und iren erben anschaden. Datum und geschafft sub anno Domini millesimo quadringentesimo sexagesimosexto am suntag vor Nativitatis Marie.

Actum einschreiben an pfintztag
nach Egidi anno etc. LXVII°.

1463 November 20 – ***1467 August 3*** **258**

Geschäft des Michael Schrägel

pr., schr., 3 Zg. (*Index:* —)

(fol. 131v) Michel Schrägel smid

Vermerkt das geschĕfft, daz ich Michel Schrägel smid, vor Sand Michels Tor zu Prespurg, mit gueter vernufft und wolbedachtem mut gethan hab, als hernach begriffen wirdet. Geschehen des suntag vor Sand Kathrein tag im drew und sechtzigisten jare.

Item meiner hawsfrawen, Margarethen, schaff ich meinen weingarten im Kolgruben damit zethun und zelassen, als mit irem aignen gůt.

Item ain klaws (!) haws am ort auf Schondorffergassen neben des Sÿmon Rosszagel haws, das hab ich verkaufft dem yetzgemelten Sÿmon Roszagel auf drey Weichnachten umb an ainem fünfftzig gulden ungrisch zebetzalen, dy sÿ anheben und nacheinander werden geen von Weinachten uber ein jar [*1468 Dezember 25*]. Zu der ersten frist von Weichnachten sol er zehen gulden ungrisch ~~gulden~~ raihen und geben meiner obgenanten hawsfrawen. Mit denselben zehen gulden schaff ich ain Achfart damit auszerichten ann alles vertziehen.

Item die zehen gulden schaffe ich, die der benant Symon Roszagel sol raichen meiner hawsfrawen ze trewer hanndt von Weichnachten uber zwai jar [*1469 Dezember 25*] meiner pasel, Barbara, meins brueder tochter, doch in solher underschaid und zu der zeit, daz an irn schaden sey. Gieng aber dieselb Barbara, mein pësel, mit tod ab, so sullen dieselben zehen gulden gevallen auf iren vater oder auf seine kinder.

Item ich schaff dem Peter, des benanten Sÿmon Rosszagel sun, zehen gulden, die sol er demselben Peter innbehalten, und gieng derselb Peter auch mit tod ab, so sullen darnach dieselben zehen gulden gevallen und volgen dem kind, des desselben Peter mueter swanger ist, und ging dasselb kind auch ab, so sullen die zehen gulden geben werden zu ainer Romfart.

Item und die ubring gulden, der noch an ainem zwaintzig wer und ist, die sol der benant Roszagel an der dritten frist, die von Weichnachten über drew jar künfftig wirt [*1470 Dezember 25*], meiner lieben hawsfrawen, Margarethen, antworten und raihen, das sÿ damit zethün und zelassen hab, als seÿ verlusst.

Item und alle varunde hab, dy schaffe ich auch meiner hawsfrawen, damit auch zetun und zelassen.

Ditz mein geschĕfft haben gehort und vernomen dy erbern Hanns Takel, Steffan Stampherer, Hanns Kern, die ich mit vleis darzu gebeten hab, das zubewaren mit iren petschadten, in und iren erben anschaden.

Actum einschreiben an montag
nach Vincula Petri anno
LXVII°.

1467 April 28 – ***1467 August 23*** **259**

Geschäft des Peter Muschinger

pr., schr., 3 Zg. (*Index*: —)

(fol. 132r) Peter smid Muschinger

Hie ist vermerkt das geschëfft und der letzt willen des erbern fursichtigen weilent maister Peternn smid Muschinger, mitburger der stat Prespurgk, das in massen, als hernach geschriben stet zu volennden und volbringen, und solhs ist geschehen am eritag vor Philippi und Jacobi der heiligen zwelefpoten anno Domini etc. LXVII°.

Item mit dem ersten und vor allen dingen hat er sich bevolhen Got dem almechtigen, daz er im hie und dort seiner armen seel gnediklich mit sey.

Darnach von seinen zeitlichen gůetern hat er geschafft zu dem paw Sand Mertten kirchen V gulden also, daz sein hawsfraw, Barbara, aus irer hanndt belon sol die pawlewt oder arbaitter so pald und sy pawent an Sand Mertten kirchen.

In die zech der Mueter der Parmhertzikait hat er geschafft IIII lb. den., die sein hausfraw ausrichten sol.

In das kloster der junckfrawn ainen gulden.

In die zech der smid VII tal. wachs.

Ain fart zu Sand Wolfgang.

Item XXX mess.

Item seinen zwain kindern, Larenntzen und Hannsen, hat er geschafft die helfft seins hawss gelegen zunachst an ainer seitten Steffan Reneis haws zu der andern Andre Můschenraiff, und darzu C gulden ungrisch. Dieselben C gulden Steffan Můschinger, sein brueder, mitsambt den geschefftherren, die hernach geschriben steen, versichern und versorgen sullen den obgenanten zwain kindern genugsamlich, alz er in des vertrawt hat und darumb gebeten. Wer aber, daz die obgenanten zwai kinder ains oder bede abgiengen mit tod vor vogtpërn jaren, so süllen die C gulden mitsambt dem halben haws erben von ainem auf das ander, nach ir baider abgang auf das dritt kind, des sein hawsfraw, Barbara, swanger ist. So aber daz dritt kind, das sein hawsfraw swanger ist, auch mit tod begriffen wurd, dann nach solchem allen sol das halb haws erben auf seinen brueder, Steffan Můschinger, und sein erben, und die C gulden also getailt werden. Und hat geschafft XX gulden zu Sand Mertten paw, X in die zech der Mueter der Parmherzikait, X in das kloster Unser Lieben Frawen, XXX seiner hawsfrawen, Barbara, dÿ anndern XXX seinem brůder, Muschinger, und seinen erben.

Item seinen werchzeuch, den er geschetzt hat fur XV gulden, hat er geschafft seinen kindern, und hat wellen, daz den sein hawsfraw nützen sol „unczt“ ains oder mer seiner kinder kömen zu vogtperen jaren. Darnach die mueter den trewlichen raichen sol seinen kindern ganntz und ungeletzt, als er ir den gelassen hat.

Item er hat geschafft seiner hawsfrawn, Barbara, und dem kind, des sÿ swanger ist, dy ander helfft des haws, und dem yetzbemelten kind, des sÿ swanger ist, hat er geschafft und gelassen L gulden ungrisch, welche L gulden Barbara, sein hawsfraw, innhalten sol untz das kind kom zu seinen vogtpern jaren, und im dann die treulichen raichen sol. Doch hat er geschafft und willen, daz die L gulden und der tail des hawss, daz er dem kind geschafft hat, so es mit tod abging, beleib der mueter ledig und frey und irn erben an meniklichew irrung.
Seinem brůder, Steffl Muschinger, hat er geschafft zegeben an aufschieben XXXII gulden.
Seiner swiger hat er geschafft X gulden, die ir raichen sol sein hawsfraw, ir mueter.
Den weingarten im Purkstal halben den kindern und halben seiner hausfrawn.
(fol. 132v) Andrew alle seine gueter, erb und varundgůt, gelt und geltschuld hat er geschafft seiner hawsfrawn, Barbara, damit zethün und zulassen nach irem willen.
Zu zeugnüss solhs seins letzten willen und geschëfft, als oben geschriben steet, hat er mit vleis und umb Gotzwillen gebeten die erwirdigen und ersamen herrn Bernharten, korherren und pfarrer zu Sand Mertten, herrn Thoman, dietzeit prediger, Niclasen Kornpoden, mitburger zu Prespurg daselbs, daz und sy ire petschadt auf dise geschefftzedel gedrukt haben, in und den iren an schaden.

Actum einschreiben in vigilia
Bartholomei anno etc. LXVII°.

1467 August 18 – *1467 August 26* **260**

Geschäft der Barbara, Tochter des Wolfgang Würm
pr., schr., 5 Zg. (*Index*: —)

Barbara, filia Wolfgangi Würmen

Vermerkt das gescheffft, so weilent Barbara, der Got gnedig sey Wolfgangen Würmen zu Prespurg tochter, in gegenburtikait der hernach genanten Friderichen Tullner, Friderichen Klebinger, Jorgen Verber, Jorgen Sumer pinter, und Lanngen Andreen mit gůter vernufft an eritag vor Sand Bertelmes tag anno LXVII° getan hat.
Item irn weingarten im Goldfüs gelegen neben des Meindlen und Tailnkes weingerten hat sÿ geschafft irem vater allen seinen frumben lediklich damit zeschaffen an meniklichs irrung und hindernůss.
Zu gedechtnüss ditz gegenbürtigen geschëffts haben wir obgenant unsere petschadt yeder in sunderhait als geschefftleut durch der obgenanten Barbara vleissiger gepet willen hierauf gedrukt, uns und unsern erben anschaden.

Einschreiben geschehen an
mittichen nach Bartholomei
anno etc. LXVII°.

(*am Ende*: das geschëfft hat widersprochen Jacob Romer anstat des Geroben kinder)

1467 August 13 – ***1467 September 11*** **261**

Geschäft des Wolfgang Gebhart;
Bestellung von Willensvollstreckern;
Bestellung von Vormündern für die minderjährigen Kinder des Erblassers
pr., schr., 4 Zg. (*Index*: —)

Wolfgang Gebhart

Vermerkt das geschefft, daz ich Wolfgang Gebhart bedechtlich mit gutem willen und vernufft getan hab, das, ob Got uber mich geput, ausgericht und behalten werd in massen, als hernach geschriben steet. Und ist geschehen an pfintztag vor Assumptionis Marie anno M° CCCC LXVII°.
Item ich pin schuldig Kristoffen Oczestorffer LI gulden mit II lb. saffran. Mer pin ich im schuldig bey LXXX gulden, die sol man im schallen von meinen guetern.
Item ich pin schuldig dem Pawngartner zu Nurnberg bey LXXX gulden mich dunkcht, ich sey darinn beswert.
(fol. 133r) Item dem Jorgen zu Hainburg pin ich schuldig XXIIII lb. den.
Item ich pin schuldig von ainem geschëfft, das getan hat Magdalena, mein hawsfraw, L gulden, daran hab ich ausgericht XVIII lb. den., das übrig sol man geben zaintzigen von meinen guetern zu Sand Merten kirchen züm paw.
Item mer pin ich schuldig von wegen meiner hawsfraw, Magdalena, XXX gulden zu einem jar tag dem pfarrer zu Sand Mertten, daran pin ich schuldig ditz jar vergangen III lb. den. an dem zinns.
Item ich pin schuldig dem Michel Wohner LXXXI gulden, daran hat er zwo silbergürtel, ander silber geschirr, und paternoster, und was an dem ab gett, das sol man im bestatten von meinem gůetern.
Item ich pin schuldig dem Steffan Walich VI lb. den.
Item ich pin schuldig der Peter Smidin bey II tal. den.
Item ich pin schuldig dem Hanns Payr V gulden.
Item ich pin schuldig dem Jacob Hainburger, meinem swager, XXXVIII gulden. Mer meiner swester, Barbara, seiner hawsfrawn XVI½ gulden.
Item man sol geben dem Michel Gremel XV gulden, die sol er geben und ausrichten dem Lasar von Gran, als dann wissntlich ist meinem swager.
Item ich schaff zu dem paw Sand Mertten kirchen ain halbs fuder wein rots von meiner seel wegen und meiner hawsfrawn.
Item ich schaff ain rots vassel wein X emer in das spital, und das sullen austaillen mein geschefftherren.
Item ich schäff einen dreiling wein umb mess und haws armen lewten auszutailen mein geschefftherren.

Item ich schaff meiner tochter, Ludmilla, den weingarten, genant im Häbinger, frey und ledig mit frucht mittal, der her kumbt von irer mueter. Und ob sy abging an leib erben, so sols erben auf mein nagst kinder, Mertten und Wolfgang.
Item so schaff ich das haws, Moram, und das Lang Tail mein III kinder Ludmilla, Mertten und Wolfgang, und ob ains darin abging, so sols erben auf die andern mein kinder und von den III erben haws, Moram, und Lang Tail sullen mein III kinder zallen alle schuld, die ich bestimbt hab.
(fol. 133v) Item ich schaff, daz man zallen sol alles, das daz zu der begrebnüss gehort meiner hawsfrawn, Margareth, nach gewonhait der kirchen und X gulden zu dem paw von seel hail ~~willen~~ wegen.
Item ich schaff alle varundhab, des nichts ausgenomen, meinen III kindern Ludmilla, Mertten und Wolfgangen, yedem den dritten tail.
Item ich schaff, ob die kinder abgiengen an leib erben, daz der weingarten, genant das Lang Tail, zu einer ewigen mess kem zu hail meiner seel und das vollendt werd nach rat meiner geschefftherren. Und das haws schaff ich meiner swester, Barbara, und irn kindern, und den Moram halben schaff ich meiner swester und irn kindern, und den andern halben tayl schaff ich durch Gotzwillen nach meiner geschefftherren willen das zuvollennden.
Item ich bevilich meine kinder mitsambt den güetern Jacoben Hainburger und Barbara, seiner hawsfraw, meiner swester, als ich in vertraw, und mein swager Jacob Hainburger, und Barbara, mein swester, nichts tun sullen mit den guetern an rat und willen meiner geschefftherren.
Darumb daz mein geschefft also volfürt und volbracht werde und unzebrochen und stat beleib, hab ich gebeten mit sundern vleiss und zuvordrist durch Gotzwillen die ersamen herren hern Steffan List, pfründtherren zu Sand Mertten, Niclas List, Niclas Marner und Wolfgang Aigner, dietzeit gesworen des rats, daz sy sich desselben meins geschëffts underwunden haben und bestättigt werde ir yeder mit seinem petschadt darauf gedrukcht, in und iren erben anschaden.

Actum an freitag nach
Nativitatis Marie anno
LXVII°.

1467 März 19 – *1467 Oktober 1* **262**

Geschäft der Afra, Ehefrau des Augustin Mischulber, Witwe des Otto Swan
pr., schr., 2 Zg. (*Index*: —)

(fol. 134r) Des Augustin hawsfraw geschefft
Anno Domini M^{o} quadringentesimo sexagesimoseptimo feria quinta ante Palmarum honesta domina Affra, conthoralis Augustini Mischulber, concivis civitatis Posoniensis, condidit suum testamentum presentibus venerabilibus et prudentibus

viris Bernhardo, canonico et plebano ecclesie Sancti Martini, et Purkhardo Scharrach, civis.

Von erst item schaff ich meinem mann, Augustin Mischulber, mein haws gelegen inder stat Prespurg gelegen zw nagst dem Steffan Walich ledig damit zuthun und zw lassenn.

Item mer schaff meinenn weingartten, genant der Halb weingartten, auch meinem mann Augustin ledig zw thun und zw lassenn.

Item mer schaff ich meinem vorgenantten mann Augustin ainenn weingartten, genant die Poshait, ledig zw tun und zu lassenn.

Item mer schaff ich meinenn weingartten, genannt Vogelgesanngk, meiner dieren, genant Barbara, des Fwlher tachter.

Item aber schaff ich meinem Augustin meinenn weingartten, genannt Poschingner, auff Reczistarff grünt ledig.

Item ich schaff meinem kind, des ich swanger bin, meinenn weingartten zw Reczistarff, genant der Preller, ledig.

Item mer schaff ich meinemm obgemelten kind ainenn weingartten, genant Großgöldner, dÿ helfft auff Sand Jorgen grünt mit untterschaid, ob mein kind mit tod abging vor vogper jaren, so sol den selben weingartten mein Augustin Mischulber inhaben sein lebteg, und nach seinem tod sol er werden meiner swester, Anastasie, und iren kindern. Auch schaff der selben meiner swester, Anastasia, die ander helfft des benantten weingartten Grosgoldinger freÿ und ledig.

Item mer schaff ich meiner swester meinen weissen rogk, und II par ermel, ains prawen von samat, das anderr auch prawen von tamaschk, und ain plaben pernischen glockenmantel.

Item mer schaff ich meiner swester zwaÿ stuckh slair behemische, und ain gericht pett, und XXXII gulden, die ir mein man seliger, Ott Swann, geschafft het nach lauttung ains geschefft des selben Ott Swann.

Item ainen weingartten, genant Sawmkel, schaff ich meinemm mann, Augustinn.

Item ich schaff auch meinen mann, Augustin Mischulber, allew varunde hab, nichts ausgenomenn, dan die vorgenantten stuckh.

Item mein man, Augustin, soll machen lassen zwen kelich, die erndlich (!) sein, den ain soll er geben zw Sand Mertten kirchen nach ratt und willen meiner geschefft herrn, den andern zw Unser Frawen indas tall.

Item aus meiner gurtel bestifft mit perel soll mein man, Augustin, lassenn machen ain umbrall, und raichen zw der kirchen zw Sand Jorgenn.

Item was vormallen mein man selliger, Ott Swann, geschafft hat mich auszurichten, das schaff ich auszurichten von den guttern, die ich im geschafft hab meinem mann, Augustin, und alle geltschuld, die im alle wissentlich ist.

(fol. 134v) Item auch schaff ich meiner dienerin, Barbara, ain gericht pett, das geben soll mein Augustin.

Item alle gütter, die ich meinerr swester geschafft hab, sol inhalten mein Augustin bis sÿ verheyrat wirdt.
Und des zw zewgnus und pesster sicherung wegen hab ich obgenatte (!) Affra dÿ erwirdigen und weisen herrn Pernhartten, karherr und pharrer zw Sand Mertten, und Purkhartten Scharrach, burger zw Prespurg, mit vleis gebetten, das sy irew insigel darauff gedrukht haben, in und iren erben anschaden.

Actum am phinstag nach
Michahelis anno LXVII°.

1467 November 22 **263**

Geschäft des Hans Rechnitzer alias Hans Graff;
Bestellung von Willensvollstreckern;
Bestellung eines Vormunds für den minderjährigen Sohn des Erblassers
pr., schr., 2 Zg. (*Index*: —)

(fol. 135r) Hanns Rechnitzer
Vermerckt das geschefft und der letz willen des erbern und fursichtigen Hannsen Rechnitzer, alias Hanns Graff, burger zu Prespurg, das in massen, als hernach geschribenn steet zuvollennden und volbringen, und solichs ist geschehen im LXVII jare.
Ich Hanns Rechnitzer, alias Hanns Graf, burger der stat Prespürg, hab geruefft und umb Gotzwillen gebeten herrn Pernhartten, diezeit karherr und pfarrer der pfarrkirchen Sannd Merten in der stat Prespürg, und Thoman Behem, diezeit geswarn des ratz daselbs, das und sy mein geschëfft aufnëmen und geschëfftleüt sein, ob Got uber mich geputt und mit tad von disem leben nëm, einzebekennen nach gewonhait, als geschefft rechtlich und gotlich ist, und zeugen sein meins letzen willen, welichs geschefft ich getan hab mit volkomër vernufft an meniklichs widersprechen tün haben mügen unnd getan hab, als hernach mit geschrifft begriffen ist in disem geschefftpuͤch. Und ist geschehen an suntag Cecilie der heiling junckfrawn und martrerin. Und auch mit vleis gebeten hab, das sy meinen geschëfftherren ir yeder ~~mein~~ „sein“ petschadten dorauf gedruckt hat, in und iren nachkomen und erben an schaden. Actum ut supra.
Item nach der bevelhung des hails meiner sel Got, schaf ich von mein zeitlichen guͤtern, am ersten mein zwen vierding dreiling wein zu meiner und meiner hausfraun begeren den ersten, und sibenten, „und“ dreisskisten, und begrebnuss, und so mir und meiner hausfraun began ersam nach dem löblichisten, als gewonhait ist Sand Merten kirchen, und ob abganngk an den zwain vierding wein wer, so sol das erlegt werden von den andern mein gelassen gueternn.
Item darnach schaff ich auf meinen und meiner hausfrawn grab tëglich zesingen ain Salve Regina mit ainer collecten von Unser Fraun durch ainen aus der prediger, oder wen sy an irer stat erpitten zelesen ain gantz jar, und schaf von ainen

yeglichen Salve zeraichen VII den. von meinen gelassen guetern und sullen getailt werden nach gewanhait der kirchen.
Item mer schaf ich meinen weingartten, genant der Schön Hirss, zu eim ewigen jartag, mir und meiner hausfrawn und unsern vorvardern und nachkomenn selhail zubegeen in Sannd Mertten kirchen und pit und wil, das der jartag löblich beganngen werd und setzs ainem yedem pharrer derselb genanten kirchen auf sein gewissen. Wer aber, das der pharrer der yetzund ist, oder sein nachkömen sawmig weren zubegen oder nicht begen wůrden den benanten jartag, so sullen meine und meiner hausfrawn nachste freund gantzen gewalt haben verrer zugeben und empholhen soliche begenüs.
(fol. 135v) Item ich schaff zu dem paw Sannd Mertten kirchen II dreiling wein aus der Hoͤcheney.
Item in die zech der Mueter der Parmhertzikait schaf ich ein halbs fueder wein.
Item in das spital schaf ich ein halbs fueder wein.
Item meinem diener, Steffan, mein grun rokh, und auch den swartzen, ain swert, und wil das man etwas im das pesser nach gedunken der gescheftherren.
Item in Unser Frawn klaster schaf ich ein halbs fueder wein.
Item ich schaf das mein vater, Andree, genertt werd neben meinem kind, Wolfgangen, und im furgesehen werd mit speis und klaid sein lebtaͤg nach ersamer zymleichkait von meinen gelassen guetern. Wolt er aber ungeduldigen sein und unleidleichen von wegen ungedult, so sol man im aignen und schiken ein ewige pfruendt nach meiner geschëftherren rat und ander erber leüt.
Item meinen bruederen, Wolfganngen und Cristoffen genant, schaf ich XL gulden zugeben und zeraichen von meinen gelassen guetern in jarsfrist [*1468*].
Item ich schaf Kathrein, Jorgen Renës hausfraun, und Affre, Jorg Unverrichten hausfrawn, zwen meiner hausfrauen seliger frawn mëntl, ain grün und ain swartzen, und II pernisch rock, die meiner hausfraun gewesen sind die pessten.
Item Johanni Meindl schaf ich meine prawne schauben und VI ungrisch gulden.
Item Wolfganngen Meindl schaff ich VI guldein.
Item meinen weingartten, der erst genant der Tibolt auf der grunt stas (!) Prespurg, die andern genant die Hoͤcheney auf der stat Prespurg grunt gelegen, der drit genant der Rebstokh, der vierd genant Ybanusch schaf ich meinem lieben sun, Wolfganngen, frey und ledig, so aber mein hausfraw, Barbara selig, was vormallen verschaffen hiet, daz wil ich stet zubehallten.
Item ich schaf die helft meins hauss gelegen zenagst Hannsen Karnner haus, so ich was daran rechtlichs hab oder was mir mein hausfraw, Barbara, darauf geschaft hiet, und das ander mein haus gelegenn ze nagst Purkhartten Scharrach haus meinem liebem kind, Wolfganngen.
(fol. 136r) Item ich schaff alle meine andree gueter, es sein erib oder varundgueter, die ich gehabt und besessen hab, und die mir von meiner hausfrawn, Barbara seliger gedëchtnuss, zugestannden sind und geschaft hat. Item hausgreet,

geltschuld, alle mein wein, die nicht verschafft sein warden durch mich oder mein hausfraun, silberassëch, traid, viech, nichts ausgenomen, schaf ich ledig und frey meinem lieben sun, Wolfganngen, damit zu tun und zelassen so und er kumpt zu sein vogtperen jaren. Doch wil ich, das in dem allen furgeseehen werd mein vater, alsvor geschribem steet und geordent hab.
Item wer aber sach, das mein lieber sun, Wolfganng, mit tad abgienng vor vogtperen jaren, so sullen mein brüeder, Wolfganng und Cristoff, und ir erben, die da sind meine nachste freund, entricht werden und in geraicht sull werden hundert guldein von allen guͤternn, die ich meinen sun, Wolfganngen, geschaft het. Aber die andern guetërnn, die ich meim sun, Wolfganngen, geschaft und geordennt hab uber die ersten hundert guldein, die wil ich und schaff sew zu lob Got dem almëchtigen und zugrössung seins heiligen namen und schaf, das mit denselben nemlichen güternn gestifft und gewidmt werd ain ewige mess und phründt in den eren der Heiligen Drivaltikait zu meiner und meiner hausfrawn sel haill und der unseren in Sannd Mertten kirchen zu Prespurg, und auch ain ambt alle wochen ze singen loblich auch in den eren der Heiligen Drivaltikait, und schaf iuspatronatus der pfründ und des ambts yëtz berürt dem pfarrer zu Sand Mertten, und seinen nachkömen pharreren, und Jorgen Reneis, Kathrey, seiner hausfraun, und pit auch umb Gotzwillen Taman Behem, und mein gescheftherren, und Jorgen Meindlëin, das sy wellen vleissig hilff tůn, ob mein sun mit tad abgienng, das die Gotzgab, als ich geordennt hab, volrecht und volpracht werd.
Item dem Hannsen Lobogusch bin ich schuldig hundert gulden, die er mir zü trewen handen nider gelegt hat und vergůnt zenůtzen.
Item dem N. Schëch von Katzer bin ich schuldig XXXIII guldein, und hat auch bei mir ain verschlossne lad.
Item dem Steffan, der etwan mein diener gewesen ist, und yëtz dint auf dem geslos zü Prespurg, pin ich schuldig VI gulden.
(fol. 136v) Item N. Sneiderin ervordert von mir schuld, darumb mir warleich kain wissen ist, mog sy aber soliche schuld weisleich machen, so sol man sey bezallen.
So aber wer mer geltschuld weisleich auf mich pracht, den sol man bezallen von meinen gelassen guetern.
Item man ist mir schuldig worden am ersten Ameley Kunigsfelderin tenetur V guldein, und hab ir nachlassen II gulden, des sy schuldig mir wart VII guldein.
Item Antonius ze Retzestarff tenetur II guldein und sprich ich der schuld freÿ.
Item Hanns, des Seft aiden, ze Reczestarff tenetur I guldein.
Item Veit Ruegerin tenetur V guldein ad festum Nativitatis Domini [*Dezember 25*].
Item Pisenntzer, mein weinzürl, tenetur VI guldein.
Item Hanns Wakahüetl tenetur IIII gulden.
Item Steffan Renasin hat er gefreit von ir schuld.
Item nach dem allen aber emphilich ich mich Got, darnach meinem lieben sun, Wolfganngen, dann emphilch ich mein kind, Wolfgang, mit allen guetern, erb und

varundguetern, nichts ausgenömen, nach allem innhalten meins geschefft dem ersamen Jorgen Reneßen, burger zu Prespurg, meinem lieben swager und Katherina, sein hausfraw, und gib ganntzen gwalt und macht in zuvolfueren und verreckhen mein geschefft, und getraw in an sarig und werden traulichen handelen und volennden meinen letzen willen an allen iren schaden, und pit meinen leiben swager Jorg Reneiss und Katherina, sein hausfraw, lautter umb Goczwillen, und durch meiner hausfraw seligen und meiner er und hail willen, sy wellen nicht versagen und abslahen meins begeren und pet. Und pit sew aufzenemenn und sich ze underwinnden meins kinds mitsambt den geuternn und der gerhabschafft, und nach allen artikeln wolfueren mein geschefft.
Item ich wil auch und schaff das meins kinds, Wolfganng, gerhab verkauffen soll und mag meine klainat, hausgret, das ich gelassen hab, damit bezalt werden mein gelter, so verr es not ist und wird, oder andre meine gueter, die ich meinem kind, Wolfganngen, geschaft und gelassen hab, so und notdurfft das geben an meniklichs widersprechen, und hab im geben und geb im aber gantzen gwalt und macht.

1467 November 16 264

Geschäft der Barbara, Ehefrau des Hans Rechnitzer, Witwe des Bernhard Viertzker

pr., schr., 2 Zg. (*Index*: —)

(fol. 137r)

Vermerckt das geschefft, das die erber fraw Barbara, Hanns Rechnitzer hausfraw, getan hat zw der zeit, do sy das mit recht wol getůn mocht und mit gueter vernuft, wolbedachtem muet unbetwungleich, und das auch nyemants widersprechen hat můgen, als hernåch geschribem steet, und solichs geschehenn ist des montag vor Sannd Elzbeten tag anno etc. im LXVII jar.
Am ersten und zuvoͤrdrisst schaff ich und emphilich das hail meiner seel Got dem almechtigen, das er ir gnediklich bey sey.
Darnach schaf ich von mein zeitleichen güeternn zu Sannd Mertten kirchen paw ain dreyling wein aus der Hocheney und wil, das nichts anders davon geschech, sunder das mir mein Hanns, mein hauswirt, von den andern meinen gelassen gutern lass mich löbleich erstatten zu der erd, als ich im des gross getraw.
Item in die zech der Mueter der Parmhertzikait schaff ich ein halbs fueder wein aus dem Botennburger.
Item ich schaf, das man LI armen lewt speis ain mall und drew sëlpad.
Item ich schaf auszerichtenn von mein gelassen gueternn das gescheft, das mein man, Pernhart Viertzkër seliger, getan hat und wil, daz nichts underwegs gelassen werdt.
Item ich schaf meiner tachter, Margrethen, meinen weingartten, genant Ybanusch, und mein zwo silbergůrtl, aine mit ainem raten partten, dy ander hat ain swartzen

partten. Ich schaf auch das mein Hanns mein tachter, Margreten, so sy vermehelt würd, ersam zu pett und ze tisch gevertigt werd, als ich im des getraw.
Item ich emphilich aber meine liebe tachter, Marusch, mit allen güeternn und erben, die ir zustennd und gestannden sind meinen (!) hauswirt, Hannsen Rechnitzer, und bitt umb Gotzwillen, das er die trewleichen well ziechen in gueten siten üntz auf dew vogtperen jar. Wër aber, das mein man mit tod abgienng in den zeiten, oder nit vleis würd haben oder vercheret seinen sitz, das ist, zug sy heusleich an andrew stët aus Prespurg, so sol dann die erst gemelt mein tachter mitsambt iren güeter innemen mein swester, Kathrei, und gib ir des gantzen gwalt.
(fol. 137v) Item ob aber mit tad abgienng mein tachter Margret vor vogtperen jaren, so sullen die gueter, die ich meiner tachter geschaft hab, erben auf mein kind, Wolfganng. Wër aber das paide meine kinder abgienngen vor vogtperen jaren, so sullen die vorgemelten gueter erben auf meine nachste freundt meins geslechts.
Item meinem liebem kind, Wolfganngen, schaf ich die helft meins hauss gelegen zunagst Hannsen Karnner hauss frei und ledig.
Item ich schafft die helft meins weingartten, genant der Tibolt, auch meinem sun, Wolfganngen.
Item so aber mein sun, Wolfganng, mit tod abgienng, so sull die helft meins haus und die helft des weingarten Tibollt nachvolgen und schaff die meinem eleichen man Hannsen Rechnitzer frei und ledig damit ze tun und zelassen.
Item meiner swester, Kathrei, schaf ich ain achtvechtigen slair.
Item meiner swester, Affre, schaf ich zwen sechsvechtigen slair mit guldein leisten und mein swarczen frawn mantl.
Item meinem brueder, Hannsen Meindlein, schaf ich VI guldein und sprich in frey von der schuld XV gulden.
Meinem brueder, Wolfganngen, schaf ich IIII gulden und die zwen mein vorgenannt brueder sol man entrichten inn jarsfrist [*1468*].
Item allew meine andrew gueter, es sein erb oder varundgueter, die ich gehabt hab, und die mir von mein mann, Bernhartten Viertzker seligen, zugestannden sind und geschaft hat, nichts ausgenomen, schaf ich meinem liebem hauswirt, Hannsen Rechnitzer, ledig und frey damit ze tün und zelassen an meniklichs widersprechen.
Und bei meinem geschëft sind gewesen her Bernnhart, diezeit karherr und pharrer bei Sand Mertten kirchen, Cristof Sailer, mitburger der stat Prespurg, die ich mit vleis durch Gotzwillen darumb gebeten hab, das und sy mein gescheft aufnemmenn und gescheftleut sein ob Got uber mich geputt, das einzebekennen nach gewanhait als gescheft rechtlich und gotlich ist unnd zeugen sein meins letzen willen und auch mit vleis gebeten hab, das ir yeder sein petschadt darauf gedrukt hat, in und iren nachkamen und erben an schaden.

(1467)[86] November 23 **265**
Geschäft des Hans Rechnitzer
pr., schr., 3 Zg. (*Index*: —)

(fol. 138r)
Item an montag vor Katherine hat der Hanns Rechnitzer zu dem andern mall gerueft herrn Bernhartten, karherrn und pharrer zu Sannd Merten in der stat Prespürg, und do er nicht gehaben macht Taman Behem, burger und geswarnn des rats daselb, do rueft er herrn Hannsen, sein peichtvater und prediger daselbs diezeit zu Sand Mertten, und hat vermelt etliche geltschuld, die man im schuldig warden ist, und gebeten einzebekennen als geschefts recht ist, und ir yeder sein betschad darunder drukhen well in an schaden.
Item am ersten hat er bekennt, das Daniel von Ravenspurg gelegen in Swaben auf sich genomen hat und sich gemacht ain schuldiger der geldschuld L guldein ungrisch, so Klaus Kraus im schuldig was warden von wegen ainer verkauften munss (?), und derselbig Daniel hat gewaltbrief von im, Hanns Rechnitzer genomen, und hat versprochen bey sein trewn und eren gerecht werden umb die schuld und bezallen wellen zu drein tagenn, auf den nagst Unser Frawn tag zu der Liechtmess ist der erst nachstkunftig [*1468 Februar 2*], der ander zu Sand Larenczen tag nagstkunftig [*1468 August 10*], der drit von Sand Larenntzen tag nagstkunftig [*1469 August 10*].
Item mein herrn des rats an gemainer stat sind mir schuldig XXXII gulden XII ß den.
Item XX guldein tenetur von des strenngen herrn Hannsen Ernust wegen[87], dem er verkauft hat ain wein, darnach meins herren des ratz vleissiklich gebeten haben zuverstehen mich derselbigen schuld auf sew und versprochen mir bei iren trewn treulich und kurtzlich zubezallen.
Item V guldein tenetur von wegen des kantzler unsers allergnedigissten herren des ků̊nigs[88]. Item V guldein tenetur, die ich in gelichen hab, so ich mit den andern herren gesannd wart zu meins gnedigissten herren des kunigs.

---

[86] *Der Text enthält keine Jahresangabe, da aber derselbe Testator ein weiteres Testament (vgl. Nr. 263) am Tag zuvor im Jahre 1467 gemacht hat, ist davon auszugehen, dass auch dieser Text in das Jahr 1467 zu datieren ist. Am selben Tag verfasste er auch ein drittes Testament (vgl. Nr. 267).*

[87] *János/Hans Ernuszt (?–1476), Hoflieferant, Bergbauunternehmer und königlicher Schatzmeister; war ursprünglich ein Bürger von Buda (Ofen) jüdischer Abstammung, später Vertrauter und Finanzratgeber des Königs Matthias Corvinus (1458–1490), Initiator der Finanzreform von 1464; zwischen 1464 und 1467 leitete er auch das Dreißigstamt von Preßburg.*

[88] *Der Text bezieht sich auf Matthias Corvinus, König von Ungarn (1458–1490) und einen seiner Kanzler, vielleicht János/Johannes Vitéz (ca. 1408–1472), der seit 1453 Kanzler und zwischen 1465 und 1472 Erzbischof von Gran (Esztergom) war.*

Item II flor. hab ich in gelichen, da sy gesessen sind an der schacz stewr, dy XII ß tenetur, als wissen ist dem Hannsen Schuss.

1467 September 29 **266**

Geschäft des Georg Weinwachter

pr., schr., 4 Zg. (*Index*: —)

(fol. 138v) Jörg Weinwachter

Vermerkt das geschefft, so Jorg Weinwachter hie an seinem siechpett getan hat bedechtlich an meniklich irrung in maynung, ob Got uber in geput, das dabey belib, und solichs geschafft ist geschehen an Sand Michelstag anno etc. LXVII^{mo}.

Item zum ersten hat er gebetten sein hernach geschribem geschefftherren, das sy von sein wegen willen bitten durch Gotzwillen herren Bernhartten, pharrer und karherren zu Sand Mertten kirchen, das und er mitsambt in will sein ein geschefther und volennder solichs seins leczten willen.

Item auch hat er gemelt wie er hab ein gescheft getan vor ettlichen zeiten, dasselbig sey verpetschadt und lig bey herrn Pernhartten, pharrer etc., und das das selbig geschëft nichts sey nach kraft hab.

Die erib

Item ain weingartten genant im Schonperg auf Retzesdarffer grůnten.

Item zwen weingartten genant im Phaffen auf der statgrůnt und dabei ain gartten.

Item ain weingarten genant im Loflër auf der statgrůnt und dabei ain weingartten genannt der Dÿetl.

Item ain weingartten genant der Grasser auf der statgrůnt, ain weingartten genannt der Maurer.

Item ain weingarten in der Tunawleiten auf der statgrůnt.

Item ain haus gelegen in der stat bey Sand Michels tor ze nagst Mathesen Hueter hauss.

Die schuld

Item dem juden Vischl genannt XXX ungrisch guldein nach innhaltung des grůntpůechs[89], in sunderhait im IIII gulden ungrisch nach innhaldung des juden půechs[90].

(fol. 139r) Item er hat geschaft seiner hausfrawn, Margrethen, den weingartten genant im Pfaffen den indernn, mitsambt dem gartten und früchten ledig und frei damit zetůn und zelassen.

Item auch schafft er ir allen hausgreet.

Item er hat auch geschaft auf seinem haus zehabenn XXIIII guldein ungrisch ainen zuversolden wider die türken auf ain halb jar, als er das versprochen hat

---

[89] *Sicherlich das Preßburger Grundbuch von 1439, heute Archív hlavného mesta SR Bratislavy, 4.1.2. Grundbuch. Vgl. auch Einleitung S. 15.*

[90] *Das hier genannte* Judenbuch *ist leider nicht erhalten.*

und gelobt herrn Pernhartten, pharrer und karherrn, ains offen schreiber und erwirdigen zewgen gegenbürtikleich.
Item den weingartten genannt Zoupel hat er geschaft seinem diener nach dem lesen, Chůnradten Fůrsten.
Item auch hat er bevolhen seinen geschefftherrenn sich ze underwindenn aller seiner erben mitsambt den früchten die erb unverschaft sein, daz sew am ersten und vor allen dingen sůllen bezallen allen, den er schuldig ist, so verr die geraichen můgen, und die das weisleich fuͤrbringen und was uͤbrig die schuld beleibt, sullen die geschaftherren davon betrachten nach dem aller pessten, als sy erkennenn seiner sel haill, als er in des vertrawt.
Item er hat auch bevolhen seinem gescheftherren und nëmlich wollen, das sÿ dar ob trewleichen sten, damit ein gennögen geschechen von dem Steffann Renës, burger und des ratz der stat zw Prespurg, es sey mit recht oder an recht.
Ditz gescheft hat er bevolhen und hernachgeschriben herrn Taman, prediger, und Peter Grunbalt, diezeit burger und dez rats, Cristoffen Sailer, Mathesen Hueter, paid mitburger, und das wir auch vleissiklich dar zu bitten den obgenanten herrn Pernhartten, pfarrer und karherren, daz zuvolfueren ein zebekennen und zuversargen mit unsern petschadten, uns und unsern erben an schaden.

1467 November 23 – *1467 Dezember 3* **267**

Geschäft des Hans Rechnitzer;
Bestellung eines Vormunds für Sohn und Vater des Erblassers
pr., schr., 4+1 Zg. (*Index*: —)

(fol. 139v) Hanns Rechniczer
Anno Domini „etc.“ LXVII^{mo} am montag vor Sand Katherein tag hat Hanns Rechniczer selliger an sein lesten zeitten ain gescheft getan unermant unbezwungen nach seinem willen mit gutter vernůft seiner gewissenn, das daz also statt beleib und nach seinem abgang volbracht werdt in massenn, als her nach geschriben ist, und hat uns hernach benant, mich brueder Jorgen, diezeitt prediger Unser Frawen kloster Sand Franczisken ordn ze Prespurg, Andre Pissenczer, Hans Wakahutel und Wolffgang Meindel, des gescheft, als hernach geschriben ist, zw zeugen gepetten.
Item von erst so hatt er geschafft seinem sun, Wolfgang, und Andre, seinem vatter, mit sambt allem seinem guett, der Jorg Unverrichtin und irem hawswirtt auff ir trew und sell, als sy des Gott dem almachtigen an dem jungsten tag muessen verantwurtten, das sew des vorgenant seines suns und vatter trewlich wartten wellen, und ob das wär, das die obgenanten Unverrichtin zu iren nöttdurften auszug und des kinds nicht wartten mocht, so sol sy den vorbenantten meinenn sunn irer swester, der Jorg Renessyn, bevelhen.

Item so hat er geschafft ain halbs fueder wein in Unser Frawen kloster zw paw und auff das ander jar aber ain halbs fuder von den fruchten seiner weingartten.

Idem hat er geschafft brueder Jorgen, prediger daselbs, II gulden in goldt.

Item mer hatt er geschaffen im und seiner hawsfrawen zw ir paider sell haill in dem vorgenantten Unser Frawen kloster zwen psalter zw lessenn und darub gnüg zu thun und auch zway ambt und VIII mess zu lessen in dem vorbenannt kloster.

Idem hat er geschafft indas nunnenkloster XII emmer wein, die da ligent in dem klain keller gegen der presss (!).

Idem hat er geschafft ain dreyling wein in das tall.

Idem hat er geschaft ain halbs fueder wein in das spitall.

Idem hat er geschafft ain fart gen Zell, gen Sand Wolfgang und zu S. Linhart.

Idem hat er geschaft ain fart zw Unser Frawen gen Pirhing.

Idem hat er geschafft dem Stefflin, seinem knecht, VIII gulden, zwen seiner rogkh, das pest armst under drein, ain winden, sein schießzeug, ein swert, ein par sparen, sein prawne gugel, und darzw soll man in bescheneiden (!) von fuß auff.

Idem hat er geschafft Mertten, seinem wagenknecht, XII ß den.

Idem so hatt er geschafft der Elsen, die sein dienerin gewessenn ist, III gulden ingolt, und ein swarczen glockhen mantel, und in dem selben soll man seÿ dannoch pas bedenckhen.

Idem so hat er geschafft, das die Unverrichtin sol der Jorg Meindlin, der Wenigerin, und der Petrin von iren gutten willenn geben von seinem guett, wie es ir gevelt, damit sy seiner sell gedenckhen.

Idem so hat er den schullern geschafft alle tag zw geben I den. und ain stuck prott, die weill sein guet werdt.

Idem so hat er geschafft der Kotanerin L meczen waicz und XXXII meczen habern, die er in der Schutt von iren wegen ingenommen hat, und auch zwaÿ hundert phenning.

Idem hat er geschafft die brieff herrn Hindersich und ander brieff, die im zu behaltten geben warden, sindt unverricht beleiben.

(fol. 140r) Und zu pesser gewishait des vorgenantten geschefft hab wir das mit unsern aufgedrugkthen petschadten bewartt und wan ich obgenantter Wolfgang Meindel zu dissenn zeitten kain petschadt hab, darumb hab ich mit vleysse gebetten Hansen den Schus, das der an ~~gemainer stat~~ sein petschad auff das vorbenanntt geschefft gedruckht hatt, im und iren erben anschaden.

Actum das einschreiben 5ta feria
ante Nicolai anno Domini LXVII°.

1467 November 15 – Dezember 23 – ***1467 Dezember 24*** **268**

Geschäft des Stephan Nater

pr., schr., 3 Zg. (*Index*: —)

Steffan Nater geschefft

Vermerkt dy ordnung des gescheffts so der erber Steffan Nater, mitburger zu Prespurg, mit wolbedachten muet williklich mit guter vernuft in seiner kranckhait gemacht und geordent hat vor seinenn hernach gemelten gescheftleÿten, dÿ er zu behaltung und bestettigung, damit es nach seinenn tod, ob Got uber in püt, gehalten werd an menigklichs widersprechen, und sew das also zu verbringen, darzu er gepetten hat, in mass, als hernach geschriben ist. Actum in anno LXVII am suntag nach Sand Mertten tag.

Von erst schaff ich obgenanter Steffan Nater meiner hawsfrawen, Anna, mein weingartten, den Wulfing, mit aller ander varunder hab freÿ und ledig, damit zuthun und zulassenn vor menigklich aller meiner frewndt, ausgenomen des, das sy von dem bemelten meinenn weingartten und ander varund hab zu Sand Mertten phfarkirchen zu dem paw zu Prespurg ausricht X gulden ainer mit unterschaid, das man sey nicht uberdring. Sy mag auch solhs ausrichten nach irem vermügen in drein oder vier jaren [*1470 oder 1471*]. So aber sy in der zeit abging, schol das ausgericht werden nach irm tod unverzogenlich.

Item mer scholl sy ausrichten von den oben gemelten meineren guttern ein Ramfart inder zeit, als oben bemelt ist. Wer aber, das sy mit tod abging, das solhs nach irem tod ausgericht werd auch unverzogenlich.

Item mer schaff ich das mein obgemelte hawsfraw, Anna, ausricht und geb von stundan des ersten tag meiner bebrebnuss (!) und lasse lessen (!) XXX selmess von meinenn obgemelten guttenn zu Sand Mertten phfarkirchen.

Item so schaff ich meiner vorgemelten hawsfraw alle schuld, dy man mir schuldig ist, als hernach geschriben stett.

Item Lindel Pucz tenetur II fl. auri und I tal. den., Jorg Weinwachter tenetur I fl. auri, Hans Meindel tenetur II fl. auri, item Jacob Loflerin tenetur ain fl. auri, darub ist wissenn den zwain Steffan Lofleren. Item Schuelharttin tenetur VI fl. auri. Item Andre Innenfaist tenetur I fl. auri. Item mein herren zu Prespurg tenentur I fl. auri, habet darumb I zedel. Item mer tenentur mein herren von Prespurg XII ß XXIIII den. Item mer tenentur dÿ herren I tal. den., daruber ist dem Gresel wissent. Item Materinn tenetur ~~X~~ IX fl. auri, davon sol mein vorgemelt hawsfraw dem Zirfas, meinem vettern, geben und gevallen lassenn V fl. auri. Item mer tenetur der Peter Leinbatter III fl. auri, das soll einpringen mein vetter, Zirfas, mit hilff meiner hausfrawn und sol davon zu seinem nucz nemenn II fl. auri und sol den I fl. raichen meiner hawsfrawn.

Das aber solhew ordnung des geschefts also volbracht und ausgericht werdt in massenn, alls oben geschriben ist, so hab ich mit vleis darzw gebeten den erberen geistlichen herrn Oswalten Ruster, dÿ zeit graff Laslawen kapellann zwͤ Possing[91], und denn erberen mann Hanssenn Marnner, und Micheln *(fol. 140v)* Wochner, bed mitburger zu Prespurg, das sy durch meiner vleissigen gebett willen zeugnuss des geschefft ire petschafft darauff gedruckht haben, in und iren erben anschaden.

Item so pin ich dem ~~d Jost~~ „Aserl" juden für ain parg warden fur I fl., das ist zwischen Allerheylling tag und Sand Mertten tag zaw (!) jar gewesst anno LXVII° [*1467 November 1–11*].

(*spätere Eintragung*: Das geschefft hat Jacob Hainburger an stat junkfrawn Ludmillen, des Steffans Nater swester tachter, widersprochen, darauff ist mit frag und urtail erkant, daz das geschefft des selben Steffan hawsfraw sol verfolgen. Actum feria ~~quar~~ quarta ante Nativitatis Domini anno LXVII [*1467 Dezember 23*].)

Actum einschreibens des geschefft
in vigilia Nativitatis Christi anno 67.

1467 August 6 – *1468 Januar 2* **269**

Geschäft der Margaretha, Ehefrau des Ruprecht Alram, Stadtschreiber

pr., schr., 2 Zg. (*Index*: —)

Margaretha, „Alramin" statschreiberin, geschefft

Vermerkt das geschefft, so weillend dy erber fraw Margreth Alramin statschreiberin, der Got genedig sey, zu gegenburtikait der ersamen herren Thomans, prediger hie zu Prespurg zu Sand Merten kirchen, und Hansens Pottinperger, diezeit des rats, bedachtlich mit guter vernufft tan hat an menigklichs irung und widersprechen. Actum am phincztag vor Laurenti anno Domini LXVII^{mo}.

Von erst hat sÿ bevolhen ir seel selikait Got dem almachtigen und auch irem mann, Ruprechten Alram, und alle guter, erb und varund, wie, wo oder wellendt die gelegen oder genant sein, nichts ausgenomen, die sy zu und beieinander (!) bracht und gehabt haben, lediklich geschafft, doch also, das er umb hail willen ir seel ain loblich genuegen thwe, sein vernufft darinne angesechen worde, als sy im an irem leczten willen, des und alles gutten vertraẘt hat zuvodrist und mit dem andern seinen frummen zeschaffen an menigklichs irrung, doch das er ein tamaskeins par ermel zw einem messegewandt machen lasse und ain mark silber gen Zell, Unser Lieben Frawenn und irem peicht vater, herren Thoman prediger, geb ain fl.

---

[91] *László/Ladislaus (1429–1484) von Posing und Sankt Georgen war Mitglied der Familie Szentgyörgyi aus dem Geschlecht Hontpázmány, Zweig Szentgyörgyi, Sohn des Peter Szentgyörgyi. Zwischen 1453 und 1457 war Ladislaus* magister dapiferorum regalium. *Die meisten seiner Besitzungen befanden sich in der Umgebung von Preßburg.*

Dicz geschefft hat sy bevolhen uns, obgenantten prediger und Pottenperger, das einzubekennenn und zu versorgen mit iren petschatten, und (!) und unsern erben an schaden.

Actum einschreiben des geschefft
in die sabatho ante Trium Regum
etc. anno Domini LXVIII^{vo}.

1467 März 24 – *1468 März 22* **270**

Geschäft der Katharina, Ehefrau des Leonhard Rauscher;
Bestellung von Willensvollstreckern
pr., schr., 3 Zg. (*Index*: —)

(fol. 141r) Katherina Rawscherin, pekin

Ich Katherina, die zeit ain hawsfraw Lienhart Rawscher, hab geruft und umb Gots willen gebeten herrn Pernharten, die zeit pfarrer und chorherrn der pfarkirchen Sand Merten in der stat Prespurg, und Syman Dumbriczer und Osbalden Peken, baid burger der vorgenanten stat Prespurg, daz sy mein geschefft aufnemen und gescheftlewt seinn, ob Got uber mich geput, einbekennen, wo sich das gepůrt, rechtlich und zimlich ist, welhs ich getan hab wolbedacht mit volkommen vernufft, an meniklichs widersprechen tun hab mugen und getan hab, und ist gescheen am eritag nach dem Palmtag anno Domini LXVII^{mo}.

Item am ersten schaf ich von meinen zeittlichen gutern meiner lieben tachter, genant Apolonia, XXXV gulden, welhe XXXV gulden mein lieber eelicher man, Lienhart Rawscher, ausrichten sol, so sy kumbt zu vogtpern jarn von den gutern, die ich im gelassen hab, die hernach in disem meinem geschefft berůrt seinn. (*am Rande*: ist pezalt der XXXV fl.)

Item alle anndre guter, es seinn erb oder varundguter, hawsgerët, geltschuld, nichts ausgenomen, schaff ich ledig und frey meinem eelichen mann, Leonarten Rawscher, damit zu tün und zulassen an meniklichs hindrung.

Item den dritten tail meins haws gelegen gegen dem pfarrhof Sand Merten kirchen uber des nachpërn sind Kaincz O^{e}lacher und Frank Peken. Item daz drittail des weingarten, genant Manshalben, gelegen auf Prespurger grund schaff ich als meinem obgemelten man, Lienhart Rawscher, genant in mass und maynung, als oben geschriben ist.

Item ich hab auch gebeten die vorgenanten mein gescheftherren, daz ir yeder sein petschat darauf gedrukt hat zubestettung und krafft meines leczten willen, in und irn nachkomen und erben an schaden. Die ding seinn gescheen, als oben geschriben steet.

Actum einschreiben 3^{a} post Oculi LXVIII.

Später am Ende des Blattes eingeschrieben:

1471 März 3 **271**

Geschäft der Anna, Ehefrau des Gabriel Stengel

pr., schr., 5 Zg. (*Index*: —)

Ffraw Anna Stenglin geschefft

(*Abschnitt gestrichen*: Vermerckht das geschefft frawn Anne Stenglin, das ich mit guetter vernufft und beÿ der zeÿtt, do ich es „wol thuen macht, hab gethan" also volbracht werden meinem sichbet, ob Got uber mich gepůt, das es also (*Fortsetzung fehlt*).

Vermercht das geschäft fraun Anne Stenglin, das ich mit gueter vernufft und pey der zeit, da ich es wol thün macht, hab getan an meinem siechpiett, ob Gott über mich gepüt, das es also volbrachtt werd.

Von erst schaff ich zum paw Sandt Mertten X fl.

Item in Sand Niclas zech II fl.

Item in das minch claster II fl.

Item in der Muter der Parmherzikeit zech I½ fl.

Item so pin ich Hannsel Karner schuldig all schuld XLVIII fl., und was ein roß verzert hatt, da fuer stett mein hauß und andre phfantt.

Item was dy ubermass meines guets ist schaff ich lediclich meinem mann, Gabriel Stenglen, da mith zu thuen und zu lassen. Dicz mein geschefft hab ich befolhen Hannsen Grevenpucher, Hannsen Karner, des rats, Petern Gruenbald, Langen Andre und Thoman Pekhen, burger zu Prespurg, das sy yere betschefft aufgedrukcht haben und darumb mit fleyß gepeten mein geschefft herren zu sein, in und yeren erben an schaden.

Actum am suntag Invocavit anno Domini LXXI°.

1467 November 30 – *1468 Mai 12* **272**

Geschäft des Christoph Sailer;
Bestellung von Willensvollstreckern

pr., schr., 2 Zg. (*Index*: —)

(*fol. 141v)* Cristoff Sailler geschefft

Vermerckt das gescheft, das ich Cristoff Sailler gethan hab und wol gethuen hab mugen pey frischem und gesundem leib und wolbedachtem muet an meniglich widersprechen von frawen und von mannen. Das das geschehen ist an Sand Andres tag daman (!) schreibt von Cristi gepurt M° CCCC° LXVII° jar. Darumb hab ich gepitten Hanns Tuchscherer und den Hans Kursner, paid mitburger zu Prespurg, dy ich mit fleis darumb gepetten hab duverfuern (!) mein geschefft mit iren aufgedrucktem petschaften, inn und irn erben an schaden.

Item am ersten ist zumercken, das ich mich befilch dem almechtigen Gott, und seiner Lieben Müetter, und Allen Heiligen. Darnach ornung (!) ich und schaf durch meiner sell und hail meinen weingarten den Schimlar gelegen auf Reczestorffer

grunt in dÿ zech der Muetter Parmhertzikait Unser Lieben Frawen, und den sol man zehannd verkauffen nach meinem tod, und sol darumb umb das gelt kaufen ain messgwant in dÿ zech der Muetter Parmherczikait Unser Lieben Frawen.
Item auch schaff ich mer von meinem gelassen gutt meinem vetter, Cristann, ain silber pecher und ain weingarten gelegen in der Tünennlewtten neben des Langen Paul tail, ob dassach wirdt, das er wurd gevolgig sein meiner hausfrawen, Agnesen, und mein gescheft herren, als ainem frumen knecht anstet. Geschĕch das aber nicht, das er tet als ain frumer zürecht tüen sol, so solmann (!) im nichts geben. Auch befilch ich meiner hausfrawen, Agnes, meinen vettern, Cristan, an irs kinds stat, als wol ich ir vertraw und sol inn dartzu halten mitsambt meinen gescheftt herren, das er nach gee der lernüng und mit gotlicher hilf ain priester wurd zü hail unser sell.
Item auch schaf ich mer meiner hausfrawn, Agnes, mein haws gelegen neben des Niclas Messerer haws und Sand Michels tor. Auch schaf ich ir ain weingarten in dem Chuenhartsgraben gelegen neben des Niclas Messerer weingarten. Auch schaf ich ir mer ain weingarten in der Poshait gelegen neben dem Thoman Haÿmitzler. Auch schaf ich ir mer ain weingarten, der haist der Phantzagel, gelegen auf Retzistorffer grünt und stost an des pharrer Vogel, der ist pharrer Sand Mertten zu Prespurg. Auch schaff ich mer meiner hawsfrawen ain weingartten, der da haist der Tellen, gelegen auf Reczistorffer grundt. Auch schaf ich mer meiner hawsfrawen erbguetter und varund guetter ir lebtag, das sy die trewlich zueinander halt. Item und nach irem abgang so schaff ich erbguetter und varundguetter, als sy dann ee berüert sein, den halben tail meinem vettern, Cristan, und meinen freündten, die hernach mochten komen, die ledig und frey, damit zethan und zelassen. Aber ob das sach wer, das mein vetter, Cristan, mit tod abgieng, und ander mein freündt in ettlicher zeit nicht das ersuchen, so schaff ich die vorgenante guetter in dÿ zech der Muetter Parmhertzikait Unser Frawen, das man damit sol bestifften und bestewren zu ainer mess, als ver das geraichen mag, nach meiner sel hail und mein vorfadern und „von“ allen den davon dan es herkömen ist, und mein hawsfraw, Agnes, die mag irn tail schaffen, wem sy will ledig und freÿ damit zetuen und zelassen.

Actum einschreiben des geschefts
in die Sancti Pangracÿ
anno Domini etc. LXoctavo.

1467 Oktober 1 – *1468 Juni 30* **273**

Geschäft des Wolfgang Krewmar

pr., schr., 3+3 Zg. (*Index*: —)

(fol. 142r) Bolfgang Krewmeͣr

Alhie ist vermerckt das geschefft, das Wolfgang Krewmar gethan hat mit wolbe-

dachtem müt und mit gutten willen und mit gutter vernunft, das er wol billichen rechtlichen tun hat mogen.
Item von erst pin ich schuldig dem Hanns Korner VI fl. ingold, de er mir gelihen hat und VIII lb. den. umb tawffl, und umb raiff, und umb holcz werch.
Item do schaff ich im XIII flor., de mir mein vetter, Steffan Pintter, de er mir schuldig ist worden, de ich im gelichen hab, darauf ich ain verpott gethan hab, auf all sein gůtt vor manigklich, ob Got uber mich pütt, so schaff ich ims in aller der mass samb ich selbs in leben wer.
Und do bei ist gewesen her Steffan Ränes, und Hanns Korner und Wolfgang Schrottl, das man das ein hat bekannt hat, das man imb das schuldig ist worden.
Item darnach schaff ich dem Hanns Korner assach taufll und was vor hannden ist, das man dÿ gellter davon bezalln sol.
Item dem Kraws pintter gesell III tal. den., der mir gearbait hat.
Item dem Harrer pin ich schuldig II flor.
Peÿ dem geschefft ist gewesen Cristan Cutzentaler, und Fridreich Tüllner und Wolfgang Schrottel, dÿ ich fleissigkleichen gepetten hab, yetlichen besunder umb sein petschad, das sÿ das auf mein gescheft brief gedruckt haben, in und irn erben an schaden, darumb das mein geschefft kraft sol haben und unzerprochen sol beleiben, als ich das Got und mein gnedigen herren wol getraw. Actum des phintztag nach Sannd Michahels tag in dem LXVII jar.

Actum einschreibens des
geschefts an phintztag
nach Petri et Pauli apostolorum
anno etc. LXVIIIº.

1463 April 12 – *1468 Juli 15* **274**

Geschäft der Elisabeth, Witwe des Jakob Schön

pr., schr., 4 Zg. (*Index*: —)

(fol. 142v) Elsbet Schönjacobin (!)

Item hie ist vermerkt daz geschëfft, daz ich Elizabet, des Schönjacoben (!) seliger gedechtnus witib, getan hab mit guten willen und rechter vernufft unbetwungenlich und zu der zeit, do und ich es wol haben mugen tůn, und das ist gescheen am eritag in den Osterfeyrtagen anno etc. LXIII jar.
Item zum ersten schaff ich meiner tachter, Elizabethen, und dem Pauln Muschraif, irm man, und irn beden erben mein haws gelegen auf der Wedricz vor der stat zu Prespurg zu nachst des Peter Gruͤnbald haws und anderhalb zu nachst der Michel Zemaistrin haws.
Item mer schaff ich meiner bemelten tochter und irn man, Paulen Muschenraif, und irn beden erben ainen weingarten, genant der Hiersman, auf der stat grund zu Prespurg zu nachst des erbern herrn Burkarts Scharrach weingarten, genant der Alram, und annderhalb des Niclas Frolich weingarten, genant inn Prawn.

Item mer schaff ich meiner bemelten tochter und irm man und irn beden erben ainen weingarten, genant im Tunawsatz, auf der stat grund zu Prespurg zu nachst des Wenczla Vischinger weingarten und annderhalb des Jorg Goldman weingarten.
Item mer schaff ich der benanten meiner tochter und irm man, den Paulen, und irn beden kinder ainen weingarten, genant die Poshait, zu nachst des Paulen Rëbl weingarten annderhalb der Frůmlin weingarten.
Item mer schaf ich meiner tochter, Elsbeten, und irm man, Pauln Muschenraif, und irn beden erben zwen pawngërten, ainer genant im Petschner, der ander im Dreschwerd. Und das mein geschëfft also krafft hab und unzebrochen bleib, darzu hab ich gebeten zu warer zeugnüs die erbern herrn Niclas, diezeit prediger zu „S.“ Merten kirchen zu Prespurg, und Osbalden Peken, und Jacoben Pallwein und Merten Öler, all drey mitburger zu Prespurg, daz sy iren petschaden auf das gegenwürtig mein geschefft gedrukt haben, in und irn an schaden. Und das ist gescheen am ertag inn Osterfeirtagen anno etc. LXIII.

Actum einschreiben
6ta post Margarete anno ut supra[92].

1468 Mai 14 – *1468 Juli 15* **275**

Geschäft der Elisabeth, Ehefrau des Paul Muschenraif
pr., schr., 4 Zg. (*Index*: —)

Elizabet Müschnrayfin

Nach Cristi gepurd tausent CCCC und im LXVIII jaren hab ich Elizabet, des erbern Pauln Můschnraif eeliche hawsfraw, mitburger zu Prespurg, mit wolbedachten mut, guter vernufft und guten willen zu der zeit, do ich das mit recht wol getůn mocht, mein geschefft unbetwunglich getan in mass, als hernachgeschriben steet.
Item am ersten schaff ich meiner tochter, Barbara, ainen weingarten geligen auf Prespurger grund genant in der Tunawleyten ledigen und freyn, und ob sach wer, daz sy abgieng mit dem tod, so sol der benant weingarten erben auf die anndern geswistrët.
Item auch schaf ich mer meiner tochter, Barbara, ainen tail aines ~~weingarten~~ „garten“ genant inn Petschner den obberurten tail ledigen und freyn, auch den anndern tail des garten im Petschner schaff ich meinem hawswirt, dem Pauln Müschenraiff, den innern tail auch ledigen und freyn zutun und zu lassen.
(fol. 143r) Darnach schaf ich ainen weingarten, genant im Hiersman, meinem man, Pauln Můschnraif, sein lebtëg, daz er den weingarten furhalt den kindern der mein und sein sind auf sein trew. Darnach schaff ich meinem man, Pauln Muschenraiff,

---

92 *In diesem Fall bezieht sich der Ausdruck* anno ut supra *nicht auf das Datum desselben Eintrags (1463), sondern auf die Datierung des vorhergehenden Testaments. Die folgenden Testamente wurden am selben Tag eingetragen.*

mein haws ledig und frey, an all zinns ausgenomen statgerechtikait. Auch schaf ich mer meinem hawswirt, P. M.[93], ainen weingarten genant im Murrn neben dem weg und ausserhalb des Englmäir auch ledigen und freyn zu tun und zelassn.
Darnach schaff ich meinem man, P. M., ainen garten gelegen im Dreschwerd zu ainem tail Hanns Leb zu ainem tail Philipp Wagnerin ledigen und freien, ausgenomen der herren dinst, damit daz er meiner und seiner kinder nit vergess als ein vater an seinen kindern.
Darnach schaff ich meinem man P. M. ainen weingarten gelegen im Tunawsacz zu ainem tail Wentzel Lëwtel zum anndern Wennczla Vischer, baider nachpern, auch ledigen und freyn ausgenomen herrndinst zwey gros, auch damit daz er der kinder nit vergess als ein vater an seinen kindern.
Darnach schaff ich meinem man, Pauln Muschenraif, ainen weingarten, genant in der Poschait, zu ainem tail auswendig ain witib, genant Frůmlin, und innwendig Paul Rëbel auch ledig und frey, damit er nit vergess seiner kinder der zwair knaben, der elter Martinus, der junger Bolfgang Muschenraif.
Uͤber das alles hab ich gebeten die hernachgeschriben mein lieb geschefftherren genant Niclas Kornpodn, Osbald Pek, Hanns Waldner, Niclas Öler, diezeit mitburger zu Prespurg, umb ir sigel mein geschëfft zuverpetschatten, in und irn erben an schaden. Actum anno am sambstag nach Sand Pangraczen tag anno ut supra etc.

Actum einschreiben 6ta post
Margarete LXVIII.

1468 April 12 – *1468 Juli 15* **276**

Geschäft der Elisabeth, Ehefrau des Hans Artzt
pr., schr., 2 Zg. (*Index*: —)

Hanns Ercztin gescheͣft
Vermerkt das geschëfft, daz fraw Elsbet, weilent Hanns Artzt hausfraw, mit guter vernufft getan hat an meniklichs einred und irrung.
Von erst hat sy geschaffen ainen weingarten, genant der Kurcz weingarten, irm bemelten hawswirt also, daz er bezal die schuld, die darauf steet Peter Krawsen.
Item mer hat sy geschafft irn weingarten im Hawsperg halben in die zech der Můter der Parmhertzikait, und den anndern tail desselben weingarten irm bemelten hawswirt.
Item sy hat auch geschaffen ainen grůn mantel ainer junkfrawn, des Hannsen Poͦlczel swester, auf der Wedricz. Darauf hat uns die bemelt fraw Elspet gebeten, mich Hannsen Saltzburger und mich Taman Peken zu geschefftherren, das wir das bewarn mit unsern petschaten, uns und unsern erben an schaden. Actum am eritag in der Antlas wochen anno etc. LXVIII.

---

93 *Im Folgenden ist der Name von Peter Muschenraif gemäß der Vorlage mit P. M. abgekürzt.*

Auch hat sÿ geschaft haim zelassen geen, das haws herkomen ires vorigen mans, Syman Vischer, in den pfarhof zu Sand Merten, umb zinns und haubtgut, die dann ain yeder pfarrer daselbs vermaint rechtlich zuhaben.

Actum einschreiben 6ta post
Margarete anno LXVIII.

1468 März 2–6 – *1468 Juli 15* **277**

Geschäft der Dorothea, Ehefrau des N. Noppeck;
Bestellung des Schwagers der Erblasserin zum Vormund der Kinder
pr., schr., 2 Zg. (*Index*: —)

(fol. 143v) Dorothea Nopekin

Vermerkt daz geschefft, daz weilent Dorothea Nopekin getan hat zu den zeitten, då sy das wol getun hat mugen von allermeniklich ungehindert und ungeiret.
Am ersten hat sy geschafft irm swager, Jörgen Noppen, ire kinder und gelassen gut, also daz er ire kinder damit ziech und neer nach eren und als sy im vertrawt. Ob aber solh ire kinder ungevogt abgiengen, so schafft sy solh gut halb hie zu Sand Merten und den anndern tail in das kloster zu Unnser Lieben Frawn daselbs.
Item auch hat sy geschafft ainer frawn, die ir in irer krankait pflegen hat, ainen pelcz und IIII tal. den. also, daz dieselb fraw mit solhen IIII tal. den. für sy gen Sand Bolfgang geen sol.
Item mer hat sy geschafft irm swager, dem Ulrichen, I tal. den.
Item sy hat auch geschafft in die zech der maister der peken das man ain messgwant zu derselben mess kawffen sol.
Item sy hat bekannt, daz ir swager, der Goldinger, ir VIII fl. auri schuldig sey beliben, und hat solh VIII fl. auch dem bemelten irm swager, Jorgen Noppen, geschafft zuvolgen.
Dicz vorgeschriben geschëfft hat sy uns hernachgeschribenen geschefftlewten, mir Taman Peken und Niclasen Kornpoden bevolhen, daz wir das bewarn under unsern aufgedrukten petschatten, doch uns und unsern erben anschaden. Gescheen in den vier tagen in der vasten anno Domini etc. LXVIII.

Actum einschreiben 6ta
post Margarete anno ut supra.

1468 Juli 25 – *1468 August 30* **278**

Geschäft des Wolfgang Goldinger
pr., schr., 3 Zg. (*Index*: —)

Wolfgang Goldinger

Vermerkt, daz ich Bolfgang Goldinger mit guter vernufft zu der zeitt, als ich das wol tun möcht, an meniklichs irrung hab mein geschefft getan, als hernachgeschriben steet.

Von erst schaff ich meiner swester, der Tůnnerin, mein haws an der Gstetten, das meines vaters ist gebesen, und meinen weingarten an der Hochney ledig und frey ausgenomen II fl., die auf dem haws steen.
Item auch schaff ich IIII fl. in das můnichkloster zum paw, IIII fl. gen Sand Merten zum paw, IIII fl. in der Parmherczikait zech, II fl. ainer junkfrawn, genant Barbara, darzu newn silbrein schellen.
Item das man die press hingeb und damit armlewt befuerd.
Item das presshaws schaff ich dem Anndre Goldinger.
Item II tal. den. die ich main mir den Michel Tůnner an meinem sold schuldig zuseinn, schaff ich auch daz man davon arm lĕwt befuerd oder speis.
Item den zewg schaff ich halben Anndren Göldinger und halben meiner swester, der Tůnnerin.
Dicz mein geschĕfft hab ich empholhen Hannsen Grĕssel, Bolfgang Brunn und Ruprecht Alram, statschreiber, und zu gescheff therrn gebeten, das geschĕfft mit irn petschatten zebewarn, in und erben an schaden. Actum 2ª post Jacobi anno LXVIII[94].

Actum einschreiben Felicis et Aucti anno ut supra.

1464 Oktober 10 – *1468 August 30* **279**

Geschäft des Simon Vaszieher
pr., schr., 3 Zg. (*Index*: —)

(fol. 144r) Symon Vaszieher
Ich Symon Vaszieher hab gerůfft und fleizziklich gebeten umb Gotswillen die ersamen weisen herrn Pernharten, korherrn und pfarrer der pfarrkirchen Sand Merten pfarr zu Prespurg, und Hannsen Potenperger und Veitt Gschiezzler, mitburger zu Prespurg, daz sy hernach berůrt mein gescheff bestetten mit irn petschaden und zewgen und gescheffflewt seinn und einbekennen, als gewonhait ist, gescheen an mittichen vor Sand Kalmans tag anno Domini etc. 64.
Item am ersten ist vermerkt die schuld, die ich vorgenanter Syman schuldig worden pin. Item dem pfarrer zu Sand Merten jerlich pin ich schuldig III tal. den. dinst von meinem haws gelegen in der stat Prespurg zu nachst Jacob Lofflĕr haws und Jorgen Reneis zu drein tegen, zu Sand Jorgen [*April 24*][95] und Sand Michel [*September 29*] und zum Weinachten [*Dezember 25*].
Item aber so pin ich schuldig auf mein vorgenant haws I½ fl. ainer zins zu Sand Jorgen tag [*April 24*] dem vorgenanten pfarrer zu Sand Merten.
Item den Kurtzen weingarten hab ich kawfft von Peter Krawsen, mitburger zu Prespurg, umb III fuder verrichts weins, daran hab ich bezalt dem vorgenanten

[94] *1468 fiel der Festtag des Hl. Jakob auf Montag, deshalb ist das Wort* post *überflüssig.*
[95] *Der St. Georgstag wird gemäß ungarischem Brauch mit dem 24. April aufgelöst. An diesem Tag wurden auch die Stadtoberen von Preßburg gewählt.*

Peter Krawsen XXXVI½ ur. und V fl. auri fur X ur. wein. Item im LXIII jar hab ich im ausgericht VI ur. wein, darumb ich nit quittirt pin.
Item so schaff ich am ersten meinen weingarten Fuxleyten genant gelegen zu ~~d~~ nachst dem Olër zu ainer seyten zu der anndern Ulrich Lisst meinem bruder, Hannsen, und meinem öhëm, Hannsen Polczel, yedem die helfft frey und ledig, doch mit solher underschaid, daz ain yeder oder wer den vorgenanten weingarten innhat oder von in kawfft, raichen sol und dienen zu Sand Michels tag [*September 29*] jerlich meiner lieben müter, Anna, ir lebtëg I fl. auri. Welcher tail nit raichet seinen tail des gulden, der sol verfallen seinen tail des weingarten meiner lieben muter.
Item so schaff ich all mein guͤt, erb und varund guͤt meiner lieben hausfraw, Elizabet, frei und ledig damit zutun und zulassen nach irm willen on menikliche irrung, wo ich das hab, ausgenomen was ich und ich verschafft hab, als hieinn berurt ist.

Actum Felicis et Aucti
anno LX VIII.

1468 März 5 (Wien) – ***1468 Dezember 13*** **280**

Geschäft des Konrad Frank
pr., schr., 3 Zg. (*Index*: —)

Kuencz Pekchen geschäft

Hie ist verschriben das geschäft, das da getan „hat“ der erber Chaincz Frank von Prespurg. Item am ersten hat er geschaft das halb haus seinem sun, Hannsen, gelegen zw Presprurg (!) zwnagst Peter Eysenrich mit der anderen seitten zwnagst Ulrich Snelhart.
Item zwdem andermal schaff ich dem Hannsen X gulden, dy V gulden in zehen wochen und darnach dy andern V gulden mer uber X wochen, und das alles zw seinem nucz.
Auch pit ich dich liebew hawsfraw, Anna, das dw dir meinem sun, Hannsen, empholhen welst lassen sein. Ob er zweinem briester wurd, das dw ym wellest helffen nach deinem vermugen. Item ich schaff auch, das dw meinen sun, Hannsen, halten inder chost und in essen, als dy anderen chinder.
Item ich schaff auch in dy zech der Mueter Parmerhertzigkait IIII fl.
Auch schaff ich, das das halb haws nit verrer verchumert werd, sunder mein hawsfraw, Anna, schol das von meinem sun losen.
Item ich schaff auch meinem prüeder, Thaman, gancz ledig und frey aller geltschuld.
Item darnach schaff ich meiner hawsfrawn, Anna, alle erib gueter halbe.
Item darnach schaff ich meinen kinden, Valentin, und meinen sun, Wolfgangen, und Marusch, meiner tachter, den drin geswistret alle eribgütter halbe.

Item ich schaff auch X fl. zw Sannd Larenczen zwdem paw, und das man das ausricht und anleg mit gewissen, und das man das pald ausricht.
Item ich schaff auch indy zech der pekchen IIII gulden.
Item ich schaff auch XL mess, XX mess zwden predigären, und XX mess zw Sannd Werenhardin zw Wien. Item ich schaff ains alle farundew hab lediklichen meiner hawsfrawn, Anna, davon schol sy ausrichtten allegeltschuld.
Item da pey dem geschäft sein gebesen dy erberen lewt, Jorig Aigner genant Subenwuriger, puriger zw Wien, und Ulrich aus dem Strudrin, auch mitpuriger zw Wien, und auch Lienhart Pekch, mitpuriger zw Prespurg, genant Rauscher. Datum zw Wienn am sambstag in der ersten vastwochen anno Domini im LXVIII jar.

Actum in die Lucie virginis
68°.

1467 Mai 22 **281**

Geschäft der Kunigunda, Ehefrau des Konrad Krieg

pr., schr., 3 Zg. (*Index*: —)

(fol. 144v) Chünigund Parbirerin
Hie ist vermercht das geschäft, das ich Künigund, Chunczens „Krieg“ parbirer saliger gedächtnüs hawsfraw, getan hab zwder zeit, do ich das mit recht wol getuen mocht und gueter vernuft und wolbedachtten mut unentwungenlich getan hab mugen, und das auch niemant widersprochen hat, noch auch widersprechen hat mugen, als her nach geschriben stet, und das geschaft ist geschehen am freytag vor Trinitatis anno etc. im LXVII jar. Am ersten und var allen dingen befilich mich Gott dem almächttigen, das er mir hye und dortt meinem armen sel genadiklich mit sey.
Item darnach schaff ich mein haws, das das selbig mein haus hingeben dy gescheft herren nach irem pesten versten und in auch des vertraw, und davon bezallen und ausrichtten schullen, als her nach geschriben stet.
Item L selmess den predigaren zw Sannd Mertten pharrer durich meiner und meins hawswirtz sell hail.
Item zw dem paw Sannd Merten kirichen V lb. den.
Item meinem prueder, Ulrichn, IIII lb. den.
Meinner swester, Gedrawt, Jacob Veilals hawsfraw, zw Wienn IIII lb. den.
Dem Micheln, meinem versprochen hawswirt, X lb. den.
Item so stet das haus X fl. ungrisch in das spital Sannd Lassla, davon ich jarlich gedint hab I lb. den., und ist abzwlosen.
Und was das ubrig wirt nach dem, als man das haus verchawft scholman (!) halbentail des selbigen geltz raichen und geben meiner swester tochtter, Magdalen, und den anderen tail bewaren und sicheren meiner swester sun, Stephan, unczt er gevogt wirdt. Ain fasel wein schaff ich zw dem begen, als verr es geraichen mag. Mein silbergurtl dy grosser schaff ich zw ainer Ramfart.

Item das weingartel genant in Pöshaitten schaff ich indy zech der Mueter der Paremherczikait umb dy schuld, dÿ ich dar ein schuldig warden pin van wegen ains keligs, und was der weingartten pesser ist, das schol dabeleiben durich meiner und meins hawswirts selhail.
Item mer schaff ich meiner swestertochtter (!), Magdalen, mein klaine silbergurttel, ain pett, II leiblachen, I polster, II chuss, I duchna, mein rätenrokch, mein achtfächtigen sloir, mein altte chursen, und V fl. zwstewr an ainem mantel. Dy selbigen V fl. schol man ir ausrichtten van dem gruenen mantel, dy ich an dem hab der judin ausgericht und noch schuldig pin warden II fl. XL den.
Item meiner swester sün, Stephan, schaff mein silberpecher, I pett, II leiblachen ~~das ym das raichen mein geschäftherren~~, II chuss, I duchna.
Dem meinem versprochen hawswirt I pett, I polster, I chuss, II leiblachen, das ym das raichen mein geschäftherren.
Meinem pruedern (!), Ulrich, I klains pett, I polster, I chuss, II leiblachen, I choczen, als es dan dy geschaftherren verkhennen, auch mein lembrein pelcz.
Item mein weingartten, genant der Churcz weingartten, schaff ich halben meiner swester tochtter, Magdalena, und den halben tail meinem swester sun, Stephan.
Item alles ich geschaft hab und geordent meinem swester sun, Stephan, schullen ym das selbig versarigen mein hernachgeschriben geschäftherren ausgenomen den halben tail des weingartten, als oben geschriben stet. Ob ym den sein vater wolt inhalten und pewlich hunczt er gefogt wurd, schol man ym den lassen. Wolt er aber nit, so schullen ym den versarigen dy geschaftherren. Und so er mit tod abgieng vor gevogtten jaren, so schol der halb weingartten, der silberpecher, das gelt, das ym gepurd van dem haws, das petgwant eriben auf sein nagst frantt.
Item halbs werichzeuch, der do gehortt zw dem barbieren schaff ich halben Magdalene, meiner swester tochtter, und halben meinem versprochen man.
Alles ander mein gutt, das in meinem haws ist und indem geschaft nit begriffen ist warden, befilich ich meinem geschaftherren, damit sy es raichen und geben armen lewtten durch meiner und meines saligen hawswirts sel, Chunczen Krieg.
Zw zeugnüs soligs meins lesten willens und geschäft als es vor geschriben stet, hab ich mit fleis und umb Gotzwillen gepeten den erwirdigen und dy ersamen herren Taman, dy zeit prediger zw Sannd Mertten, herr Niclas List, herr Niclasen Morner, baid puriger und des ratz, das und sew yrew pedschaft auff dy geschäft zedel fuergedruchtt haben, in und den iren anschaden.

1468 März 31 **282**

Geschäft des Philipp Francz
pr., schr., 3 Zg. (*Index*: —)

(fol. 145r) Philipp Francz
Vermercht das geschaft, das weylant Philip Francz mitgueter vernuft getan hat, do er das wolgetain macht an manikligs irrung.

Von erst hat er geschaft einen weingartten, des er ein gerhab gebesen ist, gelegen inder Underen Hochenney halben seiner hawsfrawen ir lebtag und dy hellft, das sy den verchawft und dy geltter davan bezalln, und das ist mit des ëtligs wissen und willen geschehen.
Dicz seinen geschäft hat er bevolhen und zwgeschaftlewt gepeten uns hernach geschriben Caspar Raiffsneider, Rat Kristan und Kristan Prewer, und mit fleis gepeten, das mit unseren pedschaden zw bewaren. Actum am phincztag var Judica anno LXVIII.

1469 Januar 20 – ***1469 April 28*** **283**

Geschäft der Anna, Ehefrau des Kaspar Ventur

pr., schr., 3 Zg. (*Index*: —)

Anna Venturin

Hie ist vermerkt und beschriben das geschëfft und leczter willen, den ich Anna Venturin mit vernufft und bolbedachtlich getan hab an Sand Fabian und Sebastian tag in gegenwurt der ersamen und weisen hern maister Hannsen von Weitra, charherren, Niclasen Lisst und Niclasen Marner, baid gesworn des rats zu Prespurg, die ich mit besunderm und allem fleis als mein geschefftherren darczu gebeten hab, doch in und den irn an schaden, nach Christi gepürd so man zellt M CCCC und in dem LXVIIII jar.
Und mit dem ersten bephilh mich Got dem almechtigen, daz er mir hie und dort sein gnad mit tail und zu lob und er schaff ich zu Sand Merten kirchen in Prespurg ain messgwant zu kawffen umb LX fl., welh man nemen sol von ainem meinem weingërten, genant das Gfang.
Item ich schaff auch zu der benanten Sand Mertens kirchen ainen kelh, der da an dem füs hat ain Osterlamp gesmelczt und des Venturs wappen, der do genuczt sol werden teglich zu Unser Lieben Frawen fruͦambt und zu dem hochambt in solher mass, daz baide messgwant und kelh innen haben sol mein herr und bruͦder, her Paul, und fursich selber nuͦczen sein lebtag oder so lang es im wollust.
Item ich schaff meins bruder, Osbalds, kind zwo silbreinguͦrtel, mein gralleine paternoster, zwai perlein preis, daraus man im machen sol ainen krancz und ain walhisch kuͦgl also, daz dye ding mein bruder, her Paul, dem kind so lang uncz das heyrat, trewlich behalten sol. Wër aber, daz das kind mit tod abgieng ee das das also geschëch, dann so sol der benant mein herr der bruder das alles im selber behalten damit tuͦn, als er wil.
Item ich schaff dem Johanni, meines bruder sun, ain fleischpang frey und ledig, damit zutun und zulassen wie und er wil.
Item ich schaf zu dem paw Sand Mertens kirchen hie III fl. Item XIII virtaïl unslid, die mir der Symon Tenkch schuldig ist, dar an sy die Tenkin hat ainen aynstok kawfft, der von dem unslid sol abgezogen werden und VII virtail unslig (!),

die mir der Rigler schuldig schuldig (!) ist worden. Das unslid alles, soverr man das erlangen und zwegen bringen mag, schaff ich zu Sand Merten paw.
Item ich schaff I½ hundert selmess zu lesen, XXX durch meiner sel, XXX durch des Caspar Ventur seel, XXX durch meiner vater und muter seel, XXX durch durch (!) des Osbalds seel, und XXX durch meines endleins, des Peter Fleischker, seel haill und selikait willen, und die mein herr der bruder, her Paul, sol selber lesen oder ainen anndern, wen er wil, lesen lassen.
Item ich schaff zwo Zellfart, aine fur mich selber und die annder fur meines bruders, des Osbalds, sel auszerichten.
Item ich schaff ainen gulden den parfůzzern brudern zugeben gen Galicz.
Item ich schaff der Angles, meiner klainer diern, I pett, II leilachen, II ků̊ss, ainen haubtpolster, ainen meins vierfachtigs sleyrel, ain alts prawns pemesch drivachtigs sleyrel, I axlpfaitel mit welhisch verslingen mit seyden den klainen dierndl,
(fol. 145v) ain welhische prustpfait, II fläxene prustpfaitel, II inderpfait und I flëxene seidlpfait.
Item der Marethen, unser schafferin, schaff ich meinen rok, hauben, mantel, den lemrein pelcz, und II kwezel, ain alts welhisch, und ain flëxeins das eltist ëxelpfaitel.
Item ich bleib schuldig dem Këcz, den her Paul wol kennt, I½^{c} gulden und meinem bruder, herrn Pauln, bleib ich schuldig XXX fl.
Nach dem allem so schaff ich mein haws gelegen neben dem Gruenstüblein, mein zwen weingerten, ainen genant die Wiegen, der annder Goldfüs, alle varunde hab, und was des anndern ist, nichts ausgenomen, herrn Paulen, meinem lieben bruder, doch also, daz er die obgeschriben artikel meines gescheffts, geltschuld und annder ding, die ich geschafft hab, sol all volennden, bezalen und ausrichten, wann er gar fůglich mag, als ich im des getraw. Ich wil auch, daz er in chainerlay weis durch ~~di~~ nyemant darinnen gedringen ~~vm~~ oder beswërt werd. Ist aber oder wirt icht was ůbrig, das selb schaff ich alles frey und ledig dem obgemelten herrn Paulen, meinem lieben brůder, damit hanndeln, und tun, und zulassen, was und wie er wil an aller meiner bruder, swester und anndrer frewntschaft widerred. Das ist also gescheen in gegenwůrt meiner gescheffthern zu zeit und weil, als am anfang geschriben ist.

Actum einschreiben 6ta
ante Philippi anno LXnono.

1468 Juli 24 – *1469 Juni 18* **284**

Geschäft der Ursula, Ehefrau des Otto Kölner

pr., schr., 3 Zg. (*Index*: —)

Kolnerin

Vermerkt das geschëfft, so fraw Ursula, Ottens Koͤlner hausfraw, an irn leczten zeitten guter vernufft zu rechter weil und zeitt getan hat an meniklichs irrung und widersprechen.

Von erst so schafft sy irm man Otten Kölner alle ire guter, die sy hat zu im bracht und miteinander erhabt haben mit irer arbait ledig und frey.

Item sy hat auch geschafft demselben irm man ainen weingarten im Loffler, den sy hat zu im bracht ledigen und frein.

Darauf hat die bemelt Ursula mich Fridreichen Tulner, Niclasen Vërzian und Niclasen Varster fleizziklich gebeten solhs ires geschefts gescheftherrn des in gedechtnus zuhalten und einzebekennen und mit unsern petschaten zubewarn doch uns und unsern erben an schaden. Gescheen am suntag vor Sand Anna tag anno LXVIII.

Actum einschreiben dominica
post Viti anno Lxnono.

1469 Oktober 31 **285**

Geschäft der Agnes, Ehefrau des Christoph Sailer

pr., schr., 3 Zg. (*Index*: —)

(fol. 146r) Agnes, des Cristoff
Saÿler hawsfraw

In namen des Herren, amen. Ich Agnes, des Cristoffen Saÿler säliger gedächtnüß (*das Wort* fraw *fehlt*), mit guͦtter vernufft und wolbedachten muͦt hab ich gepeten herren Gregori, prediger zw Sannd Merthen, meinen peicht vater, und die ersamen Hansen Tuͦchscherër und Hannsen Kursnër, mitburger der loͤblichen stat Presspuͦrikch, das sew durich Gotz willen nach meinem abschaiden dew ding ausrichteten als hernach geschriben steet, das ich geschafft und gearnet (!) hab und ~~ettlich~~ entlich, das mein letzter will ist.

Item zw dem paw zw Sannd Merthen, so man pawt, schaff ich IIII gulden.

Item in die czech der Muͦter Parmherrtzigkait IIII gulden.

Item ain weingarten genanntt der Schimlär auf Rätschestorffer grunntt gelegen, und doch in sölher weÿs, ob in der Chuntz zw im nicht wolt lösen umb VIIII gulden, so sol der weingarten in der zech beleiben und davon so sullen die zechlewt kawffen ain messgewanntt umb XI gulden.

Item so schaff ich den bruͦderen in die czech ain silbrein pecher und XII löffel zw ainem kelich.

Item ain silbrein gürtl.

Item dem Chůntz schaff ich ain gerichts pet.
Item X gulden.
Item VIII centen hanif und alln werichczewgen halben.
Item ain dreÿling wein dem klaineren.
Item meiner swester, der Wolfganng Ledrärin, mein swartzen mantel und IIII gulden.
Item der Märuschen, der Gängl Fleÿschakcherin, mein kchürsen und mein newn peltz.
Item meiner pasen, der Poltzin, ain plabn mantl, und ain plaben rokch, und ain slaÿr, ain pet, ain polster, zwaÿ leylahen.
Item meiner swesster tachter, der Mert Ledrärin, ain slaÿr, der hat VII fach.
Item ain Ramfardt per X gulden. Idem ain Achfart per VI gulden.
Item ain sellpad.
Item yrem sun, dem Walthasar, ain silbrein gürtel, die seines vater ist gewesen, und auch allew anndrew ding und gütter, die schaff ich im ungevërlich nichtznit (!) ausgenomen, darüber ich dann hab gehabt zw pitten.
Item ist das auch mein will, das der Chůntz in dem haws beleib als auf IIII jar [*1473*], das in nyëmant darauß sol treyben so das ist, das er selber will dar inn beleiben.
Und die ding sein geschehen am Aller Heÿligen abent, das ich vorgemeltew Agnes durîch Gotzwillen gepeten hab herren Gregor, und vorgeschriben Hannsen Tůchscherer und Hannsen Kürsner, das sew das geschëfft verpetschaden durich meiner vleÿssiger gepett will, doch in und all ÿren erben an schaden. Nach Cristi gepůrd tawsent IIII hundert und darnach in dem neẘnundsechtzigisten jare etc.

Später am Ende des Blattes eingetragen:

1471 Januar 2 – *1471 Januar 28* **286**

Geschäft des Georg Kramer

pr., schr., 3 Zg. (*Index*: —)

Jörg Kramer

Hie ist vermerkt das geschëfft, das ich Jorg Kramer getan hab zu der zeit, do ichs wol getan hab mugen. Dabei gewesen sind die ersamen leẘt, am ersten der ersamen (!) und geistlich herr herr Thoman, meinen (!) peichtvater, und Michel Drenhofer und Jörg Weigl, dy ich dartzü gepëtn hab durch Gotz willen, und das geschëfft ist geschehen am mittich nach dem newn jar, als man schreibt in den ains und sübentzigisten jar.
Am ersten so schaff ich all mein gůt meiner hawsfrawn, Christina, und meinem sun, Wolfgangen, und ob mein sun abgieng mit dem tod, so sol das nÿmant erben denn mein hausfraw.

Ich schaff auch all mein geltschuld meiner egemelten hawsfrawen inzunemen und auszurichtn.
Item mein bruͤder, Erhart Eisenhuͦt, ist mir schuldig sex gulden in gold, dÿ selbigen dÿ schaff ich auch meiner hausfrawen.

Actum des inschreibens am
mantag nach conversionis
Pauli anno 71.

1467 Juli 15 – *1470 Januar 3* **287**

Geschäft des Oswald Grad
pr., schr., 3 Zg. (*Index*: —)

(fol. 146v) Oswold Grad
Hie ist vermerkcht das geschäfft, das der erber weylant Oswold Grad von Galitz mit gutter vernufft unbetbungenleich getan hat am mittich nach Sand Margareten tag nach Cristi gepürd tawsent viertzehenhundert und in dem sübenundsechtzigisten jare.
Item meinem herren und brüdern, herr Paulen, charherren, pin ich schuldig warden gelihens guͤts hundert und XL gulden gerecht in gold und wag, daran ich im betzalt hab mïr XXXV gulden. Darumb so schaff ich und ardnen, das der ÿtzgemelt mein herr und brüder solcher schuld von meinem gütteren, als hernach geschriben steet, für allew ding betzalt werd.
Item mein haws „hÿe" in der stat zwnagst beÿ dem Harrer gelegen schaff ich meiner swester, Anne Venturin, freÿ und ledig, doch alzo, das mein hawsfraw dem hofzins sol einnemen das gegenwürtig jar.
Item darnach schaff ich meiner swÿger ainem (!) mantel und ainen rokch von ainem swartzen tuͦch.
Item ain fleÿschpankch gelegen dÿ ander vom art, do ÿtzt der Schraÿtel inn stet, schaff ich meinem herren und bruͦder herrn Paul, charherren.
Item darnach schaff ich mein haws und den weingarten gelegen zw Galitz meinen kinderen, und ob die kinder mit tod abgiengen, so süllen dÿ vorgemelten haws und weingarten fallen und komen auf herren Paulen, meinem bruͦder, und Anna Venturin, meiner swester.
Item darnach schaff ich meiner hawsfrawen das schnÿtgewanntt und dartzwͦ allew varundhab, darauß sol sÿ betzallen meinem herren und bruͦder, herren Paulen, vor allew ding, als in dem ersten artikel ~~ist~~ begriffen ist.
Item ainen weingarten, genanntt das Mänhärtel, gelegen auf der stat grunntt schaff ich freÿ und ledig meiner hawsfrawen. Auch mer schaff ich ir, meiner hawsfrawen, ainen weingarten genannt der Ruesch, sover das sÿ in haben will in dem kawff, als ich in hab umb XXVII flor. Wer sach, das sÿ aber in nicht haben

wolt, so sol sÿ den lassen herren Paulen oder seiner swester, Anna Venturin, und so vil gelt gee herab an seiner egemelten schuld.

Item ich schaff auch meiner hawsfrawen ainen dreÿling wein, den sol sÿ nemen von meinem brüder, Sigmund Grad zw Galitz.

Und zw grasser urkchundt solihs meins geschäffts und lestens willen, als oben geschriben ist, hab ich egenanter Oswold mit vleÿs erpeten ~~hÿe zu Prespürig~~ „Niclas Marner, gesworn en des rats, Merten Harrer und Pärtlme Tunkchel, paid mitburger hie zu Prespurg", das sy auf dew mein geschafft tzedel zw merer sicherhayt gedrukcht haben ÿrew petschad, in und ÿren erben an schaden.

(*spätere Eintragung*: Und der Augustin Mischülber hat „das geschëfft" an stat seiner hawsfrawen und des Grad Oswolds kinder widerrwft an dem tag, da das geschëfft ist einbekchanntt warden.)

Actum eingeschriben 4[a] feria post festum Circumcisionis Domini etc. anno septuagesimo.

1469 Oktober 22 – 1469 Oktober 24 **288**

Geschäft des Stephan Walich

pr., schr., 3 Zg. (*Index*: —)

(fol. 147r) Stephan Walhns

Vermerkt das geschëfft, so der ersam Steffan Walich, burgermaister zw der zeit, do er das mit gutter vernufft und zeitigen rat in unnser hernach genantten Hannsen Kornner, Niclasen Marnner und auch Purkcharten Scharrach gegenwürtikait an suntag vor Simonis und Jude der zwelfpoten getan, und unns des also in gedennkch zw sein vleissigklich gepeten hat.

Von erst hat er sich und sein sel bevolhen Got dem almëchtigen.

Darnach zw seiner seel sëlikait schafft er von erst seinen weingarten Prettnägel, den nach seinem wert zuverkauffen und von dem selben gelt darumb er verkawfft wiͤrdet, funftzig gulden zenemen also, daz man järlich von denselben funftzig gulden fünf gulden alle jar herdan (!) nemen und zw ainem jartag prauchen und geben sol solang, biß der fünftzig gulden nicht mer seinn, und umb die übermass ainen kelich ze käwffen, und ob dennoch übermass belib, davon solt man geben armen lewͦten. Item zwm paw Sand Merten ain halbs fuͤder wein. Item das silber, so an dem langen peslagen messer gebesen ist, hat er geschafft zw hilf ainem kelich, als vorstet.

Item darnach schafft er seiner tochter, Agnesen, sein haws in der Lanngen gassen zunachst Augustin Mischülber und Lanngen Paulen beder hewͦser gelegen, ganntz ledig und freÿ. Auch schafft er ir ainen weingartten genantt der Messrer mit aller seiner zuͦgehörung zunachst Purkcharten Scharrach und Hodusch Jënusch weingërten gelegen. Item aber ainen weingarten genantt Kottseber zunagst Simon Perger und Hannsen Holtzer beder weingarten gelegen, davon man dint jërlich zw Sand Jörgen tag [*April 24*][96] ainem ÿͤden pfarrer zw Sand Mertten dreÿ schilling phenning. Item vier pet der pessten, ainen seÿden polster, drew seÿden kchüß und alle zuͦgehörung. Item zwen silberpecher, newen silber löffel, vier gulden ring mit gstain eingesetzt, XII silber kchnopf über goldet, ain silbreins übergolds häfftl mit fünf perlen und annderm gestain. Item ain geralleine paternoster mit ainem Agnus Dei und ain par perlewen preÿss, doch alles in solhër maÿnung, ob die egemelt sein tochter, Agnes, vor vogtperen jaren abgieng, so sol das vorgemelt haws auf seinem bruͦder, Wolfganngen Walich, halbs gevallen und halber tayl auf seinen swager, Purkcharten Scharrach, und ob der selb sein bruͦder auch an eriben abgieng, so sol das selb haws gantz lediklichen auf den Purkcharten gevallen. Desgeleichen der weingerten Messrer, ob sein tochter, die Agnes, vor vogtperen jaren abgieng, sol gevallen auf seinen bruͦder, Wolfgangen Walich, und der Kottseber auf sein hawsfrawen, Eufemia. Auch das silberassaͤch, die klainet und varundhabe halbs hÿn und her trewlich und ungevërlich. Item auch hat er geschafft der bemelten seiner tochter ainen graben beslagen partten mit silber und vergoldet.

Item darnach hat er geschafft seiner hawsfrawen, Eufemia, zwen weingerten, ainer genantt der Rossler zunachst Mertten Gaÿlsam und des Jungen Franntzen beder weingärten gelegen, der annder die Tunalewͦten zunachst Hannsen Amser und Simon Brätersÿ weingerten gelegen gantz ledig und freÿ damit zutuͦn, wie sy verlust, dartzw vier pett, ain seyden polster, zwaÿ seyden kchüß und alle zuͦgehoͦrung. Item drittentaÿl in aller varundhab. Item ain silberpecher, doch auch in sölher maÿnung, das die egemelt sein hawsfraw sein tochter, ir beder kind trewlich innhaben und halten sol mitsambt dem haws und weingërten, so im geschafft seinn, stifftlich und pewͦlich, so lanng biß auf seine vogtpere jar an abganng. Und ob sy solhs nicht tat und das kind abgang hiet, auch die erb in abpaw kämen, darauf dann sein brüder, Wolfgang Walich, und sein swager, Purkchart Scharrach, *(fol. 147v)* aufsehen haben süllen, so sol der bemelt Purkchart sich des kinds mitsambt den gütteren unnderwinden und gerhaben untz auf seine volkömeine jar, doch das sÿ aus dem haws „pyß“ das kind in elichen stannd kümbt und gesetzt wirdet, unverdrungen seÿ.

Item seinem brüder, dem Wolfgangen, hat er geschafft ainen weingarten genantt der Fächter zunachst Herman Pokch von Hainburig weingarten gelegen und des anndern tails wald halben gantz ledigklichen. Item ainen schiesczewg mit seiner zuͦgehörung. Item sein gwanntt halbs, zwo schawben, zwo tamaskn joppen und hosen, aber die knöpf von der schawben süllen herab getrenntt werden. Und sein insigel sol sich der Purkchart mitsambt den knöpfen unnderwinden und zuslahen, darnach verkawffen und das gelt armen lewͦten geben durch Gotzwillen. Item aber

---

[96] *Der St. Georgstag wird gemäß ungarischem Brauch mit dem 24. April aufgelöst. An diesem Tag wurden auch die Stadtoberen von Preßburg gewählt.*

seinem brüder hat er geschafft ain silberpecher und dartzẘ sein lebtëg wonung im haws haben mit solher underschaid, das er unnderm thor in dem gemalten gewelib sein sol auch in der stuben, hof und fürheẘsern etc. mitsambt seiner hawsfrawen wonung zehaben, trewlich und frewntlich, auch sein wein in den kcheller zelegen alles auf seinem brüder.
Item auch den weingarten, fleischpankch hat er geschafft seinem brüder ganntz ledig und freÿ.
Item dem Pürkchartten Scharrach, seinem swager, hat er geschafft den pawngarten mit seiner zůgehörung.
Item was in silberassach, klaineten und annder varundhab, wie die genantt sein nach seinem abgankch erfunden, gelassen und vorhannden sein wirdet, und yedem tail, dem kind, der hawsfrawen und dem bruder noch nicht besunder zůgeordent, geschafft, geaigent ist oder wer, damit sol es also gehalten werden, daz yͤdem tail darinn der tail gevallen sol trewlich angevërde.
Darnach besunder von wegen der geltschuld so er schuldig seÿ, hat er bekantt von erst des Smidmair diener von Nürenberig, genanntt Larentz, schuldig ze sein achtundfünftzig gulden, daran hab er ainen gulden.
Item mit Lienharten Hawg von Nwrenberig von wegen aller schuld hab er sich gericht untz an süben gulden.
Item Lienharten Ofenprein von Meiningen nach lawt zwayr zedeln so ÿeder tail aïne innhab, seÿ er schuldig acht und fünftzig pfundt phening.
Item dem Saltzpurger smid an seiner arbait vier gulden, und was er sÿder der raÿtung her gemacht hat.
Item und ob ÿmandt herfür käm und aintzige schuld meldet, wer der war und weÿslich, als recht ist, fürbracht, den solt man auch trewlich entrichten und betzallen.
Daentgegen, was man im schuldig seÿ, von erst sein swiger, die Innguetlin, auf yrem haws zwaÿ hundert und dreÿssig gulden ungrisch nach lawt ains briefs, als er im grunttbůch[97] geschriben steet.
Item Jacob Haÿnburger an stat des Gebhartin süben phunt phening, als der gulden ain pfundt gelten hab.
(fol. 148r) Item als der Gebhart krankch ist gewesen, in die apoteken gee Wienn ain gulden und viertzig phening. Item umb oppferwein zwaÿ phundt und vierundzwaintzig phening. (*am Rande*: zerung)
Die bemelt „gelt“schuld hat er befolhen heren Půrkcharten eintzenemen und die gelter davon zwbetzalen, und von der übermass solt man Gotsdinst ausrichten und armen leẘten geben.

97 *Sicherlich das Preßburger Grundbuch von 1439, heute Archív hlavného mesta SR Bratislavy, 4.1.2. Grundbuch. Vgl. auch Einleitung S. 15.*

Und das sölher will des obgemelten geschëffts in allen seinen stukchen, püntten und artikeln darinnen begriffen vor unns durich dem vorgemelten Steffan Walich geschehen seÿ, und uns des zu gedennkchen gebeten hab. Das sprechen wir obgemelt geschëfftleẘt beÿ unnseren trewn an aydes stat, als wir zu recht thůn solten, und haben des zuurkchund ÿder besunder unnsere petschadt herauf gedrukcht, uns und unnseren eriben anschadenn. Geschehen am eritag vor Simonis und Jude anno Domini etc. sexagesimonono.

1467 Juli 15 **289**

Geschäft des Martin Welser

pr., schr., 3 Zg. (*Index*: —)

Mert Welser geschëft

Vermerkt das geschëft, das ich Mert Welser gethan hab ÿn meinem siechpet zwder zeit, do ichs wol getün hab mögen mit vernufft und wolbedachten můtt, an alles widersprechen. Das ist geschehen nach Cristi gepůrd tawsent vierhundert und in dem sübenundsechtzigisten jar.

Item von erst schaff ich meinem brůder, Benedict Welser genantt, und seinen kinderen einen weingarten mit früchten mitsambt in Schöndorfferen genantt und gelegen auf Prespurger gepiet.

Item darnach schaff ich zu Sand Merten zw dem paw I gulden.

Item mer schaff ich zu Sand Larentzen zu dem paw I gulden.

Item darnach schaff ich meiner lieben hawsfrawen, Agnes genantt, all mein gůtt, wo wir das miteinander haben, es seÿ varund oder eribgůt oder in schuld, nichtz ausgenomen, domit zwtůn und zulassen, das wir dan trewlich miteinander derarbait haben, und dovon betzalen unsers gelter und schuld, wem wir dÿ schuldig seinn, als sy wol wais. Auch sol sÿ wesunderlich davon gedenken meiner arm sele, als ich ir des vertraw.

Item das aber solhs meinn geschëft kraft hab und ausgericht wůrd, zw pesser sicherhait wegen und zewgnüß hab ich dartzẘ erfodert und gepeten die erberen weisen Jacob Hainburger, burger des rats, und Hanns Vetterler, bed gesessen zw Prespůrig, und Cristan Panhalben, purger zw Tebin, das sÿ ir pedschad darauf gedrukt haben, in und iren erben an schaden. Actum an Aller Zwelifpoten tag, als sÿ sich getailt haben in alle welt anno in dem sübenundsechtzigisten jaren.

1468 Juli 24 **290**

Geschäft des Martin Hawer

pr., schr., 5 Zg. (*Index*: —)

(fol. 148v) Das geschëfft des Mert Hawer im LXVIII jar

Von ersten schaff ich meiner hawsfrawen ain weingarten im Wotzengrundt.

Mer schaff ich meiner hawsfrawen ain weingarten im Kchürsner.

Mer schaff ich meiner hawsfrawen ain garten in der Praiten.
Mer schaff ich meiner hawsfrawen ain haws gelegen an der Nwnenpewnt und die daigen gütter, haws und weingarten, die schaff ich meiner hawsfrawn zw tůn und zw lassn, und davon sÿ dy gelter betzallen sol, das sy wol wais, was wir schuldig sein.
Mer schaff ich ain weingarten im Brieflein gelegen beim heiligen brunn ir lebtëg und so sÿ abgeet, so sol sÿ den weingarten zw Sand Michels kirhen geben und ain Ramfart sol man davon ausrichten.
Mer schaff ich meinem sun, Thoman, ein weingarten im Vessten gelegen neben weg der hinauf geet zum Graser, ob er aber seiner můter nit volgen wolt, so sol sÿ den weingarten wider zw ir nemen zw nützen und brauchen.
Mer schaff ich ainen weingarten im Kramer meiner swester, Anna, IIII gulden, ob sÿ aber mit tod abgïeng, so sol man sÿ zw der erd bestaten und das übrig zw S. Michels kirichen nemen.
Mer schaff ich auf den selben weingarten im Kramer IIII flor. meiner swester tochter.
Geschehen an Sand Jacobs abent im LXVIII°.
Zw pesser getzewgnüss meines geschëffts hab ich obgenanter Mert Hawer gebeten mit vleÿs die erberen weisn Caspar Rayfsneÿder, Wolfgang Albringer, Caspar Woduscher, Jacob Hätewr, Kirein Newpawr, das sÿ ÿrew petschad daran drukcht haben, in und iren erben an schaden.

1469 November 5–10 **291**

Geschäft des Georg Reuhel

pr., schr., 4 Zg. (*Index*: —)

Das geschëfft Jörig Rëwhel im LXVIIII°

Von ersten schaff ich meiner tochter, der Cilia, ain weingarten im Weintegel, davon sol sy zallen X flor.
Darnach schaff ich meiner hawsfrawn ain weingarten im Pätzen.
Mer schaff ich meiner hawsfrawen ain weingarten in der Oberen Poshait.
Mer schaff ich meiner hawsfrawen ain haws auf der Hochstrass.
Und dieselben güter schaff ich meiner hawsfrawen zetůn und zelassen, und davon sol sÿ unser baider kinder betron und das setz ich zw ir, als ich ir wol vertraw.
Geschehen in der wochen vor Sand Merten tag im LXVIIII°.
Zw merer geczewgnüss hab ich Jörig Rëwhel gebeten die erberen weisen Caspar Draÿfschneider (!)[98], Caspar Stampha, her Wolfgang Strobel, Cristan Trewer, das sy irew petschad daran haben gedrukcht, in und ẙren erben an schaden.

[98] *Diese Person ist aus zahlreichen anderen Testamenten als* Raifsneider *bekannt*

1468 Februar 11 **292**

Geschäft der Margaretha, Ehefrau des N. Tod

pr., schr., 4 Zg. (*Index*: —)

(fol. 149r) Margaretha Todin

Nach Christi gepůrd tawsent vierhundert jar und in dem LXVIII° jare hab ich Margaretha Thodin, mitburgerin ze Prespurig, mit wolbedachten můt, gueter vernufft und mit gůtten willen zu der zeit, so ich das mit recht wol getan mocht, mein geschëfft unbetwungenlich getan in solhermass, alls hernach geschriben steet.

Item von ersten schaff ich meiner lieben tochter, Dorothea, mein haws, und allen meinen hawsgrët, und zewg, und was das zuͤgehört, wo ich das hab, wo oder wellend dÿ im haws sein oder in welichem tail die funden werden ungevërlich, und alle mein varundhab, nichtz ausgenomen, wie das namen hat, oder wo ich das hab, das zu nutzen und damit zu tůn, gantz nach iren willen.

Item darnach schaff ich aber meiner lieben tochter, Dorothea, mein weingarten in Tünasatz frei und ledig an alle zůsprüch, zutůn und zulassen.

Item darnach so schaff ich der obgeschriben Dorothea, meiner lieben tochter, den weingarten genanntt in Kchurtzen Gfang, doch in solher beschaidung, das sÿ sol ausrichten und geben zw Sand Merten kirchen VIII fl. auri auf zwen jar zubetzallen und alle katteber [*Sonntag Invocavit, Mittwoch nach Pfingsten, Freitag nach September 14, und Samstag nach Dezember 13*] so sol sÿ raihen I fl., auch sol sÿ betzallen einem juden XI fl. auri.

Item ob mein liebew tochter, Dorothea, abgieng mit dem tod, ee das sÿ heÿrat, so will ich, das mein tochter, Dorothea, schaff den weingartten in Kchůrtzen Gfang geen Sand Merten gantz zu der pfarr, und den weingartten in Tünasatz Unnser Lieben Frawen in klaster zw Preßpürig zw paw.

Item ob auch mein liebew tochter abgieng mit dem tod so sol man das petwangt (!) und varundhab ausgeben und richten zwain hausarmen dieren.

Item ob mein tochter abgieng, so ist mein will, das man das haws hingeb und verkauff und davon ausricht dem spital V fl., und mein průder V fl., und was das übrig ist, das sol man geltn den briesteren umb mess und besunder drei briester, ẙden umb XXX mess umb mein sel, und mein varvaderen sel, und umb all gelawbig seel.

Item über das alles will ich, das dicz geschëfft krafft und macht sol haben. Das geschehen ist am phintztag nach Scolastica virginis, dabei sein gewesen der ersam herr Cristoff in Gotzleichnam zech, caplan zw Sannd Merten, und Peter Grunnwald, Niclas Marner, baid gesworens rat zw Prespurig, und Michel Antner, mitburger daselbs, die durch meinn gepet und willen haben ditz geschëfft vertpetschafft, in und ÿren erben an schaden.

Ohne Jahr, Monat und Tag (ca. 1470) – *1470 Oktober 3* **293**
Geschäft des Anton Ratentaler
pr., schr., 3 Zg. (*Index*: —)

Antoni Ratentaler
Vermercht das geschäft, das ich Antoni Ratentaler, des Niklas Ratentaler sun, getan hab in zeitten gueter vernuft, und ich das wol getain hab mügen ingegenwürttichait der erberen und weysen Niklas Mosak, Niklasen Meixner und Mert Sneider.
Item ich schaff meiner lieben mueter all mein gütt, eribtail, und wÿe das genant ist inder sunder und inder gemain, und sunderlich funfzig gulden, dy ich hab auff des Kranfelder haws.

Actum des einschreybens am
mitichen nach Michahelis
im 70 jar.

1471 Mai 23 – *1471 Juni 8* **294**
Geschäft der Dorothea, Ehefrau des Martin Harrer
pr., schr., 4 Zg. (*Index*: —)

(fol. 149v) Dorothea Harrerin
Hie ist vermerkt das geschefft, daz ich Dorothea Harrerin getan hab mit gutem willen und wolbedachtem mut zu weil und zeit, do ich es wol getun hab mügen an menikliche widerruffung, an dem heyligen Auffertag Jesu Christi nach Christi gepürd in dem LXXI jar, in gegenwurtikait der ersamen herren her Chunrad Rieder, prediger zu Sand Merten und meinem peichtvatter, her Wolfgangen Vorster, her Niclasen Morner, her Hansen Trůb, diezeit geswarn des rats.
Item von erst schaff ich zum chanczell in Sand Merten kirchn L ungrisch gulden.
Item ich schaff auch in das junkfraw kloster V fl. zum paw.
Item ich schaf in das munichkloster auch V fl. zum paw.
Item ich schaf zu Sand Michel zum paw auch V fl.
Item ich schaf zu Sand Larenczen zu dem paw auch V fl.
Item ich schaff in das spital zu Sand Lassla auch V fl. zum paw.
Item herrn Conradten, meinem peichtvater, auch V fl.
Item ich schaf X fl. umb ain Romfart.
Item ich schaf meiner Getlein X fl., die sullen ir geraicht werden, so sy zu vogtpern jarn kumbt, und die Mitter Hochney mit den fruchten.
Item ich schaff ir swester, der Agnesen, das ausser tail der Hochney, doch erst nach dem lesen.

Item ich schaf zu der pfrunt des Grossen Petern herrn Bolfgangen Prechtlein meinen weingarten zu Rezisdorf, nach dem lesen, gelegen mit ainem rain zu nachst der munich aus dem tal, mit dem andern zu nachst des Michel Czistler auf der Grafen guter.
Item die vorgemelt sum, die ich geschafft hab zum paw, sollen die geschëfftherren austailn so sy sehen notdurft an den vorgemelten steten.
Item ich schaf auf mein haws und auf meinen weingarten den Schilt gelegen zu nëchst innerhalb des Halben weingarten IIII[c] gulden, doch in solher mass, daz XL jar jërlich an der sum geraicht werden in die zech der Muter der Parmhertzikait X fl. pis die sum gancz ausgericht werdet. Davon sol gesungen werden all mantag ain selambt, davon sullen sy raichen V fl., und das sol angehebt werden zu stund nach meinem abschaiden, und die anndern V fl. sullen gepraucht werden nach notdurfft der zech.
Item ich schaf darnach alle meine gůter, haws, weingerten, erbguter, varundhab, klainat, parschaft, geltschuld, nichts ausgenomen meinem lieben man, Merten Harrer, ledig und frey damit zu tun und zu lassen als mit seinem aigem gut wider meniklichs widersprechen.
Item ich empfilch auch fleizziklich meinem lieben man mein seel, daz er im die lass empholhen seinn.
Item daz solher mein will verbracht werd und volrekt, hab ich gepeten fleizziklich die vorgemelten ersamen herren etc. des zuvolreken und bezewgen mit irn aufgedrukten petschatten, in und iren erben an schaden.

Actum einschreiben sabbato
ante Trinitatis LXXI.

Ohne Jahr, Monat und Tag (ca. 1471) – ***1471 Juni 12*** **295**

Geschäft der Dorothea, Ehefrau des Christian Liechtschirb, Witwe des N. Freitag
pr., schr., 2 Zg. (*Index*: —)

(fol. 150r) Dorothea Liechtschirrbin

Vermerkt, daz ich Dorothea, hausfraw des Kristan Liechtschirb, zu solher zeit, als ich dann gebesen pin in dem gwalt Gots doch mit guter vernufft und mit guter wissen, do ich das wol getun hab mügen, geschafft hab.
Am ersten schaf ich aus meinem aigem beraiten gelt die sum VIII fl., I fl. ainer armen frawn, die gen Rom wirt geen.
Item mer I fl., darumb man sol mess halten.
Item mer III fl. meiner tochter, Enndlein.
Item mer III fl. der jungen tochter, Maruschen, doch mit solher underschaid, daz mein obgenante tochter, Anna, dieselben drei fl. sol innhalten zu notdurft dem vorgenanten kind, Maruschen, und ausgeben mit wissen der geschefftherren.

Item mer schaf ich in meinen gutern, so mein hawswirt an meiner stat hat berait ingenomen geltschuld XXIIII fl., die doch voran von meinem ersten hauswirt, dem Freitag, herkömen sind und geschafft sein worden, meinen und seinen kindern.
Item mer schaff ich aus denselben XXIIII fl. meiner tochter, Anna, VIII fl. und meiner andern tochter, Katherina, V fl., und die ůberigen XI fl. schaff ich meiner jungen tochter, Marusch, die dann mein hawswirt inn und vor sol halten.
Item mer schaff ich aus den anndern gutern, so wir, ich und mein hawswirt, Cristan Liechtschirb, mit gesambter hanndt gewunnen haben, X fl. zu ainer Ramfart, der er sich dann selber zugeen verwilligt hat.
Item mer so schaff ich aus unser baider varunder hab meiner tochter, Anna, ainen swarczen mantel, die übermass aller meiner und seiner guter schaff ich meinem hawswirt, Cristan Liechtschirb, und bitt in durch Gots willen, daz er im mein kind, Marus, und mein seel am vordristen empholhen lass seinn.
Des zu pesser sicherhait hab ich gebeten zu gescheftlëwten und gedechtnůs die ersamen Hanns Grevenpůcher und Wolfgangen Půhler, baid genant, daz dy ire petschad zu mein geschefft gedrukt haben, in und irn erben an schaden.

Actum einschreiben 4ta vigilia
Corporis Christi LXXI.

(*spätere Eintragung*: Hat eodem die Cristan Liechtschir widersprochen.)

1471 Juni 11 – *1471 August 28* **296**

Geschäft der N., Ehefrau des Bartholome Kürsner

pr., schr., 4 Zg. (*Index*: —)

(fol. 150v) Partel Kuersnerin geschefft

Vermerkchtt das geschefft der ersamen frawn, der Partellme Kürsnerin, das sy getan hatt in dem pett yerer kchrankchatt am erichtag vor Gotsleichnams tag anno etc. M^{o} CCCC LXXI jaren.
Item von ersten schafft sy zwo Ramfartt albeg fuer ein ~~gulden~~ „fartt" X fl. in gold.
Item mer so schafft sy VIII fl., IIII fl. zu Unser Fraun in das tal und IIII fl. in das frawnklaster zu Prespurg.
Item so schafft sy mer zu Sand Larenczen Gots hauß zu singen XXX sel ambten und V lb. wax schol man pey dem sel ambtenn verprennen.
Item so hatt sy gëschafft dem prediger in dem klaster, der da gen Ach und anderswo kyrichferten hin gett, I fl. (*am Rande*: und ist peczalt)
Item so schafft sy mer dem Moriczen, dem munich in dem klaster, I fl. yerer schuld under den leuten.
Item Peter am Artt ist schuldig IIII fl., dy selben schol er zallen auff Sand Mertten tag [*1471 November 11*].

Item Hanns Wernerher ist schuldig IIII½ fl. zu beczallen auff den Vaschang [*1472 Februar 11*]. Item und Sigmund Hueber ist schuldig IIII fl. I tal. den.
Item dy zwo Ramfartt schafft sy über dÿ ain dem Sigmund Hueber und dy ander dem ~~Sigmund~~ „Michel“ Fuxlen auff yerer peyder trew und frantschafft, als sy sich dan mit yerem lezten willen befolhen hatt in yerer trew.
Item sy schafft auch, ob das wer, das ettwas uber belib nach yerem gescheff, so schollen „den“ erberen yere frandt, der Sigmund Hueber und auch Michel Fuxel, treulichen mit einander tailen ungeverlich.
Item sy schafft des Sigmund Hueber swester ein pett, und ein polster, und ein kuß, das man yer raechen und geben sol anverziehen.
Item sy schafft yerer pasen, der Michel Fuxlin, all yer varunder hab, nichts ausgenomen.
Item sy schafft mer ein Achfart, dy sol gen Michel Fuxlin, dy hatt I fl., an den schafft sy yer freÿ fuer dy müe, do sy mit yer gehabt hatt und von dy XII fl., dy der Strobmayr in hatt, da von schol man dy Achfart ausrichten X fl.
Item pey dem gescheff sind gewesen dy erberen leütt Hanns Holczer und Jorig Feyrtag kürsner, Sigmund Hueber und Michel Fuxel.

Actum des ein schreibens (!) am mitichen
nach Bartholomei anno 71.

1471 August 27 – *1471 September 12* **297**
Geschäft des Martin Leyschel
pr., schr., 3+1 Zg. (*Index*: —)

(fol. 151r) Mertt Leyschel gescheff
Item hy ist vermerkchtt das gescheff und der lecz willen des ersamen Mert Leischeln, den er getan hatt zu den zeiten und weiln, so er wol pedachtig pey gueter vernunfft gewesen ist und das wol hatt mugen tuen ingegenwurtikait des erberen herren Caspar Benner, seines peichtvaters, und der ersamen Larencz Pluetel und Niclas Vogler, paed gesessen in Sand Michelsphar zu Prespurg, dy er also sein gescheff herren und zeugen darczu gepeten hat und georntt. Und solich gescheff geschehen ist am erichtag nach Sand Bartholme tag anno etc. LXXI°.
Item am ersten hatt er geschafft sein sel Got dem almechtigen, das sy köm zu der gemaenschafft Aller Heiligen.
~~Item~~ Zu dem anderen hatt er geschafft sein leib zu pegraben zu Sand Michel und den selben pestatten zu dem erdrich mit vigili, Requiem den ersten, sibenten und dreisgisten, und zu suben mal auff das grab, und auch durich seiner sel selikait wegen das man lass lesen zu Sand Michel dreissig meß.
Item zu dem dritten hatt er geschafft sein haus, und weingarten, und alle seine gueter, dy er hatt, seiner hausfraun, mit namen Elena Layschlin, und den zwaen klain kinderen, dy er und sy peyeinander gehabt haben, wan er vormals dy anderen zwo sein töchter versehen und verfarigt hatt.

Item er hatt auch bekannt, das er dem ersamen Cristan Achtsennichtt schuldig ist wardden funff gulden, dy er fuer in hatt ausgericht und nicht mer.
Item er ist auch schuldig dem Stephan Reneis XII ß und nicht mer.
Item der kyrichen zu Sand Michel VIIII ß den. und auch nicht mer.
Item dem Michel Schadenfra ain halben gulden, wan er mit sambt dem Michel von Juden[99] ein gulden genomen hatt und nicht mer etc.
Und das zu pesser urkchund haben wïr, ich Larencz Plüetler und Niclas Vogler gepoten (!) den erberen herren Hanns, phfarrer zu Sand Michel, das er sein petschatt auff gedrukchet hatt an unser paeder statt.

Actum des einschreiben am phfincztag vor
exaltacionis Sancte Crucis anno 71.

1471 Juni 30 **298**

Geschäft des Georg Paer
pr., schr., 3 Zg. (*Index*: —)

(fol. 151v) Jorig Paeren gescheft
Vermerkchtt das gescheﬀt des erberen mans Jorigen Paeren, das er gethan hat und gemacht zu der zeit, als er das wol gethun hatt mugen und pey seiner chrafft und seiner gueter vernufft gewest ist und darzu hatt der obgemelt Jörg Paer gepeten dy erbern herren, als hernach geschriben stett all mit namen genant herr Hanns Kursner, dy zeit purger der statt Prespurg, Michel Smid und Nopp pekch, paed mitpurger daselbs, do mith das ~~her das~~ hernach geschriben geschafft kchrafft und macht hab und volkomenlich volbracht werd, und so hatt er ~~d~~ vorgemelt Jorig Paer gepeten dy obgenanten gescheﬀt herren einen yeden insbunderhaett (!) durch Gots willen auff zudrukchen sein petschadtt, in und yeren erben an schaden.
Item am ersten schaff ich meinem sun, dem Thoman, einen weingarten, genantt im Gefang, mithsambt den fruchten ledig und frey und mein aeden, der Thoman Pekch, schol sein gerhab sein und den knaben pey im halten.
Item mer schaff ich meiner tachter, Katherina genant, ein weingarten, genantt im Wienner, ledig und frey und alle vertigung zu peth und zu tisch.
Item mer schaff ich meinem sun, Michel, und meiner tachter, Brigitta, zwen weingarten, einer genant im Rueschen und der ander im Zehentner, paed ledig und frey mitsambt den fruchten.
Item mer schaff ich meiner hausfraun, Angnesen, ein weingarten, genantt im Purkchstal, ledig und frey mitsambt den fruchten an all zuespruch.
Item mer schaff ich meiner hausfrau ein weingarten, genant in der Kcholgrueb, mitsambt den fruchten ledig und frey und alle varunde hab.

---

[99] *Der Text bezieht sich auf einen Weingarten genannt* Juden.

Item mer schaff ich meiner hausfrawen mein hauß yr lebteg und nach yerem abgang so schol es wider eriben auff meine kchindder und von einem kchind auff das ander.
Item mer schaff ich ein weingarten hin zu geben, genant im Marcz, und von den selben gelt schol man ausrichten XII fl. auff ein Ramfartt, und ein fartt gen Zel, gen Sand Wolffgang, und gen Sand Lienhartt auffen Rembs (!) weg[100].
Item von dem selbigen gelt schol man geben in den zech der Mueter der Parmherczikaett V fl.
Item mer schaff ich meiner tachter, Maruschen, dy den Thoman Pekch hatt, I fl.
Actum des geschaffts an dem nachsten suntagen nach Sand Johans Gots tauffers tag anno 71.

1471 Dezember 22 **299**

Geschäft des Hans Paer
pr., schr., 3 Zg. (*Index*: —)

(fol. 152r) Hans Paeren geschaft
Vermerkt das geschaft des erber man Hans Hans (!) Paÿer, mitpurger ze Prespurk, getan hatt in seynem siechpett bedachlich mit gueter vernuft zw der czeÿt, do er es retlich getan hat mogen.
Item am ersten hatt er geschaft das fraw Barbara, sein eliche hausfraw, nach seinem abgang schol in lassen bestatten zw Sand Mertten peÿ der pfarkirchen mit eyner erberen pestattung nach lobleicher gewonhait der selbigen kchirichen.
Item darnach hatt er geschaft alles sein gut, erb und varunde haab, es seÿ beraytschaft, klaÿnat, geltschult, verbrieft ader unverbrieft, allerhant brieff und sigel, nyndert nach nichts ausgenomen der egenantten frawn Barbara, seiner eelichen hausfrawn, das sy hab damit ze tun und zelassen, was und sÿ wil, doch alzo, das sy domit bedenck und betracht das hayl seiner und irer selen. Das hat er ir bepholhen auf ir trew und gewissenn in gegenwurtikayt der nachgeschriben geschaftlewt, des sich dan die vor bemelt fraw willikleich verpflicht hat das trewlich ze tün.
Item er hat auch vermeldt und geredt auf sein leste hinfart, das er von der stat Prespurk an seinen verprieffen tzinssen nicht mer enphangen hab wen was in dem register, das die selben geschaftlewt verpetschaft haben geschriben ist.
Pey dem geschaft sein gewesen der erwirdig her Hans von Hyttendarff, der benanten Sand Mertens kchyrchen prediger, und dÿ fursichtigen Hans Graffenpücher und Peter Kraus, mit woner daselbs ze Prespurk, und haben das mit iren aÿgen petschaft durch fleyssiger pet willen des egenanten Hans Paÿren zw kuntschäft und warer czeugnüss der sachen verpetschaft, doch in allen an schaden.
Das ist geschehen am süntag negst nach Sand Thomas tag des heiligen czwelpotten (!) anno Domini millesimo CCCC° LXXprimo.

(fol. 152v) leeres Blatt

---

[100] Rembs = *Rom, d. h. die anderen drei Pilgerfahrten waren auf dem Weg nach Rom zu absolvieren.*

1472 Februar 25 – ***1472 März 15*** **300**

Geschäft des Wolfgang Niedendorfer

pr., schr., 3 Zg. (*Index*: —)

(fol. 153r) Geschafft des Wolffgang Nidendarffer

Item hÿe ist vermerkchtt das geschefft und der lecztt will des ersamen Wolffgangen Nidendarffer, den er getan hatt zu den zeiten und wenn so er wol bedechtig pey gueter vernufft gewesen ist, und das was hatt mugen gethain ingegenwurtichaitt des erberen herren Caspar Renner, seines peichttvaters, und der ersamen Caspar Stamphaher und Niclas Troppawer, ped gesessen in Sand Michels phfar zu Prespurg, dÿe er also sein geschefft herren und zeugen dar zu gepeten hatt und georntt, und solich geschefft geschechen ist am erichtag nach Reminiscere anno etc. LXXII.

Item am ersten hatt er geschafft sein sel Got dem almechtigen, das sy kchüm zu der gemainschafft Aller Heiligen und seinen leib zubegraben zu Sand Michel, und den selben bestatten zu dem erdrich mith vigili, Requiem den ersten, subenten und dreisgisten, und zu süben malen auff das grab, und auch zu seiner seel frölichchaitt wegen hatt er geschafft ym zu lesen zu Sand Michel dreissig mess.

Item darnach hatt er aber georntt und geschafft zu Sand Michel kchyrichen zum paw I½ fl. ungrisch und dy auszurichten, so man an der kyrichen pautt ader unverzögenlichen in zwaen jaren [*1474*].

Item hatt er aber geschafft I gulden ungrisch zu dem klasster Unser Lieben Fraun zu Prespurg inner halb zwein jaren [*1474*].

Item es ist auch sein lecztter wil gewesen und hatt begertt, das sein hausfraw in aigen person ader sunster zwu (!) kchirichfertt ausrichtt, aine zu Unser Lieben Fraun gen Zell, dy ander zu dem heiligen herren Sand Wolffgang in Paeren.

Item darnach hatt er geschafft und georntt seiner lieben hausfraun, Katherina, alle andre seine gueter, sy sind varnd oder ligund, nichts ausgenomen, und das auch fürpaß nÿmands darzu zu sprechen hab, wan sy das treulich umb in verdientt hatt und er er (!) und sy sey treulichen miteinander sölich guett er arbaett haben.

Und das zu pesser urkchund haben wir, ich Caspar Renner, Caspar Stamphaher und Niclas Troppawer bekchrefftigt den gegenwürtigen geschefft prieff yeglicher mit seiner auffgedrukchten petschett, doch uns und unseren eriben an schaden.

Actum des einschreibens an suntag
Judica in der vasten anno Domini etc. LXXII°.

1471 August 18 **301**

Geschäft des Bartholome Tunkchel

pr., schr., 3 Zg. (*Index*: —)

(fol. 153v) Bërtlme Tunkchel

Hie ist vermerkt das geschëfft, das ich Bërtlme Tunkchl tun hab mit willigen und wolbedachten müt zu weil und zeit, do ich es wol tün hab mügen an menikch-

liche widerrüffung an dem nëchsten suntag nach Unser Lieben Frawentag der Schidung, in gegenwürtikait der ersamen herren Künrad Rieder, prediger zu Sand Mertten, Mertt Harrer, Steffan Gürtler, baid mitburger, etc. anno Domini etc. in dem LXXI jar.
Item von erst schaff ich meinen weingartten gelegen zu Rëczesdorf, genannt das Pöttegedl, meiner lieben hawsfrawen mit früchten und mit all ledig und freÿ, damit ze tün und zu lassen als mit irm aigen güt wider meniklichs widersprechen, und nach irm abgankch so sol er nachvolgen irn kindernn.
Item ich schaff auch meiner lieben hawsfrawen alle meine varundehab, klainet, parschafft, geltschuld, wo die ist, nichts ausgenomen, freÿ und ledig damit zetuͤn und zelassen nach allen irn willen an menikliche widerrüffung.
Item ich schaff IIII guldein zu dem paw zu Sand Mertten.
Item das sölcher meiner wil volbracht werd, hab ich fleissikchlichen gepeten die ersamen obgenannten herren etc., des sÿ sich denn verpinnden under irm aufgedrickten petschafften, in und irn erben an schaden.

1472, ohne Monat und Tag **302**

Geschäft des Stephan Koler

pr., schr., 2 Zg. (*Index*: —)

Steffan Koler

Im tawsent vierhundert und zwenundsübentzigisten jarn nach Cristi gepuͤrd das geschëfft aus freÿen und wolbedachtm můt an alle anhaldung hat der ersam Steffan Koler, dem Got genad, getan und mit vleissigen gepet er die ersamen und weisen dartzů gepeten hat, das dÿ seynem für mund sein, als denn sein die ersamen Hanns Sloͤttrer und Peter Meltzer, das das also sein letzter will seÿ, und sÿ das also einbekennen sein letzten willen.
Item zum ersten all sein gůt und all varundhab schaff ich meiner hawsfrawen, der Barbara Kolerin, an alle irrung aller meiner frewndt.
Item alle geltschuld, die schaff ich alle meiner frawen ledig und freÿ und an alle irrung meiner frewndt.
Item daran hab ich mich Barbara Kolerin davon gewilligt auszerichten ain Romfart für in und für mich.
Item die summa der geltschuld ist 14 fl., die Frölich Veÿtin ist schuldig 8 fl., und der Simon Baxgiesser 4 fl., und Mertt Vashan I fl., und der Michel Laher auch I fl.
Item des zu urkund und zewgnüss geben die ersamen und weisen eegemelten als Hanns Slöttrer und Peter Meltzer, dÿ all baid ir haimlichkait und insigel haben aufdrukt, in und all iren nachvolger an schaden, baid mitboner hie zu Prespurg.

1472 November 11 **303**

Geschäft des Simon Dumritzer

pr., schr., 5 Zg. (*Index*: —)

(fol. 154r) Simon Dumritzer

Vermerkt das geschëfft, das ich Simon Dumritzer tan hab in meinem siechpet mit gůten willen und gueter vernufft und zu der zeit, do ich es wol hab mügen tůn. Item von erst so schaff ich meinem sun, herrn Wolfgang, mein haws freÿ und ledig.

Item mer schaff ich meinem sun ein weingarten, genannt Hagner, freÿ und ledig.

Item mer schaff ich meinem sun den weingartten, genannt der Pfaff, freÿ und ledig.

Item mer schaff ich meinem sun ein silberpecher, den mitteren.

Item mer schaff ich meinem sun, herrn Wolfgang, ein pet, ein hawppolster, zwaÿ kchüss und zwaÿ leilachen.

Item so schaff ich meiner hawsfrawen zwen weingarten, ainen genannt dÿ Tünaleÿtten und der annder genannt der Rokengarib.

Item so schaff ich umb XXX selambt zu der begenüss IIII guldein, das sol man meiner hawsfrawen ausrichten.

Item so schaff ich alle varunde hab, was über das geschëfft ist, meiner hawsfrawen.

Item mer schaff ich in dÿ czech der Můter der Parmherrtzikait XII lb. wax.

Item so schaff ich in dÿ czech Sand Larentzen VI lb. wax.

Item auch schaff ich in dÿ czech Unser Frawen VI lb. wax.

Item so schaff ich zu einem jartag auf X jar alle jar auszerichten I guldein.

Item so schaff ich zu Sand Larentzen kirchen, das man ein chebsen sol lassen machen XX guldein, die sol mein hawsfraw ausrichten.

Item so schaff ich dem Toman, meinem eham, ½ füder wein.

Item so schaff ich dem Steffan Wagner IIII emer wein.

Und zu meinem vorgeschriben geschëfft hab ich mit sunderm vleis gepeten die erbern herren Merten, herren herrn Frantzen, pfarrer zu Sand Larentzen, den Michel Zoch, Thoman Pekch und den Lanngen Anndree, das sÿ ire petschad darauf drüken, doch in und den iren an schaden. Und das geschëfft ist gescheen am mittichen an Sand Mertten tag anno Domini M° CCCC° LXXII jar.

1472 Dezember 15 **304**

Geschäft des Michael Wochner

pr., schr., 3 Zg. (*Index*: —)

(fol. 154v) Michel Wochner

Vermerkt das geschëfft, das ich Michel Wochner tan hab, als ich bei gütter vernufft gewesen bin, und das mit wolbedachtem müt gescheen ist, und darzů hab ich gepeten durch Gots willn die erbern herren mit namen bestimbt herrn Hannsen

Karner, Niclas List und herr Michel Kreẘtzer, all diezeit burger der stat zu Prespurg, von wegen pesser sicherhait einen ẙdm in sunderhait aufzedrukchn ir petschad, in und irn erben an schaden. Und das geschëfft ist gescheen am eritag nach Lucie anno Domini etc. LXXII^do^.

Vermerkt, was mir Jörg Unverricht schuldig worden ist XLVII guldein, daran hab ich ettlich gewannt empfangen, VII ellen harraß, I lat. saffran, I lb. pfeffer. *(am Rande*: ist bezaltt)

Item Frantz Pogner II guldein.

Item Nachwinterin XXVI gulden.

Item Murrat Larentz XXVI gulden.

Item Marklin I fl.

Item so schaff ich herr Cristoffen V guldein zu bezalen, die ich im schuldig worden pin.

Item so schaff ich meinem sun, Wolfgang, mein haws halbs und den halben tail des haws meiner hawsfrawen und irn kinderen baiden, die sÿ bei mir gehabt hat.

Item mer schaff ich meinem sun, Wolfgang, den Molfleisch ledig und freÿ.

Item mer schaff ich meinem sun, Wolfgang, I silberstuk auf V mark und I silbrein schällel.

Item mer schaff ich meinem sun, Wolfgang, I dreiling heÿrigs weins und dÿ andern IIII dreiling und II halbe füder meiner hawsfrawen.

Item mer schaff ich meinem sun, Wolfgang, I silberpecher und I silberkopf, ob er aber abgieng, so sols nachvolgen seïnen geswistrëten.

Item mer schaff ich meinem sun, Wolfgang, I pet, I polster, II leilachen, II küss, I dekch.

Item so schaff ich meiner hawsfrawen dÿ Milleÿtten ledig und freÿ und irn kindern.

Item so schaff ich meiner hawsfrawen II pecher ledig und freÿ und II iren kindern auch ledig und freÿ.

Item so schaff ich mer in Unser Frawen czech X guldein, ob ich mer empfangen hiet, wenn ich auf das paw gelegt hab.

Item auch schaff ich alle geltschuld, die einzebringen ist, meinem sun, Wolfgang, und meiner hawsfrawen, und den andern meinen II kinderen, und dÿ trewlich miteinander zu tailen.

Item so schaff ich III guldein gee Sand Mertten zu dem paw.

Item so schaff ich meiner diern, der Anndlein, I pet, I polster, II leilachen, I dekch und II kchüss.

Item so schaff ich meinem vetter, den Mertlein, ein tuͤch zu einem rokch und zu einem par hosen halb pernisch.

Item das obgemelt geschëfft, das sol gehalten werden. Ob ein kind ee abgieng, ee (!) das kumbt zu vogtpern jarn, so sol ein tail erbn von einem kind auf das ander.

Item so schaff ich meiner hawsfrawen alle varundehab von petgwannt und hawsgerët. Item mer schaff ich III guldein, die sol man einlegen in dem stokch zu Sand Mertten zu dem paw, die sol man nemen von dem wein. *(Fortsetzung fehlt)*.

1472 Oktober 31 **305**

Geschäft der Margaretha, Tochter des Thomas Reich

pr., schr., 4 Zg. (*Index*: —)

(fol. 155r) Junkfraw Margreth, des
Reichen Thoman tochter

Vermerkt das geschëfft und dem (!) lesten willen, so junkfraw Margreth, des Reichen Thoman dem Gotgenad (!) tochter, mit rechter und gueter vernufft und unermanter ursach getan und geordent hat, dasselb zeverbringen und ausrichten zu hail ires vaters und auch zu trost irer sel hailbertikait. Das gescheen am sambstag an Aller Heiling tag anno Domini millesimo quadringentesimo septuagesimo secundo getan hat[101].

Item am ersten und vor allen dingen hat sÿ sich bevolhen Got dem almëchtigen, das er hie und dort irer armen sel genedig seÿ.

Item darnach hat sÿ geschafft alles ir güt und hab, was und ir erblich von irm vater, Reich Toman, sëliger gedëchtnüss zuͤgepürt hat irer muͤter.

Item von erst das halb haws gelegen in der Venturgassen, das man nennet des Reichen Thoman haws.

Item ainem (!) weingarten, genannt die Wiegen, und ain garten in der Schottenaw ist noch unbezalt.

Item ain silbreine gürtl, die ÿtzt versetzt ist, irm brůder umb sex guldein, dieselb gürtl sol lösen ir mueter umb die vorgenannten sex guldein.

Item darnach hat sÿ geschafft und geordent zu hailbertikait ires vater und auch irer sel, das ir mueter von dem vorbemelten güetern sol ausrichten und geben.

Item von erst zu Sand Mertten kirchen zu dem paw fünfzehen guldein. (*am Rande*: die sein ausgericht und bezalt, actum 2ª ante Martini anno etc. 79 [*1479 November 8*].)

Item umb ain Ramfart für irn vater auszerichten zehen guldein.

Item irm peichtvater umb dreissigk mess ain guldein.

Und zu zewgnüss soͤlchs geschäffts und ires lesten willens, als oben bemelt und geschriben ist, hat sÿ mit vleis und umb Gotzwillen gepeten den erwürdigen herren maister Jörgen, dieselbzeit prediger zu Sand Mertten, und die erbern weisen herrn Andree Holtzer, Niclasen Sneeweiss und Toman Pekchen, all mitburger zu Preßpurg, das sew und ir der ir petschadt auf die gegenwürtig geschäfftzedl gedrukt haben, doch in und irn erben an schaden.

Und ist zwrechter zeit widerrueft worden.

---

[101] *1472 fiel Allerheiligen auf einen Sonntag, so sollte statt* an *das Wort* vor *stehen.*

1472 November 30 **306**

Geschäft der Elena, Ehefrau des Georg Noppeck

pr., schr., 2 Zg. (*Index*: —)

Helena Noppin

Vermerkt ain geschëfft, das weilent fraw Elena Noppin pekin vor irm ennd an irm siechpet bedachtleich mit gůter vernufft geordent und gemacht und getan hat an meniklïchs widersprechen, und uns das als irn geschëfftleütten mit namen Thoman Pairischem peken genant, und Katz Wolfgangen, burgern hie, bevolhen und das mit unserm betschafften zuversorgen gebeten hat, uns und unserm erben an schaden, und ist gescheen am montag vor Sand Andres tag LXXII[102].

Sÿ hat geschafft zum vordristen all ir güter, varund und ligund, die sÿ hinder ir lassen hat, nichts davon hindan gesetzt, sunder alles hie inn beslozzen irm man, genannt Jörg Nopp, ledig und freÿ, davon all ir frewndt geschaiden, dann was er umb ir seel hail davon tůn sol. Des ist er von ir in gehaim underricht.

1472 Dezember 21 – *1473 Januar 7* **307**

Geschäft der Hedwig, Witwe des Georg Kramer

pr., schr., 4 Zg. (*Index*: —)

(fol. 155v) Hedwig, weilent
Jörgen Kramer hawfraw

In nomine Domini, amen. Vermerkt das geschëfft der erbern frawen Hëdwigen, weilent Jorgen Kramer hawsfraw, zu der zeit und weil, als sÿ das wol mocht tün, und bei gütter vernufft war, und das geschach an Sand Toman tag, als man schraib tawsent vierhundert und czwaiundsübenzigisten jar.

Item am ersten mein sel schaff ich rain keẘsch dem almëchtigen Got.

Item ich schaff der kirchen Sand Michel sechtzehen guldein und mein swester, Katherina, Steffan Pechmin, sol das zalen von dem haws, wen es sol ir nachvolgen und nÿmand ander, und sol das ausrichten in drein jaren [*1475*].

Item ich schaff aber Sand Michel kirchen fünftzehen emer wein heẘrigen, und ain newe pfaÿt, ist werd auf das wenigist eins guldein. Auch der egemelten kirchen umb wax zu stekchertzen und der yechlinger I lb. wax auch der kirchen.

Item dem pfarrer, meinem peichtvater, das er mein gedëchtnüss hab, I guldein und besunder VII ß den. umb XXX gesprochen mess.

Item Küntz Franchen den Schöndorffer IIII emer wein, und nachgelassen I gulden, den er mir schuldig ist, darumb sol er gen ein Ramfart an das almusen in jarfrist [*1473*].

Item meiner egemelten swester alles, das sÿ vindt zu haws und hof, und I halben dreiling wein, ausgenomen ein gericht pet ein gůts, II leilachen, II kchüss, I

---

[102] *1472 fiel der Festtag des Hl. Andreas auf Montag, deshalb ist das Wort* vor *überflüssig.*

hawppolster, I kotzen einer ellennden frumen junkfrawn.
Item I sexfächtigen slaÿr getailt auf III tail frumen armen hawsfrawen.
Item dem Huntzveint Mertten, den kramer, das er ausricht I Achfart in ain jar [*1474*].
Item dem Hätewr I guldein, an dem ist mir schuldig der Hanns Mülner XII metzen mautt, das sol mein egemelte swester pachen und davon bezalen.
Czu dem egemelten geschëfft ist gepeten warden der erber herr herr Thoman Hündl, diezeit pfarrer Sand Michels kirchen, Caspar Stampfaher, Wolfgang Hëberler, Cristan Rat, all drei mitburger zu Prespurg und pfarrleüt zu der egemeltn kirchen, welhs geschëfft sÿ fleissig vermacht haben und darauf all vier ir petschad gedrukt haben in und irn erben an schaden, und gescheen ist am tag und jar als oben das geschëfft innhalt.

Actum des einschreibens 4ta feria
post Trium Regum[103] anno etc.
LXXIII°.

1472 Dezember 31 – ***1473 Januar 27*** **308**

Geschäft der Anna, Ehefrau des Wolfgang Schram

pr., schr., 3 Zg. (*Index*: —)

(fol. 156r) Wolfgang Schramin

Item vermerkt ain geschëfft von der erberen frawen Anna, Wolfgang Schramm hawsfrawen, ist gewesen und hat umb die frumen geschikt umb den Hanns Waldner, und umb den Hanns Stromar, und umb den Mertt Kchletzner, und hat sÿ beten durh Gotzwillen, das sÿ bei geschëfft sind gewesen und dÿ darczeu bekennen also.
Item sÿ hat geschafft irm sun XVI guldein und ein weingarten in den Obern Eisgrůb, und wann das kind abgieng, so sol das volgen mein man, das nÿemad (!) annders darzů sprechen sol, und dabei sol er meiner sel nit vergessen, und sein swager der sol gebn VIII guldein zu den nachstkünfftigen Sand Larentzen tag [*1473 August 10*], und die annderen VIII guldein zu den nachstkünfftigen Wienacht tag [*1473 Dezember 25*] und den daigen dreÿ im an schaden uns in und iren erben. Das geschëfft ist vergangen am newen jar abent anno etc. in dem LXXIII jar[104].

Actum des einschreibens feria 4ta
ante Purificacionis Marie Virginis
anno Domini etc. LXXIII°.

---

[103] *1473 fiel der Dreikönigstag auf Mittwoch, deshalb sollte statt* quarta *im Text* quinta *stehen.*
[104] *Es ist von einem Jahreswechsel zu Weihnachten (25.12.) auszugehen.*

1471 August 24 – *1473 Januar 27* **309**

Geschäft der Elisabeth, Ehefrau des Peter Leikeb

pr., schr., 3 Zg. (*Index*: —)

Peter Leÿkebin

Hie ist vermerkt das geschëfft, das ich Elizabeth, Peter Leÿkebin, tan hab mit willigen und wolbedachtem muͤt zu weil und zeit, do ich es wol getain hab mügen, an menikliche widerrüffung in gegenwürtikait der ersamen herren herr Kůnraden, prediger zu Sand Mertten, Peter Krawsen, Reich Hannsen, an dem tag des heiligen czwelfpoten Sand Bërtlme nach Cristi gepůrd in dem LXXI jar.

Item von erst schaff ich mein sel dem almëchtigen Got um (!) bevilh die fleissikchlich meinem gemëhel.

Item darnach schaff ich IIII guldein zu dem paw zu Sand Mertten.

Item czwen guldein in dÿ czech der Mueter Parmherrtzikait.

Item ich schaff I guldein in das nunnen kloster.

Item ich schaff I guldein in das münichkloster.

Item ich schaff II guldein zu Sand Larentzen kirchen.

Item ich schaff I guldein in das tal.

Item ich schaff I guldein zu Sand Margreten gee Sëllndorf.

Und die daigen bemelten XII guldein sol ervordert werden und genomen von dem Paul Kramer, die er mir schuldig ist worden nach trewlichem zubehalten geben.

Item darnach schaff ich alle meine varunde güter, klainat, parschafft, bei wem sÿ sein, nichts ausgenomen, meinem eelichem gemëhel, Peter Leikeb, das er domit mag hanndln nach allem seinem willen.

Item das sölher meiner willen volrekt werd, hab ich gepeten zu czewgnüss die vorgemelten ersamen herren under iren aufgedrukten petschaden, in und iren erben an schadenn.

Actum des einschreibens eodem die ut supra
anno Domini etc. LXXIII°.

1472 September 18 – 1472 Dezember 29 – *1473 Februar 16* **310**

Widerrufung des Geschäfts der Elisabeth, Witwe des N. Prodersdorfer

pr., mü., 3 Einbr., 5 Zg. (*Index*: —)

(fol. 156v) Elÿbet (!) Prodersdorfferin

Ich Elsbet, Prodersdorfferin witib, widerrüf das geschëft, daz ich getan hab an dem freitag nach dem Heiligen Krewtz tag, als man geschriben hat nach Cristi gepürd M CCCC° jar und in dem LXXII jar, darzu ich gebeten hab meinen lieben peichtvatter, hern Thaman, pfruntner Sand Erharts altar in Sand Larentzen kirchen zu Prespurg, und maister Jorgen Feirtag chursner und Wolfgang Fürst gurtler, und

widerruffung des gescheffts ist gescheen an eritag nach dem Cristag, als man schreibt anno etc. LXX3 jar [*1472 Dezember 29*][105] vor dem erbern, am ersten vor meinem egemelten peichtvatter, herrn Taman, und maister Jorgen, der emaln geschefftherr ist gebesen, Stephan Rinolt und Niclas Messrer, ein genanter.
Item die zwen gulden, davon den geschafftleuten wol wissen ist, sullen widervarn, ainer in das munichkloster, der annder Sand Erharts altar.
Item ich schaff all ander übermass und all mein gůt meinem wirt, Sigmund Hůber, und seiner hausfrawn, Clara, darumb sich verwilligt hat mir furzesehen in speis und gwant, und in aller annder notdurfft, ich sterb oder ich genes, ich bleib krank oder gesundt. Ob ich sturb, so sol er mirs begeen nach seinem willen, als ich im vertraw.

Actum einschreiben am
eritag post Valentini martiris
anno etc. LXX3°.

1472 April 13 – *1473 März 21* 311

Geschäft des Wolfgang Woduscher
pr., schr., 3 Zg. (*Index*: —)

Wolfgang Woduscher

Daz nachgeschriben gescheft hat getan der erber man Wolfgang Woduscher, mitburger hie zu Prespurg, in seinem siechbet mit guter vernufft zu der zeit, do er es rechtlich getun hat mugen in gegenwurtikait der nachgeschriben geschefftlewt.
Am ersten hat er geschafft zu Sand Merten pfarrkirchen hie zu Prespurg zu dem paw seinem (!) weingarten, genant der Vingerhüt, auf der stat grund gelegen, als pald nach seinem abgang.
Item frawn Kunigunden, seiner elichen hausfraw, hat er geschafft seinen weingarten, ~~das Pfrünt~~ genant Swarczman zu Rezisdorf gelegen, auch seinen Hochney, und den weingarten, die Pewnt genant, die Flaken, all auf der stat grund gelegen, ir all frey und ledig damit zutun und zulassen, was und wie sy wil, und den anndern halben tail derselben Flaken hat er ir auch geschaft mit solher underschaid, bleibt sy witib, so sol sy denselben tail haben ir lebtëg, den pawn, nůczen und nyessen ir lebteg, und damit bedenken und betrachten, das nach irm abgang derselb halb tail nyndter anderswo hin kome, dann zu werchen der parmhertzikait, zu stewr, trost und hilff den seln, von dann das guͤt dann herkömen ist. Daz hat er ir bevolhen auf ir gwissen und auf ir sel. Wër aber, daz sy heirätten wurd, so sullen die nachgeschriben geschefftlewt denselben halben tail nemen und den wenden, keren und anlegen zu trostung den seelen, als vor vemeldt (!) ist.
Item er hat geschafft der benanten seiner hawsfrawn all seinn varund hab, es sein ligund, wein, und beraitschafft, klainat, geltschuld, nyndter noch nichts ausge-

[105] *Es ist von einem Jahreswechsel zu Weihnachten (25.12.) auszugehen.*

nomen, damit zutun und zulassen, doch daz sy bezal bewerliche geltschuld, so sy dann mit einannder schuldig worden seinn, und in nach seinem abgang erberlich bei S. Merten pfarrkirchen lasse bestatten.
(fol. 157r) Zu dem gegenwuͦrtigen geschefft seinn mit fleiss gebetn warden durch den benanten W. Woduscher der ersam weis her Caspar Hiendel (!)[106], gesworner burger des rats hie zu Prespurg, auch Hanns Bressler und Peter Kraws, mitboner daselbs, die das geschefft also verhort, beslozzen und zu rechter kuntschafft und warer zewgnüs mit irn aigen aufgedrukten petschaten versichert haben und besigelt, doch in und irn erben an schaden. Das geschefft ist geschriben am mantag nechst post dominica Misericordia Domini anno M° CCCC° LXXsecundo.

Actum einschreiben an Sand
Benedicten tag anno LXX3°.

1472 April 1 – *1473 März 21* **312**

Geschäft der Anna Krëglin

pr., schr., 3 Zg. (*Index*: —)

Anna Krëglin

Item hie ist vermerkt das geschefft und der leczt will der ersamen frawn Anna Krëglin, den sy getan hat zu den zeitten und weiln, so sy wol bedëchtig bei guter vernufft gebesen ist und das wol hat muͦgen getuͦn in gegenwuͦrtikait des erbern herren Caspar Renner, ires peichtvaters, und der ersamen Stephan Tiernbaher, Michel Osterreicher, bed gesessen in Sand Michels pfarr zu Prespurg, die sÿ also ir gescheffthern und zewgen darzu gebeten hat und geornt, und solhs geschefft ist gescheen am mittichen nach dem Ostertag anno LXXII.
Item am ersten hat sy geschaft ir sel Got dem almëchtigen, daz sy kom zu der gmainschaft Aller Heiligen, und irn leib zubegraben zu Sand Michel, und denselben zubestatten zum erdrich mit vigili, Requiem den ersten, subenden und dreisgist, und zu suͤben mal auf das grab, und auch zu mer ir sel selikait wegen hat sy geschaft ir zulesen zu Sand Michel XXX mess.
Item darnach hat sy geschafft und geordent I½ lb. wax und I fl. hungrisch zu Sand Michels kirchen zum paw.
Item darnach hat sy aber geordent alle anndre ire guͤter, sy sind varund oder ligund, nichts außgeslozzen, Micheln Fridolt und seiner hawsfrawn, Margarethen, irer tochter, und annder nyemants.
Und des zu pesser urkundt haben wir, ich Caspar Renner, Stephan Tirnacher, Michel Osterreicher bekrefftigt den gegenwurtigen gescheftbrief yeczlicher mit seinem aufgedrukten petschat, doch uns und unsern erben an schaden.

Actum einschreiben die S.
Benedicti LXX3°.

---

[106] *Diese Person ist aus zahlreichen anderen Testamenten als* Huendel *bekannt.*

1472 Oktober 15 – *1473 Juni 16* **313**

Geschäft des Laurenz Wind

pr., schr., 3 Zg. (*Index*: —)

(fol. 157v) Wind Larentz

In nomine Domini, amen Vermerkt das geschëfft des erbern man Wind Larencz, das er hat getan zu der zeit und weil, als er das wol mocht tůn und bei guter vernufft war, und das geschach in dem jar als als (!) man schreibt M CCCC° und LXXII nach Sand Colmans tag des heilgen martrer am pfincztag.

Item ich schaff mein sel, raine und këwsche dem almechtigen Got.

Item darnach schaff ich meiner hawsfrawn, Anna, X fl. ledig und frey einzenemen von den gutern die ich lass, doch in solher mass, meine suͤn nit uberzetreiben. Wër sach, daz sy notdurft antreff, so sullen sy ir geben ain guldein oder II, untz sy bezalt wirdt.

Item mein haws gelegen in Sand Michels gassen zwischen Veit Merher und Peter Stainmecz schaff ich davon auszerichten ain Ramfart, was mans tewrer gibt zum paw Sand Michel kirchen.

Item ainen weingarten in dem Langentail schaff ich meinen zwain sůn, Clementen und Hannsen, und ainen in der Obern Poshait, zwen in der Hochney und ainen pin ich schuldig XI fl., die sullen sy bezalen.

Zw dem geschëfft hab ich gebeten die erbern Kristan Preyer, Stephan Zotter, Taman Haintzel, all drei mitburger und pfarrlewt zu Sand Michels kirchen zu Prespurg, und hab sy gebeten in dem fleis zuhaben. Das haben sÿ getan und haben das geschefft vermacht und offen verpetschafft mit irn aigen gleichen petschatten, in und irn guter und erben an schaden, und das geschach am jar und tag, als oben geschriben stet.

Actum in vigilia Corporis
Christi anno LXX3°.

1472 September 27 – *1473 Juni 16* **314**

Geschäft und Nachlassinventar des Hans Zenkel

pr., schr., 3 Zg. (*Index*: —)

Hanns Zeͣnkel

Hie ist vermerkt des Hannsen Zënnklein leczter will, den er hat bevolhen zuvolfürn den erbern weisen herren Niclasen Stern, gesworner des rats der stat zu Prespurg, und Micheln Wochner, mitburger, daß ingegenwurtikait maister Jorgen, seines peichtvater. Actum am suntag vor Sand Michels tag LXXII.

Item am ersten hat er geschafft zum paw zu Sand Merten kirchen ain dreiling wein.

Item umb XXX mess in das kloster.

Item darnach ~~umb~~ „durch“ genugsame „under“weisung und ermanung seines peichtvater hat er bevolhen all sein gůt, varundgut, erbgut, geltschuld den obge-

melten Niclasen Stern und Micheln Wochner, das alles treulich anzelegen und auszegeben umb seiner seel hail.
Item er ist auch vermant worden durch seinen peichtvater in besunderhait und auch in gegenwůrtikait der obgemelten zwair, ob er ichts well ordnen seinen nachsten armen frewndten. Darinn hat er sich nichts wellen verwilligen, und hat das alles abgeslagen, wenn er hab das selbs erarbait.
(fol. 158r) Vermerkt was man guter nach seinem abgang gefunden hat.
Item ainen weingarten zu Rezisdorf, genant der Kuttner.
Item mer ainen weingarten zu Prespurg, genant der Dienvil.
Item II wein und I halbs fůder.
Item mer XVIII guldein in gold.
Item ainen wein den ist schuldig grof Symeon von Posing[107] zuzalen yecz im lesen mit kwffen mit all.
Item II alt rok und I alte joppen.
Item ainen alten rok mit ainem swarczen underzug.
Item ain graben mantel.
Item ain halb kendel und I seitel kendel.
Item ain salter in pergameno.
Item ½ olmunczer tuch.
Item XVIII zeug allerlay.
Hie hernach ist vermerkt die schuld, die man Hannsen Zenklein schuldig worden ist, als er das bekennt hat vor den vorbemelten zwain und maister Jörgen, seinem peichtvater.
Item Wilhalm Scherer tenetur XI fl. in gold aller raittung.
Item Partat Benedic oder der Beilant tenetur an dem haws XIII fl.
Item Michel Weltzer tenetur II fl. ½ lb.
Item Hanns Kursner tenetur V fl.

Actum in vigilia Corporis Christi
anno LXXIIIº.

1473 März 1 **315**

Geschäft des Quirin Newpawr

pr., schr., 7 Zg. (*Index*: —)

Chyrein Newpar

In nomine Domini, amen. Vermerkt das geschäfft des erbern manns Chyrein Newpawr, das er hat getan zw der zeÿtt, als er das woll thuen macht und wol beÿ gueter vernüfft und witz, und das geschach am mantag nach Sannd Mathias tag oder Faschanng mantag, als man hat geschriben Mº CCCC LXXIII jar.

---

[107] *Graf Simon/Simeon von Posing und Sankt Georgen (1455–1494) war Mitglied der Familie Szentgyörgyi aus dem Geschlecht Hontpázmány, Sohn von Imre/Emerich (1429–1457), vgl. auch Anm. 83.*

~~Item~~ Am ersten schaff ich mein arme sell dem almechtigen Got.
Item ich schaff zw dem heyligen Gotshaws Sand Michels X fl. zw einem messgbant, doch also, ob mein hawsfraw das vermag in ainem jar, vermag sy des in einem nit, geb sys in dem anndern oder in dem dritten und nit lenger.
Item ich schaff all mein guet zw haws und zw hoff, zw veld und überall, nichtz ausgenomen, meiner frumen hawsfrawn, Katherina, zw thün und zw lassenn, und meiner frewnd gar kchains nicht soll haben dar ein zusprechen.
Czw dem vorgemelten geschäfft sein gepeten worden mit vleÿssigem gepet durch Gotswillenn darinn vleys zw haben die erbern Wölffgang Albringer, Caspar Woduscher, Jacob Zëpphel, Hanns Leyderl, Syman Zëbinger, Peter Achzeniet, Steffan Dreÿling, all mitbaner und mitburger zw Prespurg und pharrlewt Sannd Michels chyrichen. Über das hab wir das geschëfft vleÿssigklich vermacht und unnser dreÿ unnser petschafft dar auff gedrukcht, ich Wolfgang Albringer, und Caspar Woduscher und Syman Zëbinger uns und unnseren eriben an schaden, und geschach an dem jar und tag, als das geschafft oben innhaldt.

1473 Januar 2 **316**

Geschäft des Stephan Tyrnacher

pr., schr., 6 Zg. (*Index*: —)

(fol. 158v) Stephan Tyrnahar

In nomine Domini, amen. Vermerkt das geschäfft des erben Steffan Tyrnachar, das er getan hat zw der zeyt, do er das wol thun macht und bey gueter vernufft was, und ist geschechen am sambstag nach dem ~~manët~~ newen jar, als man hat geschriben tausent vierhundert und dreiundsübentzkisten jaren.
Item ich schaff mein sell Got dem almëchtigen in sein göttliche mechtigkait.
Item dar nach schaff ich, das man mir lass lesen dreÿssig selmess.
Item ich schaff meinen weingartten ligund in den Krameren, das man in sol verkauffen und halbem tayl sol geben zw Sannd Michell kyrichen und den halbem tayl meiner hawsfrawn.
Item ich schaff all mein guet uber kchuertz und uber lanngkch, zw haws und zw feld, nynndert ausgenomen, als meiner frumen hawsfrawn zw thunn und zw lassenn, und ieren kÿnnderen, und nymant meiner frewndt sol dar inn ein zuespruch haben.
Czw dem obgemelten geschäfft hab ich egemelter Steffan mit vleÿssigem gebet beten den erbren herren Taman, die zeyt unnser pharer zw Sand Michel kirichen, und Jacob Münnsser, Peter Prathësel, Steffan Dreyling, Taman Prantner, Hanns Retzser, all mitburger zw Prespurg, das se des waren gedächtman und liessen das verschreyben. Das haben sew getan nach meinem gepet und haben das vermacht und versigellt ir dreÿ, her Taman Hüendel, pharrer, Stephan Dreyling, Taman Prantner, in und ieren güetern und eriben an schaden, und das geschechen „ist“ zw der zeytt, jar und tag, als oben geschriben ist.

1473 September 1 – 1473 September 15 **317**

Geschäft des Hans Scherer von Wien

pr., schr., 4 Zg. (*Index*: —)

Das geschaft maister Hannsen,
pader van Wyenn

Hye ist vermercht das geschäfft, das ich maister Hanns Scherrer an der oberen padstuben van Wyenn getan hab mit guetem willen, vernuft und wolbedachtem müet zw weil und zeit, do ich es wol hab mugen getain an manikligs wydersprechen ingegenwurlichait der ersamen herren maister Niclas von Hilendarff, charherr zw Prespurg, Chunrad Rieder, prediger daselbs, den ich dan mein geschäft, mein guet zw austaillen gancz enphilig, und den ersamen herren Taman Pekchen, Wolfgang Härtel, paid puriger etc., dy ich dan vleissiklich gepeten hab zwzewgen an Sannd Giligen tag anno etc. im LXXIII iar.

Item am ersten enphilig ich Got mein sel, und der junkfrawen Marie und Allen Heyligen, und mein leichnam zwbestatten zw Sannd Merten, und das mir daselbs werd begangen erberlich der erst, subenten und dreysigist, nach gelegenhait der kirichen.

Item ich schaff, das man zw hail meiner sel las lesen LX mess.

Item mein beraitschaft ingelt und geltschuld pey meinem herren Wolfgang Härtl an dem Rabusch und ander geltschuld dy anstet einzwpringen, und der zetel und ander mein farund guetel, das ich pey mir hab, es sey an puxsen, erczney und was mir zwͤgehort, den bemelten ersame (!) herren her Niclasen *(fol. 159r)* und her Chunratten, das sy das austaillen nach dem hail meiner sel, den ich dan ganczen gewalt indem gib, wye sy damit handeln, doch das van meinem bemelten guet und beraitschaft und geltschulden geben werd zw den drein pharkyrhen, zw Sannd Merten, zw Sannd Larenczen, zw Sannd Michel, inpayde kloester nach irem willen.

Item meinen weingarten zw Wyenn, der da dint zw der kapellen, der van Tyrna[108], ledig und frey meiner hawsfrawen damit allen iren willen zw tain etc.

Item ich schaff auch meinem sun und auch meiner swester sun mein guetl, das verslossen ist in des Zieglhawsser haws an dem Altenrosmarkch zw Wyenn, das sy das trewlig mit einander taillen an gefar an krieg.

Item das solicher mein lester will und geschaft wurd vererkcht (!), hab ich fleissiklich gepeten dy bemeltten herren etc., das sy sich verwilligen und verpinten under ieren aufgedruchten pedschaden, in doch an schaden.

Maister Hannsens säligen elichew
hawsfraw hat wyder ruefftt den
artikel ym geschaft, das er dy farund
hab zw Wyenn ins Ziegelhawsser

---

[108] *Die Tirna-Kapelle befindet sich im Wiener Stephansdom.*

haws seinem sun und seiner swester
sun geschaft hatt. Actum feria quarta
post festum Sancte Crucis exaltacionis LXXIII.

1471 Januar 8 **318**

Geschäft des Hans Weber
pr., schr., 3 Zg. (*Index*: —)

Testamentum Hanns Weber
Anno Domini M° quadringesimo (!) septuagesimo primo feria tercia post diem Epiphaniarum Domini.
Ich Hanns Weber von Prespürgk, gesessen heÿsslich untter den fleischpengken aren, und schäff mein güt mit wolbedachten müt mit willen meiner hawsfrawen, Barbara, vor den erberen leytten Niclos Weber und Oswald Weber, gesessen zw Prespürgk indem Spital Newsidel, etc.
Item czw thuen und czw lässen nach allen yren nücz ünd früm schäff ich den Höch weingartten meiner hawsfrawen, Barbara. Item mer schäff ich meiner hawsfrawen das Gefang. Item meinen sün, Andrea, schäff ich das haws und allenn werichzewg, der do dient czw dem hantwerch. Item meiner töchter, Anna, schäff ich ein weingartten indem Hÿrsam. Item uber das alles, das nicht bestimpt ist von meiner güt, das schaff ich und vertrawes (!) meiner hawsfrawen alczinnall. Item czw pesser sicherhaÿt hab ich gepetten dÿ erberen leÿtt oben bestÿmpt Niclos und Oswald Weber, auch herr Wolfgang Stiffter czw verpethschafften das obgemelt geschäfft, ÿn und yren erben an schaden.
Auch haben dÿ obemelten zwen geschafft herren Niclos und Oswald Weber ausserhalb des geschefft bechenndt peÿ yren trän an aÿd stat, ob sach wär, das dÿ obemelten zweÿ kinder var vopperen jaren sturben, so sollen dÿ farbestimpten ir geschäfft gueter auff dÿ Barbara, ir mueter, des bemelten Hanß Weber hawsfrawen gefallen.

1473 September 14 **319**

Geschäft des Heinrich Barbierer
pr., schr., 4 Zg. (*Index*: —)

(fol. 159v) Testamentum Hanrich Barbierer
Ich Heinrich Barbierer, gesessen zu Prespurg, beken fyr mich und all mein erben, und thue kund offenlich mit dem brieff allen, den er für kümbt, das ich mit gütten willen und wolwedachten müt, auch von den gnaden Gotes mit guetter vernüfft und sÿnnen zw der zeÿt, do ich es wol gethün mächt, recht und redlich gehördent und geschafft, örn und schaff mein geschäfft wissentlich mit dem brieff, als ich main und will, das es erst nach meinem tott also stat und unzesprochen bleich (!), auch ausgericht und volfyrt wert in der weÿß, als „her“nach geschriben stet.

Von erst enphilich „ich“ mich dem Göt dem almechtigen und schaff do peÿ, das man mir noch meinem abgang zw Sand Mertten pharkirchen schol lessen XXX sell meß noch sit und gewonhaÿt der selbigen kirchen.
Dornach schaff ich mein haws zw Prespurg ganczes ledigkleich meiner tochter, Barbara, das selb haws ir zw aygen erbig gevollen scholl an allen krieg, und ir soll domit zethün und zelossen. Also inselicher hinderschayt, das von dem selbing haws auß gericht und pezalt werdt des Gaplers sün XXV fl. noch inhaltung eins geschefft, und X fl. stent in zinss weiß auff dem selbing haws indas spital zw Prespurgk. Gieng aber das ~~ver~~ pemelt kindt mit tot ab ee das es föchpar wurd und zw seinem peschaiden jaren nit käm, so schol der halb tail des haws komen und gffallen zw Sand Mertten zẘm paw, und der halb taill des selbing haws indÿ lobleich zech der Mueter der Paremherczikait.
Item ich schaff auch meinem swager, den Stephan, meiner hawsfrawn brüeder, ledigkleich allen meinen hantwerich zewg.
Item ich schaff auch all ander mein guet, erb und varundt güt, wie das genant ist, dem vorpenantten meinem kind, Barbara, das selbig kind pefillich ich durich Got und fleissiger gepet willen dem erben Thoman Peken zw Prespurg, also das er dasselbig mein kindt, Barbara, mit sambt der varunden hab auch mit wil und rät der geschafft herren trewlichen inhaben und ziechen schöll, als „ich“ im des und ir yeden pesunder vertraw.
Item cristenleicher arnung (!) und pilleichen dingen so vergib ich durich Gots willen meiner hawsfrawen von wegen der töd, so sÿ an mir und an meinem kindt pegangen hat, und ist das mein entlicher willn und meinung, das mein hawsfraw noch wie frewbter (!) hin fyr nigcz mer zesprechen ~~und~~ noch erben scholl ~~noch~~ von meinem gütt, so ich hinder mein loß, es seÿ erb oder varundt gütt.
Und das sellich mein geschefft ausgericht und vol vierdt werdt in massen, als oben pegriffen ist, hab ich durich Got und fleissiger gepett willen gepetten dem erwirdigen priester herren Kainraden, dÿ zeit prediger zw Sand Mertten pharkirchen ze Prespurg, auch dÿ ersamen und weissen Niclos Morner, purger ainer des rats, Thoman Pegk, Linhart Rauscher, peÿd mit purger da selbs, das sy ire petschäfft auff den gegenwurtign geschafft brieff gedrugkt habent, in und yren erben an schaden. Actum an dem tag der ~~her~~ erhöchung des Heilligen Kreycz noch Christi gepurd M CCCC und indem LXXIII jar.

1473 November 20 **320**

Geschäft der Dorothea, Witwe des Andre Lang;
Bestellung von Willensvollstreckern;
Bestellung eines Vormunds für den Sohn der Erblasserin
pr., schr., 4 Zg. (*Index*: —)

(fol. 160r) Testamentum Dorothee, des Lanngen Andre sëlign gelassne wittib
Hie ist vermerkcht dacz geschefft, dacz ich Dorothea, des Lanngn Anndre seligen

wittib, getan hab mit gůter vernůfft und wolbedachten muͤet zuͤ weil und zeit, do ich es wol getün möcht an menigklichs widersprechen in gegenwurttigkait der ersamen herren Canrad Rieder, die zeit prediger zuͤ Sand Mertten, Thoman Behem, Anndre Holczer, baid gesworn des rats, Eberhart Täschner, mitburger etc., an dem nägsten sambstag nach Sand Elizabeth tag nach Cristi gepurdt in dem LXXIII°.
Item vonersst schaf ich und emphilh Got mein sel und mein begrebnůss sol geschehen inmassen als meinem hauswirt.
Item darnach schaff ich meiner diern, Margrethen, die ich dann van jugent erzogn hab, ain gerichts pett mit aller zuͤgehörung und meinen prawen rokch.
Item ich schaff der Mathesin mein alltes rauchs rökchel und mein kürsl.
Item ich wil auch, das meinem sůn, Steffane, fürgehallten werd ain pett mit seiner zuͤgehörunng.
Item ich schaff auch II gulden den prediger zuͤ Sand Mertten.
Item ich schaff auch fünff gulden in das tal, ob über mag werden.
Item darnach schaff ich alle meine guͤter, erbgüeter und varundgüeter, die beleiben über die geltschuld, die nach gestymbt ist, meinem sůn, dem Steffane, den ich denn mit ~~H~~ den gůteren inzuͤhaben emphilh und empholhen hab durch Gots willen und meins und der anderen gescheft herrn vleissigs gepet dem ersamen herren Andre Holczer, den inzuhaben und ziehen mit willen, hilf und rat der anderen gescheffthèrren, als ich im des und ir yedem besunder vertraw. Und ob er abgienng mit dem tod vor seinem gevogten jarn, so sol das güetl gevallen zuͤ Sand Mertten kirchen zu dem paw.
Item ich pin schuldig worden dem Herman von Ofn LXII gulden.
Item dem Hanns Fleischakcher XLVIIII gulden zů Kötssee.
Item dem Niclasen von Prugk IIII gulden.
Item dem Mertt Gailsam VIIII gulden.
Item dem Jorg Smerber VI gulden XI ß den., der hat zu phant ainen rauhen füchssen rokch, und I prawn mantl, und meinen prawen mantl. Item dem Langen Cristoffen III flor.
Item der Symon Präterschin V gulden, die hat zu phant ainn silbreinn gürtl.
Item der pharrer von Sand Mertten hat auf dem haws XII gulden. Item im Sand Niclas zěch pin ich schuldig IIII gulden, darumb stet der Scharlaperg. Item dem Saltzburger bin ich schuldig IIII tal. den. Item dem Jörg Dreisgker ½ flor. Item dem Eberhartten XIIII ß den.
Item dem Moriczn bei dem Grässlein XIIII ß den. Item der Symon Fleishhakcher zu Alltnburg ist mir schuldig VIII gulden. Item der Reigker III gulden.
Item das sölher meiner leczter obgemellter willen volrekchen und volbracht werd, hab ich vleissigklich die ersamen bemelten herren gepetn den nach mein abgangk zu volrekchen, des sy sich den verwillign und verpintten, und irn aufgedrukchten pedschadten, doch in und irn erben an schaden.

1473 November 21 **321**

Geschäft des Michael Grünbald

pr., schr., 2+4 Zg. (*Index*: —)

(fol. 160v) Testamentum Michel Gruenbald

Item ich Michel Gruenbald zwm ersten schäff ich und pefilich dem almechtigen Gött mein sell und schäff mit wolpedächten müet meinem lieben aÿden, dem Michel Püchler, und meiner lieben töchter, seiner hausfrawen, ain weingarten gelegen inder Unteren Höchneÿ unteren Messrer ganczen gewalt. Auch schäff ich in ain weingartten, der haist der Kürsner gelegen untter dem Schon Hirssen und schäff in ain Römfard aus dor umb zw richten. Item auch schäff ich ÿm ain pawngartten in dem Treschwertt ganczen gewald in zw thuen und zw lassen. Item ich schäff in auch ain weingartten gelegen an Sand Niclos perg und schäff in alle varunde hab in dem haws gancz zw lassen und thuen. Item auch schäff ich II lb. den. dem lieben Sand Mertten in jargs tag auß zw richten. Item auch schäff ich I lb. den. in Sand Niclos zech nach meinem tödt. Item auch pevilich ich dem Michel Püchler, meinem lieben aÿden, zw aïnem gerhaben mein lieben endlen, den Purchkartten, in allen dingen im unverrüchkt all sein erib unczt er kümpt zw seiner vernüfft gancz zw lassen und zw thuen. Item auch dÿ Peter Gruenbaltin ist schuldig XX gulden auff dem weingartten auff der Höchnaw. Item auch ist sy schuldig XVIIII lb. den. auff denn weingartten auff en (!) Kürssner. Item VIII lb. den. und II gulden ist sÿ schuldig dem Michel Gruenbaldt. Und do peÿ sind gewesen dÿ erberen Caspar Stampher und Wolfgang Puchler, dÿ verherung der frawen. Auch schäff ich der das gerhab auß dem hawß unvertriben seÿ, uncz das das kindt zw seiner vernüfft kümpt. Auch hab ich mit fleiß gepeten dÿ erben Michel Kreyczer, dy weyll rotherr, und Jacob Palbein, und Hans Pölczel und Jorg Poltinger, all dÿ zeytt mit purger. Gesechen (!) am suntag nach Sand Elspetten tag im LXXIII jar etc., und zw urkündt des brieffs trüken wir auff unsser insigel, in und iren erben an schaden.

1473 Juli 19 **322**

Geschäft des Hans Hartel

pr., schr., 3 Zg. (*Index*: —)

Testamentum Hanns Hartel

Hye ist vermerchkt das geschefft, das der Hans Hartel gethan hat mit wolpedachten muet ungenetter dïng volpracht hät des mantag vor Sand Jacobs tag im LXX III jar. Von erst schäff ich meiner hawsfraw, Barbara, den weingartten, genant der Kemerler, zenagst des Püchler ausserhalb und des nägst des Swarczenegkers inder halb schäff ich ir ledig und freÿ zw thuen und zw lassen, zw verkauffen und verseczen und alle varunde hab und dÿ fricht in den weingartten. Mer schäff ich den II kinderen der (!) weingartten, genant dy Öllerin, den II kinderen zw nänder.

Mer schaff ich den II kinderen I haus auff Spital Newsidel auch den II kinderen zw nander. Mer schäff ich mein sün, ~~Jorgen auch~~ Mert Hertelin, halb weingartten, genant der Pawngartten, dar auff ist er schuldig VII gulden sein geswisstretten und in raichen, wan sÿ kömen zw ierer zällmäß. Mer schaff ich mein sün, Jörgen, auch den halben taÿll in dem Pawngartten und ich im varmal geben hab zw der heyrat. Item so dÿ ee genantten kïnder II ab giengen, so scholl der weingartten und das haws und dÿ gulden eerem (!) auff dÿ nägst frewntschafft.
Item do pey sind gewesen dreÿ früm erberen mänen, der I ist genant der Andre Zephel, der ander Michel Tymler, der drit Pangracz Troppäwr.

1473 Mai 6 **323**
Geschäft des Stephan Raneis
pr., schr., 4 Zg. (*Index*: —)

(fol. 161r) Testamentum Steffan Ranes
Vermekt (!) das gescheffi, so ich Steffan Reneis, burger und des räts zw Prespürgk, an meinem siechbet mit gueter vernůfft geördent und gemächt hab peÿ meinen hernachgeschriben geschëfft herren an menikleichs wider sprechen und irrung an Sand Johanns tag ante portam latinam in anno LXXtercio.
Von erst Sand Lasslas spitall pin ich schuldig auff dïnst II^c^ und XL gulden, dovon nöch laut ains brieffs zw dienn, darumb ist mein haws, dorinn ich pin, verphendt und XII fl. zïns, daran hat der spitalmaister I lb. den. Item dem capitel hündert gulden auff dïnst, darumb stet ain weingartten, genant der Säcz.
Item indas munich klöster auff dinst LX gulden hie. Item in Sand Andres phruendt zw Sand Mertten XXX gulden, dorumb stet vesten briefel ped weingartten 3 fl. dovon zwdienn. Item das Gfäng dïnt auch von X fl. ainer gulden Sand Andres phrünt herren Jacoben Güntzel. Item mir hätt gelichen her Francz, pharrer zw Sand Larenczen, X fl. an zïns. Item ainem arbaiter, genant Hans, zwen gulden, der hat daran ain swarczen röck per ½ fl.
Item meiner töchter, Eva, schäff ich all mein gütt, varund und ligund, also das frawn Margrethen, meiner gegenwürtigen hawsfrawen, aus varünder hab ain drittaill, und auff dem Chïndlein meinen weingartten zw Rezeschdörff fünffczig hungrisch guldein zw freÿer und lediger morgen gäb nach innhalt heÿrät und ab red gevallen sullen. Item auff meinen weingartten, genant der Chündel, obengenant schäff ich ainen jartag im capitel zw halden XL gulden, dovon jerlichen IIII fl. zw abslegen zw raichen, facit X jär.
Item in sünderhait schäff ich ainen gruenn röchk mit fluegen mit zendel under zögen der bemelten meiner hawsfrawen. Item zwo paternoster und zwo gürtel die lezeren auch meiner hawsfrawen und dÿ anderen meiner obgemelten töchter, Even. Item mein egemelte hawsfraw soll in haben mein tochter mit sambt irm güt, und sol ir gerhab sein in meinem haws, und sol all zïnß dovon, und aus den

bemelten gütern außrichten und zalen, und dorauff sollen dÿ geschefft herren sehen, und sÿ soll davon rechnung thuen.
Item als mein brueder, Jorg, von schuld wegen mein geschefft widerspricht, das thuet er nit pillich, wan ich im nicz schuldig pin und er ist mir uber IIII[c] gulden heraus schuldig, als ichs im das vor meinen geschefft herren hab under augen gesagt. Item di patronschäfft schäff ich meiner tochter mit zw händeln nach meiner geschäfft herren willen, wissen und rät. Gieng sÿ aber vor den vogtperen jaren ab mit todt, so schaff ich die selben patronschäfft meinen geschäfft herren. Dicz mein geschefft hab ich bevolchen meinen hernach geschriben geschefftherren mit nam herren Franczen Haiden, pharrer zw Sand Larenczen, Hanssen Karner, stat richter, Hanssen Pottenperger, purgermaister, und Ruprechten Alram, stat schreiber yecz zw Prespurgk, das dy yer petschäfft doron gedrugkt haben, in und ieren erben an schaden, und sÿ ermaentt (!) und gepetten durch Goczwillen dorob zw seinn, das also oder „vol"fiert werde, als ich „in" des dan vor allermenigkleich vertrawt hab.

Ohne Jahr, Monat und Tag (ca. 1474) – ***1474 März 29*** **324**

Einbekenntnis über einen Artikel des Geschäfts der Magdalena, Ehefrau des Wolfgang Gebhart

pr., mü., 2 Einbr. (*Index*: —)

(fol. 161v) Vermercht ain einbethanuss, dÿ wier, ich Hanns Charner, dÿ zeÿt stat richter, in offenn rätt van erst einbechant hab und peÿ dem aÿd, den ich, als einer yeden richter zwegepürlich jarlich ist da zw sweren, offenlich da einbechand hab, das mir chuend und wissen ist, das ich in meiner herren mïttel dÿ zeÿtt, als ein rät gesworner gesessen pin, ein geschäfft, das Magdalena Gebhärtin salige etwan getan hat. Darin ain artikel stet und da gelesenn ist, wär das dÿ selb Magdalena irem elichen mann, Wolfgangen Gebhartten, und seinen eriben sünderlich ain weingarten, genant der Lang weingarttenn, inder Höchneÿ auff der stat grůndt gelegen hÿe zw Prespürgk geschafft hab. Auch so hat darnach her Niclos Mörner, ÿecz ainer des rätz, da offenlich var öffenn rät einbechandt peÿ dem aÿd, den er gesworen hab, als jarlich ainem yeden rätherren zwegepürd, das ÿm das gancz geschäfft, das dÿ obemelt fraw Magdalena getan hat, und zwfaderist der artikel von des oberverten weingarten wegen, als ainen geschafft herren chünd und wissen seÿ, das der öfft gemelt Lang weingarten sünderlich dem obemelten Wolfgang Gebhartten und seinen eriben von der öfft geschriben frawen Magdalena geschäfft ist wärden, domit zwtain und zw lassen. Doran ist man noch schuldig zwm paw Sand Merten kirchen VIIII fl. auri. Das ein schreiben ist geschechen am erigtag nöch Judica im LXXIIII jar.

1469 März 13 **325**

Geschäft der Kunigunda, Witwe des Hans Weber

pr., schr., 3 Zg. (*Index*: —)

Kunigund Weberin

Vermerchkt, was dÿ erber ffraw Kunigund, des weill und ee Hanns Weber saligen hawsfraw, geschafft hatt mit guetter vernüfft und wiczen in selicher mäß.

Item ich schaff vonn der geltschuld, dÿ mir mein aÿden schuldig ist, der so vill ist, als drey und dreyssig gulden, am ersten ein gulden zw der gnad.

Item ich schäff zw der heylligen chirchen Sand Michel VI fl. und in ein jär nit zw über treÿben, däch das mit under schaed.

Item ich schäff dem Laurencz Mäurer von den egemelten gulden III fl.

Item ich schäff dem Michel Horthaber denn weingarten indem Chyenharczgraben.

Item ich schäff mein enencklenn geparen und zw chünfftigen X fl., dÿ von meiner tochter, Cecilia, sein.

Item ich schäff I guldenn umb dreissig selmess dem pharrer und herrn Thoman Huendel.

Item ich schäff II gulden, ob Got uber mich pütt, zw der bestettigund zw der erd.

Item ich schäff dÿ ubringen X gulden meiner tochter und meinem eyden.

Item von wegen einer eÿsgrub, dÿ do ist des Larencz Maurer, will ich, ob und er nit chäm und nit pesüchet, das da mit nÿmand hab zw handel und zw thuenn, nẘr mein töchter und eÿden.

Zw dem obgemelten und verschriben geschäfft sein gepetten worden dÿ erberen herr Thoman Huandel, dÿ zëyt unsser prediger, und Steffan Stampher, mit Hansen Cägkler, paÿd mit burger zw Prespurgk, und mit fleissigen gepet darzw gepetten sein worden. Das geschechen ist des mantag noch der mit vasten, in dem jar das man hat geschriben M IIII^{c} im LXVIIII. Zw einer pesser urchund haben wir auff gedrügkt unsser petschäfft, uns und unsseren erben an schaden.

1474 Februar 18 – *1474 August 31* **326**

Geschäft der Anna, Ehefrau des Michael Tumler

pr., schr., 3 Zg. (*Index*: —)

(fol. 162r) Testamentum Anne Tumlerin

Hie ist vermerckt daß geschefft, daß dy Anna Tumlerin, die zeit mitbannerin zu Prespurgk, redlich unnd mit wolwedachten muet ungenoyter ding volpracht hat deß freytag XIIII vor Faschung indem LXXIIII. Item vonn erst schaff ich meinem man, dem Michel Tunler, al mein guet gemelt und mein kind, genant mit nam Margaretha. Do pey ~~sind~~ sy gewesen ist pey dem geschefft unnd daß geschefft ist gemelt worden drey mal vor ir, unnd sy daß geschefft gen hat lassen, unnd sy nicht wider ruefft hatt. Item zu pesser zeugnuß sind gewesen drey erber mannen, der ein Wolffgang Kloll (!)[109], der ander Hanns Zimerman unnd Hanns Hawerknapp, unnd haben aufgedruckt ire petschafft in und iren erben an schaden.

Unnd daß gescheffl ist zu rechter
zeit wider ruefft worden von zwaien
ir tochter. Actum feria quarta ante Egidii
anno LXXIIII.

1474 Oktober 16 **327**

Geschäft des Stephan Stampher
pr., schr., 4 Zg. (*Index*: —)

(fol. 162v) Testamentum Steffann Stampher

Vermerckt, das dÿe geschäfft gethann hat der erber Stephan Stampher zw der zeytt und weill, do er das woll thuenn möcht und pëy guetten wüzen und vernüfft was, und das geschechen ist an Sand Gall tag, als man geschriben hat tausint fiir hündert und ÿm fÿr und sibenzigisten jar.

Item zw dem ersten mall so schäfft er sein sell dem almechtigen Got. Item ich schaff aine fÿr stat, das man mir lesen sol XXX sel meß, als pald ich abgee, zw ersten zw Sand Michel zw Prespürg, zw Unsser Frawen ym klaster auch zu Prespurg, zw Unsser Frawen ÿm tall, zw Galicz peÿ den paͤrfuessn bruderen, und zw siben ß zw zallen.

Item, ob ich ab gee, zw hantt indas spital allen armen lewtten, wo sÿ hÿe sein zw Prespürgk schol man geben ain päd und ain mäll.

Item alle quottemer [*Sonntag Invocavit, Mittwoch nach Pfingsten, Freitag nach September 14, und Samstag nach Dezember 13*], weill mein hawsfraw lebt und vermag, schol sÿ geben armen lewtten mäll zw ain tisch.

Item wan ich abgee zw hantt schol mein hawsfraw geben V fl. zw Sand Michel, und dÿ Andre Hamrin ist mir schuldig VI fl., ich gee ab oder nicht, soll dÿ kirchen das nemen.

Item dem Veitten, meinem ochem, schaff ich mein Schondorffer, das sÿ uber zweÿ jar [*1476*] mein hawsfraw ÿm dem selbigen gepawtten geb an alle stat mit wein mit elle (!) und darzw geb das assach den wein ze fexen. Ist das er gehorssam ist, so scholl sÿ ÿm geben noch aïnst so vil ader mer, als ich ym geschäfft hab. Ist er aber nit gehörsam, so schol sÿ ÿmb nichts mer geben, den dan das vor geschäfft ist. Gett er aber ab ~~nit~~ vor seinen gefögtten jaren, so scholl er erben auff seinem brüder, Hanssen.

Item ich „schaff" ainem direnlein, das häst Margaretha, das mein hawsfraw zeucht durich Gots willen V fl., dÿ schol ir geben mein hawsfraw, wan sÿ kÿmbt zw yeren gefogten jären. Get aber ab mein hawsfraw, so scholl sich ainer

---

[109] *Diese Person ist aus zahlreichen anderen Testamenten als* Knoll *bekannt.*

vergwissen fÿr dÿ V fl., der das direnlein zw ÿm nimbt. Stirbt aber das direnlein, so scholl dÿ V fl. nimbt noch volgen den zw Sand Michel in dÿ hawer zech.
Item ich schäff meiner hawsfraw, Katherina, al mein güt zw feld und zw haws, varunde und andre, nichts auß genomen, nür allain das sÿ das auß richt, das oben geschriben stett und geschafft ist, und kainer meiner frewndt noch der ÿeren nichts redden noch zw faderen in nichte hab, nuer allain was ir giettleicher willn will thuen, das ist mein lester willen.
Zw dem geschriben geschafft sein fleiskleich gepetten worden dÿ erberen herren Thoman Haindel, pharrer zw Sand Michel zw Presprugk, Hans Kernn, Niclos Troppäwr, Linhart Unger, all dreÿ mit purger, di das geschäfft fleiskleich gemergkt haben und haben das lassen verschreÿben. Des zw wärer urkünt haben se das vermacht und darauff gedrügkt ir ÿeder sein gewenleich petschäfft, ÿn und ÿeren erben und gietteren an schaden. Und das geschechen ist an dem tag und jar, alls das geschäfft vor in halt.

1474 Juni 24 **328**
Geschäft des Wolfgang Puchler
pr., schr., 4 Zg. (*Index*: —)

(fol. 163r) Testamentum Wolfgang Puhler
Vermerkt das geschefft ich Wolfgang Puhler pedechtleichen und mit gueter vernuft getan hab, da ich das wol und bedechtleichen tün hab mügen. Da peÿ sein gewesen dÿ ersamen mannen Hanns Kürsner, und Michel aufm Puhel, und Mert von Brünn und Hainreich Lambacher, all die zeit mitburger zu Prespurg, und ist geschehen an dem hailigen Sand Johanns tag Gotztawffer anno im LXXIIII°.
Item von erst so schaff ich all mein guet, likgund und varund, was ich hab uber kurcz und uber lang, nichts ausgenomen, meiner hausfrawn, Margaretha, ledig und freÿ, an aller welt irrung meiner und irer frandt, do mit zu tun und zulassen, zuverzeren, zuverkauffen, zuverseczen nach all irer natturfften, doch das sÿ da von bezall alle geltschuld, die sÿ dann selbs wol wais.
Item mer schaff ich und gib den weingarten, genant im Kamerlër, zu hawsstewr meiner ändlein, genant Margreth, die ich erst verhairat hab, freÿ und ledig, do mit zu tün und zuverschaffen, zuverkawffen nach alln iren natturfften. Doch mein hawsfraw sol den am ersten dÿ früchtt daraus enpfahen, auch sol sy die ausrichten zw pett und zu tisch nach irem vermugen.
Item mer schaff ich meinem dÿener, genant Hënnsl, aynn weingarten in der Pashait, und I hawn und I krampen, freÿ und ledig. Doch sol mein hawsfraw die fruchtt daraus nemen.

1474 November 6 **329**

Geschäft des Peter Kürsner

pr., schr., 3 Zg. (*Index*: —)

(fol. 163v) Testamentum Petr Kuersner

Hie ist vermerkt das geschefft, das ich Peter Kuersner getan hab mit gueter vernufft und wolpedachtem muet zu wail und zeit, do ich es wol getuͦn hab mügen an menigcleichs widersprechen an dem nagsten suntag vor Sand Merten tag, in gegenburtigchait der ersamen herren Conrad Rieder, die zeit prediger zu Sand Mertein, Thoman Pehem, Mertt Gaelsam, anno Domini etc. in dem vierundsibenczigisten jar.

Item von erst schaff ich und enpfilich Got mein seel und mein pegrebnüss und pestattung zu dem edreich (!) sol geschehen nach ersamkait und gewanhait Sannd Mertein kirichen, als ainem erberen mann zuegehört.

Item ich schaff meinem ehem, dem Petrën, hundert gulden und aynn weingarten, genant das Prëisl, neben dem Spiegl seinem prueder, sol er do von gebn, was er wil.

Item den zwain frawen meiner swester toͤchtern schaff ich funfczig gulden, yeder funfundzwainczig gulden, und meinen vëtterleichen eribtael den den innen hat des Peters prueder.

Item dem Janko schaff ich zwainzig gulden, und dÿ pemelt sum sol pezalt werden aus dem gewelib.

Item ich schaff vierzig gulden zu dem paw Sannd Mertein kirichen.

Item darnach schaff ich dÿ guertel der Ana Segin und silberpecheler (!) zu ainem kelich, der denn von gemacht sol werden, wie die verchaufft werd.

Item darnach schaff ich alle meine gueter, erbguetter, varund guetter, perätschaff, geltschuld, nichtz ausgenomen auf drey tael. Den ainen tael zu Aller Hailigen ambt, das ich ettliche jar her lassen hab singen, domit das das hinfuer gesungen werd draissig jar in mass, als es in meinem leben gesungen ist warden mit laitten der grassen gloken und beleichtung alle jar zehen gulden zu Sand Jorigen tag [*April 24*][110], und den anderen tail meiner lieben hausfrawn, und den dritten meinem sun, Jeronimo, an alles gever zutaillen, doch das untaileich da von zalt sullen werden all mein gelter.

Item in dem allen gib ich meinen bemellten geschefftherren ganczen volln gewalt zetun und zelassen, als ich in vertraw, und treuleichen enpfilich auf ir gewissen, und ich sÿ vleissicleich pit meinen lesten willen zu volrekchen und bezewgen, das sÿ sich denn verpinden untter irm aufgedruktn petschafften, in und iren erben an schaden.

---

110 *Der St. Georgstag wird gemäß ungarischem Brauch mit dem 24. April aufgelöst. An diesem Tag wurden auch die Stadtoberen von Preßburg gewählt.*

1475 Januar 8 **330**

Geschäft des Leonhard von Scharding;
Bestellung eines Willensvollstreckers
pr., schr., 2 Zg. (*Index*: —)

(fol. 164r) Testamentum Linhart Schärding
Vermerchkt, das ich Linhart von Scharding hab ein geschäfft gethann peÿ den zeÿtten, do ich das woll thuen mächt inguetter vernüfft. Also pephilich ich mich Gott, mein hymlischen vater, und der junchfraw Maria.
Item so schäff ich am ersten zw dem predigeren umb tawsent meß XV gulden.
Item so schäff hie zw Sand Larenczen umb ein kelich XX gulden.
Item so schäff ich zw Sand Mertten zw dem paw IIII gulden.
Item so schäff ich hye zw Unsser Lieben Frawn indas klaster IIII gulden.
Item so schäff ich meinem veter, maister Hanssen zw Wienn, freÿ umb X gulden, dÿ ich ÿmb gelichen hab.
Item so schäff ich indÿ zech der Mueter der Parmherczikait IIII gulden.
Item so schäff ich den zwain predigeren zw Sand Merten I gulden.
Item dornach so schäff ich meiner hawsfraw alle meine gÿetter (!) in varunder hab, und an zw sprechen von allen meinen frewntten, und von allen anderen lewtten, und ich will, das das geschäfft dÿ kräfft hab, als ich den das verprächt hab.
Dorumb so hab ich geruefft zw meinem geschäfft denn ersamen mann Thoman Pegken und dar zw den Jorg Noppen, das ich sÿ mit fleissigen gepet gepeten hab, das sÿ den des geschäfft ingedächtig solen sein, in und den ÿeren erben an schaden.
Auch so traw ich meinen herren herrn Pürkarten, den ich dÿ weyll nit hab miegen haben, das er ein helffer und ein verrechker well sein des geschäfft mit den zwain penantten geschäfft lewtten, das ich den also verprächt hab an Sand Erharcztz tag anno Domini millesimo CCCC° septuagessimo quinto.

1472 Februar 6 **331**

Geschäft des Niklas Prunsner
pr., schr., 3 Zg. (*Index*: —)

(fol. 164v) Testamentum Niclas Prünsner
Hÿe ist vermerkt das gescheﬀt, das ich Niclas Prunsner getan hab mit willigen und „wol“bedachten muet zu weil und zeit, do ich es wol getain hab mugen an menigcleichew widerrueffung an dem tag der hailigen junkfrawn Sand Dorothee, in gegenburtigchait der ersamen herren Conrad Rieder, die zeit prediger zu Sand Merten, Wolfgang Wuermer und Paul Wolfstalër, anno Domini etc. in dem zwayundsibenczigisten jar.
Item von erst schaff ich und enpfilich Got mein sel und das ich ersamleich pestatt werd zu dem erdreich mit ersten, sibenten und dreiskisten.
Item darnach schaff ich zehen gulden zu dem paw Sand Merten kirichen.

Item ich schaff I gulden in dÿ zech Sand Nikla.
Item ich schaff I gulden in dÿ zech der Mueter der Parrmherczigkait.
Item ich schaff I gulden in dÿ zech der vischer.
Item ich schaff I gulden in dÿ zech Unser Lieben Frawn.
Item ich schaff II guldein den predigeren.
Item darnach schaff ich meiner hawsfrawn lieben, Margareten, mein haws, meine vier weingërtl, ainer genant daß Gëngl gelegen zunagst dem Schawr weingarten, das ander genant dÿe Untter Hochnaÿ, der drÿtt das Judel, der vierd dÿ Pashait, wenn der lait in den Pashaiten. Den pemelten weingarten schaff ich ir mit solicher untterschaëd, das sÿ oder wer den weingarten innen haben ist, zehen jär alle jar zwen gulden ausrichten sol zw ainem jartag zu hailsamkait mein und meiner varvadern sel pey Sand Merten kirichen. Des geleichn alle meine varendew hab, klainet, parschafft, geldschuld, nichtz ausgenomen, ledig und freÿ damit zethün und zelassen als mit iren aegenn gueteren wider menigkleichs widersprechen, doch das sÿ pezal da von die bemelt sum zu dem paw in die zech und den predigern.
Item das solicher meiner will vollenndt und volrekt würd, hab ich fleissigclaich gepeten die obpemelten ersamen herren, des sÿ sich denn verwilligen zu pezeügn untter irem aufgedrukten petschafften, doch in und ieren eriben an schaden.

1475 (März 25)[111] **332**

Geschäft der Anna, Frau des Jakob Manhart
pr., schr., 3 Zg. (*Index*: —)

(fol. 165r) Testamentum Anna, des Jacoben Manhart hawsfraw
Vermerchkt das geschefft, das gethann hatt des Jacoben Manhartt Anna, sein hawsfraw, peÿ woll pedachten mütt und mit rechter vernüfft.
Item am ersten hatt sÿ geschäfft ir swesteren, Ursula, ain gruen mantel und ain slaÿer.
Item mer der Katherina, ir swesteren, ain röck und ain slaÿerlli.
Das geschefft ist geschechen vor den erberen lewtten, dÿ da peÿ seind gewesen, Steffann Milner, Ffridreich Millner, Erhart Unger. Das geschafft ist geschechen an täffel sambstag, yn und allen ÿeren erben an schaden. Da pey geben sÿ zewgnüß mit ÿeren auff gedrugkten petschäfft anno Domini M° CCCC° LXXV jar.
Item mer ist geschechen nach dem geschefft ain wider rüeffung am ersten von ir schwiger, dar nach von dem Jacob Manhart, der da gewesen ist ir eeleich man etc.

---

[111] *Die ungewöhnliche Bezeichnung des Festtags ist in keinem Handbuch zu finden. Der Ausdruck* täffel sambstag *könnte für Samstag in der Tauber Woche (Osterwoche) stehen. In diesem Fall wäre das Datum 25. März 1475.*

1475 Februar 23[112] **333**
Geschäft der Margaretha, Frau des Peter Wagner
pr., schr., 2 Zg. (*Index*: —)

(fol. 165v) Testamentum Peter Wagnerin
Item hÿe ist vermerkcht das geschäfft, das getan hat dy Peter Wagnerin, mit namen Margaretha, peÿ guetter vernufft und mit guettem willen yres hawswyerts, des Peter Wagner, do sy das wolgethuen ~~möcht~~ hat mugen an alles manigklichs widersprechen, und das ist ir lester willen. Dar zue sÿ gepeten hat dye erberen herren Wolfgang Khuerssnär, dÿe zeit aïn geswarner des raats, und auch Peter Zingyesser, auch ain genantter dÿe selbig zeit, das sÿ schullen ir geschafft herren sein.
Item von ersten emphilich ich mein sel dem almechtigen Got und der jungkfraun Maria.
Item von erst schaff ich im mein haws gelegen zu nagst pey dem Vischertar und nebem dem Pälär meïnem hawswiert, dem Peter Wagner, ledig und freÿ zu tuenn und zu lassen, zu verkauffen und zu verseczen nach allem seinem willen.
Item mer schaff ich im ain weingarten, mit namen Wulfing, gelegen zu nagst dem Schön Uellen und zu der anderen seytten zu nagst des Michel List, den schaff ïch ÿm meïnem hawswierdt ledig und freÿ zu thuenn und zu lassen, zu verkauffen und zu verseczen nach allem seinem willen.
Item mer schaff ich ym meinem hawswierdt, dem Peter Wagner, alle farunde guetter an alles manigkleichs widersprechen. Item mer schaff ich meinem „bruedern“ sun, des Lienhart Wagner sun von Olach, dem Cristan Khuerssnär knecht, XX gulden von den selbigen vorgemelten guetteren auszurichten, aber doch mit solicher underschaÿd, so man säch, das er sich nit wolt wol anlassen, so scholdt man dÿ selbigen vorgemelten XX gulden austailen nach der geschäfft herren räatt und zu haÿl meiner sel. Und dÿ selbigen XX gulden auszurichten, so er ungeheyrat hat frumbklich und nach frumer lewtt räatt und mit willen seines veteren, des Peter Wagner. War aber sach, das der selbig vorgemeldt Cristan ab gieng mit tod ee wenn das er heyrratirt, so schullen dy selbing vorgemeldten XX gulden gevallen auff payde geswisträtt, auff den Hannsen und auff dÿ Hëlen, unverschaÿdenlich. (*am Rande*: soluti sunt)
Item mer schaff ich zu dem liebem Sand Mertten zu dem paw zu Prespurgk X gulden auszurichten nach meinem tad in jarsfrist [*1476*]. (*am Rande*: solvit)
Item mer schaff ich von meinen guetteren ain Ramfart auszurichten, wann er das woll mag verpringen. Und also emphilich ich ym meinem hawswierdt, dem Peter Wagner, allew meinew guetter, damit das er schol nach meinem abgankch meiner sel nicht vergessen, als er dann Gott schol anttwuertten an dem jungisten tag.

112 *Der Auflösung des Datums wurde – wie in der gesamten Edition – SZENTPÉTERY, Kronológia zugrundegelegt. Die Quadragesima media wird dort abweichend zu GROTEFEND, Zeitrechnung nicht mit dem Sonntag Lätare, sondern dem Mittwoch zwischen Oculi und Lätare aufgelöst.*

Und also ist das mein lester willen, als es dann vor geschribem stet. (*am Rande*: hatt auͦsgericht)
Also pit ich auch dÿ vorgemeldten geschäfftherren, das sÿ schullen yerrew petschatt darauff drugken. Auch zu pesser sycherhaitt doch in und ieren erben an schaden.
Und das geschäfft ist geschehen am phincztag vor mitter vasten anno M° CCCC° und in dem funffunsubenczigisten (!) jar etc. Und also pit ich meine herren des rattes durich Gotswillen, das sew darob sein, das solichem meinem geschäfft nach komen werde, als es dann vor geschriben stet etc.

1470 Mai 13 **334**
Geschäft der Katharina, Witwe des Peter Smid;
Bestellung von Willensvollstreckern;
Bestellung eines Vormunds für die Kinder der Erblasserin
pr., schr., 5 Zg. (*Index*: —)

(fol. 166r) Testamentum Katherina Smidin
Hÿe ist vermerchkt ain geschefft, das ich Katherina Smidin, Peter Smids salign etwan zw Posing gesessen gelasne witib, mit wolbedachten mut und mit meiner güter vernüfft zw der zeytt, so ich das retlich getain hab mügen, getan hab an manigkleichs wider sprechen von allen meinen guetteren, die mir Got gegeben hätt, und mein lieber man hynder ym lassen hatt, mit sambt den guetteren, dÿe mir mein liebew swester saligew, Dorothe Rüdling und Pognerin zu Tiernaw ettwann gesessen, mir geschafft und zügeorndt und gegeben hat nach lawtt irs geschäffts, und genüegsamer kuntschaft, damit ich dann zu thuen und zelassen hab, auf solichs thue ich mein geschëfft, und ist das mein lester willen, ob Got uber mich gepüt, doch gewalt zuhaben das zemÿnneren ader zemeren, und wil das dem also nach gegangen werd nach meinem abgang.
Item von erst so schaff ich von meiner seel haël wegen und von all der wegen, do von es hër khömen ist, ein lamppen zw beläichten im münich kloster zu Sand Jacob zu Tiernaw vor Gotslaichnam, und das gelt sol man nemen von eym weingarten, genant das Pratkörbl, zw Moder gelegen, doch von dem, das uber das paw tregt. Ob aber abgang daran wër, so wil ich, das der selb abgangk meiner tachter, Dorothee, mit sambt iren kinderen, oder wer ir gewalt hat, von anderen meinen gueteren, dÿe ich in geschafft hab, erstartten, damit die lamppen belewchtt werd.
Item so schaff ich, ob Got uber mich gepuͤt zu Presspurgk XXX messs in dÿ pfarr zu Sand Mertten, und XXX messs in das muͤnich kloster und wil, das man mirs begee zum ersten, subenten und dreiskisten, ist mitterleich. Ob ich aber zu Tiernaw stuͤrib, so wil ich, das solicher mess und begeen zu Tiernaw verpracht werden und dÿe mess nacheinander zelesen.

Item schaff ich den zwain kynnderen des Paul Püchleins X fl. also, so sÿ aber vor vopparen jaren abgiengen, so sollen die selben X fl. auf meine nagste franndt gevallen.
Item so schaff ich die XX fl., da von jërlich II fl. gevallen, dÿ dann gevallen umb öl und umb lamppen, und zu beleichten alle jar, die weil Unser Herr im grab lait in Sannd Niclas pfarrkirichn zw Tiernaw, dÿ dann auf der mül des kindleins gewesen sind, dy da lait enhalbs taichts ob der stat auf der Tiernaw, dÿ schaff ich in dÿ bruedrscafft (!) Gotslaichnam zech zu Tiernaw, da sy dÿ brüder und zechmaester an meiner stat und aller meiner frantschafft zu ewigen zaiten gewalt haben sullen einzufoderen und einnemen in hawbttguet und zÿnns, und wider auszeleichen, damit kawfftweis ~~äkher und erbguetter~~ damit dÿ stifft belewchtt und also ewig belaib.
(fol. 166v) Auch schaff ich alle meine gueter, varund und ligund, akcher und erbgueter, nichtz ausgenomen, auch mitsambt meinen weingarten zu Moder gelegen, genant der Sneider und Bratköribl, mit aller meiner gerechtigchait nach meinem abgang, wie sy stend gepawt oder ungepawt mitsambt den fruchten, ledigcleich und erblich meiner lieben tochter, Dorothee Pötnpergerin, und iren paeden kynnderen, meinen liben eniklen, Wolfl, Steffl und Maruschen. Auch den kindern, dy sÿ paede hinfuͤr miteinander gewynnen ungeverleich jedem als vil taels als dem anderen, und fuer und fuer von ainem auf das ander zueriben. Ob aber sy alle vor vopparen jaren abgiengen, das Got der almechtig nit enbell, so schaff ich dy hellfft meines guets durich Gotswillen nach der kynnder gerhaben und meiner gschefftherren rat, und dy helfft meinen nagsten erben.
Item auch schaff ich meinem lieben aeden, Hannsen Pötenperger, und Dorothee, seiner hausfrawen, meiner lieben tachter, gerhabschafft und die kynder, meinew enenkel, mitsambt iren geschefftgueteren trewleich innczehabn und pawleich in fuerzehaltn hynncz zu iren vopparen jaren, als vorstet. Auch wil ich, das derselbig mein aeden und tochter eynn kelich in meinem namen von meinem guͤt machen lassen, so hab ich vor ein seiberleichs messgwanndt darzue, und wil das nach rat meiner gescheftherren und gerhaben nach meinem abgang zu ainer kirichen oder altar gegeben werd.
Auch hab ich mit vleis gebeten die erwierdigen und geistleichen und ersamen weisen herren herr Hanns von Pulka, die zeit vicari zu Prespurgk, und maister Hanns Han, die zeit pfarrer daselbs Sand Merten pfarrkirichen, und Michael Graml, Michel Krewczer, die zait baid geswaren des rats, auch Peteren Gruenbald, mir zu geschëfftherren und zu zewgen meines lesten willens.
Und wann sein not wirt einzebechennen, als gewanhait ist, und mit iren petschaden zu bewaren und sy als getrew aufseher sein, wenn das solichem meins lesten willens nachgegangen werd, darumb wil ich zu jener welt fur sÿ bitten.

Auch schaff ich nach meinem abgang ein tuch armen lewtn austzutaellen, das pey drein guldein werd sey. Geschehen dem suntag nach Sannd Pangreczen tag anno Domini etc. LXX[mo].

1475 Februar 21 **335**

Geschäft der Dorothea Schilherin;
Bestellung von Willensvollstreckern
pr., schr., 3 Zg. (*Index*: —)

(fol. 167r) ffrawn Dorothea Schilherin geschafft
Vermerchkt ein geschäfft, das ich Dorothea Schilherin getan und geordent hab mit meinem entlichen lesten willen peÿ meiner gueter vernüfft an manikleichs widersprechen retlich wöll getain hab mugen und mit ffleÿs dÿ ersamen männen gepetten hab zw zewgen und zw meinem geschäfft herren gepetten hab Hannssen Pöttenperger, dÿ zeÿtt ainer des rats, Käcz Wolfgang und Oswald Pegken, all dreÿ pürger hÿe czu Prespurgk. Actum am erigtag vor Mathie apostoli im LXXV jar.
Item vonn erst bevilich mich und arme sell dem allmechtigen Got und schäff I fl. den predigeren zw Sand Merten in den ewigen taten prieff zw pitten fuer mein arme sell. Item mer schäff ich X fl. in gold zw paw zw Sand Mertten hÿe und IIII fl. schäff ich in dÿ zech der Mueter Paremherczikayt hÿe. Item herr Linhartten Gotschelig priester, meinem veteren, schäff ich XX fl., domit er meiner armen sell, dÿ weill er lebt, meß les und gedengk.
Item das gelt, das ich verschäfft hab, sind schuldig Stephan Fuxlampel, Urban Snizelter, Wolfgang Knöll und der Hünczfeint, all auff der Wedricz gesessen, mir umb ain weingartten, genant das Gefang, noch LXVI fl. in vier jaren zw zallen albeg zw Vaschang [*1476 Februar 27, 1477 Februar 18, 1478 Februar 3, 1479 Februar 23*] XVI fl., und den lesten tag XVIII fl. Item in dÿ hawer zech zw Sand Michel schäff ich IIII fl.
Item ich hab noch II dreiling III halbe fueder weins peim Hanns Karner, ÿecz richter, darauff pin ich ym umb höffzins und anders schuldig XXII½ fl., und von der übermaß scholl man dy weingartten pawen.
Item ich schäff X fl. zw ainer Ächfart.
Item der Barlein schaff VIII fl., I pett, I hapolster (!), II chüs, IIII lailachen, I dechk öder I köczen, das scholl man ir geben vom weingelt.
Item mer schaff ich zw einer ewigen meß meinen halb weingartten am Weinperiger gelegen, und der erst caplan scholl sein der vorgenant Linhart Götschalig, und mein lehenschäfft der selben meß schullen sein mein obemelt geschäfft herren und dem priester hillifflich sein, und ob indert frümb erber lewt mer dar zwe schaffen wurden, domit ein auskömen würd. Mer schaff ich dem priester I gutten pärchant hawpolster, IIII zinschüssel.

Item mer so hab ich noch II silber pecher, VIII silber loffel, I silbraine übergolte krawsen schaff ich, ob öben in meinem geschäfft icht abgang wurd, es wäre am paw öder der dieren, so schol man das verkauffen und domit der stätten auch schäff ich dÿ ubermaß geltschuld, dÿ dÿ Wedriczer mier schuldig warden.
Auch zw der meß auch schäff ich, das man mirs mitterlich erberlich begen schüll mit ersten, sibenten, dreiskist van allen mein gut von erst, etc.
Item auff ainen weingartten, der mein ist zw Räzeschdörff in der Öd genant schäff ich IIII fl. der Magdalen, meiner swester tächter, und yrem prüeder, Peteren Götschalig, VII fl. und I silber gurtel schäff ich seiner tachterlein.
Item der Barbara Körnerin schäff ich VI fl., und dÿ schullen auff ir nachste frändt eriben und schäff dem her Clement und seinem prueder X fl. von irer trewen dinst wegen auff dem selbigen weingartten, und ist geschechen am tag und jar, als far stet.

1475 Mai 29 – ***1475 Juni 21*** **336**
Geschäft des Kaspar Raifsneider
pr., schr., 5 Zg. (*Index*: —)

(fol. 167v) Testamentum des Caspar Rayffsneyder
Vërmerchkt das geschëfft, das gethan hatt der erbern Caspar Raÿffsneyder zw der zeÿtt, do er das woll thuen mächt, und was beÿ gueter vernüfft und wicz unwetwungenleich. Das geschechen ist des mantags nach Sand Urbans tag des heylligen päbst yn dem jar, als man schreibt tawsent vierhundert und ÿn dem funff und subenzigisten jarn.
Item zwm aller ersten schäfft er sein sell dem almechtigen Gott. Item der heÿlligen kirchen Sandt Michel schafft er XL guldein zw ainer staffel (!) auff den vorderen altar mit ain gesnizten pild. Item er hatt geschäfft XII guldein zw ain taffel auff des Heÿlligen Krewcz altar und ainn heÿring dreÿling wein zw ainem meß püch, und dÿ zwaÿ hatt er darnach widerruefft, nach dem hatt er sich wider bedacht mit seiner tachter, Katherina, und will dÿ zweliff guldein vorgemelt auff denn vorgemelten altar des Heÿlligen Krewcz zw ainer taffel, und den dreÿling weïn scholl sÿ verchauffen oder leitgeben, und das selbig geben zw Göczhawsseren und armen lewtten, das hatt sÿ mit gewissen ein bechantt, und dÿ guldein gar schol sÿ ausrichten mit gewissen der geschefftleÿtt.
Item seiner tachter Katherina, Kacz Wolffgangin, und ÿrem hawsswirtt und auch ÿeren gerben schäfft er den weingartten yn dem Gefang.
Item er schäfft seinem bruederen allen dreyen, ÿn und ÿeren kÿnderen, das haws ledigkleich zw thuen und zw lassen. Item er schäfft auch den weingartten yn der Höchneÿ auch allen dreÿn bruederen.
Item dem Niclos Arczt schafft er den weingartten ÿn den Pawngartten auff vierzechen jar jarleychen, dovon czw dien ain guldein zw begen dovon ein jartag ym

und seiner hawsfrawn, und nach den vierzechen yaren so seÿ der weingartten ledig und ffreÿ. Item ain dreÿling wein ligündt zw dem Käcz Wolfgang schäfft er zw ainer Römfärtt, und dÿ scholl aussrichten yn jar frist [*1476*] sein brueder, Ludweyg.

Item alles das ist ÿn dem haws von haws gerecht, das schäfft er seinem brueder, Ludweyg, und seinem ayden, Wolfgang, das mitainander trewlich zw taÿllen.

Item vier vassell wein ÿn seinen haws und ains zw seinem aÿdem schäfft er und wil, das man ym do von erberlich begee als ain fruemen man, und dem pharrer thue do von ein geniegen und dreÿssig meß auch zw Sand Michel do von zw lesen, und das übrig do schol man von zallen dÿ gäb. Item seines bruederen tachter Ludweÿgen, genantt Katherina, schafft er das pesser peth, zwen polster, zwaÿ kuss, zwaÿ leÿlachen.

Peÿ dem obgeschriben geschefft sein gewesen dÿ erberen Caspar Stampher, dÿ zeytt ainer des rats zw Prespurgk, Steffan Rinoldt, Paul Weinhandel, Ratt Cristan, Cristoff Prewer, all mitpurger, dÿ das fleÿssikleich vermerchkt haben und lassenn das selbig verschreiben ungeverleich und dorauff gedrugkt ÿere petschäfft, ÿn und ÿeren gerben an schaden. Das alles geschechen ist ÿn dem jar an dem tag, als oben das geschefft ÿnnhalltt.

Actum des ain schreiben am mitichen vor Johannis Waptiste
im LXXV jar,
und Ludweig Raiffsneÿder hat das geschäfft wider riefft von seiner twegn und von seiner paid brueder wegen.

1475 April 23 **337**

Geschäft der Dorothea, Ehefrau des Kaspar Raifsneider
pr., mü. (*Index*: —)

und zugleich Geschäft des Kaspar Raifsneider
pr., schr., 3 Zg. (*Index*: —)

(fol. 168r) Testamentum Caspar Rayffsneyderin

Vermerchkt das geschefft, das gethan hatt dy erber Dorothea, ein hawsfraw des Caspar Raiffsneÿder, zw der zeytt und weill, da sy was beÿ guetter vernüfft und wiz, und das woll gethuen macht unbetwungenleich. Das gesechen ist des suntags vor Sandt Marcus tag des heÿlligen ewangelïsten ÿn dem jar als man geschriben hatt tawsent vierhundert und ÿn dem fünffundsubenzigisten jar.

Item ich schaff all mein guett und wil nÿempt anders wenn meinn lieben hawswirt, Caspar Raiffsneÿder, der waÿs mich und mein sel wol zwbedenchken.

~~Ich~~ Item ich Caspar Raÿffsneÿder, von wegen meiner erberen hawsfrawen, Dorothea, dÿ mir all ÿeren taill ÿeres gütts gar hatt geschäfft und wellenn, will ich und gib durich ÿeren willen, das her nach geschriben statt und nach meinem tod mer schol werden.

Item ain vierding dreÿling wein Sandt Michels kÿrchen zw dem paw.

Item aber ain vierdingen dreÿling wein der erberen zech der hawer auch zw Sandt Michel.
Item ich wil zwainzig guldein, dÿ mir schuldig ist der Peter Sneÿder von wegen des weingartten, genant Petz, auch der heÿlligen kÿrchen Sandt Mïchel auch „von" meiner hawsfrawen wegen, und dÿ zw geben und bezallen auff dreÿ Faschang [*1476 Februar 27, 1477 Februar 18, 1478 Februar 3*], und ob ein mÿsÿar kem, so schol man den obgenantten Peter Sneÿder nit uberdringen.
Item das Lang Tayll will ich meiner tachter, Katherina, und ÿerem man, Wolfgang Käcz, ÿn und ÿeren gerben ledigkleich.
Zw dem obgeschriben gescheft sein trewlich gepetten warden dÿ erberen Jacob Hathewr, Caspar Woduscher, Paull Weinhandel, all dreÿ mitpurger hÿe zw Prespurgk, dÿ das fleÿssikleich vermercht haben und lassen schreiben von wart zw wart und haben das versidelt (!) mit ÿeren petschaden, döch ÿn und ÿeren erben an schaden. Das als geschechen ist ÿn dem jar an dem tag, als oben geschriben ist.

1475, ohne Monat und Tag **338**
Geschäft des Andre Weichamer
pr., schr., 4 Zg. (*Index*: —)

Testamentum Andre Weichamer
Vermercht das geschäft, das getan „hat" der Andre Weichamer mit wolbedachttem müt und pey rechtter vernuft. Item am ersten schaft er seinner hawsfrawen, Wendel, und seinemm kind ein weingarten ym Kestenpawm. Item mer schaft er seiner hawsfraw, Wendel, und seinem chind XIII fl. ingold an ainem haws. Item mer schaft er seiner hawsfrawen und seinem chind von dem Oswald Zystlar IIII fl.
Item mer hat er geschaft I fl. zw dem paw zw Sand Larenczen, den ist schuldig der pharrer zw Sannd Michel.
Da pey sind gewesen drey erber mannen, der erst Ambrosy Polster, der ander Jorg Frawndarffer, der dritt Fridreich Mulner, Wolfgang Ebmer. Da pey geben sy zeugnüß mit iren aufgedruchten petschaden, in und allen iren erben anschaden.
Anno Domini 1475°.

1475 April 23 **339**
Geschäft des Michael Paur
pr., schr., 3 Zg. (*Index*: —)

(fol. 168v) Testamentum des Michel Pawern
Hÿe ist vermerchkt das geschefft, das ich Michel Pawr gethann hab mit guter vernüfft und wolbedachten muett zw weÿl und zeytt, do ich es wol gethann hab muegen an menickleiches widersprechen in gegenwurtikaÿtt der ersamen herrn

Cůnrad Rieder, dye zeÿtt prediger zw Sand Mertten, Swarcz Andre, Simon Arczt, des suntag vor Sand Jorgen tag[113] anno Domini etc. in dem LXXV jar.
Item von erst enphilich ich Got mein sel. Item ich schäff meiner lieben hawsfraw, Margarethen, den halben tail meines hawß und den halben tail meines weingartten, genant inder Kolgrueb, ledig und ffreÿ, und den anderen halben taÿl meines hawß und des yecz pemelten weingartten meinem lieben sün, Wolfgang, dőch das untaileich do von pezalt werd die näch bemelt schuldt.
Von erst meiner peslenn süben gulden.
Item dem Vischel juden ainen gulden indem dritten jar [*1478*]. Item dem Michel Smidt I lb. den. Gieng äber mein bemelter sün ab vor seiner gevotten jaren, so sol seiner bemelter halb tail des hawß und des weingartten gancz ledig und ffreÿ nach volligen meiner lieben bemeltten hawsfraw iren früm gancz do zw thuen und zw schaffen.
Item das solicher meiner vil (!) volpracht wurd, hab ich fleissikleich gepetten zw pezewgen dÿ bemeltten ersamen etc., des sÿ sich den verwilligt haben untter iren auffgedrugkten petschafften, doch in und iren erben an schaden.
Und Andre Pawr hat das geschäfft wider ruëfft.

1476 Oktober 9 **340**

Geschäft der Dorothea, Ehefrau des Jakob Czepfel
pr., schr., 3 Zg. (*Index*: —)

Testamentum Jacob Czepflin
Vermerckt das geschafft und iren letzten willen der erbern frawen Dorothea, das sie gethan hat in der czeit und weill, do sy das woll gethuan mocht, die do ist gewesen ein hausfraw des erbern mann Jacob Czepfel, und ist geschechen des mittichan vor Sand Colomam (!) tag, als man schreib tausent CCCC und in dem sechs und sibentzigisten jar.
Item am ersten schaff ich mein sell dem almechtigen Got.
Item ich schaff czehen gulden zw ainem messgewantt zw dem lieben ertzengel Sand Michael, die soll mein man, Jacob, ausrichten zu dem nagstchüfftigen Sand Larentzen tag [*1477 August 10*]. War sach, das er das nicht vermocht, so sol man in nicht über treyben wis auff den andern Sand Larentzen tag [*1478 August 10*].
Item von meiner sell saligthait wegen schafft ich mir zwlesen XXX meß zu Sandt Michel.
Item ich schaff ein fart zu dem lieben Sand Wollffgang an das gepirg in Payern.
Item ich egemelte Dorothe schaff all mein guet, aber churtz und lang, zu feld und zu hauß, farrund und andre, nichtz ausgenomen, gantz frey ledig zw thun und

---

[113] *Der St. Georgstag wird gemäß ungarischem Brauch mit dem 24. April aufgelöst. An diesem Tag wurden auch die Stadtoberen von Preßburg gewählt.*

zwlassen meynem Jacob Czepfel, der wirt, meiner sell und im wissen damit auszewarten.
Zw dem obgeschriben geschafft sein trewlich gepetten warden die erbern Lienhart Pinter, Peter Achtsnit, Stephan Dreyling, all drey mitpurger zw Prespurg, dy das geschafft vermercht habn von wort zw wort, und das trewlich und ungefarlich in geschrifft gepracht haben und mit iren auffgedruckten pettschafft vermacht habn, doch in und iren erben anschaden. Das als geschechen ist, als oben das geschafft inhalt.

1474 Mai 3 **341**
Geschäft des Niklas Gotz
pr., schr., 4 Zg. (*Index*: —)

(fol. 169r) Testamentum Niclas Gotz
Hie ist vermerckt das geschefft, das ich Niclas Gotz getan hab mit guetem willen, vernufft und wollbedachtem můet zu der weil und czeit, do ich es hab wol mogen gethan an menikleicher widersprechen in gegenburtikait der ersamen herren herr Conrad Rieder, die czeit prediger zu Sand Merten, Michel Kreytzer, maister Hans Goltsmydt, Hans Waldner, an dem tag der erfindung des Heyligen Crutz anno Domini etc. in dem vierundsibentzigisten jar.
Item von erst schaff ich und enphilich mein seel dem almechtigen Got.
Item dy dreyzehen gulden, dy mir der Jorg Crewtzer ist schuldig, die schafft ~~y~~ ich zu dem paw zu Sand Mertten, die sol er peczallen auff vier jar [*1478*].
Item mein czway weingarttel sullen verchaufft werden zu czimlicher czeitt, und das gelt sol auch gevallen zu dem paw zu Sand Mertten, doch sol da von petzalt werden der Puchler, dem ich schuldig sein vier gulden zu den Weinnachten [*Dezember 25*], und dy zalung schol geschechen von dem weingarttlenn, das haist der Satz.
Item uber das schaff ich alle meine varunde hab meinem lieben vettern, Michel Krewtzer, Hans Waldner, die trewlich und ungeverlich mit einandern zu tailen.
Item das solicher mein lester will und geschefft wurd volenndt, hab ich vleissiglich gepetten zu geczeugnuß die bmelten herren etc., der sy sich den verwilligen undter iren auffgedruchten pettschafften, in doch an schaden.

1476, ohne Monat und Tag **342**
Geschäft der N., Ehefrau des Thomas Haeden
pr., schr., 6 Zg. (*Index*: —)

Testamentum Thoma Haednyn
Vermerckt das geschefft, das da than hat die Thoma Haednyn mit wolpedachtem můt und mit rechter vernunfft. Item am ersten schafftz sÿ yerm sůn, Symon Haedm, das hawss halbs mit allen den assëch, das darin ist das ir ist und darin dy wall.

Item mer schafftz sy im ain halben weingarten im ~~Welser~~ Larenpeytel ledig und frey.
Item mer schafft sy im ain halben weingarten im Welser und darauff ain Ramfart.
Item mer schafft sy der Katherina, ir tachter, das haws halbs ledig und frey. Item mer schafft sy ~~Katherina~~ ir tachter, Katherina, ain halben weingarten im Larenpeitel ledig und frey. Item mer schafft sie ir adlen, Margaretha, des Mert Haiden tachter, ain pett, czway kchus, und ain polster, und ayn duchna, und zehen gulden darzw. Und ob das kindt ab gieng, so soll das erben von ain auff das ander. Item mer das Mert Haeden kinder, ains genant Thoma, schafft sie zehen gulden, und mer ains, genant Wolffgang, auch X gulden, und ob ee ains abgieng wen das ander, so soll das erben von ain auff das ander. Item mer schafft sie, das ir aiden, Ambrosy Polster, soll ein gerhalb sein uber XXX gulden, und alles das, das den kindern soll noch voligen.
Item mer schafft sy, das ir der Hans Gold schuldig ist an sechs den. XI ß den., das schaffs zw Unser Frawen in das klaster zu dem paw, Got geb sie gneß oder sterb. Item mer schafft sie ir tachter, Katherina, zwen mantel, und ein peltz, und ain kyersen, und das ander soll sy geben durch Gotswillen.
Item dapey sind gewesen die erbern frümmen leitt mit namen genant Erhart Ebner, Wolffgang Ebner, Mert Hartel, Thoma Zapfel, Hans Teyschel, Linhart Eyban, do pey geben sy zeugnuss des gescheffts, das do than hat dÿ Thoman Haednyn, in und allen iren erben an schaden, nach Christi gepuerdt M° CCCC und in dem LXXVI jare.

1475 April 9 – *1477 März 12*[114] **343**
Geschäft der Barbara Schultrin
pr., schr., 4 Zg. (*Index*: —)

(fol. 169v) Testamentum fraw Barbara Schultrin
Vermerckt, das die erber fraw Barbara Schultrin ein geschefft gethan hat mit wolpedachtem sin und gueter vernunfft, de weil und zeit sy das mit vernunfft volpringen hat mügen, doch mit wissen erber lewt mit namen genant Erhart Ebmer, Hans Geppleysen und Erhart Unger, die ich ich (!) Peter Tawbenfuesß frewntlich mit sunderm pett darzw gepeten hab anstat meiner swiger von wegen irers enykls wegen Ursule, meiner tachter, das alles, das das (!) hernach begriffen wirt in dem geschafft, krafft soll haben mit zewgnüs der erbern obgmelten herren und zewgen. Actum am suntag vor Tiburtii et Valeriani im LXXV°.
Item am ersten schaff ich meiner ändel, Ursule, das halb hawss und ain weingarten am Hawsperg gelegen ledig und frey.

[114] *Das Datum des Einschreibens für diesen Text befindet sich nach dem folgenden Eintrag (Nr. 344).*

Item dem Benedic, meins prueder sůn, schaff ich ros und wagen, und alles geschier, das darzw gehort.
Item mer schaff ich dem obgmelten Benedic auff dem andern halben taill des hawss VIII gulden.
Item mer schaff ich Barbara Schultrin in die zech der hawer zw Sand Laurentzen meynenn pesten plaben mantel.
Item die erbern herren und frawndt obgmelten, die ich Peter Tawbenfuess frewntlich zw der sach gepeten hab, haben sich trewlich darumb angenommen und dasselbig vermacht mit iren petschaten, doch in und iren geerben anschaden etc.

1477 März 5 – *1477 März 12* **344**

Geschäft des Jakob Zepfel

pr., schr., 3 Zg. (*Index*: —)

Testamentum Jacob Zepphel

In nomine Domini, amen. Vermerckt das geschefft, das gethan hat der erber man Jacob Zepfel zu der zeit und weill, do er das wol thuen macht und peÿ gueter vernunfft was unbetwungeleich, das geschehn ist des mittichen vor dem suntag, als man singt Oculi in dem jar als man hat geschriben tawsent vierhundert und in dem sieben und siebentzigisten jar.
Item dy zehen gulden, die geschafft hat mein hawsfraw zw Sand Michel, dy will, das Mathes Chyrssner dy ausricht des nagst chifftigen Sand Laurentzen tag [*1477 August 10*], wen er mir die schuldig ist.
Item ich schaff des Mathes Chirssner chinder ain weingarten ligen in dem Wurtzenpach.
Item der Mert Sneider ist mir schuldig VII gulden, die II gulden scholl man geben seiner hawsfrawn, das sie gee zu dem lieben Sand Wolffgang in das gepirig, und dy IIII gulden wissen die geschaff leit woll wem zegeben auff Sand Jorigen tag [*April 24*][115] und mit dem gulden ligt alich an den geschafftleiten.
Item dem Mert Sneyder und seiner hawsfrawen schaff ich mein Aysgrüb.
Item der Jacob Spëndl ist mir schuldig IIII gulden, die selbigen scholl er geben meiner hawsfrawen, Cecilia, zw dem nagsten lesen. War sach, das er das nicht vermecht, so sol sie im warten auff das ander lesen.
Item ich schaff dem egemelten Jacoben meyn weissen rock und die joppen, die mir uber macht hat Mert Sneyder.
Item ich schaff meinen weingarten in den Pätzen meiner hawsfraw, Cecilia, ir lebtag. Ist das, das sie geswengert ist, so sol sie damit than wass sie will, und soll

[115] *Der St. Georgstag wird gemäß ungarischem Brauch mit dem 24. April aufgelöst. An diesem Tag wurden auch die Stadtoberen von Preßburg gewählt.*

ir noch foligen gantz ledig. War das aber nicht, so sol der egmelt weingarten noch irem tad auff meyne nagste frant gepieren.
Item ich schaff meiner hausfrawen, Cecilia, den weingarten in dem Pangartten, und das hawss, und alle farunde hab in hawss und in hoff, wo sie sein zw thuen und zw lassen.
Item ich schaff ettlich gestehet gut, das do ist zw dem Mathes Chursner, was sein ist yber clain und grass gar meiner vorgmelten hawsfrawn, Cecilia.
(fol. 170r) Zu dem obegeschriben geschefft sein trewelich gepeten warden der erber und weiss herr Caspar Stamphaer, die zeit ainer in dem rat, und Lienhart Pwtz, ~~mitpurger~~ mit Andre Sunleitter, paid mitpurger, die das trewelich haben gemercht von wart zw wart und haben lassen verschreiben, das sie darnach haben vermacht mit irem auffgedruchten petzetten, doch in und iren erben und guettern an schaden. Das alles geschehen ist am tag und jar, als oben das geschefft innen halt.
Das geschafft hat widderruefft der ersam Veitt Marchart und sein hawsfraw.
Item mer hat widderruefft das gschafft Mert Sneyder und sein hawsfraw.
Actum istorum duorum testamentorum proximi precedentis et istius inscriptionis feria quarta post dominicam Oculi in quadragesima anno etc. septuagesimo septimo.

1477 Juni 20 – ***1477 August 29*** **345**

Geschäft des Georg Raneis
pr., schr., 6 Zg. (*Index*: —)

Testamentum Georgÿ Reneis

(*Eintragung gestrichen*: Vermerckt das geschefft, so ich Jorg „Reneis“, burger zw Prespurg, an freitag vor Sand Johanns tag zw Sůnnebenden nach Cristi gepurde tausent vierhundert und in dem sybenundsybentzigsten jare in der hernach genanten der ersamen weisen hern Hanssen Han, pharrer zw Sant Mertten, hern Frantzen Haiden, pharrer zw Sand Laurentzen, beder korherren, auch Andreen Holtzer, Wolffgangen Prawn, Jorigen Unverricht und Jorigen Windperger, alle vier purger hie zw Prespurgk, gegenburtikait wolbedachtlich und mit gueter vernufft gethan hab, als ich will und mayn, das selb mein geschefft und ordnung gantz stat etc. gehalten und volbracht werde.
Item vonerst nach dem mir das hail meiner seel fur die zeitlichen gueter zw betrachten im vorgang sein soll, dardurch willen so bevilich ich mich Got dem almechtigen zwm vordristen.
Item darnoch so schaff ich all meine gueter, hewser, weingarten, und varunde hab, etc., wie, wo ader wellent die gelegen und genant seinn, es sey vill oder wenig, nichts ausgenomen, alles meiner hausfrawen, Katherinen, gantz ledig und frey allen irn nutz und frumben damit zubetrachten mit versetzen, verchauffen, schaffen, machen und geben, wem sie will, doch in solicher mainung, das sie den

geltern und die geltschuld davon entrichte und ain genugen thů, als dan hernoch begriffen ist und auch durch hail meiner sel davon sovil gebe und thů, als ir geparlich ist, und sy ir gewissen vermant.

Geltschuld

Item vonerst pin ich schuldig in das capital zu Sand Mertten jerlichen zinss zu Sand Egidien tag [*September 1*] sechs gulden abzuledigen mit sechtzig gulden.

Item darnoch pin ich schuldig jerlichen zinss zw Sand Albrechts phrundt, der dan jetz maister Hans Pulka verweser ist, funff gulden und auff dem weingarten Kappfer noch inhalt ains prieffs doch abzuledigen mit funfftzig gulden.

Item so pin ich der yetz gmelten phrundt jerlichen zinss schuldig zwen gulden, darumb nicht brieff vorhanden seinn, abzuledigen mit zwaintzig gulden.

Item so pin ich schuldig dem obgenanten hern Frantzen Haiden, pharrer zu Sand Larenntzen, hundert und zehen gulden, darfur sein wirdikait den weingarten Gůmlierer zw phanndt hat noch inhalt ains brieffs.

Item zu der phrundt der Heyligen Drivaltikait in Sand Merten pharkirchen gestifft, der dan herr Steffan Stern verweser ist, pin ich schuldig jerlichen zinss von meinem hawss, darin ich yetz wonund pin, zwaintzig gulden, doch mit zwain hundert gulden abzuledigen.

Item so pin ich schuldig jerlichs zinss in das spital von wegen des weingarten Satz noch inhalt ains brieffs funff hungrisch gulden abzulosen mit funfftzig gulden.

(fol. 170v) Item darnoch so pin ich schuldig Sigmunden Snaitpekhen, vormals zehentner hie, funff und achtzig gulden nach inhalt ains prieffs darumb ausgangen, an der selbigen sům gulden hab ich im durch hern Mertten, korherrn hie, desmals sein diener was, dreissig gulden, darumb mich dan herr Mert quittirt hat, ausgericht und betzalt.

Item so hab ich mir vorbehalten, ob ich solichs geligers meiner krannkhait, domit ich yetz beladen pin, auffkäm, solh mein geschefft zuvernewn, zu meren oder zu myndern, als offt mich der verlust. Wer aber, das ich solichs geligers stürb und nicht auffkäm, so ist mein letzter will, das noch besliessung meines sterbns diser ordnung meines gescheffts nochgangen und in obgeschribner maynung volbracht werde, darumb ich dan die obgenant mein gunstig herren durch Gotzwillen mit vleis darumb gepeten hab, das sy zw gezeugnuss ire petschat herauf gedrukht haben in und irn erben anschaden.

Das aber solh obgemelt geschefft durch den benanten Reneis also vor unser beschehen ist, und er uns des zu gedennckhen mit vleis gepeten hat, das sprechen und bekennen wir obgnannt herr Hans ~~Hans~~ Han und herr Frantz Haeden, pharrer bey unser briesterschafft, und wir die egnanten purger bey unsern trewen, als wir dan wo sich das gepurt zw recht tůn solten und haben, daruber unser yeder sein petschat herauff gedrukht, uns, unsern nochchamen und erben an schaden, als vor stet.)

Actum inscriptionis feria 6ª post festum Augustini confessoris anno 77.

1477 Mai 30 **346**

Geschäft der Elena, Ehefrau des Hans Karner

pr., schr., 3 Zg. (*Index*: —)

Testamentum domine Elene, uxoris Hans Karner

In Gottes namen, amen. Vermerckt, das ich Elena, eliche hawsfraw des ersamen Hans Karner, diezeit statrichter hie zw Prespurgk, mit gueter vernunfft wolbedachtiglich zw derzeit (!), do ich es woll gethun mocht, und mein freundte rechtlich nicht haben dawidder gesprechen mogen, geschefft, geordent und gethan hab an meniglich widdersprechen und undbetrungen im maß, als hernoch geschriben stet.

Item ich schaff von erst auff den halben weingarten, der Ulram genent, neben der ersamen Burckhart Scharrach an ainer und Wolffgang Perger weingerten an der andern seiten gelegen, und auff aim viertail des hawss, do wir in wannen sein, meinem vatter und meiner mů̊ter vier und zwaintzigk gulden hungrisch. Item und auff dem selbigen „halben“ weingarten und viertaill hawss schaff ich dem herr Hannssen Thanpeck, meinem vettern, zehen gulden. Item mere auff denselbigen stucken schaff ich herr Jorigen Thanpeck, priestern, auch zehen gulden in solher beschaidenhait, wen das gelt also ausgericht wirdt, so soll meiner lieber hawswirdt mit den berurten halben weingarten und viertaill hawß frey sein domit zw thuen und zwlassen an meniglichs widdersprechen.

Item mer so schaff ich Hans Welantin, meiner wasen, IIII gulden.

Item mer so schaff ich VI gulden zw Sand Mertens kirchen hie zw dem paw.

Item mer so schaff ich ain gulden, das man fur mich alle montag in der kirchn, als gewonhait ist, pitten sull.

Item mer so schaff ich ain gulden, das man mir ain salter lesen sull.

Item mer so schaff ich in das jungfrawen closter hie zw Sant Claren zwen gulden, ain das sie Got den almechtigen fur mein zell pitten sullen, und den andern zw dem paw.

(fol. 171r) Item mer schaff ich zwen gulden in das monich closter hie zw Prespurgk zw Unser Lieben Frawen, ain, das sie mir mess lesen und den andern zw dem paw.

Item das gelt soll man auch ausrichten gar von den obmelten zwaen stucken, als ist der halb weingarten und viertail hawss.

Item mer so schaff ich mein halbtail ains weingarten, genent der Öher (!)[116], auff Thebmer grund gelegen neben dem Phandel an ainer und der Hans Welant weingarten an der andern seiten, und mer mein halbtail ains weingarten, genent der Gansgesangk, auch auff Thebmer grund neben dem Wolffgang Puchler an ainer und dem Franckfengel an der andern seiten gelegen also, das man mein zway halb

[116] *Der richtige Name dieses Weingartens lautet* Öler.

taile der zwayer weingarten ~~verchuf~~ verchauffen und hingeben sull, und von dem gelt der hauptsům alle jar zehen gulden in das spitall hie oder andern hausarmenlewten noch rat meiner hernoch geschriben gescheffttherren geben und ausrichten sull, doch ob meiner lieber hawswirdt, der Hans Karner, die bnanten tail chauffen will, so sull man sie im rechtvelher geben, wen aim andern. Will er sie oder nicht chauffen, so soll man sie aim andern verchauffen.
Item mer so schaff ich ain plaben rock, ain konglin petz (!), II wellische prustphaidten, II slaher, ain sechsfachen und siebenfachen, zwo wellisch achsselphaidten des Lackner tochtern. Also ob ain abging, so sull es auff die ander gefallen, und ob sie ped mit tod abgingen, so soll man sie haůsarmen dieren geben noch rat meiner gescheft herren.
Item ich peleib schuldig III fl. dem herr Wolffgang Forster, meinem vettern, darumb schaff ich im mein gruen samatten ermellen.
Item solich mein gescheft soll man mir als pald noch meinem tad ausrichten, und ob meiner bestimpter hawswirdt solichs nicht williglich noch geben well, so sull man in zezunder zwen nagsten lesen die frucht von den weingarten einnemen und sich der geprauchen lassen, und darnoch sie als pald hingeben, und soll mein gescheft als obenbegriffen ist ausrichten noch rat meiner gescheft herren.
Domit aber solich mein gescheft und letzter will volnendt und folnpracht werd, so hab ich zwgezeugnüs fleislich durch Gotts willen die ersamen und weisen herrn Thoma Behem, Lienhart Rautscher peck und Wolffgang Kwrsner, alle drey geswornen des rats hie zw Prespurgk, gepeten, das sie es treulich vermerckt und mit iren aigen pedschadten in und iren erben an schaden verpetschafft haben. Actum am freitag noch dem hailigen Phingstag noch Christi gepurt M CCCC und in dem LXXVII jar.

1477 Oktober 2 – ***1477 Dezember 24*** **347**

Geschäft der Anna, Witwe des Niklas Messer

pr., schr., 4 Zg. (*Index*: —)

(fol. 171v) Testamentum Niclas Messerin

Vermerckt das gescheft, so ich Anna, des Niclas Messer seligen gelasne witib, mit gueter vernunfft zw der zeit, da ich das woll gethůn mocht, recht und redlich geordent und geschafft hab in massen, als hernoch begriffen ist.
Item vonerst bevilch ich mein sel Got dem almechtigen.
Item dornoch bevilch ich mein haws meinem lieben öhaym, dem Jorig Kochermacher, als ainem gerhaben, das er davon ausricht und bezall was dan mein gescheft hernoch inhallt.
Item mein öhaim, Jorig Kochermacher, sol dem Niclas Sumesperger davon ausrichten und bezalln II½ flor.

Item mer schaff ich, das man mir sol lesen XXX selmess, dasselb ~~d~~ sol ausrichten der bemelt Jorig Kochermacher von dem weingarten Tunawleiten, wan ich im geschafft hab und schaff im auch die frucht aus dem selben weingarten.
Itm ich schaff auch meiner swestern, Margarethen, X gulden, die sol man ir geben und raichen von dem bemelten meinem haws.
Item ich schaff auch der bemelten meiner swestern, Margarethen, ain pett, ain polster und ain kotzen. Item ich schaff auch meinem ohaim, Stephan Abesser, II gulden in gold, die sol man im geben von dem bemelten meinem haws.
Item ich schaff auch dem andern meinem ohaim, Michel ~~lie be~~ Leb, II fl., die sol man im ausrichten von dem bemelten meinem haws. Item ich schaff auch meiner weniger diern, Margareth, X fl., die sol Jorig Kochermacher ausrichten von dem weingarten Tunawleiten.
Itm mer schaff ich das mein ohaim, Jorig Kochermacher, gen Wienn sol ausrichten und bezallen XII lb. den. von dem weingarten Tunawleitten.
Item mer schaff ich der vorgmelten meiner diern, Margareth, II pett, ain hawbtpulster, III koss, II leiblachen und IIII slair, dasselb alles sol treulich inhalten Jorig Kochermacher und zw irer heyrat zw ern sol er ir das treulich raichen und geben.
Item ich schaff auch herrn Wolffgang, mwnich, des Niclas Slosser sůn, I gulden, das er mich inschreib und in seiner gedechtnus hab in seiner ersten meß.
Item ich schaff in Unser Lieben Frawen zech hie II gulden, die sol man ausrichten von dem bemelten meinem haws. Item ich schaff auch meinen silberpecher meinem ohaim, Jorig Kochermacher. Item ich schaff auch meinem ohaim, Jorig Kochermacher, die frucht aus dem weingarten Tunawleiten ledig und frey.
Item ich schaff auch und ist mein gueter will, so man das haws und weingarten Tunawleiten verkaufft, und was man davon bezallt noch inhalt des gescheffts, und was darnach in gelt die ubermass ist, dasselb gelt sullen mein freund, Jorig Kochermacher, Anna, des Stephan Abbesser hawsfraw, Michel Leb und ~~ha~~ Margareth, sein swester, treulich undter sich tailen, und mein sell domit bedencken.
(fol. 172r) Item und das mein gegenburtig geschefft also volfurt und ausgericht werd, so hab ich durch Got mit vleis gepeten die ersamen mitnamen Stephan Rienold, Peter Zingiesser, Mathes Hueter, Katz Wolffgang, alle mitpurger hie zw Prespurgk, das ir yeder besunder sein petschad auff den gegenburtigen gescheffprieff getrucht hat in und irn erben an schaden. Datum zw Prespurgk am phintztag noch Michaelis archangeli anno Domini etc. LXXVII^{mo}.

Actum inscriptionis in vigilia Nativitatis Christi anno 77.

1477 April 6 **348**

Geschäft der Anna, Ehefrau des Niklas Marner

pr., schr., 3 Zg. (*Index*: —)

Testamentum domine Anne, uxoris Nicolai Marner

Item ich Anna schaff mein tail hawss halbentaill meinem hawswirdt, Niclas

Marner, sein lebtag, ~~vo~~ noch sein tod so sull das halb haus nochvolgen der Anna, meiner swester, Hollerin. Item ich schaff XXX gulden zu ainem jartag alle jar zwen gulden als lang das gelt wert, und den jartag soll der pfarrer ausrichten zw Sant Merten.
Itm ich schaff mein groß silbergürtel in die zech der Mueter Barmhertzigkait halb und halb in Unser Frawen zech. Item ich ich (!) schauff (!) mer meiner swester, Anna, ain swartzen rock, und ain plaben rock und ain swartzen glocken mantel.
Item ich schauff zw Sant Merten paw XXX gulden.
Item alle andre gueter, die wir miteinander haben der arbait, die schaff ich alle meinem hawswirdt, Niclas Marner, domit zu thun und zelassen. Actum in Osterveiertagen 77.

Item die geschefft herren sein herrn Jorig Ledrer, und die ersamen weisen herren Wolffgang Aigner kursner und Hans Kursner, paide gesworenn des rats hie zw Prespurgk, die als recht ist, einpechant haben und sein mit fleïss darzw gepeten worden.

1477 Dezember 1 **349**

Geschäft des Jakob Romer

pr., schr., 5 Zg. (*Index*: —)

Testamentum Jacob Romer

Vermerckt das geschefft, das ich Jacob Romer gethan hab in meinem siechpett zw rechter zeitt und weill und mit gueter vernufft, do ich es woll haben mugen thun am mantag noch Sant Andres tag des heiligen zwilliffpoten anno Domini etc. septuagemoseptimo (!).
Item zwm ersten ich Jacob Romer pin schuldig der Wolffel judin XXXVI gulden auff teglichen schaden vom gulden II den.
Item mer pin ich Jacob Romer schuldig dem Musch juden von erst XX fl., darnoch XII fl., als es in dem judenpuech[117] geschriben stett vom gulden auch II den.
Item mer pin ich Jacob Romer schuldig dem Musch juden VI fl., dafur hat er zephant ain silbrein schall mit ainem vergulten zawn und ain gulden hierssel darin.
Item mer pin ich Jacob Romer schuldig dem Musch juden funff gulden, dafur hat er zephant einenn vergolten synchkel und ryncken.
Item mer pin ich Jacob Romer schuldig dem Musch juden VI fl., dafur hat er zephant ein silbrinpecher, der wigt XVII latt.

---

[117] *Das hier genannte* Judenbuch *ist leider nicht erhalten.*

Item mer pin ich Jacob Romer schuldig dem Musch juden X fl., darumb hat er zephant vom mir ain prieff.
Item mer pin ich Jacob Romer schuldig dem spitall auff das hawss XXX fl.
Item mer pin ich Jacob Romer schuldig XL fl. auff den weingarten, genant der Trewffenkess.
Item mer pin ich Jacob Romer schuldig dem herr Wolffgang Pastlar funff gulden auch auff Trewffenkess.
Item ich Jacob Romer schaff von ersten III^{c} hundert (!) gulden auff mein weingarten, genant der Trewffenkess, zw ainer mess in Sant Laurentzen kirchen in solicher maynung, das der pfarrer zw Sant Laurentzen soll halten und auff nemen ain capplan, dem er soll geben essen und trincken, und sein wonung *(fol. 172v)* in dem pfarhoff, und soll im auch geben sein lann der vorgemelt pfarrer, und soll den capplan halten in allermass als sein andern capplan, und sull auch dem vorgemelten pfarrer underthan sein, als ein der andern sein capplan im underthan sind. Was man aber dem pfarrer umb das essen, trincken, und umb die wonung geben sull, und wieofft man mess in der wochen lesen soll und auff welchem altar, das stett pey guten lewten, dy das erchennen můgen und sullen, und was man ainem pfarrer jarlich gibt, das soll an den III^{c} fl. jerlich ab gen, und das soll im furganck haben piß das die III^{c} fl. gantz bezalt sein, so ist der vorgmelt weingarten frey und ledig halber meinem sůn, Pangratzen, und halber meiner tochter, Katherina.
Item ich Jacob Romer schaff auch mein hawss, darin ich itzund wonung hab, und mein weingarten, genantt der Huttstock, gelegen in Weinnarner perig, und ander mein weingarten, und ander alle mein erbguter, wie sie genant sein und wo sie ligent an, ausgenommen den Trewffnkess, als es den obengeschriben stet, meinem sůn, Pangratzen, halben taill und meiner tachter, Katherina, halben taill, doch in solicher mass, das sie die gelter pezallen sullen angever juden und cristen, wie sie genant seinn.
Item ich Jacob Romer schaff alle mein varund hab, wie sie genant sein, nichtz ausgenommen, halb meinem sůn, Pangratzen, und halbe meiner tachter, Katherina.
Item ich Jacob Romer schaff zw Sant Merten kirichen zwm paw X fl.
Item ich Jacob Romer schaff zw Sant Laurentzen kirichen zwm paw X fl.
Item ich Jacob Romer schaff zw Unser Lieben Frawen in das kloster zwm paw X fl.
Item ich Jacob Romer schaff auch zw Sant Michels kirichen zwm paw X fl.
Item die bmelten XL fl. die scholl man auch bezallen von den obmelten erbguetern und varundgutern.
~~Item~~ Zw pesser sicherhait und zeugnuss meines vorgeschriben gescheflt hab ich mit besunderm fleiss gepeten den erwirdigen herren Frantzen, pfarrer zw Sant Laurentzen, und die fursichtigen und weisen herren Thoma Behm, Wolffgang Aigner und Peter Eysenreich, geswaren des rats, und Hans Engeltaller, purger zw Prespurgk, das sie ire petschafft darauff truchken, in und irn erben an schaden.

1477 Juni 12 **350**

Geschäft des Michael Zistler;
Bestellung eines Vormunds für die minderjährige Tochter des Erblassers
pr., schr., 3 Zg. (*Index*: —)

Testamentum Michel Zistler

Hie ist vermerckt ain geschefft, das ich Michel Zistler zw der zeitt, do ich das rechtiglich und pey meiner gueter vernufft gethan hab in gegenwirtigkait meiner geschefft herren, die ich mit fleiß ~~zw~~ darzw gepeten hab, das gegenwirtig mein geschefft einzepechennen und mit irn petschafft zebewarn, doch in und irn erben an schaden, und sein daz mein geschefft ~~herren~~ lewt herr Thoma Beham, Hans Potenperger und Peter Eysenreich, und ist geschehen am phintztag vor Viti Modesti 77.

Item von erst befilich mich und mein arm seel Got dem almechtigen, und darnoch schaff ich dy XXXV gulden, das mein leibgeding ist, die ich der Jungatlin saliger, von irer maemen, dy mein hawsfraw gewesen ist, schuldig gewesen pin.

Item mer so wär ich schuldig gewesen der Perenharrtinn XXXV fl. auch leibgeding, als vor stet, das hab ich abgeledigt mit derselben Pernharttlin, das frumen lewten wissen ist.

Item so schaff ich dy ersten XXXV fl. der Jungatlin kinden zw bezallen von meinem haws, darin ich iecz pin.

Item so pin ich schuldig herren Jorigen Ledrer und zw seiner pfrund, dy mein prueder gehabt hat, XX fl. auff zins, dy er der zinss dem Huntz an I lb. den. gantz bezalt ist, da solt er haben auff mein weingarten Weintegel.

Item mer schaff ich meiner freundtin, Andlein, ain gerichtz pett mit aller zugehorung, und I chotz fur dy deckh, und I kisten, und mein weingarten im Rupplein gelegen, und I mantel,
(fol. 173r) achiss tuech. Item dem pfarrer zw Sant Michael ½ fl. zw ainem jartag jarlich, und ist mit V fl. abzeledigen, die man ain yeder pfarrer weitter ausleihen, damit der jartag nicht ab ge.

Item mein weingarten, genant der Groß Petzen, meiner tachter, Brigida, und mer schaff ich ir ain weingarten, genant der Judel, der dritt genant der Ybanusch, die alle drey weingarten schaff ich ir frey und ledig, und ob sie mit tod abging, so scholl mein freundt, Hans Puriger von Klosternewburgk, X fl. darauff haben und darnoch ain Romfart davon ausrichten an verzihen, und die ubermass soll haben Peter Eysenreich. Item ich pin schuldig X fl. den nunnen fur den Zirfus Haffner, dye sullen sie haben auff den Klain Petzen, und mer schaff ich auff den Klain Petzen X fl. zwm ~~jartag~~ kar zw Sand Michel.

Item ich schaff XXX sell mess und I fl. zw pitten fur mich und mein hawsfraw salige und unser freuntschafft, die mit tod abgegangen sein, Gott hab ir aller sell.

Item ich schaff auch mir zwbegen mit ersten, VII, dreiskisten noch irn (!) und gewonhait der kirchen zw Sant Michael. Item ich schaff den pruedern in die hawern zech S. Michel ½ fueder wein, domit sie auch pey meiner abgenng sein wellen. Item so schaff ich alle mein farund hab, uber kurtz uber langk, wein und ander ding meiner tachter, Brigida, ledig und frey, und schaff die gerhabschafft dem Peter Eysenreich, mein lieben swager, mitsampt meinem kind in zw haben, und ob mein tachter mit tod ungefogt abgieng, so scholl die gueter auff mein swager, Peter Eysenreich, gevallen und der andlin sol man ainen newen rockh plaben chawffen, und der selbig Eysenreich sol ~~man~~ von mein guetern ob ettwas beweist ~~schul~~ geltschult cham, van mein gelassen guetern bezallen, und ob mein tachter abgieng als vorstet, so schaff V fl. in das münich kloster. Und das gescheff ist geschehen am tag und jar als vorstet, doch mit vorbehaltung zw mynnern und zw merrern.

1476 März 22 **351**

Geschäft des Peter Kraus;
Bestellung von Willensvollstreckern
pr., schr., 2+2 Zg. (*Index*: —)

Testamentum Petri Kraws

Hie ist vermerkt das geschefft, das der ersam weis Peter Kraws, mitpurger zw Prespurgk, gethan hat zu der zeitt, so er das mitrecht woll gethun mocht, und mitguter vernufft und mit wolbedachtem mut unbetzunglich, und das auch nyemant widdersprochen hat, noch widdersprechen hat mugen, als hernach geschriben stet, und das geschefft ist geschehen am freitag vor Letare anno Domini etc. septuagesimosexto.

Item vonerst so schaff ich die LXVIII gulden, so mir der erber Lienhart Peckh noch schuldig ist und die erbern weisen Eberhart Schuester und Niclas Snebeis, paid mitpurger zw Prespurgk, da fur purig sein an der bezallung meins hawss, das er von mir chaufft hat, und die drey dreiling wein, so noch vorhanden sein, gesatzt fur XXXII fl., das macht alles I^{c} gulden.

Item so sull man davon ausrichten in den stockh zw Sant Merten widder die ketzr (!) XII gulden.

Item ich schaff in den stockh zw Sant Merten widder die thewrecken II fl.

Item ich schaff meiner tachter von den obemelten hundert gulden zw ainem prait claid XX fl.

Item ich schaff ~~meiner~~ was uber die der bmelten sům gulden, so man ausrichten soll und vorgeschriben stet meiner hawsfrawen und meiner tachter, die sullen mich davon, noch dem ich in getraw, noch ern zw der erd bestatten und von dem übring die weingarten pawnn und sich davon nern.

Item ich schaff meiner tachter, Dorothea, meinem weingarten, genant der Fuxel, lediglich und frey mitsampt der Öd, und ob sie mit tod an leiblich erb und vor vogpern jaren abgieng, so sull er gevallen auff ir nagst erben.

Item ich schaff meiner hawsfrawn meinen weingarten ~~gelegen an dem Hawsperg~~, genant der Westritzer, lediglich und frey.

Item ich schaff mein hawss und mein weingarten gelegen an dem Hawsperg zw Prespurgk meiner tachter und meiner hausfrawn domit zwthan, wie sew verlust. *(fol. 173v)* Item ich schaff meinen maïrhoff mitsampt dem garten darpey gelegen auff Spital Newsidel meiner tachter, Dorothea, in solicher mas, das mein hawsfraw in sull nutzen und genyessen ir lebtag umbechemmert, und ob mein tachter mit tod abgieng vor vogpern jaren, so soll er gevallen auff ir nagst erben.
Item ich schaff die zwo silbrein gurtel, so ich meiner hawsfraw vatter versetzt hab umb XIIII fl., das sie die selbigen losen und mein hawsfraw und mein tachter domit tain, wie sie wellen.
Item ich schaff mein puecher, so vorhanden sein und ettliche ausgelihen hab dem ersamen maister Hanssen Gold von Wienn, das er domit sull thun, wie in verlust, und was petpuecher sein armen priestern sull geben durch Gots willen, und scolasticalia armen schuelern, und was im der puecher dienn, die sull er von meinen wegen halten und mein dapey gedencken. Item ich schaff, das maister Hans Gold sol erfordern von ~~„von“~~ herrn Purckharten ~~den~~ Scharrach Magnum Allexandrum und ain andern puech, so ich im gelihen hab.
Item ich schaff, das mein hawsfraw meiner tachter soll geben, so sie heirat, der pesten pet ains mit aller zugehorung, als ich ir das vertrew.
Item ich schaff, das der benant maister Hans Gold von meiner hawsfraw vatter sull erfordern ain puech von Kunig Artus, und ayner haidin und susst auch ain puech.
Item ich schaff sust alle varund hab meiner hawsfraw, so verhanden ist.
Item mein geltschult, so ich schuldig worden pin und auff jarlich dienst inn steen hundert und ain gulden, dafur mein hawss verpfennt ist, und sich der erbern Lienhart Peckh, purger zw Prespurgk, angenommen hat noch ~~lawt~~ lawt ainer chauffzedel, so verhanden ist, domit bechen ~~ist~~ ich, das ich nyemant mer schuldig pin.
Und pey meinem gescheft sein gewesen die erwirdigen erben herren maister Hans Gold von Wienn und Wolffgang Pestler von Prespurgk, die ich mit vleis durch Gotzwillen darumb gepeten hab mein gescheft zu volfuren, als es oben geschriben stet. Auch so sein zw gezeugnuss gewesen des gegenwurtigen meines gescheffts der erwurdig herr Jorig Tunpach von Theben, diezeitt fruemesser in Sant Laurentzen kirchen, und der erber Jobst Maler zw Prespůrgk, auch das ir yeder sein petschafft darauff getrucht hat, in und irn erben an schaden. Das ist geschehen, als ~~e~~ es obengeschriben stet.

1476 April 19 **352**
Geschäft des Peter Nauserg
pr., schr., 7 Zg. (*Index*: —)

Testamentum Petri Nawserg
Hie ist vermerckt das gescheft, das ich Peter Nauserg gethan hab mit wolbedachtem mut und czeittiger vernunfft zw weill und zeitt, do ich es woll gethun

mocht anmeniglich wiederrueffen in gegenwurtig der ersamen herr Conrad Rieder, diezeitt prediger zw Sant Merten, Wolffgang Wurm, Frederich Klebinger, Wentzel Vischinger, Sigmund Pantzir, Michel Tynner, Andre Guldinger des nagsten freitag noch Ostern noch Christi gepurde M CCCC LXXVI.
Item von erst emphilich Got mein zel.
Item ich schaff in dy zech der Mueter Barmhertzigkait IIII fl.
Item ich schaff in dy zech Sant Nicolai auch IIII fl.
Item Canraden II fl., und dy bmelt sum der zehen gulden soll genommen werden und ausgericht von meinem weingarten, genant in den Tanawsetzen, gelegen zunagst des Hans Artzts weingarten.
(fol. 174r) Item ich schaff auff meinem hawss X fl. zw ainer Romfart.
Item ich schaff V fl. zw dem paw Sant Merten kirichen.
Item ich ich (!) schaff II fl. in das monichkloster Unser Lieben Frawen.
Item ich schaff I fl. in das nunnenkloster. Item mein halbs haws schaff ich meiner lieben hawsfrawn, Margarethen, ire lebtag, aber nach irem abgangk, so soll sie es schaffen durich Gotzwillen zu hail meiner und irer zell. Item ich schaff auch meiner bmelten hawsfraw meinen weingarten den Schondorffer ledig und frey.
Item ich schaff meinem knaben, dem Giligen, meinem (!) weingarten in den Kurtzenfenglein gelegen neben dem burgweg ledig und frey. Gieng er aber ab durch den tod vor seinen gevogten jarn, so sull er auch komen zw Sant Merten kirichen zwm paw.
Item das solicher meiner willen volnendt wurd, hab ich zu gezeugtnuss gepeten dy bmelten ersamen herren, des sy sich ~~„dem“~~ „den“ verwillig haben, und iren auff getruchten petschadten doch in und irn erben an schaden.

1477 April 4 **353**

Geschäft der Dorothea, Ehefrau des Simon Artzt
pr., schr., 4+2 Zg. (*Index*: —)

Testamentum Dorothee, uxoris Symonis Artzt

Vermerckt das geschefft, das ich Dorothea, des Symon Artzt eliche hawsfraw, gethan hab und verschreiben hab lassen pey meiner vernufft mit wolbedachten muet in meinem siechpett und do ich doch das woll hab mugen thuen, do pey gewesen sind die erbern und fursichtigen Thoman Peckh, mein nagster nachper, Hans Kern, Swartz Andre und Johannes, von hofen des capitels, hie schreyber, die ich darzw mit fleiss gepeten hab. Do pey sind auch gewesen personlich und gegnwurtiglich mein prueder, Larentz Pluetel, und mein swester, Walpurga, das ist auch mit ir paiden will geschehen.
Item am allerersten hab ich geschafft und schaff wissennlich mein hawss zunagst dem haws des vorgnanten Thoman Peckhn und dem kloster der jungfrawen gelegen dem bmelten Symon Artzt, meinem frummen hawswirdt, und ain Romfart

auch H darzw, die trewlich zw volnpringen dasselbig mein hawss ledig und frey seinen frummen domit zeschaffen, zu thun, ze lassen noch meinem tod.
Item ainen weingarten, genant im Kolmandlen, mir von meinem vatter seligen peliben, schaff ich auch dem bnanten Symon, meinem hawswirt, seine lebteg und noch seinem tod zefallen auff meine nagste freuntschafft. Auch schaff ich ein weingartel Klains und Undtern Poshait gelegen auch dem selbigen Symon, meinem hawswirt, frey und ledig damit ze thun und ze lassen.
Item ich schaff dem kind, Barbara genant, das man mir geben und bevolhen hat zezihen auff trew und ere ain gerichtspetth, das soll mein hawsswirt versargen zw pet und ze tisch mit pillichen ern und noch seinem vermogen, so verr dieselb Barbara in irn vogtpern jarn dem selbigen meinem hawswirt volgund wurd. Würd sy aller im nit volgund, so soll er das in ander weg an kern und an legen noch seinem pesten betuncken seiner und meiner seel zu sailigkaitt.
Item ich schaff II fl. zwm paw der kirichen zw Sant Michel in der vorstat durch meinen hawswirt auszerichten von unser paider gutlein. Ich schaff meiner swester, Walpurgen, aine seidelpfaiten reisteine, vierfachtigs schlairel und meinen den pessern peltz.
Item ich schaff meines prueder hawsfraw, Hedweig genant, ain wellische prustphaiten, und vierfachtigen schlair und ain wallisch furtuech.
Item ich schaff meiner schafferin ain vierfachtigs schlairel und den alten peltz.
Item ich schaff, das man mir in der pfarkirichen zu Sant Merten lesen soll XXX selmess, und ich schaff in die zech der Mueter Parmhertzigkait I fl.
Item ich ich (!) schaff das mein hawsswirt aus unserm paider guett der vorbmelten meiner swester sun, dem Michel Wolffgang genant, zw heyrat stewer II fl. geben soll.
(fol. 174v) Darnoch amlesten uber alles, das vorgeschriben stet alle farunde hab und guet schaff ich dem offtgnanten meinem hawsswirt, Symon Artzt, was do wir miteinander haben. Das gescheftt ist geschehen am Karfreitag im M° CCCC° und LXXVII jar noch Christi gepurt, bewart mit der obenanten geschefftherren petschadten in und irn erben an schaden.

1477 Juli 1 **354**

Geschäft des Niklas Swartzel
pr., schr., 7 Zg. (*Index*: —)

Testamentum Nicolai Swartzel

Vermerckt das gescheftt, das ich Niclas Swartzel gethan hab in meinem siechpett doch mit meiner vernufft und wolbedachtem muett, do ich das woll gethun hab mügen, in gegenwurtigkait der nachgeschriben erbern lewtt meiner nachpern. Am allerersten schaff ich, das mein hawsfraw, genant Anna, ausrichten sull in weilen und zeitten das gutt fug darzu mag haben, und domit das sy durch nyemant

darumb umbtailen soll werden zu dem paw der pfarkirichen Sant Merten hie zw Prespurgk VI fl., und zu der pfarkirichen zw Sant Michael in der vorstat auch zwm paw II fl. Item in die hawr zech zu Sant Michael in der vorstat schaff ich II fl. Mir ist auch schuldig Symon Sawslager XV ß den., die II ß den. las ich im nach und die XIII ß den. schaff ich, das er die ausricht und betzall auch in die hawer zech zu Sant Michael vorgemelt. Auch schaff ich in die zech der Mueter Parmhertzigkait I fl.
Item ich schaff meinem swager, dem Moritz Weigel genant, meinen weingarten, Kursner gehaissen, des sol er sich undterwinden noch Sant Michaels tag [*September 29*] noch dem lesen yetzkunfftig noch meinem tod, so Got uber mich gepett. Item ich schaff meinen weingarten in der Undtern Hochney gelegen der smydkindern, des Peter Smids seligen und des Michel Smyds in haymgeen, noch tod und abgangk der vorgenanten Anne, meiner hawsfraw.
Item ich schaff der vorgenanten „Anne", meiner hawsfraw, den weingarten, genant im Pwͤllen, ledig und frey zethun und zelassen und ainen weingarten, in Schondorffer gehaissen, schaff ich auch derselbigen meiner hawsfrawen zuthun, zelassen und irn frommen domit zeschaffen. Auch so schaff ich der vorbnanten Anne, meiner hawsfraw, mein hawss mit aller farunder hab, vill und wenig, nichtz ausgenommen, ledig und frey dormit zethun, ze lassen und irn frummen domit zeschaffen. Davon sol sye dan das vorgeschriben mein geschefft ausrichten.
Und ist auch mein letzter will, das solich obeschribns mein geschefft stet und pey ~~ker~~ krefften peleib und volnchomlich ausgericht werd, als obengeschriben stet und vermacht und versorgt dasselbig mein geschefft mit pedschafften der erbern lewten mit namen Thoman Peckh, Katz Andre, Michel Smydt, Rot Christan, Steffan Zotter, Kristan Prewn und Mert Raminger, die ich mit fleiss darzu gepeten hab in und iren erben anschaden. Geschehen in dem bmelten meinem hawss am erichtag Unser Lieben Frawen abent Visitacionis anno Domini M^{o} CCCC und in dem LXXVII jar.

1478 Januar 16 **355**
Geschäft des Jakob Karner
pr., schr., 4 Zg. (*Index*: —)

(fol. 175r) Testamentum Jacob Karner
Vermerckt das geschefft, so ich Jacob Karner ze Prespurgk bedechtlich mit gutem willen unbetwungnlich gethan hab in meinem siechpet zu der zeit, do ich das mit recht woll gethun mocht an meniglich inred und widdersprechen und zu hail meiner sel. Und das gethan vor den erbern Symon Artzt, Swartz Andre, Wolffgang Vischr. Auch hab ich darzu erfodert den erbern priester hern Lienhart Gotschalich, die ich darzu durch Gotzwilln ervordert hab, und zu bestatung, domit es noch meinem tod gehalten und volbracht wurd in mass, als hernoch geschriben stet.

Vonerst bevilich ich mein sel Got dem almechtigen, der junkfrawen Marie und Allen Gots Hailigen.
Item darnoch schaff ich umb ain Romfart zehen gulden, und zu ainer fart gen Ach auch X fl., die soll man ausrichten von meinem haws inner jarsfrist [*1479*]. (*am Rande*: expedita sunt ad Romam et Aquisgranum probatum est)
Item als ich und mein hawsfraw baide miteinander in kranckait chomen sein, und noch meinem tad mein hawsfraw derselbigen kranckhait auch noch mir mit tod abgieng, do Got vorsey, so schaff ich zu Sant Merten gepew hie funffzehen gulden, die sull man ausrichten und geben von den wein, die wir miteinander erpewt haben und vorhandten sein.
Item ain weingarten, genant der Kesstenpawm, auff der stat grund hie gelegen schaff ich halben tail dem Niclas Summersperger und Dorothee, seiner hawsfraw, und den andern halben tail schaff ich dem Niclas Turgk, doch mit solher underschaid, ob mein hawsfraw derselbigen kranckhait noch mir abgieng. So sy aber in leben belib, so soll sie den bestimpten weingarten selbs inhaben und gniessen ir lebteg, und noch irm tod sol er volgen halben tail dem Niclas Sumersperger und halber dem Niclas Thurgk, als vor bmelt ist.
Item ain weingarten, genant der Freihait, auff der statgut hie gelegen schaff ich halben dem Niclas Thurgken und den andern halben tail schaff ich dem Niclas Sumersperger, doch auch also noch abgangk meiner hawsfrawn. So sy aber in leben belib, so soll sy den selben weingarten selbs innehaben, nützen und geniessen ir lebteg, als vorbmelt ist.
Item ain weingarten zu Ratzesdorff in der Öd gelegen schaff ich meinem herrn Lienharten Gotschalh, der ain priester ist, doch auch noch abgang meiner hawsfrawn, und auff das ain virtaill derselben weingarten pin ich schuldig vier phunt pfenig dem Peter Gotschalich und Magdalena, seiner swestern, dasselb gelt sull der bmelt herrn Lienhart in ausrichten, oder mit in darumb verainen, so er den weingarten nů inhat.
Item das haws und varunthab schaff ich Barbara, meiner hawsfrawn, vor meniglich, darin sie mich dan trewlich bedencken sull, und zu helff chom meiner sell, als ich ir des besunder vertraw.
Item meinem vorbemelten swager, herrn Lienharten, schaff ich ain gulden, darumb sull mir lesen XXX mess zu dem hail meiner sell.
Item ob sach wär, das mein hawsfraw mit tod abgienng, und ich in leben belib, so halt ich mir bevor mit willen und gunst meiner hawsfrawn das güt, so wir ~~mit~~ zu einander bracht und erarbait haben, frey und ledig zu sein damit zu thun und ze lassen noch meinem willen und gevallen.
Item so pin ich porg fur den Petern Gotshalich gegen ainem juden fur I fl. auff teglich schaden. Actum als es stet in dem juden püech[118] geschriben.

---

[118] *Das hier genannte* Judenbuch *ist leider nicht erhalten.*

Item so pin ich porg worden fur den Wolffgang Veyirer gegen ainem juden fur VII gulden auff schaden. Actum als es in dem judenpuech[119] stet geschriben.
Item so pin ich der Wolffel judin schuldig II gulden auff schaden. Actum der ain gulden stet geschriben in dem judenpuech[120] und der ander gulden nicht, aber es ist ain zeitt, das sy mir die selben fl. gelihen hat.
Item so ist mir der Caspar, der die zeitt mit herberg gebesen ist bey dem Roten Cristan, schuldig XIII gulden. Dieselbigen gulden sul man bezallen und geben dem Peter Lorentz von Stamffa, wan ich im schuldig pin.
Das aber solh gescheffft also beschehen sey, das bechennen wir, obgnannt gescheffftlewt bey unserem trewen
(fol. 175v) an aids stat und haben auch des zu gedechtnuss unser yedlicher sein petschad an den prieff gedruckht uns und unser erben an schaden. Actum feria sexta ante Anthony anno etc. LXXVIII.

1478 Januar 2 **356**

Geschäft des Matthias Kreutzer

pr., schr., 3 Zg. (*Index*: —)

Testamentum Mathie Krewtzer cultelliparis

Vermerckt das gescheffft, so ich Mathes Krewtzer messerer mit guter vernufft, synnen und wiczen in meinem sichpet, do ich das wol gethůn mocht, recht und redlich geordent und geschafft hab in gegenburtigkait erber frumer lewt in massen, als hernoch geschriben stet.
Item vonerst bevilich ich mein sel Got dem almechtigen, der jungfrawen Marie und Allen Gotes Hailigen.
~~Erst~~ Darnoch schaff ich all mein gut, es sey erb oder varundgut meiner lieben hausfrawn, Barbara, domit zu ~~thun~~ tůn und zelassen, doch mit solher underschaid, das sey von den selben guteren raichen und geben sull meiner tochtern, Barbara, XXX gulden. Auch sull mein hawsfraw, Barbara, von denselben gutern die gelter bezallen so ich schuldig pin.
Item auch schaff ich ain weingarten gelegen im Satz meinem lieben sůn, Wolffgang, ledig und frey und mein hausfraw sull dem selben meinem sůn, Wolffgang, innenhaben mitsampt dem weingarten und in davon treulich erziehen, als ainer frummen můter zu gepurd piß das er chembt zu seinen vogtpern jarn mit gewant und andern notturfften.
Und zu solhem meinem gescheffft hab ich umb Gots willen erfordert und mit vleis gepeten die erbern Lienhart Kueperger peckh, Wolffgang Slosser und Michel Schramel, all mitpurger hie, solh mein gescheffft ingedechig zu sein und ausgericht werd, als ich in des und ir yeden besunder vertraw. Und zu pesser sicherhait

[119] *Das hier genannte* Judenbuch *ist leider nicht erhalten.*
[120] *Vgl. Anm. 119.*

hab ich sie mit fleiss gepeten, das ir yeder sein petschad g auff den gegenwurtigen geschefftprieff getruckt hat, doch in und irn erben an schaden. Geben zu Prespurgk am freitag noch Circumcisionis Domini anno eiusdem LXXVIII.

1478 März 27 **357**

Geschäft des Kaspar Horundel;
Bestellung von Willensvollstreckern
pr., schr., 5 Zg. (*Index*: —)

Testamentum Kaspar Horundel

Item alhie ist vermerckt das gescheﬀt, das gethan hat der erber Caspar Horundel, die zeit ainer des rats zw Prespurgk, pey gueter vernunfft und mit gutem willen, und do er das wol getůn hat mügen in seiner siechpett an alles maniglichs widdersprechen, darzu er gepeten hat den erwurdigen herrn Hansen Han, diezeit pfarrer Sant Mertns kirchen zu Prespurgk, und herr Hans Karner, diezeit richter, und Augustin Mischulber, und Wolffgang Prawn und Zöch Michel, das sew sullen sein geschafft herren, und das ist sein letzter will.

Item von erst emphill ich mein sel Got dem almechtigen, und Unser Lieben Frawen und Allen Hailigen, und das mir der almechtig Got mein sůnd vorgeb.

Item ich schaff mein haws, darin ich wanung hab, das zuverchauffen umb II^{c} fl. auff XX jar, alle jar davon zegeben X fl. zu der capellen auff Sant Mertns freithoff, und wen die XX jar aus sein, sul das haws frey sein dem, der das chaufft.

Item mer schaff ich mein weingarten Tiergartn auch zu der vorgnanten capellen in solicher mass, das man den verchauffen sull umb II^{c} fl. auff XX jar, alle jar X fl. zegeben zu der capellen, untz das die XX jar aus sein, so sull der weingarten dem frey sein, der in chaufft hat.

Item mer schaff ich zu der cappeln I^{c} fl., das man darumb chauff messgewant, altartůcher, ain mess puech, kandel, ain klains klockel, ain glocken pey einem centen, das man darzw zu der auss leyt, ein kelich, die glasvenster zu pessern, und wie man eyn kaplan darzu scholl halten,

(fol. 176r) das setz ich meinen gescheﬀt herren und meiner hawsfraw auff ir gewissen, das sie das treulichen ausrichten, und ob ain abgang darin wer, das das gelt zw wenig wer, das sull mein hawsfraw ausrichten.

Item mer schaff ich XVI fl. umb I^{c} stain zu dem paw Sant Mertns kirchen, und das man das anderswo nyndert hingeb, den umb stain oder ziegel.

Item mer schaff ich X fl. zw Unser Frawen in das mönich kloster in solicher mass, das sy umb die V fl. zel mess singen und lesen, und X passion, und die V fl. sullen mein gescheﬀt herrn anlegen zu dem paw, das es angelegt ist zu notturfft.

Item mer schaff ich in das jungfrawn kloster zu Sant Klaren IIII fl., das man das auch anlëg, wo es hin notturfft ist mit willen meinen gescheﬀt herrn.

Item mer schaff ich IIII fl. in das spital, darumb sull mein hawsfraw leilachen oder deckh darumb chauffen.

Item mer schaff ich XX fl., das man darumb kawff armen leyten oder armen jungfrawen noch willen meiner geschefft herrn auszutailen.
Item mer schaff ich X fl. fur ain Romfart, das mein geschefft herrn ain wolgelerten man dahin schicken, der auch fur mein arme zel pittund sey.
Item mer schaff ich II fl. gen Sant Wolffgang zu dem paw oder zu dem liecht, und das man die geb dem kirchmaister oder sunsst ainem wolgelernten man.
Item mer schaff ich I fl. gen Unser Lieben Frawen gen Zell in solicher mas, als gen Sant Wolffgang.
Item mer schaff ich meiner swester, Kathrein zu Saltzburgk, L fl. auri in solicher mass, das sie die sull tailen meinen armen freundten, das setz ich ir auff ir gewissen, und „umb“ das gelt sull man ain wexel machen zw Wienn, das sie darumb nicht herab durff schicken, und ab mein swester mit tod ab wer gangen, so schaff ich die L fl. auch zu der vorbestimpten capelen.
Item mein swester, Kathrey, ist mir schuldig ain gelt, das sie wol wais, und das sie umb das selbig gelt ain marbel stain uber ain grab hiet chaufft und gen Wienn hiet geschickht.
Item mein begrebnuss beger zu Sant Merten kirchen vor meiner hawsfrawn stüel pey dem stock, da man das gelt innen legt.
Item mer schaff ich XL arme lewt zu haws halten und yedem III den. zu geben.
Item schaff ich III sellpad zu haben armen lewten und eynem yeden II den. geben.
Item ich schaff meiner hawsfraw III weingärten, einen im Goltfuess, eyner im Kumblierer, ein zu Ratzesdorff im Karner, und alle mein varunde hab, nichts ausgenommen, in solicher mass, das sie das ausricht als vor bestimpt ist. Auch pit ich mein hawsfraw, das sie ir mein sell las empholhen sein, als sie mir das versprochen hat und auch nimmer zu heyraten noch meinem abgang, und ob Got mit dem tod uber sein gepüt so wold sie die mess pas stifften, und durch Gotzwillen geben von meiner sel und irer sel willen und noch meiner geschefft herrn willen.
Item das geschefft ist geschehen am freytag noch Unser Frawen tag Annunciacionis im dem LXXVIII jar und hab auch gepeten die erber vorbmelten geschefft herrn zu pesser sicherhait, das sye sullen ir petschafft darauff trucken, doch in und irn erben an schaden.
Item auch pit ich mein herren des rats, das sew darob wellen sein durch Gots willen, das solichm meinem geschefft noch chomen werd und hantvesten do peÿ behalten, als es dem vorbeschriben stet. Auch pitt ich mein lieben herrn ratz ob meinen geschefft herrn ainer oder mer abgingen mit dem tod, das sie wollen an die stat setzen ander.
Item das geschefft hab ich mit meiner hant geschriben in meinem siechpett, das es dester mer ~~kaf~~ krafft sull haben. Auch wird ich ain zedl in das geschefft brieff legen, das sull auch krafft haben als der geschefft brieff wen das papir slecht durch.

1478 Juni 8 **358**

Geschäft der Dorothea, Ehefrau des Matthias Paer

pr., schr., 5 Zg. (*Index*: —)

(fol. 176v) Testamentum Dorothee Paerin

Vermerckt das geschefft, das ich Dorothe, des Mathes Paer, purger zu Presprugk, elich hawsfraw, in meinem siechpet mit guter vernufft wolbedachtlichen zu der zeit, do ich wol mit recht getun mocht und meine freundt rechtiglich nicht haben dawidder gesprechen mugen und letzten willen geordnt hab unbetwungen von meniglich, als hernoch geschriben stet.

Item von erst schaff ich das hawss auff der Wedritz nebn des Mert Hunsveint haws gelegen, das man es hingeben und verchauffen sull, und was man es tewrer gibt als umb I^c fl., das sul man geben zu Sant Mertns pfarkirchen zum paw.

Darnoch schaff ich meinem sůn, Burcharten, ain weingarten, der Gefang genant, neben des Frawn Gevengel auff Thebmer grund gelegen, schaff im mer ain weingarten, im Smyedel genant, zunagst des Wolffgang Haberler weingarten gelegen alles ledig und frey.

Item ich schaff meinem (!) weingarten im Mawrer halben tail meinem hawsswirt, Mathesen Paer, und die ander helfft meinem sůn Burckarten also, das sie die schult so darauff ist, samenlich zallen sullen.

Item ich schaff die zwaytail in Pfaffen meinem hawswirdt Mathesn, ains yedn tails die helfft und meinem sun, Burckarten, die ander helfft, das wir mitsampter handt zu wigen bracht, chaufft und erledigt haben von cristn und von juden.

Item ich schaff mein hawss, do wir in wonund sein, neben des Hans Kursner hawss gelegen halbentail Mathesen, meinem hawswirt, und meinem sůn, Burcharten, den andern tail, also das sie die schult so darauff ist, samentlich zallen und ausrichten sullen.

Item ich schaff alle meine varund hab dem Mathesen, meinem hawswirt, davon sull er ausrichten und geben zum paw zu Sant Mertns pfarkirchen hie XII fl., und mich nach eren zu dem grab bestatten, und sull mir XXX selmess lesen ~~lassen~~ und ain psalter, und sull davon meiner muter geben III fl., ain kursen und ain plaben rock.

Item ich schaff meiner swester, Waldnerin, meine koralnendne paternoster und I wellisch kötzl, das sie in irer gewalt ~~hab~~ hat, und ain silbrin gespir, ~~an~~ ain pad pfait und ain ringlein. Item ich schaff in das mönich kloster hie zu Unser Lieben Frawen I fl.

Item ich schaff ~~in das mo~~ die LX fl., do mir der Strobmer schuldig ist, XXX das man den weingarten, der Mawrer genant, davon zallen sull, und die andern XXX fl. zu Sant Merten zu paw.

Item ich schaff meinem prueder, Walent, meinen weingarten in Dhonawleiten gelegen also, das er doch nicht meinem hawswirt und meinem sůn den weg in

Mawrer nicht wern sul, sunder hinfur ~~der~~ albeg der weg frey sein sull.
Item ich schaff meinem suͤn, Burcharten, „und“ meinem hawswirt mein zinschüsseln der XII sein, yedem VI.
(fol. 177r) Item ich schaff meinen suͦn, Burcharten, meinem hawswirt Mathesn, das er in bey im halten sul piß das er zu seinen vogtpern jarn kuͦmbt.
Das solh mein geschefft und letzter will noch meinem tod volnfurt und volendt werd, so hab ich durch Gots willen die ersamen herrn Hansen Han, pfarrer hie zu Sant Mertns pfarkirchen, Burcharten Scharrach, der K(*öniglichen*) M(*ajestät*) ambtman, Thoma Behem, burgermaister, Hans Karner, mitgeswornen des rats, und Thoma Peckh, purger der stat hie zu Prespurgk, das sie es trewlich in geschriff bracht, und mit iren aigen petschadten in und iren erben an schaden bewaret haben. Actum feria 2^{a} proxima post festum Sancti Erasmi martiris anno etc. septuagesimo octavo.

Ohne Jahr, Monat und Tag (ca. 1478) **359**
Geschäft des Niklas Messerer
pr., schr., 3 Zg. (*Index*: —)

Testamentum Niclas Messerer

Vermerckt das geschefft, so ich Niclas Messerer hie mit gutem willen bedechtiglich und unbetzungen getan hab zu der zeit, do ich das woll getun mocht mit recht an meniglichs inred und widdersprechn, und zu hail meiner sel, und das getan vor den erbern Peter Zingiesser, Kuͦntz Saelr und Thoma Schreiber, alle drey mitburger hie, die ich durch Gotwillen darzu ervordert hab und ze bestattung, domit es nach meinem tod gehalten und volnbracht werd in mass, als hernoch geschriben stet.
Item von erst schaff ich ain Romfart, die sul ausrichten Anna, mein hawsfraw, von meinen gelasnen gutern. Item darnach schaff ich ain Achfart, die sull ausrichten die yetzbemelt mein hawsfraw von meinen gutern.
Item ain silbergurtel ist herkomen von meinem lieben bruedern von Bruͦn, diesselb gurtel schaff ich auff drey tail, ain tail zu Sant Merten paw, den andern tail schaff ich in Unser Frawn zech hie, und den dritten tail in das mönich closter zu dem paw daselbs, und dieselb silbergurtel sol man schetzen noch frummer lewt rat und die treulich austaillen auff drey tail, als vorstet.
Item alle ander mein guter, wie die gnant ader wo die gelegen sein, nichts ausgenomen, schaff ich meiner lieben hawsfrawn, Anna, frey und ledig, domit zu tuͦn und zu lassen.
Das aber solh geschefft also geschehen sey, das bekennen wir obgnanten geschefft lewte bey unserenn trewen an aids stat etc.

1478 Juli 19 **360**

Geschäft der Katharina, Ehefrau des Andre Hamer

pr., schr., 3 Zg. (*Index*: —)

(fol. 177v) Testamentum Katherine, Andre Hamerin

Itm alhie ist vermerckt das geschefft, das die erber fraw Kathrein, Andre Hamerin, selig hat getan an irenn letzten zeiten mit wolbedachtem vernufft und darzu hat sie gepeten die ersamen Pangratzen Swartzenegker, und Bartholome Vaschang und maister Hansen Swertfeger zu pesser zeugnuss und gedachtnuss, und das ist geschehen an dem nagstn suntag noch Sant Margarethen tag im anno M CCCC LXXVIII.

Item am ersten hat sie geschafft ir swester, Trew Niclin, ir hawss halbs gantz frey.

Item mer hat sie geschafft auch ir swester, obemelt der Trew Niclin, ain halben weingarten, gnant Wolfflins Grundt, des nagsten bey dem Goltschmid frey.

Item mer hat sie geschafft der Marusch, ir tachter, des Mathesn hawsfraw, ettwan des Prinster seligen hawsfraw, irn kindern ain halben weingarten inder Tunaleiten das innertail neben dem herr Wolffgang Prechtel.

Item mer hat sie geschafft der Braiden, ir tachter kïnden, das ander halbtail weingarten inder Tunawleiten zu nagst dem Holtzer. Item mer hat sie geschafft der Braiden, ir tachter kinden, das ander halbtail ires hawss in der Newstat.

Item mer hat sie geschafft der Braiden, ir tachter kinden, ain halben weingarten in dem Wolflinsgrunt zu nagst des Leikebin. Item mer hat sie geschafft ir varund hab irenn tochtern zwayn mit einander. Item mer hat sy geschafft ein pet einer hawsarmen diern oder ainem armen priester. Item mer hat sie geschafft alles das den kindern ist geschafft oder bemelt, ob die kinder ainer tachter abgiengen, so sul es alles erben auff die andern kinder der andern tachter, und herwidder von den kindern der andern tachter auff die kinder der ersten tachter. Und zu letzten hat sy gepeten die erbern geschefftleit durch Gotz willen der aller bemelt ding, das sy schollen der gedencken und das ir tächter und aiden bey dem geschefft und iren letzten willen beleiben und dasmit (!) verandern, noch anders machen, domit das das an krieg geschech.

Et est inhibitum per Mathiam Rubeum.

1479 Juli 9 **361**

Geschäft des Erasmus Adlman

pr., schr., 3 Zg. (*Index*: —)

Testamentum Erasmii, doctoris facultatis medicine

Ich Erasmus Adlman doctor beken, das am freitag nagst vor Margarethe anno Domini etc. M° CCCC und in dem LXXVIIII, mit wolbedachtm můt, gueter vernůnfft zu rechter weil und zeit des tags geschafft und geordnnt hab, wie hernach geschribn und begriffn ist.

Item von erst bevilich ich mich Got dem almechtigen und tů ain solichs mein geschefft, ob Got uber mich gepot in kůrtz oder in leng, so sull Elspet, mein eliche hausfraw, all mein gůt, wo ich das hab unverschaidenlich in laute, wie das genant sey, erĭben, einnemen domit tůn und lassen als mit anderm irem gůt, darein ir kainer meiner geswistreid noch freundt nit zusprechn noch zuvodern haben. Ob aber die bnant Elspet, mein hawsfraw, iren wittibn stant verkern wolt, so ist sie schuldig geleich zutailen das gůt mit Erasmo, meinem lieben sůn, doch das aufgezaigt gut Erasmii sull dy benant fraw Elspet bey iren henden und in ir gewalt habn, und den benanten Erasmo davon geben noch irem gevallen. Das ich solh geschefft mit meiner hant nit selber geschriben hab mügen, ist aus geprechen meiner gelider, darumb hab ich mit vleis gepeten den ersamen und weisen Hansen Potenperger, dy zeit ainer gesworner burger des rats der stat Prespurgk, das er mit seiner aigen hant mein
(fol. 178r) gegenwurtigs geschefft und letzten willen geschriben hat, und von sunder meiner gepet wegen sein aignen insigill neben meinem aignen insigill zu bestatigung und krefftigung auff ditz mein geschefft getrucht hat, doch im und seinen erben an schaden. Des dan zeugen sein der erwirdig herr Mert, karher hie zu Prespurgk, und der erber Thoma Peckh, ain gesworner genanter burger hie, und sy solhs meins gescheffts mitsambt dem obestimbten Hansen Potenperger geschëfftlewt seinn, und sy all drey durch mich vorgeschribenn Erasm Adlman bey meinem geschefft zu seinn geruft und erbeten seinn worden, und zu merrer sicherhait sye ire aigne petschafft zu den yeden zwain sigillen darauff getrucht haben, dach in und iren erben an schaden. Geschehen zu Prespurgk, tag und jarzal, als vorstet.

1480 März 7 **362**

Geschäft des Sigismund Pantzir
pr., schr., 4 Zg. (*Index*: —)

Testamentum Sigismundi Pantzir

Vermerckt das geschefft, so ich Sigmund Pantzir hie mit gutem willen und wolbedachtem můt und von den genaden Gots mit guter vernufft und synnen zu der zeit, do ich das mit recht wol getun mocht an meniglichs inred und widdersprechen, und zu dem hail meiner sel, und das getan vor den erbern Caspar Ledrer, Augustin Ledrer, Mert Ledrer, Wolffgang Irher, all mitburger hie zu Prespůrg, die ich durch Gots willen darzu ervordert und mit vleis gepeten hab solh mein geschefft ingedechtig zu sein, das es ausgericht und volfurt werd in massen, als hernoch geschriben stet.

Item von erst bevilich ich mein sel Got dem almechtigen.

Darnoch schafft ich all mein gůt, es sei erb oder varundgůt, wie das gnant oder wie es gelegn ist, meiner liebn hausfrawn, Margarethen, frey und ledig und kainem andern freundt, davon sull dieselb mein hausfraw ausrichten und bezalln alle geltschuldt. Item es sul auch dieselb mein hausfraw, Margareth, zu hail meiner sel mir lassen lesen XXX mess.

Geltschult

Item hern Zobar Emereich[121] bin ich schuldig XX gulden.
Item hern Bartholome, dem priester, bin ich schuldig XX gulden.
Item dem Johannes Gerad, der ettwan in Gotsleichnam capellen gebesen ist, bin ich schuldig VIII gulden. Item dem Bartholome Vaschang bin ich schuldig II fl.
Item ainem juden, mit namen Selmon, bin ich schuldig I fl.
Und das solh mein geschefft also geschehen sey, hab ich durch Got mit sunderm vleis gepeten die obemelten geschefftlewte, das ir yglicher sein petschad zu gezeugnůss der sachen auff den gegenwirtigen geschefftbriue gedruckt hat in und iren erben an schaden. Gescheen am erichtag noch Oculi in der vasten anno etc. LXXX.

1479 Dezember 11 **363**

Geschäft der Anna Gravenpücherin
pr., schr., 4 Zg. (*Index*: —)

(fol. 178v) Testamentum Anne Gravenpücherin
Vermerkcht das geschefft, das ich Anna Gravenpücherin getan hab zu der zeit, da ich es wol getůn ~~mocht~~ hab mügen zu rechter zeit und mit gůter vernufft.
Item vonersstn schaff ich den weingarttn, genanntt Salczer, zu dem paw Sand Merttn.
Item den weingarttn, genannt das Kirchgfanng, gelegen zů Rätzestorff halben zu der kirchen gen Rätzestorff und halbn zu Sand Margrethn kirchn[122].
Item den weingarttn, der da heist die Öd zu Räczestorff, den schaff ich meinem brůdern, Thamäschn, so er sich eelich setzt nach meiner geschefftherrn willn und anders nit.
Item den münichn in dem hiegen closter ain dreyling wein nach der geschefftherrn willn und auszaigen ain hewrigen.
Item in das spital ain halbs fůeder vierdigs und ½ fůeder heẘrigs.
Item in das frawn closter ain halbs fůeder heẘrign wein.
Item zu Sand Merttn hie ain dreyling wein ain hewͤrign, ain gůten.
Item den weingarttn, der da haist der Kuttner schaff ich, das man den hingeb und davon jerlich pegee aïn jartag alslanng als das gelt wert und IIII selpad.

---

[121] *Imre/Emerich Czobor (1468–1516) war ein Mitglied der Familie Czobor von Czoborszentmihály, Sohn des Mihály/Michael Czobor (1437–1473), ehemaliger Hofrichter von Ofen (Buda). Imre bekleidete das Amt des Gespans von Pozsony (Preßburg) bis zu seinem Tod.*

[122] *Hier ist wohl die ehemalige St. Margarethen-Kirche in Sellendorf, dessen Ortsgebiet heute im Stadtgebiet von Bratislava aufgegangen ist, gemeint.*

Item ain klain weingarttn gelegn neben dem Sneebeis und des Michl Smid, den schaff ich dem Hanns Koch, dem tischler.
Item Mathes Kürsner schaff ich V gulden.
Item meinem klainen dierndl, N., schaff ich ain gericht pett mit aller zugehörung, und V gulden, und ain swartzn rokch.
Item den grossen tisch vor in dem wynkchl sol man hingebn und das gelt armen leẘttn gebn.
Item herrn Niclas, der da hat gesungn zu Sand Larentzn an suntag nach Vincenti im LXXVIIII jar [*1479 Januar 24*] schaff ich I gulden.
Item in Unnser Frawn zech schaff ich V gulden.
Item in Gotsleichnam zech schaff ich V gulden.
Item in die zech Muͤter der Parmhertzigkait schaff ich V gulden.
Item der Katherina, des Emrich Jorgn tochter, schaff ich meinen swartzn haraß mantl, und ain sexfächtign slayr, und ain vierfachn und ain pett mit ainer newen ziehen, die da leit in der truhen.
Item der Steffan Sneyderin schaff ich das groß pett, und die tuchna, und die gross sydltruhen und ain kuͤnigwämlein pelcz.
Item dem Dawcher Hanns schaff ich X tal. den., das man davon besneid die kyndl und das weib.
Item dem Michl, des Emrich Jörgen sůn, schaff ich VIII tal. den.
Item dem Peter Prenner, und seiner hausfraw und den kyndlein schaff ich III gulden.
Item den weingarttn in dem Heffrer den schaff ich frey und ledig dem Hans Pudmer, das er laß auff IIII jar alle jar III selmess leßen.
(fol. 179r) Item meinem peichtvater, herr Wolfgang, schaff ich III gulden.
Item mer maister Hansen schůler, der Michl genant, schaff ich V gulden.
Item meinem herren dem richter schaff ich die groß press.
Item die ander press schaff ich meinem herrn dem burgermaister.
Item meinem herrn dem pharrer schaff ich die groß überwerff poting.
Item dem Jörgn, der da hat der Staindlin tochter, dem schaff ich ain klaine poting und ain lärß vässel zu X ur.
Item das haws, das sol man maister Hannsen verkawffn umb II^{c} gulden, ob er das haben welle. Aber ainem andern sol man es gebn umb II^{c} und XX gulden.
Item den Kuttner wil den auch maister Hanns Goldsmid habn, so sol man im den auch zu kawffn gebn fur ain andern.
Item dem Thomäsch, meinem brůdern, schaff ich auch ain pett und I polsster, so er sich erlich setzt nach meiner geschëfftherrn bevelhen, und sovil auch mit dem weingartten, den ich im geschafft hab, als vor stet.
Item ich schaff auch meinem weinzürl, dem Wolfgang Pyntter, ain zuchtmůter mit ainem spenvärlein, und ain plabn mantl und ain zwifachtign slayr.
Item ain sweyndl halbs in die schůl und halbs in das spital.

Item das ain sweindl maister Hansen dem Goldsmid.
Item ziechwerch, das ligt in der truhen, das schaff ich des Emrich Jörgen tochter.
Item dem Hans Zwignrädl von Schiltarn schaff ich III gulden.

Geltschuld

Item ich bin schuldig in Gotsleichnam zech XL guldn auff das haws.
Item dem Lanngn Hainrich X gulden, die er mir gelihen hat auff dem rathaus.
Item dem Albrecht Gailsam bin ich schuldig XXXIII gulden.
Item der Pärtl Tůnkchlin XIIII ß ~~den.~~ XII den.
Item der Weissawerin.
Item der Steffan Gürtlerin.
Item maister Jörgn dem Appotegker III ß I den.
Item dem Unverricht I gulden.
Item der Wolfgang Prawnyn XIII ß den.
Item Ulrich Smidin IIII gulden.
Item der Schinaglin IIII gulden III ß X den.
Item dem Mertt Sneyder pin ich schuldig das tor hůet lon von Sand Larentzntag bißher [*1479 August 10–Dezember 11*].
Item herrn Niclasn II gulden, dem ich vor geschafft hab.
Item der Jorg Ränesin XVIII ß den. umb II kawff vaß.
Item Hanns Leyß hat mir gelihen ½ fůeder aicheins vaß gepunden.
Item des Prechtlein weinzurl hat mir gelihn ain aichein dreyling gepunden.
Item mein vorbestymbts geschäfft, das da also ain fürganngk hab, was da uber die geltschuld beleibt.
Item zu meinem geschafft hab ich gepetn die ersamen herrn, mein herrn den pharrer zu Sand Merttn, mit namen Hans Han, und mein herrn Andre Holczer, diezeit richter, und meinen herrn Hanns Sawrasch, diezeit burgermaister, und auch Hans Swartzbadl, das ich hab wolbedĕchtig mit gůter vernůfft in ir gegenburttigkait getan hab nach Christi gepürd anno Domini M^{o} CCCC LXXVIIII° an sambstag vor Lucie.

1480 Februar 16 **364**

Geschäft des Paul Kaler
pr., schr., 7 Zg. (*Index*: —)

(fol. 179v) Testamentum Paul Kaler
Vermerckt das geschëfft, das getan hat der erbrig (!) mann Paul Kaler zu der zeitt, als er das woll thůn macht und peÿ gueter vernufft waß unpetwuglich, und ist seÿn lester willn und das geschechen ist am mitichen nach dem Vaschantag (!), das ist an dem Aschtag gesprochen, im dem jar als man hat geschriben tausentvirhundert und achtzigisten jar.
Item zu dem ersten mal schaff ich mein sel dem almechtigen Gott.
Item der heiligen kirchen zu Sant Michel schaff ich zwen gulden, die sol mein sun ausrichten von dem hauss auff zwey jar.

Item mein hauss schaff ich meinem sün, Wolfganngen, und meiner tochter, der Malerin, doch also, das mein sun hab dÿ vorwall, und züm ersten als oben stet der kirchen zwen gulden, und zechen gulden zu ainer Römfardt, und dreÿ gulden und ain halbphundt phennig einem knaben als sÿ woll wissen, und darnach sollen sÿ geschefft leẘt das hauss schëtzen wes es wol werdt seÿ, und mein sün schol den selbigen taill halben geben meiner tochter, der Malerin. Wär aber sach, das mein sün nicht woldt, so schol das ausrichten mein tachter, dÿ Malerin.
Item denn Fraihat schaff ich ledig und freÿ meiner hausfrawen zu thun und zu lassen.
Item dy Hochenaÿ meinen drein kinderen, Wolfganngen, Malerin und Helena, welich das seÿn tail dem andern wil verkauffen, das ist mein willen.
Item inn dem Gefang seindt zwaÿ taill schaff ich das aussreren meinem sün und das indrer meiner tachter, Helena, dar auff schollen sÿ paydew zallen dreyzechen gulden, und mein sun scholl dye tail di der Helenn seindt, vleisigk pawn piss das sy ze landt kumbt.
Item meiner direnn, Brigida, schol geben mein sůn von dem wein ain gulden.
Item besunder pyn ich schuldig drey gulden der kirchn von wegen der Zerngastin, dÿ scholl man auss den weinn, dÿ do ligendt, bezallen und darnach schol mein tachter, dÿ Malerin, mit jerem man den egemelten weingarten, Dunnen genant, pesetzen und einnemen.
Item meinem sün schaff ich meine gkaidt gar.
Item meiner haůsfrawen schaff ich ledig ain vasel weinn zu newn Gunneren ligundt.
Item den garten in dem Diersmaul schol mein sun und dy Malerin verkauffn und ob ymat cham, dem ich schuldig wär, den schollen sew bezallen von dem selbigen gelt.
Item der Helena, meiner tachter, schollen sÿ geben ain gericht pedt mit aller zugehorung.
Item den ubring wein, der do ist und beleibt uber dÿ dreÿ gulden von wegn des weingarten, Dunnen genant, und des gulden der Brigida schaff ich gar meinem sün, das er mich erberlich bestadt zu dem grab und lass wegen und mit dem ubring taill paw dÿ weingarten dye ich im geschafft hab und der Helena.
Item ich schaff meiner hawsfrawen dy ander varundtenhab, wellendt sÿ dÿ selbigen waiss oder der föderen mag nichs ausgenomen, und mein hawsfraw schol in dem hauss beleiben, ist das sy wil oder man scholl ir geben auff dreÿ jar alle jar ain gulden.
Zu dem oben geschriben geschëfft seyndt drewlich gebetten worden dÿ erberen herren herr Thomon Hayndel, zu Sant Michel hÿe zu Prespurgk, Hans Kerrn, Thomon Drexel, Niclas Dropawr, Niclas Lazschawer, Niclas Dornschacher, Niclas Zwickel, all mitburger hie, dÿ das vleisigklichen haben lassen beschreiben von wardt zu wardt, und darnach dy drey herren Thoman, pharrer, Thoman Drexl, Hanns Kerrn habn das geschefft versigel, in und iren erben und guetteren an schaden. Das geschechen ist an dem jartag als das geschefft oben yn haldt etc.

1480 März 8 **365**

Geschäft des Hans von Teben, Priester

pr., schr., 3 Zg. (*Index*: —)

(fol. 180r) Testamentum domini Johannis, brespiteri de Teben

Vermerkcht das geschefft, so ich Hanns von Teben, ain brister, mit gutten willen und wollwedachten müt, und auch von den gnaden Gotz mit gutter vernufft und synnen zu der zeitt, do ich das mit recht wol gethün möcht an menigklichs inredt und widersprechen, und zu dem hail meiner sell, und das getan vor der erbern weisen Hansen Sawrasch kursner, dye zeit burgermaister, Augustin Schuester, und Geog (!) Piburger, der schreiber, die ich auch durch Gotz willen darzu ervordert und mit vleis gepetten hab, solh mein geschäfft ingëdechten zu seyn, ausgericht und volfurdt merrer in massen, als hernach geschriben stët.

Item von erst bevilh ich mein sell Gott dem allmechtigen.

Item darnach schaff ich meinen tail weingarten im Flotzer zu nagst dem Wolfgang Vorster weingarten gelegen und ain sechstail im Heimjöchlein gelegen meiner lieben swagern, Wolffgang Aigner, Barbra, seiner hawsfrawn, und iren erben frey und ledig schaff ich in das an irer schuld, so ich in schuldig pyn.

Item mein halbs hawss, so mir von meinen veteren, seligen Hanns von Teben, angeerbt ist, schaff ich auch meiner lieben muemen, Wolfganng Aignerin, und iren kinderen ledig und frey.

Item mein tail weingarten, genandt Leichmichnit, zu nagst dem Jacob Preyn weingarten gelegen schaff ich auch der selbigen meiner lieben muemen, Wolfganng Aignerin, und irren kinderen ledig und freÿ.

Item ich bevilh auch meinem schwageren, Wolfganng Aigner, das er mein sel trewlich bedenchen soll, auch meiner vorvoderen, da von dÿ gueter her kommen seyn, als ich im des besunder vertraw.

Und das solh mein geschäfft also geschechen seÿ, hab ich durch Got mit sundern vleis gebeten die obbemelten geschafft lewt, das ir jeglicher sein betschafft zu gezeugnüss der sachn auff den gegenburtigen geschafft briefft gedrucht haben, in und iren erben an schaden. Geschechen an dem mitichen nach dem suntag Oculi in der vasten anno Domini etc. LXXX°.

1480 Mai 7 **366**

Geschäft der Anna, Ehefrau des Michael Nadter

pr., schr., 3 Zg. (*Index*: —)

Testamentum Anne Nadterin

Hie ist vermerckt das geschefft, das ich Anna, Michel Nadterin, getan hab mit guter vernufft und wolbedachtm mů̊t zu weil und zeit, do ich es woll getun hab mügn an meniglichs widdersprechn in gegnwürtigkait der ersamen etc. herr Conrad

Rieder, pfruntherr zu Sand Mertns kirichen, Mert Harrer, Niclas Satler, des sůntags vor dem Auffertag Unsers Herren Christi Ihesu noch Christi gepurt M CCCC und in LXXX jar.
Item am erstn schaff ich und emphilig (!) Got mein sel in sein henndt.
Item darnach schaff ich I fl. zubestatung zu der erd meines leichnams.
Item ich schaff I fl. umb XXX mess. Item ich schaff auch I fl. in die zech der Muetter der Parmhertzigkait. Item ich schaff I fl. in das jungfrawn kloster zu ainer tavel des altars zu Sand Maria Magdalen. Item ich schaff der Maruschn, meiner eedlein, mein groß pett, den lange polster, und II kuss, zway leilachen, und ain ausgenetess tistuech, und ainen newen glätawr, und I lad, das man das darein versliess, und das sul innen halten der Mert Hawer und sein hausfraw. Gieng aber dy bemelt Marusch etc., mit tod ab ee und sy wurd verheirat, so sull es alles gevallen in das jungfrawn kloster, doch mit solicher underschaid, kem mein sůn prueder, Hans, und wer sein notturfftig, so soll es im nochvolligen.
(fol. 180v) Item ich schaff meinem sůn, brueder Hansen, funff gulden und was man kauffen ist aus der ubrign varundn hab, das sulln im innen halten dy prueder der zech der Muetter Barmhertzigkait so lanng uncz er kombt, piß zu X jarn oder mer. Ob er aber nit kem und nicht hoffnung wer seiner zukunfft, so sull der halbtail nochvolligen meiner bmelten Maruschen etc., und der ander halbtail sul ausgetailt werden zu hail meiner sell.
Item das solher meiner letzter will verpracht und voreckt (!) werd, hab ich vleissig gepeten die ersamen bemelten herrn meinen willen zu verpringen, das sie sich verwilligen undter irn aufgetruchten petschafften doch in und iren erben an schaden.

Ohne Jahr, November 24 (ca. 1479/1480) **367**

Geschäft der N., Ehefrau des Stephan Mulner

pr., schr., 3 Zg. (*Index*: —)

Testamentum Steffan Mülnerin

Item von des geschëffts wegen, das da getan hat dy Steffan Mulnerin mit wolbedachtm můt. Item XXX selmess zu S. Lorentzn, dy man lesen und singen sul.
Item XIIII tag nach S. Merten tag das das geschefft geschehen ist. Item das sie geschafft hat irem sůn, dem Jacob Haiden, alle ir gůt, das sie dan gehabt hat, haws, und hoff, und weingarten, und mil (!). Item auff das hat sie geschafft das er di VII gulden von dem gůt bezallen sul der Jacob Haiden.

Die geschefft lewte

Item Erhart Ebmer, Wolffgang Mulner, Jorig Frawndorffer. Item und bekennen bey iren trewen das das geschëfft also sey in und alln iren erben an schaden.

1480 Oktober 20 **368**

Geschäft des Stephan Talhamer von Königsberg

pr., schr., 2 Zg. (*Index*: —)

Testamentum Steffani Talhamer

Vermerckt das geschëfft, das ich Steffan Talhamer vom Kunigsperg in meinem siechpet mit güter vernufft wolbedachtiglich in gegenwürtigkait meiner hernoch geschriben geschëfftherrn tan und geordent hab, als hernochvolgt.

Item von erst so schaff ich L fl., di mir Mert Gailsam, mitburger hie zu Prespurg, schuldig beleibt hie zu S. Mert kirichen zum paw.

Darnoch schaff ich van den L fl., di mir der Michel Dremmel, auch mitburger hie, schuldig beleibt XXV fl. zu dem monichkloster hie S. Franciscen ordn zum paw und di andern XXV fl. in das nunnenkloster hie, das di in notturfft der armen klosterjungfrawn ausgeben und angekert sullen werden.

Mer schaff ich I^{c} fl. hungrisch hie zu S. Merten kirichen also, das man wochenlichen alle montag in ambt in eren Unser Lieben Frawen de Assumptione darumb singen sul noch rat und ordnung meiner hernoch geschriben geschëfftherrn, und sul alle jar von den I^{c} fl. umb das ambt zu singen VIII fl. geben alslang di selben I^{c} fl. wern.

Item darnoch schaff ich alles mein ubriges armůt und güter, wie di genant oder welent di gelegen sein anligund und varundhab, nichts ausgenommen, meiner lieben hausfrawen, Juliane, alles ledig und frey etc. an gever.

(fol. 181r) Das aber solh mein geschëfft und letzter will krafftthab und volnbracht werd, so hab ich mit vleis durch Gotswillen gepeten dy ersamen weisen herrn Burckharten Scharrach, der kuniglichen maiestat ambtman, und Andreen Holtzer, statrichter hie zu Prespurg, das sie es in geschrifft pracht und mit iren aignen petschadten bewaret haben, doch in und iren erben an schaden. Actum am freitag noch S. Lucas tag ewangeliste anno etc. LXXX^{mo}.

Ohne Jahr, Monat und Tag (ca. 1479/1480) – *1480 Oktober 20* **369**

Geschäft des Hieronymus Wanusch

pr., schr., 4 Zg. (*Index*: —)

(fol. 181v) Jeronime Wänůsch

Vermerckt das geschëfft, so ich Jeronimus Banusch zu Prespůrgk bedachtiglich mit güter vernufft zu der zeit, do ich das mit recht wolgetůn möcht an meniglichs inred und widdersprechen und zu dem hail meiner sel, und das getan vor den erwirdigen und ersamen hern maister Hansen Han, diezeit pfarrer Sand Merten kirichen, maister Wolffgang Prechtel, Burckhart Scharrach und Thoman Peckhen, die ich darzu ervordert und durch Got mit vleis gepeten hab zu bestattung, domit es noch meinem tod gehalten und volbracht werd im mass, als hernoch geschriben stet.

Item vanerst bevilich mein sel Got dem almechtigen, das er mir hie und dort genadiglich bey sey.
Item darnoch schaff ich zu Sand Merten kirichen gepew XX gulden, die sul man innemmen von meinem herrn graff Simeon zu Posing[123], der mir schuldig ist XXI½ flor., aber di anderthalben gulden uber di XX flor. schaff ich zu ainem kellich.
Item darnoch schaff ich XXVI lot silber zu ainem kelh, den zu nützen zu dem täglichen selambt und meinen pëtschafftring darzu zu dem vergůlden.
Item mer schaff ich auff meinen weingarten, genant der Spiegel, gelegen auff Rätzesdorffer gepiet, der gantz bezalt ist, fünfftzigk gulden zu ainem jartag den zubegen noch gewonhait Sand Merten kirichen jerlich zu singen durch di karherrn derselben kirichen und di kapplan daselbs also, das man jerlich von den genanten gulden in das capittel raich und geben sull V flor., di IIII flor. den karherrn, und den ainen gulden den kapplan, so lang dieselben fünfftzig gulden wërn.
Item darnoch schaff ich den capplan zu Sand Merten, die do bey meiner begrebnůss und des abents auch zu dem grab gen, ain halben dreiling wein in dem nyedern hawss. Itm darnoch schaff ich in der Můeter der Barmherczigkait zech hie V flor. Item ich schaff auch meinem liebn prüedern prediger orden gen Wienn V flor. Item mer schaff ich meinem peichtvater, dem pfarrer zu S. Merten hie, meinen schreibtisch und di almar mit dem giesv̊aß.
Item darnoch schaff ich maister Wolffgang Preichtel mein fuchswemlein schawben, und mein raispet mit dem ledrein pulster, und darzu V flor.
Item ich schaff auch die andern mein klaider durch Gotswillen.
Item darnach schaff ich meiner můeter XX flor. also, das man ir alle quottember [*Sonntag Invocavit, Mittwoch nach Pfingsten, Freitag nach September 14, und Sambstag nach Dezember 13*] raich und geb II flor., auch schaff ich ir ain dreiling wein in dem vodern hawss welhen sie haben will. Auch schaff ich und pit, das mein můeter ir lebteg beleib in dem hawss in allermass, als sie dan yetz wonůng hat.
(fol. 182r) Item darnoch schaff ich meiner hausfrawn, Ewfemie, mein hawss hie und alle meine weingarten, ich sey darumb im grůntpuech[124] allain geschriben oder mein hausfraw, wie das geschriben stet, so schaff ich das lediglich ir. Darzu schaff ich ir alle varunde hab und silbrein gesmeid, wie das genant ist, nichts ausgenommen, doch das sie davon bezal alle geltschult, di da weiselich gemacht wirdt.

Actum des inschreibnns am freitag
noch Galli confessoris anno etc. LXXX^{mo}.

---

123 *Graf Simon/Simeon von Posing und Sankt Georgen (1455–1494) war Mitglied der Familie Szentgyörgyi aus dem Geschlecht Hontpázmány, Sohn von Imre/Emerich (1429–1457), vgl. auch Anm. 83.*

124 *Sicherlich das Preßburger Grundbuch von 1439, heute Archív hlavného mesta SR Bratislavy, 4.1.2. Grundbuch. Vgl. auch Einleitung S. 15.*

1480 März 12 **370**

Geschäft des Stephan Dreiling;
Bestellung von Willensvollstreckern
pr., schr., 3 Zg. (*Index*: —)

Testamentum Steffan Dreiling

Vermerck das geschäfft, so ich Steffan Dreÿling hÿe mit guetten willen bedachtlich getan hab und von den gnaden Gotz mit guetter vernufft und synnen zu der zeitt, da ich das mit recht woll getün möcht an menigklichs inred und wider schprechen, und das getan vor der erberen Cristan Prewer, Peter Achtseinnit und Hansen Karner, die ich durch Gott darzu ervordert und mit vleis gepetten hab solh mein geschäfft in gedächtig zu sein und ausgericht, als her nach geschriben stet.

Item meinen weingarten im Schöndorffer auff der statgrundt neben des N. Gulden weingartten gelegen und ainen tail weingarten im Korppmer gelegen, darzu mein haws hye auff der Nunenpandt schaff ich alles dem Hanns Karner von wegen einer geldtschuldt, so ich im schuldig pyn und das er im meine kinder lass bevolhen sein.

Und das schölh mein geschafft also geschechen seÿn, hab ich mit sunderen vleis gebeten die obbemelten geschafftherren, das ir yeder sein betschädt zu gezeugnüss der sach auff den gegnburtigen geschafftbrieff gedruckt hatt, in und iren erben an schaden. Geschechen an suntag Letare mittfasten[125] anno Domini etc. LXXX^{mo}.

1480 Oktober 4 **371**

Geschäft des Stephan von See
pr., schr., 2 Zg. (*Index*: —)

Testamentum Stephani von See

Vermerkcht das geschëfft, das ich Steffan van See, mitburger hie zu Prespurg, mit gůter vernůfft wolbedëchtlich an meinen letzten zeittn gemacht und geordent hab, in gegenbůrttigkait der andëchtign und ersamen weisen brüdern Niclas, meines peichtvaters, und Thoman Behem, mitgesbornen des rats hie zu Prespurg, in massen, als hernach geschribn stet.

Item am ersstn schaff ich dem eegenanten Thoman Behem all mein gůt, anligund und varundhab, wie das alles genant oder wellent es gelegen ist, nichts ausgenomen, also, das er meine zwai kynder davon aushaltn sol und in das biß das sy vogtper werden vorbehalten was davon übrigs beleibt.

Item ich schaff mer, das er mein haws, darinn ich wonünd bin, hin sol geben und

---

125 *Der Auflösung des Datums wurde – wie in der gesamten Edition – SZENTPÉTERY, Kronológia zugrundegelegt. Die Quadragesima media wird dort abweichend zu GROTEFEND, Zeitrechnung nicht mit dem Sonntag Lätare, sondern dem Mittwoch zwischen Oculi und Lätare aufgelöst.*

verkawffen, und von demselbn gelt X gulden in Unser Liebn Frawen kirchen hie in das münich closter, ~~und~~ zu Sand Mertten kirchen hie zw dem paw IIII gulden, und in Gotsleichnamß zech hie I gulden. In Gotsleichnams cappelln I gulden. Item in das nünnen claster hie I gulden.
(fol. 182v) ~~Item~~ Zu Sand Kathrein cappellen I gulden. Itm der pharrer zu Sand Lorenntzen II fl., das er mich, als gewonhait ist, bestattn und begeen sol lassen.
Item in das spital hie I gulden. Item zu Unnser Lieben Frawn in das tal X fl.
Item seinen eegenanten peichtvater I gulden, und I pollsster und I küss geben und raihen sol, und das übrig sol er meinen zwain kyndern vorbehalten, und ob ain kynd ee abgienng mit tod denn es vogtpër werd, so sol es auff das ander erbn. Wär es aber sach, das sy baide ungevogtpër mit tod abgiennngen, sol sol (!) der egenanter „herr" Thoman Behem alle meine gůt und gelt nach seiner gewissen durch Gotwilln gebn.
Das solh mein geschëfft und letzter wille krafft hab, so hab ich durch Gotswillen die egenanten brudern Niclas, meinen peichtvater, und herrn Thoman Behem gepeten, das sy es in geschrifft bracht und mit irn aigen betschaden bewart haben, doch in und irn erben anschaden. Das geschehn ist an Sand Franciscen tag anno etc. octuagesimo.

1479 August 21 **372**
Geschäft der Katharina, Ehefrau des Niklas Zwickel
pr., schr., 5 Zg. (*Index*: —)

Testamentum Katherina, Niclas Zwicklin
Vermerckt das geschäfft, das di tugensam fraw Katherina, des ersamen Niclasen Zwickel, mitburger hie zu Prespůrg, hausfraw, in irem siechpet und kranckhait mit guter vernufft wolbedachtiglich ungenot willichlich in gegenwurtigkait der hernoch geschriben geschëfftherrn gemacht, getan und geschäfft hat in mass, als hernach geschriben stet.
Item ich schaff alle meinegüter (!), ligund und varundhab, wie di gnant oder welent di gelegen sein, nichts lediglich ausgenommen noch hindan gesetzt, di von meinem vatter, Jacoben Romer, und Anna, meiner můeter seligen, herkomen mir erblich zugehorund, sie seinn noch meiner herrn des rats hie spruchbrieff getail ader noch ungetailt ongever dem egemelten Niclasen Zwickl, meinem hauswirt, und unser paider kindern ledig und frey domit zu tůn und zelassen.
Das aber solh mein geschëfft und letzter will also verbracht ~~w~~ und in krefften beleib, darumb hab ich di ersamen weisen herrn Lienharten Rauscher pecken, stathaubtman, Micheln Kreitzer, ratherrn, Zoch Micheln, Niclasen Welser und Hansen Rutenstockh, mitburger hie zu Prespůrg, dannediglich ze gezeugnuss darzu gepeten, und das sie das in geschrift bracht und iren aignen petschadten bewaret haben, doch in und iren erben an schaden. Actum am sambstag noch S. Steffans des hailigen kunigs anno Domini M° CCCC° LXXnono.

1480 März 20 **373**

Geschäft des Wenzel Rosentaler;
Bestellung von Willensvollstreckern;
Bestellung eines Vormunds
pr., schr., 3 Zg. (*Index*: —)

(fol. 183r) Testamentum Wentzl Kursner

Vermerkcht das geschëfft, so ich Wentzla Kursner zu Prespurg mit gutten willen und wolbedachten můt auch von den gnadn Gots mit güter vernüfft und sÿnnen zu der zeitt, da ich das mit recht woll getůn mocht an menigklichs einred und widersprechen und besünderlich zu dem hail meiner sel, und das getan vor den erbern weisen Hansen Kursner, diezeit burgermaister der obbemelten stat, Wolffgang Aigner kursner, gesworner burger, und Andre Swertveger, mitburger daselbs, die ich durch Got darzu ervordert und gepetten hab, sölh mein geschëfft ingedechtig zu sein, nach meinem todt ausgericht und volbracht werdt in der weis als hernach geschriben.

Item vonersst bevilh ich mein sel Got dem allmechtigen.

Item darnach schafft ich meinem (!) weingarten, genant der Hochweingarten, auff der statgrund gelegen zu nagst meines sůn, Mert Rosentaller, weingartten meiner lieben hawsfrawn, Magdalen, und meinem sůn, Bernharten, ledig und freÿ vor menigklich.

Item darnach ainen weingarten, genant der Viertzgker, auch auff der statgründ gelegen zunagst des pharrer zu Sant Michel weingartten gelegen schaff ich auch der yetzbemelten meiner hawsfrawn, Magdalen, und meinem sůn, Berhartten, freÿ und ledig.

Item mer ain weingartten, genant der Düerßmaul, dabeÿ ain pawmgarten auff der statgründ gelegen schaff ich auch meiner hawsfrawn, Magdalen, und meinem sůn, Berharten, ledig und freÿ.

Item von begen meins haws hie, so ich dem Andre Swertwegerr umb ain sům gelts zu kauffen geben hab nach inhalt des grundtpůchs[126]. Di selb sům gelts schaff ich auch Magdalen, meiner hawsfrawn, und Bernhartn, meinem sůnn

Item meine wein, so nach verhandtn sein, auch andre meine gütter, es seÿ erb oder varundgütter, wie di genant sein, nichs ausgenomen, schaff ich auch meiner hawsfrawn, Magdalen, und Bernhartn, meinem sůn, vor menigklich.

Item ich schaff auch zu Unser Lieben Frawn zech hie zwen gulden.

Item in di zech der Můtter der Pornhertzigkait (!) schaff ich ain gulden.

Item ich bekenn und redt, das beÿ meinem gewissen und letztn hinfart, das ich nyemandts schuldig pin, das genötige sům wären.

---

[126] *Sicherlich das Preßburger Grundbuch von 1439, heute Archív hlavného mesta SR Bratislavy, 4.1.2. Grundbuch. Vgl. auch Einleitung S. 15.*

Auch ist das mein letzter wille, ob mein sůn, Berhardt, vor meiner hawsfrawn ee mit todt abgienng, so süllen di obbemelten gütter erben und gefallen auff mein hawsfrauen, Magdalenn, und widerumb desgleichen, ob mein hawsfrau, Magdalen, vor meinem sůn, Berhartn, mit todt abgieng, so süllen di obbemltn (!) gütter erben und gefallen auf meinem sün, Berhardt, ledig und frey, und darnach ersst noch abganngk meiner hawsfraun bevilh ich den selben meinem sün, Bernhartn Merten (!) Rosentaller, mitsambt den guttern also, das er in treulich inhaben, ziechen und lernen sol, und ob dem selbem meinem sün, Bernharten, beÿ im ettwas schwar war und nicht treẘlich hielt oder lernet, so dan di geschaffthern solhs verstüenden das nicht für in war, so süllen di geschafftherren mitsambt meinem swager, Sigmunden Rabentzaigel, darob sein, damit derselb mein sün, Wernhardt, weytter versorgt und furgesechen wurde mit sambt den gutten.
Wer aber, das mein sün, Bernhart, mit todt abgienng ee und er zu seinen vogtperen jarn kem, so sullen di obbemelten gůtter, erb und varundgutter, angelegt und ausgetail werdn zu dem hail meiner sel zu den Gotzheüseren und Gotzdinst nach rat meiner gescheffthern.
Und das solh mein gescheff also geschechen sein, hab ich durch Got mit vleis dartzue gepetten di obbemltn (!) gescheff herren, das ir yeder sein betschaffdt auff den ~~brieff~~ gegnburdtigen gescheff briefft gedrucht hat, in und irn erben anschaden. Geschechen an montag nach dem sůntag Judica inder vasten nach Cristi gepurd vierzechnhundert und indem achtzigisten jaren.

1479 August 30 **374**

Geschäft des Wolfgang Eisenpinter

pr., schr., 2 Zg. (*Index*: —)

(fol. 183v) Testamentům Wolffgang Eyssenpinter

Vermerckht das geschëfft, so ich Wolffganng Eyssenpinter hie zů Prespurg bedechtlich und mit güter vernufft getan hab zu der zeitt, do ich das woll getůn möcht recht und redlich an meniglichs inred und widersprechen und besůnder zu dem haÿll meiner sel. Darzů ich durch Gott mit vleis gepetten hab die ersamen Mert Gailsam, Mert Lederer, baid burger der obemelten stät, solh mein geschëfft ingedëchtig zu sein und auszůrichten, als ich in des vertraẘ.
Item von ersst bitt ich důrch Got, das man mich erberlich nach gewonhayt der kirchen Sand Mertten zů der erden bestatten scholl.
Item zů dem paẘ Sand Merten kirchen schaff ich zwen gulden.
Item zů Sand Larentzen hie schaff ich ain gulden.
Item zů Unser Fraẘ in das münich kloster hie schaff ich ain gulden.
Item mer schaff ich in der Můter der Parmhertzigkait zech ain gulden.
Item die übermass meins güts, was über di schuld uberbeleibt, es sein erb oder varund güt, wie das genant ist, nichts ausgenomen, schaff ich halben tail Sibilla, meiner hawsfrawen, und den anderen halben taill meinen zwain kinderen, mit

namen Thoman und Michel, und ob der selben kinderen ains vor vogtperen jaren mit todt abgieng, so sol das gůt auff das andre kind erben. Wär aber das di benanten zwai kinder vor vogtperen jaren mit todt abgienngen, so sol das güt erben wer dan darzuͤ recht hatt.
Item mein bruder, Peter Finter, ist mir VIII gulden schuldig gewessen, die hab ich ym gutigklich nach lassen, damit er zů der obbemelten meiner hawsfrawen und zů meinen kinden hinfůr nichtmer zů sprechen haben sůl von wegen meiner gutter in kainerlay weiss.
Item das aber solh mein geschëfft also geschechen seÿ, hab ich die obbemelten mein geschëfftherrn mit besünderen vleis gebetten, das ir yeder sein betschad zů gezeůgnůss der sachen auff den gegnburtigen geschefftbrieff gedruckht hat, in und iren erben an schaden. Geschechen am montag vor Egidi anno Domini etc. LXXVIIII°.

1481 Juni 29 **375**
Geschäft des Wolfgang Rüpel
pr., schr., 3 Zg. (*Index*: —)

Testamentum Wolffganng Rüpel
Vermerckht das geschëfft, das der Wolffganng Ruepel gethan hat peÿ wolbedachten müt und peÿ seiner vernufft ist gewessen.
Item zu dem ersten schäfft er seinem sün, Michelen, das haws gar, davon sol der Michel seiner swester geben zehen gulden.
Item mer schäfft er seinem sůn, Michl, den weingarten yn dem Rudel von Lisch.
Item so hat er seiner tochtern geschafft den weingarten in Muͤlschlag. Item mer schafft er dem Michel ain weingarten im Hawsperig, davon sol er ain Ram vardt auss richten und alle varunde hab sullen sy mit ain ander tailn. Item den weingarten in Wotzngrundt, den hat er auch geschaff allen peÿden, das sie in mit ain ander tailn, und was sie schuldig sein, das sollen sie alle payde mit ainander betzallen, und davon sullen sie ausrichten XXX selmeß.
(fol. 184r) Da peÿ sein gewessen Jacob Haytewr, Wolffganng Alberinger, Caspar Woduscher, alle dreÿ gesessen zů Prespurg, und er hat sie trewͦlich gepetten durch Gotz willen, das sie das geschafft vermerckht haben, darauff haben sie ir petschafft auff gedrucht, doch in und iren erben an schaden. Das ist geschechen an Sand Peters und Sandt Pauls tag in dem LXXXprimo.

Ohne Jahr, Monat und Tag (ca. 1481) **376**
Geschäft des Andre Paur
pr., mü., 3 Zg. (*Index*: —)

Testamentům Andre Pawr
Item die gescheffft herrn, haisset ainer Peter am Ort, und Mart Barthel und Kwͦ

Andre, di bekennen ein peÿ iren trewen, das er geschafft hat seinem sün, Micheln Pawer, ein weingarten, der haist der Haẘbmer. Auch hat er geschafft seiner thochter, Margrethen, ein weingarten, der haist im Knaren. Auch mer hat er geschafft, ob ain kindt ab gieng, so schol es ee erben auff das ander. Auch ob di kinder paÿde abgiengen oder stürben, so soll das hinwider erben auff sein hawsfrawen, dennoch hat er geschafft seiner hawsfrawen besünder das haws und ein weingarten, der haÿst im Flentzer zu thün und zü lassen, und scholl di kinder dapeÿ ziechen und neren, und di geltschuldt betzallen, ir seÿ vil oder wenig, etc.

1481 September 13 **377**

Geschäft des Hans Artzt

pr., schr., 3 Zg. (*Index*: —)

Testamentům Hanns Artzt

Ich Hanns Artzt schäff meiner hawsfrawn alle jär II flor. auff dem haws ir lebentig tag, und denn weingarten zů Khannig ledig und freÿ, und V flor. stenndt darauff, die sollen di kinder zallen oder di mit erben wellen. Itm mer schaff ich meiner tochter kinder, so sÿ vogtper werden, XX flor. auff dem haws, aber so sÿ abgienngn, so soll es wider auff di kinder erben. Itm mer schaff ich meinen zwann kinderen, dem Bernharten und dem Andre, das haws ledig und freÿ, davon sollen sÿ di gelter zallen.

Item mer schaff ich meinen zwaÿenn sůn, Bernharten und Andre, mein zwenn weingarten, den Kurtz weingarten und das Tunaẘsatzl, ledig und freÿ. Itm mer schaff ich meiner hawsfraw, Barbara, farundehab halbe und meinen zwain sůn, Bernharten und Andre, auch halbe. Item so pin ich schuldig in di ledrer zech XX flor., davon dien ich alle jar II lb.

Item so ist man mir schuldig auff dem Kramer XIX flor., daran hab ich zehen emer und ein viertail wein, albeg zwen ur. umb ein flor., den weingarten hab ich zu kauffen geben dem Jorig Weigel.

Item mer ist mir der Barthl Schlacher schuldig III ß und X den. Item mer ist mir der Lienhart Zimmerman schuldig VII ß den., der inder zimmerhuten ist gewessn.

Item zu dem gescheffl hab ich gepetten den erbern herr Hannsen Zwefel, und Hannsen Schneider in dem judnhoff, und Michel Schmidt, das sy der sach zewgen sullen sein mit iren awffgedruckhten petschadten, in und iren erben an schaden. Und ist geschechen vor exultacionis (!) S. Crucis in dem LXXI^{mo}, und das gescheffl hat der Ulrich Püchler zů einem rechten widerruefft.

1481 September 4 **378**

Geschäft des Wolfgang Walich

pr., schr., 4 Zg. (*Index*: —)

(fol. 184v) Testamentum Wolffganng Walich

Vermerckht das geschëfft, so ich Wolffganng Walich bedechtlich mit gutten willen

und unbezwungen gethan hab, auch von den gnadn Gots mit güter vernufft und sÿnnen zu der zeitt, do ich das woll gethün moͤcht recht und redlich an meniglich inred und widersprechen und zü hayl meiner sel, und das gethan vor denn erbern herren Wolffganngen Krewͦsoder, die zeitt prediger Sand Mertn kirchn hie, Wolffgang Aigner, Hanns Grësel und Michel Piestinger schmid, die ich durch Gots willn darzů ervordert und mit vleis gepettn hab zů bestattůng, damit es noch meinem todt gehaltn und volbracht werd in massen als hernach geschriben stett.
Vonersst bevilh ich mein sel Gott dem allmechtigen, Unserr Lieben Frawen und Allen Gottes Heÿligen.
Darnach schaff ich meiner hawsfrawn, Dorothen, all mein gutter, weingertten, fleischpanckh, etc., erb und varunde güter, wie die genant sein oder wo die ligen, vor menigklïch ledig und frey damit zü thůn und zü lassen nach irem gefallen. Es sůlln auch meine freündt zu Wienn nicht darzu zusprechn haben, und ich in nichts schäff, wan sÿ sůnsst ain güt auskommen haben.
Mert Gailsam ist mir schuldig nach geschëfft meines brüder, des Steffan Walichen seligen, II^{c} und XXX gulden, davon sol man di gelter zalen, und wass davon überbeleibt, sol man ausstailn und geben nach ratt meiner gescheffthermn zu S. Mertn pawͦ und in das claster und frůmben armen ~~lewtten~~ schuleren.
Ich schaff auch herren Wolffgangen Krewͦsoder, meinem peichtvatter, ain fůchsrugkeine schawͦben, die sol man im geben.
Item dem Johannes, des Greslen sün, schaff ich ein harrass schawͦben prawn schilher.
Ich bekenn auch, das die Jeronymein, des herrn Burckharten hawsfrawͦ, dem Wolffganng Aigner schuldig ist I gulden von wegen des Harscher.
Allen zůsprůch, die ich hab zu der Jeronÿmein, die nů herrn Burckharten elichen hatt, schaff ich meiner hawͦsfrawn, Dorothen, über damit zu thůn und zu lassen.

Itm geltschuld, di ich schuldig pin.

(fol. 185r) Item dem Seevelder inder Newͦstat pin ich schuldig worden vor ettlichen jaren LX gulden.
Item dem Wolgemůt zu Wienn pin ich schuldig XXXVIIII gulden.
Item dem Cristoff Appoteker auff der Kremnitz pin ich schuldig XIII gulden.
Item mer pin ich herrn Giligen ~~schuldig~~ im spital schuldig XII gulden, daran hat er ain silbreine taschen und zwo silbergurtel.
Item und in das junckfrawͦ kloster hie pin ich schuldig XII gulden, daran haben sy zu phandt I silberpecher.
Item und alle ~~we~~ beweiste geltschuldig (!) sol mein hawͦsfrawͦ ausrichten und bezalln.
Item der Mert Harrer hie ist mir schuldig IIII gulden und XL den. von begen des Gebharten seligen, die selben IIII gulden und XL den. schaff „ich" zu dem grab zu S. Mertten, das man macht mit der zech Gotzleichnam.
Mer schaff ich in Unser Frawn zech hie II gulden, und in di zech Muetter der

Parmhertzigkaitt schaff ich auch II gulden, und in Gotzleichnam zech schaff ich auch II gulden.
Das aber solh mein gescheﬀt also geschechen sey, hab ich obbestymbter Wolffgang Walich mit sundern vleis gepetten die obbemeltn gescheﬀtherren, das ir yeder sein petschadt zů gezeungnůß meines gescheﬀts auff den gegenburtigen gescheﬀtbrieff gedruckht hat, „in" und ~~sein~~ irn erben an schaden. Verslossen und ist geschechen am erichtag nach Sand Gilgn tag nach Cristi gepůrd tausent vierhundert und in dem ain und achzigisten jaren.

1481 August 4 **379**

Geschäft der Katharina, Witwe des Niklas Stern

pr., schr., 3 Zg. (*Index*: —)

(fol. 185v) Testamentům Katherine, Niclas Sternÿn

In Gottes namen, amen. Am sambstag vor Sand Sixten tag confessoris hab ich Katherey, ettwan des ersamen Niclas Stern seliger verlasane witib, in meiner swerer kranckhait doch mit guter vernufft wolbedechtigklich an menigklichs inred mein letzten willen und geschëfft georndnt, gemacht und getan hab in massen als hernoch volgt in gegenwurtigkhaitt meiner hernach geschriben gescheﬀt herren.

(*Abschnitt gestrichen*: Vonersst schaff ich mein weingarten, Subenherel genant, das man den verkauff und umb das gelt darumb er verkaufft wirdt, sol man von ersten ain mesgewandt zů meinem altar kauffen und zwen und dreissigk gulden oder mer etc. Und di übermass des gelts sol man geben zů dem vodristen altar des kar Sand Merten kirchen, und fur alle kaufflewt sol mein pruder, der Caspar Stamphar, vorgen im kauff.)

Ich schaff mein haẘss, das man das verkauff und alle jar fünff gulden betzall in das capitel so ver und lang das werdt, darumb dan das capitel noch gewanhait der kirchen jarlich auch ain jartag pegen schol zů Sand Andre tag [*November 30*].

Ich schaff der Katherein, des Goldinger tachter, ein gerichts pet, meiner maÿmen.

Ich schaff der Ursel, der Huendlerin tachter, ein gerichts pet, meiner maÿmen.

Ich schaff der N., der Grislin tachter, ein gerichts pet, meiner maÿmen.

Mer schaff ich dreyen armen junkfrawen yeder ain gerichts pett.

Ich schaff ain vierding wein den sol man austaillen umb mess.

Ich schaff mein tail des weingarten in dem Grossen Gevang zu meiner phrüendt, der herrn Barthlme yetz verwesser ist.

Ich schaff mein weingarten in dem Gevang zů dem paẘ Sand Merten kirchen.

Ich schaff mein weingarten in der Tůnaẘlewten gelegen meiner maÿmen, Barbra, des Larentzn Peckhen haẘsfraẘ, und ob sÿ an erben ab scholt gen, so sol der weingarten noch volgen der kirchn Sand Merten zů dem paẘ.

Ich schaff mein silbreine gurtel der Margrethen, meines pruder Casper tochter.

Vermerckht di geltschüld

Vonersst pin ich schuldig herrn Bartholme auff jarlich zinss sechzehen gulden.
Mer pin ich schuldig zu dem paẘ Sand Michaels kirchen drey phünd wiener den.
Mer pin ich schuldig zwo bandlkerzen zů Sand Margrethen gan Seldndorff.
Mer pin ich schuldig zwen gulden dem Hansen, des Zieglprenners sun, di er mir zů halten geben hatt.
Mer pin ich schuldig zwaÿ phundt wienner phennig maister Niclasen von Hittndorff, di er mir auff ain silbrein pecher gelichen hatt.
Und ob ettwer mer mit schuld kem, di do weislich wër, di schol man auch guͤtlich entrichten.
Mer pin ich schuldig mein pruder, dem Caspar Stampher, IIII lb. den.
Mer pin ich schuldig dem Larentzen Peckhen VII gulden.
Das aber solh mein geschëfft und lester will krafft hab und also volnfürt wedt (!), hab ich mit vleïs gepetten durch Gotz willen di erwirdigen und ersamen herrn Hansen Han, karherrn und pharer, und maister Wolffgangen, prediger hie S. Mertten kirchen, und Hansen Kursner, burger hie zu Prespurg, das si es trewlich in geschrifft bracht und mit irm aignen petschadten bebardt haben, doch in und irn erben an schaden. Actum ut supra etc. LXXXI^{mo} in dem pharhoff zu Sand Merten.

1481 September 2 **380**

Geschäft des Stephan Kranhofer

pr., schr., 3+1 Zg. (*Index*: —)

(fol. 186r) Testamentům Steffan Kranhoffer peckh

Vermerckht das geschëfft, so ich Steffan Kranhoffer, peckh zů Prespůrgk, bedechtlich getan hab auch von den gnadn Gots mit guter vernufft und synnen zu der zeitt, da ich das wol gethůn mocht an menigklichs ired (!) und widersprechen, und besůnder zu dem hail meiner sel, und das gethan vor den erbern Hanns Karner, Lienharten Peckh, Cristoffn Popp kursner, all mitburger hie, solh mein geschëfft ingedechtig zu sein und auszurichten in massen, als hernach geschriben stet.
Vonersst bevilh ich mein sel Got dem allmechtigen.
Darnach schaff ich zu Sand Merten kirchen zu dem paw hie XV gulden.
Mer schaff ich fur mich mein hawsfrawn zü Sand Merten paẘ XV gulden, doch mit solher underschaid, das man di achthalben gulden zü dem gepaẘ solt raichen und geben, und di anderen VII½ gulden sol mein hawsfraẘ, Anna, ir lebtäg inn halten und brauhen zu irm nutz, und nach irm abgangk sol sÿ di selben VII½ gulden geben zü Sand Merten gepaẘ.
Mer schaff ich der yetz bemelten meiner hawsfraẘ, Anna, und unseren baider kynd, Kathrein, yedem tail die helfft des hawss, also das halb hawss derselben

meiner hawsfrawͦ und dem bemelten unsern kynd auch halbs. Desgleichen den weingarten im Artz gelegen neben des Caspar Stampher weingarten schaff ich auch halben tail desselben weingarten meiner obbemelten hawsfrawen und halben dem bestimbten kynd, Kathrein, ledig und freÿ, und das haws dient jarlich zinss herren Jorigen Tenepeckhen, und mein hawsfrawͦ sol das haws innen haben und davon dienn den zinss ausrichten, biß das kynd zu seinen vogtpern jaren kuͦmbt. Ob aber dasselb kind mit todt abgieng, so sol der obbemlt Cristoff Popp mit sambt den geschefftherrn und besuͦnderlich dem Lienharten Peckhen solh güter des kÿnds austailln zü dem hail seiner sel und durch Gotz willenn.
Mer schaff ich in das münichcloster zu dem pawͦ zwen gulden.
Mer schaff ich in das yetzbemlt closter III gulden, die ich fuͦr mein dienner, Hannsen, zu dem selben gepawͦ schaffe.
Mer schaff ich meinem peichtvateren, herrn Wolffganngen Krewͦssuoder, diezeit prediger zu Merten, ain gulden.
Mer schaff ich in der peckhen zech hie IIII guͦlden.
Darnach schaff ich der Barbra, des Cristoffen Poppen hawsfrawͦ, zehen gulden.
Item meiner swesteren, der Barbara Meinhartin, schaff ich VII guͦlden und ein halben muͦt mël.
Item meiner paßlein, der Anna Kollerin, schaff ich ain pet, und II kuͦss und II leiblachen.
Mer so pin ich dem Hannsen Karner hie schuldig XII gulden, daran hat er emphangen XII ß den.
Item mir ist bevolhen von ainer erberen person aus der Schuͦt, das ich dem Sÿmon Artzt sol ausrichten II½ muͦt waÿtz minus I metzen, und di person ist genannt Cristan Krämer von Sand Marein.
Item dem Niclasen von Pischestorff pin ~~ich~~ schuldig III muͦt waÿtz, daran hat er von mir emphangen V lb. den.
Item der klain Wolffganng Mulner ist mir schuldig gelichens gelt II guͦlden und XL den.
Item dem weintzurel seinen gedingten lon gib ich im VIIII ß den., daran hat er von mir hinaus emphangen XIII ß den. Restat, das er mir herauß schuldig ist IIII ß den.
Item maister Peter Maurer ist mir schuldig VII ß den.
Item meinen obbemlten swageren Cristoffen Poppen und Lienharten Peckhen setz ich zuͦ inhalter und versorger der obbemelten guter. Und zuͦ pesser sicherhait hab ich mit sunderen vleis gepetten die obbemelten geschëfftherrn und meinen peichtvater, herrn Wolffgangen Krewͦsoder, die zeit prediger Sand Merten pharkirchen, das ir yeder sein betschad zuͦ gezeungnuͦss auff den gegenburtigen geschëfftbrieff gedruckht hat, doch in und iren erben an schaden. Actum des suntags nach Egidi anno Domini etc. LXXXprimo.

1481 August 30 – *1482 Januar 9* **381**

Geschäft der Dorothea, Ehefrau des Hans Potenberger

pr., schr., 4 Zg. (*Index*: —)

(fol. 186v) Testamentum Hanns Pottenpergerin

In nomine Domini, amen. Ich Dorothea, Hanns Pottenpergerin, hab gemacht und georndent mein gescheffit und mein letztn willen mit guter vernufft und wolbedachtn müet zu weil und zeitt, do ich es woll gethün hab mügn an menigklichs wider sprechen in gegenburtigkaitt der ersamen herrn etc. maister Hannsen Han, diezeitt pharrer Sand Mertn kirchen, Conrad Rieder, phrundtherr daselbs, herrn Jorig Schonbergk, die zeitt stattrichter, und Hanns Kursner, ainer geswörner des rats, die ich den dar zu vleissigklich gepetten hab, meinen willen auff zü nemen und den nach meinem abgangk zü volrecken mit meinem hawswirdt, Hanns Pöttenperger, etc. an dem tag der heylingen martrer Felicis und Adaucti anno Domini etc. LXXXprimo.

Vonersst so emphilich und schaff Got dem allmechtigen mein sel und will, das ich pegraben werd zu meinem sůn, Wolffganngen, den Got genad, in die kirchen, und das mein begrebnüss geschech erberlich noch gewonhait der kirchen mit ersten, subenten und dreissigken, und das mir auch darzů gesůngen werdt dreissigk selampt in Sand Mertn kirchen.

Ich schäff zu Sand Merten kirchen ein dreyling wein. Mer schaff ich sechs ember wein armen lewten, und sechs emer wein in das spital, und sechs emer der bruedern in das closter, und sechs emer in das junckffraẘncloster, und das schol betzalt werden von den neẘen wein.

Ich schaff dreÿ gulden umb ein tůch armen leẘtn zů austaillen.

Ich schaff mein weingarten den Sneÿder, zů Moder gelegen, zu der ewigen mess, die mein haẘswirdt in dem fůr nemen ist zü stifften.

Ich schaff viertzigk gulden zů der phruendt Sand Blasi altars in der pharkirchen zü Tierna gelegen. Ich schaff auch zwenunddreissigk gulden zů der phruͤndt Sand Dorothe altar auch inder pharkirchen Sand Nicolai zů Tierna, und die bemlt (!) sum zwenundsibentzigk gulden sol genumen werden von meinem weingarten dem Ulrichn gelegn zů Moder, der sol verkaufft werden, und di sům davon beczalt werden.

Ich schaff in das junckfraẘ kloster zů Tierna ain lechen acker pey dem krewtz der nydern tor.

Ich schäff auch in das spital daselbs auch ain lechen acker oberhalb der stat auff dem teich.

Ich schaff auch ein lechen „acker“ gelegen dapeÿ in das kloster zu Sand Johanns daselbs.

Ich schäff auch armen lewtn in das spital daselbs in zů ern ain pet, das ist in meinem haws.

Ich schaff ein polster, der peÿ dem pet ist, der junckfrawen Anna, des Pluttn Chemen tachter.
Ich schaff meinem vetteren, dem Ganglen, das weingartel, gelegen zů Moder, genant das Gündel und di Lang Tunaẘlewten hie gelegen neben der Niclas Mornerin Taunnaleẘtn. Mer schaff ich im zehen gulden, und di weingarten sol im mein haẘswirdt fůrhalten und paẘn hyntz das er kůmt zu sein vogtperen jaren.
Ich schaff mein weingarten, der Pratkerbeln genant, in di zech Gotzleichnam zu Moder, doch in solher mainůng, das ain ewigs liecht vor Gotzleichnam davon geleicht werdt. Ich schaff mein weingarten, genant der Peůdëtter, gelegen zu Moder meinem hawswirdt ledig und freÿ.
Ich schaff mein hawswirdt meinne guter darumb ich hie geschriben pin, das er meiner sel bedenckhen seÿ und meiner elteren und freündt, davon di guter herkömen.
Ich schaff herrn Veitten mein swartzen gelockten mantel.
Ich schaff der Schön Cristanÿn ain schwarczn harrass mandtel.
Ich schaff der Schmidin ainen blaben übertragen rockh.

Actum des innschreibenn
am mitichen nach Erhardi
anno Domini etc. LXXXsecundo.

1481, ohne Monat und Tag **382**
Geschäft des Wolfgang Sautreiber
pr., schr., 3 Zg. (*Index*: —)

(fol. 187r) Testamentum Wolffganng Saůtreiber
Anno Domini M° etc. LXXXI°, ich Wolffganng Sautreiber in kranckhait meins leib bedechtlich mit guter vernüfft und mit willen meiner hawsfrawn, Katherine, schaff ich mein hernach vermerckhts gůt.
Itm am erssten mal so schäff ich meiner hawsfrawn, Katherine, alle varunde hab.
Item ain weingarten zu Ratzassdorff gelegn, Hawnstil genant, schaff ich meiner hawsfrawn ledig und freÿ, doch also, das sÿ von den obgemeltn gueten tzallen schol alle schůld, dÿ ich schuldig pin.
Item mer ain weingartn auff der statgrůndt im Belffleins Grůndt gelegen schaff ich meiner hawsfrawn ir lebtag. Noch irn tödt schöl der obgemlt (!) Belffleins Grůndt eribn auff mein tzwaÿ kinder, Michel und Dorothe, also, das der weingartn erib auff ain kindt auff das ander. Ob seẘ aber kinder gewinnen, so schol er erben auff ireẘ kinder. Wer aber sach, das die obgemlt (!) kinder abgiengn und gebunen nicht erben, so sol der weingartn Wolffleins Grundt erben auff den Mart Hansen, des Mart Saloman sůn, dovon sol er ausrichten ain Ramfart.
Zu pesser sicherhaÿt hab ich gepetten tzü geschefftlewten Niclas Troppaẘr, und Peter am Ort, Mert Kegl gesessen auff Schondorffer gassen, verpetschafft mit irn gebenlichen petschafft, in und irn erben an schaden. Anno ut supra.

1481 Oktober 25 **383**

Geschäft des Wolfgang, Sohn des Konrad Peck

pr., schr., 3 Zg. (*Index*: —)

Testamentum des Wolffgangen, des Kuentz Peckhen sün

Vermerckht das geschëfft, so ich Wolffgang, des Kuentz Peckhen sůn, zů Prespurgk, bedechtlich auch von den gnad Gotz mit guter vernufft und synnen getan hab zu der zeitt, da ich es mit recht thün möcht an meniglichs ired (!) und widersprechen zů dem hail meiner sel, und das getan vor den erbern herrn Wolffganng Krewsoder, diezeitt prediger zů Sand Merten pharkirchen hie, Petern am Ört und Hannsen Schwartzbadl goldschmidt, die ich durch Göt darzü ervordert ~~h~~ und mit vleis gepetten hab solh mein geschefft ingedechtig zů sein, damit es nach meinem tod aüsgericht und volbracht werd in massen, als hernach geschriben stet.

Vonersst bevilh ich mein sell Got dem allmechtigenn.

Darnach durch meins vaternn, brudern und swesstern sel hail willen, und meiner sel schaff ich das man zů Sand Mertn pharkirchen lessen sol XXX selmeß.

Item drey weingarten, der ain genant der Unbeschaiden, der ander im Rossler, und der dritt in der Fuchsleẘten, die da herkomen seinn von den elltern meiner můeternn, Anna, und ir erblich geschaff sein worden, und darnach di helfft derselben weingarten sein mit meinem bruder und geschwischtreÿten von unseren vateren seligen geschafft worden. Den selben halben tail, so auff mich geerbt ist, schaff ich meinem vateren, Lienharten Peckhen, Anna, meiner mütern, und meinem bruder, Hansen, ledig und frey damit zu tun und zů lassen, und allen irn ~~freuntten~~ frümen damit schaffen, wem auch der selb mein vater ~~jerlich~~ treulich gehaltn und ertzogn hat.

Das aber mein geschëfft also geschehen ist, hab ich mit sundern vleis gepetten die obbemelten geschëfftherrn, das ir yeder sein betschad zü pesser sicherhaitt auff den gegnburtigen geschefftbrieff gedrucht hat, doch in und iren erben an schaden. Actum des phintztags nach Ursule anno Domini etc. LXXXprimo.

1481 Dezember 10 **384**

Geschäft der Elisabeth, Witwe des Niklas Marner

pr., schr., 3 Zg. (*Index*: —)

(fol. 187v) Testamentum Elspethen, des Niclasen Morner seligen witib

Vermerckht das geschëfft, so ich Elspet, des Niclasen Marner seligen hie gelassne witib, bedëchtlich aůch von den genadn Gots mit guter vernůfft und sÿnnen getan hab zü der zeitt, da ich es mit recht wol getůn mocht an menigklichs inred und widersprechen und zü dem hail meiner sel, und das getann vor der erbern Hansen Kursner, Wolffgangn Aigner, baid gesworen burger des rats hie, und Augustin Schuester, mitburger daselbs, die ich durch Got darzü ervordert und mit vleis

gepetten hab, solh mein geschefft ingedechtig zü sein, damit es nach meinem todt ausgericht und volbracht werd in massen, als hernach geschriben stet.
Vonersst schaff ich ~~zů Sand Mert~~ und bevilh mein sel Got dem allmechtigen.
Darnach schaff ich zů Sand Merten gepaẘ hie X flor.
In das junckhfraẘ closter Sand Marie Magdalen hie schaff ich II flor.
In die zech der Muter Parmhertzigkaitt schaff ich II flor.
In Unser Lieben Frawn zech schaff ich I flor.
In Sand Merten pharkirchen sol man mir umb mein sel hail willen singen XXX selambt.
Zü Sand Larentznpharkirchen sol man mir lessen XXX selmesß.
Zü Unser Fraẘ in dem closter hie sol man mir lessen XXX selmesß.
Desgleichen zü Sand Michel auch XXX selmesß lesen.
Von gütigkaitt begen schaff ich dem Cosman hie und seinem bruder ~~hie~~, Wolffganngen seligen, gelassne kynder zwen weingarten in der Underem Hohenneÿ gelegen, die sullen sÿ trewͤlich miteinander taylen, und auff den selben weingartn schaff ich meinen herren auff dem ratthaẘs V fl., die man in schuldig ist.
Mer schaff ich der Gaißmarckcherin tachter, der Maruschen, zwen weingarten im Laffler auff der statgrundt gelegn von pesser gelÿmphen und gütigkait begen, damit sÿ mir und meiner sel nicht nach reden, noch hinfůr die niemer in meinem geschëfft icht darümb angelange, noch müen sullen von wegen meiner sel.
Item auff dem weingarten am Hausperig neben des Merten Gailsam weingartn gelegen hat her Jorig Ledrer, der briester, darauff jerlich ½ flor. zinss mit V flor. abzuledigen, denselben bestÿmbten weingarten schaff ich dem benanten herrn Jorigen Ledrer ledig und freÿ.
Item mein haẘss hie schaff ich meinem bruder, maister Hansen Sneyder im judnhoff, damit zů tůn und zů lassen, darzu alle andre meine gůter als weingarten etc., es seÿ erb oder varunde gůter, wie die genannt oder wo die gelegen sein vor menigklich, davon sol er ausrichten und betzalen alle beweiste geltschuldt und die begeenůss. Es sol auch der bemelt mein bruder, Hans Sneÿder, ausrichten ain Ramfart.
Item meiner päslein, der Elßpethen von Posing, schaff ich meine gruen mantel, ain gerichts pet mit aller zü gehorůng, und ain sechsvachen slayr.
Das aber mein geschëfft also geschehen seÿ, hab ich obbemelte Elspeth mit sůndern vleis gepetten die obbestymbten geschefft herrn, das ir yeder sein petschad auff den gegnburtigen gescheffthbrieff zů pesser sicherhayt gedruckht haben, in und irn erben an schaden. Actum des montag noch Concepcionis Marie anno etc. LXXXprimo.

1480 September 5 **385**

Geschäft der Barbara, Ehefrau des Peter Zingiesser;
Bestellung von Willensvollstreckern;
Bestellung des Ehemanns der Erblasserin zum Vormund der minderjährigen Kinder
pr., schr., 3 Zg. (*Index*: —)

(fol. 188r) Testamentum Barbara, des Peter Zingisser hawsfrawͤ seligen

Vermerckht das geschëfft, so ich Barbara, des Peter Zingisser hawsfraẘ, bedechtlich auch von den genadn Gotts mit gůter vernůfft und mit willen meins hawswirdt getan hab zu dem haÿl meiner sel und das getan vor den erbern Peter Wagner, Hannsen Prün riemer und Jorigen Letzelter, die ich důrch Got darzů ervordert und und (!) mit vleis gepetten hab solh mein geschëff ingedechtig züsein und auszůrichten in massen, als hernach geschriben stët.

Vonersst bevilh ich mein sel Got dem allmechtigen und meinem hawswirdt, als woll ich im vertraẘ.

Darnach schaff ich, das man mir zu dem hail meiner sel sol ~~so~~ leßen XXX mess.

Mer schaff ich in das munich closter Unser Frawen hie I gulden und in das junckfraẘ closter auch ain gulden.

Item darnach schaff ich meinem vetteren, Jorgen, II gulden zu ainem rockh, so er wriester wil werden.

Meiner päslein, Anna, schaff ich ain haubtpolster, ain kůsß, ain leiblach und ain sechsfachen schlayr.

Item alle andre güter, so ich hab, es seÿn erb oder varundtgůter, wide genant oder wo die gelegen sein, hawss und weingarten, schaff ich alles meinem obbestÿmbten haẘswirdt freÿ und ledig damit zu tün und zů lassen, mit verkauffen, schaffen, etc. wie es im am pessten fůegt und gůt bedunckh. Es solln auch meine freündt kainer darzu zů sprechen haben, noch irrůng tůn in kainerlay weisß.

Ich pit ażch důrch Gots willen meinen hawsswirdt, das er im unsere baide kynder treẘlich lass bevolhen sein, und ir nicht vergessen welle, als ich des besůnder vertraẘ.

Das aber solh mein geschëfft also geschehen seÿ, hab ich důrch Got mit vleis gepetten die obbemelten gescheffltleẘt, das ir yeder sein betschad zü gezeugnůss der sachen auff den brieff gedrückht hat, in und irn erben an schaden. Actum des erichtags vor Nativitatis Marie anno Domini etc. LXXX^mo^.

1481, ohne Monat und Tag **386**

Geschäft des Hans Waldner
pr., schr., 4 Zg. (*Index*: —)

Testamentum Hanns Waldner

Vermerckht das geschëfft des Hans Waldner auff der Wedritz, geschehen mit mit (!) guter vernüfft anno etc. in dem ainundachtzigisstn jar nach Cristi gepürdt.

Von ersst schaff ich meiner hawsfraẘn, Anna, ain garten im Alberwerdt gantz ledig und freÿ zů tün und zů lassen, und schäff ir der obgnanten Anna mer ein weingarten gelegen peÿ Sand Niclas kirchen freÿ ledig damit zü tün und ze lassen, als oben verschriben ist. Mer schaff ich ir mein weingarten im Scharlachperig und davon mein sel zebedenckhen auch ledig etc., als oben. Itm ich schaff meiner haẘsfraẘn auch mein tail des haws auff der Wedritz zu tůn, als oben etc. Itm schaff meiner hawsfraẘ mein tail des weingarten, gnannt Smidlein, ledig zü tün und ze lassen.
Item schaff ir den garten in dem Gereyt von dem sy zallen schol in Sand Niclas zech ain gulden, zü dem paẘ Sand Merten ain gulden, und umb di XXX selmesß.
Item entlich schäff ich ir alle vorundhab ungeverlich. Item den weingarten in der Füchsleẘten schaff ich dem knaben, Casparn, ungeverlich.
Und der ding aller mit vleissigen gepet sein zeugen mit irn auffgedruckhten petschafften herr Allex, di zeit prediger Sand Mertn kirchen, Hanns Goldsmit zü Prespůrg, Hanns der Turner, Wolffgang Knol auff der Wedritz, anno etc. LXXXprimo.

1481 Oktober 18 **387**

Geschäft des Erasmus Barbierer

pr., schr., 3 Zg. (*Index*: —)

(fol. 188v) Testamentum Erasm Barbierer
Vermerckht das geschëfft, so ich Erasm Barbierer zü Presspurg, bedechtlich getan hab auch von den genaden Gots mit guter vernüfft und synnen zu der zeitt, da ich es mit recht wol gethün mocht an menigklich inred und wider sprechen und zü dem haÿl meiner sel, und das gethan vor den erbern Niclas vom Frawenmarckh, Mert Hawer und Lienhart Peckhn, all mitburger hie, die ich durch Got darzü ervordert und mit vleis gepettn hab, solh mein geschëfft ingedechtig zü sein, damit es (!) meinem todt ausgericht und volbracht werd, in massen, als hernach geschriben stët.
Vonersst bevilh ich mein sel Got dem allmechtigen.
Darnach schaff ich meiner hawsfraẘn, Anna, hundertundviertzigk gulden. Mer schäff ich der selben meiner hawsfraẘn, Anna, ain silbrein pecher, ain silbreine gurtl mit ainem rottn parten, und ain gulden petschadring, darzü alle varunde hab, und allen werchzeug.
Mer schäff ich meiner hawsfraw das haẘs am Platz gelegen mit aller geltschuld, die darauff stend. Dieselb geltschuld sol sÿ davon ausrichten und betzallen.
Item meinem sün, Wolffganngen, schaff ich auff dem haws hundert gulden ungr. ledig und freÿ, und sechs silbrein leffl, ain gerichspet mit zwain petten, ain duchna, zwaÿ leiblachen, ain haubtpolster und zwen küss.
Item und ob der selb mein sün, Wolffganng, vor vogtperen jarn mit tod abgienngen, so schaff ich meiner schwesteren von Lignitz von den I^{c} gulden X

gulden, und des maister Hansen Snitzer vom Rein kynnder auch X gulden, und die anderen achzigk gulden sullen volgen meiner hawsfraẘ, Anna.
Darnach schaff ich in das munichcloster hie VI ß ziegl zu dem gepaẘ.
Mer schaff ich in die bruderschafft Unnser Lieben Fraẘn aïn gulden.
Czů dem paẘ Sand Mertn hie schaff ich zwen gulden.
In das spital hie schaff ich armen lewtn ain gulden.

Geldtschüld

Auff dem haẘss ist man maister Jorgen, korherrn, schuldig hundert gulden, davon man im dient jerlich zehen gulden.
Das spital hat auff dem haẘss schuld zwaintzigk gulden, davon man jerlich dient II lb. den.
Item Wolffganng Praẘ hie bin ich schüldig anderthalben gulden.
Dem Paulko bin ich schuldig ain gulden und ain lb. den., daran ist mir schuldig herwider III ort phennig.

Vermerckht, wër und wass
man mir schüldig ist.

Item Lienhart Fleischacker hie ist mir schuldig VIII gulden in gold.
Die Steffanÿn vom Kunigsperg, die yetz den satzgraffen (!) elichen hat, ist mir schuldig zwen gulden in gold.
Item Seiffrid Nechl ist mir schuldig IIII fl. III ß XII den. geliches gelt.
Vicentz Schuester tenetur I fl. ainer umb ortzneÿ.
Wolffganng Walich von im und von dem kynd zu ertzen II gulden.
Andre Schwerdtfeger tenetur umb ortzneÿ II fl. Item Michel auff Puchl tenetur II fl.
Maister Andre Goldsmid tenetur II fl. Item ain hofman mit dem pantzir tenetur II fl. I ort, der Morabe tenetur II gulden. Item der Haÿnnrich Tabrer tenetur V fl.
Andre Jung tenetur III fl. in gold gelichen beraidt.
(fol. 189r) Das aber solh mein geschëfft also geschechen seÿ, hab ich mit sündern vleis gepetten die obbemelten geschefft herrn, das ir yeder sein betschad auff den gegnburttigen geschefftbrieff gedrucht haben zü gezeugnüss, doch in und irn erben an schaden. Geschehen an Sand Lucastag anno etc. LXXXprimo.

1481 August 23 **388**
Geschäft des Ladislaus Windisch
pr., schr., 2 Zg. (*Index*: —)

(fol. 189v) Testamentum Lasla Windisch
Vermerckt das geschëfft, so ich Lasla Windisch auf der Wedritz hie bedechtiglich getan hab auch von den genaden Gots mit guter vernufft und synnen, und das getan vor den erbern Bartholome Zicher und Jeronime Koler, die ich durch Gots willen darzu ervodert und mit vleis gepeten hab, solh mein geschëfft ingedechtig

ze sein, domit es noch meinem tod ausgericht und volbracht werd, in massen, als hernoch geschriben stet.
Item vonerst schaff ich meinen zwen sün, mit namen Albrecht und Andre, ain garten im Drieschwerd. Item darnoch schaff ich di drey Pfefferlewten weingarten meinen dreinn kinden, Albrech (!), Andre und Helen, yedm kind ain Pfefferlewten. Item meiner tachter, Helen, schaf ich in sonderhait ain weingarten, genant das Gfangl, zu Gefang gelegen ledig und frey.
Itm auf meinem weingarten, genant im Gaisweg, bin ich ainer judin schuldig IIII fl., und aus denselben früchtn soll man dieselb judin bezaln alsver man mag. Möcht aber di judin aus denselbn fruchten nicht bezalt worden, so sull man denselbn weingarten Gaisweg verkauffen und di jüdin mit den IIII fl. davon bezalln. Und di ubermass des gelts, darumb derselb weingarten verkaufft ist wurden, sul nochvolgen meinen obestimbten III kindern, und so man der judin di IIII fl. ausgericht hat, so ist mein gut, weingarten und garten von ir gantz ledig, das beken ich an meinen letzten zeiten mit guter vernufft.
Das aber solh mein geschëfft also geschehen sey, hab ich obemelt Lasla Windisch mit sünderm vleis gepiten die abemelten geschefftlewt, das ir yeder sein petschad auf diesen brief zu pesser sicherhait getrucht hat, in und iren eriben an schaden. Geschehen an Sand Bartholomes abent des hailigen zwilliffpoten anno Domini etc. LXXXprimo.

1481 Oktober 20 **389**

Geschäft des Hans Strobmer
pr., schr., 4 Zg. (*Index*: —)

Testamentum Hans Strobmer

Vermerckt ~~das gesch~~ mein geschëfft, das ich Hans Strobmer getan hab in meinem siechpet, und ist mein letzter will gewesen bey gůter vernufft an alles widderrueffn meiner hausfraw und aller andern meiner fruntschafft. Actum am sambstag vor Undecim Millia Virginum noch Christi gepürt XIIII^{c} LXXXI jar.
Item am ersten schaff ich zu hail meiner sel umb XXX selmess, di XV zu S. Merten, di andern XV zu Unser Frawn in das closter.
Item mer schaff ich zuverkauffen ainen meinen weingarten, genant im Grossen Gevang, der gewesen ist der Steinyn, davon sul mein hausfraw ausrichten ain Romfart.
(fol. 190r) Itm mer schaff ich zu S. Merten paw I fl., in S. Niclas zech auch I fl., und in totenbrief ewiglich umb mein arme sell zu petten auch I fl., das sül alles mein hausfraw aůsrichten.
Item mer schaff ich meiner hausfrawn, Angles, ainen weingarten, gnant im Münich, inwendig gelegen des Mert Huntzveindt weingarten und auswendig mein nagster genachper Mathes Paickendorffer, auch ledig und frey zu tůn und ze lassen.

Item mer schaff ich meiner egenanten hausfrawn ainen weingarten, gnant in Pätzen, gelegen zwischen Caspar Woduscher auswendig und Hans Vetterler inwendig auch ledig und frey.
Item mer schaf ich meiner hausfrawn ainen weingarten, genant der Löchl, auch ledig und frey.
Item mer ain ~~weing~~ garten gelegen im Drießwerd zwischn Wolffgang Scherrer und Mathes Packendorffer auch ledig und frey.
Item mer schaff ich meiner hausfraw mein haws mit aller geltschult gelegen auf der Wedritz zwischen Mert Klötzner und Wolffgang Knoll und alle varundhab, auch ledig und frey.
Item mer schaff ich mit meiner hausfraw, das sy mein můeter bey ir auf scholl halden und ir di narung gebn soll ir lebtäg, als wol ich ir vertraw. Wer aber das, das sie sich paid nicht miteinander betragen mochten, dan so schaff ich meiner mueter zu hilff ainen meinen weingarten, gnant der Perg, bey S. Niclas ir lebtag, ~~oder~~ aber noch abgang meiner můeter sul der egnant weingarten widderumb eriben auf meinen sůn, Jorigen. Wer aber das er ungevogt abgieng, dan so sul der egnant weingarten auf mein hausfraw ir lebteg, darnoch sul der egemelt weingarten erben ebiglich auf meinen öhem, Ulrich Půchler, und auf sein zwo swestern, eine gnannt ~~al~~ Agles, di ander Anna, frey und ledig. Item mer schaf ich ain weingarten, gnannt im Frawen Gevanglein, gelegen zwischn Mathes Pairn und Jorig Klöckl schůester meinem egnanten sůn, Jorigen, und ainen garten gelegen in Tebneraw auch meinem sůn, Jorigen. Wer aber, das er ungevogt abgieng, dan so sullen di zway weingarten und garten eriben auf mein hausfraw ir lebteg, darnochnoch (!) irm abgang sullen di zway erib erben erblich auf meinen öhem, Ulreich Půchler, und auf sein zwo swestern, aine genannt Angles, di ander Anna, frey und ledig. Und wie der egnanter weingarten begriffen wird mit geltschult oder on geltschult, also sul der weingarten eriben.
Item zu meinem obeschriben geschefft hab ich gepeten di ersamen weisen Wolffgang Knoll, Jorig Pöltinger, Hans Türnitzer, Wolffgang Mastreler, durich Gots willen mein geschefft einzugedencken und mit irn petschafften zubewarn, doch in und irn erben an schaden. Actum ut supra, alle gesessen lewte auf der Wedritz.

1481 März 22 **390**

Geschäft des Michael Gremel
pr., schr., 3 Zg. (*Index*: —)

(fol. 190v) Testamentum Michaelis Gremel,
civis civitatis Posoniensis

Vermerckt das geschëfft, das ich Michel Gremel in meinen letzten zeiten und siechpet mit güter vernufft wolbedechtiglich in gegenwurtigkait meiner hernoch geschriben geschëfft hern tan und geordnnt hab im mass, als hernoch geschriben stet.

Von erst schaff ich mein seel Got dem almechtigem.
Darnach schaff ich meines bruͤeder kindern, Hansen Greml, ain dreiling wein aus dem Schutzleich.

Vermerckht di geltschult

Item was ich dem Paullen Keckhen schuldig beleib, das setz ich zu im.
Itm ich beleib schuldig dem Steffan vom Kunigsperg seligen L fl. und dem Grossen Hansen von Samarein ~~X~~ XXVI fl. Item meinem hern, den probst, beleib ich schuldig XIII½ flor. und meiner hausfrawn geswistreiden beleib ich schuldig auch L fl., und dem Merten Gailsam V flor. (*am Rande neben diesem Paragraph*: Item an den L fl. ~~hab~~ ist ausgericht worden in das monich kloster XXV fl., actum 2^a post Laurentii 82 [*1482 August 12*]. Item der Mert Gailsam ist der funff gulden bezallt wurden feria 2^a ante festum Sancti Laurentii 82 [*1482 August 5*]. Item der probst ist bezallt in der vasten 82 jar [*1482 zwischen Februar 21 und April 7*].)
Darnoch schaf ich meiner haüsfraw, Katherina, alle mein güter, anligund und varundhab, wie di genant und welendt di gelegen sein, nichtz ausgenommen, was des über di geltschult beleibt und ist gantz ledig und frey vor allermeniglich treulich on gever.
Das aber solh mein geschëfft und letzter will krafft hab und volnbracht werd, so hab ich durch Gots willen mit vleis gepeten di ersamen weisen hern Andreen Holtzer, statrichter, Jorig Scheimberg (!)[127], stathawbtman, und Merten Gailsam, mitburger hie zuͤ Prespurig, das sie es treulich in geschrifft bracht und mit iren aigenn petschafften bewaret haben, doch in und iren erben on schaden. Actum am phintztag nach dem suntag Reminiscere in der vasten noch Christi gepürd XIIII^c und in dem ain und achtzigistn jar.

1481 September 8 **391**

Geschäft des Konrad, Schneider
pr., schr., 3 Zg. (*Index*: —)

Testamentum Canradi Sartoris,
inhabitatoris civitatis Posoniensis

In Gotes namen, amen. Ich Kuentz Sneider, mitbonner zu Prespurig, beken, das ich mein geschëfft und letzten willen mit wolbedachtem müt und güter vernüfft in meinem siechbet in gegnwurtigkait meiner hernochgeschriben geschëfftlewt in massen, als hernochvolgt, geordnnt, getan und gemacht hab.
Von eristen (!) schaff ich alle mein varundhab und varundgüt, wie di genant werden mochten, meiner lieben swigern, der Snelhartin.
Item mein brueder, Jorig Strochly, beleibt mir schuldig XXXV flor., so hab ich

[127] *Diese Person ist aus zahlreichen anderen Quellen und anderen Testamenten als* Schonberg *oder* Schönberg *bekannt.*

auch beraidt in meiner gewalt XX flor., davon schaff ich hie in das spitall hie II fl., darnoch schaff ich was über di geltschult so wir, ich und mein Helen schuldig beleiben, und über das, das man uns zu der erden bestatt ubrigt beleibt, das man solhs zu S. Merten zu paw, in das spitall und stifft armen leiten geben sull.
Das aber solh mein gescheft und letzter will krafft hab und volnfurt werd, so hab ich mit vleis durch Gots willen gepeten den ersamen weisen und di fürsichtigen Thoman Behem, maister Oswalden Sneider und Jorigen Schreiber, burger und mitwonner hie der stat zu Prespurig, das sie es treulich in geschrifft bracht und mit iren aigenn petschafften bewaret haben, doch in und iren eriben on schaden. Actum sabbatho ante festum exaltacionis Sancte Crucis anno Domini etc. LXXXprimo.

1481, ohne Monat und Tag **392**
Geschäft der Agnes, Ehefrau des Wolfgang Pfafsteter
pr., schr., 2 Zg. (*Index*: —)

(fol. 191r) Testamentům Agnesen,
Wolffgang Pfafsteterin

Anno Domini M^{o} CCCC^{o} LXXXI ich Agneta, des Wolffgang Pfafsteter hausfraw, beken, das ich orden und tů ain gescheft meiner güter in kranckhait meines leibes williglich und mit güter vernufft, als hernoch geschriben stet.
Item zu ersten mal schaff ich ain weingarten gelegen in Pilgarein, den sull man geben mein paslein allen drein. Also das der erib von ainer auf di ander ledig und frey, des Golt Jorigen tachter gewesen sein.
Item di Klainer Hochenney di schaff ich dem Hansen, meinem sün, sein lebteg, noch des kind tod sull der bestimbt weingarten widder eriben auf mein man, Wolffgang. Item mer schaff ich meinem man, Wolffgang, di Inner Hochenney frey und ledig zu tůn und zu lassen. Item mer schaff ich meinem man, Wolffgang, ain weingarten gelegen in Mönichlein zu tůn und zu lassen.
Item mer schaff ich meinem man, Wolffgang, das gelt LX flor., darumb das hawss verkaufft ist wurden, davon sull er zallen X flor. in das spitall, di auf dem hawss stennd, und auch ain Romfart di soll er von dem ausrichten als X fl.
Auch zu pesser sicherhait und zeugnüss hab ich darzu gerüfft und gepeten di erbern lewt Wolffgangen Klawbensin und Wolffgang Ebmer, mitburger zu Prespurig, und auf zu trucken ire gewonlich petschafft in und irn eriben an schaden. Anno ut supra.

1482 November 6 **393**
Geschäft des Ulrich Hopfer
pr., schr., 7 Zg. (*Index*: —)

Testamentum Ulreich Hoppffer
Vermerck des gescheft, so ich Ulreich Hoppffer, mitburger zu Prespurig, gesessen

auf Thonawnewsidel, mit gesundem leib und mit güter vernufft witz und synnen zu der zeit, so ich es wol getůn mocht, geordnt und getan hab des mittichen noch Aller Hailigen tag anno Domini etc. LXXXII jar.
Item am ersten schaff ich von meiner sel seligkait willen ain Romfart, di sich mein hausfraw selber gewilligt hat, di auszerichten wan und sie mag.
Item zu dem andern mall so schaff ich meiner hausfraw zwen weingarten gelegen in der Hochenney ledig und frey.
Item mer schaff ich meiner hausfraw ain haws auf dem Thonawnewsidel ledig und frey und mer hat sie sich entricht mit ires haůswirds freunden, das sye frey und ledig ist mit irm güt. Und zu pesser sicherhait und zewgen meines gescheffts und entrichtung der frewndt sind durch meinen willen und vleissigen gepet mein und meiner hawsfraw der erber herr Wolffgang Pastlaber, Erhart Ebmer, Schön Friderich, Jacob Unger, Steffan Unger und Ambrosi Pulster, und auch mein swester, Fleischerin, und sy daran alle ain genugen haben und darzu di erbern hern Ambrosi Polster, und Jacob Unger und Steffan Unger ir petschafft auf getrucht, in und iren eriben an schaden.

1482 Juli 24 **394**

Geschäft des Leonhard Rauscher
pr., schr., 3 Zg. (*Index*: —)

(fol. 191v) Testamentum Lienhardt Raüscher
Vermerckht das geschëfft, so ich Lienhart Raüscher, mitburger zů Prespurg, bedechtlich getan hab auch von den gnaden Gots mit guter vernufft und synnen zu der zeitt, do ich es mit recht wol getün mocht an menigklich inred und widersprechen, und das getan vor den erberen herrn Wolffganng Kreẘseder, die zeitt prediger zů Sant Merttn hie, Thomon Peckh und Hansen Behem von Bischofstorff, meinen waiczpaẘren, die ich dürch Got darzü berüefft und mit vleis gepetten hab solhen meinen letztn willen und geschëfft aufzunemen und noch mein tod ausgericht und gehalten werd, in massen als hernach geschriben stët.
Item von ersten bevilh ich mein sel Gott dem allmechtigen.
Darnach schaff ich, das man mir in Sant Mertn pharrkirchen sol lessen (!) XXX mess.
Item in das spital schaff ich IIII lb. den., die sol man gebn umb leinain tüch und armen leẘtn daselbs auszu taillen.
Item alle meine güter, es seÿ erb, varunde oder anligünde güeter, wie die genant oder wo die gelegn sein, nichts ausgenomen, schaff ich meiner haẘsfraẘ, Margrethn, und meinen kindern, Peteren, Rosina und Magdalen, und di frücht meiner haẘsfraẘn, so es Gott der almechtig her auff edrich (!) schickt, sol auch von den guttern fürgesechen werdern (!) in solher mainůng, ob ain kynd mit todt abgienng, so sol es erben auff di andern kind, also von ainen auff das ander, aüch auff di

müetter, und di selb mein haẘsfraẘ sol in allen dingen gewalt haben und alle ding ordnen und regieren nach dem pesten, als ich ir getraw, und mein obemelte kinder mitsambt den güetern treůlich inhaben und ziehen sol biß sy komen zü irn vogtperen jaren.
Item von begen der anderen meiner schteuffkinderen, mit namen Cristoff und Appolonia Noppeckhin, die haben zu meinen guttern nicht zü sprechen in kainerlaÿ weise, wan ich hab in iren erbtail vor hin entricht und hinaüß geben als ich dan des sicherhaitt hab mit brieff und sigel.
Item dreÿ silbrein gurtel sol mein haẘsfraẘ tailen mit den bestimbten meinen zwain ~~k~~ tochteren und den grossen silberpecher meinem sůn, dem Peter.
Item die N. Walhin hie ist mir schuldig III gulden, die schaff ich zů Sand Mertten gepaẘ, da peÿ ist gewessen Wolffgang Kursner und Michel Schmid.
Item ainer junckfraẘn, genant Dorothea, pin ich schuldig XX fl., daran hab ich ausgericht XIIII flor. und ain messgewant.
Item maister Mathesn, prediger, pin ich schuldig XX flor., darümb pin ich zinshafft jarlich zü S. Michels tag [*September 29*] I flor. biß man di ablost nach laüt ains brieffs darümb ausgegannngen.
(fol. 192r) Vermerckht, wer mir schuldig ist
Item der Noppeckh ist mir schuldig X gulden.
Item Hans Mullner ist mir schuldig VII ß den.
Item mein weinzierl, mit namen Larentz Grünenbalt (!), ist mir schuldig IIII gulden. Das aber solh mein geschëfft und letztn wille krafft habe, hab ich obemelter Lienhart Rauscher mit sunderen vleis gepettn di vorbestÿmbten geschefft herrn, das ir jeder sein beschaid zü gezeügnüs meins gescheffts auff den gegenburtigen geschefftbrieff gedruckht haben, doch in und irn erben an schaden. Actum in vigilia Sancti Jacobi apostoli anno etc. LXXXII^{do}.

1481 September 6 **395**

Geschäft des Niklas Huendler

pr., schr., 2 Zg. (*Index*: —)

Testamentum Niclas Huëndler goldsmit

Vermerckht das geschëfft, so ich Hüedler goltsmit, mitburger zu Prespürg, bedechtlich getan hab auch von den gnaden Gotz mit gutter vernufft und synnen in ~~gutter~~ gegnburtigkait meines peicht vateren, herren Wolffganngn Kreẘsoder, prediger Sand Merttn pharkirchen, und maister Paül Puchsenmaister, in massen, wie hernach geschriben stet.
~~It~~ Vonersst schaff ich dürch meiner sel haÿl willen, das man mir sol lessen XXX mess.
Darnach schaff ich all mein güter, es seÿ erb oder varunde gutter, wie di genant sein oder gelegen sein, nichts ausgenomen, meiner haẘsfraẘn, Lucia, wan dy

selben gutter sein vor ir gewessen und von ir herkomen, und soltn noch ir sein, das ist mein letzter willen, haben die obbemelten zwen gescheffthern ir jeder sein betschad auff den gegnwurtigen geschefftbrieff gedruckht umb meiner vleissigen bet willen, doch in und irn erben an schaden. Actum feria quinta ante Nativitatis Marie anno Domini etc. LXXXprimo.

1482 Oktober 1 **396**

Geschäft des Martin Klotzner

pr., schr., 3 Zg. (*Index*: —)

(fol. 192v) Testamentum Martini Klötzner

Vermerckht das geschëfft, so ich Mert Klotzner getan hab mit güter vernufft on meniglichs inred, widdersprechen in meinem siechpet, und ist geschehen am erichtag noch Sand Michaelstag im anno Domini millesimo quadringesimo (!) octuagesimosecundo.

Item am ersten schaf ich umb XXX selmes in S. Merten kirichen zu hilff und zu trost meiner armen sel, mer schaff ich ain kirichfart zu dem hailigen S. Wolffgang, mer schaf ich ain gulden in Sand Niclas zech, und das sull mein hausfraw, Appollonia, ausrichten von den gutern, di ich Mert Klotzner meiner hawsfraw geschafft hab, di dan hernoch gemelt wordn.

Itm mer schaff ich meiner hausfraw, Appollonia, alle mein erib, haws, weingarten, garten frey und ledig zu tun zu lassen, dach mit solher underschaid, das sie alle ~~gesch~~ geltschuldt, di auf den gütern sein, bezallen und ausrichten sull und ob sie der almechtig gefrewt in irer gepurt, das sie dan dasselb kind noch müeterlicher trew betrewet.

Das mein gescheffft hab ich bevolhen herrn Wolffgang Knollen, Paul Hoffer, Jorig Pültinger, alle drey mitburger alhie zu Prespurg, mit iren petschafften zu bewarn und einzebekenn, doch in und irn erben on schaden. Actum ut supra.

1481 Dezember 27 **397**

Geschäft der Margaretha, Ehefrau des Thomas Wochinger

pr., schr., 3 Zg. (*Index*: —)

Testamentum Thome Wochinger
hawsfraw, Margarethen

Ich Margeratha (!), des Thomon Wochinger hawsfraẘ, vergibh und thue kündt allen den den brieff an sehen, lesent oder horn, lesen di noch leben oder hernach künfftigk seind, das ich mit guttn willen und wolbedachtn müet und unbetwundlich und zů der zeitt, do ich es wol gethun mocht recht und redlich, und mit meinem aigen willen ain geschäfft volpracht hab mit guetter vernüfft.

Item von erst so schaff ich meinem vorgemelten haẘswirdt mein hawss und alle varunde hab, nichts ausgenomen, alles das wir haben dürch rechter lieb und treẘ

willen, und mag mit dem thuͦn wie er will mit dem hauss, mag er verkauffen oder zü verkauffen, wie er seinen nütz waiss zü betrachtn an alle irrüng nÿemants ausgenomen vor meinen todt, und nach meine todt so sol es meinem vorgemelten haẘswirdt alles nochvolgen und nÿemantz sol kaïn zuͦspruͦch zu im nicht haben mit recht oder an recht. Aber ettwer, der ain zuͦspruͦch wolt zuͦ im haben, so scholl er mein haẘswirdt albeg recht haben, es seÿ umb haẘs oder umb weingarten oder umb varundehab, nichs ausgenomem (!).
Item so schaff ich meinem sün, Paulen Scheich, X ungrisch gulden von meinem guettn willen fuers es als nichs ausgenomem (!) und mein
(fol. 193r) vorgemelter haẘswirt sol im di vorgemelten gulden ausrichten wan ers mag gehaben an seinem schaden und an nottuͦng.
Item so schaff ier meiner haẘswirt dreẘ tail weingarten gelegen im Pürgkstal, das mein sün nöch meine freündt kains chain zuͦspreüch solt zu im haben von der weingartn wegen. Aber noͤch meines haẘswirdt tod so schäff ich under den zway tailn welichs im gevelt in Unser Lieben Fraẘn zech. Aber sein lebtëg sol er sich darmit neren.
Item ein weingarten hab ich hingeben und hab meins süns hawsfraẘ ausgericht XX ungrisch gulden, das da weislich ist.
Item mer schaff ich ain Ramfardt, di sol er ausrichten mit dem das ich im lass, und alle geltschuld und gelter sol er betzalln und entrichten, er wër under juden oder under cristen, und nÿmandts anders. Dapeÿ geben zeugnüss di erbern mitburger all dreÿ woll gesessen mit haüs, vonerst Zakall Benedickt, Zirfos Pütz letzelter, Caspar Spanring, di wir paÿde vleissigklich durch Gotts willen gepetten haben durch pesser sicherüng begen in und irn erben an schaden, das ain ider sein petschafft schol darauff druckhen. Item das gescheffr ist geschechen an Sand Johanstag nach Weinachtn, do man schreibt nach Christi gepürdt M CCCC und in dem LXXXsecuͤndo[128].

1481 September 29 **398**
Geschäft des Stephan Pernschopf
pr., schr., 3 Zg. (*Index*: —)

Testamentum Steffani Pernschopf
Vermerckht das geschëfft, das ich Steffan Pernschopf getan hab in meinem sichpeth mit guter vernufft und guetm willen unbetzungen zu rechter zeit und weil, das es nyemant widdersprechen mocht noch widdersprochen hat.
Von ersten emphilich dem almechtigen Got mein arme seel.
Item darnoch so schaf ich meiner hausfrawn, Dorotheen, alle meine gueter, eribgüeter und varundhab, wie es genant ist zu tun und zu lassen.

---

[128] *Es ist von einem Jahreswechsel zu Weihnachten (25.12.) auszugehen.*

Item mer schaf ich meiner vorgenantn hausfrawn zway kinder, ains genant Wentzla, das ander genant Marusch, das sy di selbigen zway kinder fur sech noch irer gewissen zu rechter zeit und weill.
Und von pesßer sicherhait wegen und zeugnůss meines gescheffts so hab ich gepeten in sonderhait di ersamen lewt Thoman Haintzl, Paull Remischer und Mathes Ortacker, das je sy ir petschafft darauf druchken, doch in und iren eriben on schaden, und das geschëfft ist geschehen an S. Michaels tag des hailigen ertzengel anno etc. LXXXI^{mo}.

1483 Februar 4 **399**

Geschäft des Niklas Pilgram
pr., schr., 4 Zg. (*Index*: —)

Testamentum Nicolai Pilgram
Vermerckht das geschëfft, das ich Niclas Pilgram bedechtiglichen getan hab auch von den genaden Gots mit güeter vernufft unnd synnen zu der zeit, do ich es rechtiglich wol getůn mocht an meniglichs irrung und widdersprechen und besunder in dem hail meiner sell, und das getan vor den erbern Wolffgangen Aigner, gesworenn burger des rats der stat Prespůrig, Paul Werkuschen, Niclasen Regenspurger, baid burger daselbs, di ich durch Got darzu ervodert hab und mit vleis gepeten solhen meinen letzten willen aufzenemen und ingedechtig ze sein, damit es noch meinem tod ausgericht
(fol. 193v) und gehalten werd in der mass, wie hernoch geschriben stet. Dazumalen hab ich auch in sonderhait gepeten den erbern Steffan Altendorffer.
Item von ersten schaf ich zu Sand Merten gepew zu Prespurig VII gulden.
Item in das münichkloster Unser Lieben Frawn zu dem paw schaf ich XX gulden, und dieselben XX gulden sullen di geschefftherrn aus iren henndén ausgeben.
Item meiner begrebnuss in dem munichkloster schaf ich X fl. zu begen erberlich den sibenten, und dreißigisten. Item in Unser Lieben Frawen zech schaf ich VIII fl. Item in das spitall hie zu ainer gluckhn (!) schaf ich IIII fl. Item in das spital schaf ich ain wagen, der stet bey dem Moraben in dem Thaber.
Itm in das junckhfrawkloster hie zu Prespurig schaf ich IIII fl., denselben IIII fl. sullen die geschefftherrn zu iren notturfften ausgeben. Item zu Unser Frawn Gotshaws zům Eibeiß schaf ich IIII fl. Item in di zech der Můeter Barmhertzigkait schaf ich VIII fl.
Item so hab ich bey dem Zoch Michel hye XIIII gulden verbetschadt, davon bin ich im schuldig IIII fl., und ich schaf seiner hausfraw II gulden fur ir mẘe.
Item so hab ich bey dem Zoch Michel zwai tuech rot und grůn, dieselben zwai tuech schaf ich meinem wirdt, Niclasen Regenspürig und dem Steffan Altendorffer, yedem ein tůech. Item mer was ich bey dem Zoch Michel hab von harnusch, von pantzir, von geratt, und in ainem vasßlein zaun, und zeůg, solhs alles in dem vassel, schaf ich dem vorbnanten Steffan Altendorfer. Item zwen gulden ring, die

hat der Kottwitz, der ain ring ist mein und der ander ring ist des von Kottlitz, meinen ring schaf ich meiner wirdtin, Niculosen (!), darzu ain seidne pinten.
Item ain prawnß ross hab ich zu Entzesdorff, das schaf ich dem Tannberger in des Tonnitzky rot. Item mein weiß ros schaf ich dem Gannser, meinem gesellen, und darzu allen geratt, so ich zu Entzesdorff hab.
Item meinenn zwainn knechten zu Entzesdorff schaf ich yedem II fl.
Item meinem knecht, dem Hannsel, schaf ich alle mein gewant und mein gerett, so ich bey dem Niclasen hab, darzu II fl.
Item dem Jorigen, der in meinem dinst gevangen ist wurden, schaf ich IIII fl.
Item meiner schafferin schaf ich mein petgewant und I gulden.
Item so hab ich zu Entzesdorff anderthalb tuech gerlintzer, das schaf ich armen lewten.
Das aber solh mein geschefft und letzter will also geschehen sey und kraft hab, so hab ich obemelter Niclas ~~Pibr~~ Pilgram mit sonderm vleis gepeten di obemelten geschefftherrn, das ir yeder sein petschafft auf denn gegnwurtigen geschefftbrief zu pesser sicherhait gedruckt hat, doch in und iren erben an schaden. Geschehen zu Prespurig des erichtags noch S. Blasien tag anno Domini etc. LXXXtertio.

1483 Februar 20 – ***1483 Mai 9*** **400**

Geschäft des Albrecht Gailsam;
Bestellung eines Willensvollstreckers
pr., schr., 3 Zg. (*Index*: —)

(fol. 194r) Testamentum domini Alberti Gailsam
In nomine Domini, amen. Vermerkcht das geschëfft und letztn willen, so ich Albrecht Gailsam, burger zu Prespurg, in meinem siechpett und krankchait doch mit guter vernüfft wolbedechtigklichn zü hail meiner sel getan ~~hab~~ und geordent hab in gegnburtigkait meiner hernachgeschribn geschëfftlewͦttn als hernach volgt, damit bevilich ich mein letzt end dem almechtign Got und mein sel.
Vonersst schaff ich zu Sand Larentzn zu Wienn in das closter zu meiner cappelln acht jar alle jar zehen guldn in gold, oder alsovil münss als der gulden gilt ungeverlichn ainem briester, der alle wochn drey mess leß und mein jartag pegee mit ettlichn schülern nach seinem vermügn. Wil er aber ettwas hinüber tün, das stet zu im, wiewol ich das gern sëch. Und dieweil herr Lucas, der ytz in meinem hewsel ist, die mess volbringn wil nach willn der oͤbrisstn frawn im closter, so sull man in dabei beleibn lassn und sein gelt gebn und jerlichn rayhen. Er sol auch in der unndern kamern beleiben, dieweil er die mess verbringn sülle, und süll im darͦumb das gelt albeg zu den heilign Ostern ausrichtn unverzognlich.
Item mer schaff ich denselben junkchfrawn acht jar lanng alle jar drey gulden in gold. Umb die zwen guldn sol man wachs kawffen zu der mess, auch zů dem gülden ambt, den drittn guldn die das ambt singn, das setz ich zu den junkchfrawn was gar wol gesein mag.

Item zů der cappellen schaff ich die tafl, die ich darzů gemaint hab, die aufzusetzn auf mein gelt, und die stain obn einzůsetzn, als sy ytz ist, die hinaufzufürn, und die stukch pilder.
Item das gelt umb di merbelstain oder di merbelstain (!), die mir der richter, Larentz Appotegker, genomen hat, wo er die verrer gebn hat, als er spricht, er hab gebn dem Vischkall, die söll man vordern und die cappelln damit uberlegn, als sy mir des schuldig sein.
Item ich schaff mein monstrantzn, darinn ist warlich von Sand Johanns des Tawffers von seiner jurgl ain stukch, und ain stukch von seiner hindern hiernschall auch ain gut partikl, das daz albeg zü der mess genützt und gebraucht werd, und die junkchfrawn sülln das in ir gewallt behaltn und brauchn zu heilign tĕgn nach irm willn. Es sol auch dabei zu brauchn Got zů lob und zu ern dem heilign Sand Johanns Baptistn, und albeg ain collectn, und dem heilign Sand Larentzn, und Marie der junkchfrawn, und Allen Heilign, das heiltůmb da zu beleibn ewigklichn, das ist mein will, doch als hernach geschribn stet, von der brůder begn Sand Bernhardin.
Item so die von Sand Bernhardin begerttn das ober stükchlein in der monstrantzen, das ist von dem haůbt Sand Johanns Gotstauffers, das sol man in gebn. Sy wissn wol, damit umb zu geen, und das sy meiner sel auch gedenkchn in irm gepett.
Item dem herr Lucas, in meinem heẘßlein, schaff ich meinen swartzen rokch den tĕglichn mit füchssn underzogn, und mein klaines swartz leibrokchlein auch mit füchssein underzogn, und das klains zöblein heẘblein, das mir der Vogelbaider geschenkcht hat in solher maynung, das er auch eine mitleydung hab in der schuld, die man schuldig wirdet sein umb sein dinst.
Item meiner gesellschafft schaff ich XXXII fl., die ich ein hab genommen auf den brief von herrn Conradtn Holczler, der da lawt LV fl. Mer hab ich nicht einbringn mügn, die schuld ist der gesellschafft und nit mein, und was mir fur mein tail zugepürt, da ist ain truhen in meinem gewelb, und ain slechter tisch, darauf ain rechnung geschribn stet, das sy mir das auch nachlassn, das stet zu in.
Item mer pin ich in schuldig XVII flor., die sol man auch bezaln.
Item als ich spitalmaister bin gebesen, da hab ich selber zwai jar ausgeben fünffzigk guldn, die wil ich dem spitall nachlassn, und sülln nicht abgezogn werdn an den tausent guldn von des Steffan Jüngn und herr Niclasn Jungen begn, die ich Albrecht Gailsam allain schuldig bin alle jar davon XXV flor. unverzognlich zu bezaln an der haubt summ, wann man davon nicht dient.
Item mer schaff ich zehen jar alle jar in der Karrwochn armen leẘttn dürch Gots willn gewant oder gelt, was am pesstn ist zu gebn, das sol tůn mein sün, Ludbeig, alsdan ich im das bevolhn hab. So er aber mit tod abgienng, so sol er das hinder sein verlassn, das es ausgericht werd, alle jar X flor.
(fol. 194v) Item so der Johannes Renner mugig wurd, das er es vermocht, so sol er meinem sün, Ludweig, hůndert guldn gebn, hat er aber nichts, so sol er auch

nichts gebn. Er hat mir auch gedient, wiewol er mir ain gross summ gelts oder guldn schuldig ist.
Item die schuld, die der Zingiesser zu Wienn noch schuldig beleibt, alsdan in meinem püech zü Wienn geschribn stet, was er dem Jokl, meines sůn, Ludbeign, knabn, gebn hat, des ist XIIII flor. flaschn in fůttral, das sol im herab geen, das ander sol er bezaln meinem sün, Ludweign.
Item mer schaff ich meinem brüdern, Merttn Gailsam, ainen knorretten kopph vergold, und meinen prawn mädrein rokch, und mein zöbleins heẘblein und ainen grossn pecher, und ob er mit tod abgienng, so sol er denselben schaffen zu Gotsdinst wohyn es im gevellt durch Gotswilln, wie wol er ain grössers umb mich verdient hat, so well es doch das wenig von mir also gütigklich aufnemen und lass im auch mein sach und mein kynder bevolhen sein und mein sel.
Item meiner tochtern, Maruschn, hab ich versprochn zu heyratt gůt drey hůndert gulden mit erb oder wie ich mag, so hat mein ayden, Peter Neidinger, wider versprochen zůgebn sechs hündert gulden und er hat gar nichts nyder gelegt, darümb wër ich auch nit schuldig gebesen ettwas nyder zülegn. Nun hab ich angesehen mein kynd und der kynder und Got zu voraus, und hab ir und irn kyndern geben ain weingarttn mit namen Jörgergrund, der gar wol hundert guldn in gold werd ist und pesser. Ich hab in selber kaufft öden umb LXXXXIII guldn, und mer hab ich ir das haws gelöst, darinn sy ytz sytzt und von dem Andreen Jůng kaufft hat, darümb ich berait nyder gelegt und bezalt hab hundert und zehen gulden, die zehen guldn hat mir mein ayden widergebn. Also hab ich ir und irn kyndern geben hundert gulden nach statrecht hie zü Prespurg, sölhe güter zuerben von ainem auf das ander.
Item mer hab ich meiner tochtern, Maruschn, und meinem aydn zu Amtzing auf ir gepet gelihen in irn notturfftn, das bringt flor. ainer drey hundert nach laut ainer zedln, das gib ich in auch alles nach durch lieb willen.
Item mer schaff ich meiner tochter, Maruschn, fünffzigk guldn oder was der gulden ungeverlichn gillt, auf die nagstkömund mittfasstn zubezaln, und ob das nicht gesein möcht, so sol es ausgericht werdn unverzogenlich in den nagstkömenden Osterveyrtegen [*1484 April 12–18*].
Item mer schaff ich ir und meinem aydn, Peter Neydinger, fünffzigk gulden in gold oder in gelt zü rayhen oder zü geben auf Sand Johanns tag Gotstawffers tag [*Juni 24*] ungeverlichn XIIII tag darnach [*Juli 8*] an verrer verziehen.
Item mer schaff ich in ain dreiling wein aus den zwain, so in irm keller lign.
Item mer schaff ich meiner tochter, Maruschn, ain new kysstn oder truhen und ain rätzisch gullter.
Item mer schaff ich meiner tochter, Maruschn, mein zwen weingertn, ainen genant der Prustpeter, und der ander der Kurtz weingarttn, und irn kyndern von ainen auf das ander zu erben, und ob die kynder abgienngn, so sülln baide weingärttn wider haym gefalln meiner tochtern, Maruschn, damit zu tůn und zelassen.

Item meinem aydn, Peter Neydinger, schaf ich ain liechtplabn schamlott, und mein rote attlassen joppen, und drey zöbl, und den wagen, und das uͤter under der swartzn schamlottn schawben, und aus der schawbn sol man machn lassn ain messgewanntt, und das groß kreẘtz darauf mit allem gerätt ordenlich, und ist mein will, das es geben werd in das dorff bey der Schembnitz, als mein brüder, Mertt, wol wais. Oder geb man es in das closter auf der Schembnitz in dem namen Gots. Und ob mein benantt aydn die ding verachttet, so geb man sy den zwain kyndern, Fräntzln und dem Wolflein. Ich hoff aber er mug mir kein schuld geben.
(fol. 195r) Item ich schaff meiner tochter zwain kyndern, dem Fräntzlein und dem Wolflein, fünffzigk guldn, yedlichn fünffundzwainzigk guldn, die sol mein tochter, Marusch, innhalltn biß das sy zu irn vogtpërn jarn kömenn. Die funffzigk guldn sol außrichtn mein sůn, Ludwig, in dem LXXXIII jar [*1483*], wenn er gar wol mag. Sy mag auch das gelt prauchen, doch das den kyndern daran nichts abgee. Und auch die vorgeschribn klainat, die wigen VI markch, der sol sy den kyndern halben tail vorhaltn, raihen und gebn.
Item herr Bämffy Miclosch[129], der span hie, der hat mir herein geben in mein haws und in mein kösst die zwen Kanysy, herrn Nicoloschen und herrn Hannsn[130], und zwen groß knecht, die sein in meiner kosst gebesn mit essen und trinkchn vier mal im tag und slafftrinkchn, pettgwantt waschn, etc., als solhn herrn zů gepürt, das brächt gar wol II½^{c} flor., an dem hab ich emphangn von der frawn Kanysy Laslaen[131] durch irn diener XXXII^{c} den. und von herrn Bämffy Miclossen fünffzigk gulden gelt per Blasium litteratum de Pischofsdorff.
Darnach schaff ich meinem sün, Ludweign, alle meine güeter, die ich hab, über das ich verschafft hab alsdan oben geschriben stet. Item mein haws darinn ich ytz wonund bin und darůmb im gründtpůch[132] geschribn stee, mitsambt meiner fleischpankch gegn des Eylausmrokch haws über gelegn, drey weïngërttn, ainer der Würrslegl, der ander der Morain, der dritt der Füchssel genant. Mer schaff ich im alle geltschuld so man mir schuldig beleibt, berait gelt, silber geschier, lasne hönig, etc., wie das alles genant ist, wo oder wellent ich das hab, nichts ledigklichn ausgenomen, alles treulichen angeveer, davon sol er gebn und ausrichtn,

---

[129] *Miklós/Niklas Bánffy von Alsólindva (?–1500) war einer der einflussreichsten Adligen im Umkreis von König Matthias Corvinus (1458–1490). Er war seit 1453* magister janitorum regalium *und seit 1465* magister pincernarum regalium *sowie ein Mitglied der Deputation, die die zweite Frau des Königs, Beatrix von Aragon, 1476 nach Ungarn begleitete. Zwischen 1467 und 1487 bekleidete er das Amt des Gespans von Pozsony (Preßburg).*

[130] *Miklós/Niklas (1468–1493), Gespan von Zala und János/Hans (1468–1522), Gespan von Sopron (Ödenburg) waren beide Mitglieder der Familie Kanizsai aus dem Geschlecht Osl, Cousins dritten Grades durch ihren Urgroßvater.*

[131] *László/Ladislaus (1468–1500), Ban von Kroatien und Slawonien, war Mitglied der Familie Kanizsai aus dem Geschlecht Osl, Bruder von Hans (vgl. Anm. 130).*

[132] *Sicherlich das Preßburger Grundbuch von 1439, heute Archív hlavného mesta SR Bratislavy, 4.1.2. Grundbuch. Vgl. auch Einleitung S. 15.*

alsvor in disem meinem geschefftbrief geschribn stet, und ob er mit tod abgienng, so bevilh ich im, das er verlass und verschaff durch Gots willn zu meiner und seiner sel seligkait.
Item mer schaff ich dem pharrer zü Sand Larentzn und seinen nachkömen pharrer zwo fleischpenkch, die ain ainem yedlichn prediger, das er darumb alle wochn zwo mess leßen sülle auf dem alltar S. Jeronimi, den ich pawn hab lassn, und die ander ainem pharrer selbs, das ir yeder jerlich mich mit ainem jartag pegeen sülle auf den tag meiner begrebnüss.
Item mer schaff ich ain fleischpankch zu Sand Merttn zu dem Tenebre also, das daz ewigklichen sülle gesungn werden mit dem geleẘtt, alsdan man das ytz singt. Davon sol man dem pharrer zu Sand Merttn VI ß den. gebn, dem schulmaister VI ß den., und dem briester, der die collect list, auch VI ß den., und dem meßner X ß den., und das sol ain yedlicher pharrer zu Sand Merttn einnemen und ausrichtn.
Item mer schaff ich meiner tochtern, Maruschen, ain vergoltn knorrattn koph, der von dem Körndl her ist kömen, und dan ain grossn pecher, und ain klain pecher, und VI silbrein löffl, das wigt mitsambt der gürtl die ich ir auch schaff V½ markch.
Item mer schaff ich ir zwai peth, zwen pölsster, IIII küss, und zwo duchna, der grossen zynschüssel vier, zwai tischtuecher genët, ain zwifachtign tisch und den prawn rokh, der ir müeter gebesn ist.
Item mer schaff ich ir das hönig, das noch hynden in dem wachs ist in der klainern poting damit zu tun, was sy wil, und das wachs sol man zu mess und kirchn geben allenthalben, wo des notturft ist, voraus zu meinem alltar zu Sand Larentzn und zu meiner begrebnüss.
Item mer schaff ich, ob mein sün, Ludwig, an geschëfft mit tod abgienng, da Got vor seÿ, das man von meinem güt zü voraus das spital entricht und bezall, und alles das ich hieinn (!) verschafft, darnach das man was übrig beleibt von guetern, meiner tochter die helfft und irn kyndern gen, und die ander helfft durch Gots willn gebn sülln werden nach versteen meiner geschefftherrn. Oder gieng mein sün, Ludwig, mit geschëfft ab, so sol dann dasselb geschëfft gantz krafft habn, wie er darinn schaffn wurdet.
Das aber sölh mein geschëfft krafft hab und letzter wille, so hab ich durch Gots willen gepeten die ersamen weisn herrn Andren Holczer, statrichter, Wolfgangn Aigner kurßner, gesvörn des rats, und Hannsen Fleisch, statschreiber zu Prespurg, das sÿ es treulich in geschrifft brachtn und mit irm aign betschaden bewart habn, doch in und irn erbn anschadn.
Actum an phintztag nach dem suntag Invocavit anno Domini etc. LXXXtertio, und pitt auch meinen brudern, Merttn, das er auch mit aufschawen sol und well, damit das die sachn alle also ausgericht werde.

Actum des einschreiben des freytags
nach Ascensionis Domini 83.

1483 April 23 **401**

Geschäft der Anna, Ehefrau des Leonhard Peck, Witwe des Konrad Peck
pr., schr., 4 Zg. (*Index*: —)

(fol. 195v) Testamentum Anne, consortis Leonardi Pistoris
Vermerkcht das geschëfft, so ich Anna, des Lienharttn Pekchn hausfraw, bedëchtlich getan hab, auch von den genadn Gots mit guͦter vernuͦfft und synnen zu der zeit, da ich das mit recht wol getuͦn mocht an menigklich inred und widersprechn, auch zu dem hail meiner sel, und das getan vor den erbern Symon Artzt, Rot Cristan, Wolfgangn Fleischakcher und Merttn Rosentaler, all mitburger hie, die ich durch Got darzu berüefft und mit vleis gepetn hab, solh mein geschëfft und letztn willn auszunemmen und ingedëchtig zuͦ sein, damit es nach meinem tod aüsgericht und gehaltn werd in aller der weise und form, wie hernach geschribn stet.
Item vonersst bevilich ich mein sel Got dem allmëchtign, der junkchfrawn Marie und Alln Gots Heylign.
Item darnach schaff ich zuͦ dem paw des liebn heilign Sand Mertten V gulden, die sol mein hauswirt ausrichten.
Item in das jünkchfrawn closter hie schaff ich II gulden.
Item zu Sand Larentzn kirchn schaff ich II gulden.
Item zu Sand Michel schaff ich I gulden.
Item in das spital hie schaff ich I gulden.
Item das haws, darinn wir wonuͦng habn, schaff ich meinem liebn hauswirt, Linharttn Pekchn, ledig und frey vor menigklich damit zuͦtuͦn und zulassn.
Item darnach ain weingarttn in der Fuchslewͦttn gelegn, der meines vatern sëlign gebesn ist, und darzuͦ den andern tail weingarttn auch in der Fuchslewͦttn, den wir miteinander gekaufft habn, schaff ich allen meinem bemeltn hauswirt, Linharttn Pekchn, frey und ledig.
Item mer ain weingarttn im Gfanng auf Tebmer gruͦndt zuͦnagst des Jacobn Hätewͦr weingarttn gelegn schaff ich auch meinem hauswirt, Linharttn Pekchn, frey und ledig.
Item ain weingarttn, genant der Unbeschaidn, im Wurcznpach schäff ich meinem hawswirt ledig und frey.
Item ain weingarttn im Schonülln zwischn herrn pharrer Sand Larentzn und der Gmaitlin weingërttn gelegn schaff ich auch meinem hauswirt, Linharttn Pekchn, ledig und frey.
Item ain weingarttn genant der Pernharts Prünn (!)[133] im Vächter auf Tebmer gruͦnd gelegn schaff ich auch meinem hauswirt ledig und frey.
Item als von begn der dreyer bestymbtn weingärttn mit namen der Unbeschaidn, im Schönülln und die Fuchslewͦttn, die meines vatern sëlign gebesn sein, daruͦmb

[133] *Die hier genannte Person war wahrscheinlich ein Nachbar des Weingartens genannt* Vächter.

mein voriger hauswirt, Chůntz Pekh seliger, und ich miteinander geschriben steen nachinnhallt des grundtpüchs[134], die schaff ich meinem hauswirt, Linharttn Pekchn, all drey, als vor bemelt ist, und brůder Hanns, mein stewfsün, zū den bestymbtn guëtern nicht zusprechn hat, wann er vorhyn fürgesehen und hindan getailt ist. Item alle varünde hab, wie das genant ist, nichts ausgenomen, schaff ich auch meinem bestymbtn hauswirt.
Das aber solh mein geschefft und letzter wille krafft habe, hab ich obemelte Anna mit sunderm vleis gepetn die obestymbtn geschëfftherrn, das ir yeder sein betschad zu gezeugnůß auf den gegnburttign meinen geschefftbrieff gedrukht hat, doch in und irn erben an schadn. Actum an Sand Albrechts tag des heilign bischove und marttrer anno Domini etc. LXXXtertio.

1483 März 9 **402**
Geschäft der Margaretha, Ehefrau des Matthias Huendel
pr., schr., 3 Zg. (*Index*: —)

(fol. 196r) Testamentum Margarethe, consortis Mathee Haindel
Anno Domini etc. M CCCC im LXXXIII jar am suntag vor dem swartzn süntag [*Judica*] hat geschäff Margreth, des Mathes Huendl haẘsfraẘ, dapeÿ ist gewessen der Paul Spiess, Ulrich Vischer, Mathes Küertzl.
Item vonerstn schaff ich meinem haẘswirt das haẘss, davon sol er ausrichtn ein Ramfardt, und X fl. zü dem paẘ Sandt Mertn zü zwain maln zu betzalln in zwaẙen jarn [*1485*].
Item mer schaff ich im ein weingarten gelegen zu Gephang. Mer schaff ich im ain weingartn in der Hacheney, davon sol er ausrichtn ein gulden in das nünen klaster. Item ein guldein zü Sandt Michael züm paẘ.
Item ein gulden in das spital. Item ein gulden in Unser Fraẘ zech und ain gulden in die vischer zech. Item mer schaff ich meine (!) haẘswirdt ain weingarten in der Pashaitten. Item ich schaff meiner swestern ein plaben mantel. Item ich schaff meiner swester tochter ain kleine sÿlber gürtl der allein. Item ich schaff meinenn haẘswirdt, dem Mathes Huendel, alle farunnde hab, wie sy genant sein, ledigklich und freÿ.

Ohne Jahr, Monat und Tag (ca. 1483) **403**
Geschäft des Wolfgang Katz
pr., schr., 3 Zg. (*Index*: —)

Testamentům Katz Wolffganng
Ich Katz Wolffgangg bevilich mein sel dem allmechtigen Gott und schaff am aller ersten all mein güt meiner hawsfrawen, der Katherein, und alle varundehab, haẘss

---

[134] *Sicherlich das Preßburger Grundbuch von 1439, heute Archív hlavného mesta SR Bratislavy, 4.1.2. Grundbuch. Vgl. auch Einleitung S. 15.*

und weingarten ir zü thün und zü lassen, und damit bedenckh unser sell hail und derselben davon das güt ist herkomen.
Item mer schaff ich von den guettern LV gulden zů dem paẘ Sand Mertten ob Gott uber mich půth, und di LV flor. sul sy ausrichten von dem gelt, das man ir schüldig ist.
Und darzu hab ich gepetten den ersamen Noppnepeckhen (!)[135], und den Sÿmon Artzt und den Hansen Leissen süester, das sy ir sigill darauff gedrückh.

1483 April 6 **404**

Geschäft der Margaretha, Ehefrau des Stephan Griesser
pr., schr., 4 Zg. (*Index*: —)

Testamentüm domine Margarethe, consortis Steffani Griesser
Vermerckht das geschefft, das getan hat die erber fraw Margareth, hausfraw des Steffan Griesser, zu der zeit und weill, als sie das wol getun mocht und bey gueter vernufft was unbezwugen, und das geschen ist des sontags noch dem hailign Ostertag als man hat geschriben M° CCCC° LXXXIII°.
Item am ersten schaf ich mein sel dem almechtigen Got.
Item meiner sel zu genaden gegen Got XXX selmess zelesen zu S. Michael.
Item zu ainer begenüss in dem kloster zu Unser Frawen X ß den., und der Steffan aüs besonderm gutem willen hat er darzu geben IIII ß den. Item der Phandlin, und der Schießlin, und der jungfrawen, den drein swestern, yeder ain zwivachtigen slaer. Item meiner dienerin, Magdalena, schaf ich meinen pesten mantel, und das pesst kietzel, und viervachtig slayr.
Item das ander schaf ich gar meinem hawswirdt, Steffan Grießler, weingarten, haws, alle hab, wo sie sein, varund und andre, nichts ausgenommen, und meiner freundt kainer darzu zu sprechen. Item pey dem obgeschriben geschefft sein gewesen di erbern Hans Kern, Michel List, Cristan Prewr, Linhart Pütz, alle vier mitburger hie zu Prespurg, dye das geschefft treulich haben gemerckht, und das haben lassen verschreiben, nicht mer noch weniger. Actum ut supra.

1483 Juli 10 **405**

Geschäft des Peter Holczhaimer
pr., schr., 3 Zg. (*Index*: —)

(fol. 196v) Testamentum Petri Lapicide
Vermerckht das geschëfft, das getan hat der erber maister Peter, stainmetz, mit zunam Holczhaimer, zu der zeit und weil, da er das wol getün mocht und bei güter vernüfft was unbezwungenlich mit güten willen, und das gescheen ist in dem jar und tag als man hat geschribn M IIII^{c} LXXXIII° des phincztags vor Sand Margrethn tag.

---

[135] *Dieser Mann ist aus anderen Testamenten als* Noppeckh *bekannt.*

Item mein sel schaff ich dem allmēchtign Got.
Item ich schaff auf unnser baider güt, das mein hausfrau ausricht ain Romfart mit zehen guldn.
Item ich schaff ain fart zu dem verrnn Sand Wolfgang mit dritthalben fl.
Item ich schaff umb dreissigk selmeß zu Sand Michel ain gulden.
Item ich schaff zů Unnser Frawn umb dreissigk selmeß ain gulden.
Item ich schaff den junkchfrawn in das junkchfraün closter umb das, das sy Got für mich pittn, ain guldn.
Item ich schaff zü Sand Michl kirchn, das mein hausfrau geb oder lass kauffen umb zehen gulden werchstukchstain.
Item ich schaff meinem ziechkind, Jörgn, den weingarttn in dem Kramern in sölher mass, biß das er kümbt zů seinen vogtpern jarn. War sach, das mein hausfrau den knaben nit wolt haltn, so sol sy den weingarttn und den knaben geben dem, der im den weingarttn fürhalt.
Item ich schaff auf meinem weingarttn Hausperg meinem freẘndn XII fl. in sölher maß, ob sy kämen in zwain jarn, keiner aber kamee, so sol der egenant weingarttn nyemandt nachvolgn wen meiner hausfraun.
Item mein herrn und geschēfftlewt bitt ich von begn der zwelif gulden, die ich geschafft hab auf den Hawsperig, ob meine freẘndt kēmen und begerttn, so sol in gezaigt werdn auf zwen weingērttn, die da lign bei Wienn, ainer bei der kirchn zu Wäring mit nam der Vulkenstainer, der ainer oberhalb Symonyng im Geyrech neben des Täschler weingarttn, die erblich mir zugepüren von meinem bruder, Leonharttn Holczhaimer, und der sülln sy sich genüegn lassn, und den hyegn weingarttn Hausperg meiner hausfraun lassn frey und ledig. Wēr aber sach, das mein frewndt kainer in zwain jarn nicht kēm, so sulln meine geschēfftherrn die egemelten weingērttn verkauffen, und dasselb gelt geben zu Gotshewsern und armen lewttn, als pesst sy zymbt, mit wissen meiner hausfraun.
Item ain silbergürtl mit ainer plabn portten schaff ich zu Sand Michl kirchn in solher mass, wil mein hausfraw die gürtl habn, so sol man ir die gebn umb acht gulden.
Item N. Leinweber zu Leopoltsdorf mit seiner tochtern, die gehabt hat der Gelle Peter, sein mir schuldig V fl., halbn tail schaff ich zu der pharrkirchn zu Leopoltsdorf und den halbn zu Sand Michl zu Prespurg.
Item Hanns Stainprecher zu Tebin hab ich gelihn II lb. den., schaff ich auch zu Sand Michl.
(fol. 197r) Item herr Purkchart ist mir schuldig zway stukch stain umb zwen gulden schaf ich S. Michl.
Item Steffan Heẘgl ist mir schuldig dreytausent ziegl, schaff ich auch zu Sand Michel.
Item Zirfus Smid ist mir schuldig IIII gulden, Steffan Pawr IIII½ gulden, Jörg Payrin II gulden, schaff ich meiner hausfraw.

Item Lienhart Hüetter ist mir schuldig zehen gulden, schaff ich meiner hausfraun zu geben auf den nagstkünfftign Sand Michels tag [*1483 September 29*].
Item ich schaff meiner hausfraun, Anna, darnach all mein güt, haws, gartten, weingarttn, varunde und andere geltschuld, nichts ausgenomen, frey und ledig, meiner frewndt kainer darzü zesprechen.
Item zu dem obgeschriben geschäfft sein gepetn worden die erbern herrn herr Thoman, pharrer bei Sand Michl, herr Wolfgang Kürßner, ainer des rats, Jacob Hätewr, pergkmaister, die das geschäfft treulich haben gemerkcht und habn das lassen verschreiben, und darnach mit irn betschadn versigelt, in und irn erben an schaden. Das alles geschehn ist in dem jär und tag als oben das geschäfft innhallt.

1483 Januar 26 **406**

Geschäft der Katharina, Ehefrau des Michael Wortperger
pr., schr., 2 Zg. (*Index*: —)

Testamentum „Katherine", consortis Michaelis Wortperger
Vermerkcht das geschëfft, das getan hat die erber frau Katherina, des Michel Wortperger hausfrau, zu der zeit und weil, da sy das wol getün mocht unbezwungnlich. Das geschehn ist des suntag nach Sand Paul tag bekerung in dem jar, als man hat geschribn M IIII^{c} LXXXIII°.
Item am ersstn schaff ich Got dem allmëchtign mein sel.
Item meiner swester, der Martt Pärttlin, schaff ich meinen plabn rokch und meinen plaben mantel.
Item dem Michl, meiner swesster sün, der Martt Pärtlin, schaff ich zehen gulden auff dem haws, doch also, das mein hawswirt die inn hallt weil er lebt.
Item den weingartten, Mawlfrid genant, schaff ich auch dem eegemelten Michl, doch also nach abganngkh meines hawswirt.
Item alle andere hab, wie sy genant sein zu veld oder zu haws schaff ich gar meinem hawswirt, und meiner freẘnd kains darauff zusprechn, doch mit sölher underschaid, das er meiner sel und der seiner bei dem heilign ertzengl Sand Michel nicht vergesse.
Zu dem obgeschriben geschäfft sein treulich gepeten worden die erbern herrn Jacob Hätewr, des mal ain gesborner pergmaister, und Paul Weinhändl, ain mitburger, baid zu Prespurg, die das geschefft treulich habn gemerkht von wort zu wortt, und habn das lassn verschreiben, und das versiglt yeder mit seinem betschad, in und irn erbn an schadn. Actum des tags und jar ut supra.

Ohne Jahr, Monat und Tag (ca. 1484) – ***1484 März 10*** **407**

Geschäft des Hans Karner;
Bestellung eines Willensvollstreckers
pr., schr., 4 Zg. (*Index*: —)

(fol. 197v) Testamentum Johannis Karrner
Vermerkcht das geschëfft, das der ersam Hanns Karrner gemacht hat in seiner krankchait.

Ich Hanns Karnner, mitburger zu Prespurg diezeit, dieweil ich mein gůte vernufft hab gehabt, hab ich aus wolbedachtn müet und güter vernůfft gemacht und geordent ain sölchs testament von den güetern, die mir Got der Herr gegebn und verlihen hat, und sol sein mein letzter wille, darzü hab ich mir erwelt geschëfftherrn, den weisen und ersamen herrn Purkchart Scharrach, meinen swager, maister Matheßn von Krumppach, und die erbern maister Jörgn Appotegker und maister Cristoff Kürßner.

Item züm ersstn bevilh ich mein sel Got dem allmëchtign und meinen leib dem erdrich, und wil das der begraben werd in Sand Merttn kirchn neben Sand Niclas alltar bei meiner stifft.

Item zu Sand Merttn zum paw schaff ich XVI fl. und den kelh, der mir stet umb XII fl., schaff ich frey und ledig widerumb haym züm Gotshaws.

Item in Gotsleichnam zech, und Sand Niclas zech, und der Mueter der Parmhertzigkait in ain yede II gulden.

Item umb dreyssigk selambt schaff ich dreissigk ungrisch gulden. Dieselben selambt sülln die capplän singen und das gelt under sich tayln, und dem herrnn pharrer schaff ich in sunderhait IIII gulden.

Item in das münich closter schaff ich IIII gulden, und in das nünnen closter zwen, das sy mirs pegern sülln.

Item nach meinem tod sol man haben drey seelpad und drey tisch mit armenn leẘten.

Item meinem peichtvater, herrn Wolfganngn, schaff ich II gulden.

Item meiner hausfraün, Dorothen, schaff ich XXXII gulden, die mir schuldig ist die Achatzin Kramerin, ytzund genant Pribetzerin, und von unverricht X gulden und alle wein im keller, ausgenomen zwai achtemerige vässel, derselbn ains schaf ich meinem capplan, maister Matheßn, und das ander in das spital armen leẘttn.

Item zů der phründt schaff ich XXVIII gulden zů ainem heẘsl, und die silbrein krawsn.

Item dem Caspar Sorger ain klains silbreins pecherl, und ain silbrein löffel, und der Snaitpekchin ain klains gürttl, und ain Agnus Dei.

Alle andere klainat schaff ich meiner hausfraun, Dorothen, das sy ir mein sel treulich lass bevolhen sein, als ich ir vertraw.

Item mein haws gelegn zwischn dem Steffan Gurtler und Rechnitzer schaff ich meiner hausfraw, und wo ich mit ir geschribn stee von wegn heẘser oder weingartten, schaff ich ir widerůmb haim frey und ledig.

Item meine weingärtten den Derr, das Gfanng und Staineinganng schaff ich auch meiner hausfraun ir lebtäg, und nach irm tod sol sy das haws mitsambt den weingërttn schaffen durch Göts willn, wo sy hin will, durch irer und meiner sel seligkait und aller da es von herkömen ist.

Item den weingarttn Ollram schaff ich der phründt.

Item den Cÿmer schaff ich meinem knaben, dem Grässl.

Item auf dem weingartten in der Lasterleÿttn hab ich XL gulden, die gehörn zu der phründt.
Item Nicoläsch Schüster ist schuldig X gulden, die schaff ich der phründt, und auch X von dem Hanns Kürßner, vom Ulrich Hawg X, und von dem Zeller Pekch ~~X~~ zehen.
Item IX guldein, die mir schuldig ist die Schusin, die schaff ich der Gilig Vischerin, ir und irn kindern.
Item dem Paul Spieß schaff ich VI gulden, im und seinem kyndern und mein weisse pernische joppn.
(fol. 198r) Item meinem capplan mein lannge padphaitten zu ainem chorrokch.
Item alle andere schuld schaff ich meiner hausfraün, das sy das haws damit paw.

Und das ist die schuld

Item die Achatzin XXXII fl. mit phannt unverricht X gulden, Wolfgang Zwifaler VI guldn an phantt, Niclas Zypsser III guldn an phant, Cristoff Kürßner V guldn an phantt, Wolfgang Veyrer XII ß an phanntt.
Item die Petrāschin VI gulden und züm paw XXII½ lb. den. hab ich ir gelihen.
Item Zůber Emrich[136] XX guldn, darümb stet ain scheẘrn.
Item Eylaüsmrokchin II gulden VI lb. den., darumb stet ain gürtl zu phantt.
Item Jorg Valich IIII guldn, darumb stet ain gürtl. Item Paul Kramer XIII fl.
Item Johannes Fleisch, ytzund statschreiber, XX fl., darümb ain brief vorhanndn ist.
Item Peter Kürßner XIII fl. und I ortt, darumb sein sweher porg ist.
Item Hanns Frankch auf der Tůnaw Newsidl ½ tal. den. an phantt.
Item Larentz Pekh VIII gulden, darümb ain silbreine schal und ettlich löffl stend, beslagne.
Item ain hofman ist schuldig VI gulden auf ain vorstatteine schawben.
Item maister Cristoff Kurßner schaff ich mein schamlotteine schawben.
Item nach meinem tod und abganngk zů ainem patron und lehenherrn erwell ich und nym mir für den ersamen und weisen herrn herrn Purkcharttn Scharrach, dem gib ich ganntzm und vollen gewallt in den dingen zů tůn und zelassen.
Actum des einschreiben feria quarta post dominicam Invocavit anno etc. LXXXIIIIto.

1484 Januar 22 **408**

Geschäft der Barbara, Witwe des Paul Perichtold
pr., schr., 2 Zg. (*Index*: —)

Testamentum Barbare, relicta Pauli Perichtoldt

Vermerckht das geschëfft, das gethan hat die erber fraẘ Barbara, ein hawsfraẘ des

---

[136] *Ein Mitglied der Familie Czobor von Czoborszentmihály, vgl. Anm. 121.*

Paulen Perichtoldt, zü der zeitt und weil, als sy das woll gethün möcht unbetzwunglich mït gutten willen und witzn.
Item ich schaff mein sel dem allmechtigen Gott. Item dem heÿligem Gotshaüss Sand Michel zü dem paẘ schaff ich ein gülden. Item ich schaff peÿ der egmelten kirchn mir zü lessen dreÿsigk selmess umb ein gülden. Item ich beger und schaff, das mich mein man eberlich (!) bestat zü der erden.
Item die anderen gueter wie sÿ genant sein, weingarten, haüss, varundehab, und andre yß beleib das kind peÿ dem leben oder nicht, schaff ich gar meinem haẘswirdt, Paulen. Meiner freundt, mueter oder wie sie sein genant chains darein zü sprechen.
Zü dem obeschriben geschëfft sein treẘlich gepetten worden die erbern Hans Füchss und Sigmündt Dreyling, die das geschefft trewlich gemerckht haben und darnach lassen verschreiben und haben das auswenndigk mit irn petschadn zü gemacht doch in und irn erben anschadn. Das geschechn ist des phintztag vor Sand Paustag (!) weckher in dem jar etc. LXXXIIII°.

1482 November 30 **409**

Geschäft der Magdalena, Witwe des Wenzel Kursner
pr., schr., 3 Zg. (*Index*: —)

(fol. 198v) Testamentum domine Magdalene,
relicta Bentzeslai Pellificis

Vermecht (!) das geschëfft, so ich Magdalen, des Wentzla Kursner seligen zü Prespurg gelassne witib, bedechtlich gethan hab auch von genadn Gotts mit gutter vernüfft und synnen und zü dem hayl meiner sel und das gethan vor den erberen Hansen Kurßner, Wolfganngen Aigner und Peter Wagner, all drey gesworen burger des ratts der obmelten stat, die ich durch Gott darzü ervordert und mit vleis gepetten hab solhen meinen letzen willen ingedechtig zü sein und nach meinem todt ausgericht und volbracht werdt in massen wie hernach volget.
Item vonerst umb selmess schaff ich X fl. Item zü dem paẘ Sand Mertten pharkirchen hie schaff ich V fl. Item zu Unser Lieben Frawen münichkloster schaff ich V fl. Item in das junckfraẘ closter Sand Maria Magdalen hie schaff ich V fl. Itm ich schaff durch Gotswillen armen leẘttn außzütaillen V fl.
Item mer schaff ich umb ein gesaückh (!) püch, wass das gesten wird sol man zallen von meinem güt des meinen gescheffthерren wol under richt sein.
Item in das tall zü Unserr Lieben Fraẘn zü ainer ewigen gedechtnuss schaff ich V fl.
Item in die zech Mueter der Parmhertzikheit schaff ich II fl.
In Unserr Lieben Fraẘn zech hie schaff ich II fl., und solh gelt, so ich verschafft hab als vor bemelt ist, schol man nemen von Peter Wagner, die zeit gesworner purger des ratts hie, wan er mir schuldig ist hundert gulden nach laẘt ains geltbrieffs darumb aufgegangen, und wass über solh mein geschefft überbeleib, halt

ich mir bevor zü meinen nottürfften und kranckhaitt selbs inzuhaben und zü verzern mit willen meiner gescheftherrn.
Item meinen weingarten, genant der Hochweingarten, auff der stat grundt gelegen der meiner bemelten hawswirdt, Bentzla Kursner seligen, gewessen ist zü nagst des Merten Rosentaller an einer und Wolffgang Fleischackher an der andern seytten gelegen schaff ich meinem sün, Merten Rosentaller, frey und ledig vor menigklichen.
Item den andern weingarten, Důrßmaul genant, auch auff der stat grundt gelegen zü nagst Sÿmon, des Thomon Unger aydn, weingarten gelegen schaff ich auch meinem gemelten sün, Mertn Rosentaller, ledig und freÿ.
Das aber solh mein geschëfft und letzter willen krafft hab, hab ich obestymbte Magdalen witib mit sunderen vleis gepetten di obemelten gescheftherrn, das ir yeder zü pesser sicherhaitt sein petschad auff den gegnburtigen gescheftbrieff gedruckht hatt doch in und iren erben an schaden. Actum infesto Sancti Andree apostoli anno etc. LXXXsecundo.

1481 August 14 **410**

Geschäft der Barbara, Ehefrau des Laurenz Peck

pr., schr., 3 Zg. (*Index*: —)

(fol. 199r) Testamentum domine Barbare, relicta[137] Laẘrencii Pistoris

Vermerckht das geschefft, so ich Barbara, des Larentzen Peckhn hawsfraw, zu Prespürgk, bedechtlich mit guttn willen und unbezwungn getan hab auch von den genaden Gotts mit guter vernüfft und synnen zů derzeitt, do ich es wol gethun mocht recht und redlich an menigklich inred und widersprechen und zü dem hayl meiner sel und das getan vor den ersamen weisen herren Jorg Schonberg, diezeit richter der obmelten stat Prespürg, Thomo Behem, gesworner burger des ratts da selbs, und Niclasen vom Fraẘnmarckht, die ich dürch Gotts willn darzu ervordert und mit vleis gepetten hab zü bestatuͤng, damit es nach meine tod gehaltn und volbracht werdt in massen, als hernach geschriben stet.
Item vonersst bevilh ich mein sel Gott dem allmechtigen.
Item darnach schaff ich meinen vatterlichen und mueterlichen erbtail so mir rechtlich und erblich zügepürdt, es seÿ erb ader varundgüt, wie das genant oder wo es gelegen ist, nichts ausgenomen, meinem hawswirdt, Larentzn Peckhn, vor menigklich, frey und ledig damit zü thün und zü lassen, zü verkauffen und zu versetzen, und seinen frummen damit schaffen, wie es im am pesten füeg und güt bedwnckht.

---

[137] *Zum Zeitpunkt ihrer letztwilligen Verfügung war die Testatorin keine Witwe; ihr Ehemann scheint im Testament als Begünstigter auf.*

Item mer siben gulden peÿ meiner paßlein, Katherina Sternyn, zü Prespürg ligund schaff ich auch dem selben meinem obestymbten haẘswirdt.
Auch haben wir obestymbt geschefftherren die obemelten frawn Barbara insünderhaitt genugsamlich ermant und fuͤrgehaltn, ob sy icht ettwas durch Gotswillen und zu den Gotsheẘsern schaffen welle oder irn freundten, da hat sÿ uns wolbedechtlich zü antbuͤrdt geben, sy wiss solh ir gutter nÿmendts zů schaffen dan irm haẘswirdt, Larentzn Peckhn, und hat im di also geschafft ledig und frey in massen als obengeschriben ist, da beÿ dann auch ingegnburtigkhait gebesen ist der ersam Caspar Stampher, ir geporner freündt und ain mitgesborner des ratts der obmelten stat, der sÿ auch insünderhait ermwdt (?) hatt.
Das aber solh mein geschëfft also geschechen seÿ, hab ich obestÿmbte fraẘ Barbara mit vleis gepetten die obestymbsten (!) geschefftherrn, das ir yeder sein betschad zů pesser sicherhaitt und gezeüngnüss der sachn auff den gegnburttigen geschefftbrieff gedruckht haben, doch in und irn eriben an schaden. Geschechen am erichtag nach Sand Larentztag des heÿling marttrer anno Domini etc. LXXXprimo.

1484 März 4 **411**

Geschäft des Michael Kue
pr., schr., 3 Zg. (*Index*: —)

(fol. 199v) Testamentum Kẘe Michel
Vermerckht das geschëfft, so ich Kwe Michel hie zü Prespurg mit wolbedachten muet gethan hab auch von den genadn Gotts mit güter vernüfft und synnen zů der zeitt, da ich es rechtlich woll gethůn möcht an aller meiner freündt inred und widersprechen, und das getan vor den erbern Caspar Leder (!), Gilig Vischer und Mert Ledrer, die ich darzů beruefft und důrch Gotts willn gepettn hab, solhen meinen letztn willen aüffzunemen und nach meinem tod gehaltn werd wie hernach geschriben stet.
Item von erssten bevilh ich mein sel Gott dem allmechtigen.
Item darnach meinen tail, den ich an dem haẘs hab so der Püchler besitzt, schaff ich dem selben Ulrich Püchler und Margarethn, seiner hawsfraẘn, ledig und freÿ vor menigklich.
Item einen weingarten, genant der Scharlaperg, schaff ich auch dem bmelten Ulrich Püchler und seiner bemelten hausfraẘ ledig und freÿ, damit zü thün und zü lassen.
Item den halben tail des weingartten, Kottseeber gnannt, hab ich varmalen dem Ulrich Püchler zügeeigent und geben und den andern halbn tail desselben weingarten paẘt der Wolfgang Scherer und umb den selben tail sol man nicht krigen, sunder dem bemelten Scherer sol die helfft desselben weingarten ledigklich nach volgen und beleiben.

Item all mein solhs gütter erb und varund, wie die genant sein und mir von meinen geschbistretten erblich zü gepüren, und ich dem Ulrich Püchler vor menigklich geschafft hab, darzů dan meine freündt kainer zesprechen haben noch süllen, das ist mein entlicher und letzter willen und word.
Das aber solh mein geschëfft und letzter willen also geschriben sey, hab ich obmelter Kẘ Michel mit vleis gepetten die obmelten gescheftsherrn, das ir yeder sein betschad zů gezeungnüss auff den gegnwurttigen gescheffbriefft gedruckht haben doch in und iren erben an schaden. Geben am phintztag nach dem Aschtag anno etc. LXXXIIII°.

1484 April 6 **412**

Geschäft des Georg Poltinger

pr., schr., 3 Zg. (*Index*: —)

Testamentům Georgen Poltinger

Vermerckht das geschëfft, so ich Georg Poltinger aüff der Wedritz hie, mit wolbedachtn můt getan hab auch von den genadn Gotts mit guter vernufft und synnen zu der zeitt, do ich es woll gethün mocht an menigklich inred und widersprechen, darzü ich dan mein hawsfraẘn ervordert und solh mein geschefft mit irn willen und wissen getan, darzü sy dan irn güttn willen auch geben hat und das getan vor den erbern herren maister Mathesen von Krumpach, die zeitt prediger zů Sand Merttn hie, Thomon Peckh und Hansen Kirchperger tüchscherer, die ich durch Gott darzü berüfft und mit vleis gepettn hab, solhen meinen letztn willen aufzenemen und ingedechtig zü sein, auch ausgericht und gehaltn werd in massen, wie hernach geschribn stett.
Item vonersst bevilh ich mein sel Gott dem almechtigen und nach meinem abganckh sol mich mein sün erberlich zü der erden lassen bestattn und begen lassen als ainem frümen man zü gepürt.
Item mein hauß auff der Wedritz gelegen schaff ich meinem sün, Hainrichen, und zweliff gulden schuld darauff, die X gulden in das capitl zinss darumb das haus stet, und di andern zwen gulden pin ich schuldig ainem kauffman umb tüch.
Item mer schaff ich dem selben meinem sün allen meinen werichzeüg, der dan zů dem hantwerich dient und der vatter zü dem hantwerich genutzt hat.
Item meiner hawsfraẘn, Dorothen, schaff ich all mein varunde hab, wie sie genant ist, nichts ausgenomen, doch also, das sÿ di übring schuld davon betzall.
(fol. 200r) Item den weingartten im Pannkhartten gelegen schaff ich aüch meiner bemelten hausfraůen, Dorothen, mit solcher underschaid, das sy den weingartten zu irn handen nem, und die sechs gülden, di wir noch darauff schuldig sein, betzallen sol, oder verkauffen, und betzal davon die VI gulden, und mit den andrn (!) VI gulden die ander geltschůld. So sy aber den weingartn nicht haben wolt, so laß sÿ den meinem sun, und der schol di VI gulden darumb betzaln.

Das aber solh mein geschëfft und letzter willen krafft habe, hab ich dürch Gotswillen gepettn die obmelten geschefftherrn, das ir yeder sein betschad auff den gegenburtigenn geschefftbrieff zu getzeungnüss gedrückht hat, doch in und irn erben an schaden. Geschechen am erichtag nach dem suntag Judica inder vastn anno etc. LXXXquarto.

1484 Februar 5 **413**

Geschäft der Katharina, Ehefrau des Wolfgang Praun

pr., schr., 3 Zg. (*Index*: —)

Testamentum Katherine, coniugis Wolffgang Prawen

Vermerckht das geschëfft, so ich Katherina, des Wolffgangen Prawn hawͦsfraw, hie mit guttn willen und wolbedachtn müt, auch von den gnadn Gotts mit guter vernüfft und sÿnnen zü der zeitt, da ich es woll getün mocht, recht und redlich georden und geschäfft hab an menigklich inred und widersprech, und zü dem hail meiner sel, und sölh mein geschäfft und letzter wille nach meinem tod also stät und unzebrochen bleib, auch ausgericht und volfürt werd inder weiß, als hernach geschriben stet.

Item vonersst bevilh ich mein sel Got dem almechtigen. Und darnach bevilh ich mein sel meinen hawͦswirdt mir XXX selambt zü singen, und ain Achfart sol mein hawͦswirdt ausrichten, das dan aüch sein gutter will ist.

Item darnach schaff ich meiner schwestern, Angneßn, zwen dreÿling wein in dem klain keller, ein heÿring und ain fuerdung. Und mein prawn haraß mantl, vier reisteine leÿblach, zwaÿ reisteine kützl, ain walische seidelphaidt die lengist.

Item meiner mueter, Anna, schaff ich irn silberkoph, den sÿ mir versetzt hat, ledig und freÿ.

Item meiner diern, der Groschln, schaff ich ain gerichts pet mit seiner zuͦgehorüng, und mein hawswirdt sol sÿ gewonnen nach irm nütz und nach seinen eren. Auch mer schaff ich ir das klain silber gürtl auff dem plaben partlein, und die selb zuͦgehorung des pets sol sein II polster, IIII küss, IIII leiblachen und I duchna.

Item der grossen Margrethen, meiner diern, schaff ich ain pet, ain polster, zway reisteine leiblachen und zwaÿ kuß über irrn lon.

Item meines hawͦswirts päslen, mit namen Affra, schaff ich mein prawn harraß rockh, ain walhische prüstphaitt, ain reisteins kutzl und ain halbs stückh slaÿr ain weiß.

Item all unser beder güt, erb und varungüt (!), wie das genant oder gelegen ist, nichs ausgenomen, schaff ich alles mein hawͦswirt, Wolffganngen Prawn, ledig und freÿ damit zuͦ tün und zuͦ lassen, und davon sol er alle beweiste geltschüld bezallen.

Item auch so red ich obemelte Katherina beÿ meiner gewissen, bei dem hail meiner sel und beÿ meinen frewͦlichen ern, das ich dem Jobsten Käßman, der Niclasen Grossen von Nüernberg dienner, geben hab hundert gulden hungrisch in gold,

und den selben hundert gulden solt der bestÿmbt Jobst dem Hanns Paẘmgartner von Nuernberg haben geben funffzig gulden oder dem Hans Sneider, seinem geselln, des er aber nit getan hatt, und di andern funffzig gulden solt er haben geben dem Veit Mẘt, auch ain diemer (!) des bemltn (!) Niclasen Grossen, die er im auch nit geben hatt, und die bemltn (!) I^{c} gulden hab ich dem Jobstn Kaßman geben an Unser Lieben Fraẘn abent der Hÿmelfart, desselb jar ist Sand Larentzentag gestandn an ainer phintztag [*1480 August 14*].
Das aber solh mein gescheffft und letzter wille also geschechen ist und beÿ krefften beleib, hab ich obemelte Katherina darzů berůfft den ersamen Jorgn Unverrich, Paulko Berkis und Steffan Hochenweiger, all drei mitburger hie, und ir yedn in sünderhait durch Gotts willn pettn, das sÿ ire betschad auff den gegnburtigen meinem geschëfftbrieff gedruckht haben, doch in und irn erben an schaden. Geschechen am phintztag vor Appolonie virginis anno Domini etc. LXXXquarto.

1484 November 29 – *1484 Dezember 29* **414**

Geschäft der Elena, Witwe des Veit Schiesser;
Bestellung eines Willensvollstreckers
pr., schr., 3 Zg. (*Index*: —)

(fol. 200v) Testamentum domine Helene Schiesserin
Vermerckht das gescheffft, so ich Helena, des Veiten Schiesser seligen gelassne wittib, getan hab mit wolbedachtem můt und gueter vernufft und zu der zeit, do ich das wolgetůn mocht an S. Andreas abent des heligen (!) zwillifpoten anno etc. LXXXIIII^{to}.
Item von erst bevilich mein sell Got dem almechtigen, und so die abschied vom leib so will ich und schaf und erwell, das man meinen leichnam sol bestatten erwirdiglichen bey Sand Merten pfarkirichen, und mit den gewälichen briestern so daselbs sein zu der begrebnüss belaidten und darümb am genugen tuen.
Item zu dem bemelten Gotshaws S. Merten zu dem paw schaf ich II ungrisch gulden zu hail meiner seel. Item in Unser Lieben Frawen zech I lb. den.
Item in Unser Lieben Frawn kloster zu den mynnern bruedern schaf ich mein weingärtel so ligt in den Eisgrueblein und darzu IIII ungr. gulden. Ich hab auch den bmelten bruedern vormal geben wol achtzehen gulden, werdt zu ainem kelich, di sie beraidt von mir emphangen haben, domit sie meiner sell hail bedencken und betrachten sullen im leben und auch im töd.
Item prueder Moritzen in dem bemelten kloster, dem schaf ich mein klainers pet, als ain dochna gestallt, darzu ain kẘss und ain leilachen, domit er meiner sell ingedenckht sey, und Got fur mich pit. Item mein grossers pet, das ich hab, sull man überziechen mit meiner pessern ziechen und geben ainem armen priester so der wird, und darzu ainen polster. So aber im kürtz kainer erfinden wurd, so sull man es geben ainer armen jungfrawen, wan di zu eren heirat und darzu ain slaerlein.

Item meinem vettern Johannsen, dem knaben, der yetz hie dint bey dem letzelter, schaf ich meinen plaben rockh, so er anders will gůt tůn und frummen lewten volgen. So aber das nit ist, so sull man den rockh verkauffen, und meiner sel zu hail das gelt austailen. Item der Thotin, di mir auswardt in meiner kranckhait schaf ich meinenn peltz und di veechhawben fur ir můe di sie hat.
Item meiner alten wirdtin, der Karnerin, pin ich hofzins schuldig wurden VII ß den., daran hab ich geben der Graf Niclasin 30 den., und di andern VI ß den. sull man bezallen von meinem gelassen güt. Item meinem wirdt, maister Jorgen Apoteker, pin ich auch zinss schuldig alslang ich bey im yetz pin gewesen, den sull man auch bezallen noch der pillichkait und nit mer ist meiner geltschult.
Item so etwas überbeleibt von allen meinen güetern unverschaidelichen, es sey klain oder groß, über das so oben begriffen und vermelt ist, nichtz ausgenommen, das sullen mein geschefft lewt austailen noch irer gewissen zu hail meiner seell. Und will auch und schaf, das nyemant bey der verdampnůss seiner seell und seligkait derselben mir meinen letzten willen brech oder verter anders, dan so es nocheinander bemelt ist. Wan es alles frey und ledig mein ist und nyemants darauf etwas schuldig bin.
Gezeügen und geschefflewt des vorgeschriben meines letzten willen hab ich vleissiglichen und durch Gotswillen gepeten di erwirdigen und gaistlichen herren herrn Augustin, prediger bey Sand Merten Gotshaws, herrn Giligen, meiner herrn caplan in dem spital, auch maister Jorigen Apotheker, burger hie zu Prespurig, di zeit mein wirdt, domit sie das alles volenden und volfüern bey irer gewissen als sie Got sullen antwurten am jungsten tag, und als sie wollen das in geschriben sull nach irem töd.

Actum des inschreiben 4a post
Innocentum anno etc. 84.

1478 Februar 28–März 7 – *1485 März 2* **415**

Geschäft des Stephan Perchkman

pr., schr., 3 Zg. (*Index*: —)

(fol. 201r) Testamentum Stephani Perchman

Vermerkcht das geschëfft, das getan hat der erber man Steffan Perchkman zu der zeit, da er das wol getün mocht und weis bei güter vernůfft unbezwüngenlich, und das geschehn ist in der wochen nach mitfasstn in dem jar, als man hat geschribn M CCCC und in dem LXXVIII jar.
Item meiner hausfraün, Cristina, schaff ich all unser beder güt, das wir bey einander haben, nichts ausgenomen, wo das sey zu veld oder da haim wo es sey, nichts ausgenomen, und meine frewnd kains darzu hab zu sprechn, doch also, das mein vorgemelte hausfrau, Cristina, von den güetern ausricht oder ausrichtn lass ain Achfart.

Zu dem obgeschriben geschëfft sein treülich gepeten worden die erbern Linhart Putz, Andre Riemer, Caspar Sühensin[138], all drey mitburger zu Prespurg, die das geschäfft treulich haben gemerkht und das habn lassn verschreibn weder gemert noch gemynnert, und darauf gedrukht ire betschad, in und irn erbn an schadn. Das also geschehn ist in der wochen und jar als obn das geschäfft innhallt.

Actum des inschreiben feria 4 post Reminiscere 85.

1485 Februar 3 – *1485 März 2* **416**

Geschäft der Anna, Ehefrau des Simon Artzt

pr., schr., 3 Zg. (*Index*: —)

Testamentum domine Anne, uxoris Symon Artzt

Vermerkcht ain ordnung des geschëffts, das die erber fraw Anna, das Symon Artzt hausfrau, getan hat an dem siechpett bei irm lebentign leib und zü der zeit, da sy sein gewalt hat gehabt und hat das getan mit güter vernüfft und wolbedachtn müet an menigklichs widersprechn und das also auszürichtn also, ob sy mit tod abgieng, und das geschëfft ist geschehn im jar 1 4 8 5 an Sand Blasien tag.

Item am ersstn bevilh ich vorgenantte Anna dem allmëchtign Got mein sel.

Item darnach schaff ich zu dem paw zů Sand Merttn I guldn.

Item darnach schaff ich meinem frümbn hauswirt, Symon Artzt, drey weingërtten ledig und frey, zwai tail im Gern im Würtznpach, der ander im Pölln, der dritt ain tail in der Sterning Gfanng.

Item mer so schaff ich meinem hawswirt, Symon Artzt, das haws gelegn neben Sand Kathrein hoff und des Franntzn haws gelegn.

Item mer so schaff ich meiner päßlein, Cristan Kramerin zu Sand Marein, meinen swartzn mantl.

Item mer so schaff ich meiner swesstern, Elspeth von Raykendorff, mein pesstn peltz, und zwen rökch, und ain mantl, und von wegn der slayr, das stet zu meinem frünnben hawswirt.

Item mer schaff ich meiner schafferin, Cristanÿn, mein kürssn.

Item mer schaff ich ain silbergürtl also so sach wër, das mein hawswirt die versparn möcht, das man die sol gebn zu Sand Merttn zu ainem kelch nach seinem tod.

Item mer schaff ich all mein varündhab meinem frümben hawswirt, Symon Artzt.

Item mer schaff ich also, so mein hawswirt nach meinem tod mit tod abgienng, was er güeter übrigt nach seinem tod, seinen zwain sün, ainem mit namen Niclas Artzt, dem andern mit namen Hanns Artzt, und Cristan Kramerin zü Sand Marein, ir und irn erben zügeleichem tail.

Item bey dem geschëfft sein gewesen die erbern herrn Hanns Grässl, Niklas

---

[138] *Diese Person ist aus anderen Testamenten als* Sübensin *bekannt.*

Sneebeiß und Röt Cristan, darumb ich sew vleissigklich gepetn hab under irer betschadn darauf zu drukchn, doch in und irn erbn an schadn, an jar und tag als oben stet.

Actum des inschreiben feria 4ta
post dominicam Reminiscere 85.

1485 Februar 14 – *1485 März 2* **417**

Geschäft der Margaretha, Witwe des Hans Payr

pr., schr., 4 Zg. (*Index*: —)

(fol. 201v) Testamentum domine Margarethe, consortis Hanns Payrn

Vermerkcht das geschëfft, das getan hat die erber frau, des Hanns Payrn sëlign gelassne wittib, zu der zeit undweil, als sy das wol getůn mocht mit güter vernůfft, und auch das unbezwüngenlichn geschehn ist an Sand Valentin tag in dem jar, als man hat geschribn M IIII^{c} und in dem LXXXV jar.

Item am ersstn schaff ich und bevilich mein sel Got dem allmëchtign.

Item mein zwen weingërttn den Hierschman und den Knyësatz, drew vässl wein in meinem haws, und ain vässl zu vierzehn emer uncz dem Bernhärt, und all mein anleg gewanntt, kürßn, pelcz, rökch, phaytn, hawn und alln zeẘg, ain halben wagn, potingn, läre vässl und volle, kandl groß und klain, zwo paternoster, und ettlich silber gesmeid, und alles das, das in dem haws ist, das daz mein geschëfft leẘt gar verkawffen, und darümb bestelln ain güt mespüech, und ain gütn kelch.

Item das pettgwantt darauf ich lig, schaff ich meines inman tochter gantz und gar.

Item von den obgeschriben güetern schaff ich zů leßn dreissigk mess in Sand Michels kirchn.

Item den drein mein geschäfftherrn wil ich, das sy habn ain guldn aus meinem güetern, darümb das sy mitsambt dem pharrer vleissig sein, außzürichtn mein geschëfft.

Item mein haws schaff ich zů ainer Romfart.

Item die geltschuld, die ich schuldig bin, das ist die ainem judn II flor., und ist gewesn an Sand Blasy tag ain jar [*1486 Februar 3*].

Item meinem inman bin ich schuldig in sunderhait drey schilling phennig, die sülln bezalt werdn von meinem güetern.

Item lieber herr pharrer, ich bitt eẘ als meinen selsorger, das ir wellet meinen slüssl zu eẘ nemmen zů meinen güetern und das die andern mein geschefftleüt mein geschëfft treulichn ausrichtn, und kainem meinen freẘndtn gar nichts mit tayln, darumb wil ich Got in dem andern leben für eẘ pittn.

Item ich schaff auch alles, das daz da über beleibt über das püech, kelch und geltschuld und pegeenüss, davon sol man habn zu ainem mal arm leẘt und ainn selpad, und das ander alles, gar wil ich, das daz mein geschëfftleẘt gebn nach nütz mein sel und meines Jörgn sëlign zu Sand Michel, und wo sy das wissn auszůgebn.

Item zů dem obgeschriben geschäfft sind gepetn worden treůlich die erbern herrn Thoman Haindel, pharrer Sand Michels kirchn, Linhart Pütz, Michl Maltzer, Mert Pueger, die das treulich habn gemacht und lassen verschreibn nichts gemynnert noch gemert, als uns Got helff, und sein liebe müeter, Maria. Und das geschehn ist in dem jar und tag dann als obn das geschëfft innhallt des jars. Und des zu pesser zeẘgnůss hab wir ausgedrukcht (!) unsere betschad.

Actum des einschreiben feria 4ta
post dominicam Reminiscere 85.

1481 März 2 – ***1485 März 2*** **418**

Geschäft der Christina, Ehefrau des Christian Prewer, Witwe des Stephan Perkhman

pr., schr., 4 Zg. (*Index*: —)

(fol. 202r) Testamentum domine Cristine, uxoris Cristan Prewer

Vermerkcht das geschefft, das getan hat die erber fraw Cristina, ain hausfrau Cristan Prewer, zu der zeit und weil als sy das wol getün mocht und bei güter vernůfft was unbezwůngenlich, und das geschehn ist des freytag vor aller man Vaschang tag in dem jar, als man hat geschribn tausent vierhundert und in dem ainundachtzigistn jar.

Item ich schaff meinem Cristan Prewer, meinem hawswirt, all mein gut, was ich zü im bracht hab, nichts ausgenomen, wo das sey, weingartten oder andere zu haws oder zů veld ledig damit zů tün und zu lassen, und meiner freẘnd gar kains darzu zůsprechn, dochmit (!) underschaid, das mein man, Cristan, davon ausricht oder richtn lass ain Achfart, die dann mein aigner man, Steffan Perkhman, auf mich geschafft het, dem Got genad.

Item ich pitt meinen hawswirt, Cristan, ob es an seiner fuͤg wër nach seinem abganngk, das er betreẘ ettliche meiner freẘnd mit unserr baider güeter doch ungevërt.

Zů dem obgeschriben geschäfft sein treůlich gepetn worden die erbern Linhert Putz, Peter Achtseinnit, Steffan Griessrer, Hanns Füchssl, all vier mitburger zu Prespurg, die habn das treulich gemerkht und haben lassen verschreibn. Darauff habn sy gedrůkht ire betschadt, in und irn erbn anschadn. Das alles geschehn ist des tags und jar als oben das geschäfft inne hallt.

Actum et conscriptum
feria 4^{a} post Reminiscere 85.

1485 April 18 **419**

Geschäft der Barbara, Ehefrau des Dionysius Awer

pr., schr., 3 Zg. (*Index*: —)

Testamentum uxoris Dionisii Awer, Barbare

Item das geschafft hat thann dy erber fraw. Am ersten schaff ich IIII fl. zw dem paw zu Sand Mertten, und schaff dar nach zu meiner sel saligkaÿt XXX mess, und schaff ain Zel fart, dÿ sol man ausrichten so Got uber mich pewt, und dar nach schaff ich meinem hauswiert III fÿertal stockch inn der Ed zu Ratzestorf, und das hauss, und schaff auch, das meine freundt noch meine geschbister inn dÿ guetter nÿx nicht zu sprechen habenn sunder meinem hauswiert, frey und ledig. Und das geschäfft hat sy thann mit vernuft und wolpedachtem muet und mit guetter gbissenn volpracht. Do peÿ ist gbessenn Kacz Andre, und Mathes Paÿr und Steffann Haberler, und das geschafft ist geschechann am mantag vor Sand Albrechts tag in dem LXXXIIII jar, und den erberenn III person Kacz Andre, Mathes Paÿrenn und Steffann Haberler, ynn und irenn erbenn an schadenn.

1485 April 5 **420**

Geschäft der Dorothea, Ehefrau des Hans Vasczieher

pr., schr., 4 Zg. (*Index*: —)

Testamentum Dorothee, Johannis Vasczieher

Vermerckt das geschafft, das gethann hat dÿe erber Dorothea, des Hanns Vasczieher hausfraw, zu der zeÿt und weÿl, do sy das wol thuen macht unbetwungenlich und peÿ guetter vernufft, was das geschehen ist der eritags inn Osterfeÿrtagen inn dem jar, als man geschriben hat tausent fierhundert und inn dem funff und achczkisten.

Item am ersten pevilch ich Got mein seel. Mer schaff ich meinem Hannsen mein klainhait, ein sÿlberpecher und ain sylbergürtel, das er dar umb ausrichten sol ain Ramfart.

Mer schaff ich meinem sun, dem Steffan, ein gerichczs pett und czwaÿ leÿlachen, und mein haws schaff ich meinem hauswiert und meinem sun, ÿedleychem halbentaÿl. Mer schaff ich czwenn ~~v~~ weingarten mit nam Lanngtayl und Fuxleÿtten auch meinem hauswÿert *(fol. 202v)* und meinem sun, ÿedleÿchenn halfftentaÿl. Mer drew vaswein schaff ich auch in payden, ÿedem halbentaÿl. Item ich pit meine gescheftleÿt, das das haws nicht käm ÿn frömde hant mer, alain meinem Hannsen und meinem sun, Steffan. Mer schaff ich allen czeug auch ÿn payden.

Item ich schaff alles weinassach, das sÿ das miteinander auch taylen.

Item von den güetteren gar dew bemellt sind, sollen sÿ czallen alle gelltschuld dew ich rechtleich schuldig pin, und alles das, das übrigs ist yn hauss, ÿn hoff und nicht bestimbt ist worden oben yn ~~dem~~ dem geschafft, schaff ich gar meinem hawswirt. Ich (*Fortsetzung fehlt*).

Czw dem obgeschriben geschafft sind trewleich gepeten warden dÿe erberen herr Caspar Stamphaer, dye zeÿt ainer in dem rat, Jacob Haetawe (!)[139], Steffan

---

[139] *Diese Person ist aus anderen Testamenten als* Hauteur *oder* Haetawr *bekannt.*

Leffler, Rat Cristan, all drey mitpurger, dew zu dem geschafft trewleich gepeten sein warden, und das mit vleÿs haben lassen verschreÿben, nichczs gemert noch geminnert, dar auf sÿ haben gedruckt ÿere petschafft, in und iren erben an schaden. Das alles geschehen ist in dem jar und tag, als oben das geschafft ÿnne hat etc.

1485 Mai 19 **421**

Geschäft des Georg Kreytzer

pr., schr., 4 Zg. (*Index*: —)

Testamentum Georgii Kreytzer

Vermerckht das geschëfft, so ich Jorig Kreytzer auf der Wedritz hie mit wolbedachtem můt getan hab auch von den genaden Gots mit güeter vernufft und sinnen zuder zeit, do ich das mit recht woll gethün mocht on meniglichs inred und widdersprechen, und zu dem hail meiner sell, das solcher mein letzter will ausgericht und gehalten werd in massen, wie hernoch geschriben stet.

Item von erst bevilich ich mein sel Got dem almechtigen.

Item darnoch schaff ich zu Sand Merten gepaw hie II fl. Item mer schaff ich in S. Niclas zech ain gulden. Item so schaff ich in das monichkloster zudem gepaw IIII fl., und darumb sol man den ainen meinen weingarten, genant der Sacz, in der Füchslewten gelegen verkauffen, und solh sum so ich in den Gotzshewseren geschafft hab, davon auß richten und pezalen.

Item darnach dreÿ weingerten, zwen in der Fuchsleẘten hie und der ain auf Tebmer perg gelegen, schaff ich meiner hausfraun, Elspeten, frey und ledig damit zetün und ze lassen. ~~a~~ Ich pit auch durch Got, das meine freund noch ÿemand ander von meinem oder meiner güter wegen mein hawsfrauen verkumernn, angelangen noch irrung tün sol in kainerlaÿ weÿse, sunder die ~~beme~~ bestÿmbten III weingerten mit sambt anderen gůten, erb oder varund güter, innhaben und geprauchen, wie sÿ belustet, das ist mein enntlicher wille.

Item mer schaff ich dem Michel Krewͤtzer ain garten im Pötschner gelegen.

Item dem Jäckel juden verdambten pin ich schuldig I fl. zu raiten von dem suntag Jubilate 84 [*1484 Mai 9*].

Item herren Thoman, custos hye, bin ich auf meinem hawss schuldig versessen zins II gulden.

Das aber söhl mein geschäfft und letzter wille also geschehen seÿ, hab ich obbemelter Jörg Krewͤtzer dar zu berüfft und durch Got gepeten die erberen Hanns Därnther, Jacoben Müllner, Ruprechten Pinter und Larencz Lezelpeck, das ir yeder sein petschad auf disen meinem geschafftprieff zů gezeugnuß gedruckt hat, doch in und iren erben an schaden.

Actum an pfintztag vor Penthecostes anno Domini etc. LXXXquinto.

1485 April 19 **422**

Geschäft des Peter Zingiesser
pr., schr., 3 Zg. (*Index:* —)

(fol. 203r) Testamentum Petri Zingiesser

In dem namen des almechtigen Gotz

Vermerckt, was ich Peter Zingiesser zu Prespurig geschafft hab zu den zeiten, das ich das wol vernugen hab und peÿ guter vernufft gewesen pin.

Item dem ersten schafft (!) ich und pevilich ~~ich~~ Got dem almächtigen mein geist und mein sel.

Item ich schaff meiner hausfrawen, Anna, den weingarten, genantt der Tamasacz (!)[140], freÿ und ledig zw schaffen und zw thuen, wie und sÿ will. Item darnach schaff ich meiner hausfrawen, Anna, alle varunde erib (!), außgenumen ainen gemundlaten pecher und aïn pëtt mit ainer parchantten cziehen, ain gulter und alle zw gehörung, das schaff ich meiner töchter, Margaretha. Item und nÿm ich auß den werchczeug in der werchstat, den schaff ich meinem veter, Kaincz Hacker, und so man den hin gäb, so schol man im das gelt raichen. Will er aber den zeug haben, so schol man im den auch raichen.

Item ich schaff meiner tochter, Margaretha, den weingarten die Pönt und XXX gulden auf dem hauß, und die schol sÿ haben so lang dar auf uncz das sÿ vogtper wiert. So sÿ aber abgieng mit todt in der selbigen zeit, so sol das selbig guet alles erben auf seine nachste frendt. Item darnach schaff ich meiner Warbara den weingarten, genantt den Sparerr, und auch XXX gulden, dÿ sÿ sol haben auf dem hawß uncz zw ieren vogtperem ~~jaren~~ jaren, und anders nïemt geantwurt werden. Wer aber sach, das sy abgieng mit todt, so schol das guet halbs erbenn auf das ander kind, Margaretha, und halbs auf mein hawsfrawen, Anna, oder auf ire nachste frondt. Item darnach schaff ich meinen steufkinderen auch XXX gulden auf dem hauß, und was das ubrig wurd sein, so man das hawß wurd hingeben, das sol gevallen meiner hawsfraw, und dÿ XXX gulden und auch ieren tail mag sÿ ein nemen und dem thuen ~~will~~ wie sÿ will. Item darnach schaff ich auf das geschäfft, das ich meiner hawsfraw, Anna, geschafft hab, ain Achfart umb X gulden, dÿ sÿ da von auß scholt richten. Und darnach pin ich schuldig dem Hainreich Flaschner, schmid von Wienn, X gulden, dÿ auch mein hausfraw solt ausrichten. Und darnach dem Sigmund Kesslschmid da selbs auch VI gulden, dÿ sy auch schol auß richten, und meinem veter, dem Sigmund Panhalbmer, auch VIII gulden, das als mein hausfraw schol aus richten.

Des zw ainer vesten weÿsung und zeugnuß hab ich gepeten den ersamen und weÿsen Hanns Schicken, die zeit ainer des ratz, Hanns Pummen, ainen auß den genantten, und Hanns Ruttenstock, das sÿ schüllen auf drucken iere aignew petschad,

---

140 *Der richtige Name dieses Weingartens lautet* Donausatz.

doch in und ieren erben an schaden. Geben zw Prespurg an erichtag vor Sand Jörgen tag[141] inn dem vierczehenhundertisten ~~tag~~ in dem LXXXV jar.

1485 April 4 **423**

Geschäft des Leonhard Wiener

pr., schr., 3 Zg. (*Index*: —)

Testamentum Leonhardi Wiener

Ich Lienhart Wiener thue mein geschäfft zw der weil und zeit, da ich es wol hab mugen thuen und beÿ guter vernuft gewesen pin. Schaff ich zum ersten Got, meinem Herren, mein seel für mein sundt.

Darnach so schaff ich den meinen dreÿen kindern peÿ meines varigen hawsfraw den weingartten in den Frahätten und das halb haws da mit zue thuen und zu lassen, wie sÿ wellen, und das es erb von ainem auf das ander, aber ob die drew kinder mit todt ab gingen var fruchperen (!) jaren, so sol man die güetter verkauffen nach frumer leẘdt radt, und so man dÿe güetter hat verkaufft, so sol man das gelt halbs geben zw dem paw gen Sand Mertten, und den anderen tail sol ein nemen meine drew kinder mit sambt den güteren, und dÿe fraw sol das jar den weingartten pawen in den Frähäten, und dÿe fraw sol auch den weingarten antburten mit sambt den früchten den drew kinderen. Darnach so schaff ich meiner hausfrawen und ieren czwain kinderen das halbhaws und alle varunde hab, und den halben weingarten gelegen in den Hachweingarten, und halber gehört er meiner hausfraw bruder, mit namen Jacob Thamaschen, wiewol er nach ungetailt ist. Item mer pin ich schuldig dem Rieder V fl. und IIII ß den. Darnoch pin ich schuldig wurden dem Zeller XII½ ß den. Darnoch pin schuldig wurden meinem gevatter, Thaman Peckh, VII ß den. Darnoch so hab ich gepeten die frummen ersamen herrn meinen herrn und gevatter, Thoman Peckh, darnach den Rot Cristan, darnoch maister Hansen Goltsmid, in und iren erben an schaden. Das gescheffl ist gesehen am mantag noch dem Ostertag in dem LXXXV jar.

1485 Juni 19 **424**

Geschäft des Wolfgang Albringer

pr., schr., 3 Zg. (*Index*: —)

(fol. 203v) Testamentum Wolfgangi Albringer, concivis Posoniensis

Vermerckht das geschäfft und leczen willen, so ich Wolfgang Albringer, mitburger zu Prespurig, in meinem sichbet und kranckhait doch mit gueter vernufft getan und geordent hab in gegenwürtikait meiner hernach geschriben geschäfft herren,

[141] *Der St. Georgstag wird gemäß ungarischem Brauch mit dem 24. April aufgelöst. An diesem Tag wurden auch die Stadtoberen von Preßburg gewählt.*

als dan hernach geschriben stet. Von ersten bevilich ich mein sel dem almechtigen Got. Darnach schaff ich zu Sand Michels kirchen hie zum paw ain dreiling wein, ligund zu dem Hansen Wercher under den zwainen beÿ in ligund, ainen welhen der kirchmaister will. Mer schaff ich Hansen, meinem knaben, meinen weingarten am Hausperig neben dem Thoman Behem weingarten gelegen, da mit zu tůn und zu lassen.
Item alle andre mein güeter, was ist der hab über doen (!) obeschriben wein und weingarten, varundgüeter mit sambt aller geltschuld, so man mir schuldig beleibt, und auch eribgüetern, haus und weingarten, wie die alle genant und welendt die gelegen sein, nichcz ausgenomen, noch hindan geseczt, die schaff ich meiner hausfrawen, Katherina, damit zu tůn und zu lassen, wie sie verlust, treulichen undungeverlichen (!).
Das aber solich mein geschefft krafft hab und volbracht werd, so hab ich die erberen Cristan Rot, Cristan Prewr und Merten Kergel, alle dreÿ mitburger hie zu Prespurig, durch Goczwillen gepeten, das si es treulichen gemercht und in geschrift bracht, auch mit iren aigen petschäfften bewaret haben, doch in und iren erben anschaden. Actum an sontag nach Viti et Modesti martirum anno M° CCCC LXXXquinto etc.

Ohne Jahr, Monat und Tag (ca. 1485) 425
Geschäft des Michael Sneider
pr., schr., 3 Zg. (*Index*: —)

Testamentum Michaelis Sartoris
Ich Michel Sneider, mitwoner zu Prespurig, di zeit und weil ich pin gewesn pey gueter vernufft, und das hab wol mugen tůn, hab ich von meinen güetern, di mir Got der almechtig geben hat, ain solh geschëfft und ardnung gemacht und wil das haben fur mein letzten willen. Item mein sell bevilich dem herrn und den leichnam dem erdreich, und will, das der begraben werd zu S. Merten in meiner pharkirichen.
Item noch meinem tad sull man mich mit gesang gen kirchen tragen und mit dreien gelockhen ausleiten. Item ain gulden umb dreißig mess zu Sand Merten.
Item das man mir es im kloster auch begee. Item meiner tachter, Marusch, di ich voran nach meiner armüt verheirat hab, der schaf ich I½ fl. umb ain dochnat.
Item alles das anders, das den do ist und ist wenig, schaf ich meiner hausfrawn, Angles, und mein zwainn klaynen kindern. Ob aber di kinder mit täd ee den sy abgeen wurden, so soll das güt als auf mein hausfraw eriben.
Item zu geschäfftherrn hab ich erwolt di erwirdigen herrn maister Mathes von Krůmpach und herrn Wolffgang, paid prediger, und den Michel Kreitzer, mein swager, di ich in besonderhait darzu gerüfft und peten hab.

1485 August 25 **426**

Geschäft des Leonhard Putz

pr., schr., 3 Zg. (*Index*: —)

(fol. 204r) Testamentum Leonhardi Pwtz

Vermerckht das geschefft und letzten willen, so ich Lienhart Pwtz, mitwonner zu Prespurig, in meinem siechbet und kranckhait, doch mit gueter vernufft in gegenwurtigkait meiner hernechgeschriben geschëfftherrn tan und geordnt hab in mass als hernochvolgt.

Am ersten bevilich ich Got mein arme sel Unser Lieben Frawen und Sand Micheln, und schaff meiner armen sell zehalff und trost zu S. Michael XXX selmess ze lesen.

Darnoch schaf ich zu dem vern S. Wolfganng ain kirichfart, und in demselben weg ain kirichfart zu Unser Lieben Frawen gen Zell, darnoch schaf ich zu Sand Michaels kirichen hie X fl., di sull Kathrein, mein hausfraw, ausrichten, wan sie will und vermag.

Am letzten schaf ich alle meine gueter, varundhab und anligund gueter, wie di genant sein und welendt di gelegen sein, gar nichtz ausgenommen nachhindan (!) gesetzt, was ich der uber di so ich oben verschafft hab, indert hab der egnanten Katherein, meiner lieben hausfraw, damit zetun und ze lassen, wie sie verlusst an gewer.

Das aber solh mein geschefft und letzter will kraffthab und volnbracht werd, so hab ich durch Gots willen gepeten di erben Hansen Fuchssel, Oswalden Zistler und Sigmunden Dreiling, mitburger hie zu Prespurig, das sie solh mein geschefft treulich gemerckht und schreiben haben lassen, und mit irer zwaier petschad bewarenn, dach in und iren erben an schaden. Geschehen am phintztag noch S. Bartholomes tag apostoli anno Domini etc. LXXXquinto.

1485 April 1 **427**

Geschäft des Kaspar Sparing

pr., schr., 3 Zg. (*Index*: —)

Testamentum Spanring

Vermerckht das geschëfft, so ich Caspar Sparing in meinem siechbet mit wolbedachtem mů̊et getan hab, auch von den genaden Gotes mit guter vernufft und sinnen, und will auch das solher mein letzter will also ausgericht und gehalten werde, wie hernach geschriben stet. Von erst setz ich ain solh ordnung, so Got ubermich gepot, so setz ich alle ding in den gewalt und in di hend meiner hausfraw, also derselben meiner hausfraw, Dorothen, schaf ich alle mein gů̊t, erib und varundhabgut, wie das genant oder gelegen ist, nichts ausgenommen, frey und ledig damit zutun und zulassen, und meiner freundten kainer nichts davon zugeben sul, das ist mein ettlicher will, und von den guetern sol mein hausfraw alle geweisste geltschult zallen, di dan hernöch begriffen ist. Item der Steffan Fleischackerin zu

Kotzsee pin ich schuldig VII fl. III ß den. Item von herrn pharrer zu S. Merten hab ich kaufft II ros umb III½ fl., daran hat er zuphand ainen prawn rockh, der mich stet III½ fl. und I scharschan oder swert. Item dem Juda jůd bin ich schuldig XV fl., dan uber das ist geschehen ain abpruch von wegen des gesuechs umb XXVIII ur. wein, doran hab ich im geben XXVII ur. wein, und das ist geschehen in dem LXXXIII jar. Item in dem LXXXIIII jar hab ich im auch geben II laid maisch, di haben zu XXIII ur. Item mer bin ich schuldig dem doctor auf der Krembnitz *(fol. 204v)* VII fl. Item dem Huppfel von Breslaw bin ich schuldig gewesen V fl., di hab ich zu Ofen ausgericht des Sytich dienner, des di guter gewesen sind, als er dan selbs mit uns verlassen hat, dem das ich zu antwurten. Item der Wolffel judin bin ich schuldig I½ fl. im LXXXIIII jar. Item der Handl judin I fl.
Item dem Michel Smid bin ich schuldig II fl., daran hab ich im unstansgefutt, derselben für ist er mir herwidder schuldig ½ fl. Das aber solh mein geschëfft und letzter will also geschehen sey, hab ich abmelter Caspar Sparing darzu berufft und mit vleis durch Gotswillen gepeten di erbern Petern Eisnreich, Zoch Micheln und Hansen Pwm riemer, das ir yeder sein petschad zu zeugnůss auf den gegenwurtigen meinem geschëfftbrief getrucht hat, doch in und iren erben anschaden. Actum am Karfreytag anno etc. LXXXV^{to}.

1485 Oktober 24 **428**

Geschäft des Georg Klockel

pr., schr., 2 Zg. (*Index*: —)

Testamentum Jorig Klockel schuester

Hie ist vermerckht das geschëfft, das ich maister Jorig Klockel getan hab mit gueter vernufft und wolbedachtem můt zu weil und zeit, do ich es wol getan hab mügn on meniglichs widdersprechen in gegenwurtigkait der ersamen ~~weisen~~ herrn Conrad Rieder, phrundherrn zu S. Merten kirichen, Mert Gailsam, kirichmaister daselbs, am nagsten montag nach dem hailigen tag der XI^{m} maid anno etc. 85. Item zum ersten emphilich Got mein sel und mein begenuss sol geschehen mit dem mittern geleit mit ersten, sibenten und dreissigisten. Item darnach schaf ich aller tail, den ich hab an meinen güetern, erbgutern und andern, es sey ain haẘs oder weingarten oder andern gütern meiner lieben hausfrawn, Katherina, ledig und frey allen iren frumen, damit zubetrachten an alles widdersprechen meiner freundt. Item ich schaf auch I lb. den. zu S. Mertenkirichen zu dem paw.

1485 August 10 **429**

Geschäft des Martin Ramung

pr., schr., 3 Zg. (*Index*: —)

Testamentum Martini Ramůng

Vermerckht, was ich Mert Ramung geschafft hab zu der zeit, do ich das wolvermůgen hab und bey gueter vernufft gewesen pin. Item von ernst (!) schaf ich und

bevilich mein sel und mein gaist in die hand des almechtigen Gots. Zu dem andern schaff ich meiner hausfraw, Margarethen, alle varundhab, davon soll sy ausrichten XXX selmess, ausgenommen II rockh, ain armbrust, I windtn, I spiess, I tilnitz, I swert und ain pavesen meinem sůn, Michaelis. Darnoch schaf ich meiner hausfraw, Margareta, ain weingarten genant der Altfrid, und von demselben sul sy ausrichten II fl. zu dem paw Sand Lorentzen, und II fl. in di hawrzech, und I fl. in den toden brief. Item dornoch schaf ich meiner hausfraw ain weingarten, genant der Kuntter (!)[142], frey und ledig zu tun und zulassen. Item darnach schaf ich den garten hindten
(fol. 205r) gelegen an das haus meiner hausfraw halben und meinem suͤn, Micheln, halben, das sye desselben geniessen sullen alsvil sie kunnen und mugen. Item darnoch schaff ich meinem sün, Michel Ramung, das haus, doch mit solher underschaid, das mein hausfraw als will recht sull haben, als sye vormals hat gehabt und unvertreten aus iren gemechen. Item darnach schaff ich meinem sün den weingarten den Wachsmaister und darauf ain Ramfart, di er aus sol richten, und schaf im ain wisen, daruber hat mein hausfraw ain brief, di sull sie antwurten nach meinem tod. Item darnoch schaf ich meiner swester, Katherina, den weingarten, genant der Humerpwhel, ledig und frey, und XI poting, gross und klain, di sullen beleiben bey dem haůs, und di selben miteinander nutzen. Des zu ainer waren zeugnuss und urkund hab ich gepeten den ersamen Wolffgang Ebmer, Wolffgang Klaubensin und den Langen Merten, di auf getrucht haben iren petschad, dach in und iren eriben an schaden.
Geben zu Prespurig an S. Lorentzentag im dem LXXXV^{to}.

1485 Januar 27 **430**

Geschäft des Hans Vetter

pr., schr., 3 Zg. (*Index*: —)

Testamentum Hans Vetter

Vermerkcht ain ordnůng des geschĕffts, das der erber man Hanns Vetter an seinem siechpet mit güeter vernůfft und bestentigkait unbezwungn wolbedĕchtlich und aus gůtm willen betracht und gemacht hat. Auch getan zu rechter weil und zeit an mënigklichs widerrüeffen, das zůvolfürn und außzürichtn von seinen zeitlichn güetern, durch seiner sel hail und sëligkait willn, und sol auch also gehaltn werden an widersprechn aller seiner frewͤndt, und zubestättung wissenhait und gedĕchtnüss hat er di benanten herrn mit vleis darzu gepetn hernach geschribn Hanns Ruttnstokch, Niclas Zwikhl und Symon Artzt, all mitburger hiezu Prespurg, dadurch ob Got über in gepüt, das es also an alle irrůng verbracht wurd, und ist geschehn an phincztag vor der Liechtmess anno Domini etc. LXXXV^{to}.

[142] *Der richtige Name dieses Weingartens lautet* Kuttner.

Item vonersst schaff ich obenantter Hanns Vetterler also, ob Got über mich geputt also, das ich mit tod abgienng, meiner tochter, Anna, ain weingarten genant der Schöndorffer, daraus sol sy meinem sün, Mathes, geben so er kumbt zu vogtperen jarn und frůmb wird V gulden.
Item ain weingartn gelegn in dem Pätzn hab ich geben meiner tochter, Anna, gantz ledig und frey.
Item mer schaff ich meiner tochter, Anna, ain weingarten im Spitaler, daraus sol sy zaln alle geltschuld cristn und juden.
Item mer schaff ich meiner tochter, Anna, mein haws gelegn auf Schöndorffer gassn nachpawer an ainem tail Jung Peter am Ortt an dem andern tail Thoman Hůetter.
Das aber sölh geschëfft gehaltn, volbracht und ausgericht werd nach aller vorgemelter ordnung, so hab ich mit vleis darzu gepeten di erbern herrn vorgemelten Hans Ruttnstokch, Niclas Zwikhl und Simon Artzt, das sy solhs meins geschëffts gedëchtig sein, damit es gehaltn und ausgericht werd. Und zu pesser bestättung und gewißhait ir yeder sein eigen betschad darauf gedrukcht, doch in und irn erbn an schaden, an jar und tag, als vor geschriben.
(fol. 205v) Vermerkcht di geltschuld, die der Hanns Vetterler gemelt hat an dem siechpett an phintztag vor der Liechtmess im LXXXV jar.
Item am ersstn dem Wolfganng Vorsster VIIII½ gulden gelihens gelts.
Item mer dem Niclas Welser V gulden gelihens gelt.
Item dem Ysaac juden V gulden gelihens gelt.
Item dem pharrer zü Sand Larentzn X gulden auf den Spitaler.
Item dem Caspar von Landmansdorff VI ß den. umb kuefft.
Item herrn Wolfganng Dümbritzer XVII ß XVIII den.

1485 September 28 **431**

Geschäft der Margaretha, Ehefrau des Hans Goldsmid

pr., schr., 4 Zg. (*Index*: —)

Testamentum Margarethe, Johannis Aurifabri

Hie ist vermerckht das geschefft, das ich Margareth, maister Hansin Goltsmidin, getan hab mit gueter vernüfft und wolbedachtm müt zu weil und zeit, do ich das getuͤn hab mugen in gegenwurtigkait der ersamen herrn Wolffgang, chorherr und prediger, Canrad Rieder, phrundherr zu S. Merten, Stephan Rieder, maister Jorigen Appotheker, ped gesessen des mitwoch vor Michaelis anno Domini etc. LXXXV^to^.
Item ich schaf allen meinen tail den ich hab an meinem haws, und andern meinen eriben und andern meinen güetern meinem lieben hauswird, doch in sölher mass, das er mein liebe tachtern, Magdalen, kambt sy zu irn vagberen jarn, als sein geporn kind erberlich mit heirat ausricht und versorig im zu eren und zu nutz.

Item ich beken, das ich dem Wëiszawer auf di gurtel dy er hat innen nicht mer schuldig bin dan zwen gulden.

1486 März 10 **432**

Geschäft des Wolfgang Praun

pr., schr., 4 Zg. (*Index*: —)

Testamentum circumspecti
Wolffganngi Prawnn

Am freÿtag noch dem suntag Letare inder vasten anno etc. LXXXsex^{to} hab ich Wolfganng Praẘn, mitburger zů Preßpurg, in meinem sichpeth und kranckhait meines leibs, doch mit guter vernufft und gwissen mein testament letztn willen ingegenwurtigkhait meiner hernoch geschriben gescheffttherrn gethan und ordmerdt (!), als hernach volgt.

Vonerst bevilich ich mein sel dem almechtigen Gott.

Darnach schaff ich meinen weingarten, das Franckhl genant, zü Sand Jorgen gelegen hie zů Sand Merttn zum paẘ und darzü IIII fl., und mer ain gulden zü Sand Larentzn kirchen.

Item mer schaff ich von meinem guetern ain Romfart und auch ain Achfart auszůrichten.

Item ich schaff meinen weingarten im Wolfflensgrůn (!) gelegen meiner haẘsfraẘ ledig und frey, und schaff aüch Barbaren, meiner hausfraw, mein haws darinnen „wir" yetz wonund sein auch ledig und freÿ damit züthün wie sie verlůst, davon sol sÿ betzallen di zwainhůndertt gulden, die darauff schült sten, darumb ain brieff ist vorhanden.

(fol. 206r) Item meinen weingarten im Hochgenglen schaff ich herrn Wolffganngen, meinem vetteren. Mer schaff ich im herrn Wolffgang alle mein leibgewandt, joppm, mentl, hossen, schaüben, etc., und ainen newen mantl machen zü lassen.

Item mer schaff ich der Larentz Peckhin franckfurtter tůch zu ainem rockh und zü ainem mantl. Item mer schaff ich in das tall zů Unser Lieben Frawen ain gulden. Item ich schaff auch wan ~~di~~ des heribst anget, schol man dreÿ tüch grobe armen lewttn außtaillen.

Item alle varunde hab schaff ich Barbren, meiner haẘsfraẘ, di ich indert hab, wein, gewandt, wie di genant sein, nichs ausgenomen, davon schul sie mein gescheffi ausrichtn und alle meine gelter betzalln, waß webeisste (!) geltschult ist.

Das aber mein letzterwill und testament krafft hab und noch meinem todt volbracht werd, so hab ich durch Gotts willen di erbern weissen Thomonn Behem, geswornen, Mertten Gailsam, Larentzen Peckhen und Johansen Fleisch, statschreiber, burger czů Prespurg, gepetten, das si es in geschrifft treulichen bracht und mit iren petschafftn bewardt haben, doch in und iren erben an schaden.

1486 Mai 3 **433**

Geschäft des Niklas Snebeis

pr., schr., 4 Zg. (*Index*: —)

Testamentum Nicolai Snebeis

Vermerckht die ordinung des geschefts, das der erber Niclas Snebeis getan hat an dem siechpet bey seinem lebentigem leib und gůetem und wolbedachtem můt und bey gueter vernufft anmenigleichs versprechns, und das also auszerichten ob er mit tod abgieng, und das geschëfft ist geschehen an das Hailigen Krewtztag invencionis anno etc. LXXXVI^{to}.

Item von erst bevilich ich mein sel dem almechtigen Got. Item ich schaf zum paw zu Sand Merten I fl., mer in g Gotsleichnamszech I fl. Item umb XXX mess I fl. Item in das tal I fl. Item aber hie in das monichkloster I fl. Item mer zu Sand Kathrein LX den. Item so schaff ich meinem vettern, dem Cristan, VIII fl. oder X lb. den.

Item so schaf ich meiner hausfraw das halb haws ir lebtag, und noch irem tod so sul es sein meiner ennyckl. Idem halbenntail des haws seiner ennickel. Item so schaff ich die beraidschafft alle treulichen pedew frawen.

Item so schaff ich alle meine weingarten, eribgueter und varundhab, alles halbs meiner hausfraw und meiner snewr auch halben tail. Item so schaff ich meiner hausfraw unnd meiner snewr alle mein geltschult miteinander inzebringn und zebezallen. Item ob mein hausfraw irenn stand würde verkern mit heyrat ader andern sachen, so sullen sie meine gescheffte gueter treulich mit einander tailen noch rat der gescheffthernn und ander gueten lewt.

Item so schaff ich, das von allen mein geschafften güetern mein sůn sull unenterbt (!) sein.

Item lieben herrn, ich bit euch vleissiglich durch Gots willen ob mein sůn wollt gewalt treiben uber mein hausfraw oder snwr oder ennickel oder gueter, das ir im kain gewalt nicht lasst. Item bey dem gescheff sein gewesen di erbern geschëfftlewt mit namen Simon Artzt, Lienhart Peckh, Jorig Appotheker, Hans Zedel, darumb ich sie alle gepeten hab, und ir petschafft darauf zutrucken, dach in und iren erbn on schaden.

1486 April 9 **434**

Geschäft der Magdalena, Witwe des Heinrich Lang;
Bestellung von Willensvollstreckern;
Bestellung eines Vormunds für die minderjährigen Kinder der Erblasserin

pr. schr., 3 Zg. (*Index*: —)

(fol. 206v) Testamentum Magdalene, Lanngin Hainrichin

Vermerkcht die ordnůng meines geschëffts und letztn willn, so ich fraw Magdalen, des Lanngn Hainrichn selign gelassne wittib, hie zu Prespurg, in meinem siechpet

mit wolbedachtn müt getan hab auch von den genaden Gots mit güter vernufft und synnen und zu dem hail meiner sel, und hab geordent und getan vor den erbern weisn herrn Andren Holtzer, statrichter, Poscha Waläsch, und Johannes Fleisch, statschreiber, die ich durch Got darzů berüefft hab, sölh mein gescheffl ingedëchtig zu sein und nach meinem abganngk gehaltn und ausgericht werd, wie hernach geschribn stet.
Item vonersst bevilch ich mein sel Got dem allmëchtign.
Item dnoch (!) meines hawswirt sel hail willen schaff ich, das man kaẘff aïn tüch umb III fl., das sol man außtailen armen leẘtn.
Item meinem brüdern, Joachim Peindl, schaff ich ain weingarten den Spiegler frei und ledig.
~~Item~~ Als mein hawswirt, Hainrich sëliger, ettliche jar in Gotsleichnam zech ain zechmaister gewesen, red ich bei meiner gewissen, das mir nit wissen ist, das er im ettwas von der zech zugeaigent solt habn, wie wol er der zech unverrait ist, das ist laider der mangl gewesen seiner veïnnkchnüss halbn, und ich setz sölhs zu Got und ich pitt durch Gots willn meinen genedign herrn den brobst, herrn Andren Holczer, richter, und all ander mein herrn des rats und lieb brüder, ob die zech ynndert durch uns verkürtzt wër wordn, des ich nit hoff, und so Got über mich gepüt ir wellet, das meine arme klaine kindl nicht lassen entgeltn, und darumb so schaff ich in dieselb löblich zech Gotsleichnam ain dreiling virdig wein ainen den pesstn.
Item darnach all ander mein güt, erb oder varündgüt, haws, weingërten, wie das genant oder gelegn ist, schaff ich alles ledigklich meinen vier kindern, mit namen Wolfganng, Margreth, Even und Appolonien, die ich mit meinem Hainrichn selign eelichn gehabt hab, und so ains aus denselbn kinden mit tod abgienng vor vogtpern jarn, so sol das güt erbn von ainem auf das ander, und das letzt kindt sol gewalt habn di güeter zuverschaffn wem es wil, und ob meine kinder alle unvogtpër abgiengen, so ist mein wille, das die güeter soltn kömen zu dem hail meiner und meines hawswirts seln seligkait, und außtailt werdn nach rat und versteen meiner geschëfftherrn.
Item Sigmund Stolz ist mir schuldig XXIII fl., die er bei mir verzert und ettlichs gelihn hab.
Item Graff Simeon ist mir schuldig IIII fl., darůmb ich meinen silberpecher für sein gemëhl dem Müschl judn gesetzt und ire phant ain pater noster van dem selben judn gelöst und seinem gemëhl hinaus gen Pösing geschikht hab, und I½ fl. gsüch, so auf denselben meinen pecher ganngen ist von Sand Larentzen tag im LXXXV jar [*1485 August 10*] bißher [*1486 April 8*] zuraiten.
Item ich pitt auch meinen sunderen günstign herrn Andren Holczer durch Gotswillen, das er meiner kinder vorstand sein welle.
Und zu krefftn und gewishait meines geschëffts, hab ich obemelte Magdalena wittib mit vleis gepetn die obemelten mein gescheffthern, das ir yeder sein betschad

auf den brief gedrukht hat, doch in und irn erben an schaden.
Actum des suntags nach Ambrosii anno etc. LXXXVI^{to}.

1486 April 17 **435**

Geschäft der Margaretha, Witwe des Wolfgang Perger und Ehefrau des Ulrich Püchler

pr., schr., 3 Zg. (*Index*: —)

(fol. 207r) Testamentum Margarethe Püchlerin

Vermerkcht den letztn willen, so ich Margreth, des Ulrich Püchler hausfraw, hie in meinem siechpet mit gütn willn bedĕchtlich getan hab, auch von den genadn Gots mit güter vernüfft und synnen und zu dem hail meiner sel, und hab solhn meinen letztn willen und geschĕfft getan vor den erbern herrn Wolfgangn Kreẘs-öder, diezeit prediger Sand Mertn pharrkirchn, Zäch Micheln, Augustin Ledrer, die ich darzů berüefft hab, solhs ingedĕchtig züsein und nach meinem abganngk gehaltn und ausgericht werd, wie hernach geschribn stet.

Item vonersst bevilch ich mein sel Got dem allmĕchtign.

Item darnach schaff ich und bitt durch Gots willn, das man durch meiner sel hail willn sol leßn XXX mess zu Sand Mertn.

Item mein haws in der Neẘstat gelegn schaff ich meinem hauswirt, Ulrich Püchler, und meinen kindern, darzů ain weingarten im Scharlaperg, und mer ain weingartn im Kottsseber gelegn, und ain weingartn im Üngerlein.

Item darnach schaff ich meinen weingartn zu Gfanng auf Tebmer gründt gelegn meinem hawswirt, Ulrich Püchler, frey und ledig.

Item mein brüder, Bernhart Swertfeger, ist mir schuldig XX gulden, darinn sol man im V fl. nachlassen, und die andern XV fl. schaff ich auch meinem haws-wirt, Ulrich Püchler.

Item meiner tochtern, Hĕdweign, schaff ich I gürtl auf ainem swartzn portn mit silber beslagn, und ander mein gwannt, III rökch und II mantl, etc.

Item herrn „maister“ Hannsen Han, pharrer zu Sand Mĕrtn, bin ich schuldig XL gulden.

Item nach innhallt meines vorign hawswirt, Wolfgang Perger, geschĕfft hat der-selb Wolfgang Perger von wegn des Zäch Michl bei dem Hanns Karner, diezeit richter, nydergelegt V gulden zu austragn des rechtn. Dieselbn V fl. schaff ich auch meinem hawswirt, Ulrich Püchler.

Item ich bevilch meine kinder meinem hawswirt und ich bitt in durch Gotswillen, das er im die treůlich bevolhn habe und sy betrewe, als ich im getraw, und er mir das treůlich geredt hat, und ob ain kind mit tod abgienng, so sülln die güeter erbn von ainem auf das ander. So aber die kinder all abgiennngn, so sülln die güeter erben und gefalln auf meinem hawswirt, Ulrich Püchler.

Das aber sölher mein letzter wille bei krefftn beleib, hab ich obemelte Margreth

mit vleis gepetn die obemeltn geschěfftherrn, das ir yeder sein betschad zugezeugnůss meines geschěffts auf den brief gedrukcht hat, doch in und ~~erb~~ irn erbn an schaden.
Actum des montags nach Tyburti und Valeriani martirum anno Domini etc. LXXXVI^{to}.

1486 April 27 **436**

Geschäft des Konrad Ledrer

pr., schr., 3 Zg. (*Index*: —)

Testamentum des Chůntz Ledrer

Vermerkht den letztn willn und geschěfft, so ich Chůntz Ledrer hie in meinem siechpett mit wolbedachtn muͤt getan hab auch von den genaden Gots mit güter vernüfft und verstentikait und zu den hail meiner sel, an menigklich meiner freẘnd widersprechn. Darzu ich dann berüefft hab di erbern Hanns Obernperger, Augustin Ledrer und Mert Ledrer, all mitburger hie, und durch Gotswilln gepetn sölhn meinen letztn willn aufzunemmen und ingeděchtig zesein, und nach meinem tod gehaltn und ausgericht werd, wie hernach geschribn stet.
Item vonersst bevilch ich mein sel Got, meinem himelischn vater.
Item darnoch zu dem gepaw des liebn Sand Mertn hie schaff ich II fl., die sol mein hausfrau ausrichten.
(fol. 207v) Item mer sol man mir zu Sand Mertn pharrkirchn leßn XXX selmess, und in dem münichcloster auch XXX mess durch meiner sel hail willn.
Item zu ainer Romfart schaff ich X fl., die sol mein hausfraw ausrichtn von unsern güetern.
Item meinem leiblichn brüdern und swestern schaff ich XX fl. gleich under sich auszutailen, und ob ain brüder, swester oder mer mit tod abganngn wěrn, so sol es erben und gefalln auf die kinder so ainer oder aine hinder in gelassen hieten.
Item darnach all ander mein güt, erb oder varundgüt, haws, weingěrten, wie das genant oder gelegn ist, nichts ausgenomen, schaff ich meiner hausfraun, Annen, vor menigklich, ledig und frei domit zu tün und zu lassen, und ist mein endtlicher wille und wort, das meine freẘnd kainer aus in nicht darzu zu sprechn haben süllen, noch mein hausfraun mit ichte darůmb angelungn, noch irrung tüe in kainerlei weise.
Und zukrefftn meines letztn willen hab ich obemelter Chüntz Ledrer mit vleis gepetn die obestimbtn mein geschefftleüt, das ir yeder sein betschad zu gezeugnůss auf den brief gedrukht hat, doch in und irn erbn an schadn. Actum des phintztags nach Sand Jörgn tag des heilign martrer[143] anno Domini etc. LXXXsexto.

---

[143] *Der St. Georgstag wird gemäß ungarischem Brauch mit dem 24. April aufgelöst. An diesem Tag wurden auch die Stadtoberen von Preßburg gewählt.*

1486 April 11 **437**

Geschäft der Katharina, Ehefrau des Martin Ledrer

pr., schr., 3 Zg. (*Index*: —)

Testamentum Katherine, Mertn Ledrerin

Vermerkcht das geschëfft und letztn willn, so ich Katherina, des Mert Ledrer hausfrau, mit wolbedachtn můt getan hab auch von den genaden Gots mit güter vernůfft und synnen an menigklich inred meiner freẘnd und widersprechn, und das getan vor den erbern Steffan Hohnberger, Hanns Leisser schüster und Augustin Ledrer, die ich darzu beruëfft hab sölhn mein letztn willn aufzunemen und ingedëchtig zesein, und ersst nach meinem abganngkh gehaltn und ausgericht werd, wie hernach geschribn stet.

Item vonersst bevilich ich mein sel Got dem allmëchtign.

Item darnach bitt ich meinen hauswirt, das er mir zu Sand Mertn pharrkirchen sol lassen leßn XXX selmess, des er mir treulich versprochn hat.

Item zu Sand Mertn gepaw schaff ich V fl.

Item in Unser Frawn zech schaff ich I fl.

Item in die zech Muͤter der Parmhertzigkait schaff ich I fl. Item in das junkchfraun closter hie schaff ich III gulden. Item durch unnser beder sel hail willn zu ainer Ramfart schaff ich X gulden, dieselb Romfart sol ausrichtn mein hauswirt oder wer im darzugefellt.

Item darnach all mein güt, erb oder vorundgüt, haws, weingërten, wie das genant oder gelegn ist, nichts ausgenomen, schaff ich meinem hawswirt, Mert Ledrer, vor menigklich, ledig und frey damit zu tün und zulassn, schaffn, machn und gebn, wem er wil. Es sülln auch meine freẘnd nicht darzu sprechn, noch ettwas an meinem hawswirt vordern, noch in kainer weise meiner güeter halbn darümb furnemmen, noch umbtreiben, das ist mein endtlich wille und wort, dann mein hawswirt getrewes mitleydn mit mir hat.

Das aber sölher mein letzter wille bei krefftn beleib, hab ich obemelte Katherina durch Got mit vleis gepetn die vorbemelt geschëfftherrn, das ir yeder sein betschad zü gezeügnüss meines geschëffts auf den brief gedrukht hat, doch in und irn erbn anschadn. Actum des eritags nach dem suntag Misericordia Domini anno etc. 86.

1486 April 16 **438**

Geschäft der Agnes, Ehefrau des Leonhard Steyrer;
Bestellung des Ehemanns der Erblasserin zum Willensvollstrecker

pr., schr., 4 Zg. (*Index*: —)

(fol. 208r) Testamentum Agnete, Lienhart Steirerin

Vermerkht das geschefft, so ich Agnes, des Lienhart Steÿrer hausfraẘ, mit wolbedachten můt gethan hab, auch von den genaden Gotts mit gutter vernufft und

synnen und zů dem haẙll meiner sell, und hab das gethan mit meinem gutten willen vor der erberen Caspar Stampher, gesworner burger des ratts, Michel Piestinger smid, Sÿmon Artzt und Schwarcz Andren, die ich darzue beruefft hab solh mein geschefft auffzenemen und ingedechtig züsein, und ich pit dürch Gotts willen, das es ersst nach meinem abganngk gehalten und ausgericht werd, wie hernach geschribn stett.
Item vonersst durch meiner sell haill willen schaff ich zů Sand Merten gepaẘ X ß den., und zů Sand Michel X ß den., und zů Sand Laurenczen X ß den., und in das münichcloster X ß den., und in das junckfraẘnkloster X ß den., und fůer XXX mess VII ß den., das soll man alles ausrichten von allen meinen guettern, so ich meinem hauswirdt schaff.
Item mein taill des haẘss schaff ich meinem hauswirdt, Lienharten Steÿrer, ledig und freÿ damit zü thün und zelassen durch sunder treẘ willen so er mir in meinem notten beweist ~~hatt~~.
Item meinen taill weingartten im Zehentner schaff ich auch meinem hauswirdt, Lienhart, ledig und freÿ nachzevolgen under das Purckstal weingarten und di Kolgrueb schaff ich auch meinem hauswirdt gantz ledig und freÿ.
Item alle varunde hab schaff ich alle meinem hauswirtt, Lienharten, nichts ausgenomen, das ist mein wil.
Item ich schaff auch das man noch meinem abganngk soll haben armen leüt zu zwen tischen.
Ich pit auch durch Gotts willen mein lieben herrn des ratts meinem hauswirdt in solhen meinem geschefft bevolhen halten.
Das aber solh mein geschefft bei krefften beleib, hab ich obemelte Agnes dürch Gotts willen gepetten die obemelten mein lieb herrn geschefftherrn, das ir yeder sein betschad zů gezeungnüß auff den gegnwurtigen meinen geschefftbrieff gedrucht haben, doch in und iren erben an schaden.
Actum an sontag noch Tiburcii und Valeriani der heyling martrer anno etc. LXXXsexto.

1487 Februar 9 **439**

Geschäft der Anna, Witwe des Simon Nachwinter und Ehefrau des Andre Holtzer
pr., schr., 4 Zg. (*Index*: —)

Testamentum domine Anne,
uxoris Andre Holtzer

In Gottes namen, amen. Ich Anna, des Andren Holtzer, statrichter zü Prespurg, eliche hausfraẘ, bekenn in krafft des brieffs und damit, das ich in meinem siechpeth und kranckhait meines leibs, doch mit gueter vernüfft, gewissen und wolbedachten müt mein gescheffft letzten willen mit den güetteren mir von Gott verlichen und geben also geordent und geschafft hab, orden und schaff, wie hernach von

wordt zu wordt geschriben stett und ingegnburtigkhait meiner hernach bestimbten geschefftherren.
Vonerssten bevil ich mein sel Gott dem almechtigen. Darnach schafft ich, das mein hawswirdt zů hail meiner sell XXX selambt singen sul lassen.
Darnach schaff ich in Gottsleichnam zech zů der phründ, der herrn Wolffganng Vostoch von Sambmerein, mein vetter, yetz ain verbesser ist, funffzig gulden also, das man darümb schol ain weingarten kauffen zu der selbign phrundt.
Darnach schaff ich zů Sand Merttnkirchen hie zů dem paẘ auch funftzig gulden, das die darzů treulich und nutzlichen angelegt sulln werdn.
Item mer in Gottsleichnam zech schaff ich mein grosse silbreine gurtel, und darzů zehen gulden.
Item in Unser Lieben Frawen zech schaff ich mein hefftel und zwaintzig gulden darzů.
Item in das nunenkloster schaff ich zehen gülden und in das můnich kloster hie schaff ich sechs gulden.
Item in das claster im tall Unser Lieben Fraẘn schaff ich auch zehen gulden.
Item armen leutten in die zwain spital hieff (!) schaff ich auch zehen gulden.
Item zů Sand Laurentzn kirchn zů dem paẘ schaff ich zwen gulden und zu Sand Michael kirchen hie zu dem paẘ schaff ich auch zwen gulden.
(fol. 208v) Item den zwain predigern hie zu Sand Mertten kirchen schaffe ich zwen gulden beden ainen gulden.
Item den weingarten in der Tůnalewten gelegen schaff ich zu hilff dem weingarten inder Hochenay gelegen zů des Heyling Kreutz ambt, doch das Andre Holtzer, mein hawswirdt, den sein lebentig tag mag inhalten und jarlich sieben gulden zu dem selben ambt ausrichten, und nach seinem tad soll er den selben gar darzů aignenn, und das Gotzleichnam zech darüber sull gewaldt haben.
Item dem egnanten herrn Wolffgang von Samberein, meinem vettern, schaff ich dreißigkht gulden und Micheln Haÿdn, auch meinem vettern, schaff ich zwaintzig gülden. Item Katherein, Jorg Schüesterin, hie meiner freundtin schaff ich auch zwaintzig gulden. Item dem Peteren zu Kotzsee und dem Thomon, seinem brueder, des Sÿmon Nachwinter, meines vorgen (!) hawswirdts seligen, freündtn schaff ich viertzig gulden, yedem zwaÿntzig gulden, und mit den hundert und zwaintzig gulden sullen sie meinem hawswirdt, Andreen, nicht überdringen. Er sull sie inner jars frist [*1488*] ausrichten wan er woll mag ungeverlich.
Darnach schaff ich meinem lieben hauswirdt, Andreen Holtzer, haüs und weingarten und alle varunde hab, was ich indert hab, über das so ich oben verschafft hab, nichts aüsgenomen ledig und freÿ damit zü thun und zü lassen an alles ger (!).
Das aber solh mein geschefft und letzterwill krafft hab und nach meinem todt volenbracht werdt, hab ich denn erwurdigen herrn Micheln Sackh, meinem peichtfatter, und die ersamen weisen Petteren Eissnreich, Mertten Rossentaller, geswormer des ratts, und Hannsen Fleisch, statschreiber hie zů Prespurg, durch

Gottswillen gepettn, das sie es trewlichen in geschrifft brachten und mit irn aigen petschafften bewarent haben, doch in und iren erben anschaden. Geschechen am freitag Appollonie virginis et martiris anno Domini millesimo octogesimo septimo.

1487 März 22 **440**

Geschäft des Paul Spieß

pr., schr., 3 Zg. (*Index*: —)

Testamentum Pauli Spieß

Vermerckht den letzten willen, so ich Paul Spieß in meinem siechpet bedechtlich getan hab, auch von den genaden Gots mit gueter vernufft und verstentigkait, und hab solhen meinen letzten willen geordnnt und will, das mein tachter oder andrer freundt kain einred noch widdersprechen sullen, sonder meiner hausfraw mit unsern kindlein nach zuvolgen, in massen wie ich das geschafft hab und hernoch geschriben stet. Item vonersst zu dem hail meiner sell schaf ich I fl., darumb sull man mir lesen XXX selmess. Item darnach schaff ich meiner hausfraw, Barbara, mein halbs haws, und den andern halbentail desselben haws schaff ich meinen dreinn kindern, mit namen Wolffgang, Jorig und Sigmünd, und so dieselben drew kinder alle mit tod abgiengen, so soll der halb tail ires haws erben und gevallen auf mein hawsfraw, Barbaren, das ist mein wille. Item den weingarten genant Endling und den Grossen Satz schaff ich den yetz bestimbten meinem dreinn kindern, Wolffgang, Jorig, Sigmund, und meiner hausfraw, Barbara, und mein hausfraw sol die weingerten inhaben, nůtzen und niessen biß di kinder komen zu iren vogtpern jarn, darnoch sullen sy mitsambt der můetern geleich unnder sich tailen dieselben weingarten. Item den Satz im Wolfftaler schaf ich meiner hausfraw, Barbara, und den bestimbten dreien unerzogen kindern auch geleich under sich ~~aus~~ zetailen.

(fol. 209r) Item mer zwen silberpecher schaf ich auch den bestimbten meinen dreinn kindern und irer můeter, Barbara, geleich undersich zetailen. Item so aus denselben meinen dreinn kindern ains mit tod abgieng so sullen die gueter erben von ainer auf das ander.

Item so aber die drew kind, Wolffgang, Jorig und Sigmund, alle mit tod abgiengen, so sull der Satz die helfft erben und gevallen auf meine tachter, Margarethen, und die ander helfft des Satz und der Endling sull erben auf mein hausfraw, Barbara.

Item meiner tochtern, Helen, schaf ich meinenn weingarten in der Hochenney und ain weingartel im Satzlein auf der statgründ, darauf sten zwen gulden schuld, die soll dieselb mein tochter davon bezallen, und ist das Satzel das etwan der Polanerin gewesen ist. Item zeug und zallen schaff ich meinen dreinn kindern und meiner hausfraw, der yetz vorhanden ist, und sull durich di erbern maistern vischer besicht werden, damit hinfur nicht krieg erstünd. Item darnoch alle varunde hab schaf ich meiner hausfraw, Barbara, nochzuvolgen. Item ich pin schuldig XXIIII fl., dieselben schulden sullen mein hausfraw und di bestimbten drew kinder von den guetern, so ich in geschafft hab miteinander bezallen treulich und ungeverlichen. Und zu krefften meines letzten willen hab ich zu gedechtnůss beruefft die erbern Stephan Schueler, Ulreich Puechler und Wolffgang Silberer, und in also treulich meinen letzten willen bevolhen hab, darzu hab ich sy durich Gots willen gepeten, das ir yeder sein betschad zu zeugnuss meines gescheffts auf den brief getrucht hat, doch in und iren erben on schaden. Actum des phintztag noch Oculi in der vassten anno etc. LXXXseptimo.

1487 März 9 **441**

Geschäft des Wolfgang Forster;
Bestellung eines Willensvollstreckers;
Bestellung eines Vormunds für die minderjährigen Söhne des Erblassers
pr., schr., 4 Zg. (*Index*: —)

Testamentum Wolffgang Forster

Vermerkht das geschëfft und lessten willenn, die ich Wolfganng Forster, burger zu Prespurg, wolbedächtlich gehabt und verbracht hab, wiewol in krannkhait meins leibs, doch mit gůter ganntzer vernuft, dieweil ich das wolgetun mocht in gegenwürtigkait der erẘirdigen gaistlichen fürsichtigen und weisen herren Wolfganngen Pastler, phrüentner in Sannd Larentzen kirchen, herren Jörgen Teynpekhen, phrüentner in Sannd Merten kirchen, herren Petern Eysenreich, geswornen burger des rats, und Merten Gaylsam, ains genannten der stat zu Prespurg.
Item am ersten bevilh und schaff ich mein seel dem almëchtigen Gott von dem ich sy emphanngen hab, und die bestattung meins leichnambs in Sannd Larentzen kirchen hie zu Prespurg.
Item ain erbere begenuß mit ainer procession, phalterlesen (!), auslewten, seelmesen (!), vigilien, almüsen geben zu kirchen, klöstern, spitalen und armen leẘten durch meiner und meiner vorvördern seelwillenn (!), bevilh ich meiner hawsfrawnn auf ir gewissenn, daz sy die ausricht, als ich ir vertraw.
(fol. 209v) Item ich schaff die regierung meinem vetern, Joͤrgen Voͤrster, burger zu Ofen, und meiner hawsfrawn über unnser zwenn sun, Wolfganng und Hannsen, in ainer solhen maynung, daz mein hawsfraw und unnser gemelte kinder all unnser guͤter, vorund und ligund, miteinannder trewlichen geniessen sullen, und damit hanndeln zu gewin und verlust ungetailt.
Item es ist mein wil so mein sün zu jarn komen, daz ir ainer oder yeder heyraten wurde, daz sy dasselbig tün sullen mit rate, willen und wissenn irer müeter und meins gemelten vetern, hern Jorgen Vorster.
Item ich bevilh mein hawsfrawn und meine kinder meinem gemelten vetern, herren Jörgen Vorster, daz er sy beschiermen sol, als ich im vertraw, mit allem gewalt,

als ich yetzund über sy hab nach aller pillichkait vor meniklich wer sy unrechtlich umbziehen wolt.
Item wil ich und schaff, wann mein sůn heyraten wůrden, oder ainer aus in heyraten wůrde, daz sy ungetailt mitsambt irer müeter zern und arbaiten sullen, und aus ainer kuchen, und an ainem tisch essenn, und irer müeter gehörsam, und ersamkait erbieten.
Item ob mein hawsfraw ungeheyrat mit tod abgienng, so süllen ire güter unnser baider kindern erblich nachvolgen, und darnach von ainem auf das annder erben. Ob aber ainer aus unnsern sünen ungeheyrat ee wann mein hawsfraw mit tod verschied, so sol halber tail seiner erbschaft gevallen auf seinen bruedern, und halber tail auf mein hawsfraw verschieden. Sy (!) aber all zwen mit tod ungeheyrat ee wann mein hawsfraw, so sol des ainen sun erbtail gevallen auf mein hawsfrawnn und des anndern sün erb tail ausgetailt werden durch Gotzwillen zu hail unnser und unnser vorvördern seel nach rat, willen und wissenn meins vorgemelten vetern, herren Jorgen Vorster.
Item alle geltschuld, die man mir schuldig ist, schaff ich meiner hawsfraw und unnsern vorgemelten zwain kindern.
Item gwalt zutragen und zuverfüren mein gegenwürtigs geschĕfft gib ich meinen zwain vetern, herren Jorgen Vorster, burger zu Ofen, und seinem brüedern, Lienharden Vorster, burger zu Grossenn Enntzestorf auf dem Marchfeld, und ob yemannds ditz mein geschefft hindern, irren oder widerrüeffen wolt, so süllen mein nachstgestimbt vetern das beschiermen und retten mit allem meinem güt, so ich hinder mein laß.
Item ob ich durch gnad des almĕchtigen Got widerumb zu meinem leiblichen gesund köm, so wil ich gwalt haben das gegenwürtig mein geschĕfft zuwiderüffen, veränndern, wenigern odern mern nach allem meinem willen.
Item zu warer uͤrkund und khreftigen bestĕttung meins gegenwürtigen geschäft hab ich mit vleis gepeten zuzeugnuss die vorgemelten geistlichen und weltlichen herren hern Wolfganngen Pĕstler, herren Jörgen Deynpekhen, herren Petern Eysenreich, Merten Gailsam, das sy mitsambt mir ir petschad darauf gedrukhet haben. Geschehen an freitag vor Sannd Gregorien tag anno Domini etc. LXXXVII^{mo}.

1487 Mai 2 **442**

Geschäft des Martin Harrer

pr., schr., 3 Zg. (*Index*: —)

(fol. 210r) Testamentum Martini Harrer
Hie ist vermerkht das geschefft, das ich Mert Harrer getan hab mit güten willenn und wolbedachten muët zu weil und zeit, do ich es wolgetůn hab můgen on meniklichs wider sprechen, an dem nächsten tag vor dem tag der erfindung des

Heiligen Krewtz, ingegenwurtigkait der ersamen herren herrn Conrad Rieder, diezeit prediger zu Sannd Merten, Steffann Hohenberger, dietzeit ainer des rats, Sigmund Spěch, nach Cristi gebürde etc. in dem LXXXVII^ten^ jare.

Item vonerst emphilich ich und schaff Gott mein seel.

Item ich schaff alle meine guter, nichts ausgenömen, meiner lieben hawsfrawnn, Ludmilla, und meiner kindern on alles widersprechen aller meiner frewnndt. Wenn so die kinder ir seinn als wol als mein, wem solt ich die paser und für sey emphelhen dann ir, doch in sölher mass, daz sy die kinder davon versorg und ausricht.

Item daz solher mein will volenndet würdt, hab ich vleissigklich gebeten die bemelten herren das zubetzewgen unnder irn aufgedrukhten petschaften, doch in und irn erben onschaden

1487 Mai 30 **443**

Geschäft der Anna, Ehefrau des Wolfgang Pfafsteter

pr., schr., 3 Zg. (*Index*: —)

Testamentum Anne Phafsteterinn

Vermerkht den letzten willenn, so ich Anna, des Wolfganng Phafsteter hausfraw, auf der Wedritz, in meinem siechpett bedechtlich getan hab, auch von den gnaden Gotts mit güter vernuft und verstentikait und zu dem hail meiner seel, und wil das solher mein letzter will nach meinem abgannkh gehalten und ausgericht werde, wie hernach geschriben steet.

Item vonerst bevilh ich mein seel dem almechtigen Gott.

Item zu dem gepaw des lieben Sannd Merten schaff ich IIII guldein, und in die zech Sannd Niclas schaff ich ainen guldein, dieselben V gulden sol man ausrichten wenn man den weingarten Smidl betzalt.

Item meines brüeder sun, Niclasen, schaff ich V gulden, und ob derselb knab abgienng, so süllen dieselben V gulden erben und gevallen auf seinen brudern, Petern.

Item meinem Casperl schaff ich den weingarten Scharlaperg also lärn.

Item meinem Wolfganngen Phafsteter schaff ich ainen garten im Alberwerd ledig und frey damit zutün und zulassenn.

Item mer schaff ich ainen weingarten am Hawsperg gelegen bey Sannd Niclas meinem hawswïrt, Wolfganngen Pfafsteter, ledig und frey damit zutün und zulassen. Auch schaff ich im den garten im Gereidt auch ledig und frey.

Item unnser haws schaff ich auch meinem hawswirt, Wolfganngen Phafsteter, ledig und frey damit zutün und zulassen.

Item mer schaff ich demselben meinem hawswïrt des weingärtl in der Fuchsleyten ledig und frey.

Das aber mein letzter will geschehen sey, hab ich obemelte Anna dartzu berufft die ersamen mein geschefftherren mit namen Wolfganngen Knoll, Hannsen Durnitzer und Jacob Mullner, und durch Gotts willen mit vleis gebeten, daz ïr yeder

sein petschad zu krefften meins letzten willenn auf den brief gedrukht hat, doch in und irn erben onschaden. Actum des mittichen vor dem heiligen Phingstag anno Domini etc. LXXXVII^{mo}.
Auch ist mein letzter will und wort, ob die vorbestimbten zwen brůder, Niclas und Peter, bed mit tod abgienngen, so süllen die bestimbten funf guldein erben und gevallen auf meiner knecht, Casperl.

1487 Juni 3 **444**

Geschäft des Friedrich Müllner
pr., schr., 2 Zg. (*Index*: —)

(fol. 210v) Friderichs Můllner testament
Vermerkht den letzten willenn, so ich Friderich Müllner hie in meinem siechpett bedĕchtlich getan hab, auch von den gnaden Gotts mit güter vernuft und verstenntikait, und das getan vor den erbern Michel Ernnst pekh und Urbann Müllner, bed mitburger hie, die ich dartzu berüfft und durch Gotzwillenn gebeten hab, sölhen meinen letzten willenn in gedĕchtnüß zesein und nach meinem abganng gehalten werden, wie hernach geschribn steet.
Item vonerst bevilh ich mein arme seel Gott, meinem hymlischen vater.
Item darnach all mein güt, haws, müll, erb und varundgüt, wie das genannt ist, schaff ich meiner hawsfrawnn, Annen, und unnsern beden kindern, mit namen Larenntz und Agnes, beweiste geltschuld ausrichten und betzallen. Auch süllen sy ausrichten ain Römfart und ain Achfart.
Item und ob die benannten mein kind, Larenntz und Agnes, bede mit tod abgienngen, so süllen haws, müll, und annder mein güt erben mein hawsfraw, Anna, das schaff ich ir vor meniklich zubesetzen wann wir es hertiklich miteinannder erarbait haben. Es sol auch mein brüeder, der Ruëpl, weder mein swester noch annder mein frewnndt nichts an mein hawsfrawnn vordern, noch sey darumb bekumbern in nichte, das ist mein letzter will und wortt.
Item dem Heïndl juden bin ich schuldig I½ gulden, als sich Haynburg hat geben in dem LXXXII jar [*1482 September 30*][144] zuraitten, hab ich das gellt entnömen, daran hab ich im ausgericht XII ß den.
Item maister Erasem (!), doctor, bin ich schuldig II gulden.
Item meinem gefatern, Micheln Ernst pekhen, bin ich schuldig XXXVIII gulden.
Item gen Wienn dem Jorg, statknecht, bin ich schuldig V½ tal. den.
Item auf meinem haws bin ich dem Petern Orthaber schuldig XXV ß den.
Und zu krefften meins letzten willen hab ich obgemelter Friderich Mullner durch Gotz willenn mit vleis gebeten die obestimbten mein geschëfftherren, daz ir yeder

---

[144] *Diese Datierung bezieht sich auf die Belagerung von Hainburg durch Matthias Corvinus, König von Ungarn (1458–1490). Vgl.* PERGER, *Ungarische Herrschaft 63–64.*

sein petschad zu getzeugnüß meins letzten willenn auf den brief gedrükht hat, doch in und irn erben onschaden. Actum an dem heiligen Phingstag 87.

1487 Mai 11 **445**

Geschäft des Matthias Trolatsch

pr., schr., 3 Zg. (*Index*: —)

Mathesen Trolatsch testament

Vermerkht das geschefft das geschëfft (!), daz getan hat der erber mann Mathes Trolaczsch zu der zeit und weil als er das wolgetůn möcht und bey guter vernuft was unbedwunglich, das geschehen ist des freitag vor Pangratii indem jar, als man geschriben hat tawsennd IIII^{c} und in dem LXXXVII jar.

Item sein seel schafft er dem almëchtigen Gott.

Item er schafft dreissig mess zulesen zu Sannd Michel.

Item den Stuenhatz schafft er halben tail der kirchen zu Sannd Michel, als er yetz steet, und halben tail seiner hawsfrawnn, Dorothea.

Item mein haws und den weingarten Stamphär schaff ich meinem sun, Veiten, ledig und frey, und ob das kind abgienng, so sol es erben auf die müeter.

Item ledig und frey schaft er den Hawsperg weingarten seiner hawsfrawnn.

Item seiner hawsfrau peslain, Helena, die ain hawsfraw ist des Cristann Weissenn, schafft er X ß den. umb ainen manntl.

Item er schafft seiner hawsfrawnn, Dorothea, alle anndre seine güter zu feld und zu haws, nichts ausgenomen, und seiner frewnndt khains darein zusprechen.

(fol. 211r) Item zu dem obengeschriben geschëfft sind trewlich gebeten worden die erbern herren herr Wolfganng, cappellan zu Sannd Michel, und Jacob Heytewr, dietzeit geswornner pergmaister, und Wolfganng Dornner, mitpurger, die all drey das gesche̊fft trewlich haben lassenn beschreiben, nichts gemert noch mynnert, und das alles geschehen ist des jar und tag als oben das datum innehalt. Und zu pesser sicherhait wegen, doch in und irn erben onschaden haben sy das geschefft mit iren petschaden auswenndig bewart.

1486 April 28 **446**

Geschäft des Hans Rorwegk

pr., schr., 3 Zg. (*Index*: —)

Hannsen Rorbekh stainmetz testament

Vermerkht den letzten willenn, so ich Hanns Rorwegk stainmetz hie in meinem siechpett mit wolbedachtem muet getan hab, auch von den gnaden Gotts mit gueter vernufft und verstentikait, und ich pitt durch Gotts willenn, daz sölher mein letzter will also gehalten werde und ausgericht, als hernach bemelt ist.

Item vonerst bevilh ich mein seel dem almëchtigen Gott.

Item darnach meinem sun, Wolfganngen, schaff ich XXV tal. den. und ain gerichts

pett mit seiner zugehorung, das ist ain duchna, zway khůß, ain hawbtposter (!), daran sol er sich genügen lassenn und an mein hawsfrawnn nichts mer vordern.
Item meiner tochtern, Annen, und meiner hawsfrawnn, Margrethen, schaff ich zu baiden alles mein gut, erb und vorundehab, wie das genannt oder gelegen ist, haws, weingarten, etc. geleich mitein annder zuerben und innhaben, davon süllen bede bemelte tail mein hawsfraw und tochter alle beweiste geltschuld betzallenn. Ich bitt auch durch Gotts willenn mein lieb geschefftleẘt und annder mein herren, daz sy darob sein wellen, daz mein sun, Wolfganng, an mein hawsfrawnn und töchter nicht mer vordern sol, noch dartzu sprechen, weder kriegen, noch anncherlay weise sy umb meine güter angelanngen weder bekumern, das ist mein letzter will und wort, dann ich in wol fürgesetzen hab, als oben begriffenn ist und von mir nür genomen hat.
Item und ob derselb mein sun die sum gelts, die man mir zum Dotes[145] schuldig ist, einbrecht und einnem, so sol im solh gelt, es sey vil oder wenig, an seiner obbemelten summ, so ich im geschafft hab, herab gen oder abgetzogen werden.
Item und so mein sun, Wolfganng, mit tod abgienng, so süllen die XXV tal. den. und das gericht pett widerumb auf mein hawsfrawnn und meiner tochter erben und gevallen. So aber mein tochter abgienng, so sol mein sun widerumb an ir stat herzu erben.
Item maister Wolfganng Zymerman zum Dothes gesessen ist mir schuldig XI fl., darumb ich im ain schawben zukauffen geben hab. Die summ alle, so man mir zum Dothes schuldig ist, facit XXIIII fl. Dieselben summ guldein schaff ich meiner hawsfrawnn, schaff ich meiner hawsfrawn (!), Margrethen, und meiner tochtern, Annen.
Item maister Wolfganng Zymerman zum Dothes gesessenn ist mir schuldig XIII gulden an meinem haws, das ich im zum Dothes zukauffen geben hab und gelihens gelts auch ain gulden und XX den. hungrisch.
Item ain walich, mit namen maister Anthony, ain maler, zum Dothes ist mir schuldig XI fl., darumb ich im ain schawben zukauffen geben hab. Die summ alle, so man mir zum Dothes schuldig ist, facit XXIIII fl., dieselben summ gulden schaff ich meiner hawsfraw, Margrethen, und meiner tochtern, Annen.
Item meiner (!) frawnn, mit namen Stingelhaymerin, bin ich schuldig XI fl. und II tal. den., die sol man ir von meinem guͤtern betzalln an allen krieg, als mir das mein hawsfraw versprochen hat, sy well ir das trewlich betzallen von den nachstkünftigen frůtten.
Item ainem juden bin ich schuldig VIII fl. auf den nachstkünftigen Sannd Mertten tag [*1486 November 11*] zuraitten zubezallen.
Item herren Hannsen Hann, pharrer zu Sannd Mertten, bin ich schuldig XI gulden. *(fol. 211v)* Item in die zech des stainmetzen hie schaff ich V tal. den.

---

[145] *In Tata (Totis) besaß König Matthias Corvinus (1458–1490) ein Jagdschloss.*

Item mer schaff ich meiner hawsfrawnn und meiner toͤchtern I fl. und XX den. hüngrisch, die mir maister Wolfganng Zymerman zum Dothes gelihens gelts schuldig ist.
Item zu krefften meins letzten willenn und geschëfft hab ich obgemelter Hanns Rorbekh dartzu berůfft die erbern Hanns Hunger sneider, Hanns Abusteter maler und Ulrichen Perger, solhen mein letzten willen zuverhoren, aufzunemen, und mit vleis gebeten, daz ir yeder sein petschad zu getzeugnüss meins letzten willen auf den brief gedrukht hat, doch ir und iren erben onschaden. Actum des freitags nach Georgy martiris[146] anno etc. LXXXVI^{to}.

1487 Juni 16 **447**
Geschäft der Margaretha, Ehefrau des Peter Satler
pr., schr., 3 Zg. (*Index*: —)

Testamentum Margarethe, Sellatoris Petri
Vermerkht das geschëfft und letzten willenn, so ich Margreth, Petern des Satler mitburger zu Prespurg eliche hawsfraw, mit gůten willenn und gůter vernuft in gegenwůrtikait meiner hernachgeschriben geschëfftleẘt getan und geordennt hab, wie hernach geschriben steet.
Item ich schaff meinen kindern den weingarten zu Retzestorff mit allen seinen frütten und zugehorungen auf dem nydern gůt gelegen.
Item mer schaff ich meinem hawsẘirdt, Petern Satler, haws und weingarten hie zu Prespurg gelegen, und das die berůrten kinder fůr unns hernachgeschriben geschefftleẘten widerredt.
Item mer schaff ich XXX gulden hungrisch auf dem obemelten haws und gůtern hie gelegen X fl. zu Sannd Mertten hie zu dem paw, fůnf gulden in das klöster, und zu Sannd Larenntzen kirchen fůnftzehen gulden.
Daz sölher mein letzer will und geschëfft kraft hab, so hab ich mit vleis gebeten die ersamen Zoch Micheln, Hannsen Pům und Bernharden Swerfeger (!), all drey burger zu Prespurg, daz ir yeder sein petschad auf den geschëfftbrief gedrukht hat, doch in und irn erben anschaden. Actum an sambstag nach Corporis Christi anno etc. LXXXVII^{mo}.

1483 Oktober 3 **448**
Geschäft der Margaretha, Ehefrau des Wolfgang Albringer
pr., schr., 5 Zg. (*Index*: —)

Testamentum Margarethe, Wolfgang Albringer
Vermerkht das geschefft, so ich Margreth, Wolfganngen Albringer hawsfraw, hie

---

[146] *Der St. Georgstag wird gemäß ungarischem Brauch mit dem 24. April aufgelöst. An diesem Tag wurden auch die Stadtoberen von Preßburg gewählt.*

mit wolbedachten muͤet getan hab, auch von den gnaden Gots mit guͤter vernuft und synnen.
Item vonerst bevilh ich mein seel meinem hymlischen vater.
Item darnach al unnser guͤt, erb und varundguͤt, haws, weingarten schaff ich ledlich allen meinem hawswirt vor meniklich damit zutuͤn und zulassen wie in des belusstet, wann wïr es trewlich miteinannder erarbait habn.
Item darnach schaff ich meinem bruͤedern, Cirfus Schoͤndl von Sanndmarein, zwen gulden und meinen swartzen fartagmantl.
Item und über sölh mein geschëfft hat mein hawswïrt meinem bruͤedern, Cirfus, von seinen guten willenn geben ain halbs fueder wein.
Item mit willenn und gunst meins hawswïrt haben wïr baide ainen weingarten, genannt der Herber, auf Tebner grundt gelegen geschafft zu Sannd Michels kirchen.
Item und des anndern tags nach datum des geschefftbriefs [*1483 Oktober 4*] ist mein bruͤeder, Cirfus Schoͤndl, herkomen und ich noch in leben und guͤter vernuft gewesen bin, hat er vor den gescheftlewͦten geredt und gesprochen, daz er über das so im geschaft ist worden weiter hinfuͦr zu unnsern gutern nymmermer wie die genannt seinn, nicht zwer zusprechen
(fol. 212r) well, noch meinem hawswirt in nichte darumb angelanngen in dhainerlay weiß.
Das aber solher mein gescheft und letzter wil also beschehen sey, hab ich obgemelten Margreth dartzu berüfft die erbern Jacoben Hätüer, Hannsen Kern, Steffann Zotter, Hel Weinhanndl und Anndreen Dietrich, solhen meinen letzten willen aufzenemen und durch Got gebeten, daz ir yeder sein petschaft auf disen gegenwürtigen gescheftbrief gedrukht hat, doch in und irn erben anschaden. Actum zu Prespürg des freitags nach Michael archangeli anno etc. LXXXIII.

1487 Oktober 5 – *1487 November 2* **449**

Geschäft des Georg Unverricht

pr., schr., 4 Zg. (*Index*: —)

Testamentum Georgii Unverricht,
civis Posoniensis

Ich Jorig Unverricht, mitburger zu Prespurig, beken hiemit, das ich in meinem siechbet und kranckhait, doch mit gueter gewissen und vernufft meinen letzten willen und geschëfft in gegenwurtigkait meiner hernochgeschriben geschëfftlewte geordnnt und gemacht hab, wie hernochvoligt.
Von ersst bevilich ich mein sell dem almechtigen Got. Darnoch schaf ich das gewanndt, so ich in dem gewillib hab, meinen geltern, den ich schuldig beleib, und was in doran abget, das sull man von den andern meinen guͦetern erstat werden, domit sie bezallt werden. Item meinen vettern, dem Hänsel, Paullen unnd Wolffgang, schaff ich zwen dreyling, und ain halb fuͦeder wein, und ainen halben weingarten im Gefanng, und ainen weingarten im Kamerler gelegen.

Darnoch schaff ich alle mein gueter, anligund und varundhab, wo und welennd ich die hab und wie die genant sein, nichtz ausgenommen, was über die geltschult so ich schuldig beleib, und über das so ich oben meinen vettern geschafft hab überig beleibt meiner lieben hausfrawen, Affra, domit zu tůn und zu lassen.

Vermerckht die geltschult, die ich schuldig beleib

Item dem Jobssten, des Grossen dienner von Nürenberig, beleib ich schuldig IIII^{c} fl. und LXXI fl. Item dem kamermaister von Brůn beleib ich schuldig XXIII½ fl. Item in das nunnenkloster hie beleib ich schuldig XX fl.
Item prueder Petern, dem custos im monichklosster hie, beleib ich schuldig XLIII fl. Item auf meinem haws beleib ich schuldig I½^{c} fl. auf dinst, als im grůntpuech[147] geschriben stet. Item dem Krall von Nürenberig beleib ich schuldig V fl. V ß den. Item dem Jorigen Franckhen von Hainburg beleib ich schuldig umb ain tuech ain werder V fl. III sol. den.
Das aber solh mein geschëfft und letzter will krafft hab ich mit vleis durich Gots willen gepeten die ersamen weisen herrn Burckhardten Scharrach, Merten Gailsam, Paullen Warkusch und Hansen Fleisch, burger hie zu Presburg, das sie in treulichen in geschrifft bracht und mit iren aigenn petschafft bewaret haben, doch in und iren eriben on schaden. Actum am freitag noch Sand Franciscentag canfessoris (!) anno etc. LXXXseptimo.

Actum des inschreiben am freitag
noch Omnium Sanctorum anno etc. LXXXVII^{timo}.

---

[147] *Sicherlich das Preßburger Grundbuch von 1439, heute Archív hlavného mesta SR Bratislavy, 4.1.2. Grundbuch. Vgl. auch Einleitung S. 15.*

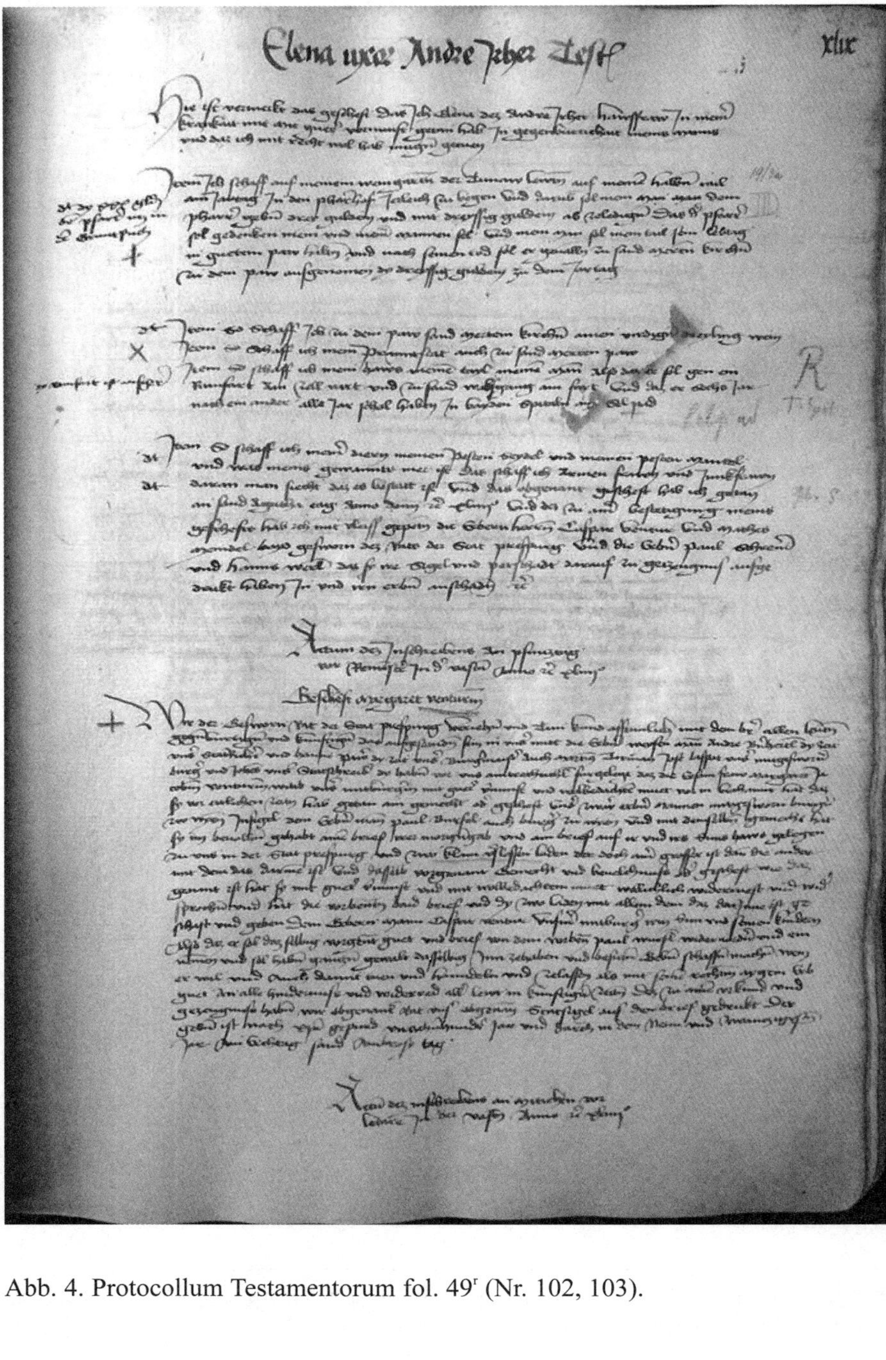
Elena uxor Andre Jeher Test
xlix

Abb. 4. Protocollum Testamentorum fol. 49r (Nr. 102, 103).

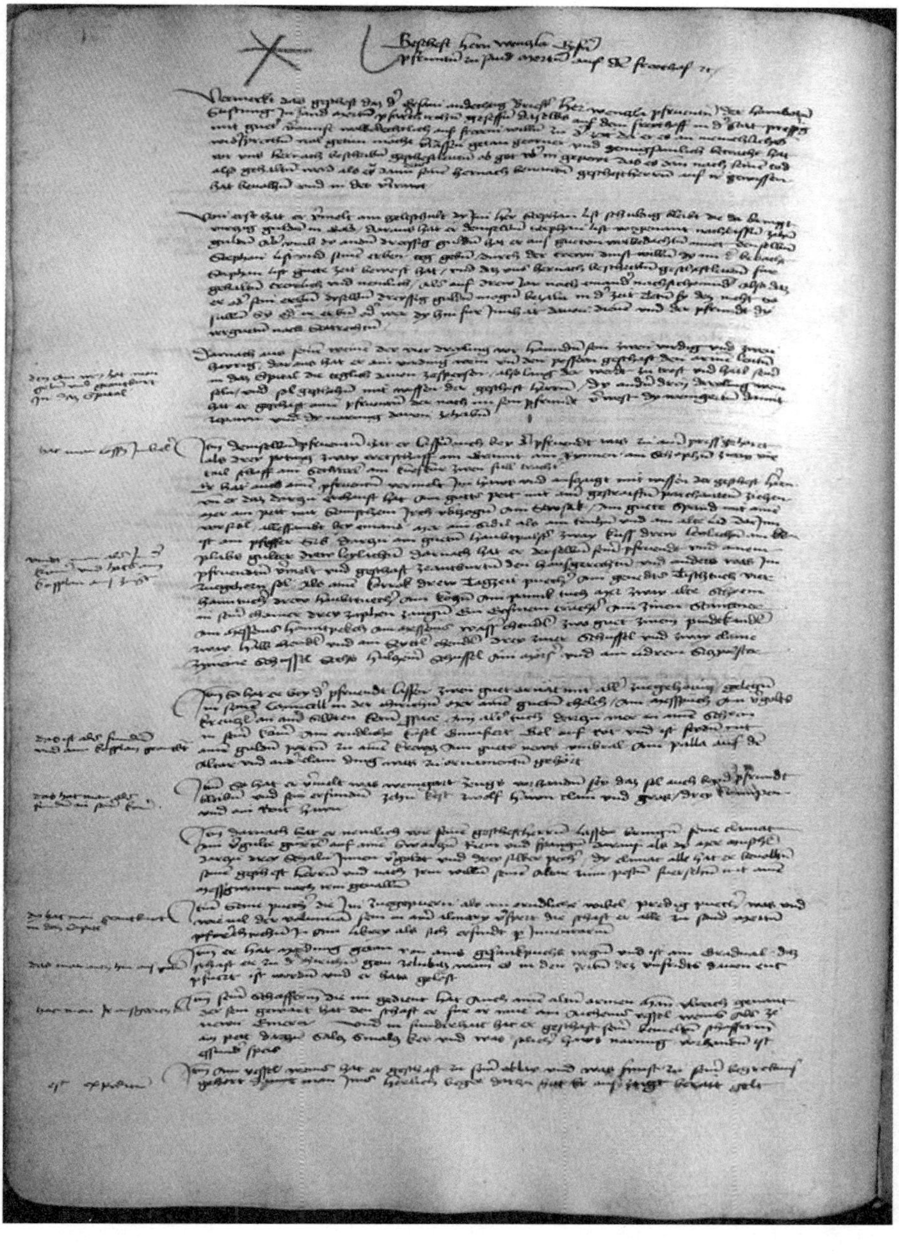

Abb. 5. Protocollum Testamentorum fol. 75v (Nr. 156).

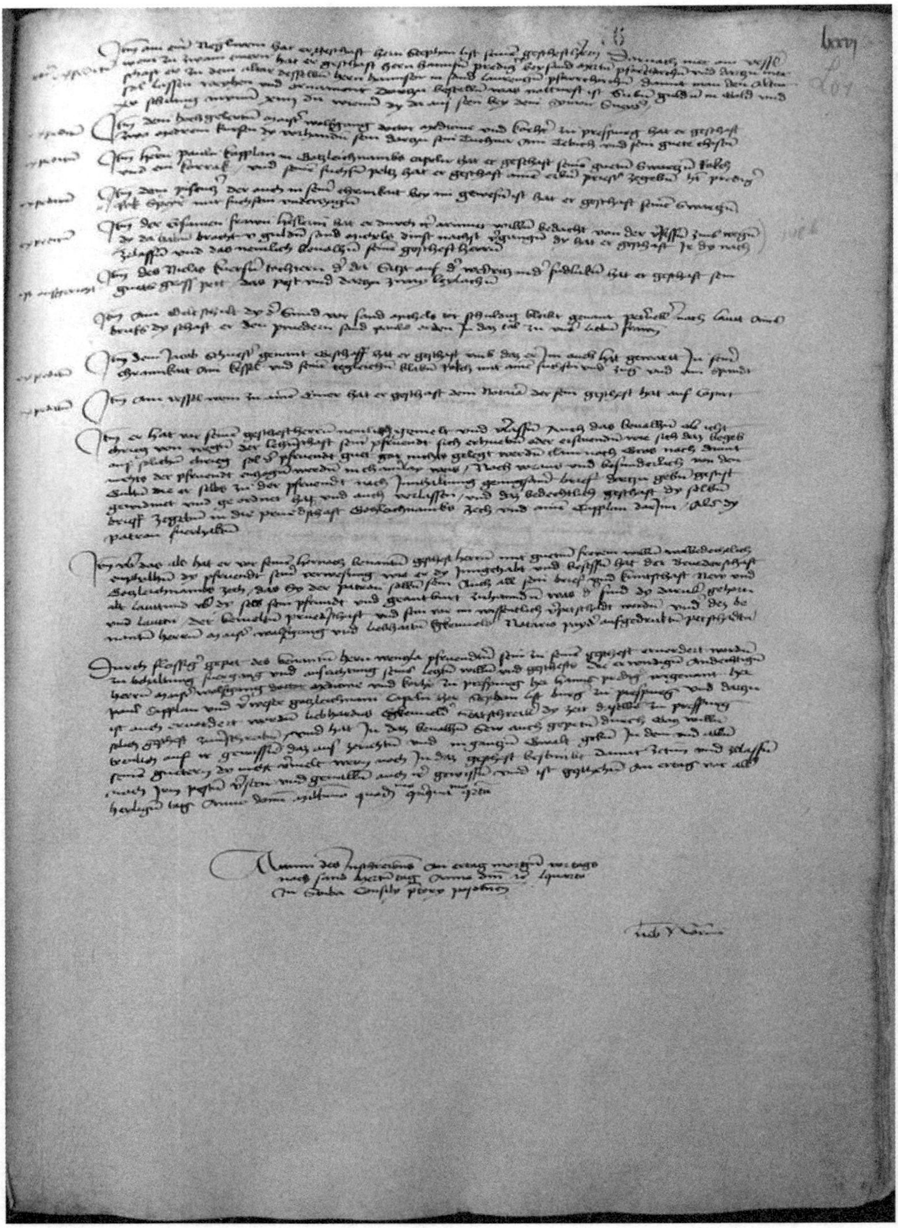

Abb. 6. Protocollum Testamentorum fol. 76r (Nr. 156).

5. Liste der Testatoren

Nr.	*Name des Testators*	*Datum*	*Fol.*
1	Praitendorfer, Peter	1433 Oktober 27	5v
2	Stern, Hans	1427 November 14	6r
3	Hämerl, Hans	1434 Januar 18	6r
4	Reichart (Meister)	1433 Dezember 13	6v
5	Scharrach, Kaspar	1428 Oktober 23	7r
6	Schynin, (Hartman) Katharina	1410 Juli 26	7r
7	Scharrachin, (Bartholome) Katharina	*1433 September 30*	7v
8	Melbeis, Hans	1429 Januar 30	8r
9	Leinbaterin, (Hermann) N.	1433 August 1	8v–9r
10	Schospurger, Philipp (Chorherr)	1434 März 22	9r
11	List, Hans	1434 September 12	9v
12	Kreuterin, (Stephan) N.	1435 April 10	10r
13	Hosch, Peter	1434 April 11	10v
14	Hirsperg, Augustin von	1435 April 29	11r
15	Wolfin, (Michael) Margaretha	1435 Mai 31	11r–v
16	Püchler, Michael	1433 Oktober 13	11v
17	Langwiser, Leonhard	1435 Februar 23	12r
18	Pechmyn, Elisabeth	*1434 April 23*	12r
19	Joricherin, Elisabeth (*Erbteilung*)	*1435 März 16*	12v
20	Hakkelin, (Ulrich) Katharina	*1434 Mai 12*	12v
21	Praytennekker, Jakob (*Verkauf*)	*1435 August 10*	12v
22	Tannerin, (Stephan) Klara	1434 August 7	13r
23	Stabin, (Erhard) Elisabeth	1434 Oktober 27	13r
24	Schular, Hans	*1434 April 28*	13r
25	Haz, Ulrich	1435 Juni 7	13v
26	Sneider, Simon	1433 Juli 24	14r
27	Rynner, Paul	1433 Oktober 2	14r
28	Clement, Hans	ca. 1433–1435	14v
29	Listin, (Georg) Anna	1435 Juni 30	15r–v
30	Laspot, Jost; Laspotin, (Jost) Anna	1434 März 31	15v
31	Saltzer, Peter	1435 November 30	16r
32	Schefmanin, (Andre) Hedwig	1436 Januar 24	16v
33	Straubenport, Michael (*Morgengabe*)	1429 Oktober 30	17r

34	Sneyder, Simon	1433 Juli 24	17r
35	Pfeiffer, Jakob	1435	17v
36	Drescher, Peter	1436	17v
37	Zimmerman, Andre	1434 Dezember 7	17v–18r
38	Laspotin, (Jost) Anna	1436 Januar 15	18r–19r
39	Chlokausin, Elisabeth	1431 April 8	20r
40	Gutgesell, Niklas	1436 Dezember 21	20v–21r
41	Virczkerin, (Laurenz) Katharina	1436 Juni 19	21v
42	Grauppner, Andre	1436 Februar 26	22r
43	Finkin, (Hans) Katharina	1434 Januar 16	22v
44	Venturin, (Kaspar) Ursula	1436 Oktober 4	23r
45	Scharrachin, (Bartholome) Elisabeth	1436 September 16	23r
46	Wenig, Ägidius	1414 Dezember 12	23v
47	Wenig, Hans	1422 Dezember 30	24r
48	Pernhertel, Andre	1422–1436	24v
49	Pernhertel, Martin	1436 September 11	24v
50	Weidner, Georg	1436 Oktober 5	25r
51	Sneider, Ulrich	1436 September 11	25r
52	Vaschan, Hans	1436 April 23	25v
53	Heppel, Friedrich	1434 April 1	25v
54	Hekchlin, (Ulrich) Katharina	1434 Mai 12	26r
55	Harrer, Niklas	1436 Oktober 29	26r–v
56	Saltzer, Bartholome	1436 Oktober 31	26v
57	Ainrer, Stephan	1429 März 7	27r
58	Raneisin, Kunigunda	1437 Januar 14	27v
59	Sneider, Blasius	1436 September 19	28r–v
60	Turnhofer, Konrad	1437 Januar 23	28v
61	Pob, Michael	1418 Dezember 10	28v
62	Ambser, Heinrich	1436 November 6	29r
63	Frantzin, (Ulrich) Klara	1429 Mai 27	29v
64	Sleech, Hans	1433 April 22	30r
65	Umbadumb, Niklas	1430 Dezember 24	30r
66	Lang, Christian	1436 Oktober 14	30v
67	Wagner, Simon	1436 August 30	30v
68	Han, Niklas	1437	31r
69	Laspot, Michael	1438 Februar 1	31r
70	Gerichtler, Niklas	1438 Dezember 4	31v

71	Pokfussin, (Gotthard) Katharina	1439 Februar 16	32r–v
72	Lasseber, Leonhard	ca. 1439	32v
73	Paier, Heinrich	1439 Mai 4	33r
74	List, Peter	1428 Oktober 17	33v
75	Käser, Andre	1440 April 13	34r
76	Boduscher, Michael	1433 Dezember 15	34v
77	Hof, Christian von	1441 April 16	35r
78	Gsühl, Hans	*1441 Mai 22*	35v
79	Gsühlin, (Hans) Katharina	1441 April 23	35v
80	Scharnin, Christina	1441 April 25	36r
81	Pachrad, Niklas	1439 Februar 28	36r
82	Treletschin, Anna	1441 Oktober 6	36v–37r
83	Leinbater, Niklas	1441 Mai 28	37v–38r
84	Grünpacher, Stephan	1442 Februar 4	38v
85	Pinter, Erasmus	1442 März 2	39r
86	Tunkel, Hans von Leopoldsdorf	1442 April 22	39v–40r
87	Leinbater, Niklas	1441 Mai 29	40v
88	Rueppelin, (Thomas) Katharina	1442 April 22	41r
89	Schonbach, Andre	1442 März 23	41v–42r
90	Abanin, Klara	1442 März 13	42v
91	Raneisin, (Stephan) Margaretha	1442 Dezember 2	43r
92	Kue, Hans	1435	43v
93	Eger, (Hans) Barbara von	1442 November 1	44r
94	Harrerin, (Niklas) Margaretha	1441 Juni 22	44v
95	Teben, Niklas von	1443 Februar 17	45r
96–97	Walich, Christian	1443 August 15	45v–46r
98	Lasseber, Hans	1443 Juni 6	46v
99	Gapler, Hans	1443 August 29	47r–v
100	Lautterhofer, Hans	1443 Oktober 1	48r
101	Schon, Jakob	1442 November 11	48v
102	Irherin, (Andre) Elena	1444 Februar 5	49r
103	Venturin, (Jakob) Margaretha	1429 April 5	49r
104	Gross, Ulrich	1442 Dezember 18–24	49v
105	Tirman/Scharrachin, (Bartholome) Anna	1438 Juli 15	50r
106	Cristan, Stephan	1437 Oktober 12	50r
107	Irher, Andre	1444 Februar 29	50v–51v
108	Rauscher, Hans von Kaltenstain	1444 Dezember 7	52r

146	Scharrach, Bartholome	1453 August 3–9	69v–70r
147	Ledrer, Thomas	1453 November 4–10	70v
148	Lechner, Stephan	1453 Juli 13–20	71r
149	Jung, Laurenz	1451 Februar 14	71v–72r
150	Schreiner, Paul	1453 Oktober 30	72v
151	Gross, Peter	1454 Januar 8	73r
152	Pawerin, (Hans) Katharina	1453 November 25	73v
153	Zistlerin, (Michael) Anna	1452 Januar 17	74r
154	Gnemin, (Hans) Kunigunda	1452 Mai 13	74v
155	Anweinin, (Thomas) Barbara	1454 Januar 3	75r
156	Eisner, Wenzel (Pfründner)	1454 Oktober 29	75v–76r
157	Krausin, (Peter) Elena	1454 November 4	76v
158	Meindelin, (Georg) Margaretha	1442 Oktober 31	77r
159	Kochermacher, Heinrich	1454 November 9	77v
160	Gundaker, Wildpold	1453 Juli 29	78r–78v
161	Gundaker, Wildpold und Margaretha	1454 Januar 15	78v
162	Gundaker, Wildpold	1454 Februar 19	79r
163	Pledlinger, Hans	1454 Dezember 31	79v
164	Schreiner, Paul	1453 Oktober 30	79v
165	Meixner, Wolfgang	1454 September 25	80r
166	Kramer, Simon	1455 Februar 21	80v
167	Fridolt, Christian	1454 Juni 8	81r
168	Irher, Simon	1447 Mai 22	81v
169	Schreinerin, (Paul) Katharina	1454 Dezember 8	82r
170	Schreinerin, (Paul) Katharina	1455 Juli 19–24	83v
171	Hafnerin, (Peter) Agnes	1449 Dezember 25	83v
172	Schonvellin, Katharina	1455 Oktober 14	84r
173	Praun, Andre	1454 September 8	84v
174	Korbler, Peter	1443	85r
175	Langin, (Hans) Agnes	1456 Januar 5	85v–86r
176	Weidner, Wolfgang	1453 Jan 26–Feb 1	86v–87r
177	Schawerin, (Ulrich) Elisabeth	1450 April 24	87v
178	Lanntman, Niklas	1452 April 23	88r
179	Sibenhärel, Simon	1452 Dezember 31	88v
180	Grëfflin, (Hans) Katharina	1456 Juni 3	89r
181	Wolfel, Matthias	1457 Mai 2	89v
182	Eylausemrockin, (Hans) Katharina	1456 September 10	89v

183	Egkenfelder, Liebhard	1455	90r–93v
184	Pernschophin, (Stephan) Margaretha	1457 Februar 8	93v–94r
185	Rosszagel, Peter	1457 Februar 27	94r–v
186	Pader, Leonhard von Tyrnau	*1457 Dezember 19*	95r
187	Pader, Kaspar	*1457 Dezember 19*	95r–v
188	Hameli, Peter	1457 September 29	96r
189	Usman, Ulrich	*1458 Februar 6*	96v
190	Paurin, (Hans) Anna	1457 August 17	96v–97r
191	List, Stephan	1457 März 6	97r–98r
192	Meindel, Matthias	1456 Dezember 1	98r–99r
193	Wyder, Ulrich	1458 Oktober 18	99v–100r
194	Gebhartin, Katharina	1459 November 1	100v
195	Potenpergerin, (Hans) Barbara	1460 März 4	101r–v
196	Reich, Thomas	1460 September 14	102r
197	Henner, Jakob	1459 August 4	102v
198	Smidin, (Christian) Katharina	1460 September 25	102v–103r
199	List, Christian	1461 Mai 2	103r–v
200	Ludweig, Ägidius	1459 Juli 1	103v
201	Schneiderin, (Simon) Katharina	1447 Mai 24	104r
202	Neitl, Martin von Stampha (Chorherr)	*1462 Mai 4*	104v–105v
203	Goldinger, Georg	1461 März 29	106r
204	Prokobin, Dorothea	1462 Januar 21	106r–v
205	Niethaimer, Hans	1456 September 12	106v
206	Plankch, Leonhard	1461 Oktober 19	106v–107r
207	Weinbachter, Andre	1462 März 24	107r
208	Hueter, Martin	1459 August 12	107v
209	Krausin, (Peter) Agnes	1462 Juni 12	107v
210	Pranawer, Georg	1463 Januar 22	108r
211	Wolfstaler, Niklas	*1463 März 4*	108v
212	Tompatörel, Georg und Anna	1451 Dezember 25	109r
213	Veldsperger, Niklas	1462 März 18	109v
214	Grünwald, Niklas	1462 Februar 16	110r
215	Polczelin, (Andre) N.	1463 Januar 29	110v–111r
216	Adler, Kaspar	1461 Dezember 6	111r–v
217	Wagner, Hans	1451	112r
218	Praunin, (Wolfgang) Anna	1463 Januar 12	112r
219	Scholl, Georg	1463 September 3	112v–113v

220	Virczker, Bernhard	1463 Juli 15	113v–114r
221	Schaur, Ulrich	1459 Februar 23	114r–v
222	Paur, Christian	1462 September 27	115r
223	Dornpacher, Christian	1457 Juni 26	115r–v
224	Ertel, Wolfgang	1460 Juni 6	115v
225	Brünn, Jakob von	1464 August 27	116r
226	Wohnerin, (Michael) Anna	1464 September 24	116v
227	Spies, Wolfgang	1464 August 5	117r
228	Gailsamin, (Martin) Anna	1463 März 9	117r
229	Zistlerin, Katharina	1464 Mai 12	117v
230	Mordrer, Ladislaus	1456 April 7	117v–118r
231	Pestler, Wenzel	1465	118r–v
232	Öler, Martin	1464 Juli 15	118v
233	Jung, Niklas	1465 Juli 31	119r–v
234	Mauterin, (Georg) Katharina	1464 Februar 17	120r
235	Frank, Wolfgang	1464 August 15	120r
236	Zistler, Peter (Kaplan)	1454 Februar 22	120v
237	Werbart, Jakob	1460 Juni 18	120v–121r
238	Leopold, Hans	1460 Februar 1	121r
239	Hertel, Gotthard	1466 Januar 25	121v
240	Kue, Hans	1466 Februar 24	121v–122r
241	Walhin, (Stephan) Margaretha	1465 Dezember 11	122r
242	Jung, Niklas (*Erbrechtsurteil*)	1466 März 28	123r
243	Jung, Niklas (*Erbrechtsurteil*)	1466 März 28	123v
244	Swan, Otto	1465 November 25	124r–v
245	Meindel, Laurenz	1466 Juli 30	125r
246	Pakendorfer, Hans	1462 Oktober 3	125v
247	Pakendorfer, Hans	1466 August 16	125v–126r
248	Karnerin, (Hans) Elisabeth	1456 Januar 26–31	126r
249	Drexelin, (Thomas) Katharina	1467 März 9	126v
250	Nachwinter, Martin	1467 März 17	126v–127v
251	Hafner, Jakob	1467 März 29	127v–128r
252	Eylausemrock, Hans	1465 Mai 28	128r
253	Vorsterin, (Wolfgang) Magdalena	1461 März 9	128v–129r
254	Wagner, Markus	1467 März 24	129r
255	Zimerman, Andre	1467 Mai 29	129v
256	Purkart, Niklas	1467 April 2	130r

257	Poltzelin, (Hans) Margaretha	1466 September 7	130v–131r
258	Schrägel, Michael	1463 November 20	131v
259	Muschinger, Peter	1467 April 28	132r–v
260	Würm, Barbara	1467 August 18	132v
261	Gebhart, Wolfgang	1467 August 13	132v–133v
262	Mischulberin, (Augustin) Afra	1467 März 19	134r–v
263	Rechnitzer, Hans	1467 November 22	135r–136v
264	Rechnitzerin, (Hans) Barbara	1467 November 16	137r–v
265	Rechnitzer, Hans	1467 November 23	138r
266	Weinwachter, Georg	1467 September 29	138v–139r
267	Rechnitzer, Hans	1467 November 23	139v–140r
268	Nater, Stephan	1467 November 15	140r–v
269	Alramin, (Ruprecht) Margaretha	1467 August 6	140v
270	Rauscherin, (Leonhard) Katharina	1467 März 24	141r
271	Stengelin, (Gabriel) Anna	1471 März 3	141r
272	Sailer, Christoph	1467 November 30	141v
273	Krewmar, Wolfgang	1467 Oktober 1	142r
274	Schönin, (Jakob) Elisabeth	1463 April 12	142v
275	Muschenraifin, (Paul) Elisabeth	1468 Mai 14	142v–143r
276	Artztin, (Hans) Elisabeth	1468 April 12	143r
277	Noppeckin, Dorothea	1468 März 2–März 6	143v
278	Goldinger, Wolfgang	1468 Juli 25	143v
279	Vaszieher, Simon	1464 Oktober 10	144r
280	Frank, Konrad	1468 März 5	144r
281	Kriegin, (Konrad) Kunigunda	1467 Mai 22	144v
282	Francz, Philipp	1468 März 31	145r
283	Venturin, (Kaspar) Anna	1469 Januar 20	145r–v
284	Kölnerin, (Otto) Ursula	1468 Juli 24	145v
285	Sailerin, (Christoph) Agnes	1469 Oktober 31	146r
286	Kramer, Georg	1471 Januar 2	146r
287	Grad, Oswald	1467 Juli 15	146v
288	Walich, Stephan	1469 Oktober 22	147r–148r
289	Welser, Martin	1467 Juli 15	148r
290	Hawer, Martin	1468 Juli 24	148v
291	Reuhel, Georg	1469 November 5–10	148v
292	Todin, Margaretha	1468 Februar 11	149r
293	Ratentaler, Anton	*1470 Oktober 3*	149r

294	Harrerin, (Martin) Dorothea	1471 Mai 23	149v
295	Liechtschirbin, (Christian) Dorothea	*1471 Juni 12*	150r
296	Kürsnerin, (Bartholome) N.	1471 Juni 11	150v
297	Leischel, Martin	1471 August 27	151r
298	Paer, Georg	1471 Juni 30	151v
299	Paer, Hans	1471 Dezember 22	152r
300	Niedendorfer, Wolfgang	1472 Februar 25	153r
301	Tunkchel, Bartholome	1471 August 18	153v
302	Koler, Stephan	1472	153v
303	Dumritzer, Simon	1472 November 11	154r
304	Wochner, Michael	1472 Dezember 15	154v
305	Reich, (Thomas) Margaretha	1472 Oktober 31	155r
306	Noppeckin, (Georg) Elena	1472 November 30	155r
307	Kramerin, (Georg) Hedwig	1472 Dezember 21	155v
308	Schramin, (Wolfgang) Anna	1472 Dezember 31	156r
309	Leikebin, (Peter) Elisabeth	1471 August 24	156r
310	Prodersdorferin, Elisabeth (*Widerrufung*)	1472 September 18	156v
311	Woduscher, Wolfgang	1472 April 13	156v–157r
312	Krëglin, Anna	1472 April 1	157r
313	Wind, Laurenz	1472 Oktober 15	157v
314	Zenkel, Hans	1472 September 27	157v–158r
315	Newpawr, Quirin	1473 März 1	158r
316	Tyrnacher, Stephan	1473 Januar 2	158v
317	Scherer, Hans von Wien	1473 September 1	158v–159r
318	Weber, Hans	1471 Januar 8	159r
319	Barbierer, Heinrich	1473 September 14	159v
320	Langin, (Andre) Dorothea	1473 November 20	160r
321	Grünbald, Michael	1473 November 21	160v
322	Hartel, Hans	1473 Juli 19	160v
323	Raneis, Stephan	1473 Mai 6	161r
324	Gebhartin, (Wolfgang) Magdalena	*1474 März 29*	161v
325	Weberin, (Hans) Kunigunda	1469 März 13	161v
326	Tumlerin, (Michael) Anna	1474 Februar 18	162r
327	Stampher, Stephan	1474 Oktober 16	162v
328	Puchler, Wolfgang	1474 Juni 24	163r
329	Kürsner, Peter	1474 November 6	163v
330	Scharding, Leonhard von	1475 Januar 8	164r

331	Prunsner, Niklas	1472 Februar 6	164v
332	Manhartin, (Jakob) Anna	1475	165r
333	Wagnerin, (Peter) Margaretha	1475 Februar 23	165v
334	Smidin, (Peter) Katharina	1470 Mai 13	166r–v
335	Schilherin, Dorothea	1475 Februar 21	167r
336	Raifsneider, Kaspar	1475 Mai 29	167v
337	Raifsneider, (Kaspar) Dorothea	1475 April 23	168r
338	Weichamer, Andre	1475	168r
339	Paur, Michael	1475 April 23	168v
340	Czepfelin, (Jakob) Dorothea	1476 Oktober 9	168v
341	Gotz, Niklas	1474 Mai 3	169r
342	Haedenin, (Thomas) N.	1476	169r
343	Schultrin, Barbara	1475 April 9	169v
344	Zepfel, Jakob	1477 März 5	169v–170r
345	Raneis, Georg	1477 Juni 20	170r–v
346	Karnerin, (Hans) Elena	1477 Mai 30	170v–171r
347	Messerin, (Niklas) Anna	1477 Oktober 2	171v–172r
348	Marnerin, (Niklas) Anna	1477 April 6	172r
349	Romer, Jakob	1477 Dezember 1	172r–v
350	Zistler, Michael	1477 Juni 12	172v–173r
351	Kraus, Peter	1476 März 22	173r–v
352	Nauserg, Peter	1476 April 19	173v–174r
353	Artztin, (Simon) Dorothea	1477 April 4	174r–v
354	Swartzel, Niklas	1477 Juli 1	174v
355	Karner, Jakob	1478 Januar 16	175r–v
356	Kreutzer, Matthias	1478 Januar 2	175v
357	Horundel, Kaspar	1478 März 27	175v–176r
358	Paerin, (Matthias) Dorothea	1478 Juni 8	176v–177r
359	Messerer, Niklas	ca. 1478	177r
360	Hamerin, (Andre) Katharina	1478 Juli 19	177v
361	Adlman, Erasmus	1479 Juli 9	177v–178r
362	Pantzir, Sigismund	1480 März 7	178r
363	Gravenpücherin, Anna	1479 Dezember 11	178v–179r
364	Kaler, Paul	1480 Februar 16	179v
365	Teben, Hans von (Priester)	1480 März 8	180r
366	Nadterin, (Michael) Anna	1480 Mai 7	180r–v
367	Mulnerin, (Stephan) N.	ca. 1479/80	180v

368	Talhamer, Stephan von Königsberg	1480 Oktober 20	180v–181r
369	Wanusch, Hieronymus	*1480 Oktober 20*	181r–182r
370	Dreiling, Stephan	1480 März 12	182r
371	See, Stephan von	1480 Oktober 4	182r–v
372	Zwickelin, (Niklas) Katharina	1479 August 21	182v
373	Rosentaler, Wenzel	1480 März 20	183r
374	Eisenpinter, Wolfgang	1479 August 30	183v
375	Rüpel, Wolfgang	1481 Juni 29	183v–184r
376	Paur, Andre	ca. 1481	184r
377	Artzt, Hans	1481 September 13	184r
378	Walich, Wolfgang	1481 September 4	184v–185r
379	Sternin, (Niklas) Katharina	1481 August 4	185v
380	Kranhofer, Stephan	1481 September 2	186r
381	Potenbergerin, (Hans) Dorothea	1481 August 30	186v
382	Sautreiber, Wolfgang	1481	187r
383	Peck, Wolfgang	1481 Oktober 25	187r
384	Marnerin, (Niklas) Elisabeth	1481 Dezember 10	187v
385	Zingiesserin, (Peter) Barbara	1480 September 5	188r
386	Waldner, Hans	1481	188r
387	Barbierer, Erasmus	1481 Oktober 18	188v–189r
388	Windisch, Ladislaus	1481 August 23	189r
389	Strobmer, Hans	1481 Oktober 20	189v–190r
390	Gremel, Michael	1481 März 22	190v
391	Sneider, Konrad	1481 September 8	190v
392	Pfafsteterin, (Wolfgang) Agnes	1481	191r
393	Hopfer, Ulrich	1482 November 6	191r
394	Rauscher, Leonhard	1482 Juli 24	191v–192r
395	Huendler, Niklas	1481 September 6	192r
396	Klotzner, Martin	1482 Oktober 1	192v
397	Wochingerin, (Thomas) Margaretha	1481 Dezember 27	192v–193r
398	Pernschopf, Stephan	1481 September 29	193r
399	Pilgram, Niklas	1483 Februar 4	193r–v
400	Gailsam, Albrecht	1483 Februar 20	194r–195r
401	Peckin, (Leonhard) Anna	1483 April 23	195v
402	Huendlin, (Matthias) Margaretha	1483 März 9	196r
403	Katz, Wolfgang	ca.1483	196r
404	Griesserin, (Stephan) Margaretha	1483 April 6	196v

405	Holczhaimer, Peter	1483 Juli 10	196v–197r
406	Wortpergerin, (Michael) Katharina	1483 Januar 26	197r
407	Karner, Hans	*1484 März 10*	197v–198r
408	Perichtoldin, (Paul) Barbara	1484 Januar 22	198r
409	Kursnerin, (Wenzel) Magdalena	1482 November 30	198v
410	Peckin, (Laurenz) Barbara	1481 August 14	199r
411	Kue, Michael	1484 März 4	199v
412	Poltinger, Georg	1484 April 6	199v–200r
413	Praunin, (Wolfgang) Katharina	1484 Februar 5	200r
414	Schiesserin, (Veit) Elena	1484 November 29	200v
415	Perchkman, Stephan	1478 Februar 28–März 7	201r
416	Artztin, (Simon) Anna	1485 Februar 3	201v
417	Pairin, (Hans) Margaretha	1485 Februar 14	201v
418	Prewerin, (Christian) Christina	1481 März 2	202r
419	Awerin, (Dionysius) Barbara	1485 April 18	202r
420	Vaszieherin, (Hans) Dorothea	1485 April 5	202r–v
421	Kreytzer, Georg	1485 Mai 19	202v
422	Zingiesser, Peter	1485 April 19	203r
423	Wiener, Leonhard	1485 April 4	203r
424	Albringer, Wolfgang	1485 Juni 19	203v
425	Sneider, Michael	ca.1485	203v
426	Putz, Leonhard	1485 August 25	204r
427	Sparing, Kaspar	1485 April 1	204r–v
428	Klockel, Georg	1485 Oktober 24	204v
429	Ramung, Martin	1485 August 10	204v–205r
430	Vetter, Hans	1485 Januar 27	205r–v
431	Goldsmidin, (Hans) Margaretha	1485 September 28	205v
432	Praun, Wolfgang	1486 März 10	205v–206r
433	Snebeis, Niklas	1486 Mai 3	206r
434	Langin, (Heinrich) Magdalena	1486 April 9	206v
435	Püchlerin, (Ulrich) Margaretha	1486 April 17	206v
436	Ledrer, Konrad	1486 April 27	207r–v
437	Ledrerin, (Martin) Katharina	1486 April 11	207v
438	Steyrerin, (Leonhard) Agnes	1486 April 16	208r
439	Holtzerin, (Andre) Anna	1487 Februar 9	208r–v
440	Spiess, Paul	1487 März 22	208v–209r
441	Forster, Wolfgang	1487 März 9	209r–v

442	Harrer, Martin	1487 Mai 2	210r
443	Pfafsteterin, (Wolfgang) Anna	1487 Mai 30	210r
444	Müllner, Friedrich	1487 Juni 3	210v
445	Trolatsch, Matthias	1487 Mai 11	210v–211r
446	Rorwegk, Hans	1486 April 28	211r–v
447	Satlerin, (Peter) Margaretha	1487 Juni 16	211v
448	Albringerin, (Wolfgang) Margaretha	1483 Oktober 3	211v–212r
449	Unverricht, Georg	1487 Oktober 5	212v